江山年鉴

JIANGSHAN ALMANAC

2021

中共江山市委 江山市人民政府 主办
江山市档案馆（市委史志研究室）编

方志出版社
Publishing House of Local Records

江山市地方志编纂委员会

顾　　问	朱素芳
主　　任	徐明峰
副 主 任	何日根　汪晓勤
委　　员	姜小闯　姜建铭　王峰平　毛有祥　辛　斌 毛水根　姜剑宏　郑新卫　刘俏斌　姜小标 郑水根　钟炳根　毛香水　邵建水　姜淑芬 刘方华　徐　青
办公室主任	徐　青
办公室副主任	毛德达

《江山年鉴》编辑部

主　　编	徐　青
副 主 编	毛德达　戴明桂
编　　辑	姜　滔　郑孝飞
工作人员	廖冬平　杨良英　吴小林

编辑说明

一、《江山年鉴》旨在全面系统按年度记载江山市自然、政治、经济、文化、社会、生态建设等方面的基本情况，为各级党政机关和社会各界人士及中外投资者了解、研究、建设江山，提供丰富、翔实的资料。

二、《江山年鉴（2021）》的编纂，以马克思列宁主义、毛泽东思想、邓小平理论、“三个代表”重要思想、科学发展观、习近平新时代中国特色社会主义思想为指导，坚持辩证唯物主义和历史唯物主义的立场、观点和方法，严格遵循国务院《地方志工作条例》和上级地方志工作机构的有关规定，全面客观记载2020年在中共江山市委、市人民政府的领导下，江山人民建设江山大花园、发展地方经济的新理念、新举措、新变化、新成就和新经验，着力体现时代特征、年度特点，为江山市经济和社会发展服务。

三、《江山年鉴（2021）》，记事时间为2020年1月至12月，个别资料适当延伸。

四、《江山年鉴（2021）》，以文字记述为主，辅以表格和图片，采用分类编辑法编纂。基本结构为类目、分目、条目3个层次。3种标题分别以不同的字号和字体表示。条目名以黑体字加【】引出，以便查阅。

五、《江山年鉴（2021）》，以市机关各部门、乡镇（街道）和驻江山的单位为基本记述主体，以事物性质分类，同时在卷首设特载、专辑、大事记和市情概览，卷末设文件选辑、文件选目和附录。

六、《江山年鉴（2021）》，资料由全市各部门、乡镇（街道）和驻江山的省、市直属单位提供，稿件由各单位指定专人撰写，经编辑部编定，再经市委办、市府办审核后定稿。未署名的插图均由撰稿单位提供。

七、凡涉及江山市国民经济和社会发展全局性的数据，以市统计局编纂的《江山统计年鉴（2020）》为准，其他数据由各供稿单位提供。

▲城市风光

▲丰足溪治水主题公园

▲江郎山

▲西山西路

▲清漾祖宅

▲鹿溪北路

领导调研
LINGDAODIAOYAN

▲11月7日，省委常委、统战部部长熊建平（中）在江山市调研民营经济统战工作和新乡贤助力乡村振兴

▲9月18日，文化和旅游部党组成员王晓峰（中）在浙江江山恒亮蜂产品有限公司考察全域旅游与工业产业融合发展等工作

▲1月31日，衢州市委书记徐文光（右二）在江山市指导督查新冠肺炎疫情防控工作

▲3月3日，衢州市委副书记、市长汤飞帆（左一）在江山市开展挂联区块服务发展工作

党建统领
DANGJIANTONGLING

◀ 4月19日，市委理论学习中心组“深入学习贯彻习近平总书记在浙江考察时的重要讲话精神”专题学习会召开

◀ 5月13日，江山市公务员荣誉退休仪式举行

◀ 7月9日，全市“8090”新时代理论宣讲工作推进会暨宣讲团开讲仪式举行

▲1月6日，“推动市域治理现代化，共建美丽大花园”江山专场新闻发布会在衢州市政府新闻发布厅举行

▲基层党员干部开展“重走红色古道，弘扬红军精神”活动

▲村两委干部联系网格到户

▲省换届选举试点乡镇新塘边镇、大陈乡率先完成村两委换届选举任务，图为新塘边镇村组织换届试点工作动员部署会现场

工业发展

GONGYEFAZHAN

▲4月10日，全市机关干部大会暨产业创新发展大会召开

12月25日，2020首届中国（江山）工业设计大赛颁奖典礼暨“设计江山”产业创新发展论坛举行 ▶

▲10月9日，2020中国·江山数字消防产业发展大会暨江山人发展大会召开

①峡口镇生态工业功能区
②浙江省江山木门产业创新服务综合体
③省级工业互联网平台创建企业——浙江天际互感器有限公司
④浙江科润智能控制股份有限公司智能生产车间
⑤国家应急产业示范基地——浙江省江山经济开发区

乡村振兴
XIANGCUNZHENXING

▲ 8月15日，在全省高水平建设新时代美丽浙江推进大会上，江山市捧回省“五水共治”（河长制）工作优秀县“大禹鼎”银鼎

▲11月6日，2020年全国超级稻现场观摩交流会在江山市召开

◀ 10月1日，衢州市农民丰收节在江山市大桥镇陈家村举行

◀ 11月26日，凤林镇果蔬丰收节暨红美人开摘节举行

◀ 10月1日，“迎国庆 · 贺中秋”张村乡第三届民俗文化节举行

南坞村乡村振兴讲堂 ▶

◀ 浙江省第八批历史文化村落保护利用重点村——峡口镇广渡村

省级生态茶园示范基地——江山市十罗洋茶场 ▶

◀ 张村乡太阳山精品茶叶基地

▲ 贺村镇九龙谷土地开发项目

文体事业
WENTISHIYE

▲1月1日，“中国体育彩票”2020全国新年登高健身大会中心主会场活动在江山市举行

◀3月27日，“健康江山动起来”启动仪式在江郎山景区举行

▲9月18日，全国全域旅游培训班暨首届全域旅游发展绿色对话在江山市举行

▲11月22日至12月2日，2020年全国健美操锦标赛在江山市举行

▲12月22日，第五届浙江省微电影评选活动表彰盛典在江山市举行

▲11月21日，2020年“庆丰收·迎小康”中国村歌大赛总决赛在江山市大陈村举行

◀10月17日至18日，“浙闽赣皖”四省边际羽毛球邀请赛举行

10月24日至25日，浙江省农村文化礼堂运动会▶（西部分站赛）在新塘边镇毛村山头村、贺村镇山底村举行

▲10月24日至25日，2020中国·江山第三届全国“美丽乡村”攀岩系列赛在新塘边镇毛村山头村举行

◀ 11月14日，江山市国民体质监测中心揭牌

5月，江山市医保自助服务 ▶ 大厅投入使用

▲9月3日，江山市举行“脱贫攻坚慈善一日捐”活动

▲乡镇级示范型居家养老服务中心实现全覆盖，图为虎山街道示范型居家养老服务中心

▲9月，四都幼儿园投入使用

疫情防控
YIQINGFANGKONG

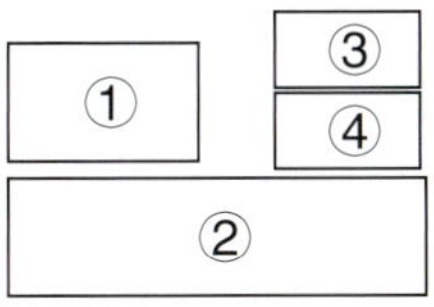

① 2月9日，江山市5名医护人员出征驰援武汉

②4月12日，江山市各界欢迎5名援鄂医疗队员平安凯旋

③ 严格把守高速出入口

④ 开展疫情防控消毒

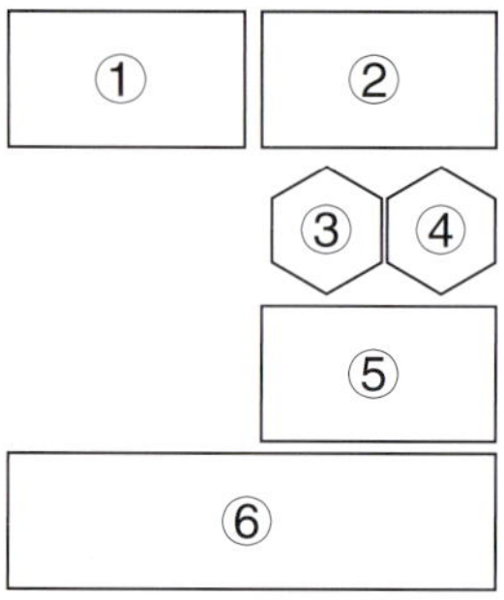

①志愿者开展过往人员疫情防控安全检查

②志愿者检查过往人员健康码

③各小区实行24小时执勤制度

④凭出入证严控社区居民出入

⑤企业口罩拟销往国外

⑥4月，江山永利百合、雷士照明恢复生产

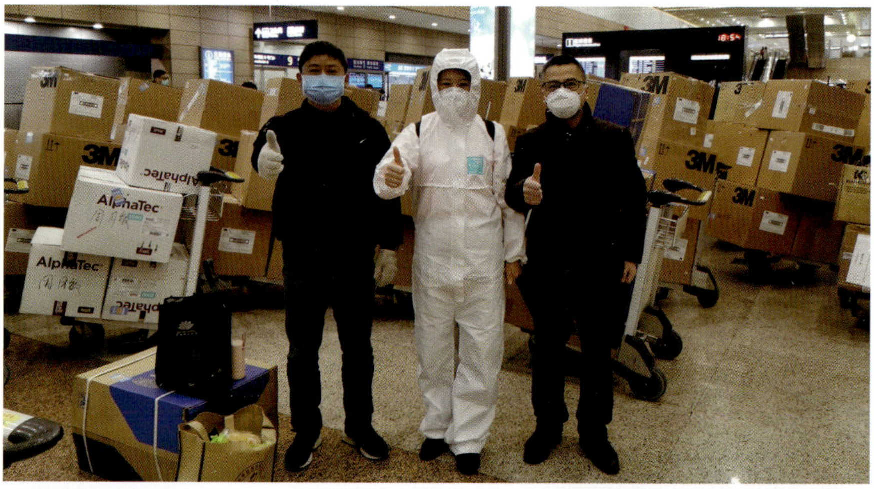

永利百合实业有限公司智能生产车间

雷士照明有限公司智能生产车间

艺术作品
YISHUZUOPIN

王明芝摄影作品《千钧一发》获"少华山"杯人民摄影"金镜头"（2019年度）新闻作品评选突发新闻类单幅金奖

郑建中水彩画作品《走向彼岸》入选第三届全国小幅水彩画展

吴建国国画作品《映日荷花》入选第九届浙江花鸟画展

刘建华水彩画作品《新的征程》入选"大成之境"浙江省油画作品展

① ②

③

①王振富竹雕作品《眼镜蛇和青蛙》获第十三届中国义乌国际森林产品博览会银奖
②祝建荣木雕作品《画龙点睛》获第十五届中国义乌文化和旅游产品交易博览会银奖
③严林忠摄影作品《告别》入选北京国际摄影周展

彩页摄影：
沈天法　毛武俊
朱定一　鲁迁浅
严林忠　吴石忠
毛巧媛　郑红林等

目　录

江山市人民代表大会

江山市人民政府

政协江山市委员会

中共江山市委纪律检查委员会 江山市监察委员会

民主党派

群众团体

法　治

军　事

公共管理

工　业

商务经济

商　贸

招商引资

农业农村

林　业

水利 电力

交通运输

城乡建设

信息产业

规划与国土资源

生态环境

经济管理

财政税务

金　融

教育　体育

科　技

卫生健康

文化旅游

传 媒

乡镇　街道

人　物

艺　文

文件选辑

文件选目

附 录

特　　载

把握精神实质　打造“一地三区”全力在全省建设“重要窗口”中展现江山风采

——在市委十四届七次全体（扩大）会议上的报告

中共江山市委书记　童炜鑫
（2020 年 8 月 28 日）

市委书记　童炜鑫

同志们：

这次市委全会的主要任务是：高举习近平新时代中国特色社会主义思想伟大旗帜，全面贯彻落实党的十九届四中全会、省委十四届七次全会和衢州市委七届八次全会精神，深入学习贯彻习近平总书记考察浙江重要讲话精神，研究部署“重要窗口”建设在江山落地落实的思路举措，审议通过《中共江山市委关于深入学习贯彻习近平总书记考察浙江重要讲话精神全力打造“一地三区”的决议》，组织动员全市广大党员干部凝心聚力、克难攻坚，以新状态、新作为投身打造全国县域治理标杆地、全国“两山”实践样板区、全国全域旅游示范区、全国乡村振兴先行区的“一地三区”新征程，奋力开创江山大花园建设新局面，在全省建设“重要窗口”和衢州建设四省边际中心城市中扛起江山担当、贡献江山力量、提供江山实践。

当前，国际疫情仍在持续蔓延，国内部分地区疫情出现零星反弹，形势依然严峻。我们能够顺利召开市委全会，得益于统筹疫情防控和经济社会发展工作取得的积极成效。年初突袭而至的新冠肺炎疫情来势汹汹，市委、市政府坚决贯彻落实习近平总书记指示要求和上级决策部署，围绕“两手抓、两手硬，两战赢、两领先”目标要求，扎实开展“四个年”活动，实现疫情防控形势安全稳定、经济社会发展加快恢复。回顾我市疫情防控和经济社会发展工作，基本可以分为三个阶段：一是全力做好疫情防控阶段，通过实施“外防输入、内防扩散”的全方位管控措施，堵住了漏洞、补上了短板、消除了风险，有力保障全市人民群众的身体健康和生命安全。二是疫情防控和复工复产“两手抓”阶段，在保证疫情防控安全的前提下，在最短的时间内，实现全市规上工业企业、规上（限上）服务业企业、农业龙头企业全部复工的目标任务，复工复产率保持衢州前列。三是常态化疫情防控中奋力实现经济社会发展目标阶段，在完善固化、持续落实疫情防控有效举措，加强防控境外疫情输入的同时，逐渐将工作重心聚焦到决胜全面小康、决战脱贫攻坚和冲刺全年目标任务上来，推动经济社会发展加快复苏。

上半年，全市实现地区生产总值132.25亿元，同比下降1.4%，其中一产增加值下降0.7%，二产增加值下降3.5%，三产增加值增长0.5%；实现财政总收入20.67亿元、一般公共预算收入13亿元，分别增长2.8%和4.5%；城镇、农村常住居民人均可支配收入分别为27547元、13748元，分别增长4.7%和3.8%，各项指标增速较一季度均大幅回升。各个领域、各条战线工作可圈可点。一是江化关停扎实推进。3月正式签订关停协议，5月全部设备完成停车及清洗置换，目前员工安置已完成95.7%。二是防汛抗洪有力有效。较好应对6月以来多轮强降雨灾害，实现人员“零伤亡”，群众财产损失最小化。峡口镇大峦口村成功避险典型案例得到省委书记车俊批示肯定。三是征迁工作首战告捷。实行新体系、新机制、新打法后的首战——城南新城房屋征迁项目，当月完成72户房屋签约腾空。杭衢高铁项目仅用3天全面完成沿线88户房屋签约任务。四是村社换届有序开展。大陈乡和新塘边镇两个试点乡镇高标准完成村党组织换届选举工作，面上工作稳步开展，有序推进。五是高考成绩再创新高。全市一段上线人数1114人，其中纯文化一段上线682人，2名学生被清华大学录取，高考成绩实现“七连增”。六是招大引强成效喜人。新引进项目133个，到位投资21.65亿元，其中亿元以上项目13个，同比增长44.4%，欧派特种门窗产业园、科润高端装备产业园等一批重大产业项目成功落地。七是脱贫攻坚步伐加快。年家庭人均收入8000元以下情况实现“清零”，经营性收入十万元以下集体经济薄弱村全面消除，困难家庭危房改造全部开工，残疾人危旧房改造工作得到省领导肯定。八是争获多项省级殊荣。再次获得全省平安县称号，平安江山实现“十连冠”。连续第三次、累计四次夺得“五水共治”大禹鼎，在衢州县（市、区）中第一个捧得银鼎。荣获全省大花园示范县培育单位优秀等次、美丽浙江考核优秀县、法治浙江建设先进县。大花园建设、县乡法治政府建设受省政府表彰激励。入选省级乡村振兴产业发展示范建设县和省物流示范县综合改革创新试点名单。九是党的建设全面加强。持续推进省委巡视整改，深化全市政治生态体检，党的思想建设、组织建设、队伍建设等进一步规范提升，省委巡视整改工作得到省委巡视回访检查组充分肯定。

总之，今年以来面对疫情防控这场没有硝烟的战争，面对经济社会发展异常艰难的局面，市四套班子领导身先士卒、以身作则，全市各级各部门和广大党员干部，特别是白衣天使、公安干警和基层群众，前赴后继、夜以继日，付出大量心血，作出巨大努力，为夺取“两战赢、两领先”奠定了坚实的基础。在这里，我代表市委常委会向大家致以最崇高的敬意和最衷心的感谢！

3月29日至4月1日，在统筹推进疫情防控和经济社会发展的特殊时期，习近平总书记亲临浙江考察调研并发表重要讲话，充分肯定了浙江工作，赋予浙江“努力成为新时代全面展示中国特色社会主义制度优越性的重要窗口”的新目标新定位。市委把学习贯彻习近平总书记考察浙江重要讲话精神作为首要政治任务，先后召开市委常委会会议、市委常委扩大会议、市委理论学习中心组学习会系统学习贯彻，并将精神结合到当前疫情防控和经济社会发展、编制“十四五”规划等具体工作中，迅速在全市上下掀起学习宣传贯彻热潮。

习近平总书记考察浙江重要讲话立意高远、博大精深，特别是赋予浙江“重要窗口”的新目标新定位内涵丰富、意义深远。学习宣传贯彻习近平总书记重要讲话精神不可能一蹴而就，是一个循序渐进、层层深入的过程。市委前期通过在全市上下开展“头脑风暴·大家谈”等活动，集思广益、凝聚共识，逐步形成贯彻落实习近平总书记考察浙江重要讲话精神的方向思路，确立打造全国县域治理标杆地、全国“两山”实践样板区、全国全域旅游示范区、全国乡村振兴先行区“一地三区”建设的总体目标。今天的市委全会，主要任务是明确打造“一地三区”方向思路、任务举措，动员全市广大党员干部群众迅速投身打造“一地三区”工作实践，推动习近平总书记考察浙江重要讲话精神和省委、衢州市委全会决策部署在江山落地生根，以实际行动当好全省“重要窗口”的建设者、维护者、展示者。

下面，我代表市委常委会，讲三点意见：

一、深刻认识打造“一地三区”是使命所系、现实所指、发展所需

当前，全省建设“重要窗口”的号角已经吹响。市委提出打造“一地三区”，是对标“重要窗口”新目标新定位，立足江山发展新阶段新方位，作出的重大决策部署。全市上下要充分认识打造“一地三区”的重要意义，切实增强使命意识、机遇意识、责任意识，把思想和行动统一到市委这一重大决策部署上来。

1. *打造“一地三区”是推动习近平总书记考察浙江重要讲话精神落地落实的使命必然。*习近平总书记此次考察浙江，观大势、谋大局、话发展，所到之地、关注问题、提出要求都蕴含深意，特别是“重要窗口”使命要求，昭示全省上下要始终干在实处、走在前列、勇立潮头，为“明天的中国”多探路、多闯关、多破题。近期省委、衢州市委先后召开全会，对“重要窗口”建设进行深入研究、系统部署。市委提出打造“一地三区”，是在深刻领会习近平总书记考察浙江重要讲话和省委、衢州市委全会精神实质和核心要义基础上提出的。首先，从“一地”看，党的十九届四中全会，在党的历史上第一次以全会形式部署推进国家治理现代化，这是以习近平同志为核心的党中央准确洞悉我国发展实际提出的时代课题，也是推动中国持续向好发展的现实考题。习近平总书记考察浙江期间，再次聚焦社会治理，指出要着力完善城市治理体系和城乡基层治理体系。省委十四届七次全会同样指出，要以高水平推进省域治理现代化的具体实践，生动彰显中国特色社会主义制度和国家治理体系的强大生命力。衢州市委也明确将努力建设中国基层治理最优城市，作为展现窗口形象的一项重点。在全省建设“重要窗口”新征程中，我们必须坚决把中央、省委、衢州市委这一关注焦点作为重中之重，拿出更大的韧劲和魄力，在县域治理方面多探索、多实践，努力成为典范。其次，从“三区”看，习近平总书记在考察浙江期间指出，要让绿色成为浙江发展最动人的色彩，这充分体现了习近平总书记对浙江持续加快在绿色发展、科学发展、文明发展方面探索实践的殷切期望。省委十四届七次全会指出，要以浙江具体实践，成为生动展现中国人民坚定不移走生产发展、生活富裕、生态良好的文明发展道路的坚毅行动。衢州市委也明确指出，衢州作为浙江大花园的核心区，必须在建设"重要窗口"实践中，形成一批绿色生态发展方面的标志性成果、标志性工程。在全省建设"重要窗口"新征程中，我们必须牢记习近平总书记殷切嘱托，深刻领会省委、衢州市委部署要求，以舍我其谁的勇气和担当，加快打造全国"两山"实践样板区、全国全域旅游示范区、全国乡村振兴先行区，努力在推动绿色发展、科学发展、文明发展方面，深化实践、贡献经验。

2. 打造"一地三区"是对标建设"重要窗口"江山最具特质最能破题的现实方向。"窗口"是对外展示形象、呈现面貌、彰显实力、表达理念的"门户"。市委提出打造"一地三区"，既是"跳出江山看江山"，站在全国、全省的坐标方位上，展示江山最具特质的窗口形象需要；又是"回顾江山看江山"，站在历届市委、市政府工作基础上，持续巩固提升江山发展优势的需要。从"全国县域治理标杆地"的角度看，习近平同志在浙江工作期间曾三次来我市考察调研，每次考察都对我市基层治理工作进行悉心指导，并就"加强基层组织建设"明确指示要求，意义非常重大，是我市抓好基层治理工作的宝贵财富、精神动力。历届市委、市政府始终牢记习近平总书记指示要求，一任接着一任干，结合阶段实际，分别落实"两创活动""五新争先""五项规范"以及"党建5+"等具体载体，基层组织建设这一社会治理根基不断夯实。特别是近年来，坚持以党建统领基层治理，深入推进"三联工程"，积极构建"主"字形治理架构，在基层治理体系建设等方面创出了特色、积累了经验。在全省建设"重要窗口"新征程中，我们有责任、有信心继续保持领先，成为彰显基层治理成果成效的标杆和龙头。从"全国'两山'实践样板区"的角度看，江山作为全省生态功能屏障，诗画浙江大花园建设的核心区，生态环境建设水平一直处于全省前列。在历届市委、市政府的齐抓共推下，通过把生态理念贯穿城乡建设、深化开放等全方位、各领域，大力推进传统产业转型升级，加快发展生态特色产业，绿色发展的潜能不断激发，大花园建设受省政府考核优秀激励，四夺"五水共治"大禹鼎，荣膺国家森林城市、国际花园城市等大奖，逐步探索走出了"两山"实践的江山特色路子。在全省建设"重要窗口"新征程中，我们有基础、有条件，成为"两山"实践的样板和典范。从"全国全域旅游示范区"的角度看，旅游是江山的一张"金名片"，我市旅游资源十分丰富，高等级景区数量居全省前列，是全省唯一集世界自然遗产地、国家AAAAA级景区和全域旅游示范区等旅游"金字招牌"的县（市、区），文化底蕴深厚，人文特色鲜明，孕育了清漾毛氏文化、江郎山世遗文化、仙霞古道文化、廿八都古镇文化和村歌文化"4+1"特色文化。特别是历届市委、市政府始终把"旅游富民"作为驱动发展的重要引擎，初步形成以核心景区为龙头、乡村休闲旅游为支撑的全域旅游格局，逐步打响了全国一流休闲旅游目的地品牌。在全省建设"重要窗口"新征程中，我们有底蕴、有能力，成为旅游发展的示范和引领。从"全国乡村振兴先行区"的角度看，农村建设、乡村发展同样是习近平同志寄予江山的重要嘱托。一直以来，历届市委、市政府按照习近平同志"新农村建设"的指示要求不懈努力，从十多年来持之以恒开展"中国幸福乡村"创建，到大力推进农房整治和农村风貌提升，再到打造"衢州有礼"诗画风光带江山段乡村产业发展平台，乡村风貌不断提升，布局不断优化，积累了一定优势，连续

9 年被评为全省新农村建设优秀单位，先后获评首批部省共建乡村振兴示范县、全省首批 6 个美丽乡村示范县。在全省建设“重要窗口”新征程中，我们有优势、有底气，成为实施乡村振兴战略的先行和模范。

3. 打造“一地三区”是推动江山大花园建设迈向发展高质量治理现代化的有效抓手。市委十四届二次全会确立的建设“实力支撑、美丽著称、活力开放、人民幸福”江山大花园，是我市今后一段时期始终不变的方向和引领。此次市委提出打造“一地三区”，是对江山大花园建设的深化补充，核心目的是要建设更具特色、更富内涵的江山大花园，让江山大花园在诗画浙江、美丽中国版图中独树一帜、别具影响。一方面，打造“一地三区”放大拉高了江山大花园格局定位。市委提出江山大花园建设的总体目标，更多是立足自身发展层面，着眼经济社会发展全局，描绘的宏伟蓝图。打造“一地三区”，是站在全国、全省大局创先争优视野下，提出更高标准、更高层次的目标定位。因此，打造“一地三区”进一步丰富了江山大花园内涵，明确了江山大花园特质，必将推动江山大花园建设向更高水平迈进。另一方面，打造“一地三区”深化明晰了江山大花园建设路径。江山大花园建设是一项长期性、系统性的工程，既需要正确的理念思路引领，更需要沿着正确的路径前行。打造“一地三区”，明确的县域治理、“两山”实践、全域旅游、乡村振兴等重点内容，是加快江山大花园建设最行之有效、切实可行的通道，是提升江山大花园品质最现实、最关键的支撑。总之，打造“一地三区”是建设江山大花园的有效抓手，建设江山大花园是打造“一地三区”的最终目标，要在江山大花园的总体目标框架下，找准打造“一地三区”的着力点、发力点、攻坚点，同时又以打造“一地三区”高站位、大格局来审视江山大花园建设，就一定能推动江山大发展快发展高质量发展。

二、牢牢把握打造“一地三区”的总体要求、基本导向、工作重点

今后一段时期，我市打造“一地三区”的总体要求是：高举习近平新时代中国特色社会主义思想伟大旗帜，深入学习贯彻习近平总书记考察浙江重要讲话精神，全面贯彻党的十九大和十九届二中、三中、四中全会以及省委十四届七次全会、衢州市委七届八次全会精神，全面对标“重要窗口”的新目标新定位，坚持以“八八战略”“八个嘱托”“八大任务”和习近平同志在浙江工作期间对江山的指示要求为指引，突出“发展高质量、治理现代化”主线，牢牢把握江山大花园建设总体方向，深入实施“两轮驱动”“融衢接杭”战略举措，努力在县域治理、“两山”实践、旅游发展、乡村振兴上走在前列，引领推进全市经济社会统筹发展、各项事业全面进步，在全省建设“重要窗口”中展现江山风采。

根据上述总体要求，在打造“一地三区”实践探索过程中要切实做到三个结合：

第一，坚持扬优势和补短板相结合。要把握自身优势，挖掘自身特色，持续放大江山党建治理、生态本底、旅游发展、乡村振兴等先发优势，把长板拉得更长、强项做得更强，努力呈现独特魅力。同时，对照全面性要求，加大力度补齐经济提质增效、科技创新能力、开放融合发展等方面短板和弱项，全方位夯实工作根基。

第二，坚持惠长远和促当前相结合。要放宽视野谋全局，结合“十四五”发展规划，高标准、高定位，在系统集成改革、创新驱动发展、产业转型升级、加快乡村振兴等重要领域和关键环节深度谋划，找准标志性成果、示范性突破的发力点和攻坚点。同时，要俯下身子抓当前，立足当下，统筹抓好疫情防控和经济社会发展等各项工作，以钉钉子精神，一步一个脚印推进工作落实，为打造“一地三区”筑牢坚实基础。

第三，坚持强实力和优环境相结合。要在经济发展水平、城镇化水平、生态环境质量等“硬实力”方面，设定可量化细化具体化的数据指标，努力取得一批看得见、摸得着、够得到的成果。同时，在提升文化软实力、打造一流营商环境、展示城市文明、构建和谐安定社会等“软环境”建设方面取得领先优势，特别是要将扩大开放作为最大改革，加快融衢接杭，融入区域一体化发展大局，以更加开放环境打开发展空间。

打造“一地三区”既要系统统筹，更要聚焦重点，必须以关键领域、重点环节的攻坚突破，把美好愿景转化为生动现实。

（一）努力实现“三个一流”，打造全国县域治理标杆地

要在基层组织建设、治理效能提升、社会环境优化上统筹发力，争创一流，实现基层组织坚强有力、治理服务便捷高效、社会环境安定有序。

1. 锻造一流的基层组织。要强化党建统领，突出抓牢基层党组织建设这一根本，推动形成一流的基层基础，夯实基层治理根基。一是强化思想建设，做到绝对忠诚。深入学习贯彻习近平新时代中国特色社会主义思想，健全落实“不忘初心、牢记使命”长效机制，加强意识形态工作，严格落实民主集中制，规范执行民主生活会、组织生活会、“三会一课”等党内生活制度，引领全市各级党组织和广大党员干部不断增强“四个意识”、坚定“四个自信”、做到“两个维护”，强化贯彻落实上级决策部署的思想自觉、政治自觉、行动自觉。二是强化组织建设，做到统领有力。深入践行党建“三个用来”，做实做细做深做优党建统领基层治理体系，全面落实基层党建“1+6”指数化管理，持续推进基层党建“浪推浪”分类争先行动，特别是要突出抓好当前村社组织换届工作，配优配强配足村社组织队伍力量，推动党的基层组织建设全面进步、全面过硬，真正成为统领全局工作的“主心骨”“定盘星”。三是强化作风建设，做到清正廉洁。严格落实党委主体责任、党委书记第一责任、班子成员“一岗双责”、纪委监督责任“四责协同”机制，常态化对各级党组织开展政治生态动态体检、“四风”问题整治、巡察覆盖监督，加强思想作风和党纪国法教育，保持惩治腐败高压态势，营造风清气正的政治生态。

2. 形成一流的治理效能。要突出以“最多跑一次”改革和“最多跑一地”改革为牵引，进一步优化提升治理效能。一是全面深化“最多跑一次”改革。加快政府数字化转型，围绕“掌上办事之城”“无证明办事之城”“信用示范之城”建设，深化“政务服务 2.0”系统，探索智慧集成审批，持续提高事项“网上办”“掌上办”比例，推动高频事项“智能秒办”“无感智办”。提高改革集成度，坚持系统集成、纵横打通、优化整合原则，推进政务办事、公共服务、社会治理三大领域的“一件事”集成改革，重点深化便民利企“一件事”、机关内部“一件事”，推动集成化改革迭代升级。拓展改革覆盖面，推动“最多跑一次”改革向公共服务、公共场所、基层延伸，优化提升体育、司法、金融、文化等各类服务，深化“十站四心”专项行动，加快基层政务服务便民化建设，实现企业群众办事方便快捷。二是创新推进“最多跑一地”改革。建强治理平台，围绕进一步完善“主”字形治理架构，着力将县级社会矛盾纠纷调处化解中心建设成为纠纷调处化解、治理事件处置、风险数据研判综合治理功能平台，加快基层治理“四平台”数字化建设，全面推广应用“邻礼通”“村情通”“政企通”等“三通一智（治）”智慧终端，完善社会智慧治理体系。统筹治理力量，抓好“县乡一体、条抓块统”改革，继续深化乡镇模块化改革，深入实施“三联工程”“周二无会日”等制度机制，形成集约高效基层管理体制。谋深做实“网格化、融治理”文章，按

照“网格+”思路，从顶层设计、人员资源整合等方面系统谋划、完善机制，强化网格阵地，提高社会治理领域高频事件、苗头倾向问题源头预防化解水平。

3. 提供一流的社会环境。要以提升群众安全感、获得感、幸福感为基层治理的最终导向，建设更加平安稳定、和谐有序的幸福江山。一是着力提升群众安全感。深化“平安江山”建设，纵深推进“扫黑除恶+树正打歪+行业治理”组合拳，打造信息化、立体化、法治化的社会治安智能防控体系，加大违法犯罪的打击力度，全面推进依法治市，提高防灾减灾和应对突发事件能力，切实防范化解重大社会风险。二是着力提升群众获得感。聚焦民生保障，加大民生投入，办好民生实事，完善就业、社保、医疗等保障制度，加大对残疾人、孤寡老人、孤儿等特殊群体帮扶力度，落实低保、教育扶贫、医疗救助、异地搬迁等兜底政策，引导社会力量参与扶贫开发、社会救助等公益事业，织密民生“保障网”。三是着力提升群众幸福感。大力发展社会事业，推动教育、医疗、体育、养老、公共法律服务等布局更加均衡，优化民生服务体系，加快推进教育卫生等领域体制机制改革，积极争创全国义务教育优质均衡县、省体育现代化市，启动人民医院“三乙医院”创建，持续打响“学在江山”“健康江山”等品牌。

（二）全力推进“四个提升”，打造全国“两山”实践样板区

要在持续厚植生态优势的同时，坚定不移走绿色发展之路，加快在平台建设、产业企业培育等方面实现转型提升，把绿水青山建得更美，把金山银山做得更大。

1. 护好“天蓝地绿水清”生态本底，提升绿色品级。深入贯彻习近平生态文明思想，落实新时代美丽浙江规划纲要，加强生态系统建设、修复与保护力度，筑牢钱江源生态屏障。一是高标准提升环境质量。突出打好“蓝天”“碧水”“净土”三大保卫战、打赢“清废”攻坚战，进一步优化生态环境。推进清新空气行动，创建清新空气示范区。深化“五水共治”碧水行动，加快“污水零直排区”和“美丽河湖”建设，

城北风光（杨清泉 摄）

推进农村生活污水处理设施提标改造和标准化运维，推动截污纳管和污水处理设施全覆盖。强化土壤环境全过程风险管控，提升固废源头减量化、分类收集、资源化利用水平。二是高质量修复生态系统。以水体系统修复为重点，深入推进生态清洁小流域建设，持续推进河湖、湿地、山区重要水源地修复，逐步恢复湿地生态功能，打通河流生态廊道。推进“森林江山”建设，强化公益林建设和天然林保护，加快全市废弃矿山生态环境治理与修复利用，提高森林覆盖率。三是高要求落实保护机制。建立健全绿色导向的领导责任体系、生态环境治理监督体系、环境治理企业责任体系，推行生态环境报告制度，深化河长制、湖长制，严格落实环境准入制度和生态资源有偿使用制度，提升环境保护规范化水平。完善环境行政执法与司法协调联动机制，常态化开展“双随机、一公开”执法监管，落实生态环境损害赔偿、环境公益诉讼、环境违法有奖举报等制度，坚决制止和惩处破坏生态环境行为。

2. 建设集约高效发展平台，提升平台能级。抢抓全省开发区改革提升契机，围绕高能级产业新城定位，加快整合扩容、挖潜提升、产城融合步伐，力争江山经济开发区平台规模加速提升。一是推进整合提升。遵循组团连片、功能集成、资源共享原则，优化整合空间资源，探索将城南工业园、莲华山工业园、江东工业园整合提升，形成江山版“智造新城”。按照“区内事区内结”改革思路，完善派驻授权，实现“审批不出区、办事不出门”。强化开发区经济管理和投资服务职能，明晰权责边界，最大限度剥离社会管理职能划归属地乡镇(街道)。锁定开发区托管区块和全市乡镇功能区四至范围，鼓励和支持乡镇功能区向特色小镇和小微企业园转型。二是推进挖潜提升。按照“收储一批、倒逼一批、腾退一批”思路，推进城南工业园“退二进三”，实行园区企业分类处置，加快“园中村”搬迁、“闲置空间”转化利用、低效闲置存量土地盘活，推进低丘缓坡开发，实现园区用地有机更新。三是推进融合提升。按照产业新城发展定位，重点围绕园区用地、功能配套、产业布局等方面，加强产城融合规划研究，推进与城南新城、贺村小城市融合发展；推进园区污水处理、用能用气、5G基站等设施项目布局，加快城南工业园和莲华山工业园物流配送、商业综合体等服务配套建设。

3. 培育“百亿”集群产业，提升产业量级。要围绕制造业高质量发展，坚持“引领+倒逼”理念，加大项目招引力度，推动产业智能化、集群化发展，力争在三个方向培育“百亿”集群产业。一是稳固建材化工产业百亿支撑。建材产业加快绿色转型，对现有水泥企业实施整体优化升级，推进节能减排、资源综合利用、淘汰落后产能，打造技术一流、环保领先的绿色建材产业园。化工产业以高端专用化学品为主要发展方向，加快高精新关联产品开发，拓展产业链，引导企业走循环、绿色、生态的可持续发展之路。二是加快重点培育产业百亿崛起。门业产业，坚持“做精木门，延伸全屋”发展定位，积极创建全国木门行业智能制造示范市，打造全国木门数字产业基地。装备制造产业，大力发展智能化、小型化、稳定安全的电力电气装备，深化与国网、南网合作。健康生活产业，充分挖掘生态资源优势，重点发展健康食品、体育用品、生物医药、纺织服装四大版块。消防应急产业，向数字化、网络化、智能化转型升级，建设全国应急产业示范基地，打造数字消防产业第一城。三是力争新兴产业百亿突破。壮大绿色环保阻燃复合材料、新型动力电池、LED等新材料新能源产业，加快发展以电商为主的数字经济智慧产业，培育直播电商和跨境电商等新业态新模式，推动现代物流、科技与信息服务、金融等现代服务业发展，力争在新兴产业方面尽快孵化培育出“参天大树”。

4. 形成“双百”企业梯队，提升企业等级。要突出企业主体作用，以大企业引领，倾力培育“百家”龙头企业、单打冠军、隐形冠军等企业主体，力争加快形成“百亿”龙头引领、骨干支撑的企业梯队。一是加快股改上市。加强对企业股改、挂牌上市帮扶，为企业提供全方位精准辅导服务，引进一批优质券商、风投机构、基金公司，全力保障要素配置。深入实施企业股改上市行动计划，完善培育机制，建立分层次、分类别、分梯队的挂牌上市企业后备资源库，加快推进一批优质企业上市。二是强化创新驱动。紧抓省智能制造试点契机，推进智能制造提质扩面，引导促进企业产品智能化、制造方式智能化、管理智能化，实现提质增效。深入实施科技创新行动计划，积极引进名校院所分支机构，做大做强木门产业创新服务综合体、输配电综合体、数字消防综合体等高水平创新载体，加速科创飞地建设，完善创新体系。加快推进省级以上企业技术中心、院士工作站等建设，加强科技中介服务机构培育，推进高新技术企业创建，提高企业创新能力。三是注重政策扶持。围绕企业发展的环境、金融、人才等要素，分层次扶持企业做大做强。加强对龙头单打企业并购扶持，降低企业兼并重组成本，激励企业通过兼并重组实现快速裂变扩张。鼓励支持单打冠军企业加大研发投入、创建自主品牌和参与行业标准制定，加快形成一批“隐形冠军”和“小巨人”企业。健全中小企业上规升级和“专精特新”发展正向激励政策，深化“亩均论英雄”改革、低效企业改造提升反向倒逼机制，引导企业规范发展、绿色发展。

（三）切实做强“三大版块”，打造全国全域旅游示范区

要坚持把全域作为一个大景区进行规划建设，突出做强核心景区、美丽城区、休闲旅游“三大版块”，推动全域旅游由 1.0 版向 2.0 版迈进，真正成为“处处是风景、时时享风景、人人皆风景”的全国一流休闲旅游目的地。

1. 培育“千万级核心景区”版块。要突出以江郎山—廿八都景区为重点，全力推进省级、国家级旅游度假区创建，在设施建设、业态融入、品牌影响等方面提档升级，加快旅游产业化步伐，力争通过几年努力，核心景区年游客量达千万人次以上。一是设施升级。加大设施投入，加快通景公路等重大基础项目建设，持续推进游步道、旅游厕所、停车场等旅游公共服务设施提升，着力构建现代化旅游服务体系。强化智慧旅游建设，推进核心景区 5G 全覆盖，以“浙里好玩”公共服务平台为依托，加快提升旅游信息化水平，努力为游客提供更加人性化、智能化的旅游服务。二是业态升级。坚持大项目引领，加快春风·江山田园文旅颐养小镇建设，适时启动廿八都古镇二期建设，紧盯高端主体、优质企业力争新引进一批重大旅游项目，增强景区功能，推动由观光型向观光休闲度假综合型转变。立足小切口提升，聚焦“吃住购娱”等基本服务，依托石门镇、廿八都镇、保安乡集镇以及周边连片区域，发展高端民宿、休闲购物、餐饮娱乐等多元业态，布局引进一批旅游与文化、农业、工业融合的特色综合体验项目，增强景区承载力。三是营销升级。注重发挥互联网对江山旅游品牌宣传营销的重要作用，加大与知名旅游电商平台合作，鼓励、引导游客和全市人民利用各类网络平台分享传播江山美景，增加景区景点的曝光度，把江山打造成网红旅游打卡地。建立与周边知名景点捆绑营销机制，加大在长三角等重点区域和央视、卫视等重点平台城市品牌、旅游品牌营销力度，进一步扩大江山旅游影响力。

2. 建设“高能级美丽城市”版块。要将城市作为发展全域旅游的关键一环，紧抓衢州打造四省边际中心城市契机，在空间形态、赋能兴产、经营管理上下功夫，打造宜居宜业宜游的美丽江城，建好全域旅游“会客厅”。一是做美空间形态。把握城市山水

格局、功能服务、生态肌理、公共空间之间关系，坚持高规格、高标准、大手笔、国际化要求，做好城市总体设计，明确区块功能定位。城东区块，紧抓江化关停契机，谋划推进城东区块征迁，结合老城区有机更新，重点发展旅游消费服务业和生活服务业，打造城市新亮点。城北区块，集聚布局科技、旅游消费服务业，预备未来新经济空间，打造对接杭州数字智慧经济载体。城南区块，以产城融合为主，通过功能提质和适当规模化生活功能区打造产城服务中心，依托产业社区支撑产业园区发展生活服务业。城西区块，重点加强生态环境管控。二是推进赋能兴产。依托综合客运枢纽健全“一站式”旅游集散中心体系，有序推进杭衢高铁江山段项目，加快启动江玉公路建设，推动杭深高铁衢武段、甬金衢上高速、江山江航道等重大项目取得新突破，着力形成快速通达中心城区及周边景区，向省内外辐射延伸的立体交通网络。围绕品质提升，扎实推进虎山运动公园、文化艺术中心二期等重点设施项目建设，谋划启动老火车站片区改造提升、西山公园提升等亮点项目，增强城市功能。统筹老城复兴，加快通禄门片区改造，打造解放路、江滨路、通禄门等特色街区，大力扶持星级酒店、特色酒店发展，营造富有诗意和人文气息的城市街区，努力实现“游周边、住江山”。三是实现城市共享。聚焦城市秩序、环境卫生、行为规范三大领域，借助城市大脑等科技手段，综合运用整治提升、规范执法、制度建设等方式，实施精细化城市管理，全面提升城市管理水平，让市民游客共享干净整洁市容环境。加快智慧城市建设，通过提升信息化应用水平和效益、提升城市信息基础设施服务能级，促进智慧交通、智慧商圈、智慧旅游等全面发展，让市民游客共享便捷高效城市生活。

3. 发展“高等级休闲旅游”版块。围绕“特色化、精品化、产业化”方向，打响运动休闲游、生态休闲游、文化休闲游等品牌，推动休闲游与景区游有机结合、联动发展。一是打响运动休闲旅游品牌。顺应大众户外运动休闲潮流，紧盯共建全国登山户外产业示范城市契机，积极打造一批运动休闲旅游基地和精品线路，深入开发以山地观光、攀岩探险、户外骑行、峡谷漂流为主要形态的运动休闲旅游产品。强化赛事引领，持续办好全国新年登高、江山100国际越野跑等大型赛事，不断完善体育旅游基础设施和配套服务设施，打响运动之城品牌。二是打响生态休闲旅游品牌。按照“保护优先、适度开发”原则，利用浮盖山地质公园、仙霞国家森林公园、金钉子地质公园，以及和睦彩陶、张村太阳山等资源，推出生态旅游精品线路。充分挖掘山区、林区、库区、田园等独特资源，深化打造养生兴墩等一批生态休闲基地，培育壮大秀美耕读、醉美碗窑等田园休闲特色景点。对标百千万工程要求，推进景区镇、景区村创建，梯次培育一批高品质休闲旅游景区。三是打响文化休闲旅游品牌。结合钱塘江诗路文化带建设，全力开展文化基因解码，推动文化创意、音乐、影视、工艺美术、特色节庆等文化业态与旅游相融合，形成文化休闲旅游新优势。重点围绕“4+1”区域特色文化，加快推出以廿八都、大陈传统民俗体验为主要内容的研学游，启动廿八都古镇非遗特色街区等一批特色文化产业项目。发挥江山婺剧国遗品牌优势，延续《你好江山》实景剧基础，努力培育“大陈村歌小镇”等文旅融合金名片。

（四）持续优化“三个空间”，打造全国乡村振兴先行区

要对标“3752”乡村大花园建设要求，坚持“幸福乡村”建设理念，聚焦优化乡村风貌、产业、生活三大空间，推动乡村真正成为一个留住“形”吸引“人”守住“魂”的令人向往地方。

1. 塑美“风貌形态”空间。要以“全域谋划、整体打造”理念，高标准统筹乡村规划和风貌

建设，构建山水格局、生态基底、历史肌理、聚落形态更加融合共生的美丽乡村形态。一是统筹乡村规划管控。突出顶层设计，全面强化面向未来、整体融合的乡村规划，提升乡村规划对美丽乡村风貌形态的引领作用。创新乡村规划体系，构建完善“市域乡村建设规划+村庄布点规划、村庄规划、村庄设计、农房设计+农村特色风貌规划”的“1+4+1”乡村规划体系，优化乡村发展空间布局。协调各类规划关系，加强统筹管理、系统衔接，提升乡村规划系统性、科学性、指导性和操作性。二是做好农房整治“后半篇”文章。结合美丽宜居示范村创建，聚焦农房管控拆后利用，深入推进农房体系构建，加强房地信息系统推广应用，健全农房整治风貌提升长效机制，形成“拆、管、用”工作闭环。鼓励村集体收储农房，打包推出吸引工商资本改造提升，促进农村闲置资源充分利用。强化示范引领作用，发掘各地特色自然风貌、人文资源，大力推广“一米菜园”“生态庭院”等创新模式，有序建成一批拆后利用示范村和精品村，以点带面推动全域乡村改造提升。三是推进全域土地综合整治。坚持统筹推进，从全局定位、全域视野、全要素内涵出发，以资源整合为基础，以塑美山水田园形态为导向，全力以赴实施全域土地综合整治与生态修复工程，形成农田集中连片、建设用地集中集聚、空间形态高效节约的乡村空间新格局。打造标杆项目，以争创国家级全域整治试点为目标，集中力量打造“峡风牧歌”全域整治标杆示范项目，力争实现重点突破、全面开花。

2. 打开“产业发展”空间。要紧盯“衢州有礼”诗画风光带建设，全力将诗画风光带建设成为乡村振兴示范带、幸福产业大平台，拓展乡村产业发展空间。一是将风光带建设成为资源要素集聚的主阵地。以“百里须江·美丽长廊”为主线，以江山港流域综合治理项目为基础，以风光带沿线“最江南”绿色休闲实验区、“九龙谷”万亩土地开发项目等重点区块为示范样板，突出重点、统筹融合，推动引导土地、资金、技术、人才、政策等优质资源率先在带上集聚，成为承载乡村发展主阵地。二是将风光带建设成为传统产业提升的主引擎。要以诗画风光带建设为契机，进一步完善产业体系、产业结构、产业配套，引导传统产业依托风光带布局建设规模化、休闲化的田园综合体、产业融合园区、中高档基地，加快华欣湖羊生态示范园等高品质园区建设，以点带面推进全市蜜蜂、猕猴桃、食用菌、茶叶、中药材等特色产业一二三产融合发展、全产业链发展。三是将风光带建设成为新兴产业培育的主战场。围绕诗画风光带集聚发展线上交易、直供直销、三产融合等新经济新业态，大力发展农村电子商务，引培壮大农产品电商龙头，提升冷链物流等配套建设，培育打造一批示范带动强、辐射范围广的村播基地，推动农产品出村进城。

3. 构建“满意生活”空间。要坚持以人为本理念，全力构建高质量农村公共服务体系，不断满足农民群众“精神+物质”两大需求，接续建设让农民宜居满意的美好家园。一是丰富精神文化。着眼“凝聚群众、引导群众、以文化人、成风化俗”原则，统筹推进农村文化礼堂、乡村振兴讲堂、新时代文明实践站“两堂一站”文化阵地建设，推动优秀传统文化和新时代文明在农村广泛传播，丰富文明实践活动内涵，提升农村百姓精神文化生活。弘扬乡愁文化，加强文物活化保护利用，深化历史文化（传统）村落保护开发，打造能唤醒乡愁记忆、经得起历史检验的精品工程，推动优秀传统乡土文化传承和发展。二是加快强村富民。深化消薄攻坚，积极推广“千企结千村”“飞地抱团”“红色物业”等成功模式，推进农村集体资源参与社会化配置、市场化经营，打造一批“党组织领导、公司化经营、经理人运作、老百姓受惠”村庄经营示范村，全力构建“强乡壮村”长效机制。拓宽农民增收渠道，加强农民素质培训，提高农民就业技能，加快返乡农民创业、“两进两回”基地建设，增加农民就近就业岗位，支持农民工返乡就业创业，带动乡村农民转移就业。三是提升设施能级。坚持“舒适宜居、优质共享”原则，深入实施农村厕所、垃圾、污水“三大革命”，高水平建设“四好农村路”，纵深推进农村饮用水达标提标以及农村污水设施改造，加快推动优质教育医疗资源入乡村，统筹布局优化乡村物流网、电网、信息网、能源网，推动城乡基础设施一体化。

三、全面形成打造“一地三区”的磅礴力量、坚实保障、浓厚氛围

打造“一地三区”任务艰巨、使命光荣，需要全市上下万众一心、凝聚合力、奋力攻坚，才能取得一个个新突破、赢得一场场新胜利。

1. 凝聚共识、凝聚合力。人心齐、泰山移。全市上下要同心同德同向，合心合力合拍，切实形成党委政府“一张皮”、四套班子“一条心”、全市上下“一盘棋”良好局面，握掌成拳、聚沙成塔，形成推动“一地三区”建设的磅礴力量。市委要充分发挥总揽全局、协调各方的领导作用，全市各级党组织和广大党员干部要积极发挥先锋模范作用，主动扛责、勇于担责、敢于负责，真正担负起把方向、管大局、作决策、促落实的职能，切实把党的领导贯穿“一地三区”建设全过程、各领域。政府要扛起主体责任，强化实干导向，迅速行动，奋力攻坚，紧盯落实、紧抓落实、紧推落实，扎实推动“一地三区”建设的各项任务落细落实落到位。人大、政协、监察机关、审判机关、检察机关、群团组织和企事业单位等要发挥职能职责和独特功能作用，主动摆进去、融进去、钻进去，在打造“一地三区”过程中奋发有为、展现作为。广大人民群众要树立“主人翁”意识，积极支持关心参与“一地三区”建设，主动献智献力。

2. 传导责任、传导压力。打造“一地三区”，没有旁观者，没有局外人，必须层层传导责任，层层传导压力，做到人人肩上有担子、个个头上有责任。要强化力量保障，市级层面将成立“一地三区”建设工作领导小组，我和光华市长任组长，统筹负责协调推进“一地三区”建设各项工作，全市相关部门单位特别是组织部、政法委、经信局、文旅局、农业农村局、开发区等重点部门单位要结合工作实际，主要领导亲自负责，组建成立工作机构，精心组织，狠抓落实。要细化落实方案，各级各部门要按照“工作项目化、项目清单化、清单责任化”要求，对标对表“一地三区”建设总体目标、工作重点，科学制定分领域、明细化、可操作的实施方案，形成一整套体系化的时间表、路线图、任务书，实行挂图作战、销号管理。要责任到点到人，各级各部门要对照目标任务，逐项进行任务再分解、责任再落实，确保任务责任分解到岗、落实到人，真正构建上下贯通、联系左右的责任链条，确保责任不旁落、压力不递减。

3. 创新方式、创新方法。穿新鞋不能走老路，走老路到不了新地方。打造“一地三区”格局大、定位高、要求严，因循守旧、循规蹈矩、故步自封无法实现既定的目标任务，必须转变思维、转化观念、转换路径，大胆探索、大胆创新、大胆实践，方能成就事业。要强化创新思维，牢固树立“惟创新者进、惟创新者强、惟创新者胜”理念，全面增强改革创新的精神，解放思想、锐意进取，不断打开“脑门”，引导全市广大党员干部在打造“一地三区”过程中，争当勇于创新、勤于创新、善于创新的先锋。要注重创新实践，秉承“不破法规破常规，不破堡垒破壁垒”理念，对在“一地三区”建设中碰到的新问题、新困难，善于突破思维定式、经验限制，用创新的观念审时度势，用创新的举措解决发展中的问题。要

健全创新机制，完善落实鼓励创新、宽容失败、允许试错、责任豁免的容错免责机制，宽容干部在工作中特别是探索创新中的失误，为敢于闯路的干部担当，为敢于创新的干部负责。

4. 强化督考、强化宣传。打造“一地三区”必须常抓不懈、绵绵用力、久久为功。要切实发挥督查考核“风向标”“指挥棒”和宣传引导“聚光灯”“大喇叭”作用，更加科学、更加精准、更加高效地推动工作。要狠抓督查推进，将“一地三区”建设纳入全市考核的工作体系、纳入干部考察考核重要内容，纳入巡察监督工作范围，大督考专班、纪委监委、组织部等部门要坚持问题导向、目标导向，定期不定期就“一地三区”建设重点任务和关键环节开展督导检查，确保各项目标任务按时有序推进。特别是要强化考核结果运用，建立健全绩效评估考核体系，对责任不落实、工作不到位、未按时完成任务的单位和个人实行严肃问责，对高质量完成目标任务的单位和个人给予表彰奖励，推动形成“不为不办找理由、只为办好想办法”的良好局面。要注重宣传引导，提高意识形态工作领导权、管理权、话语权，充分利用8090新时代理论宣讲团、新闻媒体等载体，讲好“一地三区”建设中涌现出的优秀人物、先进典型故事，传递好声音、唱响主旋律、凝聚正能量，营造全市上下共谋共建的浓厚氛围。

同志们！使命呼唤担当，担当成就未来。让我们高举习近平新时代中国特色社会主义思想伟大旗帜，更加紧密地团结在以习近平同志为核心的党中央周围，在省委、衢州市委的坚强领导下，团结和依靠全市人民，不忘初心、牢记使命，担当破难、拼搏奋进，全力打造“一地三区”，在全省建设“重要窗口”和衢州建设四省边际中心城市的新征程中扛起江山担当、贡献江山力量、彰显江山风采！

政府工作报告

在江山市第十六届人民代表大会第五次会议上

（2021 年 2 月 2 日）

各位代表：

现在，我代表市人民政府向大会报告工作，请予审议，并请市政协委员和其他列席人员提出意见。

一、2020 年政府主要工作和“十三五”规划执行情况

2020 年极不平凡。这一年，面对突如其来的新冠肺炎疫情，市政府在上级党委政府和市委的坚强领导下，在市人大、市政协的监督支持下，全面贯彻衢州市委“1433”发展战略体系和江山市委“融衢接杭”战略举措，围绕打造“一地三区”目标，以小康决胜年、招商突破年、项目攻坚年、产业创新年“四个年”活动为载体，万众一心战疫情、凝心聚力谋发展、心无旁骛抓落实、全心全意惠民生，较好地完成各项目标任务。预计全市实现地区生产总值 312.64 亿元，同比增长 1.6%；财政总收入 34.96 亿元，增长 8.6%，其中一般公共预算收入 21.31 亿元，增长 3.7%，增速均居衢州第一；社会消费品零售总额 150.06 亿元，增长 3.4%，增速居衢州首位；城乡居民人均可支配收入分别达到 51987 元、28415 元，分别增长 5.1%和 7.7%。

回顾一年来的工作，我们主要抓好了以下八个方面：

（一）奋力夺取疫情防控和经济发展“高分报表”。我们坚持人民至上、生命至上，全程闭环管控、精密智控，取得疫情防控阶段性胜利，1 个集体、4 名个人获省抗疫表彰。同时，全力推进复工复产，出台企业用工“十二条”、金融“刚性五条”等高含金量帮扶政策，全力为中小微企业、个体工商户纾难解困，累计实现“五减”12.08 亿元。贯彻落实省争先创优行动，实现“三季进、全年赢”目标，农户小额普惠贷款“江山模式”成为衢州唯一入选省最佳实践案例。克服江化关停、能源双控不利影响，实现规上工业增加值增长 1.9%。实现“小升规”54 家。发布“浙江制造”标准 4 个，获“品字标”证书 3 张。新增高新技术企业 29 家、省科技型中小企业 58 家、省首台（套）产品 4 个。江山欧派、科润分别入选省成长性最快百强企业、省“隐形冠军”培育名单。永利百合、研一新材料、澳宇新材料等项目建成投产。建成小微园 2 个、入驻企业 11 家。江东工业园通过省级化工园区认定。重拳推进低效工业用地处置，收储低效用地企业 18 家，盘活工业用地 433 亩。深化智能制造提质扩面行动，实施智能化改造项目 82 个、产品智能化项目 30 个，培育省级智能工厂 2 家。聚力打造“中国数字消防第一城”，成功举办数字消防产业暨江山人发展大会，回归消防工程企业 102 家，实现营业收入 2824 万元。蔓芭网络等电商总部项目落地，网络零售额增速全省第二。开展“村播”活动 847 场，

带动农特产品销售8.3亿元。成功争列省物流综合改革创新试点、省金融服务综合改革试点、省数字生活新服务样板县。出台建筑业扶持政策，新增一级施工企业1家。仙霞关旅游综合体开工建设。西坡箬山、山田花舍等高端民宿开业运营。贺村星级酒店完成主体建设。东方文华获评金鼎级特色文化主题饭店。

（二）凝心聚力大干项目、干大项目。295个重点项目开工建设，3个省市县长工程落地开工，全年完成投资111.3亿元。4个项目争列省重点，争列数及体量均居衢州首位。通景公路、姜家公路建成通车。杭衢高铁江山段、桑淤大桥、迎宾大道延伸工程破土动工。江玉公路启动土地征收。江衢快速路开展线位方案论证。可津家居、网营物联投入运营。欧派特种门窗产业园、天际未来工厂、开洋全屋定制产业园开工建设。增设驻深圳、上海招商局，新引进亿元以上项目42个、10亿元以上项目6个。坚膜科技、南方建材、省交通安全设施产业园等重大项目签约。坚持腿勤脑勤、跑部进厅，共争取国省级试点22个、资金58.09亿元、债券16.5亿元。获4.5亿元省区域协调专项激励资金。土地整治“4138”工程扎实推进，共垦造、复垦各类土地2.3万亩。全力推进“十类地”综合处置，争取奖励指标创历年新高、衢州第一。重磅出台“人才新政”3.0版，新增省级博士后科研工作站3家。

（三）系统思维加速破题破难。聚焦提升城市转型时期特色竞争力，高标准高质量完成城市发展战略、中心城区总体城市设计和开发区产城融合规划。编制完成综合交通战略规划、学校布局专项规划，加快推进卫生医疗专项规划。江东新城及虎山片区城市设计启动国际化招标。重构“四个一”征迁新体系，城南新城征迁势如破竹、两战全胜，尤其是城南二期仅用27天即签约378户。杭衢高铁88户、江东园五期90户分别仅用3天、10天实现“清零”。江化实现平稳关停。国资改革全面“破冰”，建立“1+4”国资公司框架，城建投、开建投实现AA信用评级，交投完成挂牌。上余贺基全域土地综合整治与生态修复项目采矿权成功出让。铁腕推进砂石资源整治，关停非法制砂点57处、重点工程临时制砂场5处。

（四）决战决胜“三大攻坚战”。高质量完成脱贫攻坚目标任务。实现家庭人均年收入8000元以下、“两不愁三保障”突出问题、集体经济薄弱村“三个清零”。低收入农户人均可支配收入增速居26个加快发展县第一。重点领域风险防控有力。扫黑除恶专项斗争圆满收官。安全生产形势持续稳定。道路交通安全实现事故数、死亡数“双下降”。大峦口“6·30”抗洪抢险工作获省委主要领导批示肯定。生态环境持续改善。出境水水质稳定达到Ⅱ类水标准，空气质量优良率达95.6%，获评“中国天然氧吧”。成功创建省大花园示范县建设单位。创建“美丽河湖”2条、“美丽牧场”9家、“污水零直排区”24个。生活垃圾焚烧发电项目顺利点火调试。第一轮中央、省环保督察反馈问题和信访交办件全部销号。

（五）全力提升城市品质。实施城市品质提升“1+8”专项行动。做好通禄门未来社区等片区城市设计，启动给排水、城市绿地系统、城市亮化等专项规划编制。江滨路封门溪段水毁重建、北关大桥加固维修工程完工。3760个城区停车位完成智能化改造。西山综合景观、乌木山公园一期向市民开放。城东入城口完成景观改造。鹿溪广场、天余小区等4个口袋公园建成投用，江滨路、北关路等11条道路完成绿化提升。完成鹿溪南路、南门路等路段2.8公里雨污分流改造及“白改黑”。鹿溪北路实现杆线入地。第二污水处理厂提标改造完成。永安里D级危房连片改造项目主体完工。综合交通客运枢纽建成投用，虎山运动公园、文化艺术中心二期、档案馆迁建等项目主体完工。城市大脑（一期）建成投用，智慧医疗、助残服务等场景上线运行。开展市容市貌整治“四大行动”，拆除解放路、鹿溪路等城区主干道户外广告1288起。完成34个机关单位“拆墙透绿”。

（六）高质量推进乡村振兴。“衢州有礼”诗画风光带深入推进，华欣湖羊、汇农蛋鸡、食用菌产业园加快建设，江山港流域综合治理工程双塔、上余、凤林3个标段基本完成。成为衢州唯一入选全国新一轮农村宅基地制度改革试点县。成功列入省级乡村振兴产业发展示范县。大桥镇入选全国农业产业强镇。深入实施“千万工程”，新增新时代美丽乡村80个、幸福乡村25个、“一村万树”示范村28个。改造提升“四好农村路”41.4公里，获评省万里美丽经济交通走廊示范县。浔里、清漾入围全国乡村旅游重点村。贺村、廿八都上榜首批美丽城镇省级样板。张村、塘源口获评省森林城镇。

（七）倾心尽力增进民生福祉。农村饮水达标提标等十件民生实事按期完成。低保标准、特困供养标准月均分别增资80元、91元。困难群众资助参保和医疗救助实现全覆盖。社会救助中心主体完工。残疾人低保家庭危房改造数量、资金均居全省首位。村（社）“儿童之家”“残疾人之家”实现乡镇全覆盖。连续六年承办全国新年登高健身大会。高考实现“七连增”，高水平大学录取人数逐年提升，义务教育教学质量进步明显。四都等8所公办幼儿园投用，新增学位1050个，实现乡镇公办园全覆盖。人民医院启动“三乙”创建。妇保院与浙大儿院结为协作医院。中医院、妇保院核酸检测实验室投用。国家卫生城市通过省级复查。江城菜市场建成投用。完成第七次人口普查登记工作。与此同时，政府咨询、国防动员、侨务、工会、妇女、青少年、老龄、通信、慈善、人口计生、关工委、红十字等事业都得到了新发展。

（八）全面提升政府治理效能。深入实施政府“两强三提高”行动计划，“最多跑一次”改革向公共场所、公共服务、社会治理延伸扩面，政务服务网办率达90%，体育改革做法获《领跑者》刊发推广。落实市长重点工作交办、每周钉督、市领导周末督查项目机制，形成政府工作抓落实双回路闭环体系。“县乡一体、条抓块统”改革试点深入实施。主动接受人大法律监督、政协民主监督，办理人大代表建议318件、政协委员提案178件。“七五”普法圆满收官。获评全国公共法律服务先进集体、省法治政府建设考核先进单位和县乡法治政府建设“最佳实践”。从严从实推进省委巡视和审计整改。党风廉政建设和反腐败工作扎实推进，政府公信力不断提升。

各位代表，过去一年，虽然困难和挑战前所未有，但我们欣喜地看到，江山正自内而外发生着深刻变化。首先是格局视野在变，我们以更高的站位、更宽的视野、更大的格局，重新审视江山、定位江山、发展江山，构建了新体系、新规划、新打法，江山正加速突破思维定势、摆脱路径依赖、走出既定格局、迎来全新机遇。其次是干事氛围在变，顶层设计、系统思维、精准破题越来越成为大家的共识，敢于担当、勇于创新、善于作为正逐步成为工作主旋律，特别是通过一场场硬仗、一次次攻坚，广大干部群众干事创业积极性和精气神得到有效激发，这是我们阔步迈向“十四五”的最强底气、最大动力。

2020年各项目标任务的顺利完成，标志着“十三五”胜利收官。回首过去五年，我们不忘初心、牢记使命，全力以赴稳增长、调结构、促改革、惠民生，较好完成“十三五”规划主要目标任务。

这五年，综合实力进一步增强。地区生产总值跃上300亿元台阶，人均地区生产总值突破6万元。财政总收入年均增长7.6%。社会消费品零售总额达到150.06亿元，年均增长9%。城镇、农村人均可支配收入年均分别增长8.4%和9.2%。城乡居民人均可支配收入比1.83：1，连续20年优于全国、全省平均水平。首获全省26县发展实绩考核第一名历史佳绩。

这五年，产业转型进一步加快。实施全面振兴工业三年行动，完成“小升规”企业222家。“1+3+2”重点培育产业占规上产值达66.1%。门业产业成为首个百亿产业。江山欧派成为中国木门“第一股”，恒亮蜂产品等4家企业挂牌新三板。网络零售额在衢州率先突破百亿大关。江郎山·廿八都旅游区成功创建国家AAAAA级景区。入选首批国家全域旅游示范区。全市游客接待量较“十二五”实现翻番。连续三届入选河姆渡杯粮食生产先进县。江山绿牡丹茶、江山猕猴桃获国家农产品地理标志认证。

这五年，开放格局进一步打开。实施“融衢接杭”战略，主动融入区域一体化、长三角一体化，改革创新力度不断加大。杭衢高铁江山段开工，江广公路、48省道延伸工程建成通车。异地商会实现副省级以上城市全覆盖。山海协作工作连续四年省考核一等奖。浙大紫金、江山—江干科创飞地建成投用。江山—沐川扶贫协作三年行动圆满收官。“最多跑一次”改革和政府数字化转型加快推进，连续3年上榜赛迪全国县域营商环境百强榜。农村土地确权登记颁证、户籍制度改革、机构改革、公车改革等顺利完成。

这五年，城市能级进一步提高。城市建成区面积从15.8平方公里扩大至18.7平方公里，城镇化率提高至58.86%，新增城区道路22.39公里、城市绿地92公顷。西山西路、北关大桥东接线顺利通车。通禄门片区、汽车城二期等历史遗留征迁项目成功“清零”。新设立清湖街道。金陵大酒店、君澜国际成功创建五星级旅游饭店。浙西地区规模最大的城北旅游休闲综合体投入运营。西山“三泉”恢复保护工程建成开放。获评国际花园城市、国家卫生城市。

这五年，美丽乡村进一步蝶变。持续打造中国幸福乡村升级版，荣膺首批省美丽乡村示范县，成功承办全省美丽乡村和农村精神文明建设现场会，实现省新农村建设优秀单位“十连冠”。A级景区村庄实现乡镇全覆盖。成功创建部省共建乡村振兴示范县、省“四好农村路”示范县。全力打好污染防治攻坚战，四夺“五水共治”大禹鼎，捧回衢州首座“大禹鼎银鼎”。获评省级生态文明建设示范县。森林覆盖率上升至69.51%，获评国家森林城市。

这五年，民生事业进一步发展。实现以峡口水库为主水源、碗窑水库为备用水源的“双水源供水”，农村自来水普及率达99.9%。打响“学在江山”品牌，锦绣江外、开发区小学等23所学校投用，增加学位1.63万个。实现教育基本现代化。医共体、医联体落地运行。第二人民医院、城北医学康复中心建成投用。建成农村文化礼堂168家。在衢州率先实现城乡公交一体化，建制村客车“村村通”。成功创建省食品安全市。连续九次荣膺省双拥模范城称号。平安建设实现“十连冠”，捧回“平安银鼎”。

这五年，政府建设进一步加强。常态化、制度化开展“两学一做”学习教育，“不忘初心、牢记使命”主题教育成果持续巩固，政府系统党的建设扎实推进。主动接受人大法律监督和政协民主监督，累计办理人大代表建议1639件、政协提案1321件。坚持依法行政，严守中央八项规定等各项纪律，坚决落实巡视整改，强化审计和司法监督。“三公”经费较“十二五”时期下降65.4%。全国基层政务公开标准化规范化试点通过国家级验收并获全省优秀。乡村振兴、脱贫攻坚、学前教育、大花园建设获省政府督查激励。

各位代表，艰难方显勇毅，磨砺始得玉成。这些成绩的取得，是上级党委、政府和市委正确领导，市人大、市政协监督支持的结果，是全市广大干部群众万众一心加油干、攻坚克难拼命干的结果！在此，我谨代表市人民政府，向辛勤工作在各条战线上的广大干部群众，向给予政府工作有力监督和支持的人大代表、政协委员，向民主党派、工商联、无党派人士、人民团体、社会各界人士，向驻江部队官兵、消防救援队伍，向所有关心支持江山建设与发展的同志们、朋友们，表示衷心的感谢和崇高的敬意！

在肯定成绩的同时，我们也清醒认识到，我市经济社会发展还存在不少困难和问题。一是经济持续回升向好的基础尚不稳固，发展速度偏慢、产业结构偏重、平台承载不强、科技创新较弱等长期性、系统性问题尚未得到根本解决；二是开放度和包容性与发达地区仍有较大差距，思维、理念、格局有待进一步提高；三是城市能级低，卫生、教育、养老、交通等基础设施欠账较多，优质公共服务供给相对不足；四是金融、生态环保、安全生产、工程招投标等领域还存在风险隐患，防范化解风险任务依然艰巨；五是部分干部的担当精神、专业素养、法治思维与新时代发展要求不匹配、不适应。对此，我们一定正视问题、直面挑战，采取有力措施，切实予以解决。

二、“十四五”时期的主要目标和任务

“十四五”时期是我国全面建成小康社会、实现第一个百年奋斗目标之后，乘势而上开启全面建设社会主义现代化国家新征程、向第二个百年奋斗目标进军的第一个五年。根据中共江山市委《关于制定江山市国民经济和社会发展第十四个五年规划和二〇三五年远景目标的建议》，市政府编制了《江山市国民经济和社会发展第十四个五年规划和二〇三五年远景目标纲要（草案）》，提请大会审议。经本次大会批准后，市政府将认真组织实施。

“十四五”时期经济社会发展总体要求是：高举习近平新时代中国特色社会主义思想伟大旗帜，深入贯彻党的十九大和十九届二中、三中、四中、五中全会精神，统筹推进“五位一体”总体布局，协调推进“四个全面”战略布局，深入贯彻落实“八八战略”“八个嘱托”“八大任务”，对标衢州市委“1433”发展战略体系、争创四省边际社会主义现代化先行市的总目标，朝着高质量、现代化的江山大花园奋斗目标，全力打造“一地三区”，接续深化“两轮驱动”“融衢接杭”战略举措，在构建新发展格局中奋勇争先，在打造“重要窗口”中展现作为，为高水平建设社会主义现代化开好局、起好步。

“十四五”时期经济社会发展的主要目标为：在质量效益明显提升基础上实现经济持续健康较快发展，到2025年，地区生产总值总量确保450亿元、力争480亿元，一般公共预算收入、城乡常住居民人均可支配收入年均增速高于GDP增速，R&D经费支出占GDP比重达到2.5%，经济总量在全省排位稳步上升，衢州龙头地位更加巩固，争创社会主义现代化先行市（县）。

实现上述目标，必须重点抓好以下六方面任务：

（一）努力打造四省边际智能制造强市（县）。以智能化生产、网络化协同、个性化定制、生产性服务为重点的智能制造达到全省先进水平，力争规上工业企业实现数字化改造全覆盖，跻身四省边际35县（市、区）第一方阵。“1+3+2”重点培育产业形成高端化、集群化发展态势，至2025年，门业（家居）产业率先迈入500亿元产业集群，形成若干百亿级产业集群，工业总产值翻一番，突破800亿元。加快创新驱动和股改上市步伐，至2025年，力争新培育上市公司4家、高新技术企业120家、科技型中小企业300家。着力打造高能级产业平台，加快经济开发区整合扩容、挖潜提升、产城融合步伐，至2025年，进入省级经济开发区前30强。

（二）努力打造中心城市品质幸福之城。围绕“品质+智慧”，建设高能级美丽城市，至2025年，常住人口城镇化率由58.86%提升至63%。聚焦老城有机更新，完

成全市所有老旧小区综合改造，成功打造大润发广场商业综合体、通禄门未来社区、风情鹿溪等城市新风景线。聚焦新城赋能，优化完善交通体系，补齐服务功能短板，基本建成城南产业新城、江东未来社区、城北科创小镇，全面提升城市能级和特色竞争力。聚焦城市精细管理，以城市大脑为牵引，加快建立智慧交通、智慧城管、智慧环保、智慧社区等应用场景，至2025年建成15分钟幸福生活圈。聚焦民生保障，加强普惠性、基础性、兜底性民生建设，持续打响“学在江山”“健康江山”“运动江山”等品牌，推动幸福民生升级。

（三）努力打造区域协作开发开放枢纽。抢抓长三角一体化、省“四大建设”等发展战略，主动拥抱四省边际城市群、杭州都市圈，全面推进开放大通道、大平台、大环境建设，打造浙皖闽赣四省边际区域中心。突出交通先导，建成杭衢高铁江山段、江衢快速路，积极推动杭深高铁（衢武段）、甬金衢上高速、丽江上高速、江遂公路、江山江航道建设，打造“衢州同城半小时通勤圈、杭州一小时高铁圈”。大力发展现代物流业，建成公铁联运无水港、公路物流整合运营中心等项目，打造四省边际物流集散地。迭代升级新一轮山海协作机制，紧密对接杭州、绍兴以及上海、深圳等发达地区，形成“全方位、深层次、多领域、立体化”协作新格局。

（四）努力打造诗画浙江最美核心花园。系统推进国家级生态文明示范县、仙霞岭国家自然保护区创建，强化国土空间管控，推进山水林田湖草生态保护修复。全面融入钱塘江唐诗之路和浙皖闽赣国家生态旅游协作区建设，着力培育江郎山—廿八都千万级核心景区，打造全国一流的休闲旅游目的地。以“衢州有礼”诗画风光带为主平台，依托“百里须江·美丽长廊”，串联城市、景区和乡村，加大土地流转、商业策划和招商推介力度，实现六次产业全部打通融合。高水平打造幸福乡村，推进村庄搬迁、人口集聚，统筹做好农村宅基地制度改革、农房整治“后半篇”文章，加快“三农”领域综合集成改革。

（五）努力打造四省边际文化文明高地。深化“八个一”系列有礼活动，全面打响“衢州有礼·锦绣江山”品牌，全力争创全国文明城市。优化城乡文化资源配置，推进农村文化礼堂、乡村振兴讲堂等融合共建，加强历史文化、重点古镇、古村落等保护开发，全面提升公共文化服务水平。深度挖掘“4+1”区域特色文化和优秀传统文化内涵，实施“城市记忆工程”，推进江山婺剧、廿八都木偶戏等传承保护、品牌培育。激发文化创新创造活力，重点培育文化创意、微电影、文化旅游、非遗、红色研学等产业，助推西砚、彩陶、民俗饮食等发展，推进文化与旅游、体育等产业跨界融合发展，打响江山文化品牌。

（六）努力打造中国之治县域治理标杆。深化“县乡一体、条抓块统”改革，围绕“主”字形体系架构、“王”字形运行机制，做优矛调中心，做强基层治理“四平台”，打响“网格+”县域治理品牌，形成整体智治、高效协同的治理新格局。突出数字化转型引领，全面推进“一件事”集成改革，深化“互联网+政务服务”，打造中国营商环境最优城市。推进数字赋能基层治理，以政务服务2.0改革为契机，形成“市、乡、村”一体互动、高效便捷的便民服务体系，提升百姓幸福感、生活便捷性。健全安全生产和防灾减灾救灾机制，推进应急管理体系和应急管理能力现代化，建设更高水平的平安江山。

三、2021年政府主要工作

2021年是建党100周年，也是“十四五”开局之年。五年看头年、开局最关键。当前，江山正处于“标兵渐远、追兵渐近”“不进则退、慢进也是退”的紧要关口，我们要把“强力攻坚突破、强势开局起步”作为政府各项工作的主旋律、总基调，拿出“开局就是决战、起步就要冲刺”的状态，鼓起“一天当三天用”“一年干三年活”的劲头，冲锋冲刺、决战决胜，奋力迈好第一步、展现新气象。

今年政府工作的总体要求是：高举习近平新时代中国特色社会主义思想伟大旗帜，深入贯彻落实党的十九大和十九届二中、三中、四中、五中全会、中央经济工作会议、中央农村工作会议以及省委、衢州市委、江山市委全会精神，坚持稳中求进工作总基调，立足新发展阶段，贯彻新发展理念，构建新发展格局，以推动高质量发展为主题，以深化供给侧结构性改革为主线，忠实践行“八八战略”，坚持底线思维、系统观念，聚焦聚力高质量发展、竞争力提升、现代化先行，深入实施税源工程、富民工程，奋力开好局、起好步，以优异成绩庆祝建党100周年。

全市经济社会发展的主要预期目标为：地区生产总值增长7.5%以上；R&D经费支出占GDP比重达到1.9%；一般公共预算收入增长8%，城乡居民人均可支配收入分别增长8%、10%；节能减排指标完成上级下达目标任务。

根据上述总体要求和预期目标，新的一年，重点要做好以下六方面工作：

（一）坚定不移推进项目攻坚新突破

打好招商引资突破战。招商引资是决定江山发展的“生命线”，招商不突破，一切都无从谈起。必须坚持招商引资“一号工程”不动摇，重构招商体系、优化招商打法，全链条推进重大项目招商。抓实“产业研究+主体研究”，围绕“1+3+2”重点培育产业，全面梳理产业发展趋势和头部企业，画好产业树和招商地图，精准建立靶向招引清单，努力引进外溢型产业、产业链的“链主”型企业。抓实“信息收集+信息研判”，加强专职招商队伍建设，设立专业化招商公司，建立市场化招商队伍，强化商会招商、驻点招商、飞地招商、大数据招商。出台“招大引强”政策，加强与中介机构、基金公司合作，创新“基金+股权+项目”招商模式。抓实“商务谈判+落地服务”，科学分析招商项目的投入产出比，算好长远账、整体账，健全招商项目绩效考评、跟踪服务机制。力争全年新引进亿元以上项目42个，其中10亿元以上项目5个、20亿元以上项目3个。

打好重点项目攻坚战。牢固树立“项目为王”理念，以大投入支撑大发展、增强大后劲。重点推进422个实施类项目，力争全年完成投资122亿元以上。迭代升级项目工作机制，建立项目全生命周期监管系统，打通“谋划、决策、推进、评价”四大环节，形成“可研—立项—规划—招标—施工—竣工—验收—审计—投产”的项目工作闭环。坚持专业化谋划，办好项目谋划擂台赛，引进专业策划团队，力争新储备优质项目100个以上、30个重大前期项目转化实施。坚持精准化决策，落实“4421”项目工作体系，精准把控用地规模、投资规模、建设规模，力争选好最佳主体、最优方案。坚持专班化推进，建立重大项目前期专班，开展重点项目集中开工和“互看互学互比”活动，常态化开展市领导每周督查项目机制，锁定目标、挂图作战，用进度说话，用数据说话，用实绩说话，营造“比学赶超”浓厚氛围。坚持绩效化评价，强化跟踪审计、竣工决算审计，加快项目投产达产。定期开展项目体检，加强合同管理和标后监管服务，开展招投标专项整治，完善信用评价机制，提高项目管理水平。

打好要素供给总体战。全力争取资金、指标、试点和政策支持，新增建设用地指标2000亩，加快推进峡口镇全域土地综合整治国家级试点建设。加大土地整治和全域土地综合整治力度，重构生产、生活、生态空间，新增建设用地复垦3000亩、垦造耕地5000亩、旱改水800亩，打造峡口镇合新片区土地整治、贺村镇贺坛沿线低效工业用地复垦等示范点。加快“十类地”综合处置，力争完成低效工业用地处置 300 亩以上。开展征迁大会战，成建制、大兵团推进江化、莲华山工业园等区块征迁，计划征收土地 4189 亩。构建“大科创、大三农、大文旅、大商贸”财政政策体系，力争完成非公开发行公司债 40 亿元以上，提高资金保障能力和使用绩效。围绕产业链完善人才链，精准绘制人才地图，建强领军人才、技能人才、教育医疗人才、乡土人才梯队。

（二）坚定不移推进产业发展新突破

全面提升制造业竞争力。坚持把工业发展作为产业发展的头等大事，久久为功、善作善成。推进产业集群化，大力实施制造业产业基础再造和产业链提升工程，力争“1+3+2”重点培育产业规上产值年均增速达 10%以上。启动门业产业千亿集群发展行动，打响中国“木门之都”品牌；实施装备制造业改造提升“四大工程”，推动电力电气设备智能化、小型化、特色化发展；支持消防应急产业瞄准细分领域、专业市场，深化国家消防应急产业示范基地建设，打造“数字消防第一城”；抢抓“双循环”重大机遇，加快布局发展健康食品、体育用品、生物医药、纺织服装四大版块；以江东园区扩容为契机，大力发展锂电池、精细化工等新材料新能源产业。以大项目支撑产业大发展，推动南方绿色建材产业园等项目落地建设，开工建设欧派竹梦产业园、省交通安全设施产业园，加快天际未来工厂、研一（二期）、双氧水技改扩建等项目建设，力争永利百合二期、科润高端装备产业园等建成投产。推进产品品牌化，鼓励企业主动参与国家标准、行业标准制订，新增“浙江制造”2 个、发明专利申请量 150 件、PCT 国际专利 2 件。推进生产智能化，以建设木门行业智能制造示范市为抓手，持续开展智能制造提质扩面三年行动计划，新增智能制造提质扩面项目 50 个、产品智能化项目 15 个，实现规上工业企业数字化改造覆盖率 45%。推进用地高效化，持续深化“亩均论英雄”改革，倒逼绩效评价等次为 C、D 类的企业提升，实现开发区亩均税收 2 万元以下工业企业全出清。打好转型升级、外拓市场、全产业链融合等建筑业发展“组合拳”，力争总产值增长 10%以上。

培育壮大数字经济。牢牢把握数字经济发展的规律和趋势，实施数字经济发展五年倍增计划，推动数字产业化、产业数字化，力争数字经济核心产业增加值增长 15%以上。大力发展数字消防，全力推进数字消防“八大任务”“五大基地”建设，新建数字消防产业小微园 1 个，新增亿元企业 3 家以上。建成数字消防创新大厦，加快建设消防电商云、海康萤石云，推进数字消防应用示范项目 3 个以上。大力发展数字电商，突出数据归集分析、文创融入、IP 打造，支持直播电商、社群电商、跨境电商等新业态、新模式，推动电商全产业链融合发展，确保网络零售额增长 20%以上。加快京东云仓、尚动等电商项目落地，积极引进快递分拨中心，降低企业物流成本。大力发展数字农业，加快推进农业农村数字化服务平台、数字农业工厂建设，推进数字经济新技术、新设施、新业态在农业农村领域应用转化。大力发展数字消费，深化省数字生活新服务样板县建设，加快传统市场向“新批发+新零售”转型，打造“5 分钟便利店+10 分钟农贸市场+15 分钟超市”的社区生活服务区。

大力培育企业主体。企业是江山经济发展最重要的力量。坚持扶优扶强，加快形成“百亿”龙头引领、骨干支撑的企业梯队。着力实施“凤凰行动”升级版，把上市公司培育作为重中之重，实施企业挂牌上市新五年行动计划，鼓励企业并购重组、战略合作，科润完成申报上市，科力实现一轮股权融资，驰骋挂牌新三板，天际完成股改。着力实施“雏鹰行动”，紧盯优势产业、优秀企业，拿出更多更大的支持力度，加快培育“专精特新”“隐形冠军”，支持科润、科力争创省“隐形冠军”企业，培育“小升规”企业15家以上。新增国家高新技术企业12家、省级科技型企业35家以上。着力实施企业家素质提升行动，培育一批“有力量、有闯劲、有传承、有口碑”的新生代企业家和青年创客。着力实施“三服务”升级行动，坚持“好时不扰、难时出手”，落实重点企业“一企一策”服务方案，开展全程服务、精准服务、联动服务。持续落实减税降费政策，加快涉企政策兑现。

打造高能级产业平台。一流的平台承载一流的企业，一流的企业孕育一流的产业。以产业新城定位、产城融合理念，坚持“补课+超前”，实施大征迁、大整治、大配套，提升平台承载力、吸引力，力争2022年跻身省经济开发区35强。提升管理能级，全面完成开发区社会管理职能剥离。提升空间能级，完成莲华山礼贤、朱坞垄、松毛岗区块征迁，打造3000亩以上连片产业开发平台。提升配套能级，全力破解水电气网等生产性配套短板，加快热源点、110千伏变电所前期，布局建设江东污水处理厂、工业垃圾处置中心，降低企业生产经营成本。聚焦企业用工、教育、医疗等“关键小事”，开工建设莲华山、城南产业邻里中心，建设职工公寓2600套、蓝领公寓700套，谋划实施开发区二小、江山职业学校。加快贺村与经济开发区深度融合，启动江贺公路沿线综合整治，推进江贺一体化建设。

（三）坚定不移推进城市能级新突破

实施老城有机更新行动。强化规划引领，完成国土空间规划编制，做好中心城区、老城区等重要地块有机更新城市设计。坚持“系统联动、整体推进”，实施老旧小区改造三年行动，实施江滨二区、江东三区、永泰里等9个老旧小区综合改造，实现老城“一年一变化、三年大变样”。全面实施集路网、景观、供电供气、城市家具等为一体的道路综合改造工程，完成环城西路、中山路等8条道路改造。加快天然气管道进区入户。聚焦“行车难”“停车难”，启动江滨路下穿城中路地下通道、江二中地下停车接送系

江郎山飞行基地

统建设，谋划西山隧道、城中路延伸等项目。聚焦“人本化、生态化、数字化”，加快大润发广场商业综合体、通禄门未来社区建设。完成南门路及环城南路区块、鹿溪渠片区等地块征迁。

实施新城赋能行动。以国际化标准完成江东新城城市设计。坚持新城赋能、征迁先行，完成江化片区征迁并启动基础设施建设。优化城市路网体系，实施迎宾大道西延伸、景星东路延伸、江东大道南延伸、高新东路延伸等道路建设。启动高铁站房改扩建。完善跨江通道，加快建设桑淤大桥，改建清湖大桥，拼宽江山大桥。丰富新城配套及业态，启动城北、城东拆迁安置公寓楼建设，推进城东初中建设前期。加快城南商业综合体落地，推进欧派、江山虎等总部大楼建设。力争虎山运动公园、文化艺术中心二期等项目竣工投用。

实施景观提升行动。以中心城区总体城市设计为指引，理顺山、水、城、文之间的脉络体系，深度挖掘“一江三塔，九山十二溪”的山水人文禀赋，加快形成蓝绿交织的城市底色、山水交融的自然格局，打造“放眼皆是画，移步皆有景”的AAAA级景区城区。全面完成西山景观一体化改造，确保梅泉书院完工。完善城市水系专项规划，实施风情鹿溪项目，完成达岭溪、丰足溪等水岸同治。高品质打造虎山城市公园。实施周家青、解放南路等一批小游园、口袋公园、街头绿地，拓展公共开放空间。编制城市亮化专项规划，实施“一江两带”景观改造工程，打造标志性城市夜景景观轴。完成莲华山大道、清湖大道景观提升。加强城市重要节点、道路风貌管控，完成中山路、环城西路两侧建筑风貌提升。

实施城市管理提升行动。依托城市大脑，深化智慧城管、医共体等应用场景，构建智慧城市“四梁八柱”。开展城市“6项治乱+4大提升”专项行动，着力推进城区防盗窗专项整治，营造整洁有序城市形象。坚持“疏堵结合”，新增停车位200个以上，启用智慧停车系统，进一步规范城区停车秩序。以“五化”标准，改造提升西市街、江东、江城、云宾4个农贸市场。以“绣花”功夫做好市政设施养护、绿化美化亮化，建立一体化养护管理机制，力求“处处皆美景、无处不精细”。加快推进红色物业联盟、社会公益组织、“邻礼通”建设，充分激发市民主人翁意识，构建城市“共建共治共享”新格局。深入开展衢州有礼“八个一”实践活动，打造一座“最有礼的城市”。

（四）坚定不移推进乡村振兴新提升

推动农业高质高效。突出规模化，以现代农业产业园为发力点、突破口，扎实推进华欣湖羊、汇农蛋鸡、君缘食用菌等项目建设，加快顶尖大闸蟹、循环水养鱼等项目落地。打造全国标准化养蜂生产基地、南方猕猴桃新品种展示示范基地。新建、提质改造高标准农田1.7万亩、粮食生产功能区1.5万亩，持续抓好生猪稳产保供，保障粮食安全和重要农产品供给。突出融合化，以农产品加工为基础，以第三产业为新动力，促进产业间相互渗透、交叉重组、前后联动、跨界配置，助推恒亮、福赐德、星菜、红盖头等农旅融合文章做大做强。突出品牌化，充分发挥江山猕猴桃、江山绿牡丹等国家农产品地理标志品牌效应，压减低端供给，增加中高端供给。培育市级以上农业龙头企业5家，规范提升家庭农场、农民专业合作社等新型农业经营主体，争列全省家庭农场培育整县提升试点县。建设国家级农业产业强镇、特色农产品优势区各1个。

推动乡村宜居宜游。加快新时代美丽乡村建设，让乡村成为人们向往之地和投资创业热土。实施生态环境提升工程，推进PM2.5和臭氧“双控双减”，启动全域“污水零直排区”建设，出境水水质保持II类水标准，力争再夺大禹鼎。深入开展农村厕所革命、垃圾革命，新建规范化农村公厕100座，确保农村生活垃圾分类处理行政村覆盖率达90%。以钉钉子精神推进土壤污染防治，完成畜禽粪污资源化利用项目建设。扎实做好第二轮中央生态环保督察交办件后续整改。实施幸福乡村建设提升工程，以全新理念打造“未来村庄”，更多采用“微改造”，让村庄保留原有纹理，争创新时代中国幸福乡村25个、省级美丽乡村特色精品村5个、省“一村万树”示范村4个。新增AAA级景区镇2个，全市2/3以上行政村成为A级景区村。启动禁建自然村整村搬迁，加快城南、贺村、峡口3个万人集聚区建设。清湖、峡口、保安争创美丽城镇省级样板。

推动农民富裕富足。主动拥抱乡村经营时代，大力实施居民收入富民行动计划。打造富民平台，构建“衢州有礼”诗画风光带“一轴多片”格局，加快串点成线、连片成景，助推“美丽生态”向“美丽经济”转变。重点推进江郎山、廿八都核心版块建设，实施鸟语花香、烟雨江郎、仙霞古道修复提升等项目，打造3个省大花园耀眼明珠。以江山港流域综合治理工程串联三卿口、李坪、大夫第等精品村，全面推进沿江绿道、沿江公路、景观节点建设。打造富民产业，鼓励发展农村电商、休闲农业、餐饮民宿，持续推动一二三产融合。深化民宿发展三年行动，打造石门、廿八都、保安民宿集聚区，加快云鹿宿集、春风江山宿集等中高端民宿招引，打响“江郎阙里”品牌。增强村级“造血”功能，确保60%以上行政村集体经营性收入20万元以上。巩固拓展脱贫攻坚成果，坚决防止返贫和新致贫。做好村级换届“后半篇”文章，打造一支高素质农村干部队伍。

（五）坚定不移推进改革创新新突破

开放赋能。强化“沿海意识”，全方位融入长三角一体化、省“四大建设”、杭州都市圈、浙皖闽赣四省边际，推动规划融入、基础设施接轨、社会事业共享。突出交通先导，启动江玉公路建设，打通东融西进大通道。深化江衢快速路前期，加快杭衢高铁江山段、沿江公路改移工程建设，拓宽“融衢接杭”通道。谋划甬金衢上高速、丽江上高速、杭深高铁（衢武段）、江山江航道等重大交通项目。迭代升级山海协作机制，深化江山—柯桥山海协作产业园建设，新增2个山海协作乡村振兴示范点。着力稳外贸、稳外资，推动外贸企业出口回归，建设跨境电商综合试验区，创建中国（浙江）自贸试验区衢州联动创新区。

创新赋能。创新是引领发展的第一动力，科技是新一轮制造业发展的核心支撑。积极融入G60科创走廊和长三角区域创新网格建设，高质量打造“一心一镇三体三飞地”的科创平台新格局。聚焦开发区科创能级提升，开工建设开发区协同创新中心。加快城北科创小镇建设，布局建设一批众创空间、共享实验室（工厂）、“互联网+”科创平台。推进木门、数字消防、输配电三个产业创新服务综合体建设，筹建国家级消防产业检验检测中心和省木门产品质量检验中心。持续运营好浙大飞地、江山—江干飞地，积极打造上海飞地，赋能传统产业升级和新兴产业壮大。新增省级研发中心3家、衢州市工程技术研发中心4家以上。

改革赋能。围绕党政机关治理体系和治理能力现代化建设，深化政府数字化转型和“最多跑一次”改革。加快政务服务2.0建设，推进“掌上办事”“掌上办公”平台迭代升级，打造“无感办事之城”。加强政府数字化项目统筹，建设一批多业务集成协同应用项目。率先在惠企政策、民生等事项上实现“主动感知、精准推送、智能办理”。推进社会信用体系建设，力争全国城市信用状况监测继续走在前列。深化国资改革，科学构建人力资源配置体系、薪酬体系、绩效考核体系，提升资产管理、资本运作和项目建设能力，基本形成市场化运营体系，力争交投完成 AA 信用评级。着力推进全国农村宅基地改革试点，探索宅基地资格权“权票”制度，畅通“两进两回”和“两山转化”通道。持续深化招商引资、项目管理、绿色金融等改革创新。

（六）坚定不移推进民生福祉新提升

强化民生兜底保障。高质量完成十大民生实事项目。养老保险、医疗保险参保率保持在 98%和 99.6%以上。全力帮扶重点群体就业，全市城镇登记失业率控制在 3.5%以内。加快“1+8+X”大救助体系建设，稳步提高特困人员供养标准和低保、低边补助水平，推进救助对象向常住人口拓展，让每一个身处困境者都能得到社会的关爱和温暖。实施养老服务提质提标工程，完成 6 个乡镇（街道）困难老年人家庭适老化改造。加快建设灵山公墓等项目，实现节地生态安葬点行政村覆盖率 70%以上。启动江山烈士纪念馆和烈士陵园改造提升工程建设。研究制定“一城一策”，全力遏制房价过快增长。

提升公共服务水平。扎实推进“学在江山”建设，围绕新一轮教育布局专项规划，完成峡口小学（二期）、萃文小学迁建，改建城北实验学校，新建贺村新城初中。加强与顶尖教育院校和教育机构合作，引进名校办学理念、管理机制、师资力量，提升教育水平。持续抓好青少年近视防控，确保全市儿童青少年近视率下降 1%。强化大健康理念，优化城乡医疗布局，力争完成人民医院“三乙”创建，启动峡口卫生院迁建。深化医共体、医联体建设，加快引入品牌化、专业化医疗集团，满足群众多元化医疗服务需求。完善公共体育设施，加快形成城区 10 分钟健身圈。优化完善城乡公交基础设施建设和公交路线。拓展农村文化礼堂功能，突出婺剧、村歌文化等品牌建设。新建社区文化活动中心 2 个。

打造社会治理新格局。慎终如始抓好常态化疫情防控，坚持依法防控、科学防控、精准防控，深化“源头查控+硬核隔离+精密智控”工作机制，持续交出防疫高分报表。优化公共卫生体系建设，加强传染病防控。深化“县乡一体、条抓块统”改革，进一步畅通县级矛调中心、乡镇基层治理“四平台”、村（社）全科网格“三个枢纽节点”，加强“一长三员”队伍建设，提升县域整体智治、治理水平。常态化开展扫黑除恶，坚决打击黄赌毒、电信诈骗等违法犯罪活动。开展化工行业安全整治提升攻坚行动，坚决关停不达标企业。构建闭环管控的大平安机制，扎实推进第二轮安全生产综合治理三年行动，深化应急管理体制机制改革，守牢防汛防火、道路交通、地质灾害、安全生产、食品药品、社会稳定等各类安全底线。

同时，我们将继续加快政府咨询、国防动员、工会、妇女、慈善、人口计生、关工委、红十字等各项事业发展。

四、全力提升政府抓落实能力和水平

各位代表，发展的重任和人民的期盼，对政府工作提出了更高要求。我们将聚焦治理体系和治理能力现代化，始终牢记政府前面“人民”二字，坚持开放开放再开放、创新创新再创新、落实落实再落实，努力以崭新面貌、过硬成效不负重托、不辱使命。

（一）忠诚担当抓落实。坚持正确政治方向，牢固树立“四个意识”、坚定“四个自信”、做到“两个维护”，自觉用习近平新时代中国特色社会主义思想武装头脑、指导实践、推动工作。强化“功成必定有我”的责任担当，保持一抓到底的定力和韧劲，确保市委决策部署落地见效。

（二）系统专业抓落实。坚持系统观念、系统方法，加强全局性谋划、前瞻性思考、战略性布局、协同性推进。强化调查研究，做到目光所至看到问题、耳听范围想到问题、所思所想直面问题，不断提高解决问题、推动发展的能力。主动适应社会分工精细化专业化要求，下大气力提升干部专业知识、专业能力、专业素养、专业精神，推动江山勇争第一、敢创唯一。

（三）闭环高效抓落实。坚持“实在、实干、实绩”导向，对重点工作、重大项目实行量化细化闭环化管理，形成“督查协调再督查、协调督查再协调”的闭环，真正发挥督查督导“利剑”作用，不断提升政府执行力。进一步精简会议、压缩文件，最大限度减少事务性活动，把更多时间和精力用到干事创业、为民服务上。

（四）依法行政抓落实。学深悟透习近平法治思想，坚定不移走中国特色社会主义法治道路，提高政府决策的科学化、民主化、法治化水平。依法接受人大法律监督、工作监督，自觉接受政协民主监督，主动接受群众监督和舆论监督，提高人大代表议案、建议和政协委员提案办理质量。加强审计监督、统计监督。

（五）廉洁自律抓落实。锲而不舍落实中央八项规定及实施细则，驰而不息纠正“四风”。坚持政府“过紧日子”，严控“三公”经费支出，集中财力办大事、办实事。盯紧工程建设、项目招投标、土地出让等重点领域和关键岗位，强化监管、规范用权，始终保持反腐高压态势，确保政治清明、政府清廉、干部清正。

各位代表，诗和远方就在我们为之奋斗的这片热土，只要敢闯敢试敢为先，定能干出江山新明天！让我们更加紧密地团结在以习近平同志为核心的党中央周围，在市委的坚强领导下，在市人大、市政协的监督支持下，团结和带领全市人民，乘风破浪、勇往直前、只争朝夕，为深化建设江山大花园、加快打造“一地三区”、争创社会主义现代化先行市（县）而努力奋斗！

专　辑

推动县域治理现代化走在前列

江山大花园建设勇攀新高峰

江山市在自觉践行习近平总书记赋予衢州的“八个嘱托”，落实衢州市委“1433”发展战略体系中有哪些新变化？收获了哪些新成果？这场主题为“不忘初心攀高峰，建设江山大花园”的发布会，告诉了我们答案。本报特刊登发布会精彩内容，以飨读者。

江山地处浙闽赣三省交界，是浙江省西南门户和钱江源头之一。唐武德四年（621年）建县，1987年撤县设市，区域面积2019平方公里。江山是一个工业新城，是浙江省老工业基地、首批20个工业强市建设试点县之一，工业基础扎实，发展势头强劲。江山是一个旅游胜地，拥有江浙沪唯一的世界自然遗产、国家AAAAA级景区—

江城风貌（吴石忠 摄）

江郎山，自然景观独特，旅游资源丰富。江山是一个山水家园，境内森林覆盖率70.8%，有国家级森林公园1个、省级自然保护区2个，生态环境优美，宜居功能完善。江山是一个文化名市，孕育了清漾毛氏文化、江郎山世遗文化、仙霞古道文化、廿八都古镇文化以及村歌文化，历史人文荟萃，文化底蕴深厚。特别是江山的清漾村，是江南毛氏发祥地、毛泽东祖居地，毛主席是清漾毛氏第56代嫡孙，清漾村人才辈出，历史上出过8位尚书、83位进士。

近年来，江山市高举习近平新时代中国特色社会主义思想伟大旗帜，自觉践行习近平总书记主政浙江时期赋予衢州的“八个嘱托”以及对江山的重要指示精神。习近平总书记在浙江期间三次到江山，给江山市提出要抓好基层组织建设和和谐新农村建设的要求，突出把深化“八八战略”在江山实践、推动衢州“1433”发展战略体系在江山落地作为工作主线，立足江山发展实际，全力建设实力、美丽、活力、幸福的江山大花园。

1月1日，上万名登山爱好者再次齐聚江郎山脚下，以登高健身的方式喜迎2020年的第一缕阳光。这是江山连续第五年承办全国新年登高健身大会，也是连续第三年成为全国唯一中心主会场。这条全程9300米、6185级台阶的新年“攀登之路”，不仅让登高健身成为了江山人民喜闻乐见的体育运动，进一步提升了广大群众的健康水平和幸福指数；更让这种挑战自我、战胜自我、征服自我的“攀登精神”时刻浸润着、感染着每个江山人民，助推着江山在“推动县域治理现代化，建设江山大花园”的“攀登之路”上奋力向前、勇往直前、一往无前。

攀登之路，最令人感到振奋的是，我们首次获得省26个县发展实绩考核第一名！江山荣获2018年全省26个县发展实绩考核第一名的历史佳绩，这是对江山市始终坚持加快发展第一要务，成功推进工业、数字、美丽“三大经济”协同发展最好的证明。目前，江山市地区生产总值已连续9个季度保持7%以上增长，其中3个季度实现8%以上高位增长，主要经济指标继续领跑衢州、超过全省平均，发展态势持续向好。

江山市着眼传统产业转型升级、弯道超车，打出了一套以“上市+科技”“扶优+倒逼”“存量+增量”“企业+政府”为重点的工业振兴组合拳，江山欧派成为首家本土培育的主板上市企业，2018年江山市实现工业总产值410.88亿元，增长19.3%，增速创近7年来新高。特别是，江山抢抓机遇，先后争获了省智能制造试点、省木门产业创新服务综合体、省级高新技术产业园区创建等多个重大创新载体。

江山推进新兴产业加速抢跑、换道超车，大力培育以旅游产业为支撑的美丽经济和以电商产业为龙头的数字经济“两大”新兴产业。旅游人数和收入连续4年保持20%以上增长，旅游业增加值占GDP比重由2016年8.5%提高到2018年9.3%，江山也成为衢州唯一入选首批国家全域旅游示范区的市，全国71个，全省仅3个，标志我市旅游迈向了向“全域游”转型的新阶段。加快实施电商“十县百亿”工程，成功上榜阿里县域电商百强榜单，是衢州唯一入围的县（市、区），海康威视、迈微科技、赢家服饰等多个亿元级电商总部成功落地。就在2019年12月，国内安防龙头企业海康威视的全国消防运营总部正式在江山揭牌运营，这是一次优势互补、合作共赢的成功携手，江山将依托消防产业资源优势，利用大数据、物联网等数字技术，全力打造中国消防第一城。

攀登之路，最令人感到自豪的是，我们成功荣获有“绿色奥斯卡”之称的“国际花园城市”大奖！2019年12月13日，在意大利罗马召开的第19届国际花园城市竞赛全球总决赛上，江山市以C类城市第二名佳绩捧得银奖，跻身国际花园城市行列，再添一张国际级金名片。除了这张国际级的金名片，近年来，江山还先后成功拿下江郎山—廿八都AAAAA景区、国家卫生城市、国家森林城市、省首批美丽乡村示范县等多张国家级、省级金名片。

江山的乡村振兴迈开了新步伐。江山的乡村建设起步比较早，2003年开始落实浙江省委“千万工程”，2009年江山自主创新启动实施了“中国幸福乡村”建设，2016年荣膺全省首批美丽乡村示范县，2017年承办全省美丽乡村和农村精神文明建设现场会。17年来，历届江山市委市政府坚持一张蓝图绘到底、一任接着一任干，全市已创建中国幸福乡村95个，占行政村总数33%，成功认定省A级景区村庄148个，其中AAA级景区村庄27个，成功入选第一批部省共建乡村振兴示范省先行创建单位，走出了“两山”通道转换的新路子。特别是2019年以来，江山以落实衢州市委“3752”党建治理大花园顶层设计为核心，举全市之力，牢牢扭住“农房整治风貌提升”这个乡村振兴的“牛鼻子”，累计投入资金1.2亿元，拆除整治各类建（构）筑物65092宗265.7万平方米，拆出了乡村新空间，改出了乡村新面貌，整出了乡村新发展。

江山的城市能级实现了新提升。总投资15亿元的虎山运动公园、总投资3亿元的文化艺术中心二期等一批群众期盼多年的城市赋能项目顺利开工，综合客运枢纽、通景公路、西山西路等一批历史欠账多年的交通项目加快推进中，江山重要的城市记忆、文化符号西山“三泉”复建对外开放，西山绿道连续两年获评省十大最美绿道，西入城口成功创建省级精品示范入城口。与此同时，江山紧跟衢州“创文”步伐，启动实施了“城市品质提升”“城市交通畅行”“城市精细化管理”三个三年行动计划，不断提升城市能级。

攀登之路，最令人感到惊喜的是，我们成功引进首个单体投资规模最大项目！去年，江山市以“当年谈判、签约、落地、开工”的江山速度，成功引进了江山历史上单体投资规模最大的产业项目—总投资80亿元的“江郎山居”田园文旅颐养小镇。项目是支撑发展的最大动力，也是加快发展的根本抓手。

江山市坚持项目攻坚和要素保障共同发力，近两年有39个项目列入省以上重点建设项目计划，共引进10亿元以上重大项目8个，其中健盛、欧派、永利百合链传动、开洋全屋定制等10亿元以上制造业产业园建成投产，城北旅游综合体、江山港流域综合治理工程、网营物联智能供应链运营中心、浙西公铁联运综合物流等一批战略项目落地实施。

江山市连续3年部署开展项目征迁、土地整治、土地盘活等要素保障攻坚战，共90个征迁项目“清零”，完成土地征收2万多亩；实施垦造耕地2.9万亩，完成验收1.6万亩，复垦土地6069亩，均创历史纪录，为江山发展腾出空间、争得资金。

特别是江山市积极顺应长三角一体化发展大势，紧抓省委部署山海协作升级版、衢州打造杭衢山海协作升级版的有利契机，部署实施“融衢接杭”开放发展战略举措，加快融入衢州、对接杭州、深化区域协作，进一步让江山放开了眼界、放宽了心胸、放大了格局、放出了活力。目前，江山与杭州市下城区、江干区和绍兴市柯桥区全方位、多层次互动合作，产业、要素、民生等领域常态化、紧密化协作格局逐渐形成，首个市外创新飞地——浙大紫金江山科创飞地已入驻项目17个，引入博士团队5个，江山—江干科创产业双飞地正式签约。

攀登之路，最令人感到温暖的是，我们一同见证了许许多多的“江山最美”！用生命铸就警魂的90后警察朱津津、坚守大山30年的电工萧日法、最美儿媳毛丽丽等，一个个名字感动着我们、激励着我们，江山已成为一座“温暖之城、大爱之城”。这许许多多的“最美”是江山城市文明、城市风尚和城市精神的集中体现，更是江山始终坚持以人民为中心的发展理念，持续关注民生、改善民生最有力的印证。

江山坚持把百姓安、社会稳作为“大花园”的最终指向，切实强化民生保障，繁荣发展社会事业，2017年以来，累计投入民生领域资金136.81亿元，占一般公共预算支出80.99%，峡口水库引水工程顺利建成投用，率先完成城乡公交一体化建设。特别是聚焦精准扶贫、精准脱贫，全市低收入农户减少至3.43万人，低收入农户人均可支配收入增长到12260元，年均增幅在15%以上，相关做法得到省委省政府肯定。目前，全市城乡居民收入比缩小到1.89∶1，连续17年优于全省平均水平。

江山市持续深化“平安江山”“学在江山”“健康江山”“文化江山”建设，平安江山实现“九连冠”夺银鼎，近三年均未发生较大及以上安全生产责任事故；两年累计投资11亿元，新建35所校园，江山学子时隔8年再圆清北梦；持续优化城乡医疗资源、医共体、医联体加快建设，“双体贯通”走在全省前列；推出浙西地区第一台大型实景剧《你好江山》。

事非经过不知难。过去的一段时期，江山遇到的困难很多，面临的挑战不少，但我市直面形势、爬坡过坎，直面压力、众志成城，直面困难、克难攻坚，取得了可喜的成绩。更重要的是，在“推动县域治理现代化，建设江山大花园”的“攀登之路”上，江山积累了宝贵经验，值得一以贯之地坚持和发扬。

一是始终坚持用好党建统领这把“金钥匙”。2018年8月，江山发生了上余垃发项目群众集聚事件，面对内外压力和困境，在衢州市委市政府的坚强领导下，江山以党建统领打好“邻避项目”翻身仗，压实镇村主体责任，激活党员主体意识，发挥党员先锋作用，团结群众、教育群众、发动群众、依靠群众，2019年6月，项目实现原址落地、顺利重启开工。同样在2019年的6月6日，面对百年一遇的短时强降雨袭击，险情灾情异常严峻，江山紧紧依靠“三个三”基层党建工程，第一时间投入抢险救灾，切实把灾害影响降到最低。从垃发项目栽了跟头，到项目整体“势头向好”，再到“6·6”抗洪救灾“初展成效”，在江山，通过落实党建统领基层治理，彰显作用、发挥实效的案例还有很多，我们也深刻体会到党建统领是推进工作“活的灵魂”以及党建“三个用来”的丰富内涵，切实看到了党建“三个三”工程强大的战斗力、执行力、生命力，“党建统领”就是江山能够打好翻身仗、实现新提升的方向和指引，是基层治理的根本所在、优势所在，是江山必须用好的“金钥匙”。

二是始终坚持贯彻“最多跑一次”改革理念。“最多跑一次”改革是省委充分把握“八八战略”内涵，经过实践充分检验引领我省改革创新、推进治理现代化的关键路径。两年多以来，江山坚持将“最多跑一次”改革理念贯穿当前工作的方方面面，统筹推进各领域改革，多个改革案例入选《领跑者》《竞跑者》，成为衢州市唯一同时上榜小康杂志和赛迪顾问两大权威机构2018年全国县域营商环境百强“榜单”的县（市、区），赢得了市内外企业和群众的高度赞誉和好评。我们充分认识到在推进县域治理现代化的过程中，必须坚持把“最多跑一次”改革所蕴含的理念，落实到县域治理体系各方面全过程，才能不断破除发展瓶颈，激发发展活力，优化发展环境。

三是始终坚持融入市域统筹大格局。在经济新常态下，加快传统县域治理向现代市域治理转变是大势所趋，也是实现高质量发展的必然选择。具有战略意义的杭衢高铁，在衢州市委市政府统揽、统筹、统盘、统抓下，变不可能为可能，实现了延伸接轨江山的方案，并把先行开工点放在江山。2022年建成后，江山将多出一条50分钟直通杭州西站的高铁。同时，江山市正在谋划江山至武夷山建高铁的方案，这不仅是时空地域格局的转换，更带出了杭深高铁近海内陆线等重大战略性项目。未来的江山，将成为连接杭州湾和粤港澳“两大湾区”的战略节点。为此，江山要按照衢州市委提出的“省设计、市统筹、县搭台、乡整合、村做实、群众主体参与、数字技术支撑”的治理架构，坚持市域大统筹、部门大联动、要素大整合，真正做到全市一盘棋，大家一起推。

四是始终坚持发挥基层“首创精神”。尊重基层和群众的首创精神，是我国改革开放取得巨大成就的重要经验，也是推进发展的重要方法。就江山而言，无论是对接融入国家、省市重大改革试点，还是主动破解自身存在的体制机制问题，无论是在产业发展一线，还是在项目攻坚一线，都凝聚着江山干部群众“敢为人先”的气魄，这里不仅有一支忠诚干净、勇于担当、敢于创新的“江山铁军”，更有一群充满智慧、敢闯敢试、务实硬扎的“江山人民”。比如在坚持和完善基层治理体系中，江山市创新推行组团联村“1250”工作法、党群“1+7”、“三合一”示范点创建等举措，初步构建了具有江山特色的基层治理新格局。“五联模式”获中国城市治理创新奖，基层治理“四平台”入选衢州地区唯一省级试点。因此，我们既要自觉地从大局出发找定位、看问题、作决策，又要因地制宜、尊重规律、开拓进取，切实将上级各项制度、各项决策部署在我市创造性高效地落实，努力走出一条具有江山特色的高质量发展之路。

初心不忘，攀登不止，奋斗不息。当前，江山的发展格局已经越来越大、发展势头越来越好、发展信心越来越高。下一步，江山市将坚持以习近平新时代中国特色社会主义思想为指引，全力打造全国“两山”实践样板区、全域旅游示范区、乡村振兴先行区，向着“推动县域治理现代化，建设江山大花园”的高峰不懈攀登、不断前行！为加快建设“活力新衢州、美丽大花园”贡献江山力量、江山担当！

摘自《今日江山》2020 年 1 月 8 日

大 事 记

1月

1日 “中国体育彩票”2020全国新年登高健身大会中心主会场活动在江山市江郎山景区开幕。中国奥委会原副主席王宝良，国家体育总局群体司司长郎维、登高运动管理中心主任李致新、体育彩票管理中心副主任张建华，浙江省体育局副局长胡国平，衢州市人大常委会副主任朱建华，江山市领导童炜鑫和排球奥运冠军宋妮娜、皮划艇奥运冠军孟关良、攀岩世界冠军钟齐鑫等出席开幕式。

2日 省民政厅厅长、省慈善联合总会常务副会长王剑候率队到江山市，开展2020年春节节前走访慰问活动，并调研基层民政工作。

3日 市委常委会召开会议，传达学习中央经济工作会议、省委经济工作会议和衢州市领导干部会议精神。

同日 省林业局局长胡侠带队到江山市，在廿八都镇等地开展“服务企业、服务群众、服务基层”工作。

6日 “推动市域治理现代化，共建美丽大花园”江山专场新闻发布会在衢州市政府新闻发布厅举行。

同日 “最有礼的城市·最美的人”—衢州市道德模范暨第八届“最美衢州人”十大年度人物颁奖典礼举行。江山市赵江平入选十大年度人物，朱文、戴书方获十大年度人物提名奖。

同日 市第十六届人大常委会举行第四十二次会议，会议决定接受毛江妹辞去江山市人大常委会主任职务。

7日 市委书记童炜鑫赴双塔街道专题宣讲中共十九届四中全会精神，并前往人大代表联络站开展接待人大代表和选民代表活动。

8日 召开市委理论学习中心组（扩大）学习会暨市委工作务虚会。

10日 召开江山市“不忘初心、牢记使命”主题教育总结大会。

16日 衢州市百镇千村农民运动会在坛石镇上溪村开幕。

21日 江山市举行2020年迎新春企业团拜会。

22日 江山市召开市纪委十四届五次全体会议。

同日 江山市召开2019年度党委（党组）书记抓基层党建和人才工作述职评议会。

26日 江山市召开新冠肺炎疫情防控工作部署会，传达省、衢州市疫情防控工作会议精神。

27日 市委书记童炜鑫带队前往江山市境内省级边界防控卡点，实地督查新冠肺炎疫情防控工作。

31日 衢州市委书记徐文光到江山市，看望慰问奋战在疫情防控一线的工作人员，指导督查疫情防控工作。

是月 江山经济开发区入选国家应急产业示范基地。

是月 江山市通过国家知识产权强县工程考核验收。

是月 江山市十罗洋茶场入

选省级生态茶园示范基地。

是月 江山市残联获评全国残疾人体育先进单位。

是月 市政府正式批复同意“洪岩顶”更名为“红岩顶”。

2月

3日 市委常委会召开扩大会议，传达学习省委常委扩大会议和衢州市委常委扩大会议精神，对江山市新冠病毒感染的肺炎疫情防控工作情况和存在问题进行再梳理、再分析、再部署、再落实。

9日 江山市首支由5名医护人员组成的应急医疗队支援湖北省。

10日 召开全市“不忘初心、牢记使命”主题教育总结大会。

11日 市委常委会召开扩大会议，传达学习省委常委扩大会议和衢州市委常委扩大会议精神，研究部署江山市疫情防控、企业复工复产等工作。

14日 市委召开新冠肺炎疫情防控应急指挥部工作会议，听取企业复工复产准备工作落实情况汇报，研究部署分类分批有序组织企业复工和疫情防控工作。

19日 市委常委会召开扩大会议，学习贯彻习近平总书记在中央政治局常委会会议、中央深改委会议上的重要讲话精神和省委常委扩大会议、衢州市委常委扩大会议精神，进一步研究部署江山市疫情防控和企业复工复产等工作。

28日 市委常委会召开会议，传达学习习近平总书记在中央政治局常委会会议上的重要讲话精神及省委书记车俊在衢州督查指导疫情防控和复工复产工作时的讲话精神，研究部署江山市贯彻落实意见。

是月 市四套班子领导先后多次深入乡镇（街道）和企业检查疫情防控和企业复工复产工作。

3月

3日 衢州市委副书记、市长汤飞帆到江山市开展挂联区块服务发展工作。

4日 江山市一季度重点项目集中开工暨工业招商项目集中签约活动在可津家居产业园项目现场举行。

6日 市委常委会召开会议，传达学习习近平总书记在3月4日中央政治局常委会上的重要讲话精神。

9日 衢州市人大常委会主任居亚平率队到江山市开展“三服务”工作。

同日 衢州市春季农业生产现场推进会暨稻渔综合种养工作现场会在江山市大桥镇召开。

12日 童炜鑫、汪胜、郑朝基、胡炳泉等市四套班子领导，与广大机关干部、青年志愿者一起参加义务植树活动。

17日 衢州市委副书记、市长汤飞帆带队到江山市开展挂联区块服务发展工作。

18日 浙江省组建的12人中国抗疫医疗专家组赴意大利米兰，支援意大利抗击疫情，江山籍医师周华位列其中。

19日 市委常委会召开会议，传达学习习近平总书记在决战决胜脱贫攻坚座谈会上的重要讲话精神，以及全国、全省春季农业生产工作电视电话会议和省委农村工作会议精神，研究部署江山市脱贫攻坚相关工作。

23日 召开市政府第五十七次常务会议，听取《全市扫黑除恶专项斗争工作情况汇报》，审议并通过《江山市2019年度异地商会招商引资奖励情况》等议题。

24日 衢州市委副书记、市长汤飞帆带队前往峡口镇，围绕全域土地综合整治与生态修复项目开展挂联区块服务发展工作。

同日 江山市新冠肺炎疫情防控应急指挥部召开工作会议，传达学习习近平总书记在中央政治局常委会会议上的重要讲话精神、省委常委会会议精神和衢州市新冠肺炎疫情防控应急指挥部会商会部署要求，并就江山市近期疫情防控相关重点工作进行部署。

25 日 江山市召开河长制会议暨出境水水质提升保卫战部署会。

27 日 “健康江山动起来”启动仪式在江郎山倒影湖广场举行。

是月 省民政厅公布全省第二批农村引领型社区名单，江山市新塘边镇毛村山头村、清湖街道花园岗村、石门镇长山源村、双塔街道天余村和廿八都镇浔里村榜上有名。

是月 省乡村振兴领导小组办公室公布2019年度浙江省善治示范村认定名单，江山市贺村镇狮峰村和丰益村、峡口镇峡南村和连丰村、坛石镇坛石村和横渡村等24个村上榜。

是月 全市17家企业转产口罩保供应，开足马力日产口罩百万只。

是月 峡口镇广渡村入选浙江省第八批历史文化村落保护利用重点村。

4月

1 日 衢州市委常委、宣传部部长钱伟刚带队到江山市，督导新冠肺炎疫情防控和复工复产工作。

3 日 市委常委会召开扩大会议，传达学习习近平总书记考察浙江时的重要讲话精神，以及省委常委会扩大会议、衢州市委常委会扩大会议精神。

7 日 衢州市政协主席吴国升一行到江山市调研政协系统服务统筹推进新冠肺炎疫情防控和经济社会发展情况。

8 日 江山市召开新冠肺炎疫情防控应急指挥部会议，听取全市中小学开学返校和全市疫情防控工作情况汇报。

10 日 江山市召开全市机关干部大会暨产业创新发展大会。

12 日 江山市5名援鄂医疗队员在圆满完成驰援任务，并结束14天的集中休养后平安回到江山。

同日 “衢州有礼，文明有你”江山市全民提升“有礼指数”实践活动在西山健身广场启动。

13 日 衢州市委副书记、市长汤飞帆带队到江山市开展挂联区块服务发展工作。

15 日 市委常委会召开会议，传达学习习近平总书记在中央政治局常委会会议上的重要讲话精神以及省委常委会会议精神，研究部署江山市贯彻落实意见。

16 日 江山市召开双拥工作领导小组全体成员（扩大）会议暨全国双拥模范城创建部署会。

17 日 江山市召开全市政法平安信访工作暨扫黑除恶专项斗争部署推进会。

19 日 江山市召开市委理论学习中心组“深入学习贯彻习近平总书记在浙江考察时的重要讲话精神”专题学习会。

20 日至 22 日 江山市召开政协第十届江山市委员会第四次会议，听取和审议市政协常委会工作报告和市政协提案工作报告等，补选周立武为政协第十届江山市委员会副主席。

20 日至 22 日 江山市召开江山市第十六届人民代表大会第四次会议，听取和审议市政府工作报告、市人大常委会工作报告、市人民法院工作报告、市人民检察院工作报告等，补选汪胜为江山市第十六届人民代表大会常务委员会主任；郑贤文为江山市第十六届人民代表大会常务委员会副主任。

23 日至 26 日 江山市组团参加衢州市第七届人民代表大会第五次会议和政协第七届衢州市委员会第四次会议。

29 日 市委书记童炜鑫先生主持召开2020年项目攻坚推进会和脱贫攻坚工作汇报会。

是月 江山市区通昌门一带发现大量明清古城墙古砖。

是月 江山市获浙江省“千村示范、万村整治”工作先进县（市、区）称号。

5月

1 日 市委书记童炜鑫带队前往江山港大夫第段和高洋段，实地开展巡河活动并调研河长制落实情况。

6日 市委书记童炜鑫主持召开全市稳企业工作座谈会，分析企业当前面临的状况，研究部署下一步工作计划。

7日 市委常委会召开会议，传达学习习近平总书记在中央政治局会议和中央政治局常委会会议上的重要讲话精神以及全省二季度工作动员部署会、衢州市一季度经济形势分析会暨二季度工作部署会精神，研究江山市一季度经济运行情况。

8日 江山市召开市委农村工作会议暨脱贫攻坚决战大会。

9日 衢州市委副书记、市长汤飞帆带队到江山市开展挂联区块服务发展工作，并参加江山市一季度经济形势分析会暨二季度工作部署会。

11日 全国工商联副主席、正泰集团董事长南存辉一行到江山市考察。

12日 杭州市副市长王宏带领杭州市对口支援和区域合作局等相关部门负责人到江山市四都镇埠头村，实地调研山海协作工程。

14日 江山市召开党管武装工作暨国防动员委员会全体会议。

18日 市委常委会召开会议，传达学习省委书记车俊在衢州市调研时讲话精神以及衢州市委常委会会议精神。

同日 江山市获评诗画浙江·百县千碗工程示范县。

18日至19日 由省委依法治省办成员、司法厅副厅长蒋建森带队的调研组一行到江山市，就江山市基层综合行政执法改革试点工作开展情况开展调研。

19日 省关工委主任徐宏俊一行到江山市调研关心下一代工作。

21日 衢州市人大常委会主任吴国升到江山市调研人大代表工作。

同日 江山市的清漾毛氏、毛泽东祖居地—江郎山世界自然遗产、古茶园观光游，峡口美丽茶园观光—保安绿牡丹手工茶发源地—廿八都古镇文化、茶果套种游步道两条线路，成功上榜“衢州有礼茶旅游路线”。

22日 江山市召开全市网格警务工作现场会，交流学习、研究部署以网格警务为重要内容的县域治理工作。

27日 市委组织有关部门领导调研农房整治风貌提升和“衢州有礼”诗画风光带工作。

是月 江山市首批历史文化名村（清漾、长台、张村、洪福、广渡、南坞、清湖、大陈、廿八都、保安等10村）文化丛书出版。

是月 大桥镇入选全国农业产业强镇建设名单。

是月 江山市大花园建设获省政府督查激励，江山市成为衢州市唯一获激励政策的县（市、区）。

6月

1日 江山市召开全市领导干部会议，传达学习全国两会精神和省、衢州市领导干部会议精神。

同日 市委召开全面依法治市委员会第二次（扩大）会议暨2020年法治江山建设工作部署会。

2日至4日 由省卫生健康委健康处督查专员赖虔慧为组长的复查组一行到江山市，对江山市国家卫生城市巩固工作进行省级复查。

3日 衢州市社区矫正工作现场推进会暨《中华人民共和国社区矫正法》学习宣传月启动仪式在江山举行。

5日 全市党建统领基层治理—信访积案化解工作互看互学现场会在石门镇召开。

10日 全市二季度重点项目集中开工活动在研一新型功能材料产业园项目现场举行。

11日 衢州市人大代表工作会议在江山市召开。

12日 省政协副主席张泽熙率队到江山市，围绕“高水平全面建成小康社会补短板”工作开展监督调研。

同日 市十六届政府第四次全体（扩大）会议召开。

13日 由省生态文化协会和省林业局联合举办的建设浙江大

花园—2020“文化和自然遗产日”走进江郎山活动启动仪式在江郎山景区倒影湖广场举行，并举行“文化和自然遗产日走进江郎山”研讨会。

18日 由国家中药材产业技术体系主办的中药材产地初加工技术暨湘浙品牌药材对接会在江山市召开。

22日 市委常委召开扩大会议，传达学习省委十四届七次全体（扩大）会议和衢州市委常委扩大会议精神，研究部署江山市贯彻落实意见。

同日 衢州市委常委、宣传部部长钱伟刚到江山市督导地质灾害防治和农村困难家庭危房改造工作。

同日 全市机关党的建设工作会议召开。

同日 浙报集团县级融媒体中心共享联盟江山工作站在江山传媒集团挂牌成立。

23日 市委常委会召开会议，传达学习全省生活垃圾攻坚大会精神，并听取江山市生活垃圾分类工作情况汇报。

28日 衢州市村社组织换届试点工作部署会暨乡村振兴讲堂推进会在江山市召开。

30日 童炜鑫、汪胜、胡炳泉等市四套班子领导分别前往防汛救灾一线，实地检查指导防汛工作。

是月 省文化和旅游厅、省发展改革委联合确定浙江省第二批全国乡村旅游重点村推荐名单，江山市石门镇清漾村和廿八都镇浔里村榜上有名。

是月 江山市入选2020年度省级乡村振兴产业发展示范建设县名单。

7月

1日 衢州日报报业传媒集团江山工作部成立。

同日 衢州市委副书记、市长汤飞帆到江山市走访慰问部分党员干部和生活困难党员。

同日 江山市召开2020年城南新城征迁誓师大会。

2日 衢州市委书记徐文光率队到江山市，检查调研村级组织换届和农村危房改造工作。

3日 江山市召开营商环境建设工作推进会。

4日 市委书记童炜鑫率队前往在强降雨过程中受灾较严重的峡口镇大峦口村，看望慰问一线干部和受灾群众，现场指导抢险救灾工作。

6日 市委常委会召开会议，专题传达学习省委书记车俊对江山市防汛抗灾抢险工作指示精神和省委、省政府防汛防灾工作专题会议精神，听取江山市近期防汛工作情况汇报。

同日 全市“网格+法院”工作推进会暨贺村法庭审判楼启用揭牌仪式在贺村举行。

9日 衢州市政协主席周伟江到江山市调研政协工作。

同日 江山市举行8090新时代理论宣讲工作推进会暨宣讲团开讲仪式。

10日 市委常委会召开会议，传达学习省管领导班子政治建设座谈会精神，并听取江山市《2020年半年度政治生态分析报告》汇报。

12日 市委书记童炜鑫就全市教育工作开展调研。

13日 江山市召开十四届市委扶贫领域专项巡察暨村级巡察工作动员部署会。

同日 市委常委会召开会议，传达学习全省村社组织换届试点工作动员部署会精神，听取江山市村社组织换届试点工作方案等有关事项汇报。

15日 江山市两岸联谊政协委员会客厅正式开厅会客，举办“两岸和睦一家亲”委员会客厅首场活动。

同日 全市村社组织换届试点工作动员部署会分别在大陈乡和新塘边镇召开。

18日 “越游越有礼”戏曲郊游会及大陈剧社2020年夏季班开班仪式在大陈乡举行。

20日 市委书记童炜鑫就“县乡一体、条抓块统”试点工作开展专题调研。

22日 由省人大常委会社会

建设工委专职副主任陶波带队的督导组到江山市，专题调研指导村社组织换届试点工作。

25日至26日 市委书记童炜鑫分别前往新塘边镇和大陈乡，现场督导村党组织换届选举工作。

28日 江山市首台无人驾驶拖拉机在峡口镇连丰村杭军家庭农场作业，每天可插秧50亩。

30日 市委全面深化改革委员会举行第二次会议，学习贯彻习近平总书记在浙江考察时的重要讲话精神，全面落实中央、省委和衢州市委改革委相关会议精神和部署要求，审议相关改革文件和方案，研究部署当前改革任务。

30日至31日 由省智能制造专家委员会主任毛光烈带队的调研组一行，实地调研江山市数字消防产业发展和银租智改工作情况，推动省数字安防专家组正式落户江山市。

31日 市委组织相关部门负责人一行，实地调研市人民医院“三级乙等”综合医院创建工作。

是月 江山市入选浙江省物流创新发展试点名单，全省仅有5个县（市、区）入围。

是月 江山市2020年高考成绩揭晓，全市一段上线人数达1111人，比上一年增加101人，有1人上清华大学分数线。

8月

3日 由舟山市委常委、统战部部长王高瞻带队的舟山市代表团一行到江山市考察乡贤和基层统战工作。

同日 市委常委会召开会议，传达学习中央政治局会议精神和习近平总书记在企业家座谈会上的重要讲话精神，以及省委常委会会议精神。

6日 江山市举行援鄂医护人员抗疫档案捐赠仪式。

7日 江山市召开上半年经济形势分析会，传达学习衢州市委七届八次全会精神，剖析上半年经济工作形势，研究部署下半年经济工作。

同日 江山市召开全市民宿工作推进会。

9日 “为康制药杯”市第十六届围棋棋王赛收枰，朱君旗以7轮全胜的战绩获棋王称号。

14日 衢州市“污水零直排区”建设现场会在江山市召开。

15日 在全省高水平建设新时代美丽浙江推进大会上，江山市被评为2019年度全省“五水共治”（河长制）工作优秀县（市、区），第四次获得“大禹鼎”，并在衢州各县（市、区）中首夺“大禹鼎”银鼎。

18日 江山市举行庆祝第三个“中国医师节”暨8090新时代理论宣讲活动。

19日 市委组织有关部门领导到部分基层派出所和行政村，就全市网格警务工作开展调研。

20日 衢州市宣传文化系统专题研讨班在江山市召开。

同日 江山市召开全市民政会议暨脱贫攻坚冲刺大会。

21日 召开市委常委会会议，传达学习全省高水平建设新时代美丽浙江推进大会精神。

25日 衢州市委副书记、市长汤飞帆带队到江山市开展挂联区块服务发展工作。

27日 由县委书记鲁力带队的四川省沐川县党政代表团到江山市开展对接“实施扶贫攻坚、加强东西部协作”调研活动。

28日 市委召开十四届七次全体（扩大）会议，研究部署“重要窗口”建设在江山落地落实的思路举措，审议通过《中共江山市委关于深入学习贯彻习近平总书记考察浙江重要讲话精神，全力打造“一地三区”的决议》。市委书记童炜鑫作工作报告。

同日 衢州市第七次县（市、区）委统战部部长工作交流现场会在江山市召开。

31日 衢州市8090新时代理论宣讲工作现场推进会在江山市召开。

是月 江山市被命名为“国家体育产业示范基地”。

9月

1日 省信访局副局长邵根宝带队到江山市，就村社组织换届工作开展调研。

3日 江山市举行“脱贫攻坚慈善一日捐”活动捐款仪式。

5日 2020“庆丰收·迎小康”中国村歌大赛新闻发布会暨启动仪式在北京梅地亚中心举行。

6日 江山市举行第36个教师节庆祝表彰大会，表彰一批师德楷模、业务尖兵和教育系统改革创新项目等。

10日 水利部稽察碗窑灌区“十三五”项目工作。

11日 江山市在火箭军新兵训练营举行2020年新兵出征仪式。

17日 全省文化和旅游项目建设暨乡村旅游（民宿）发展推进会在江山市召开。

18日 文化和旅游部党组成员王晓峰率队到浙江江山恒亮蜂产品有限公司，考察全域旅游与工业产业融合发展等工作。

18日至20日 由文化和旅游部举办的2020年全国全域旅游培训班暨首届全域旅游发展绿色对话在江山市举行。

19日 召开市委常委会会议和理论学习中心组专题学习会，传达学习省委书记袁家军在省委党校2020年秋季学期开学典礼上的讲话精神，研究部署江山市贯彻落实意见。

21日 衢州市委副书记、市长汤飞帆带队到江山市督办中央环保督察重点信访件整改工作，开展挂联区块服务发展活动。

22日 浙江省2020年“老乡说小康”农民故事大赛在平湖市落下帷幕，江山市选手林庆柱获二等奖，总成绩为全省第三名。

27日 衢州市台胞台属“两岸一家亲”中秋联谊会在江山市和睦大院举行。

28日 市第十六届政府召开第五次全体（扩大）会议暨廉政工作会议。

29日 2020“十县百亿”电商精准助农资源对接会暨江山直播经济产业发展峰会在江山市举行。

30日 江山市召开市关爱退役军人协会成立大会。

是月 “江山市茶产业生产全过程社会化服务试点”项目获浙江省农业丰收奖二等奖。

10月

1日 衢州市农民丰收节在江山市大桥镇陈家村开幕。

9日 以“礼贤天下·智汇江山——打造中国数字消防产业第一城”为主题的2020中国·江山数字消防产业发展大会（江山人发展大会）开幕式暨主旨大会召开。国家减灾委专家委副主任、国务院应急管理专家组组长闪淳昌，省人大常委会原副主任、省智能制造专家委员会主任毛光烈，中国消防协会会长、武警正军职少将陈伟明，省政协原副主席陈艳华，宁波市政协主席徐宇宁，省军区原副政委、少将范匡夫，河南省军区原副司令员、少将曹建新，原总参作战部副部长、少将姜国宁，衢州市委常委、统战部长傅根友，以及江山市领导童炜鑫、汪胜、郑朝基、胡炳泉等，与来自全球各地的700多名江山骄子齐聚一堂，围绕打造中国数字消防产业第一城的战略目标，共叙乡情友谊，共话家乡发展。

10日 市委常委会召开会议，传达学习全省村社组织换届工作会议、衢州市村社组织换届工作会议以及省委办公厅、省政府办公厅《关于高质量做好村（社区）组织换届选举工作的意见》相关精神，研究江山市村社组织换届工作方案有关事项。

12日 江山市召开村社组织换届工作会议。

14日至15日 四川省沐川县党政代表团到江山市开展交流考察活动。

16日 市政协十届常委会召开第二十六次会议暨“城北科创小镇建设”专题协商会。

同日 2020年“浙闽赣皖”四省边际羽毛球邀请赛开幕式在贺村镇举行。

同日 衢州市公安“网格警务”现场会暨“融警务”机制建设推进会在江山市召开。

17日 “四方来贺·羽动江山”2020贺村羽毛球小镇产业发展论坛在贺村镇耕读度假酒店举行。

19日 江山市召开城南新城二期征迁誓师大会。

20日 新疆维吾尔自治区乌什县文工团到江山市进行专场演出。

23日 全省高速公路养护技能比赛在江山市举行。

24日 2020中国·江山第三届全国“美丽乡村”攀岩系列赛暨浙江省农村文化礼堂运动会(西部分站赛),在新塘边镇毛村山头村开幕。

同日 全国首个县级生态作协江山市生态作家协会成立。

26日 市委常委会召开会议,传达学习省委书记袁家军在新时代推进山区26个县高质量发展座谈会上的讲话精神,研究部署江山市贯彻落实意见。

27日 衢州市委副书记、市长汤飞帆带队到江山市开展挂联区块服务发展工作。

28日 由省信访局一级调研员朱钗响带队的省督导组一行到江山市,就村社组织换届工作开展专题督导。

29日 省水利厅党组书记、厅长马林云率队到江山市调研指导水利工作。

是月 江山市入选新一轮农村宅基地制度改革试点地区。

是月 浙江天际互感器有限公司入围省级工业互联网平台创建名单。

是月 江山市大陈乡大陈村和廿八都特色风情小镇入选省首批职工疗休养基地。

是月 江山市入选省婚俗改革实验县(市)。

11月

2日 召开市委常委会会议和全市领导干部会议,传达学习党的十九届五中全会、全省领导干部会议以及衢州市领导干部会议精神,研究部署江山市贯彻意见。

4日 市委召开理论学习中心组(扩大)学习会暨江山大讲堂87期专题讲座,学习贯彻习近平总书记在中央政治局第二十次集体学习的重要讲话精神,推动《中华人民共和国民法典》全面有效实施。

同日 绍兴市柯桥区代表团到江山市开展山海协作交流活动,专题召开江山—柯桥“山海协作工程”对接暨产业园第十五次联席会议。

6日至7日 全国超级稻现场观摩交流会在江山市召开。

8日 浙西书法学术研讨会开幕式暨“江山文艺之家”揭牌仪式在江山市西塘人家举行。

9日至10日 全省高标准农田建设现场会在江山市召开。

12日 全市下半年重点项目集中开工活动在欧派特种门窗产业园项目现场举行。

同日 解放路小学“王寿昌图书馆”举行开馆仪式。

14日 江山市第四届工人运动会开幕。

16日 全省“网格+气象”工作现场推进会在江山市召开。

17日 省委常委、统战部部长熊建平到江山市传达中共十九届五中全会精神,并调研民营经济统战工作和新乡贤助力乡村振兴工作。

同日 由全国妇联书记处书记章冬梅带队的调研组到江山市,就“乡村振兴巾帼行动”“巾帼云创工作”、巾帼民宿建设情况等进行调研。

同日 赛迪智库发布2020年“全国县域营商环境百强榜”,江山市再度上榜,排名百强县(市)第50位。

20日 市委常委召开扩大会议,传达学习省委十四届八次全会精神和衢州市委常委扩大会议精神,研究部署江山市贯彻落实意见。

21日 2020年“庆丰收·迎小康”中国村歌大赛全国总决赛暨颁奖仪式在大陈乡大陈村村歌广场举行。

23日 市委常委会召开会议，传达学习全省传统制造业改造提升2.0版现场推进会精神，研究部署江山市贯彻落实意见。

24日 衢州市人大常委会主任吴国升在江山市人大代表联络站开展接待群众主题活动，宣讲中共十九届五中全会精神，征求对2021年市人大常委会工作建议。

同日 2020年度浙江乡村振兴带头人“金牛奖”评选启动新闻发布会在杭州举行，江山市峡口镇枫石村党总支书记陆承江入围“金牛奖”提名奖。

同日 在云南省红河州弥勒市举行的“中国天然氧吧”2020年创建活动发布会上，江山市被授予“中国天然氧吧”称号。

25日 2020年全国健美操锦标赛在江山市开赛。

同日 中共十九届五中全会精神省委宣讲团报告会在江山市举行，省委宣讲团成员、省委统战部常务副部长王晓峰作宣讲报告。

26日 衢州市委常委、组织部部长林晓峰带队到江山市调研“县乡一体、条抓块统”改革试点工作。

同日 省生态环境政务新媒体业务培训班在江山市开班。

27日 召开江山市工会第十七次代表大会。

30日 江山市召开加快构建“县乡一体、条抓块统”高效协同治理格局试点工作部署会和市域社会治理现代化试点工作推进会。

同日 江山市召开新一届村党组织书记履新培训大会。

是月 江山市再次入选中国县域经济竞争力百强县。

是月 江山市清湖街道华夏村、贺村镇后源村、坛石镇上溪村入选省示范慈善工作站。

是月 江山农商行获评全国服务乡村振兴优秀金融机构。

是月 江山市获“蜂业扶贫先进县”称号，市农业农村局获“蜂业扶贫攻坚之星”称号。

12月

1日 由省人大常委会委员、社会委主任委员林天宁带队的省调研督导组一行到江山市，就村社组织换届工作开展调研。

2日 江山市计划生育协会召开第六次会员代表大会，选举产生新一届理事会。

3日 省中药材产业协会药膳分会会议在江山市召开。

4日 江山市2020年“宪法宣传周”启动仪式暨项目化普法成果展示总决赛举行。

同日 浙江省首批十大药膳江山黄精乌鸡煲烹饪大赛在江山市举行。

8日至10日 省林业局在江山市举办林业有害生物防治检疫业务培训班。

9日 江山市被评为第五批国家级农村职业教育和成人教育示范县。

同日 张村乡双合丰村获浙江省“乡村氧吧”称号。

10日 市委常委会召开会议，传达学习中央全面依法治国工作会议、平安中国建设工作会议、全省深化“千万工程”建设新时代美丽乡村现场会、省委常委会会议等重要会议精神，研究部署贯彻落实意见。

同日 江台历史情源展示馆在廿八都镇开馆。

14日 江山市召开2020年度领导干部述责述廉会议。

15日 市委常委会召开会议，传达学习习近平总书记在全面推动长江经济带发展座谈会上的重要讲话精神以及推动长江经济带发展领导小组会议、省委常委会会议精神，研究部署江山市贯彻落实意见。

17日 江山市举行“融衢接杭大开放，谋篇布局十四五”第六届项目谋划擂台赛成果展示活动。

同日 17辆新能源公交车在江山市区投入运行。

17日至20日 江山市17个乡镇（街道）267个行政村陆续完成村民委员会换届选举工作。

21日 市管领导干部学习贯彻中共十九届五中全会精神集中

轮训班开班。

同日 农工党江山市支部委员会第二次党员大会召开。

22日 第五届浙江省微电影评选活动表彰盛典在江山市举行。

23日 中国国民党革命委员会江山市第七次党员大会召开。

24日 市委书记童炜鑫率队先后赴杭州市江干区和下城区开展山海协作对接交流活动。

25日 中国民主同盟江山市总支部委员会成立大会召开。

27日 庆祝江山市人民医院建院80周年暨三乙医院创建推进会举行。

28日 九三学社江山市基层委员会第三次社员大会召开。

30日 召开全市领导干部会议，传达学习中央经济工作会议、省委经济工作会议、省长郑栅洁在衢州市调研讲话精神以及衢州市领导干部会议精神，研究部署江山市贯彻落实意见。

同日 江山市第八次归侨侨眷代表大会暨第四次留学人员和家属代表大会、华侨慈善联谊会第三次会员代表大会召开。

31日 中国民主促进会江山市总支部第七次会员大会召开。

同日 民建江山市支部第四次会员大会召开。

是月 江山市水文站获评全国优秀水文站。

是月 江山市贺村镇和廿八都镇成为2020年度新时代美丽城镇建设省级样板。

是月 江山市在白水坑水库发现“水中活化石”中华秋沙鸭。

是月 贺村镇青塘尾村周多花家庭获评全国“五好家庭”。

市情概览

地理位置

江山市位于浙江省西南部，浙、闽、赣三省交界处。市境最北端位于北纬28° 53′27″的四都镇傅筑园村柿树坞口北，最南端位于北纬28° 15′26″的廿八都镇坚强村里山南，最东端位于东经118° 48′48″的塘源口乡仓源村阴源东，最西端位于东经118° 22′37″的大桥镇陈家村马车坳西。南北最长径距70.75公里，东西最宽径距41.75公里。全市地域总面积2019.03平方公里。

全市边界线长315.1公里，东以平埂、青岗尖、石奶尖背、洪公等处与衢州市柯城区、衢江区邻接，东南以金山头、老鹰平尖、苦竹际、仙岭坑尾等山峰与遂昌分界，西北以雪坑尖、石龙岗等山峰与常山县接境，西以古山、东库、茅村弄等处与江西省玉山县为邻，西南以里塘坞、嵩峰山等地与江西省上饶市广丰区接壤，南以枫岭（大竿岭）、苏州岭等处与福建省浦城县交界。

江山市区（主城区）位于市境北部偏东，介于北纬28° 44′与东经118° 37′交点附近。2020年末，主城区（指建成区）面积18.7平方公里，城区道路面积4.49平方千米。

历史沿革

江山历史悠久。距今4000年前的新石器时期，境内已有人类繁衍生息。春秋战国时期，江山为姑蔑一部分。秦王政二十五年（前222），属会稽郡大末县（后改为太末县）。东汉初平三年（192），属会稽郡新安县。三国孙吴宝鼎元年（266），属东阳郡新安县。南朝陈天嘉三年（562），属金华郡信安县。隋开皇九年（589），属婺州信安县。隋朝大业三年（607），属东阳郡信安县。唐武德四年（621），分信安县地置须江县，为江山建县之始，隶属衢州。五代吴越宝正六年（931），改须江县为江山县，属衢州。南宋咸淳三年（1267），江山县改名为礼贤县，仍属衢州。元至元十三年（1276），礼贤县复名江山县，隶属衢州路。明清时期，均属衢州府管辖。清宣统三年（1911）辛亥革命后，江山县属衢州军政分府管辖。民国时期，江山县曾先后直属于省、金华道、省第五和第三行政督察区。

1949年5月，江山解放，属衢州专区。1955年，衢州专区撤销改属金华专区。1985年，国务院批准设立金华市和衢州市，江山县属衢州市。1987年11月27日，国务院批准撤销江山县，设立江山市，仍属衢州市管辖。

行政区划

2020年，全市共设19个乡镇、街道。其中，街道办事处3个，即双塔、虎山、清湖；建制镇11个，即上余、四都、贺村、坛石、大桥、新塘边、凤林、峡口、廿八都、长台、石门；乡5个，即大陈、碗窑、保安、张村、塘源口。全市设行政村292个、社区15个。

2020 年江山市行政村、社区设置情况表

乡镇街道	村民委员会和社区名称	村数
双塔街道	陈村、莲塘、郑村、五家山、上耀、社后、金家、天余、缸甫底、召石、新塘坞、坳里、丰足、杨墩、和贤、路垄、黄家、灵泉、塔东、赵家、陶村、大夫弟、迎宾，辖县前、民声、城北、周家青、乌木山、文苑 6 个社区	23
虎山街道	何家山、达道、孝子、平棋、彭里、江山底、荷塘、麻车、店前、金坞、溪东、协里、桑淤、双龙，辖市心、东门、南门、西门、江东、安泰、城南、桐岭 8 个社区	14
清湖街道	和睦、新塘底、浮桥头、清湖一村、清湖二村、清湖三村、九村、十村、七斗、路口、毛塘、蔡家、路陈、蔡家山、童家、泉家垄、贺仓、读溪口、祝家坂、清泉、前村、乐意、东儒、华夏、花园岗、贺周，辖七里社区	26
上余镇	山头、江村、苦叶田、木车、五程、七一、一都江、大溪滩、望江、上余、塘岭一村、塘岭二村、塘岭三村、高洋、李坪、方家、湖珠、余航	18
四都镇	金山、双溪、埠头、前岭、江北、四都、上峰、傅筑园	8
大陈乡	早田坂、夏家、乌龙、大陈、大唐、红星	6
碗窑乡	源口、天井、和源、府前、达河、金龙、红石桥、碗窑、凤凰	9
贺村镇	耕读、羡家、三塘、寺后、长埂、南塘、丰益、溪淤、青塘尾、后源、水晶山底、严麻车、富益、龙头、吴村、诗坊、山底、佛堂、明星、贺山头、友爱、幸福、河东、东山头、湖前、八里坂、大贤坂、敖坪、贺村、狮峰、山塘、永兴坞、高路、华塔、乌鹰垄、万青山、陈塘、通贤、淤前、市上村、达埂、棠坂、石后、淤头、礼贤	45
坛石镇	定家坞、郭丰坞、坛石、新叶、横渡、郭丰、潭边、上溪、五圳、上王、占塘、鳌头、占村	13
大桥镇	冷水、仕阳、大桥、湖游、福塘、葩坞、店边、仕阳尾、西坂、桥头、陈家、新桥、上仓、黄石、芳源	15
新塘边镇	日月、永丰、上洋、彭村、毛家仓、千坞、东亭、毛村山头、勤俭、爱丰、东陈、上平天、东山、达路边、外坞、卅六都、恩深、新塘边、塘边	19
凤林镇	花溪岙、中岗、株树、英岸、苗青头、游溪、大悲山、官田、凤里、南坞、桃源、凤祥、凤溪、高坂、茅坂、政棠、卅二都、白沙	18
峡口镇	连丰、地山岗、定村、新和、枫石、同桥、峡南、峡东、峡西、峡北、峡新、三卿口、广渡、王村、合新、柴村、大峦口、双潭	18
廿八都镇	花桥、林丰、枫溪、山峰、兴墩、浔里、坚强、周村、浮盖山	9
保安乡	龙溪、赵宅门、裴家地、西洋、后坂、保安、化龙溪	7
长台镇	长台、长兴、朝旭、华峰、长安、乾湖、贺新、花园、金檀	9
石门镇	西山、清漾、灵岗口、琚家岗、长山源、溪底、界牌、金炉、泉塘、江郎山、郎峰、达篷、岭底、新群、延龄	15
张村乡	太阳山、塔山、先锋、秀峰、玉坑口、双合丰、琚源、龙头店、毛长甫、安顶、双溪口	11
塘源口乡	塘源、仓坂、冷浆塘、洪福、塘源口、青石、仓源、前墩、白石	9
合计	全市合计 3 个街道、11 个镇、5 个乡、292 个行政村、15 个社区	292

地貌河流

江山市全境分三个地貌区，东部、南部为福建武夷山脉延伸而至呈东北—西南走向的仙霞岭中低山区，海拔多在600米以上。海拔千米以上的山峰在境内有28座，其中最高峰为大龙岗，海拔1500.3米。岩石以中生代火山岩和火山碎屑岩为主，系中生代侏罗纪中期岩浆活动和火山喷发所形成。西北部为江西怀玉山脉延伸而至的低山丘陵区，海拔大多在200米至800米之间，最高峰为湖山尖，海拔859.4米。岩石以石灰岩为主，系由古生代早中期沉积而成。地表多石芽，地下多溶洞。中部河谷走廊地带，系中生代凹陷而成的绍兴—江山断裂谷西段。河谷宽窄不一，海拔多在100米至200米之间，地势相对低缓。清湖以北的冲积平坂，海拔多在100米以下，最低处为大溪滩渡船头，海拔73米。境内呈“凹”字形的三块地貌分区，构成江山半封闭盆地类地形格局，盆口向东北方向敞开，形成冬半年东北季风长驱入境。

江山港（须江）是境内最大河流，是钱塘江水系上源之一。它源于江山市张村乡双溪口村南部浙、闽交界的苏州岭，全长134公里，境内长105公里。江山港干流分上、中、下游3段。自源头至峡口为上游，河水由南向北流，山高谷深，水流湍急，总落差千余米，已建成白水坑水库和峡口水库。峡口至贺村毛塘为中游，河水向西北流至麻溪淤，再折向北流至贺村，又折向东流至毛塘。中游水流自峡口流出山口进入海拔200米以下地区。地势低平，水流变缓，两岸多河漫滩台地，多农田、聚落分布。毛塘以下为下游，水流先向东南流至刘家�再往东北经市区流至上余余家（余航村）进入衢州市衢江区，并在柯城区与常山港汇合入衢江，下游河段落差20余米。在下游河段接纳长台溪和达河溪(已建碗窑水库）两大支流，因上游干支流修水库，加上中、下游河道采砂石，河道已失去20世纪40年代前的航运之利。境内属于长江水系的主要溪流有新塘边溪、大桥溪和廿八都溪。

气候特征

江山市属亚热带季风气候，四季分明，气候湿润，光照充足。2020年江山市天气复杂多变，表现为气温明显偏高、梅汛期入汛早、梅期长、暴雨频繁、短时雨强大、雷雨大风猛烈等气候特点。年平均气温为18.8℃，比常年同期（17.4℃）偏高1.4℃，是江山市连续第23个偏暖年，也是江山1956年建站以来最暖年份。总雨量为1837.7毫米，比常年同期(1753.6毫米）偏多84.1毫米；雨日为161.0天，比常年同期(159.4天）偏多1.6天。12月31日出现日极端最低气温为-4.7℃，8月19日出现日极端最高气温为37.7℃。全年气温≥35℃高温日数为44天(常年30.8天)，总日照时数1582.5小时，比常年同期（1757.7小时）偏少175.2小时，较常年略偏少。

异常偏暖气候变化也导致江山市高温干旱、短时特大暴雨、低温严寒等极端灾害性天气呈多发态势。2020年江山市气象灾害较往年相比偏重，春播期遭遇强冷空气、梅汛期暴雨洪涝、秋季低温冷害等气象灾害，给江山市城市供水、公路交通、种养殖业等各行业造成较严重影响。

异常气候现象：12月29日起受寒潮影响，夜里部分山区小到中雪，48小时最低气温过程降幅达11.1℃。截至31日8时，全市最低气温均降至-4℃以下，其中城区-4.7℃，山区-6℃到-9℃，最低为塘源口乡洪福村-9.3℃。

关键性天气：5月29日至7月18日梅雨季期间，全市面雨量727.6毫米，其中最大为大陈乡早田坂村1093.9毫米。梅汛期暴雨致洪灾相对往年偏重，部分家庭农场、蔬菜基地受淹。其中6月29日20时至30日16时江山市普降大暴雨，全市面雨量133.5毫米，有4个乡镇站点雨量超过200毫米，最大为大陈乡旱田坂村239.2毫米。

持续天气的不利影响：2020年，江山市出现了6次明显的连阴雨天气，分别为3月3日至10日、3月26日至4月4日、6月1日至6日、6月19日至27日、6月30日至7月11日、9月中下旬，对农作物以及市民的生活和健康都有不同程度的影响。受副高影响，8月10日至25日江山市持续高温晴热天气，连续12天发布高温橙色预警信号。10月6日至15日连续10天、10月20日至11月16日连续28天无降水，气象干旱指数达轻到中度。

全年天气气候综合评价：2020年全市年平均气温较常年异常偏高，年平均降水量较常年正常；年平均日照时数较常年偏少。全年江山市气象灾害较往年相比偏重，春播期遭遇强冷空气、梅汛期暴雨洪涝、秋季低温冷害等气象灾害，给城市供水、公路交通、种养殖业等各行业造成较严重影响。2020年江山全市主要农作物的农业气象条件总体为偏差年。受3月底强冷空气天气影响，水稻秧苗出现生长缓慢、根系发育不良等现象，部分秧苗发生立枯病，损失较大；梅汛期暴雨致洪灾相对往年偏重，部分家庭农场、蔬菜基地受淹；9月中下旬连续5天平均气温为20 ℃，连作晚稻抽穗扬花受影响。主要农作物油菜、柑橘、连作晚稻属偏好气候年景；早稻、单季稻属偏差气候年份。

自然资源

江山市土地总面积20.19万公顷。其中，山地、丘陵共17.93万公顷，占总面积的88.8%．河谷平坂地2.26万公顷，占总面积的11.2%，俗称“九分山丘，一分水田”。全市土壤总面积19.17万公顷，其中红壤、黄壤类面积共13.69万公顷，占土壤总面积的70.91%；水稻土类面积3.49万公顷，占土壤总面积18.16%。

江山矿藏以非金属矿为主。已发现30个矿种，129处矿产地。其中，非金属矿产22种，产地99处；能源矿产2种，产地18处。烟煤、无烟煤，主要分布在凤林镇茅村弄，贺村镇石后、道塘山，清湖街道山垄、小清湖等地。石煤，分布在四都、大陈、上余、双塔丰足、坛石横渡、大桥一带，以大桥与双塔丰足最为集中。萤石矿分布在峡口、石门、长台、张村、塘源口等乡镇，地质储量约100万吨。石灰石，主要分布在市境北部的四都、上余、大陈、坛石、大桥等乡镇，储量大。其他矿种有廿八都的硅灰石，双塔赵家的磷灰石，大桥西青垄、虎山街道方家山的硬质耐火黏土等。

江山市林业用地14万公顷，森林面积14.3万公顷。森林蓄积量312万立方米，森林覆盖率达70.8%，其中生态公益林面积5.37万公顷。江山属中亚热带北部亚热带常绿阔叶林浙闽山丘甜槠木荷林植被区，自然植被有常绿阔叶林、针阔混交林、针叶林、灌丛等15个群系，634种。国家一级保护树种有水杉、银杏、红豆杉、伯乐树、香果树、猪血木等，国家二级保护树种有香榧、金钱松、三尖杉、福建柏、鹅掌楸、樟树、花榈木、闽楠等，国家三级保护树种有青檀、天目木兰、黄山木兰等。野生动物中，国家一级保护动物有白颈长尾雉、黄腹角雉、云豹、黑麂、金猫等，国家二级保护动物有白鹇、鸳鸯、白鹳、鸢、穿山甲、短尾猴、大灵猫等。

人口民族

2020年年末，江山市辖3个街道、11个镇、5个乡，292个行政村、15个社区居委会，总面积2019.03平方公里。全市年末户籍人口61.33万人，其中男性人口31.39万人，女性人口29.94万人，分别占总人口的51.2%和48.8%。全年出生人口5233人，出生率为8.52‰，死亡人口4416人，死亡率为7.2‰，与2019年相比，全市出生率下降1.2个千分点，死亡率提高0.93个千分点，自然增长率为1.33‰，下降2.14个千分点。

江山市共有汉族、回族、畲族、苗族、蒙古族、壮族等28个民族,汉族人口占总人口的99.6%。

2020年江山市国民经济和社会发展情况

2020年,面对严峻复杂的经济发展形势、新冠肺炎疫情的冲击,江山市委、市政府以“四个年”活动为抓手,认真贯彻落实党中央、国务院各项决策部署,统筹推进疫情防控和经济社会发展工作,扎实做好“六稳”工作,全面落实“六保”任务,坚持“两手硬、两战赢”,经济社会发展取得新突破、新成绩。

一、综合

根据上级统一初步核算,2020年全市生产总值312.64亿元,按可比价格计算,比上年增长1.6%。其中,第一产业增加值23.98亿元,增长0.4%;第二产业增加值136.43亿元,增长0.7%;第三产业增加值152.23亿元,增长2.6%。其中,批发和零售业增长2.7%,房地产业与2019年持平,金融业增长6.1%,营利性服务业增长1.8%,非营利性服务业增长2.8%。三次产业增加值结构为7.7∶43.6∶48.7。全市人均生产总值(按户籍人口计算)50885元,比2019年增长1.8%。

全年居民消费价格比上年上涨2.5%。其中,食品烟酒类上涨9.1%,其他用品和服务类上涨4.8%,医疗保健类上涨0.6%,居住类下降0.2%,生活用品及服务类、教育文化和娱乐类均下降0.3%,衣着类下降0.7%,交通和通信类下降3.1%。

全市新增就业人数12950人,有4842名城镇失业人员实现了再就业,年末城镇登记失业率为1.79%。

二、农业和农村建设

全年实现农林牧渔业增加值24.48亿元,比上年增长0.6%。

全年农作物播种面积42648公顷,比上年下降1.3%。其中,粮食播种面积24514公顷,增长0.8%;油料播种面积6675公顷,下降2.9%;蔬菜种植面积9171公顷,增长9.9%;果用瓜种植面积498公顷,与上年持平。

全年粮食总产量15.52万吨,比上年下降0.1%。其中,谷物产量14.23万吨,下降0.4%;油料产量1.26万吨,增长4%;蔬菜产量25.54万吨,增长4.1%;果用瓜产量1.79万吨,增长1.1%。

全年完成造林面积814公顷,人工更新面积147公顷。森林面积210.62万亩,森林覆盖率69.51%;生态公益林面积100.12万亩。

全年肉类总产量3.93万吨,比上年下降6.4%。其中,猪肉1.6万吨,下降15.0%。年内生猪出栏17.77万头,下降29.6%;羊出栏0.8万只,下降9.1%;牛出栏2388头,增长28.0%。家禽出栏1507.99万只,增长3.5%。

提升发展农业新型主体106家。全市累计完成九大类应整治对象共82974宗,累计整治面积约439.59万平方米,推动完成宅基地复垦821亩,拆后利用率达97.9%。新增省级美丽乡村示范乡镇1个、省级美丽乡村特色精品村4个。249个村实施农村生活垃圾分类处理,建成垃圾兑换超市282个、阳光堆肥房119个,垃圾资源化利用站点10个,省级高标准垃圾分类示范村7个。农家乐(民宿)床位数达到11000张,全年接待游客520万人次,年营业收入3.2亿元(不含休闲农业)。全年培训农民2518人,实施扶贫产业项目24个,雨露计划帮扶低收入农户子女942人,安置异地搬迁农民93人。

三、工业和建筑业

全年完成工业增加值109.42亿元,按可比价格计算,比上年增长1.6%。规模以上工业完成总产值276.56亿元,同比下降1.1%,其中,重工业216.81亿元,同比下降2.2%;轻工业59.75亿元,增长3.5%。实现工业销售产值276.44亿元,下降0.8%。全年完成工业出口交货值16.7亿元,下降7%。

年末,全市共有规模以上工业企业单位310家,其中,营业收入亿元以上企业59家,大中型企业21家。

在规模以上工业中，医药制造业电气机械和器材制造业产值为58.7亿元，比上年增长1.4%；木材加工和木、竹、藤、棕、草制品业产值46.79亿元，比上年增长14.5%；非金属矿物制品业产值44.56亿元，增长1.3%；金属制品业产值10.2亿元，比上年增长18.8%；橡胶和塑料制品业产值7.36亿元，比上年增长12%；专用设备制造业产值7.25亿元，比上年增长0.5%；通用设备制造业产值5.82亿元，比上年增长41.6%；农副食品加工业产值7.24亿元，比上年增长1.8%；黑色金属冶炼和压延加工业产值5.17亿元，比上年增长16.6%；家具制造业产值4.51亿元，比上年增长32.5%；食品制造业产值3.13亿元，比上年增长1.1%；酒、饮料和精制茶制造业产值2.76亿元，比上年增长9.2%，医药制造业产值1.61亿元，比上年增长44.1%。

在规模以上工业中，高新技术产业增加值28.14亿元，同比下降3.1%，占规模以上工业的41.1%；装备制造业增加值16.35亿元，同比增长4.5%，占规模以上工业的23.9%；战略性新兴产业增加值12.5亿元，同比下降14.2%，占规模以上工业的18.3%；数字经济核心产业制造业增加值4.04亿元，同比增长4.9%。

全年全社会用电量26.83亿千瓦时，比上年下降2.9%。其中，工业用电量18.4亿千瓦时，下降4.9%。

全年建筑业实现增加值27.07亿元，按可比价格计算，比上年下降4.1%。全市94家纳入建筑业统计范围的资质建筑业企业，年末从业人员2.34万人。全年建筑企业施工面积624.51万平方米，房屋竣工面积148.58万平方米。

四、固定资产投资和房地产业

全年固定资产投资111.28亿元，比上年增长2.6%。其中，第一产业投资1.37亿元，比上年增长76.1%；第二产业投资31.21亿元，增长24.1%；第三产业投资78.7亿元，下降4.6%。民间投资71.66亿元，下降7.4%。

在工业投资中，制造业完成投资25.88亿元，比上年增长12.5%。其中，家具制造业投资4.21亿元，增长104.8%；化学原料及化学制品业投资2.81亿元，增长112.8%；医药制造业投资1.48亿元，增长282.1%；非金属矿制品业投资2.69亿元，增长91.7%；金属制品业投资0.82亿元，增长1.2%；工业技术改造投资11.54亿元，增长3.6%。

全市基础设施投资37.64亿元，比上年增长1.2%。其中，交通运输业投资8.29亿元，增长15.2%；水利、环境和公共设施管理业投资24.97亿元，下降8.3%；电力、热力、燃气及水的生产供应业投资4.38亿元，增长108.5%。

全市房地产开发投资30.3亿元，比上年下降1.8%。房地产开发施工面积117.32万平方米，下降22.6%；竣工面积40.57万平方米，下降40.8%；商品房销售面积20.56万平方米，下降48%，其中住宅14.66万平方米，下降49.1%，商业营业用房1.28万平方米，增长55.8%。商品房销售额25.2亿元，下降39.8%，其中住宅21.06亿元，下降43.1%。

五、国内贸易

全年社会消费品零售总额150.06亿元，比上年增长3.4%。其中限额以上消费品零售总额34.2亿元，增长49.5%；限额以下消费品零售总额115.86亿元，下降5.2%。按销售单位所在地分，城镇限额以上消费品零售总额为32.9亿元，增长64.4%；乡村限额以上消费品零售总额为1.3亿元，下降54.7%。按消费形态分，限额以上批发零售业消费品零售总额为33.19亿元，增长51.7%；限额以上住宿餐饮业消费品零售总额为1.01亿元，增长1.6%。全年实现网络零售额155.68亿元，增长63.4%。

全市共有成交额超亿元的各类市场3个，实现成交额38.7亿元，比上年下降32%。

六、对外经济

全年进出口总额54033万美元，比上年增长8.17%，其中出口总额53586万美元，比上年增长8.89%。

全市有进出口实绩的企业231家，其中当年新启动出口业务企业32家。出口额在100万美元以上的企业有70家，其中，300万美元以上的企业有39家，1000万美元以上的龙头企业有7家。

全年新批三资企业1家，合同利用外资617万美元，实际利用外资849万美元。

七、交通、邮电和旅游业

全年完成交通运输、仓储和邮政业增加值14.42亿元，按可比价格计算，比上年增长5.5%。

全年完成旅客运输量548.78万人次，其中，铁路91.78万人次，下降32.9%；公路457万人次，下降41%。

全市机动车保有量139894辆，其中，民用汽车115172辆（载客101157辆，载货13748辆，其他267辆），挂车1310辆，摩托车23412辆。

全年旅游总收入103.37亿元，比上年下降16.0%。其中，接待国内旅游者1706.4万人次，下降13.9%；国内旅游收入103.36亿元，下降15.9%。住宿设施接待入境过夜游客人数425人次，其中，外国人84人次。住宿设施接待入境游客（外汇）收入14.27万美元。全市拥有旅游星级饭店6家，客房总数825间。

八、财政、金融和保险

全年实现财政总收入34.96亿元，比上年增长8.6%，其中一般公共预算收入21.31亿元，增长3.7%。在主体税种中，增值税下降14.5%，个人所得税增长91.4%，企业所得税增长88%。全年财政支出72.18亿元，比上年增长6.7%。

年末金融机构本外币存款余额597.31亿元，比上年末增长10.6%，本外币贷款余额478.77亿元，比上年末增长16.1%。年末金融机构人民币存款余额593.96亿元，比上年末增长10.8%，其中，住户存款380.59亿元，非金融企业存款95.26亿元，广义政府存款117.91亿元；年末人民币贷款余额473.49亿元，比上年末增长14.9%。

全市全年保费收入13.54亿元，比上年增长3.4%。其中，寿险保费收入8.8亿元，增长5.5%；财产险保费收入4.74亿元，下降0.4%。

九、教育和科学技术

全市现有普通高中7所，在校生9497人；普通初中15所，在校生16717人；中等职业教育学校3所，在校生6724人；小学42所，在校生30731人。全市拥有幼儿园88所，在园幼儿15522人。

全市小学入学率、巩固率和升学率均为100%；初中入学率、巩固率均为100%；初中毕业升高中段的比例为98.06%，其中升入普通高中的比例为52.62%。

全市普通高中专任教师793人，初中专任教师1415人，小学专任教师2050人，幼儿园专任教师1008人。

全市拥有国家高新技术企业90家，省科技型中小企业329家。新增授权专利1223件，其中发明专利162件；万人拥有发明专利11.6件；新增申请商标注册2584件，同比增长13.9%，新增知识产权贷款质押金额13410万元。

十、文化、卫生和体育

年末公共图书馆藏书量42.03万册。年末拥有文化馆1个，文化分馆6个，文化站19个。广播节目综合人口覆盖率99.6%。有线电视用户17.06万户，其中，数字电视用户17.06万户，电视节目综合人口覆盖率99.6%。市档案馆馆藏档案全宗218个，共计192012卷133884件。全年查阅档案2458人次，6422卷(件)次。

2020年年末，全市共有卫生机构297家，其中医院、卫生院31家。医疗卫生机构病床床位2699张。卫生技术人员3305人，其中，执业医师1157人，执业助理医师176人，注册护士1320人。法定报告传染病发病率为542.44/10万，全市农村安全卫生饮水人口覆盖率99.2%，农村卫生厕所普及率100%。

全年举办市级以上各类体育竞赛活动62次，21411人次参加。

共获得国家级金牌 1 枚、铜牌 2 枚，名次奖 6 个；省级金牌 30 枚，银牌 29 枚，铜牌 25 枚，名次奖 97 个；衢州市级金牌 140 枚，银牌 115 枚，铜牌 91 枚。

十一、人口、人民生活和社会保障

全市年末户籍人口 61.33 万人，其中，男性人口 31.39 万人，女性人口 29.94 万人，分别占总人口的 51.2%和 48.8%。全年出生人口 5233 人，出生率为 8.52‰，死亡人口 4416 人，死亡率为 7.2‰，与 2019 年相比，全市出生率下降 1.2 个千分点，死亡率提高 0.93 个千分点，自然增长率为 1.33‰，下降 2.14 个千分点。

全市城镇常住居民人均可支配收入 51987 元，比上年增长 5.1%；全市农村常住居民人均可支配入 28415 元，比上年增长 7.7%。城镇居民人均生活消费支出 24993 元，比上年增长 1.1%；农村居民人均生活消费支出 17769 元，比上年增长 0.6%。居民家庭恩格尔系数（食品消费支出占消费总支出的比重）城镇为 29.9%，农村为 32.8%。城镇居民人均现住房建筑面积 48.3 平方米，农村居民人均现住房建筑面积达 84.8 平方米。

全市参加城镇基本养老保险人数为 47.97 万人，其中，职工基本养老保险人数为 16.93 万人，城乡居民养老保险参保人数达到 22.89 万人；基本医疗保险参保人数为 54.77 万人，其中，城乡居民基本医疗保险参保人数为 42.69 万人，职工基本医疗保险人数为 12.08 万人。工伤保险、生育保险、失业保险参保人数分别达 8.15 万人、9.53 万人、6.91 万人。年末享受失业保险职工人数为 792 人。

全市各类养老机构有 41 家，床位数 5728 张，年末在院人数 1900 人，其中年末特困人员共有 1862 人，其中集中供养 747 人，分散供养 1115 人。年末全市城镇居民和农村居民最低生活保障已保人数分别为 523 人和 12694 人。

十二、资源、环境和社会公共安全

污染整治再加强。建立水质提升“4948”工作体系，开展雨污分流、污水“零直排”等九大专项行动，四夺全省“五水共治”工作大禹鼎，勇夺衢州市首座（县级）大禹鼎银鼎。深化工业废气治理，稳步推进炉窑治理，推进涉气“散乱污”企业清理整顿 15 家，关停取缔 11 家，整治提升 2 家；推进 PM2.5 和 O_3“双控双减”，重点实施江山南方水泥有限公司和衢州南方水泥有限公司超低排放改造；推进 VOCs 治理，推进 26 家重点管控企业“一厂一策”提升改造，推进木门企业“油改水”。新建 16 个乡镇水质自动监测站和 10 个乡镇空气自动监测站，初步实现全市乡镇水与空气环境质量自动监测站全覆盖。小微企业危废集中收集转运中心建成投用，新建危废仓库 1000 平方米，新增危废周转能力 2 万吨/年。开展“雷霆斩污”2.0 版行动，对重点危废产废单位开展现场核查，对全市辖区内 5 家“铸铝”企业的渣铝灰产生、处置、使用情况进行专项排查。

生态环境质量明显改善。2020 年，江山市国控、省控、衢州市控断面水质均 100%达标，后溪出境水断面水质、国控双塔底断面水质稳定达到Ⅱ类水，县级以上集中式饮用水水源地水质达标率 100%。全市 PM2.5 年均浓度 33 微克/立方米，同比下降 3 微克/立方米，全面达到国家二级标准；AQI 优良率 95.6%，同比提升 1.9 个百分点。

全市累计发生各类事故 12 起、死亡 10 人，同比分别下降 25%、9.1%。其中，工矿商贸事故 2 起、死亡 2 人，经营性道路交通事故 10 起、死亡 8 人。事故起数、死亡人数连续五年实现“双下降”，无较大及以上事故发生。

十三、城市建设

建成区（下同）面积 18.70 平方千米，道路面积 4.49 平方千米。全年供水总量 1439.3 万立方米，居民家庭用水 865.2 万立方米，人均日生活用水量 179.72 升，用水普及率 100%。用气人口 15.56 万人，燃气普及率 100%。污水处理厂1座，日污水处理能力6万立方米，污水处理率为97.3%。生活垃圾无害化处理率100%。绿化覆盖率44.35%，人均公园绿地面积14.81平方米。

注：1. 本公报数据为2021年度初步统计数据。

2. 全市生产总值和各产业增加值绝对数按现行价格计算，增长速度按可比价格计算。

3. 规模以上工业统计标准为年主营业务收入2000万元以上工业企业；固定资产投资统计标准为计划总投资500万元以上项目。

4. 资料来源：

本公报中，新增就业人口、失业人员再就业、社会保障方面等数据来自市人力资源和社会保障局；造林面积方面数据来自市林业局；新农村建设数据来自市农业农村局；全社会用电量、工业用电量数据来自市供电公司；网络零售额、对外经济数据来自市商务局；车辆拥有量数据来自市交警大队；旅游数据、图书馆藏书、文化站数据来自市文化广电旅游局；财政数据来自市财政局；金融数据来自人民银行江山支行；教育数据来自市教育局；科技方面数据来自市科技局；广播、有线电视方面数据来自市传媒集团；档案方面数据来自市档案馆；卫生方面数据来自市卫生健康局；医疗保障方面数据来自医疗保障局；体育竞赛活动方面数据来自市体育局；户籍人口数方面数据来自市公安局；养老机构、床位数方面数据来自市民政局；环境数据来自衢州市生态环境局江山分局；社会公共安全数据来自市应急管理局；城市建设数据来自市住建局；保费收入、交通运输客运量、货运量等数据来自衢州市统计局；其他数据来自市统计局。

中共江山市委员会

综 述

【概况】 2020年是决胜高水平全面小康和“十三五”规划收官之年，更是极不平凡、极不容易的一年。面对复杂变化的国际国内形势和突如其来的新冠肺炎疫情，江山市委团结带领全市上下，深入学习贯彻习近平总书记系列重要讲话特别是考察浙江的重要讲话精神，全面落实中央、省委、衢州市委决策部署，着眼“决战决胜、开放争先”工作基调，扎实开展“四个年”活动，统筹兼顾，克难攻坚，扎实做好“六稳”工作，全面落实“六保”任务，经济社会发展取得新成效。财政收入、网零、社零等指标增速位于衢州第一、全省前列，“小额普惠贷款试点”入选全省“最佳实践”案例，公共体育便利化改革在《领跑者》刊登，跻身赛迪营商环境全国榜单50强，捧得“五水共治”大禹鼎银鼎，成功创建省级生态文明建设示范县、美丽浙江考核优秀县，获评省法治政府建设先进单位和县乡法治政府建设“最佳实践”，平安江山建设实现“十连冠”。

【统筹思想引领和践行落地】 始终把学深悟透习近平新时代中国特色社会主义思想和贯彻落实中央、省委、衢州市委决策部署精神作为最大的政治任务，以学习领会的深度和贯彻落实的力度，提高政治忠诚的纯度和政治敏感的锐度。坚持把习近平新时代中国特色社会主义思想作为党员干部立身铸魂之本，先后召开32次市委常委会会议、20次市委理论学习中心组学习会，积极创设周一夜学、微党课、8090新时代宣讲等多种载体，深入学习宣传研讨习近平总书记重要讲话重要文章、《习近平谈治国理政》，特别是聚焦系统学习习近平总书记考察浙江重要讲话精神，确立7个载体，不断推进理论武装走深走实。坚持常委会带头、各层面跟进、全市域联动，围绕中共十九届五中全会、省委全会、衢州市委全会等一系列新精神新部署新要求，组织广泛学习宣讲，累计开展各类学习宣讲活动1100多场，受众超过13万人次，持续推动上级决策部署深入人心。坚持学思用贯通、知信行合一，召开市委十四届七次全会，深入研究落实习近平总书记考察浙江重要讲话精神和省委建设“重要窗口”决策部署的思路举措，确立打造全国县域治理标杆地、全国“两山”实践样板区、全国全域旅游示范区、全国乡村振兴先行区“一地三区”的江山方案；结合省委赋予衢州全市域推进“县乡一体、条抓块统”试点的重大部署，召开专题会议研究部署，确立“四个一批”思路迅速攻坚，基层治理“网格+”系列做法得到省委副书记王昌荣等多位省领导批示肯定，确保“上级有部署、江山见行动”。

【统筹疫情防控和经济社会发展】 始终以工作的确定性应对形势的不确定性，慎终如始抓好疫情防控，精准施策稳住基本盘，实现“两战赢、两领先”。第一时间落实省政府一级响应机制，顶格成立党政主要领导任双指挥长的战时应急指挥体系，全面落实“源头查控+硬核隔离+精密智控”战时管控机制，率先启动社区管控，创新实行五步工作法，迅速形成全域覆盖的防控体系，有效堵住风险“敞口”，及时扭转遏制前期严峻形势；同时，根据疫情防控的不同阶段及时调整工作重点和手段，迭代升级“大数据+网格化”常态化防控措施，扎实落实“一图一码一指数”精密智控，全过程加强“外防输入、内防反弹”，有力守护人民生命健康安全。1个集体、4名个人获省级抗疫表彰。前期确诊病例6人全部治愈出院，自2月4日以来保持确诊病例零新增。特别是在稳住小局同时，积极服务大局，第一时间选派5名医护骨干驰援武汉，以实际行动为抗疫大考贡献江山力量。打好化危为机主动仗，及时启动复工复产、复市复学，专班运作落实“争先创优”赛马行动，结合实际创新企业复工审批、组团联企服务等机制，迅速出台支持企业共渡难关十二条、企业“复工贷”等稳企业、稳生产、稳经济等具体措施，复工复产一段时间始终走在衢州前列，较早较好恢复经济社会发展秩序，推动经济发展“月月有提升、季季有突破”。全年完成地区生产总值312.64亿元；财政总收入34.96亿元、一般公共预算收入21.31亿元；城镇、农村常住居民人均可支配收入分别达到51987元、28415元，均增长6%。

【统筹创新驱动和投资拉动】 始终以工作主动赢得发展主动，坚持产业创新不动摇、扩大有效投资不止步，转型发展保持良好态势。深入开展产业创新年活动，出台门业、数字消防、新兴产业发展政策意见，门业产业规模突破百亿大关，欧派上榜全省成长性最快百强企业，获评国家消防应急产业示范基地；启动经济开发区高质量发展行动和低效用地集中整治，整治改造低效企业160家，新增高新技术企业29家，创历史新高，江东园区入选省化工园区合格名单，经济开发区争列省产业链“链长制”示范试点，实现工业增加值109.42亿元。应对疫情冲击，统筹开展“健康江山动起来”系列营销推介活动，成功承办国家全域旅游培训班、全国新年登高健身大会，旅游业加快复苏，全年实现旅游总收入103.36亿元；新引入电商总部2个，新增淘宝镇（村）3个，电子商务逆势大幅上扬，实现网络零售总额155.68亿元、同比增长63.4%、增速位列全省第二。深入开展项目攻坚年活动。“五比五赛”促投资，320个重点项目开工率和投资率均超90%，实现固定资产投资111.28亿元、同比增长2.6%；江玉公路等4个项目列入省重点、数量体量居衢州市首位，累计争取各类资金58.09亿元；城南新城房屋征迁两期450户均实现当月启动、当月清零，杭衢高铁（江山段）等重大项目征迁再创“江山速度”；大力开展土地整治“4138”工程，整治各类土地104.09公顷。深入开展招商突破年活动。出台实施新政，优化调整招商小组和区域招商队伍，新引进项目79个，总投资132.7亿元，其中亿元以上项目42个，10亿元以上重大项目6个。

【统筹改革突破和开放融入】 始终以改革开放的深度和广度赢得发展的速度和高度，坚持深化改革、扩大开放，为高质量发展增添动能。着眼党政机关数字化转型，深化“最多跑一次”改革，迭代升级政务服务2.0建设，基本实现政务服务“一网通办、全域通办、就近可办”。深化“一件事”集成改革，22项机关内部“一件事”全省率先梳理完成，41项个人、企业“一件事”实现协同高效办理，“小额普惠贷款试点”入选全省“最佳实践”案例，获得资金、土地指标、能耗标煤等多种奖励，公共体育便利化改革在《领跑者》刊登，得到省领导批示肯定。持续优化营商环境，连续第三年召开全市营商环境推进大会，创新实施“10+N”优化营商环境行动、点餐式项目审批

12月24日，“江山—江干科创飞地”在江干区开园，市委书记童炜鑫（中）参加开园仪式

等载体，跻身赛迪营商环境全国榜单50强。争获全国农村宅基地制度改革等重大改革试点项目22个。深入实施“融衢接杭”战略举措，融入区域一体化发展有形和无形通道进一步打开，杭衢高铁（江山段）项目落地建设，江玉公路启动实施；江山—柯桥山海协作产业园引进项目22个、总投资39.6亿元，江干科创飞地建成投用，上海飞地谋划启动，与嘉善县、上海市闵行区等开展初步交流，区域一体化发展有形和无形通道进一步打开。

【统筹生态治理和社会治理】始终以群众的脸色检验发展的成色，聚焦聚力提升生态环境，优化社会环境，人民群众的获得感、幸福感、安全感显著提升。着力改善生态环境质量，扎实推进“蓝天”“碧水”“净土”三大保卫战和“清废”攻坚战，积极落实中央、省环保督察问题整改，纵深推进美丽城乡建设，全市空气优良率达95.6%，出境水断面水质稳定保持Ⅱ类，获全省大花园示范县培育单位优秀等次、大花园建设受省政府表彰激励。脱贫攻坚全面收官，年家庭人均收入8000元以下情况、“两不愁三保障”突出问题、集体经济薄弱村全部“清零”，低收入农户人均可支配收入增幅居全省26个县前列，残疾人危房改造、村级债务化解等工作得到省领导批示肯定，“一包一牌一卡一码”等做法全省推广。积极回应民生期盼，十大民生实事项目全面完成，垃发项目如期点火，江化基地平稳关停；6所公办学校新改建投用，乡镇公办幼儿园实现全覆盖，高考成绩实现“七连增”；国家卫生城市通过省级复查；市体育馆被列入全省首批公共体育场馆服务大提升试点单位，成功承办全国健美操锦标赛、全国村歌大赛等系列重大赛事，文化礼堂“建管用育”走在衢州前列；城乡居民基本养老、医疗保险参保率分别达到99.63%、99.98%，基本实现“全民参保”。全力维护平安稳定，较好应对突发自然灾害，峡口镇大峦口村成功避险典型案例得到时任省委书记车俊的批示肯定；一体化推进扫黑除恶、信访维稳、安全生产、法治建设等工作，打击涉黑涉恶犯罪团伙4个，全年未发生较大以上安全生产责任事故。

【统筹整改提升和固本强基】始终以党建的高质量引领推动发展的高质量，全面加强基层组织建设，加快省委巡视等整改问题落实，持续深化从严治党，党的建设得到有效强化。全力开展问题整改，以刀刃向内、刮骨疗伤的勇气高标准开展各类专项问题整改，“不忘初心、牢记使命”主题教育排查、省经济责任审计反馈问题已经基本整改到位，特别是针对省委巡视反馈问题整改，全力以赴推进未完成问题整改，常态化开展“回头看”防止问题反弹，巡视反馈的44个问题已完成

40 个，219 项整改举措完成 212 项，整改完成率超过 90%，巡视整改工作得到省委巡视回访组高度肯定。强化打造战斗堡垒，统筹推进农村、城市、机关、企业等各领域党组织建设，“1+6”指数化管理效果逐步显现，6 名村社主职干部被评为衢州市级兴村治社名师，建成“五好”先锋型党组织 589 个，实现“五有”底线型党组织全覆盖，特别是村社组织换届圆满完成，2 个省级换届试点实现“三个百分百”，获中组部领导肯定。深化干部队伍建设，实施干部专项考察、“全链条式”培育机制，“2+2”选调生导师帮带创新做法全省推广，从疫情防控、项目征迁等一线重点工作中提拔重用干部 17 名，干事创业激情持续激发。扎实推进全面从严治党，健全领导干部廉政档案，探索“大数据+巡察”智慧模式，切实发挥巡察利剑作用，驰而不息纠治“四风”，推动政治监督具体化、规范化、常态化，共查处违反中央八项规定精神问题 42 起 71 人，党纪政务处分 52 人，党风政风有效净化。

在江山召开的重要会议和开展的重大活动

【2020 年全国新年登高健身大会中心主会场活动】 1 月 1 日，“中国体育彩票”2020 全国新年登高健身大会中心主会场活动在江山市江郎山景区隆重开幕。中国奥委会原副主席王宝良，国家体育总局群体司司长郎维、登山运动管理中心主任李致新、体育彩票管理中心副主任张建华，浙江省体育局副局长胡国平，衢州市人大常委会副主任朱建华，江山市领导童炜鑫和排球奥运冠军宋妮娜、皮划艇奥运冠军孟关良、攀岩世界冠军钟齐鑫等出席开幕式。这是江山市连续第五年承办全国中心主会场活动，气势磅礴的中国鼓结合“江山向上·中国富强”与“中国加油！中国队加油”两个口号贯穿活动全程，登高群众在欢欣鼓舞中点燃全民健身热情，并为 2020 东京奥运会造势助威。除群众登高外，还举行了全民健身展示、中国天空跑、冬泳挑战赛、钓鱼争霸赛等一系列群众健身活动，将新年登高这一品牌活动的辐射人群进一步扩大。相比往年，在新年登高活动中还创新性地融入体育产业的内容，引进中国登山户外行业大会，通过拓展合作领域、充实合作内涵、提升合作层次，为城市体育产业发展注入新的活力。

【建设浙江大花园走进江郎山活动】 6 月 13 日，由省生态文化协会、省林业局联合主办的建设浙江大花园—2020“文化和自然遗产日”走进江郎山活动启动仪式在江郎山景区隆重举行。省政协原副主席陈艳华、省林业局局长胡侠、衢州市副市长田俊及江山市领导童炜鑫等参加。活动通过线上线下联动，宣传以江郎山世界自然遗产地为代表的全省风景名胜区等自然遗产及其生态价值、科学价值、社会价值，推动浙江大花园建设进程。

【衢州市村社组织换届试点工作部署会】 6 月 28 日，衢州市村社组织换届试点工作部署会暨乡村振兴讲堂推进会在江山市召开，全面贯彻落实省委、衢州市委关于抓好村社组织换届的各项决策部署，研究推进衢州市村社组织换届试点工作和乡村振兴讲堂建设工作。会上，衢州市各县（市、区）委常委、组织部部长汇报交流村社组织换届和乡村振兴讲堂工作情况。江山市、常山县主要领导以及江山市新塘边镇、常山县新昌乡、柯城区万田乡就村社组织换届试点作表态发言。会议还对衢州市第一批示范乡村振兴综合体、AAA 乡村振兴讲堂、市级实训基地和“五星”讲师进行表彰。

【衢州市“污水零直排区”建设现场会】 8 月 14 日，衢州市“污水零直排区”建设现场会在江山市召开。与会人员先后前往鹿溪山庄和天余智慧菜场等地，考察江山市居民小区和农贸市场“污水零直排区”建设情况，实地察看小区雨污分流改造、雨水管网监测、菜场台面污水收集和地漏设施等方面的建设成果。会上，江山市作“污水零直排区”建设典型发言，衢州市住建局、生态环境局、综合执法局分别作表态发言。

【衢州市宣传文化系统专题研讨班】 8月20日，衢州市宣传文化系统专题研讨班在江山市召开。就宣传思想文化战线如何为城市发展赋能增色、争当四省边际中心城市建设排头兵，开展专题研讨。研讨会上，各县（市、区）委宣传部负责人及相关单位分别作交流发言。

【2020年全国全域旅游培训班】 9月18日，由文化和旅游部举办的2020年全国全域旅游培训班暨首届全域旅游发展绿色对话在江山市举行开班仪式。文化和旅游部党组成员王晓峰出席并授课，浙江省政协副主席吴晶致辞，省文化和旅游厅厅长褚子育，衢州市委副书记、市长汤飞帆，省文化和旅游厅副厅长杨建武，衢州市委常委、宣传部部长钱伟刚，江山市领导童炜鑫等出席。全国各省级文化和旅游行政部门分管领导，首批71家国家全域旅游示范区人民政府和文旅部门有关负责人，浙江省各设区市文化和旅游部门主要负责人，以及专家学者、企业代表、媒体代表380余人参加开班仪式和学习。

【2020年“浙闽赣皖”四省边际羽毛球邀请赛】 10月16至18日，2020年“浙闽赣皖”四省边际羽毛球邀请赛开幕式在江山市贺村镇举行。此次邀请赛以“四方来贺·羽动江山”为主题，邀请了四省九地市的16支代表队128名运动员参加，世界羽毛球锦标赛混双冠军、衢州形象大使黄雅琼发来为赛事进行“隔空”加油的视频。比赛为期两天，分小组循环赛、淘汰赛、决赛进行。10月18日，“浙闽赣皖”四省边际羽毛球邀请赛在贺村镇山底村闭幕。最终，杭州金杰市政代表队摘得桂冠，衢州羽协代表队获亚军，湖州羽协代表队获季军。

【浙西书法学术研讨会开幕式】 11月8日，浙西书法学术研讨会开幕式暨“江山文艺之家”揭牌仪式在江山市西塘人家举行。此次研讨会共收到论文近100篇，评出入选论文50篇，内容涵盖浙西书法从秦汉至当代的发展历程。

【2020年中国村歌大赛全国总决赛】 11月21日，2020年“庆丰收·迎小康”中国村歌大赛全国总决赛暨颁奖仪式在江山市大陈乡大陈村村歌广场举行。经过产业兴、文化强、生态美、乡风正、生活富五轮不同主题的精彩表演，来自全国15个省（自治区、直辖市）的村歌队伍，分获大赛一二三等奖，大陈村获得大赛特别贡献奖。

【省委宣讲团在江山宣讲党的十九届五中全会精神】 11月25日，中共十九届五中全会精神省委宣讲团报告会在江山市举行，省委宣讲团成员、省委统战部常务副部长王晓峰作宣讲报告。市委书记童炜鑫主持并作小结讲话。市四套班子部分领导，各乡镇（街道）相关分管领导，市机关各部门班子成员，部分8090新时代理论宣讲员代表及民营企业代表350多人聆听报告。

【第五届浙江省微电影评选活动表彰盛典】 12月22日，第五届浙江省微电影评选活动表彰盛典在江山市隆重举行。这次评选活动共征集到来自全国20余个省（自治区、直辖市）的762部作品，除最佳影片、最佳导演、最佳男女演员等八大单项奖外，还增设“大爱无疆”抗新冠肺炎疫情短片单元十佳影片、幸福小康人家微电影评选展示活动十佳影片、“天下浙商”短片单元十佳影片等奖项。

市委召开的重要会议

【全市“不忘初心、牢记使命”主题教育总结大会】 1月10日，江山市召开“不忘初心、牢记使命”主题教育总结大会。童炜鑫、汪胜、郑朝基等市四套班子领导，衢州市委主题教育第四巡回指导组副组长童庭伟和指导组其他成员参加会议。市委书记、市委“不忘初心、牢记使命”主题教育领导小组组长童炜鑫在会上强调，要深入学习贯彻习近平新时代中国特色社会主义思想和中央、省委、衢州市委总结会议精神，全面总结江山市主题教育，巩固拓展主题教育成果，为推进县域治理现代化走在前列，加快建设江山大花园、与全省同步实现“两个高水平”凝聚力量。要将理论学习作为常修之课，推动思想政治基础更加牢固，把初心和使命在内心深处铸牢、在思想深处扎根，筑牢信仰之基、补足精神之钙、把稳思想之舵，切实增强贯彻落实习近平新时代中国特色社会主义思想的思想自觉和行动自觉。要将服务破难作为常尽之责，推动联系服务群众更加密切，始终坚持以人民为中心的发展理念，常态开展调研、切实解决问题、锤炼干部担当，真抓实干解民忧、纾民怨、暖民心，让人民群众获得感、幸福感、安全感更加充实，更有保障，更可持续。要将检视整改作为常态之举，紧紧咬住不放松，持续发力，久久为功，把检视问题贯穿日常，以钉钉子的精神抓好整改落实，及时总结行之有效的办法，推动能力作风优化更加明显。要将学做结合作为常效之策，抓好当前工作落实，深入谋划发展思路，着力固根基、扬优势、补短板、强弱项，为高质量推进江山大花园建设、与全省同步实现“两个高水平”贡献力量。

【市纪委十四届五次全会】 1月22日，市纪委十四届五次全体会议召开。童炜鑫、汪胜、郑朝基、胡炳泉等市四套班子领导出席会议。市委书记童炜鑫强调，要深入学习贯彻习近平新时代中国特色社会主义思想和中共十九大精神，全面落实中央、省、衢州市纪委全会精神，一以贯之坚定不移推进全面从严治党，持续涵养清廉江山良好政治生态，不断开创党风廉政建设和反腐败斗争新局面，为加快建设江山大花园、高水平全面建成小康社会、高水平推进县域治理现代化提供有力的政治和纪律保障。要强化政治自觉，把学习贯彻习近平总书记重要讲话精神作为首要政治任务，坚持学思用贯通、知信行统一。要提高政治站位，以“永远在路上”的坚定执着推进全面从严治党，不断营造风清气正的政治生态。要增强政治责任，以“功成必定有我”的责任担当围绕中心服务大局，不断推进江山大花园建设。要保持政治定力，以“咬定青山不放松”的坚韧不拔深化清廉江山建设，一体推进“不敢腐”“不能腐”“不想腐”机制。要严明政治纪律，以“不用扬鞭自奋蹄”的行动自觉营造干事创业环境，不断推进江山铁军建设。

【市委常委会扩大会议】 2月3日，市委常委会召开扩大会议，传达学习省委常委扩大会议和衢州市委常委扩大会议精神，对江山市新型冠状病毒感染的肺炎疫情防控工作情况和存在问题进行再梳理、再分析、再部署、再落实，切实凝聚起攻坚克难的强大合力。会议以视联网的形式召开，童炜鑫、汪胜、郑朝基、胡炳泉等市四套班子领导在主会场参加会议，全市各乡镇（街道）设分会场。会议强调，疫情防控是一场大仗、硬仗，攻坚战、持久战，我们面临的形势依然错综复杂，面对的病毒依然顽固肆虐，全市上下要明形势、增信心，充分认识到疫情防控形势的严峻性、复杂性和紧迫性，提高政治站位，全面履行职责，保持一往无前的定力，展现舍我其谁的担当，科学研判、从容应对，树立从战略上藐视、在战术上重视的理性心态，向人民群众传递必胜的信心和底气，坚决打赢疫情防控攻坚战持久战。要勇担当、严纪律，全力以赴抓好“清存量、控增量、守底线”各项任务的落实。要加强集中统一领导，全市防疫工作必须按照“一个体系、一个口子、一致行动”的要求进行，确保管控力始终大于传播力。要坚决做到“双防双控”，落实好“大劝返、大排查、大隔离、大管控”

四大环节，切实做到守土有责、守土担责、守土尽责。要全力做好救护工作，更加关心关爱医务工作者，集中患者、集中专家、集中资源、集中救治，有效开展各项工作。要强化各类物资保障，尽最大努力，做最好准备，想方设法保供应，科学统筹善调剂，优先保障医务人员和一线防控人员所需。要持续加大宣传力度，围绕“防侥幸、防恐慌、强信心、强预防”的要求，全媒体联动全覆盖，对象上有针对性、内容上通俗易懂、形式上丰富多样。要层层压实防控责任，强化乡镇的主体责任、村社的主体作用，唤醒群众的主体意识，确保防控到位。要加大监督检查力度，严明纪律要求，强化结果运用，确保令行禁止、执行迅速，为打好疫情防控阻击战提供坚强纪律保障。

【河长制工作会议暨出境水水质提升保卫战部署会】 3月25日，江山市召开河长制工作会议暨出境水水质提升保卫战部署会。童炜鑫、汪胜、郑朝基、胡炳泉等市四套班子领导参加会议。市委书记童炜鑫强调，要把抗疫工作激发的热情转化为干事创业的激情，以更大决心、更强力度、更严举措，确保江山市出境水水质实现明显提升，进一步夯实江山大花园。

【全市机关干部大会暨产业创新发展大会】 4月10日，江山市召开全市机关干部大会暨产业创新发展大会。童炜鑫、汪胜、郑朝基、胡炳泉等市四套班子领导参加，23位2019年纳税1000万元以上的制造业企业负责人在主席台就座。会议以视频会议形式召开，全市各机关部门、乡镇（街道）设分会场。市委书记童炜鑫强调，要围绕高水平全面建成小康社会和“十三五”规划收好官、县域治理现代化开好局，以开放发展、创先争优为基调导向，以招商引资、项目建设、产业发展为根本抓手，为推进县域治理现代化，建设江山大花园筑实基础、积蓄力量。要围绕全面振兴，抓实开发区能级提升、两大基地示范建设、智能制造提质扩面等十项工作，力争工业经济实现新突破。要做好转化文章，落实旅游指标持续稳健增长、江郎山省级旅游度假区创建、进一步打响文旅融合“金名片”等十项任务，力争美丽经济实现新提升。要坚持培优育强，紧盯推进城北科创小镇建设、扩大跨境电商规模、持续打响区域电商特色品牌等十项重点，力争数字经济打开新局面。要更加紧密地团结在以习近平同志为核心的党中央周围，深入学习贯彻习近平总书记在浙江考察时的重要讲话精神，用汗水浇灌收获，以实干笃定前行，努力掀起干事创业的新高潮，确保高质量完成全年各项目标任务，为与全省同步高水平全面建成小康社会，加快建设惠及全市人民的江山大花园作出新的更大贡献。

【双拥工作领导小组全体成员（扩大）会议暨全国双拥模范城创建部署会】 4月16日，江山市召开双拥工作领导小组全体成员（扩大）会议暨全国双拥模范城创建部署会。市委书记、市双拥工作领导小组组长童炜鑫强调，要始终以习近平新时代中国特色社会主义思想为指导，主动对标对表、狠抓责任落实，以更加饱满的热情、更加务实的作风和更加有力的措施，坚定信心，扎实工作，务求实效，全力以赴争创新一轮全国双拥模范城，为江山大花园建设作出新的更大贡献。要补齐短板弱项、打造特色亮点、营造浓厚氛围、强化工作保障，以志在必得、决战必胜的决心和行动，在更广范围、更高层次、更深程度把国防和军队现代化与江山大花园建设结合起来，不断巩固和发展军民共建的“大双拥”工作格局，确保创建工作高效有序地向前推进。要以创促建、以点带面，全力推动退役军人事务工作走在前列，高起点高标准推进新时代退役军人事务领域治理体系和治理能力现代化。要全面提升就业创业质量，深入推进退役军人就业创业“一件事”改革，拓宽退役军人职业发展渠道，做好移交安置工作。要全面夯实基层基础建设，开展“新时代枫桥式退役军人服务站”和“退役军人服务中心示范单位”创建，集中打造一批具有本地特色的服务中心（站）示范点。要加大对优秀现役、退役军人和困难退役军人的优抚服务，让退役军人感受到党组织的关心和支持。

【全市政法平安信访工作暨扫黑除恶专项斗争部署推进会】 4月17日，江山市召开全市政法平安信访工作暨扫黑除恶专项斗争部署推进会。童炜鑫、汪胜、郑朝基、胡炳泉等市四套班子领导参加会议。市委书记童炜鑫强调，全市政法平安信访战线要继续保持昂扬向上的精神状态、开拓进取的工作激情和克难攻坚的责任担当，努力维护社会大局和谐稳定，为加快建设江山大花园、推动县域治理现代化走在前列作出更大贡献，为浙江省建设“重要窗口”贡献江山力量。要坚持强基促稳、示范引领，全力推进社会治理现代化走在前列。平安建设要勇夺“十一连冠”，加快补齐短板、层层压实责任、强化工作合力，推动形成群防群控、共建共治的良好氛围。基层治理要打造“江山样板”，以衢州市争创市域社会治理现代化第一期全国试点为契机，积极推进“最多跑一地”改革、做实网格化管理、深化智慧治理，不断提升江山市基层治理智能化、现代化水平。信访维稳要保持非常状态，以创建“无信访积案县”为目标，吹响积案化解冲锋号、狠抓机制落实、强化“依法治访”观念，切实让信访问题解决在基层。扫黑除恶要敢于亮剑决胜，持续打好“扫黑除恶+树正打歪+行业治乱”组合拳，狠抓破案攻坚、打伞打财、行业治乱、常态长效，奋力夺取扫黑除恶专项斗争的全面胜利。全市政法系统要把着力点放在提升核心战斗力上，全力锻造一支“听党指挥、能打胜仗、作风优良”的政法铁军队伍。要牢牢把握政治建设这一核心，始终坚持党对政法工作的绝对领导，把不忘初心、牢记使命作为政法干警常抓不懈的必修课，不断提升政法系统党的建设质量。要牢牢把握能力建设这一根本，按照革命化、正规化、专业化、职业化的要求，坚持问题导向、目标导向、效果导向，切实提高执法司法规范化水平。要牢牢把握作风建设这一关键，深入开展政法队伍纪律作风教育整顿，健全政法领导干部政治轮训、岗位交流等常态化制度，不断提升政法队伍的先进性和纯洁性。

【市委理论学习中心组“深入学习贯彻习近平总书记在浙江考察时的重要讲话精神”专题学习会】 4月19日，市委召开理论学习中心组“深入学习贯彻习近平总书记在浙江考察时的重要讲话精神”专题学习会，认真落实习近平总书记对浙江工作的最新指示要求。市委书记童炜鑫强调，要坚持以“八八战略”为统领，奋力实现2020年经济社会发展目标任务，确保如期高水平全面建成小康社会和“十三五”规划圆满收官，努力为浙江成为新时代全面展示中国特色社会主义制度优越性的重要窗口贡献更多江山力量。童炜鑫、汪胜、郑朝基、胡炳泉等市四套班子领导参加。会议强调，要坚决扛起“重要窗口”政治责任，始终把习近平总书记重要讲话精神落实到“两手抓两战赢”上、落实到不断深化改革开放上、落实到加快推进县域治理现代化上、落实到破解发展不平衡不充分问题上、落实到生态文明建设先行示范上、落实到全面从严治党上，始终铆足干劲，奋力跨越赶超，找准结合点、着力点和突破口，细化具体化有效的方法举措，持之以恒地抓实抓细抓落地，推动各项工作走在前列、作出示范。要牢牢抓住党员干部，在“学”“谋”“干”等方面下功夫，持久深入推动习近平总书记重要讲话精神落地生根，进而转化为江山的具体实践。

【2020年项目攻坚推进会】 4月29日，江山市召开2020年项目攻坚推进会，动员全市各级各部门认真贯彻落实衢州和江山“两会”精神，凝心聚力、齐心协力、上下用力，进一步唱响项目主旋律，迅速掀起项目建设新高潮，

为加快推动江山大花园建设奠定坚实基础，为浙江省打造“重要窗口”多作江山贡献。童炜鑫、汪胜、郑朝基等市四套班子领导参加。会议强调，项目是拉动投资增长的首要载体，是带动经济发展的原生动力。项目稳，“六稳”“六保”才有支撑。当前，来自经济下行、上级考核、难题破解等方面的压力巨大，要看到形势的复杂性和严峻性，进一步明确项目的重要性，增强主动意识，知道抓什么、怎么抓，顶住压力、背水一战。要扭住关键，精准施策，项目谋划要准、项目前期要透、项目推进要狠、项目征迁要顺、项目服务要快、对接争取要勤，为全年乃至“十四五”发展打好基础。要坚定目标、大干快上，坚持压实责任、形成闭环；正向激励、反向倒逼；健全机制、营造氛围，奋力争取实现半年正、全年红，推动江山大发展、快发展、高质量发展。

【市委农村工作会议暨脱贫攻坚决战大会】 5月8日，江山市召开农村工作会议暨脱贫攻坚决战大会。会议以视频会议的形式开到村（社）一级，童炜鑫、汪胜、郑朝基、胡炳泉等市四套班子领导在主会场参加。市委书记童炜鑫强调，要拿出敢打必胜的信心和决心，凝心聚力把农业基础打得更牢、把“三农”领域短板补得更实，一鼓作气、乘势而上夺取脱贫攻坚战的最终胜利，奋力开创“三农”工作新局面，努力交出乡村振兴的“高分答卷”。要决战决胜脱贫攻坚全面胜利，高质量实现“两不愁三保障”，全方位打好“低收入农户增收”攻坚战，进一步提升村集体经济“造血”功能。要聚焦聚力新时代美丽乡村建设，全力做好农房整治“后半篇”文章，加快补齐农村基础设施和公共服务短板，大力推进污水革命、厕所革命和垃圾革命。要抓紧抓实诗画风光带建设，努力将风光带打造成为全面展现江山市乡村振兴战略成果的重要窗口。要培优培强美丽经济幸福产业，抓好传统产业生产保供、特色产业转型升级和新兴产业培育发展，努力让美丽经济更美、幸福产业更香。要提步提速“三农”改革创新步伐，深化土地制度改革和集体产权制度改革，深入实施重点改革项目。要健全建强乡村治理体系，进一步加强党建统领，全力抓好村社组织换届，着力提升乡村治理效能，大力推进乡风文明建设。

【国家卫生城市复审迎检工作暨有礼指数“八个一”工作推进会】 5月8日，江山市召开国家卫生城市复审迎检工作暨有礼指数“八个一”工作推进会。童炜鑫、汪胜、郑朝基等市四套班子领导参加会议。市委书记童炜鑫强调，全市上下要群策群力、攻坚克难、奋力冲刺，以昂扬的姿态、饱满的热情、扎实的作风，高标准、高质量地做好国家卫生城市复审迎检和有礼指数“八个一”两项工作，努力为高水平全面建成小康社会增添成色、为加快江山大花园建设倾注文明新风。国卫复审迎检和有礼指数“八个一”两项工作，比的是速度，拼的是毅力，考的更是长效，必须突出重点、全力推进。要对标问题整改，坚持奔着问题去、跟着问题走、盯着问题改，尽快把问题抓到位、把短板补起来；要聚焦融合推进，充分发挥“模块化+网格化”的重要作用，体系化抓落实、抓细化、抓推进，真正让“网格有礼”在基层落地生根；要着眼常态长效，牢固树立统筹理念和整体意识，不断巩固和拓展工作成果，实现以评促建、以评提质。同时，两项工作具有广泛性、全面性和长期性，必须上下一心、合力攻坚。要全链条压实责任，牢固树立“一盘棋”意识，推动形成党委政府主要领导亲自抓、四套班子合力抓、条块结合共同抓的工作格局；要全市域宣传发动，把工作推进的过程不断转化成凝聚民心、集中民智、改善民生的过程；要全覆盖督查推进，建立常态化督查机制，加大督查的频度、密度和力度，促进工作扎实有效开展。

【全市一季度经济形势分析会暨二季度工作部署会】 5月9日，江山市召开一季度经济形势分析会暨二季度工作部署会，童炜鑫、汪胜、郑朝基、胡炳泉等市四套班子领导参加。市委书记童炜鑫表示，江山有基础、有条件、有信心推动经济稳走向上向好，奋力跑出高质量发展加速度。要咬定目标，抓紧抓紧再抓紧，实体化高效运作“1+8”专班体系，一项项明确时间表、任务书、责任人、路线图，以扎扎实实的成效推动各项目标任务达成。要聚焦重点，攻坚攻坚再攻坚，紧抓项目建设，强化招商引资，加强土地整治，积极对接争取，全方位强化经济发展支撑。要强化帮扶，服务服务再服务，紧紧围绕“六稳”“六保”任务，精准开展“三服务”“组团联企”等活动，进一步做实减税降费、做强金融支持、做优营商环境，帮助企业解决困难、分担风险、渡过难关。

【全市党管武装工作暨国防动员委员会全体会议】 5月14日，江山市召开党管武装工作暨国防动员委员会全体会议。市委书记、市人武部党委第一书记童炜鑫强调，要始终高举习近平强军思想伟大旗帜，积极投身新时代强军兴军伟大实践，团结一心、开拓创新、攻坚克难，进一步加强江山市国防后备力量建设，努力开创党管武装和国防后备力量建设新局面，为加快建设江山大花园作出更大贡献。各级必须坚决贯彻习近平强军思想和新时代军事战略方针，以加快完善国防动员体系为牵引，突出备战打仗主旋律，求真务实、开拓创新，锁定蓝图、接续奋进，以更高的站位、更实的举措，奋力开创新时代江山国防动员工作新篇章。要提高政治站位，切实扛起党管武装新担当，坚持把习近平强军思想纳入党委中心组学习、党员干部培训的重要内容，在谋划推进地方发展中贯彻强军要求，在履行国防责任中强化强军担当，自觉做习近平强军思想的坚定信仰者、忠实执行者、模范践行者。要聚焦服务主战，全力驱动练兵打仗新引擎，扎扎实实做好军事斗争准备各项工作，坚决完成党和人民赋予的使命任务。要强化军地联动，不断开拓融合发展新局面，抓实双拥创建、凝聚共建合力，确保党管武装工作制度化、常态化、长效化。

【全市领导干部会议】 6月1日，江山市召开全市领导干部会议，传达学习全国两会精神和省、衢州市领导干部会议精神，动员全市上下切实把思想和行动统一到中央和省委、衢州市委的最新精神上来，进一步认清形势、把握机遇，紧密结合实际做好2020年各项工作。市委书记童炜鑫传达并讲话，汪胜、胡炳泉等市四套班子领导参加会议。会议强调，学深悟透做实全国两会精神，必须坚持“三个统一”：要把学习贯彻全国两会精神与习近平总书记考察浙江时重要讲话以及对衢州、江山重要指示要求相统一，从“两个维护”的高度，进一步增强政治意识、大局意识；要把学习贯彻全国两会精神与把握当前复杂严峻的发展形势、全力抓好“六稳”“六保”工作相统一，从“危中有机”的角度，进一步增强全局意识、机遇意识；要把学习贯彻全国两会精神与坚持以人民为中心发展思想、全力以赴做好新时代群众工作相统一，从“人民至上”的维度，进一步增强宗旨意识、服务意识。要围绕“慎终如始、再接再厉”，始终保持风险意识，坚持底线思维，把常态化疫情防控牢牢刻在心中，紧紧抓在手上，为确保“两手抓两手硬，两战赢两领先”打牢坚实基础。要围绕“在危机中育新机、于变局中开新局”，进一步强化“六稳”举措、落实“六保”任务，奋战6月份，冲刺“二季红、半年正”，为实现全年红打牢基础，全力夺取经济发展高分报表。要围绕“坚持人民至上、不断造福人民”，思想高度统一、行动高度一致、精力高度集中，锁定目标、同频共振、全力攻坚，确保完成全面小康的各项目标任务。要围绕“系统治理、依法治理、综合治理、源头治理”，按照党建治理大花园要求，继续发挥好党建统领基层治理体系的优势，不断提升基层治理的现代化水平，确保社会运行平稳有序。要围绕“全面从严治党”，自觉对照“重要窗口”的新目标新定位新要求，只争朝夕、大干特干，刀刃向内、自我革命，进一步营造担当作为、真抓实干的浓厚氛围。

【防汛工作视频连线会议】 6月4日，江山市召开防汛工作视频连线会议，分析研判当前防汛形势，研究部署全市防汛工作。童炜鑫强调，防汛责任重于泰山，全市上下决不能麻痹大意、掉以轻心，要提高认识，科学决策、周密部署，立足防大汛、抗大灾，加强统筹、形成合力，抓实抓细各项工作，全力保障群众生命财产安全，确保全市安全度汛。各级各部门要提高政治站位，把做好防汛工作作为践行“四个意识”、对党绝对忠诚的重大政治考验，切实增强防大汛、抗大灾的思想自觉和行动自觉。要始终坚持以人民为中心的发展思想，坚持以人为本、生命至上的工作原则，时刻把人民群众生命财产安全放在第一位。要始终绷紧防汛防灾这根弦，坚决克服麻痹思想和侥幸心理，把防汛工作摆在当前突出位置，宁可十防九空，不可失防万一；宁听群众骂声，不听百姓哭声。要切实加强监测预报预警，充分发挥防汛指挥机构统筹协调作用，气象、资规、水利等部门加强联合会商和分析研判，确保及时、高效、科学做好监测预报预警和防汛抢险救灾工作。要全面开展巡查排查，严格落实山塘水库、危旧房、地质灾害点等重点地段的监管措施，逐村逐户逐人做好危险区域人员的转移工作，特别要落实好低保户、孤寡老人、留守儿童等对象的转移避险措施。要全面做好应急准备，进一步完善防汛预案体系，建立抗灾应急机制，落实防汛抢险队伍，做好防汛物资的储备和管理，提高突发性事件应急反应能力和处置能力，及时准确向上报送相关应急信息。要严明防汛工作纪律，严格落实重点区域、重点河段、重点工程、重要环节的防汛责任，严守 24 小时值守和领导带班制度，坚决服从指挥调度，全力以赴确保全市安全度汛。

【全市党建统领基层治理—信访积案化解工作互看互学现场会】 6月5日，江山市召开党建统领基层治理—信访积案化解工作互看互学现场会。市委书记童炜鑫强调，要坚决扛起使命担当，始终站稳人民立场，全力以赴抓好基层党建和信访积案化解工作，全方位提升江山全域基层党建工作水平，高质量创建“无信访积案县”，进一步密切党群、干群关系，奋力争当“重要窗口”的建设者、维护者、展示者。全市各级各部门要认真贯彻落实上级关于做好信访工作的一系列决策部署，时刻牢记“人民至上”的理念，始终保持清醒头脑，以创建“无信访积案县”为目标，全面提升基层治理能力。要坚持以上率下，继续深入开展领导干部坐班接访、带案下访、主动约访、民情调研等活动，多种形式察民情、听民声、解民意，在领导带动上实现新突破。要坚持案结事了，紧紧围绕“矛盾纠纷化解”这条主线，掌握方式方法、重视初信初访，加快推进矛调中心扩容提升工作，在问题化解上实现新突破。要坚持事前预防，定期排查预警、落实就地化解，打通基层源头治理的“最后一米”，在源头治理上实现新突破。要坚持依法打击，有效形成“违法上访不但无助于问题解决，还要受到依法追究”的正确导向和浓厚氛围，在规范秩序上实现新突破。全市上下必须深入践行新时代党的组织路线，高质量、全方位提升江山全域基层党建工作水平，以基层党建工作高质量开展推动各项工作高质量落实。当前特别要坚持以基层党建“1+6”指数化管理为抓手，重点推进村社换届工作，以高质量的准备工作赢得村社组织换届的高质量成效；推进农房管控工作，全面提升农村整体风貌；推进乡村振兴讲堂工作，用心、用力、用智把讲堂抓出特色、抓出深度、抓出成效；推进扶贫消薄工作，努力促进村集体经济和农民收入同步提升，不断增强老百姓的获得感和幸福感。

【2020年城南新城征迁誓师大会】 7月1日，江山市召开2020年城南新城征迁誓师大会。市委书记童炜鑫强调，全市上下要进一步明确目标、凝聚共识、振奋精神，以不破楼兰终不还的坚定决心，以时不我待、只争朝夕的进取精神，切实强化五大保障，全面完成各项既定工作任务，全力推动江山市征迁工作再上新台阶。要强化合力保障，指挥部、“一办五组”以及十个“包干网格”要迅速进入状态，全身心、满负荷投入战役；人大、政协要深入一线督战指导、协同作战；政法委、纪组宣、公检法司等部门要积极介入、合力推进；各乡镇（街道）、部门单位要全力支持、主动配合，确保形成征迁工作的最强合力。要强化政策保障，坚决守牢政策底线，坚持“一把尺子量到底、一个政策管到底”；实施阳光操作，全面公开补偿标准、办事流程，自觉接受群众监督；强化政策学习，把征迁政策吃透、学透、理解透，切实维护政策的严肃性和平衡性。要强化司法保障，坚持依法征迁、营造法治氛围、加强研判预警，进一步规范程序、审查协议、扫清障碍，切实保障征迁工作的顺利推进，确保社会安全稳定。要强化宣传保障，努力形成强大宣传声势，加大典型宣传力度，推动形成政府推动、舆论鼓动、干部主动、各界互动的良好工作局面。要强化督考保障，将征迁工作作为一项重要内容纳入年度综合考核，鼓励各领办单位之间、各征迁项目之间相互晒成绩、比进度、争先进，营造你追我赶、比学赶超的良好氛围。

【全市营商环境建设工作推进会】 7月3日，江山市召开营商环境建设工作推进会。童炜鑫、汪胜、胡炳泉等市四套班子领导参加。市委书记童炜鑫强调，要以全市营商环境问题的典型案例为切入点，对营商环境进行一次“刮骨疗毒”，找出问题、弱项、短板，明确任务、强化措施，对标先进、强力攻坚，进一步释放活力、激发动力，持续发扬钉钉子精神，以踏石留印、抓铁有痕的力度，坚决打赢优化营商环境这场硬仗，为加快建设江山大花园提供高质量的环境保障。要坚持“亲”字为先，在思想上想企业之所想，扭转思维，多想一层，做细一点；在服务上解企业之所难，工作中做到不间断、不定时、不打扰，确保真服务、真解决、真落实；在行动上急企业之所急，以“最多跑一次”为牵引，全力推行“标准地”招商模式，深化审批“最多80天”改革，全力构建更有温度、更加高效的营商环境。要坚持“清”字为本，厘清政商关系的“雷区”和“安全区”，实现政务环境“清朗”、市场环境“清正”、社会环境“清爽”，全力构建更趋透明、更加有序的营商环境。要坚持“轻”字为要，始终以氛围最轻松、环境最宽松为目标，在完善政策体系、强化保障体系、打造开放体系等方面统筹发力，全面提升城市活跃度，激发市场主体创造力，全力构建更富活力、更具魅力的营商环境，真正让江山成为创业的沃土、致富的乐园。

【全市8090新时代理论宣讲工作推进会暨宣讲团开讲仪式】 7月9日，江山市举行8090新时代理论宣讲工作推进会暨宣讲团开讲仪式，深入传达学习衢州市8090新时代理论宣讲工作推进会精神，研究部署具体贯彻落实意见。市委书记童炜鑫强调，要以最大决心、最强力度、最实举措，为衢州全市域体系化推进8090新时代理论宣讲工作贡献江山力量。要坚持选优配强、建好队伍，加快构建以市级宣讲团、导师团和顾问团、乡镇（街道）部门宣讲团为主体的“1+2+N”组织架构。要坚持整合打通、用好平台，充分发挥党建统领基层治理体系优势，汇聚起强大合力，唱好“大合唱”。要坚持精雕细琢、讲好故事，更好地为江山发展摇旗呐喊、擂鼓助威。要坚持齐抓共管、做好保障，着力构建“党委集中统一领导、宣传部门统筹协调、相关部门齐抓共管、全市上下一体推进”的工作格局。

【市委扶贫领域专项巡察暨村级巡察工作动员部署会】 7月13日，江山市召开十四届市委扶贫领域专项巡察暨村级巡察工作动员部署会。市委书记童炜鑫强调，要全面贯彻落实全国巡视工作会议精神及中央、省委和衢州市委关于巡察工作的决策部署，提高政治站位，深化巡察监督，坚持扬优势、补短板，推动巡察工作向更高质量发展。要聚焦监督重点、坚持协同发力、强化精准报告，进一步提升巡察工作的准度、深度、效度，确保巡深巡透，在高质量推进全覆盖巡察上展现新水平。相关职能部门和被巡察单位必须落实落细、尽职尽责，把整改责任传导压实到位，把巡察成果精准运用到位，把政治监督优势发挥到位，在巡察“后半篇”文章上体现新成效。希望巡察组坚定信念、鼓足信心，把政治建设作为第一要求，把过硬本领作为第一标准，把巡察干部作为第一身份，以扎扎实实的工作成效让市委放心、让群众满意、让被巡察单位信服。特别是面对当前疫情防控和经济社会发展仍然复杂多变的局面，要不松劲、不懈怠，坚定信心、砥砺前行，为巩固发展良好政治生态、加快江山大花园建设贡献巡察力量。

【全市上半年经济形势分析会】 8月7日，江山市召开上半年经济形势分析会，传达学习衢州市委七届八次全会精神，深入剖析上半年经济工作形势，研究部署下半年经济工作。童炜鑫、汪胜、郑朝基等市四套班子领导参加。市委书记童炜鑫强调，要认真学习、深刻领会衢州市委七届八次全会精神，凝神聚力、奋力冲刺，努力为衢州实现大发展快发展高质量发展贡献更多江山实践、江山元素，全力当好“重要窗口”的建设者、维护者、展示者。2020年以来，面对常态化疫情防控和复杂严峻的国际国内环境，全市上下紧紧围绕“两手抓、两手硬，两战赢、两领先”目标要求，扎实做好“六稳”工作、全面落实“六保”任务，全市经济保持良好的发展态势，正逐步回归正常轨道，趋向平稳运行。但与此同时，全市大抓经济的氛围、通力协作的意识、争先创优的精神有所淡化等问题短板依然存在。当前，全年工作进入了后半程，我们要以“等不起、慢不得、坐不住”的责任感抓好工作，危中寻机、稳中求进，努力完成全年各项目标任务。要统筹抓好疫情防控和经济发展，确保交出“两战”的高分报表；要统筹抓好产业创新和项目建设，努力实现更高质量更有效率更可持续的发展；要统筹抓好脱贫攻坚和“十四五”规划，为实现长远发展打下更加坚实的基础；要统筹抓好党的建设和社会治理，切实推动江山市县域治理体系和治理能力现代化。

【全市民政会议暨脱贫攻坚冲刺大会】 8月20日，江山市召开民政会议暨脱贫攻坚冲刺大会。市委书记童炜鑫强调，要认真学习贯彻习近平总书记关于民政工作的重要论述精神以及全国和省、衢州市民政会议精神，以归零的心态、翻篇的姿态、奋发的状态，主动适应新形势新变化新要求，全面高质量打赢脱贫攻坚收官之战，聚力开启江山民政事业高质量发展的新征程、新篇章。全市上下要时刻牢记新时代“民政为民、民政爱民”的初心使命，合力推动江山民政事业高质量发展。要在“决战决胜脱贫攻坚”上再聚焦再发力，精准、动态、彻底摸清底数，逐步破解集体经济薄弱村持续增收难问题，坚决纠正作风虚浮、萎靡不振等现象，确保全面高质量打赢脱贫攻坚收官之战。要在“全面优化县域治理”上再聚焦再发力，全力抓好村社组织换届试点工作，积极推进全国社区治理和服务创新试验区试点，引导社会组织积极参与社会治理，持续推动自治、法治、德治“三治”深化融合。要在“发展美丽经济幸福产业”上再聚焦再发力，坚持高标准规划、高强度招引、高质量服务，努力把江山打造成为四省边际的康养福地。要在“践行人民至上理念”上再聚焦、再发力，加强儿童关爱照护、推进数字民政建设、深化民政综合改革，不断优化民政社会服务供给质量。

【市委十四届七次全体（扩大）会议】 8月28日，市委召开十四届七次全体（扩大）会议。市委常委会主持会议，市委书记童炜鑫代表市委常委会向全会作工作报告。市委副书记、政法委书记胡炳泉等参加会议。会议高举习近平新时代中国特色社会主义思想伟大旗帜，全面贯彻落实中共十九届四中全会、省委十四届七次全会和衢州市委七届八次全会精神，深入学习贯彻习近平总书记考察浙江重要讲话精神，研究部署“重要窗口”建设在江山落地落实的思路举措，审议通过《中共江山市委关于深入学习贯彻习近平总书记考察浙江重要讲话精神，全力打造“一地三区”的决议》，组织动员全市广大党员干部凝心聚力、克难攻坚，以新状态、新作为投身打造全国县域治理标杆地、全国“两山”实践样板区、全国全域旅游示范区、全国乡村振兴先行区的“一地三区”新征程，奋力开创江山大花园建设新局面，在全省建设“重要窗口”和衢州建设四省边际中心城市中扛起江山担当、贡献江山力量、提供江山实践。全会强调，打造“一地三区”使命光荣、任务艰巨，既要系统统筹，更要聚焦重点，必须以关键领域、重点环节的攻坚突破，把美好愿景转化为生动现实。要在基层组织建设、治理效能提升、社会环境优化上统筹发力，争创一流，实现基层组织坚强有力、治理服务便捷高效、社会环境安定有序，努力打造全国县域治理标杆地。要在持续厚植生态优势的同时，加快提升绿色品级、平台能级、产业量级和企业等级，把绿水青山建得更美，把金山银山做得更大，全力打造全国“两山”实践样板区。要坚持把全域作为一个大景区进行规划建设，突出做强千万级核心景区、高能级美丽城市、高等级休闲旅游“三大版块”，推动全域旅游由1.0版向2.0版迈进，真正成为“处处是风景、时时享风景、人人皆风景”的全国一流休闲旅游目的地，切实打造全国全域旅游示范区。要对标“3752”乡村大花园建设要求，坚持“幸福乡村”建设理念，聚焦优化乡村风貌形态、产业发展、满意生活三大空间，推动乡村真正成为一个留住“形”吸引“人”守住“魂”的令人向往地方，持续打造全国乡村振兴先行区。全会要求，全市上下要凝聚共识、凝聚合力，传导责任、传导压力，创新方式、创新方法，强化督考、强化宣传，全面形成打造“一地三区”的磅礴力量、坚实保障、浓厚氛围。全会号召，要高举习近平新时代中国特色社会主义思想伟大旗帜，更加紧密地团结在以习近平同志为核心的党中央周围，在省委、衢州市委的坚强领导下，团结和依靠全市人民，不忘初心、牢记使命，担当破难、拼搏奋进，全力打造“一地三区”，在全省建设“重要窗口”和衢州建设四省边际中心城市的新征程中扛起江山担当、贡献江山力量、彰显江山风采。

【2020中国·江山数字消防产业发展大会（江山人发展大会）开幕式暨主旨大会】 10月9日，江山市召开以“礼贤天下·智汇江山—打造中国数字消防产业第一城”为主题的2020中国·江山数字消防产业发展大会（江山人发展大会）开幕式暨主旨大会，国家减灾委专家委副主任、国务院应急管理专家组组长闪淳昌，省人大常委会原副主任、省智能制造专家委员会主任毛光烈，中国消防协会会长、武警正军职少将陈伟明，省政协原副主席陈艳华，宁波市政协主席徐宇宁，省军区原副政委、少将范匡夫，河南省军区原副司令员、少将曹建新，总参作战部原副部长、少将姜国宁，衢州市委常委、统战部部长傅根友，以及江山市领导童炜鑫、汪胜、郑朝基、胡炳泉等，与来自全球各地的700多名江山骄子齐聚一堂，围绕打造中国数字消

防产业第一城的战略目标，共叙乡情友谊，共话家乡发展。市委书记童炜鑫代表市四套班子和 61 万名江山人民，向莅临大会的各位嘉宾表示热烈欢迎和衷心感谢，向所有海内外江山人致以最诚挚的问候。他衷心希望各位乡贤勤于追梦、勇于拼搏，不断把崇学、务实、包容、创新的“江山人精神”传遍五湖四海。衷心希望各位领导一如既往地关心关爱江山，帮助江山实现更高水平、更高质量的跨越。衷心希望各位来宾把江山作为投资创业、研发创新的热土和成就人生、实现理想的平台，共同谱写数字消防产业发展的江山篇章。

【村（社区）组织换届工作会议】 10 月 12 日，江山市召开村（社区）组织换届工作会议。市委书记童炜鑫强调，要坚持以习近平总书记关于基层组织建设和村社换届的重要指示精神为基本遵循，紧紧围绕“五好两确保”目标，高站位高标准高质量抓好村社组织换届，切实打赢这场发展之战、使命之战、荣誉之战，为加快建设“一地三区”夯实基础、巩固支撑。会议以视频形式召开，各乡镇（街道）、村（社区）设分会场。童炜鑫强调，要认清形势、把握大势，充分认识到村社组织换届是一场必须交出高分答卷的大战大考、是决定江山“一地三区”建设的基础之功、是检验基层治理体系改革成果的重要标尺、是推动全面建成小康社会的必然要求，真正把这项重大政治任务抓实抓好。要重回起点、突出重点，始终坚持党管换届、坚持实绩选人、坚持依法依规、坚持严肃纪律、坚持干换结合，保持换届选举高标准高质量。要推进有力、形成合力，在组织领导上更显力度、在督导指导上更见水平、在统筹衔接上更下功夫，确保村社换届全程稳全面稳。同时，要紧紧守牢纪律红线，坚持正向支持，杜绝负面干预，选优配强打造“重要窗口”的村社干部队伍。

【城南新城二期征迁誓师大会】 10 月 19 日，江山市召开城南新城二期征迁誓师大会。市领导郑朝基、胡炳泉等参加会议。市委书记童炜鑫强调，全市上下要继续坚持和发扬首战中积累下来的好经验、好做法、好作风，继续保持昂扬向上、比学赶超的工作热情，以更加坚定的决心、更加务实的举措，一鼓作气，乘势而上，强势推进，奋力推动全市征迁工作再上新台阶、实现新跨越。各相关单位要坚持团结协作，把服务大局、维护大局作为共同追求，狠下一颗心、统成一盘棋、拧成一股绳，真正确保全市动员、全面出击、全员参战，强势推进。要坚持阳光征迁，始终保持政策的刚性和一致性，真正做到“一碗水端平”“一把尺子量到底”。要坚持群众路线，牢固树立以人民为中心的发展思想，耐心细致地做好征迁户思想工作，确保把征迁带来的好处讲深讲透。要坚持舆论引导，抓好宣传造势、强化正面引导，齐心营造“人人参与征迁、处处支持征迁”的良好环境和浓厚氛围。要坚持依法推进，牢固树立法治思维，始终坚持依法征收，确保不触碰政策红线、不搞暗箱操作、不输送额外利益。

【新一届村社党组织书记履新培训大会】 11 月 30 日，江山市召开新一届村社党组织书记履新培训大会。市委书记童炜鑫向 308 名新一届村社党组织书记传达了中共十九届五中全会精神和省委十四届八次全会精神，并为大家上了“履新第一课”。汪胜、郑朝基、胡炳泉等市四套班子领导参加会议。童炜鑫强调，作为村社书记，一定要有“为官一任造福一方”的履职责任感。要找准自身定位，回答好“我当书记为什么”“自己应当干什么”“退位之后留什么”等问题。要改进工作作风，把心思放在干事创业上，多了解群众的所需所盼、多听取群众的意见建议，当好服务群众的“贴心人”。要掌握工作方法，既抓好基层组织建设，又抓好乡村基层治理，同时还要协助推进全市各项中心工作。要坚持争先创优，树立强烈的争先进位意识，栽好梧桐树、引得凤凰来。要把抓党建作为第一责任落细落实、把带队伍作为关键任务落细落实、把强治理作为首要目标落细落实，深刻理解和把握“主”字型体系架构、“王”字形运行机制这一整套成熟的党建统领基层治理体系，恪尽职守、主动作为、不辱使命，真正成为“组织放心、群众满意”的新时代“领头雁”，为打造“一地三区”、加快建设江山大花园作出更大贡献。

【庆祝江山市人民医院建院 80 周年暨三乙医院创建推进会】 12 月 27 日，江山市举行庆祝江山市人民医院建院 80 周年暨三乙医院创建推进会。省政协副主席、浙大医学院附属邵逸夫医院院长蔡秀军，浙大医学院附属邵逸夫医院党委书记、副院长刘利民，童炜鑫、郑朝基、胡炳泉等市四套班子领导，以及市医改工作领导小组、三乙医院创建领导小组、市医共体管委会成员单位主要领导等参加。市委书记童炜鑫指出，发展医疗卫生事业是最大的民生工程、民心工程，人民医院要抢抓机遇、争先创优，全力推进三乙医院创建各项工作，其他各部门务必提高站位，以高度负责的态度抓好各项措施的落实，倒排时间、对标对表、强化合力，努力把这件民生大事办出成效。要不忘初心、慎终如始，继续坚持和发扬伟大抗疫精神，进一步健全完善预警响应机制，全面提升防控救治能力，切实构建起更加强大的公共卫生体系，全面织密防护网、筑牢隔离墙，奋力夺取疫情防控的最终胜利。

【全市领导干部会议】 12 月 30 日，市委书记童炜鑫主持召开全市领导干部会议，传达学习中央经济工作会议、省委经济工作会议、省长郑栅洁在衢州调研讲话精神以及衢州市领导干部会议精神，研究部署江山市贯彻落实意见。童炜鑫、汪胜、胡炳泉等市四套班子领导参加。童炜鑫强调，2021 年是“十四五”开局之年，谋划好 2021 年工作思路，具有至关重要的意义。要全力以赴抓转型，围绕传统产业改造、新兴产业培育、产业创新平台和稳增长政策等方面，牢牢稳住经济基本盘。要全力以赴扩投资，加快项目攻坚、加大招商力度，切实增强经济发展后劲。要全力以赴强民生，在继续深化“学在江山”“健康江山”等品牌建设、健全完善社会保障体系的基础上，聚力推动城市功能升级、品质升级。要全力以赴促开放，持续深化融衢接杭战略举措，推动江山开放发展、借力发展水平不断提升。要全力以赴优环境，坚持一手抓生态环境，一手抓营商环境，不断巩固天蓝地绿水清的生态本底，把整体环境打造得更加高效便捷。要全力以赴强基础，切实推动党的领导贯穿经济社会各领域、各环节，特别要将“县乡一体、条抓块统”作为改革的“一号工程”，全面提升县域治理现代化水平。

市委办公室工作

【概况】 2020 年，市委办公室紧紧围绕市委市政府的中心工作，深入学习贯彻习近平新时代中国特色社会主义思想和中共十九届五中全会精神，在市委的正确领导下，着力增强“四个意识”，自觉践行“五个坚持”，努力提高“三服务”水平，有效发挥党委办公室的参谋助手、督促检查、综合协调、保障服务等作用，全力保障市委工作的规范高效运转，较好完成各项工作任务。

【强化参谋辅政】 加强谋划研究，积极以文辅政，加强调研，唱响江山好声音，助推市委中心工作高效开展。综合文字有落实。在综合文字服务上勇于担当、主动作为，丝毫未因时间紧、任务重而放松要求、降低标准，始终保持“5+2”“白+黑”连续作战的工作劲头，以积极主动的姿态迎接每项任务和挑战，特别是对每一篇材料都高度负责，做到一丝不苟、精益求精，不断提升以文辅政能力。一年来，先后高质量完成机关干部大会、3 个季度经济形势分析会、市委十四届七次全会报告、市委党校秋季开班典礼等一系列重要会议活动各类发言材料 280 余份；在完成各类综合文字材料的同时，围绕“出精品”要求，第一时间学习领会、消化吸收习近平总书记重要讲话精神以及中共十九届四中、五中全会、省委十四届七次、八次全会等重要会议精神，高度关注宏观政策走向，及时捕捉前沿信息动态，不断完善知识结构，丰富理论水平，提高参谋水平，真正做到以学促干、以干促学。调查研究有深度。圆满完成 2019 年度全市优秀调研文章的评选表彰，筹备 2021 年调研课题工作；认真开展实施《江山市“十四五”经济和社会发展基本思路》的调查研究，科学客观分析“十四五”时期江山经济社会发展基础、要求和前景，系统研判江山市所处的发展阶段、机遇挑战、主要特征、战略要求，统筹谋划江山经济社会发展规划发展空间布局，系统提出“十四五”时期江山规划产业发展、城市化、公共服务、生态文明等相关领域重点任务。信息报道有亮点。全年累计上报衢州市委办信息稿件 430 余条，被省委办录用 25 条，被衢州市委办录用信息 24 条，其中《江山市“全时在线”全力保障春耕备耕》被省工作情况交流录用，《江山市开展积案攻坚行动有效化解疑难信访积案》获得衢州市政协主席、市委政法委书记周伟江批示；编发江山市工作动态 27 期，专报 4 期，各类紧急突发信息 32 条；全年在衢州市级及以上媒体刊登报道近 500 篇，较上一年报道量增加 25%；报道组先后有产业集群、疫情下的江山之变、“6 • 30”抗洪抢险、经济开发区高质量发展、脱贫攻坚、“县乡一体，条抓块统”等 20 篇重大主题报道在衢州日报头版头条发表，7 篇高质量报道登上浙报头版，浙江日报客户端 11 篇稿件阅读量突破 30 万+。

【狠抓督查考核】 坚持督查考核互力共推，制定出台《关于加强市委主要领导交办事项办理工作的通知》，建立“345”办理机制，全年累计交办 271 件，办结 190 件，有效解决市委主要领导交办事项交办反馈形式不统一、跟踪难度大、反馈办结不及时等问题。健全完善综合考核办法，起草出台 2020 年度综合考核办法初稿，及时制定《综合考核实施细则》《考核指标分解表》，确保考核有人管、抓得好、落得实。高效完成上级交办任务，共报送《今日聚焦》整改情况 1 期、《电视问政》整改情况 2 期。对乡镇（街道）的党建治理大花园十个方面重点工作进行排名。落实督考任务，除持续做好疫情防控督查，先后组织开展全国“两会”信访维稳、防电信诈骗等 7 次督查，撰写印发通报 11 期。常态化开展“十条军规”通报，共累计通报 4 期，涉及通报事项表扬 28 项、批评 4 项。多维度做好“三服务”工作，全市共办结“三服务”事项 2093 件，办结率 99.86%，办结率位列衢州第一，全年有 3 篇

10 月 19 日，市委办召开机关支部委员会党员大会

案例被衢州“三服务”办采用并发文推广，其中《江山市开展车检服务供给侧改革推行“交钥匙”车检服务》被省委办公厅《浙江信息（督查通报）》采用，选入全省“三服务”活动月度10个好典型。

【提升综合协调】 统筹协调改革、财经、对台等市委重点工作。改革攻坚有力度。梳理全市改革工作要点，建立重大改革任务责任分工制度，明确时间节点、细化进度要求；召开市委全面深化改革委员会第二次会议，审议并原则通过《市委全面深化改革委员会专项小组组成人员名单》《关于构建“县乡一体、条抓块统”模式提高基层治理能力的试点工作方案》等改革文件；健全完善各专项小组改革工作会商机制，全面落实“月报送、季碰头、年总结”的工作制度，切实将改革各项工作任务落到实处；发展群众体育工作在《领跑者》刊登，乡镇（街道）“一支队伍管执法”等5项改革被《竞跑者》刊发，2项改革被评为省级创新案例，4项改革创新举措在全省推广。统筹落实财经委员会工作。围绕市委市政府月度工作要点，紧盯重大项目、重大产业平台、项目招引、资源统筹，召开财经委员会会议，发挥财经委员会牵头抓总作用，协调处理重大发展问题，切实把党领导经济工作的制度优势转化为发展动能。持续推进对台各项工作。全市5家台资企业在3月初全部复工复产；创造创新两岸联谊政协委员会客厅等活动载体，推进江台两地交流；挖掘对台工作资源，编写《台胞台属故事汇》，举办江山市台胞台属联谊会第八次会员代表大会，夯实对台工作基础；重视台胞台属诉求，着力做好涉台信访维稳，办结台胞台属各类求助事件7件，国家信访局、省信访局督办的信访件3起。

【规范服务保障】 坚持高标准严要求，努力提升办文、办会、办事能力水平，全力推动服务保障零差错、零失误。办文办会细致高效。严把文件格式关，各项文电办理严格履行台账登记手续，并落实定期归档制度，实现文电账物清晰，对文件类别、来文层级、送阅领导等进行细化分类，做到即收即登、逐项录入，全年收发文2700余件，流转分发办理8000多件次；承担全市领导干部会议、营商环境大会、市委十四届七次全会、经济形势分析会等100多场会议的相关会务工作；完成《江山通讯》等刊物编印，提前谋划主题，积极提质创优，不断提升刊物编辑质量和效率。机要保密严谨细致。机要工作保障有效，严格执行24小时值班制度，建立密码通信双人双岗保障机制，优质高效做好疫情防控期间密码通信保障工作。国安工作开展有力，切实抓细抓好市委国安办日常工作任务，被衢州市推荐参评浙江省维护国家安全先进集体、先进个人；与保密工作结合，组织开展涉军周边环境及军工企业走访，赴贺村实地走访驻军周边环境整治情况、调研指导军工企业相关工作；安可替代推进有序，承担安可办日常工作任务，面对新领域、新业务，积极展现新作为；建立健全领导机制，成立912工程领导小组并召开领导小组会议，出具会议备忘，明确成员单位责任分工，排出工程实施计划清单。档案监管规范有序。对档案工作牵头的4个事项完成随机抽查8次，实现掌上执法率100%，双随机抽查事项覆盖率100%，任务完成率100%，圆满完成档案“互联网+监管”执法任务；扎实推进基层数字档案室创建工作，完成25%的示范数字档案室，50%的规范化数字档案室和100%的数字档案室创建任务工作。全面推进基层档案普法工作，增强基层干部群众依法治档意识，不断提升基层运用档案破解难题、推动发展、化解矛盾、维护稳定的水平；加强电子化归档平台的安全运维及管理，已通过检测13.7万多条数据；切实加强换届档案和村（社区）档案资料齐全完整，制定《村（社区）组织换届档案管理办法》，安全保管。脱贫攻坚精准落实。深入贯彻落实习近平总书记在决战决胜脱贫攻坚座谈会上的重要讲话精神，积极开展扶贫重点帮扶村和低收入农户“一村一对策、一户一帮扶”活动，做到因户施策、精准扶贫。

【抓好队伍建设】 突出政治引领，全力打造忠诚担当的干部队伍。全面打造政治坚定的领导班子。不断增强政治敏锐性、政治坚定性和政治鉴别力，在政治上始终与党中央保持高度一致，在行动上始终与市委重大决策部署保持高度契合，为市委工作任务的落实奠定坚实思想和理论基础；坚持民主决策，营造和谐氛围，认真执行民主生活会制度、室务会议成员例会制度、班子成员谈心交心制度，正确处理集体领导与个人分工负责的关系，注重整体效能的发挥。推进落实机关党建工作责任制。培养优秀分子入党，共吸收两名干部为发展对象，为党组织输送新鲜血液；开展“主题党日”活动，组织全体党员干部赴白沙村、开化县等教育基地，重走红军路，重温入党誓词，追寻入党初心，激发党员干部爱岗奉献、创业创新、服务发展的热情；推进党务公开工作，完善保密审查、政策解读、信息发布等机制。落实意识形态工作责任制。牢牢掌握意识形态工作领导权、管理权和话语权，坚持理论学习中心组学习制度，严格把好《江山通讯》《江山信息》及市委领导活动的宣传信息稿件质量关，意识形态工作的能力和水平不断提升。全力推动法治江山建设。抓好党内法规实施工作，完善党内规范性文件合法合规审核、备案审查、清理等工作机制，制定实施党内法规执行责任制。推进党务公开工作，完善保密审查、政策解读、信息发布等机制。全面锻造有敏锐判断力、有快速反应力、有坚强自制力、能打硬仗的干部队伍。全面塑造积极向上的工作氛围，建设市委办机关文化墙，规范党员活动室，开展干部谈心谈话工作，强化干部的凝聚力、担当力、奉献力，提升工作能力。

（市委办）

组织工作

【概况】 2020年，江山市党的基层组织1684个，其中党委85个，党总支167个，党支部1432个。全市党员31182名，其中预备党员284名，占0.91%；女性党员6864名，占22.01%；少数民族党员88名，占0.28%。与2019年相比，全市增加党员129名。新发展党员270名，其中女性党员121名，占44.81%。在全市991家非公经济控制的企业法人单位中，单独建立党委的7家、建立党总支的5家、建立党支部的174家、建立联合党支部41个。

【村（社区）组织换届】 围绕“五好两确保”总体目标，高站位高质量抓好村（社区）组织换届工作。3月，江山市作为省级村（社区）组织换届工作试点县，在新塘边镇和大陈乡先行先试，2021年1月初全面完成村（社区）党组织、村（居）委会、村（居）监会、村经济合作社等四套班子组织换届选举工作，全市308个村（社区）两委班子职数全部选成选足，除一个村下派干部根据上级要求不要“一肩挑”外，其余307个村（社区）全部实现“一肩挑”。在村（社区）党组织和村（居）委会换届选举中，“一肩挑”人选平均得票率分别达97.59%和96.10%，各村（社区）平均参选率达97.70%。各项换届核心指标和面上选情情况，处在衢州甚至全省前列，导师帮带助力青雁成长和“一个不留，一个不换”工作做法得到中组部、省委组织部、省换届工作督导组的肯定。

【“三个三”基层党建工程】 围绕党建统领基层治理“王”字形运行架构，实施“三个三”基层党建工程，制定出台《抓基层党建“1+6”指数化管理办法》，通过狠抓落实的推进机制，将量大面广的基层党建工作用“支部堡垒、班子担当、党员先锋、基层善治、讲堂活力、扶贫消薄”六套指数串联起来，压实各级党委抓基层党建工作责任。深化“三联”工

4月，市委常委、组织部部长郑勇钦（左二）在贺村镇调研村社组织换届工作

程，配齐配足组团联村、两委联格、党员联户工作力量，创新团长、团员“1+1+N”连片包村、双向选择、户联网等载体，推动资源力量向一线下沉，择优选派“第一书记”34人、“组团联村（社）”服务团成员310人。疫情防控期间，运用“三联”工程，发挥组团式服务、网格化排查、联户式代办作用，筑牢责任、管控、风险、保障“四道红色防线”，在峡口镇大峦口村“6·30”抗洪抢险工作中，县乡村三级网格一体联动，迅速响应，实现人员“零伤亡”，群众财产损失“最小化”。

【乡村振兴讲堂】 坚持“三主一平台”定位，围绕“衢州有礼”诗画风光带和乡村振兴党建示范带建设，将讲堂建在“产业链”上。开发“乡村振兴讲堂·村情通”平台，打造线上课程报备预约一体化平台。全年开设课程8248节，其中产业类课程1100余节，配备市级讲师539名，开课数及讲师数位居衢州前列。做好“党建+产业”文章，全面完成“两堂”融合，重点打造大陈村古村研学讲堂、仓坂村桃气讲堂、浔里村文旅讲堂、清泉村淘宝数字讲堂等10个AAA讲堂以及双溪口村红岩顶红色教育基地等7个衢州市级实训基地。立足产业集聚辐射作用，推动产学研供销服一体化，建设完成智慧清泉、桃气大市集、仙霞书院3个乡村振兴综合体。把培育以“村播”产业为重点的乡村新业态作为重要任务，牵头成立江山“村播”工作推进办，建立“1+1+N”模式推进村播平台建设，依托“一园（直播经济产业园）一飞地（杭州九堡）”带动“一批综合体、实训基地、特色村镇”建设，借助“群雁村播”大赛，着力培育“村书记+村干部+新农人”的主播团队。共举办村播培训40场，培训人员2163人次。

【发展村级集体经济】 全市292个村集体经济总收入达35065.34万元，同比增长23.95%；经营性收入总和10007.33万元，同比增长13.9%，其中通过盘活集体“三资”实现增收8547.9万元，较上年增加970.7万元，同比增幅12.81%。全市292个村实现集体经营性收入10万元“全覆盖”，20万元以上的村有162个，50万元以上的村有48个，100万元以上的村有15个，提前4个月完成省委省政府确定的“集体经济薄弱村清零”目标，提前2个月完成衢州市下达的“1513”考核目标，各项指标均居衢州市各县（市、区）前列。实施江山—柯桥山海协作“消薄飞地”项目，带动50个村每年增收5万元。21个村列入中央和省级财政扶持集体经济帮扶项目，获取财政补助资金1050万元。实施“千企结千村、消灭薄弱村”专项行动，全市83个村与89家企业（商会）结对，谋划实施帮扶项目72个，其中完工60个，到位企业帮扶资金3308.75万元。

【机关党建】 以“建设清廉机关

创建模范机关”工作为牵引，推进机关党建工作。举办“双建”工作现场观摩会、“有礼先锋·一局一品”党建品牌擂台赛等活动，全市创设83个机关党建品牌，检察院、碗水中心、资规局等13家单位被授予江山市级“双建”工作示范点。结合“三服务”，推动机关党员深入农村基层，指导开展红色治水、农房管控、扶贫帮困等行动。在阻击新冠疫情大战大考面前，全市1760名机关党员“入社联户”参与社区一线防疫，1个集体和4名个人获省级抗疫先进。率先启动“96345”党员志愿服务，全市机关党员到社区“线上+线下”双报到。打造红色物业联盟升级版，通过“邻礼通”小程序，以“数字党建”引领有礼社区、共建善治的做法，在浙江卫视栏目播出。

【干部选拔任用】 把实绩评判作为干部选拔任用“主渠道”，构建立体精准的常态化知事识人体系，完善干部考察使用全链条。注重在经济社会发展前沿了解识别干部，在疫情防控、城南新城征迁、江化关停、村（社区）组织换届、招商引资等重点项目中开展专项考察，全面掌握干部工作能力和工作实绩。注重对年度考核结果的分析研判，通过设立“红榜干部库”“优秀干部库”“专业干部库”等，为干部选拔任用干部提供重要依据。强化考察结果运用，树立实干担当导向，全年共提拔重用101名在市委市政府中心工作中敢于冲在一线、敢于负责、业绩突出的干部，对8名业绩不佳、工作适应度不高的领导干部进行免职或调离岗位。

【激励疫情防控一线干部担当作为】 制定《江山市激励关爱基层党员干部和医务工作者在疫情防控一线担当作为工作实施意见》，细化制定28个项目、51项责任清单的“暖心指数”，全方位激励关爱基层党员干部和医务工作者在疫情一线担当作为。疫情期间，为5名援鄂医务人员与8000多名一线工作人员办理人身意外伤害保险；成立由60名志愿者组成的“暖医”志愿服务团，为177名一线医务人员及其家属提供专属服务，解决实际困难50余件。对在疫情防控中表现突出的集体和个人及时记功嘉奖，记集体三等功6个、个人三等功16人次，嘉奖集体20个、个人45人次，表彰表扬集体15个、个人105人次。深入疫情防控一线考察识别干部，掌握了解600多名一线防疫干部的表现情况，对表现突出的大胆提拔使用，其中提拔重用5人、优先晋升职级2人。

【干部教育培训】 围绕市委中心工作和干部人才需要，强化干部政治训练和专业能力培训，提高领导干部综合能力。全年共举办意识形态、东西部扶贫、组工人事等各类专项培训班21期，受训学员1147人次。开展年轻干部“一线大练兵”活动，择优选派后备干部与优秀年轻干部433人次到疫情防控与复工复产、城南新城征迁、产业招商等重难点任务一线锤炼，提升解决复杂问题的能力。加强经济型干部培养，举办第二期“政企同育”培训班，选派20名干部与职业经理人同步培育，培养懂经济、会创新、善服务的高素质经济管理类干部。

【省委巡视整改】 深入推进省委巡视反馈问题的整改工作，营造风清气正的选人用人风气。开展“三超两乱”“违规入编”“不担当不作为”等突出问题专项整治工作，有针对性地制定整改措施11条，逐条把脉问诊，逐个销号解决，处理相关责任人26名，切实做到堵塞漏洞、补齐短板。抓好联动整改，建立健全相关制度和规范，开展突出问题“回头看”，筑牢管理篱笆，形成长效机制，不断匡正选人用人风气。

【“县乡一体、条抓块统”改革】 协同推进“县乡一体、条抓块统”改革，推动资源向一线倾斜、管理向一线下沉、服务向一线集中。深化部门派驻干部“四权管理”，通过实施“N+X”固定与点单式派驻模式、强化派驻激励政策、完善双重管理机制、实行编制人员“双锁定”等方式，优化271

名部门派驻干部的选派、调动、提拔、任免等全周期管理，确保乡镇“指挥协调权、考核管理权、推荐提名权、反向否决权”等四权到位。做深乡镇（街道）干部“四维考评”，将乡镇（街道）在编人员、编外人员和部门派驻人员1389人全部纳入“四维考评”体系，从“岗位赋分、模块评分、组团积分、专班加分”四个维度进行量化评分，实现考评全覆盖。将考评结果与评优评先挂钩，激发干部竞争意识和工作热情，激励干部担当作为。

【退出现职领导干部管理】 开展退出现职领导干部“五大员”选派工作，择优选派115名“能攻坚、善协调、敢监督、愿奉献”的退出现职领导干部，因人定岗，分别担任基层党建指导员、乡村振兴指导员、信访督查调解员、党风政风监督员、专班工作战斗员等“五大员”，并对“五大员”年度考核实行单列考核、单列评优，激励退出现职领导干部深入结对企业、乡镇（街道）、村（社区）、专班和群众一线积极作为、担当奉献。出台《退出现职领导干部管理工作要求》，推动严格管理全覆盖，重点聚焦“工作安排”“日常管理”“关心关爱”三方面内容，设置七项自查清单，按照单位内部自查、限时落实整改、组织考核督查等步骤，压实单位管理责任，倒逼退出现职领导干部发挥余热。

【干部激励关爱】 以组织关爱为着力点，用好用足各项正向激励关爱政策。畅通干部反映诉求渠道，常态化开展“向组织说说心里话”活动，倾听干部诉求，回应干部合理关切，共收集各类需求55个，全部予以正面答复，解决合理诉求12个。全面提高基层干部待遇保障，将乡镇（街道）、机关部门市管领导干部年度考核优秀比例分别提高约25%、20%，确保乡镇干部经济待遇一般高于县级机关同职级干部20%以上。通过落实落细干部关心关爱，激励广大党员干部在基层一线担当作为。

【公务员管理】 加强公务员入口管理，面向“双一流”和省内12所高校择优选调应届毕业生10人，面向社会招录公务员80人。发挥正向激励作用，平稳有序开展职级晋升工作，其中综合管理类公务员职级晋升304人次。优化选调生成长路径，创新推出选调生导师帮带制，工作成效走在衢州前列，被学习强国、浙江组工等国家、省市级媒体平台关注报道。建立公务员荣誉退休制度，全市为77名公务员举办荣退仪式32场，开展各类服务活动60余场。

【构建人才新格局】 制定出台《关于推动人才高质量发展若干意见》，谋划实施“十大人才计划”，推动政策优势形成聚才优势。升格人才工作领导小组规格，由市委书记担任组长，市长担任第一副组长，市委常委、组织部部长与归口副市长分别担任副组长(其中组织部部长兼任人才办主任)，将领导小组成员单位从原19个扩容至25个。出台2020年度“双招双引”工作机制和考核办法，优化领导小组以及成员单位的职责分工和考核机制，形成工作合力。

【人才引进】 先后组织200余家企业参加省“云招聘”、省高校毕业生招聘月、智汇衢州“云招聘”等活动。推进浙大科创飞地建设和运营，新增入驻团队（企业）9个，总数29家，综合入驻率91.7%，引进E类以上人才35人。江山—江干科创飞地顺利开园。组织教育、卫健等单位赴浙江、江西、天津等地高校提前招聘优秀毕业生130多人。成立江山籍青年学子联盟，召开大学生人才招引会，吸引“家燕归巢”，聘请25位江山籍学子为“校园引才大使”。通过“揭榜挂帅”，先后收集装备制造、木门家居、数字安防等领域18家企业技术难题，总榜额超3000万元，其中天际互感器公司的科研难题获省科技厅推荐至科技部进行“张榜求才”。全年新挂牌验收省级博士后科研工作站2家，新增省级博士后科研工作站2家、衢州市高技能人才公共实训基地1家、衢州市技能大师工作室2家、衢州市企业高技能人才培训示范基地1家、衢州市重点创新团队1家、衢州市专家工作站2家。

【人才培育】 全年新培育"百千万"人才工程国家级人选1人。举办第二期经济型人才"政企同育"培训班，20位经济型干部和60名企业经营管理人才"同堂共学"。深化职业经理人资质评价试点工作，江山市被授予"中国职业经理人培养基地"。与绍兴市柯桥区开展2020年"山海协作"技能人才培养合作。举办职业技能大赛暨乡村振兴技能选拔赛，首次举办装备制造行业系统职业技能大赛。姜振军技能大师工作室被评为国家级技能大师工作室，江山西砚非遗传承人培训被列为浙江省高技能人才培训项目。实施乡村振兴"五千工程"和省"希望之光"蜂产业人才提升工程。

【人才服务】 全年人才专项资金投入1287万元。推进城南人才55套租赁型人才公寓装修项目。迭代升级"人才绿卡"，为100余名高层次人才送上"人才绿卡"。持有"人才绿卡"者总数达596位。开展第十一批拔尖人才评选，评选出28名数字经济、理工、教育卫生、文化社科等类别拔尖人才，形成了新一轮人才"带头人"队伍。

（市委组织部）

宣传工作

【概况】 2020年，市委宣传部全面贯彻落实习近平新时代中国特色社会主义思想、中共十九大以及全国宣传思想工作会议精神，坚持"围绕中心、服务大局"的基本职责，承担举旗帜、聚民心、育新人、兴文化、展形象的使命任务，唱响主旋律，打好主动仗，弘扬正能量，为加快推进江山大花园建设提供思想保证、舆论支持、精神动力和文化条件。

【理论武装持续发力】 持续推动习近平新时代中国特色社会主义思想的学习贯彻，特别是做好习近平总书记考察浙江重要讲话精神、中共十九届五中全会以及省委、衢州市委和江山市委全会精神的深入学习。全年市委理论学习中心组共集体学习20次，其中学习研讨5次，邀请专家学者举办江山大讲堂专题讲座8人次。以"8090"为主体宣讲党的创新理念，打通"群众最后一公里"，建立宣讲团74支成员2038人，全年举行各类宣讲1014场次，受众12万余人次。参加上级举办的各项比赛屡获奖项。4名选手获衢州市微型党课大赛二等奖、优秀奖，市委宣传部获组织奖；同时获衢州市第二季"8090说"新时代理论宣讲电视大赛"金话筒"奖、省"老乡话小康"三农故事大赛二等奖、全省第十一届微型党课大赛三等奖。申报省社科联研究课题1个，省党校规划课题9个，"三新"社科综合平台被评为2020年度衢州市创新项目。

7月9日，举行全市"8090"新时代理论宣讲工作推进会暨宣讲团开讲仪式

【主流舆论持续向好】 围绕十九届五中全会精神，习近平考察浙江重要讲话精神，全面建设小康、决胜脱贫攻坚，一地三区，融衢接杭，大花园建设，衢州有礼，村社换届，扫黑除恶，优化营商环境等各类重大主题策划系列报道30余个，推出相关稿件8600余篇，短视频、H5、VLOG等融媒体产品200余件，极大浓厚了干事创业的氛围。加强与新华社、《人民日报》、《浙江日报》等中央省级媒体的对外宣传合作，在中央级媒体刊发报道456篇，《人民日报》33篇、新华社44篇、学习强国226篇。浙江日报、衢州日报江山工作部先后成立，推动省市县舆论传播新局面，浙江日报发稿430余条，衢州日报发稿件400余条，发稿量居衢州前列。同时，加大城市品牌营销，江山市在全国城市传播县级市百强榜位列第20位。

【文旅事业繁荣发展】 深化惠民工程，推进"两堂一站"融合共建，新建成农村文化礼堂70家，打造"两堂"融合标杆示范点14个。开展"精品工程"评选，对19个礼堂进行提升改造。持续丰富文化活动，举行2020"庆丰收·迎小康"中国村歌大赛、2020年全国全域旅游培训班暨首届全域旅游发展绿色对话活动。推动文旅事业发展，启动廿八都国际非遗手造博览园项目，推进文化艺术中心二期、江郎山通景公路等项目建设，全年累计接待游客1706.4万人次，涉旅项目投资突破28.69亿元，年均增长超10%。培育微电影和民宿产业，制定《民宿提升三年行动计划》，举办第五届浙江省微电影评选。开展送戏下乡65场，送书下乡15773册，送影下乡4100场次。加强行业监管，全年检查各类文化市场场所926家次，开展"扫黄打非"进基层工作，实现全覆盖，坛石镇成功入选第四批全省"扫黄打非"进基层示范点名单。

【网信工作不断巩固】 召开市委网信委第二次全体会议，贯彻落实习近平总书记关于网络强国的重要思想，推进江山市网络治理体系和治理能力现代化。构建"六大"工作机制，推进全市网络治理体系和治理能力现代化。妥善回应网民关切问题，深化网络安全专项检查，累计编发网信日报346期，协调处置网络安全漏洞、事件6起，对5家网安管理不到位的企业网站给予行政警告处罚。创建运营"中国村歌唱响江山"微博话题，阅读量达3619万人次，讨论量4.7万人次，并通过网民志愿组织"帝吧"在推特、脸书等平台同步直播引流，吸引海外华人在线观看。

【文明建设提质提效】 抓好衢州有礼指数"八个一"。在衢州县市区中实现"三个率先"，率先开展"三个一"文明有礼社会宣传、率先举行全民提升"有礼指数"实践活动、率先实现全市餐饮行业100%推广公筷公勺。倡导厉行节约防止餐饮浪费，《江山市落实"节约三法"制止餐饮浪费行为》工作信息在省委改革办主办的《竞跑者》和《衢州政研和改革》《衢州宣传信息》刊发；常态化做好有礼指数"擂台赛"量化考评工作，组织测评3次，对排名靠后对象约谈4次，开展联合专项督查50余次，现场依法处罚520多例，媒体实名曝光失礼行为520多人次，发出失礼抄告单60余份。完成城区户外广告整治。累计拆除城区及江贺公路段各类户外广告3200余处，完成128块公交候车亭、113处交通指示牌、167块地名牌的公益广告新设。推动国家卫生城市复评。全年共交办问题21期2169个，完成整改2021个，完成率93.17%，开展走访督查调研20余次，组织联合大整治1次，共570余人参与，确保省级复查顺利通过。

【意识形态工作压紧夯实】 全年市委常委会共12次传达、学习意识形态、宣传思想等相关领域法规文件和上级领导重要讲话，特别加强对《中共浙江省委贯彻〈中国共产党宣传工作条例〉实施办法》的贯彻学习，选取13个单位主要负责人的学习心得在《今日江山》进行专版刊登。不断强化

4月14日，市委常委、宣传部部长陈雪良（右三）在虎山街道指导疫情防控宣传工作

培训考核，组织干部赴山东大学开展为期一周的意识形态专项培训，组织一期网络意识形态专题讲座。对16个乡镇（街道）、15个重点部门开展专项检查，推动意识形态工作责任制落实落细。

【疫情防控宣传有为有位】 组建“1+3+N”工作体系，全方位立体式开展疫情防控和复工复产的宣传报道。创新实现“四个打通”，即打通电视宣传，打通华数、电信、移动三大电视运营商，实现全市20万户用户同屏同时收看疫情防控和复工复产动态；打通社区宣传，在全市15个社区楼道实现防疫倡议书“层层张贴”；打通手机宣传，实现移动、电信、联通57万户手机用户防疫短信“日日推送”；打通广播宣传，实现全市2759支应急广播“村村通响”。推出“毛改革大喇叭”，全网播放量达6000万次。

（孔瀚枢）

统战工作

【概况】 2020年，江山市委统战工作坚持以习近平新时代中国特色社会主义思想为指导，深入贯彻落实中共十九大，十九届二中、三中、四中和五中全会精神，以及中央、省委、衢州市委统战工作会议精神，服务中心、凝聚人心、勇于创新、实干担当，为江山打造“一地三区”和大花园建设做出统战贡献。

【抓好防疫抗疫工作】 面对突如其来的新冠肺炎疫情，市委统战部不等不靠，第一时间发动全市统战人员积极投身疫情防控工作中，各宗教场所、商会、民主党派、海外华人华侨等统战成员在做好自身安全防范的前提下，积极投身抗疫一线，出钱出力、建言献策，全市统战系统共捐款捐物达1400多万元。

【第三届江山人发展大会】 10月，以“礼贤天下·智汇江山”为主题，以打造“数字消防产业第一城”为目标，邀请700多名消防界领导专家、消防龙头企业代表、消防工程商代表和世界各地江山乡贤代表参会，现场签约13个项目，总投资62.1亿元。

【开展“双招双引”工作】 发挥异地商会、在外乡贤优势，积极开展双招双引行动。全年引进江商回归项目29个、消防工程公司102家，其中回归投资的赢家服饰（电商）项目当年产生税收5000多万元。

【完成民主党派换届】 全市6个民主党派和党外青年知识分子联谊会顺利完成换届工作，一些政治素质好、能力水平高、与中国共产党同心同德的优秀党派人士被选拔进领导班子中，实现新老交替、政治交接平稳有序的目标，党派班子面貌焕然一新，战斗力明显增强。

【组建乡贤会（馆）】 下发《关于加强新时代乡贤工作同心聚力共建江山大花园的若干意见》，推动基层乡贤会（馆）建设，乡贤会实现19个乡镇（街道）全覆盖，

7 月 21 日，市委常委、统战部部长姜方云（右二）开展“三服务”工作

建成清湖码头乡贤馆、新塘边镇乡贤馆、凤林镇乡贤馆等 5 个乡贤馆，其中清湖码头乡贤馆被评为衢州市“南孔乡贤馆”。

【建设好党派大楼】 将原教育大楼打造成集日常办公、联谊活动、工作展示为一体的党派大楼，先后接待省委常委、统战部部长熊建平，常务副部长王晓峰，衢州市委常委、统战部部长傅根友等领导及兄弟单位来考察参观。知联会卅二都小学“同心助学基地”获省委常委、统战部部长熊建平肯定。

【推进民族工作】 上余镇一都江小学被列入省级民族团结进步重点培育单位，正准备创建国家级示范点。邀请浙江华坤建筑设计院帮助江村畲族村完成《远山的凤凰》村庄整体规划方案，为江村畲族民族村长期发展奠定基础。

【夯实宗教工作基础】 推动宗教场所提档升级，太阳山寺扩建（修缮）工程完成前期审批手续，进入公开招投标阶段。廿八都东岳宫获省民宗委许可批准为道教场所，成为衢州市唯一的一类道教活动场所。三人驻堂小组全覆盖，充分发挥掌上宗教 APP 功能，加大巡察力度，确保场所安全有序。主动与灵隐寺、普陀寺、佛学院、上海青浦区道协对接，先后引进僧人 12 名，道士 4 名。

【深化民营经济统战工作】 成立江商总会党委，发挥示范带动作用。围绕《江商总会三年行动计划》先后举办三期江商总会大讲堂、7 次异地商会家乡行等活动，提升商会会员综合能力素质，推动内外江山人交流互动与合作共赢。

【加强海外联谊阵地建设】 夯实海外侨胞联络活动平台。发挥乡镇（街道）、村（社区）基层组织作用，在疫情期间组建 49 个江山籍海外侨胞群，新建了新加坡、大洋洲等两个海外同乡群。举办重点社区侨情座谈会，走访慰问侨胞侨眷 60 多名和 14 家侨企，助力侨企及时有序复工复产，为侨企丽山服饰业主开辟回江山快捷通道。

（王向明　张钦义）

机构编制工作

【概况】 2020 年，市委机构编制委员会办公室在推进“县乡一体、条抓块统”改革，公益类事业单位清理规范整合，举办全市机构编制业务培训，开展公共卫生服务体系调研，科学调配机构编制资源，事业单位统一登记工作取得较大成绩。被评为全市争先创优（改革创新）突出贡献集体；获市政府集体嘉奖 1 次；16 篇信息被中央、省机构编制网站刊登；承办全省事业单位登记管理工作会议。

【“县乡一体、条抓块统”改革】 会同有关部门制定江山市总体工作方案和派驻干部管理子方案；牵头成立工作专班，建立“1+1+6”领导机制和组织架构，健全专班运行机制。出台《派驻人员属地化管理实施细则》，对部门派驻人员实行编制人员“双锁定”，通过实施“N（统一派驻）+X（点单派驻）”派驻计划管理，推进“四权”落实到位。厘清部门、乡镇

（街道）以及各层级之间的关系，系统梳理“三张清单”，完成 68 项乡镇“属地管理”事项的规范梳理，完成 140 项乡镇（街道）权力清单指导目录事项认领公布，推进“基层治理一件事”集成联办和“一支队伍管执法”实战化运行。

【部门间“最多跑一次”改革】 梳理更新全市 45 个部门的部门间办事事项 366 项（子项）。推进编办系统部门间办事事项完善及线上办理工作，开展和谋划部门联办一件事，配合开展“公务员职业生涯一件事”改革，将涉及编办的 7 个事项纳入公务员一件事办理，配合解决系统数据打通，谋划“编外用工管理一件事”改革。

【公益类事业单位清理规范整合】 梳理各事业单位职责，对职责弱化严重、工作量少的事业单位收回空编，增加经济发展、民生保障等领域事业单位编制，在 3 个月内完成全市 216 家事业单位的改革工作，于 3 月 31 日前改革后 168 家事业单位的“三定”规定全部印发，精简整合事业单位 48 家，精简比例为 22.22%，超出省下达的 15%精简任务，完成情况位居衢州市前列。制定《江山市事业单位清理规范整合人员转隶基本原则》，涉改事业单位共 309 名事业人员全部转隶到位。制定改革涉及的退休人员管理服务划转原则，确保退休人员管理服务工作不断层。实地走访 13 家改革重点部门，对机构挂牌、班子配备等情况进行监督检查。

【其他重点领域改革】 重点推进“五大领域”综合行政执法体制改革，制定《江山市“五大领域”综合行政执法队人员锁定基本原则》，锁定“五大领域”执法队人员 147 名，全部平稳完成转隶。继续推进自然资源执法体制改革，组建行政执法队伍，同步推进自然资源执法体制和林业行政执法改革。

【事业单位登记管理】 在完善各类事业单位统一登记管理政策的基础上，梳理《全市事业单位法人登记任务清单》，制定统一社会信用代码办理指南，以电话、短信、钉钉等多渠道提醒和服务。年内共办理事业单位法人设立登记事项 3 件、变更登记事项 189 件、证书补（换）领 12 件、解冻申请 23 件、注销登记事项 58 件（含事业单位改革应注销的 40 家事业单位），办理机关群团统一社会信用代码证书变更事项 25 件、注销登记 1 件，提前完成全市 220 家事业单位法人年度报告公示工作，合格率为 100%。完成第一家民办事业单位（江山实验中学）统一登记工作，相关经验在全省事登工作会议上作为典型案例书面交流。

【核定用编计划】 围绕市委、市政府中心工作，保障经济发展、民生事业等部门单位以及基层人员用编需求。同意 2021 年招考公务员用编计划 114 名，2020 年事业单位工作人员用编计划 103 名，卫健人员用编计划 152 名，新教师招聘用编计划 135 名。通过创新用编方式吸引高层次人才，同意面向全国“双一流”和省内 12

12 月 8 日至 9 日，全省事业单位登记管理工作会议在江山市召开（姜轶文　摄）

所重点建设高校择优选调应届毕业生用编需求10名，面向高校应届毕业生公开招聘部分事业单位紧缺专业技术人员用编需求30名，定向培养农技员4名、农村卫技人才14名、林技员4名、文化员2名、教师25名（“双学科”复合型高中教师5名，中小学教师20名）。

【优化机构编制资源保障】 坚持优化协同高效原则，在机构限额、编制总量只减不增红线不突破的前提下，通过调整机构编制，不断优化机构设置和编制配置。组建市征迁事务中心，理顺征迁体制；完成社会矛盾纠纷调处化解中心机构设置，助力“最多跑一地”改革；牵头实施森林公安管理体制调整，完成机构设置、体制调整、人员转隶等工作；开展公共卫生服务体系调研，核增人民医院报备员额总数以及市疾控中心编制数；优化教育编制资源配置，解决长期以来存在的公办幼儿园未核编问题；修订完成市监管办、营商办、开发区管委会的“三定”规定，助力最优营商环境打造。

【编外用工规范管理】 健全编外用工长效管理机制，结合2019年编外用工专项整治情况，会同相关部门对原《江山市机关事业单位编外用工管理办法试行》和《江山市机关事业单位编外用工管理办法试行实施细则》进行完善，新出台《江山市机关事业单位编外用工管理办法》文件，严格执行分层级审批制度。全年完成核准程序93起，同意控制数内递补157名；控制数内新增162名；新增控制数2名；调整控制数6名；临时用工申请12名；协助人社部门完成退休返聘人员使用审批8起。

（姜轶文　曾莉莎）

档案史志工作

【概况】 2020年，市档案馆（市委史志研究室）以“五档共建”为主抓手，开展档案馆迁建项目、档案查阅、地方史料征集、编研等各项工作。截至年底，馆藏总量192012卷，133884件，图书资料16626册。接待查档2458人次，调阅档案3874卷次、2548件次，复印档案证明3845页。

【档案馆迁建项目】 总投资9600万元的市档案馆迁建工程（一期）自2019年启动以来，全年完成固定资产投资3000多万元。项目主体结顶，内部墙体砌造完成并通过验收，完成主体幕墙施工、档案馆智能化弱电图纸的深化、二次装修及暖通的招投标等工作。

【“红军大陈战斗研学游基地”项目】 12月，多次组织人员到双塔街道莲塘、丰足，大陈乡乌龙、红星等红军战斗发生地调查走访，发现大坞岗、十八亩山、马鞍山等战壕遗址近10处，从战壕遗址附近发掘出子弹头、被甲、弹壳等8枚。在前期调查、研究基础上，谋划“红军大陈战斗研学游基地”重大项目前期，获江山市第六届项目谋划擂台赛成果展示

12月15日，大陈战斗遗物探测现场

活动二等奖。

【援鄂医护人员抗疫档案入藏档案馆】 8月6日，召开江山市援鄂医护人员抗疫档案捐赠仪式，市委副书记胡炳泉、副市长何正芳及江山援鄂医疗队5位队员等参加仪式。共征集援鄂医护人员抗疫档案75件，包括机票、纪念登机牌、专题邮票、防护服、防护靴、口罩、护目镜、卫生背心、社会各界的感谢信等重要实物档案。同时，做好新冠肺炎疫情期间查档防控工作，采用线上线下相结合的查档服务。

【红色档案征集】 年内，征集到“衢州六烈士”之一林维雁生前用过的水壶1个；江山县中支部成员程正迦城工部活动期间的照片、书信、回忆录等珍贵资料；1931年土地革命时期中共江山党组织进行革命宣传的重要报纸《衢江日报》半张，该报由江山人何烔和衢县人吴心水合办并分别担任发行人（董事长）及主编，社址初设于江山城内洪山殿弄的江山旅馆内，发行量1000份。

【《江山年鉴（2020）》出版】 12月，《江山年鉴（2020）》由浙江工商大学出版社出版，精装16开本，69万字，印刷1000册。全书设40个栏目，200余个分目。该年鉴记载时限从2019年1月1日至12月31日，全面客观记载江山市自然、政治、经济、文化、社会、生态建设等方面基本情况，为各级党政机关和社会各界人士及中外投资者了解、研究、建设江山，提供丰富翔实的资料。

【档案接收进馆】 指导并验收市卫生健康局、农业综合开发办公室、市委办等档案，其中已接受进馆的市卫生健康局1993—2015年文书228卷、5176件和再生育业务档案18446件；农业综合开发办公室1990—2017文书211卷，861件和业务档案398卷；市委办2017—2018年文书3127件。

【档案数字化】 完成馆藏文书档案数字化加工，全部数据已挂接入馆藏档案管理系统，并完成双备份。完成江山县城关人民政府、江山县林场、江山县农垦场、组织部、审计师事务所、破产企业等全宗的文书档案12714卷、25133件的数字化加工，形成文件级条目143674条，图像数据627533页。完成会计档案39039册的数字化加工，形成条目36233条，图像数据63611页。完成特殊载体档案的数字化加工，形成照片档案3363件，实物档案597件，音频、视频档案87件，其他珍贵档案25450页。馆藏档案数字化项目通过验收。

（杨良英）

公共资源交易监管工作

【概况】 2020年，公共资源交易监管办公室完成各类公共资源交易项目373个，累计交易金额17.11亿元，节约资金2.48亿元。其中，房建、市政及服务类交易项目259个，交易金额11.14亿元；交通、水利及服务类交易项目52个，交易金额4.94亿元。全年开评标现场监管项目574个。

【推进招投标电子化工作】 率先完成法定规模以上房建、市政工程项目电子化交易，招标投和标后管理模式由线下转线上。全年完成规模以上建设工程项目全流程电子化交易项目57个。先行实现法定规模以下小额公选项目上线交易和不见面开标，全年完成有54个规模以下项目在小额公选平台完成不见面交易。出台《江山市小额工程建设项目公选管理办法》《江山市小额电子化交易平台公选主体库入库管理办法》《建立小额电子化交易平台公选主体信用承诺制度》。10月正式推出投标保证金电子保函系统，完成从“线下现金保证”到“线上电子保函”的转变。强化基础设施建设，推进行业政务公开工作数字化转型，实现服务一个窗口、交易一个模式、监管一个标准。依据公共资源交易领域基层政务公开标准目录要求，梳理公共资源交易领域基层政务公开标准目录40项。

【建立“两分一集中”备案制度】 7月开始在市级平台招标文件备案环节实行“两分一集中”工作

机制。按照“分类受理、分级审定”的原则，不同类别项目设置专职“店小二”，明确业务科室内部分工，备案业务责任到人。单位内部分级审核，在业务科审核的基础上，新增分管领导和主要领导审核把关环节。总投资千万以上政府投资工程建设项目招标文件在备案前，须先经“四大办”联席会议集中审议研判。

【完善主体优选办法】 优化评标办法设置，完善招标文件范本。规范资信标中业绩和荣誉设置。优化商务标设置，增加商务标基准价的随机性。技术标打分项目采用项目负责人现场答辩，答辩分数作为技术分值的组成部分。对项目影响较大、技术要求复杂、难度系数高、特殊工艺等项目的勘察、设计、全过程咨询、施工或工程总承包等重大项目探索实施评定分离，有效防范评委违规行为的发生，最大程度选择符合自身情况的中标人。

【完善评标专家管理】 出台评标专家和专家库管理办法，创造性地使用积分制来动态管理评标专家。扩建江山专家库，不断丰富充实江山库评标专家。规范评标专家审核抽取，抽取环节全程在线智能抽取。严肃处理评标专家违规行为，对 1 名评委存在与投标人有经济利益关系，但未主动回避的行为进行处罚，禁止其 6 个月内参加依法必须进行招标项目的评标。对 3 名存在评标失误情况的评委进行处罚，禁止其 3 个月内参加依法必须进行招标的项目的评标。

【创新考勤管理方式】 分步对法定招标规模以上的政府投资项目现场管理人员实施影像考勤管理。用影像识别技术来动态监督项目现场管理人员考勤，制定完善考勤管理办法，率先对招投标活动中群众反映强烈的两个项目开展影像考勤试点，对管理困难项目班子重点开展影像动态监督，并将考勤结果在合同履约及主体监管中的应用，遏制证书挂靠、认证分离、关键岗位人员不到岗等失信乱象。

【强化项目标后管理】 聚焦全市中心工作和重点项目，开展标后履约检查，对施工现场的人员到岗情况、项目进度、工程变更程序等方面进行细致检查。全年对城建投、开建投和建设中心开展政府投资项目工程标后专项检查工作 8 次，开展重大民生实事、扶贫项目标后检查标后专项检查工作 3 次，全年开展整改落实回头看检查 2 次。

（毛　聪）

开展标后监管走访工作

党校工作

【概况】 2020 年，江山市委党校先后举办市管领导干部进修班、东西部扶贫协作培训班、全市组工干部培训班、全市意识形态工作培训班、全市干部人事业务提升培训班、江山市党外代表人士暨统战干部培训班、全市政法系统领导干部政治轮训培训班、江山市市管领导干部学习贯彻党的十九届五中全会精神集中轮训班（三期）等主体班次 14 个，受训 1367 人次；举办市直机关入党积极分子培训班、发展对象培训班（三期）、电商直播专题培训班（两期）等非主体班次 10 个，受训 965 人次。

【巡察整改工作】 年内，根据市委巡察工作的统一部署，十四届市委第十轮第三巡察组对党校进行巡察。在接收巡察反馈意见之后，迅速召集校委班子进行专题研究，对反馈的问题要逐条研究落实，进行责任分解。召开巡察整改的专题民主生活会，根据市委巡察组提出的 4 个方面 11 个突出问题，共 25 个具体整改任务，年内已全部整改到位。

【打造现场教学基地】 围绕市委市政府中心工作，挖掘江山本土特色资源，打造 3 个衢州市党员干部教育培训现场教学基地，开展形式多样的现场教学活动。其中，长山源村、清泉村分别获批衢州市第二、三批乡村振兴类党员干部教育培训现场教学基地，大陈村以“文化大陈”为主题，获批衢州市第二批文化类党员干部教育培训现场教学基地。

【科研成果】 《基于权利的社会发展：农村土地产权制度改革研究——以江山市为例》等 6 项课题在浙江省党校（行政学院）系统中国特色社会主义理论体系研究中心第二十二批规划课题申报中立项；《民间媒介在社区防疫治理中的实践与价值研究》课题在省社科联研究课题申报中立项；《数字经济驱动县域经济高质量发展的江山实践：方向锚定与靶向路径》等 2 项课题在 2020 年度衢州市级社科规划课题申报中立项。《特色小镇建设与农村经济发展的管理理论与应用》《多元主体参与下的基层治理研究》2 篇专著出版；《乡村治理现代化视域下村党组织书记、村委会主任“一肩挑”问题研究—以江山市为例》等 10 项课题在衢州市党校系统立项；李晶的《整体性治理视域下县域农村全面建成小康社会的研究—基于江山市“中国幸福乡村”建设的调研》获省委党校系统“八八战略”与高水平全面建成小康社会理论研讨会三等奖，徐苑卉的《城市精细化治理转型：框架重构与进路选择》获衢州党校系统理论研讨会一等奖。

【参与防疫抗疫】 腾出党校住宿

12 月 21 日，市管领导干部学习贯彻中共十九届五中全会精神集中轮训班开班（周满　摄）

餐饮楼，配合市新冠肺炎疫情防控应急指挥部完成疫情防控综合服务点、隔离点基础配套设施建设；配合市机关事务服务中心、卫健局等部门安排市内外出返江人员来综合服务点开展核酸检测和隔离；接待沐川县职业学校学生服务点进行短期健康观察。全体党员教职工连续一个多月在高速公路出入口和有关小区进行测温、查验健康码、开展健康卫生宣传等疫情防控工作。

【校园建设】 年内，投入5万余元对312教室进行装修改造，完成8090新时代理论宣讲室的布置，为理论宣讲提供保障；根据招投标程序，出租江东大道临街店面17间，较好完成国有资产保值增值和利用效益的提高；完成校园大门自动门禁设备的采购、安装和调试，并投入使用，完成教学大楼410报告厅等屋面防水改造，排除安全隐患。

（王成冲）

老干部工作

【概况】 2020年年底，全市共有离休干部88人，其中行政事业单位离休干部59人，企业离休干部29人，享受县处级待遇30人，科级待遇58人。

【落实老干部政治待遇】 先后组织老干部参加市委全委会报告、政府工作报告征求意见会，通报市“两会”、全市领导干部大会精神等各类会议15次。完成教育局、江山中学、峡口镇等10个离退休干部党支部规范化建设，完成4个离退休干部支部标准化建设、1个典型支部建设，新建老党员驿站、党建共享基地各1个。举办全市老干部读书班，160多名离退休干部参加政治学习。

【落实老干部生活待遇】 开展集中大走访活动，对100多名老干部一一上门走访看望，为20名抗战老干部颁发“中国人民志愿军抗美援朝出国作战70周年纪念章”。全年走访老干部464人次，其中生病住院的48人，生日祝寿的70人，后事处理的12人，春节老年节走访293人，困难老干部走访9人，异地走访8人，抗战老兵4人。组织107位老干部进行健康体检，13位老干部开展健康休养。7月，组织召开全市老干部医疗服务保障工作协调会。做好老干部居家养老服务工作，向老干部发放500元/年的居家养老服务券。

【夯实学习活动阵地建设】 成功承办衢州市老干部系统老年大学专题会议。开设市老年大学微信公众号，在衢州地区率先开展老年大学网络报名工作，疫情期间启动老年大学“云上课堂”。持续推进“家门口老年大学”建设，建成老年大学乐享玖龄教学点和县前社区分校。

【发挥银色力量】 组织老干部“走基层、看变化、促发展”活动2次。发动老干部主动投入疫情防控阻击战中，主动配合社区做好防疫宣传工作，书写防疫抗疫宣传标语700余条。开展“致敬最美银耀抗疫老干部志愿者”活动，共走访6位老干部。完善10支“银耀江郎”志愿者队伍服务机制，统筹安排志愿服务活动。挖掘志愿服务素材，上报衢州市局“助力社会治理银耀好团队”1个，“助力微故事”2个，“最美助力之星”10名。向衢州市局推荐上报12名乡村振兴讲师，向省局推荐上报2名老干部为志愿服务专家人才库人选。

（李　甜）

关工委工作

【概况】 2020年，全市共有各级关工委组织466个，其中部门关工委8个，乡镇（街道）关工委19个，社区关工委15个，民营企业关工委4个，公益组织关工委2个，292个村级关工委组织和126个关工小组，参与基层关心下一代工作的“五老”志愿者达4000多人。被评为全国关心下一代工作先进集体。

【抗击新冠肺炎疫情】 引导各级关工委和广大“五老”积极参与抗疫工作。组建10多支“五老”抗疫志愿服务队参与防控排查、卡点执勤、防控知识宣传、舆论引导等工作；发动全市广大关工委工作者及“五老”志愿者捐款捐物，累计金额20多万元。

【青少年思想道德教育】 7月，联合市教育局启动“全面小康 我们来了”主题征文活动，22所学校130名学生参与投稿。7月，联合市司法局、检察院、妇联在峡口小学举行“法雨护苗”关爱留守儿童扶贫公益普法活动。7月，联合市妇联、市检察院、市教育局等部门在贺村镇吴村村儿童之家举办“请听我说”成长沙龙暨“守护童年”暑期儿童关爱活动。10月，联合市教育局、市文明办、新华书店在江山经济开发区小学举行中小学“全面小康 我们来了”主题演讲活动。12月，邀请8090宣讲团成员在石门小学开展红色精神宣讲活动。12月，联合市检察院、团市委、市妇联在清湖小学开展宪法进校园活动。12月，联合团市委、市教育局在城南小学举行“十佳新时代好少年”颁奖仪式。

7月17日，开展“法雨护苗”关爱留守儿童扶贫公益普法活动（汪伶俐 摄）

【教育基地建设】 1月，分别在江山市青少年素质拓展中心和中美联手抗日纪念馆挂牌建立了青少年素质教育实践基地和青少年爱国主义教育基地。12月，江山市青少年素质拓展中心获评“浙江省关心下一代教育基地”，是江山市首个省级关心下一代教育基地。

【青少年帮困解难】 1月，分别争取到省关心下一代基金会和浙江省毛源昌眼镜助学基金会助学金1.2万元和1.8万元，为12名贫困学生送去新春的温暖。“六一”儿童节，市关工委与民盟江山市支部领导一起看望慰问培智学校的教师和学生，与智障儿童们欢度“六一”儿童节，并送去节日礼物。6月，联合市民政局（福彩中心）、市教育局开展2020年“福彩助力·点亮梦想”活动，为100名困难学生发放助学金20万元。6月，争取省“爱心圆梦”资助金10万元，资助50名贫困中小学生，每人2000元。7月，组织发动各级关工委和“五老”志愿者在留守儿童中心、文化礼堂、假日学校开设暑期免费培训班，惠及2000余名青少年。9月，通过争取“都市快报·快公益”、市福彩中心、上海商会的支持，为41名贫困大学新生发放助学金28万元。10月，开展“豪情圆梦·爱心助学”活动，为30名贫困高中生发放助学金6万元。11月，联合市教育局、市民政局（福彩中心）开展秋季福彩助学活动，为60名贫困中小学生发放助学金12万元。

【参与社会治理】 组织五老护苗工作站成员配合市检察院成功为3个失足未成年家庭开展亲职教育，庭前调解，让当事人免予起诉，挽救5个家庭。“五老”文化市场义务监督队前往网吧、商店、书店等文化市场开展巡查活动，检查是否违法违规经营、宣传消防知识等，为青少年饮食安全和身心健康营造良好环境。“五老”游泳安全巡逻队暑期继续在须江两岸巡逻，保障青少年的游泳安全。

（汪伶俐）

江山市人民代表大会

综 述

【概况】 2020年，江山市人大常委会加强政治建设，依法履行监督职权，发挥代表作用，推进守正创新。全年举行常委会会议12次，主任会议38次，听取和审议工作报告50个，作出决议决定19项，开展执法检查4次，专题询问1次，组织代表视察6次，依法任免国家机关工作人员59人次，任命人民陪审员44人。

重要会议

【市人民代表大会】 市第十六届人大第四次会议于4月20日至22日在城区举行。出席大会代表217名，列席和邀请大会人员64名，出席政协第十届江山市委员会第四次会议的全体委员列席会议。大会主席团44人，主席团常务主席13人，秘书长1人（兼），副秘书长4人，财政预算审查委员会8人，议案审查委员会6人。会上作《政府工作报告》，市人大常委会副主任宁晔作《江山市人民代表大会常务委员会工作报告》，市人民法院院长谢炳连作《江山市人民法院工作报告》，市人民检察院检察长郑柯迅作《江山市人民检察院工作报告》，市发改局书面报告《关于江山市2019年国民经济和社会发展计划执行情况及2020年国民经济和社会发展计划草案的报告》，市财政局书面报告《关于江山市2019年财政预算执行情况和2020年财政预算草案的报告》。会议审议并通过上述报告，作出相应决议。市人民政府书面报告《关于2019年江山市人民政府民生实事项目实施情况的报告》，大会以无记名投票方式，确定10个项目为2020年市政府民生实事项目。会议依法补选汪胜为江山市第十六届人民代表大会常务委员会主任，郑贤文为江山市第十六届人民代表大会常务委员会副主任，毛恭旺、汪立中、徐东升为江山市第十六届人民代表大会常务委员会委员。会议表决通过江山市第十六届人民代表大会监察和司法委员会、财政经济委员会主任委员及社会建设委员会组成人员。市第十六届人大第四次会议共收到以代表10人以上联名提出的议案315件。大会主席团根据地方组织法和代表法的有关规定，将会议收到的315件议案全部改作建议。大会将代表提出的建议、批评和意见15件，连同改作建议办理的议案，交市人民政府和有关机关组织办理。

【市人大常委会会议】 2020年共召开市人大常委会会议12次。

第十六届人大常委会第四十二次会议于1月6日召开。会议研究召开江山市第十六届人民代表大会第四次会议有关事项，审议通过有关人事事项。

第十六届人大常委会第四十三次会议于1月21日召开。会议讨论通过江山市人民代表大会常务委员会听取和审议人大街道工委工作报告的办法（试行）、江山市人民代表大会常务委员会街道工作委员会工作规则（试行）、江山市人民代表大会常务委员会街道工作委员会委员提名和任免办法（试行）、江山市人民代表大会常务委员会关于街道预算审查监督办法（试行），审议通过江山市第十六届人大常委会部分人大工作联络员调整名单、江山市第十六届人大常委会街道工作委员会委员名单，研究召开江山市第十六届人民代表大会第四次会议的有关事项，讨论并原则通过江山市人民代表大会常务委员会工作报告，审议2019年政府民生实事项目实施情况的报告，审议通过2020年政府民生实事候选项目草案，审议通过2019年度先进代表小组和代表履职先进个人名单、市第十六届人大第三次会议优秀代表议案建议和先进承办单位名单，审议通过有关人事事项。

第十六届人大常委会第四十四次会议于2月3日召开。会议作出关于延期召开江山市第十六届人民代表大会第四次会议的决定。

第十六届人大常委会第四十五次会议于2月21日召开。会议审议通过关于依法全力做好当前新冠肺炎疫情防控工作的决定，审议通过有关人事事项。

第十六届人大常委会第四十六次会议于4月3日召开。会议审议通过有关人事事项。会后，新任命的国家工作人员进行宪法宣誓。

第十六届人大常委会第四十七次会议于4月16日召开。会议研究召开江山市第十六届人民代表大会第四次会议的有关事项，审议通过在疫情防控和复工复产中表现突出的江山市人大代表先进典型名单。

第十六届人大常委会第四十八次会议于4月27日召开。会议讨论通过市人大常委会2020年工作要点，讨论通过市人大常委会代表资格审查委员会部分组成人员调整名单，听取和审议双塔、虎山、清湖等3个人大街道工委工作情况报告，作出关于人大街道工委工作报告的决议，听取市人大常委会任命的部分国家机关工作人员2019年度履职情况报告，进行满意度测评。

第十六届人大常委会第四十九次会议于5月27日召开。会议听取和审议市政府关于2019年度环境状况和环境保护目标完成情况、统筹推进新冠肺炎疫情防控和公共卫生体系建设情况、江山市生态保护红线调整方案等工作报告，提出意见建议。审议市发改局关于市人大常委会工作评议意见整改落实情况的报告，进行满意度测评。审议通过有关人事事项。会后，新任命的国家工作人员进行宪法宣誓。

第十六届人大常委会第五十次会议于7月29日召开。会议听取和审议市政府关于2020年上半年工作情况和下半年工作意见的报告，审议2020年上半年国民经济和社会发展计划执行情况的报告，提出意见建议。听取和审议市政府关于2019年财政决算草案和2020年1月至6月预算执行情况的报告、市政府提出的审计机关关于2019年度财政预算执行和其他财政收支的审计工作报告，提出意见建议，作出关于批准江山市2019年财政决算的决议。听取和审议市政府关于城市发展战略研究（2020—2035）的报告，提出意见建议。审议通过有关人事事项。

第十六届人大常委会第五十一次会议于9月27日召开。会议听取和审议市政府关于“融衢接杭”战略实施、乡村振兴战略实施、地方企业国有资产管理等情况的报告，审议市政府关于国有资产管理情况的综合报告，提出意见建议。审议通过有关人事事项。会后，新任命的国家工作人员进行宪法宣誓。

第十六届人大常委会第五十二次会议于11月25日召开。会议听取和审议市政府关于江山市2020年财政预算调整（草案）的报告，作出关于批准江山市2020年财政预算调整的决议。听取和审议市政府关于市第十六届人大第四次会议代表议案建议办理情况的报告、市人大常委会代表与选举任免工委关于市第十六届人大第四次会议代表议案建议督办情况的报告，提出意见建议。听取部分衢州市人大代表履职情况报告，审议通过有关人事事项。会后，新任命的国家工作人员进行宪法宣誓。

第十六届人大常委会第五十三次会议于12月30日召开。会议研究召开江山市第十六届人民代表大会第五次会议有关事项，作出关于召开江山市第十六届人民代表大会第五次会议的决定。审议并原则通过江山市人民代表大会常务委员会议事规则（试行）。

【市人大常委会主任会议】 年内，市第十六届人大常委会共召开主任会议38次，研究人大常委会及其机关有关事项，听取和审议“一府两院”有关工作情况报告，研究有关人事事项。1月6日，召开市人大常委会主任会议，研究2020年市政府民生实事备选项目。1月17日，召开市人大常委会主任会议，听取和审议市政府关于重大政府投资项目2019年实施情况和2020年计划编制情况、2020年国民经济和社会发展计划草案情况、2020年预算编制情况等报告。6月5日，召开市人大常委会主任会议，听取和审议市政府关于2020年重大项目推进、金融机构支持民营经济发展、税收征管工作情况的报告。8月5日，召开市人大常委会主任会议，听取和审议扫黑办、公检法司机关开展扫黑除恶专项斗争推进情况报告。9月7日，召开市人大常委会主任会议，听取和审议市政府关于农房整治拆后利用情况报告。10月26日，召开市人大常委会主任会议，听取和审议市政府关于土地整治“4138”工程推进实施情况的报告。11月19日，召开市人大常委会主任会议，听取和审议市政府关于“衢州有礼”诗画风光带建设、江山市社会矛盾纠纷调处化解中心建设运行情况的报告。11月23日，召开市人大常委会主任会议，听取和审议市政府关于江山市2020年财政预算和债务限额调整（草案）以及市十六届人大四次会议代表议案建议办理情况的报告，市人大常委会代表与选举任免工委关于市十六届人大四次会议代表议案建议督办情况的报告。12月15日，召开市人大常委会主任会议，听取市人大常委会代表与选举任免工委关于“网格+代表”工作情况的报告。

常委会视察

【视察智能制造试点建设情况】 4月16日，组织视察智能制造试点建设情况。实地视察三元塑胶、天际互感器等企业智能制造试点建设情况，听取市政府关于智能制造试点建设情况的报告，提出意见建议，市政府有关领导作表态发言。

【视察基层治理“四平台”建设情况】 7月6日，组织视察基层治理“四平台”建设情况。实地视察市综合指挥中心、峡口镇社会治理综合服务中心，听取基层治理“四平台”建设以及峡口镇社会治理综合服务中心运行等情况的汇报，提出意见建议，市政府有关领导作表态发言。

【视察文旅融合示范街区打造情况】 8月5日，组织视察文旅融合示范街区打造情况。实地视察廿八都镇文旅融合示范街区建设情况，听取市政府关于文旅融合示范街区打造情况的报告，提出意见建议，市政府有关领导作表态发言。

【视察城市品质提升三年行动实施情况】 9月9日，组织视察城市品质提升三年行动实施情况。实地视察永安里片区危旧房改造(一期)、综合交通客运枢纽、丰足溪水系治理等项目建设情况，听取市政府关于城市品质提升三年行动实施情况的报告，提出意见建议，市政府有关领导作表态发言。

【视察江山港流域综合治理项目建设情况】 10月14日，组织视察江山港流域综合治理项目建设情况。实地视察大夫第枫杨林绿道、江山港两岸已建堤防整

8月5日，市人大常委会主任汪胜（中）视察文旅融合示范街区打造情况

体景观及樟树林公园等项目建设情况，听取江山港流域综合治理项目建设情况的报告，提出意见建议，市政府有关领导作表态发言。

【视察政府民生实事项目实施情况】 11月5日，组织视察政府民生实事项目实施情况。实地视察双塔街道阳光家园、示范性居家养老服务中心、江滨二区污水零直排建设以及城乡供水智控中心等项目的实施情况，听取2020年政府民生实事项目实施情况的报告，提出意见建议，市政府有关领导作表态发言。

执法检查

【实地执法检查】 年内，市人大常委会组织执法检查组对贯彻实施《中华人民共和国动物防疫法》情况进行检查，并配合省、衢州市人大对《中华人民共和国土壤污染防治法》《民营企业发展促进条例》《华侨权益保护条例》开展执法检查。4月至7月，市人大常委会动物防疫法执法检查组通过实地检查、听取汇报、召开座谈会等方式，对市农业农村局、市场监管局、综合行政执法局、编办等4个部门，清湖街道、峡口镇、贺村镇、坛石镇、石门镇等5个乡镇（街道）贯彻实施动物防疫法情况进行检查，实地走访华欣湖羊、珍娟奶羊家庭农场、生猪车辆集中消毒点等5家场所，并形成检查报告。

【督促整改落实】 7月13日，召开市人大常委会主任会议，听取和审议市人大常委会执法检查组关于动物防疫法贯彻实施情况的检查报告，并将执法检查意见抄告市政府及相关职能部门，督促整改落实，市政府有关领导作表态发言。

工作评议

【概况】 自5月上旬开始，市人大常委会根据《关于开展对公安局、综合行政执法局工作评议的实施方案》，组织对市公安局、市综合行政执法局开展工作评议。整个评议工作在市委领导下进行，分为准备发动、调查、评议、整改提升四个阶段。评议的内容是近三年来市公安局、综合行政执法局依法履行工作职责情况，主要包括：贯彻实施宪法、法律法规情况，贯彻执行党的路线方针政策和市委决议、决定情况；依法履行职责，发挥职能作用，推动发展，落实服务民生要求的情况；执行市人大及其常委会决议、决定，办理人大代表提出的议案、建议、批评和意见以及落实市人大常委会审议意见情况；群众普遍关心和迫切需要解决的问题的处理情况。

【评议工作动员会】 于5月15日召开。市人大常委会主任汪胜主持会议，市委副书记、政法委书记胡炳泉到会讲话，市人大常委会副主任宁晔部署评议工作有关事项，市人大常委会副主任李培荣宣读评议工作小组名单，被评议部门负责人作表态发言。

【评议工作会议】 于8月17日召开。市人大常委会主任汪胜主持会议，市委副书记、政法委书记胡炳泉到会讲话，市人大常委会副主任宁晔宣读对市公安局工作的评议报告，市人大常委会副主任李培荣宣读对市综合行政执法局工作的评议报告，部分基层人大代表作评议发言，市公安局、综合行政执法局负责人分别作表态发言。

专题询问

【民生实事项目实施情况专题询问会】 于8月19日召开。会议听取市政府关于2020年政府民生实事项目实施情况的报告，市人大常委会组成人员围绕农村饮水达标提标、重要县道"四好农村路"改造提升、示范型居家养老服务中心建设等10件民生实事项目的实施情况进行询问。市水利局、交通运输局、民政局等9个部门、单位负责人到会接受询问，并就有关问题做出答复和承诺，市政府有关领导作表态发言。

代表工作

【打响"网格+代表"品牌】 主动探索新形势下代表密切联系选民群众的新路径，从社会治理的基本单元全科网格入手，将代表履职融入"主"字形基层治理架构，在省内率先探索开展"网格+代表"数字化改革，按照"在江代表全参与、选区网格全覆盖、意见办理全闭环、主题监督全联动、数据应用全透明"的要求，通过"线上+线下"的方式，底线组织在江山的1158名人大代表走进全市816个全科网格和经济开发区专属网格，中线乡镇人大代表联络站和基层治理"四平台"相打通，顶线县级人大和综合指挥中心实现数据共享共用，竖线开发了"网格+代表"信息平台，打造了系统化参与、常态化运行、数字化管理为一体的工作体系，推动代表联系选民实现全程网络化，人大力量深度融入整体智治工作大局，实现闭会期间代表活动的规范化、代表履职的常态化、制度化、数字化，持续推动人大制度优势转化为治理效能。"网格+代表"工作展现出的基层首创精神和实战实效，获衢州市人大工作创新特别奖，省市人大专题听取汇报、作出批示、专刊推广经验，人民日报客户端、新华网、《浙江日报》等重要媒体先后刊登江山典型做法，"网格+代表"成为具有广泛影响力的代表工作新品牌。

【提升人大代表履职能力】 分批组织市人大代表赴深圳全国人大培训中心开展素质提升培训，促进代表提高履职能力和水平。建立常委会领导联系代表联络站制度，精心部署开展代表联络站升级版工作，实施"升级指数"测评体系，规范联络站设施环境建设标准，周密安排各级代表进站接待人民群众，推动代表联络站的硬件设施、服务效能提档提标，首批10个代表联络站升级达标。坚持"常委会+代表"工作制度，全年邀请代表列席常委会活动220人次，拓宽代表知情知政渠道。深化实施"双联系"工作机制，常委会领导带头走进代表工作单位、走进各片区代表小组，面对面倾听代表心声，充分汇聚代表智慧。推进人大工作互看互学，组织开展代表跨乡镇、跨县域视察20批次，代表参与视察437人次。落实代表向原选区选民、原选举单位述职的法定要求，首次组织10名衢州市人大代表向常委会报告履职情况，243名县乡人大代表向选区选民述职。

【加强代表议案建议督办】 注重代表议案建议的解决率，持续推行常委会领导重点督办、工委对口督办、代表参与督办、网络创新督办为一体的督办模式，全程跟踪办理进度，专题听取议案办理、督办工作情况报告，督促提高办理实效。交由政府系统承办的代表议案建议318件，全部按规定办结。建立代表议案建议全周期办理机制，对本届人大以来未落实或部分落实的213件代表建议进行滚动交办，推动39件代表建议办理转化为A类。优化代表履职评价机制，全面推行代表星级评定办法，265名代表获评五星等级，32名代表被评为履职先进个人。牢固树立质量导向，评选表彰先进代表小组5个、优秀代表议案建议20件、先进承办单位15个。

重要工作

【坚持党建统领】 坚持党对人大工作的全面领导，深入贯彻落实市委人大工作会议精神，组织开展清单式督查，推动解决人大工作机构设置、队伍力量配备、工作待遇保障等实际问题，市乡人大履职保障水平走在全省前列。严格落实向市委请示报告工作制度，重要活动、重大事项及时向市委请示报告。严肃党内政治生活，落实“三会一课”、双重组织生活、民主评议党员等制度，推进党风廉政教育。指导创建“三锋行动”党建工作品牌，提高主题党日活动质量，完成机关党建文化长廊建设，探索形成党建工作和人大工作有机融合的良好格局。建立完善党组理论中心组学习制度，开展党组集中学习交流活动16次。深化落实意识形态工作责任制，召开人大宣传工作会议，设立人大微信公众号，创办《江山人大》杂志，在各级媒体上推送和刊登人大工作信息378条，宣传人民代表大会制度在江山的生动实践。

【助力打赢“两战”】 应对疫情防控和复工复产，及时作出依法做好疫情防控的决定，为全面提高防控能力提供12个方面的法治保障。专题监督疫情防控和公共卫生体系建设工作，推动中医院、妇保院核酸检测实验室加快建成投用，促进政府健全完善应急管理和救治体系，不断提高应对突发重大公共卫生事件的能力和水平。常委会领导深入基层一线抓督导、送服务、解难题，累计走访村（社）253批次，牵头服务复工复产企业56家。组织发动在江各级代表和人大干部全员参战，展现做好“六稳”工作、落实“六保”任务的应有担当。

【服务中心大局】 高质量落实市委工作安排，常委会领导牵头主抓门业产业、食用菌产业服务小组工作，一以贯之指导推进垃发项目建设，靠前指挥城南新城项目征迁，挂帅推进档案馆建设等9个重大项目、51个土地整治项目，协助做好失地农民保险工作，支持推进江化关停、清湖古镇建设，在项目一线、攻坚一线担当作为。深入基层深入群众，督导推进村社组织换届选举工作，常态化开展“三服务”活动，扎实做好信访维稳、低收入农户结对帮扶、河长制等工作，助推打赢“三大攻坚战”。

【强化工作支撑】 全面贯彻落实街道人大工作条例，制定实施街道工委工作规则、预算审查、报告工作等制度。指导建立民主议事会章程、履职管理办法等工作规范。配齐配强队伍力量，首批聘任街道工委委员16名，票荐产生街道议事员162名，街道人大工作和建设走上制度化、规范化、法治化运行轨道。常委会首次听取3个街道工委工作报告，全体街道议事员创新开展“网格议事厅”等履职活动。全覆盖实施乡镇街道人大专职干部顶岗轮训制度，首次推行乡镇人大主席、人大街道工委主任向常委会述职报告制度，促进基层人大提升履职实效。

（市人大）

2020年度江山市人大代表议案建议先进承办单位一览表	
先进类型	先进名单
先进承办单位	市府办、交通运输局、住建局、农业农村局、财政局、自然资源和规划局、水利局、经信局、教育局、文化广电旅游局、卫生健康局、人力社保局、公安局、综合行政执法局、发改局

2020年度江山市人大代表优秀议案建议一览表			
序号	名　称	领衔代表	议案号
1	关于以“融衢接杭”战略引领“十四五”规划编制的议案	吴　军	第1号
2	关于加快推进江山至玉山省际公路项目前期及开工建设的议案	周肖慧	第5号
3	关于进一步加大招商引资力度，不断提高招商实效的议案	毛方堃	第8号
4	关于进一步壮大消防产业的议案	童芬强	第11号
5	关于促进木门产业高质量发展的议案	王冠平	第12号
6	关于深化“智能+”，推进传统产业改造提升的议案	余绍武	第18号
7	关于进一步精准产业服务，助推企业发展的议案	周昌炎	第25号
8	关于继续优化提升全市营商环境的议案	黄　雪	第29号
9	关于增加城市停车位的议案	陆　婕	第47号
10	关于加快推进城南大型停车场项目建设的议案	周日忠	第60号
11	关于加快城市道路及雨污分流管网改造的议案	吴　军	第62号
12	关于要求解决好与恒泰燃气公司经营权问题，加快提高城区天然气入户率的议案	龚国祥	第67号
13	关于发展稻渔综合种养促进农业转型升级的议案	姜春兔	第137号
14	关于加大低收入农户住房和饮水安全保障的议案	徐娟芳	第160号
15	关于做好非洲猪瘟防控和生猪增产保供工作的议案	毛石明	第168号
16	关于加快推动建设高质量的青少年素质教育实践基地的议案	毛建华	第250号
17	关于加强中小学校及幼儿园食材源头治理的议案	王三荣	第253号
18	关于加强突发公共卫生事件应急管理体系建设的议案	孟丽华	第259号
19	关于江山市级人大代表加入网格群的议案	周　军	第305号
20	关于加大网络诈骗、套路贷等违法犯罪打击力度的议案	徐惠燕	第307号

2020年度江山市人大先进代表小组和代表履职先进个人一览表	
先进类型	**先进名单**
先进代表小组	双塔街道代表小组　虎山街道代表小组　贺村镇代表小组 峡口镇代表小组　石门镇代表小组
代表履职先进个人	周芳琴　周克锋　戎祝均　雷雅丞　胡晓彦　吴晓敏 吴淑贞　龚国祥　刘子怡　吴　军　徐燕飞　郑丽华 毛立太　陈　磊　徐娟芳　祝森根　祝冬红　毛晓霞 毛和莲　王忠妹　姜春兔　徐乾龙　陈丽云　傅金城 王　超　毛晓燕　刘华英　黄红霞　张艳华　王江水 杨再仙　张扬东

江山市人民政府

综 述

【概况】 2020年，江山市人民政府全面贯彻落实衢州市委“1433”发展战略体系和市委“融衢接杭”战略举措，围绕打造“一地三区”目标，以小康决胜年、招商突破年、项目攻坚年、产业创新年“四个年”活动为载体，万众一心战疫情、凝心聚力谋发展、心无旁骛抓落实、全心全意惠民生，较好地完成各项目标任务。全年实现地区生产总值312.64亿元，同比增长1.6%；财政总收入34.96亿元，同比增长8.6%，其中公共财政预算收入21.31亿元，同比增长3.7%；社会消费品零售总额150.06亿元，同比增长3.4%；城镇常住居民人均可支配收入51987元，农村常住居民人均可支配收入28415元，分别同比增长5.1%、7.7%。

【疫情防控】 坚持人民至上、生命至上，全程闭环管控、精密智控，取得疫情防控阶段性胜利，获省抗疫先进集体1个、先进个人4名。

【工业经济】 克服江化关停、能源双控不利影响，规上工业增加值增长1.9%。实现“小升规”54家。发布“浙江制造”标准4个，获“品字标”证书3张。新增高新技术企业29家、省科技型中小企业58家、省首台（套）产品4个。江山欧派、科润分别入选省成长性最快百强企业、省“隐形冠军”培育名单。永利百合、研一新材料、澳宇新材料等项目建成投产。建成小微园2个、入驻企业11家。江东工业园通过省级化工园区认定。推进低效工业用地处置，收储低效用地企业18家，盘活工业用地28.87公顷。深化智能制造提质扩面行动，实施智能化改造项目82个、产品智能化项目30个，培育省级智能工厂2家。

【数字经济发展】 聚力打造“中国数字消防第一城”，成功举办数字消防产业暨江山人发展大会，回归消防工程企业102家，实现营业收入2824万元。蔓芭网络等电商总部项目落地，网络零售额增速全省第二。开展“村播”活动847场，带动农特产品销售8.3亿元。成功争列省物流综合改革创新试点、省金融服务综合改革试点、省数字生活新服务样板县。

【美丽经济】 仙霞关旅游综合体开工建设。西坡箬山、山田花舍等高端民宿开业运营。浔里、清漾入围全国乡村旅游重点村。贺村星级酒店完成主体建设。东方文华获评金鼎级特色文化主题饭店。

【难点难题破解】 聚焦提升城市转型时期特色竞争力，高标准高质量完成城市发展战略、中心城区总体城市设计和开发区产城融合规划。编制完成综合交通战略规划、学校布局专项规划，加快推进卫生医疗专项规划。江东新城及虎山片区城市设计启动国际化招标。重构“四个一”征迁新体系，城南新城征迁两战全胜，尤其是城南二期仅用27天即签约378户。杭衢高铁88户、江东园五期 90 户分别仅用 3 天、10 天时间实现“清零”。江化实现平稳关停。国资改革全面“破冰”，建立“1+4”国资公司框架，城建投、开建投实现 AA 信用评级，交投完成挂牌。上余贺基全域土地综合整治与生态修复项目采矿权成功出让。推进砂石资源整治，关停非法制砂点 57 处、重点工程临时制砂场 5 处。

【重点项目】 295 个重点项目开工建设，3 个省市县长工程落地开工，全年完成投资 111.3 亿元。4 个项目争列省重点，争列数及体量均居衢州首位。通景公路、姜家公路建成通车。杭衢高铁江山段、桑淤大桥、迎宾大道延伸工程破土动工。江玉公路启动土地征收报批手续。江衢快速路开展线位方案论证。可津家居、网营物联投入运营。欧派特种门窗产业园、天际未来工厂、开洋全屋定制产业园开工建设。增设驻深圳、上海招商局，新引进亿元以上项目 42 个、10 亿元以上项目 6 个。坚膜科技、南方建材、省交通安全设施产业园等重大项目签约。

【要素保障】 共争取国省级试点 22 个、资金 58.09 亿元、债券 16.5 亿元。获 4.5 亿元省区域协调专项激励资金。土地整治“4138”工程扎实推进，垦造、复垦各类土地 1533.33 公顷。推进“十类地”综合处置，争取奖励指标创历年新高、衢州第一。出台“人才新政”3.0 版，新增省级博士后科研工作站 3 家。

【生态环境改善】 出境水水质稳定达到Ⅱ类水标准，空气质量优良率达 95.6%，获评“中国天然氧吧”。成功创建省大花园示范县建设单位。创建“美丽河湖”2 条、“美丽牧场”9 家、“污水零直排区”24 个。生活垃圾焚烧发电项目顺利点火调试。第一轮中央、省环保督察反馈问题和信访交办件全部销号。

【城市品质提升】 实施城市品质提升“1+8”专项行动。做好通禄门未来社区等片区城市设计，启动给排水、城市绿地系统、城市亮化等专项规划编制。江滨路封门溪段水毁重建、北关大桥加固维修工程完工。3760 个城区停车位完成智能化改造。西山综合景观、乌木山公园一期向市民开放。城东入城口完成景观改造。完成鹿溪南路、南门路等路段 2.8 公里雨污分流改造及“白改黑”。鹿溪北路实现杆线入地。第二污水处理厂提标改造完成。永安里 D 级危房连片改造项目主体完工。综合交通客运枢纽建成投用，虎山运动公园、文化艺术中心二期、档案馆迁建等项目主体完工。城市大脑（一期）建成投用，智慧医疗、助残服务等场景上线运行。开展市容市貌整治“四大行动”，拆除解放路、鹿溪路等城区主干道户外广告 1288 起。完成 34 个机关单位“拆墙透绿”。

【乡村振兴推进】 高质量完成脱贫攻坚目标任务。实现家庭人均年收入 8000 元以下、“两不愁三保障”突出问题、集体经济薄弱村“三个清零”。低收入农户人均可支配收入增速居 26 个加快发展县第一。“衢州有礼”诗画风光带深入推进，华欣湖羊、汇农蛋鸡、君缘菇业加快建设，江山港流域综合治理工程双塔、上余、凤林 3 个标段基本完成。成为全省 26 个加快发展县唯一入选全国新一轮农村宅基地制度改革试点县。成功入选省级乡村振兴产业发展示范县。农户小额普惠贷款“江山模式”成为衢州唯一入选的省最佳实践案例。大桥镇入选全国农业产业强镇。深入实施“千万工程”，新增新时代美丽乡村 80 个、幸福乡村 25 个、“一村万树”示范村 28 个。改造提升“四好农村路”41.4 公里，获评省万里美丽经济交通走廊示范县。贺村、廿八都上榜首批美丽城镇省级样板。张村、塘源口获评省森林城镇。

【民生福祉增进】 低保标准、特困供养标准月均分别增资 80 元、91 元。困难群众资助参保和医疗救助实现全覆盖。残疾人低保家庭危房改造数量、资金均居全省首位。村（社）“儿童之家”“残疾人之家”实现乡镇全覆盖。连续六年承办全国新年登高健身大会。高考实现“七连增”，一段上线1114人，两名学子圆梦清华。四都等8所公办幼儿园投用，新增学位1050个，实现乡镇公办园全覆盖。人民医院启动“三乙”创建。市妇保院与浙大儿院结为协作医院。市中医院、市妇保院核酸检测实验室投用。国家卫生城市通过省级复查。

【政府效能提升】 深入实施政府“两强三提高”行动计划，“最多跑一次”改革向公共场所、公共服务、社会治理延伸扩面，政务服务网办率达90%，体育改革做法获《领跑者》刊发推广。落实市长重点工作交办、每周钉督、市领导周末督查项目机制，形成政府工作抓落实双回路闭环体系。“县乡一体、条抓块统”改革试点深入实施。主动接受人大法律监督、政协民主监督，办理人大代表建议318件、政协委员提案178件。“七五”普法圆满收官。获评全国公共法律服务先进集体、省法治政府建设考核先进单位。从严从实推进省委巡视和审计整改。

重要会议

【市政府全体扩大会议】 十六届政府第四次全体扩大会议于6月12日召开。会议由常务副市长刘明鹤主持。会议贯彻落实习近平总书记在浙江考察时的重要讲话精神以及全国“两会”、省政府第五次全会、衢州产业创新发展大会等会议精神，深入落实衢州市委“1433”发展战略和江山市委各项决策部署，扎实开展小康决胜年、招商突破年、项目攻坚年、产业创新年“四个年”活动，提振心气、激发斗志，推动各项攻坚任务落地落实落细，努力在建设“重要窗口”中贡献江山力量。十六届政府第五次全体扩大会议于9月28日召开。会议由常务副市长刘明鹤主持。会议贯彻习近平总书记考察浙江时的重要讲话以及省委书记袁家军在省委党校秋季学期开学典礼上的讲话、衢州市委七届八次全会、衢州市政府第五次全会、江山市委十四届七次全会精神，营造“一切为了项目、一切服务项目”的浓厚氛围。

【市政府常务会议】 2020年共召开十六届政府常务会议34次。

十六届政府第五十二次常务会议于1月15日召开。会议原则通过《江山市中介招商奖励办法（试行）（送审稿）》《关于公布市政府及市政府办公室行政规范性文件清理结果的通知（送审稿）》《江山市机关事业单位编外用工管理办法（修订版）（送审稿）》《关于加强部门派驻乡镇（街道）机构干部管理考核工作的意见（试行）（送审稿）》《关于进一步加强农村建设用地复垦工作的若干意见（试行）（送审稿）》《江山市人民政府和深圳市桃花源生态保护基金会合作协议书（送审稿）》《研一新型功能材料产业园一期年产5万吨特种水性黏结剂项目投资建设协议书（送审稿）》《关于进一步深化江山经济开发区整合创新促进高质量发展的实施意见（送审稿）》《关于进一步深化江山经济开发区整合创新促进高质量发展的三年（2020—2022）行动方案（送审稿）》《关于要求重大民生项目借款的请示》《2019年预算执行情况及2020年预算初步安排意见（送审稿）》《江山浙江交通科技股份有限公司江山基地关停及收储框架协议（送审稿）》。

十六届政府第五十三次常务会议于1月21日召开。会议组织学习国家、省和衢州市新型冠状病毒感染的肺炎防控工作会议精神。会议原则通过《关于浙江大卡汇供应链管理有限公司优惠政策兑现及补充协议（送审稿）》《2020年“9+1”项目盘子（送审稿）》《2020年政府工作报告（送审稿）》《2019年市长特别奖评选结果（送审稿）》《在2019年度经济发展工作中贡献突出的集体和个人的评选结果（送审稿）》《江山市2019年度记功嘉奖单位和个人名单（送审稿）》。

十六届政府第五十四次常务会议于1月28日召开。会议组织学习中央、省、衢州市疫情防控工作会议精神，听取并部署新型冠状病毒疫情防控工作。

十六届政府第五十五次常务会议于2月27日召开。会议组织学习中央和全省统筹推进疫情防控和经济社会发展工作部署会议、2月26日中央政治局常委会会议精神以及省委书记车俊在衢州督查疫情防控和复工复产工作时的讲话精神。会议原则通过《关于江山市2020年度卫健系统疫情防控工作记功嘉奖名单（送审稿）》《浙江康慈医疗科技有限公司年产一次性医用防护系列（口罩、防护服、检查手套）及10万把红外额温枪生产线投资协议书（送审稿）》《关于公布2019年新确定17处历史建筑名录的通知（送审稿）》《关于江山市受疫情影响企业返还社会保险费工作方案（送审稿）》。

十六届政府第五十六次常务会议于3月16日召开。会议组织学习习近平总书记关于脱贫攻坚讲话精神以及中央1号文件、省委农村工作会议精神。会议原则通过《江山市出境水水质提升保卫战实施方案（送审稿）》《关于落实阶段性减免企业社会保险费有关工作的报告（送审稿）》《关于全力支持旅游企业应对疫情稳定发展的政策意见（送审稿）》《江山市2020年度疫情防控工作第二批记功嘉奖名单（送审稿）》《江山市“招商突破年”活动实施方案（送审稿）》《浙江交通科技股份有限公司江山基地关停及收储补偿协议（送审稿）》《浙江交通科技股份有限公司江山基地关停及收储补偿备忘录（送审稿）》。会议听取一季度安全生产工作、2020年农民和低收入农户增收工作汇报。

十六届政府第五十七次常务会议于3月23日召开。会议研究省委巡视整改工作。会议原则通过《江山—柯桥山海协作“消薄飞地”工作实施方案（送审稿）》《关于推动门业（家居）产业集群高质量发展的实施意见（试行）（送审稿）》《关于培育发展新材料和新能源产业的实施意见（试行）（送审稿）》《江山市凤林镇中岗村生态游乐园（一期）项目投资建设协议书（送审稿）》《关于推动服务业高质量发展的若干意见（试行）（送审稿）》《江山市2019年度异地商会招商引资奖励情况（送审稿）》。会议听取了扫黑除恶工作汇报。

十六届政府第五十八次常务会议于4月7日召开。会议原则通过《欧派特种门窗产业园项目投资协议书（送审稿）》《关于调整2020年度特困人员基本生活标准的报告》。

十六届政府第五十九次常务会议于4月13日召开。会议组织学习习近平总书记、李克强总理对安全生产作出的重要指示批示精神。会议原则通过《万商集团商铺过户办证方案（送审稿）》《关于加快推进社会信用体系建设的实施意见（送审稿）》《关于规定我市陆生野生动物禁猎期、禁猎区及禁用工具和方法的通告（送审稿）》《关于恳请转报衢州市政府批准开展基层林技人员定向培养工作的请示》《关于要求定向培养基层卫生人才的请示》《关于要求批准2020年定向培养中小学教师计划的请示》《关于开展“小康决胜年”“招商突破年”“项目攻坚年”“产业创新年”活动的通知（送审稿）》《江山市“小康决胜年”活动实施方案（送审稿）》《江山市“招商突破年”活动实施方案（送审稿）》《江山市“项目攻坚年”活动实施方案》《江山市“产业创新年”活动实施方案（送审稿）》。

十六届政府第六十次常务会议于4月27日召开。会议原则通过《关于加快“三农”领域补短板增成色全力确保高水平全面建成小康社会的若干意见（送审稿）》《江山市委农村工作会议精神分工抓落实方案（送审稿）》《江山市脱贫攻坚任务责任清单（送审稿）》《江山—江干科创飞地第三方运营机构竞争性磋商招引考核指标和委托运营合同（送审稿）》《贺村镇人民政府关于可津产业园项目修改规划及建筑设计方案部分厂房降为三层的请示》《科润智控年产500万千伏安节能型变压器生产线及研发中心、人才公寓建设项目投资协议书（送审稿）》。

十六届政府第六十一次常务会议于5月11日召开。会议原则通过《关于加强新时代江山公安工作的实施意见（送审稿）》。

十六届政府第六十二次常务会议于5月18日召开。会议原则通过《江山市中介招商奖励办法（送审稿）》《江山市生态保护红线调整“二上”方案（送审稿）》《江山市自然保护地整合优化调整方案（送审稿）》《关于尽快恢复振兴旅游消费市场，进一步激发旅游消费潜力的政策意见（送审稿）》。

十六届政府第六十三次常务会议于6月1日召开。会议原则通过《江山市国有资产经营公司改制方案（送审稿）》《关于要求定向培养乡镇文化员的请示》《江山市人民政府工作规则（送审稿）》《江山市人民政府重大事项决策程序规定（送审稿）》《关于进一步规范市政府运行机制提高行政效率的实施办法（试行）（送审稿）》。会议听取扫黑除恶工作汇报。

十六届政府第六十四次常务会议于6月8日召开。会议原则通过《江山市民宿提质富民三年行动计划（2020—2022）（送审稿）》《江山市民宿提质富民扶持奖励办法（送审稿）》《江山市清湖街道办事处蔡家山村、七斗村集体土地房屋征收补偿安置方案（送审稿）》《关于进一步加强生猪增产保供的若干意见（送审稿）》《江山市村级集体经济组织债务化解专项行动方案（送审稿）》《江山市向上争取工作考核激励办法（试行）》。

十六届政府第六十五次常务会议于6月15日召开。会议原则通过《关于加快推进3岁以下婴幼儿照护服务发展的实施办法（送审稿）》《关于支持外贸企业渡过难关的若干意见（送审稿）》《关于给予潘毅刚记个人三等功的建议》。

十六届政府第六十六次常务会议于6月22日召开。会议原则通过《仙霞关旅游综合体项目投资建设协议书（送审稿）》《江山市2020年度城市品质提升专项行动方案（送审稿）》《关于收储科润智控公司土地及厂房的相关事项》。会议听取关于贯彻落实中央办公厅国务院办公厅构建现代环境治理体系指导意见的汇报。

十六届政府第六十七次常务会议于6月29日召开。会议原则通过《江山市2020年度东西部扶贫协作工作任务（送审稿）》《关于调整江山市征地区片综合价补偿标准的通知（送审稿）》《关于江山市征地青苗附着物等相关补偿标准的通知（送审稿）》《推行江山市园区企业物业贷实施方案（试行）（送审稿）》。

十六届政府第六十八次常务会议于7月6日召开。会议原则通过《浙江蔓芭网络科技有限公司项目投资协议（送审稿）》《江东邻里中心项目投资建设协议书（送审稿）》《江山市脱贫攻坚“回头看”工作实施方案（送审稿）》《关于暂停征收工业用地建房城市基础设施配套费的实施办法（送审稿）》。会议听取市农业农村局关于2020年脱贫攻坚工作汇报。

十六届政府第六十九次常务会议于7月9日召开。会议原则通过《关于给予峡口镇大峦口村等单位和叶剑波等个人记功嘉奖的决定（送审稿）》。

十六届政府第七十次常务会议于7月20日召开。会议原则通过《矛调中心建设项目涉及单位办公用房调配方案（送审稿）》《关于江山市政策性融资担保有限公司组建方案（送审稿）》《关于预发2020年度综合考核奖的请示（送审稿）》《关于江山市基层医疗机构在职在编人员考核奖水平及资金落实机制的请示（送审稿）》《杭衢铁路（江山段）征迁补偿安置政策（送审稿）》《小微企业与个体工商户的“两直”补助工作实施方案（送审稿）》。会议听取江山市县级社会矛盾纠纷调处化解中心建设有关情况、智慧警务项目建设工作的汇报和半年度消防安全形势分析。

十六届政府第七十一次常务会议于7月27日召开。会议组织学习近期上级关于统计工作的批示指示精神、衢州市政府常务会议关于统计工作相关精神。会议原则通过《江山市第二轮安全生产综合治理三年行动计划（送审稿）》《江山市“两直”资金分配方案》《关于全面推进智能制造提质扩面三年行动方案的补充意见（送审稿）》。

十六届政府第七十二次常务会议于8月3日召开。会议原则通过《江山经济开发区江东五期项目上余2020003#、2020004#区块集体土地上房屋征收补偿安置方案（送审稿）》。

十六届政府第七十三次常务会议于8月10日召开。会议原则通过《江山市电商项目招引若干政策意见（送审稿）》《江山市推行城区停车收费管理实施意见（试行）（送审稿）》《上余镇贺基全域土地综合整治与生态修复项目房屋搬迁补偿安置方案（送审稿）》《四都镇五家岭矿地综合利用项目房屋搬迁补偿安置方案（送审稿）》。

十六届政府第七十四次常务会议于8月24日召开。会议组织学习习近平生态文明思想。会议原则通过《江山市新型智慧城市建设三年行动计划（送审稿）》《关于1—8月财政预算追加事项的汇报（送审稿）》《关于给予市教育局等单位记功嘉奖的决定（送审稿）》《关于进一步推进贺村小城市新一轮培育试点工作的若干政策意见（送审稿）》。会议听取关于做好第二轮中央生态环保督察迎检工作的汇报。

十六届政府第七十五次常务会议于9月10日召开。会议原则通过《江山市数字资源中心（城市大脑）一期项目建设方案（送审稿）》《江山市低效工业用地处置专项行动方案（2020—2022）（送审稿）》《2019年度全市工业企业综合绩效评价初评结果（送审稿）》《贺村镇人民政府关于要求新设镇北社区居委会的请示》。

十六届政府第七十六次常务会议于9月28日召开。会议组织学习《中华人民共和国土地管理法》。会议原则通过《江山市人民政府关于综合行政执法职能事项划转的通告（送审稿）》《关于加快数字消防产业发展的实施意见（送审稿）》《关于江山市人民政府与应急管理部天津消防研究所签订战略合作协议（送审稿）》《江山市国资改革及市属国有公司重组方案（送审稿）》《江山市实职副处以上领导干部参加职工医保的情况汇报》《关于双塔街道金家村公墓迁移相关事项的汇报》《关于全面禁止非法交易和滥食野生动物 妥善处置在养野生动物工作方案（送审稿）》《江山市防汛防台抗旱应急预案（送审稿）》《江山市2020年十类地综合处置工作实施方案（送审稿）》。会议听取扫黑除恶工作汇报。

十六届政府第七十七次常务会议于10月19日召开。会议组织学习《重大行政决策程序暂行条例》。会议原则通过《关于开建投公司实缴注册资本事项的建议（送审稿）》《关于给予浙江红盖头有限公司搬迁入园相关政策的建议（送审稿）》。

十六届政府第七十八次常务会议于10月23日召开。会议原则通过《江山市城南新城二期集体土地房屋征收补偿安置方案（送审稿）》。

十六届政府第七十九次常务会议于10月26日召开。会议原则通过《关于江山市以工代训补贴工作方案的报告（送审稿）》《关于贺村星级酒店项目土地分割办理不动产登记事项的汇报》《杭衢高铁双江线改建工程（陶村至丰足段）项目集体土地房屋征收补偿安置方案（送审稿）》《江山市淤头至衢州绿色产业集聚区贺村姜家公路工程（虎山街道桑淤村）集体土地房屋征收补偿安置方案（送审稿）》《规划S316（里坞）—S315（十村）连接线一期建设项目集体土地房屋征收补偿安置方案（送审稿）》。

十六届政府第八十次常务会议于11月3日召开。会议原则通过《关于江山市旅游发展有限公司要求收购杭州德展投资管理合伙企业（有限合伙）持有的万商城债权的意见（送审稿）》。

十六届政府第八十一次常务

会议于11月16日召开。会议组织学习《优化营商环境条例》。会议原则通过《关于入股衢州市大花园建设投资发展集团有限公司的建议（送审稿）》《关于促进建筑业健康发展的若干政策（送审稿）》《关于江山市贺村（第二）污水处理厂清洁排放提标改造项目〈特许经营协议〉补充协议的汇报》《江山市2020年招商引资工作考核办法（送审稿）》《关于进一步完善江山市招商引资项目洽谈、研判、决策工作机制的意见（送审稿）》。

十六届政府第八十二次常务会议于11月23日召开。会议原则通过《江山市旅游发展有限公司关于要求参与竞拍万商城资产的意见（送审稿）》《江山市2020年度金融工作考核办法(送审稿)》《江山市商业休闲综合体项目投资建设协议书（送审稿）》。

十六届政府第八十三次常务会议于12月1日召开。会议原则通过《关于设立浙江交工江新矿业有限公司投资五家岭矿山项目情况汇报》《江山市砂石资源管理办法（试行）》《江山市砂石资源专项整治工作方案（送审稿）》。

十六届政府第八十四次常务会议于12月15日召开。会议组织学习《中华人民共和国公职人员政务处分法》。会议原则通过《关于签订浙江天际互感器有限公司年产500万台互感器未来工厂项目投资和收购协议的情况汇报》《关于杭州坚膜科技有限公司总部项目落地江山的情况汇报（送审稿）》《杭州坚膜科技有限公司年产20万平方米碳化硅膜生产基地项目入园投资协议书》《关于入股衢州市大花园建设投资发展集团有限公司的请示》《关于推动人才高质量发展若干政策意见（送审稿）》《江山市人民政府质量奖管理办法（送审稿）》《江山市做好被征地农民参加基本养老保险工作实施方案（送审稿）》。会议听取低收入农户高水平全面小康攻坚工作汇报。

十六届政府第八十五次常务会议于12月28日召开。会议原则通过《关于给予在2020年项目征迁和江化关停工作中表现突出的集体和个人记功嘉奖的决定(送审稿)》《关于女性被征地农民50至55周岁一次性补缴问题操作办法的请示》。会议听取江山市扫黑除恶专项斗争三年工作汇报、关于江山市2020年法治政府建设工作情况的汇报和江山市2020年度食品安全工作情况报告。

市政府办公室

【概况】 2020年，市政府办公室深入贯彻落实上级党委政府和市委决策部署，聚焦全市经济社会发展大局和中心任务，扎实开展小康决胜年、招商突破年、项目攻坚年、产业创新年“四个年”活动，转变作风、切实履职，强化执行、提升效能，为政府各项工作高效有序开展提供强有力保障。

【统筹研究发展规划】 坚持统筹谋划、系统设计，牵头完成城市发展战略研究，理顺城市发展的方向、定位、结构、规模、时序，协调完成中心城区城市总设、开发区产城融合规划、城市综合交通规划等研究，先后开展人口流动大数据时空规律、杭衢高铁对江山的影响及应对、长三角一体化对旅游产品的需求与分析等专题研究，为江山力争尽可能多的项目、规划、改革、试点纳入上级规划和项目盘子提供科学决策依据。同时发挥办公室“参谋部”作用，年内共刊发10篇《领导参阅》和《调查与思考》，其中3篇获市委、市政府主要领导批示，转化为市委市政府具体工作举措。

【谋划项目管理体系】 牵头对各类项目尤其是政府性投资项目的管理运行机制进行全面的梳理、整合、提升，构建项目全生命周期、全过程管理体系，谋划“1+4”重大项目推进体系、“红黄绿”亮牌管理机制及市长周末项目督查等工作机制，保障项目建设规范、高效、有序推进。会同发改、财政、统计、协作中心等部门，开展“五赛五比”专项行动，掀起项目攻坚新热潮。入围区域协调财政激励政策扶持对象，获省补资金4.5亿元。成功争列全国新一轮农村宅基地制度改革试点。

【谋划征迁推进体系】 创新完善“领导小组+指挥部+一办六组+部门包干网格”的征迁体系，重构征迁政策体系，大兵团作战、成建制压进、阳光下征迁。在城南新城第二期征迁中，主动申领9户征迁任务，搭建以办公室主任为组长、一名副主任为副组长、各科室业务骨干为组员的工作专班，把握住“培训、入户、谈判、签约”四大重点环节，发扬“磨破嘴皮、踏破铁鞋、踩破门槛”的“三破”精神，全员压上、力破坚冰，带头推进征迁工作，成为全市第一个完成征迁任务的领办单位。

【提升督查工作实效】 紧盯衢州市委市政府和江山市委市政府重点工作目标，在谋求工作实效、推动工作落实方面做文章，建立完善“1344”政务督查体系。完善“周清单”制度，针对《政府工作报告》、省市民生实事、扩大有效投资等重点督查领域，实行清单式管理，借助钉钉政务督查群，每周反馈进展，定期梳理通报。按照“时间明确、计划倒排，过程管理、节点控制，分工落实、责任捆绑，结果验收、考核奖罚”的要求，推动市政府重要决策和重点工作落实。年内发出市长交办单12期、《政务督查通报》14期，交办重点工作147项、完成111项。以市委市政府“十条军规”为准绳，严明军规抓人促事，每月通报正反面典型，全年累计通报正面典型46个、反面典型4个。

【加强政务信息宣传】 全面总结提炼江山重点亮点工作，全年上报并获省政府采用信息20篇、专报15篇、省领导批示12篇，分别是2019年的1倍、2倍和1.5倍。其中，网格警务、小额普惠贷款试点、行政复议规范化建设三项工作获批全省交流，占浙江省全年政务工作交流类信息的6.1%。在全省争先创优实践案例第一次评比中，上报的《精准普惠 金融赋能 全省农户小额普惠贷款试点的江山实践》成功入选，成为衢州唯一一个争先创优实践案例，获奖励资金900万元、土地指标6公顷、能耗4.5万多吨标煤。

【完善协调运行机制】 抓好政府面上重点工作执行，建立市政府领导定期听取专项工作报告制度，集中时间安排各部门向市政府主要领导、分管领导汇报重点工作，及时掌握全市重点工作进展情况，协调解决各部门工作中遇到的困难和问题。江玉公路、疫情防控、江化搬迁等一批重大项目、重点工作顺利推进。

【加快数字政府转型】 围绕政府工作报告提出的“智慧+品质”城市建设目标，完成智慧城市总体框架顶层设计，率先启动城市大脑（数字资源中心）一期项目建设（衢州唯一），推动“惠民易贷”普惠金融工程、“残疾人大数据分析服务系统”、市属智慧医疗项目、城区智能停车系统改造分步建设等一批试点项目，“移动之城、智慧之城、数字之城”成效初显。同时，“健康码”活跃度、亮码率始终保持衢州领先，“浙政钉”激活率常年稳定在99%以上，网站建设稳居全省第一方阵。

【精简文件会议】 采取发文立项审批、降低发文层级、强化文件审核把关等举措，在抓好办公室自身办文办会工作的同时，指导和督促全市政府各部门同步做好相关工作，政府系统规范性文件、议事协调机构成员类文件、通报类文件发文数逐年下降。通过倡导“会套会、会靠会”的会议模式、严控会议层级、减少代会陪会。如市政府常务会议、市长办公会议基本采取“会套会”的形式，即市政府常务会议结束后接着召开市长办公会，提高办会效率。全年政府组织召开的全市性会议49个，同比下降20.97%。

【坚持推动依法行政】 制定出台《江山市人民政府重大事项决策程序规定》，修改完善《江山市人民政府工作规则》，坚持依宪施政、依法行政，民主决策、科学决策。组织举办市政府任命国家工作人员宪法宣誓仪式。积极办理人大议案建议和政协提案，除市政府办公室承办的8件议案建议和22

件提案全部办结外，全力督促落实政府系统做好议案、提案办理工作。全年开展政务公开会议培训5次，依托政府网站、政务新媒体、政府公报等载体，主动公开信息360206条，梳理完成27个领域标准化规范化事项清单，依法办理依申请公开办件79件，政务公开指数位列全省前十。

【深化全面从严治党】 强化学习教育，深化"周一夜学"制度，认真学习习近平新时代中国特色社会主义思想，全面把握中共十九届五中全会精神实质。巩固深化"不忘初心、牢记使命"主题教育成果，每月开展办公室主题党日活动，经常性开展《中国共产党廉洁自律准则》《中国共产党纪律处分条例》等党纪党规专题学习活动，加强干部党性观念和宗旨意识。落实"一岗双责"，召开党风廉政建设会议，层层签订党风廉政责任书、承诺书，建立廉政档案。开好民主生活会和组织生活会，深入开展批评与自我批评。

（郑文翕）

市人民政府咨询委员会

【概况】 2020年，市委、市政府对咨询委领导班子进行调整充实。调整后设主任1名，副主任3名，秘书长1名，兼职副秘书长2名。咨询委员增至37名（含15名特邀委员），设3个专业小组。因事业单位机构改革，咨询委的原办事机构办公室更名为秘书处，作为市政府办公室下属的公益一类全额拨款事业单位，主要承担咨询委各项咨询研究工作的组织协调与联络服务等相关工作。

【课题研究】 年内，共完成《加快培育新动能，全力打造浙江先进智造业基地》等7项重点课题。其中，《打造最优营商环境 促进制造业高质量发展》等多个课题成果获市主要领导批示肯定。部分课题成果在市委十四届七次全会报告和《江山市低效工业用地处置专项行动方（2020—2022））》等文件中得到转化利用，为打造"一地三区"和大花园建设贡献力量。

【"智点江山"】 请你"智点江山"活动是咨询委2020年工作的一个创新尝试，也是决策咨询品牌建设的新载体。活动自7月通过市新闻媒体网络公开征集后，共收到来自社会各界的"金点子"170余件。经筛选梳理评选后，遴选出21篇稿件进行汇编，并呈送给市委、市政府主要领导阅研。

【委员建议】 年内，共编印15期《咨询研究》呈送给市领导及相关部门阅研，其中《关于保护江山市酿造厂"老字号"的建议》《关于开展"RCEP对江山市域经济影响研究"的建议》等委员建议获市主要领导批示肯定。开展第三届咨询委员谋项目活动，共谋划《全域旅游快速公交线路建设》等27个项目。其中，《江东大道延伸至桑淤大桥接线改造工程》等成功入选市级储备入库项目。

【学习交流】 年内，组织咨询委员参加市委理论学习中心组（扩大）学习会暨江山大讲堂专题讲座学习。针对性地搜集上级最新文件、重要会议精神及有关政策进行编辑，共编发25期《信息速递》推送给委员学习。制定咨询委员履职考核办法（试行），激发委员履职能动性。先后与省咨询委"撤扩并"课题组、衢州市咨询委社区精细化管理课题组等进行对接服务；与黄岩区咨询委、余姚市咨询委等兄弟单位进行相互交流，并前往杭州市下城区、平湖市、新昌县、义乌市、安吉县等先行地区进行学习调研。

（王　霞）

机关事务保障

【疫情防控】 2020年，机关事务保障中心做好疫情防控工作，确定集中隔离医学观察点10处，累计入住人数4000多人。开展留观点24小时在线服务，配送快餐18万多餐次，提供各类生活用品5000多件，车辆保障任务3500多次，其中包括安排专用车辆历时70多天接送境外及疫情高风险省份人员200多车次。抓好机关大院内的疫情全方位管控工作，严格实施外来车辆、人员登记检查、体温测量和亮码通行制度，做好机关大院内的消（杀）毒工作，保障机关干部职工的安全。

【会务接待】 年内，以“衢州有礼”建设为契机，开展“有礼践行”活动，在机关食堂包厢全面推行“公勺公筷”行动，学习贯彻《进一步厉行节约防止餐饮浪费行为十条措施》，完成全域旅游培训班、数字消防产业发展论坛暨江山人发展大会等重大活动、重要接待13次，其他公务接待63次，获市委市政府通报表扬2次。

【基建工程】 以项目建设为抓手，强化质量管理，完成总投资1650万元的矛调中心改造工程、560万元的市政府大院拆墙透绿改造工程、105万元的巡察组办公大楼改造工程，以及市政府大楼四楼、八楼会议室装修改造工程等10多个项目。

【服务中心管理】 开展机关食堂的精细化管理，打造“互联网+”智慧服务平台，全年累计接待就餐人员15万多人次，提供各类快餐配送1.5万多人次，食堂包厢接待4000多人次。未发生食品安全责任事故。会议中心推广钉钉线上会议室预定工作，加强会务人员的礼仪培训和服务工作，按需做好会场及相关设施设备维护保养，共接待会议800多场，接待人数3.5万多人，节约会议成本200多万元。

【大院安保】 以人防、技防、物防“三提升”为着力点，维护好机关大院工作秩序，坚持保安员24小时值班和夜间巡查制度，政府综合大楼实现人脸识别系统安装使用。集中整治大院停车秩序，确保车辆停放管理精细化、规范化、常态化发展。聚焦社会稳定和长治久安，开展矛盾纠纷排查，开展反邪教警示教育活动，推动平安建设工作落实，在大院内实现治安刑事案件“零发生”。

服务中心团队每周召开工作例会（张惠 摄）

【办公用房管理】 以市“两办”名义出台《关于严格执行党政机关办公用房管理有关规定的通知》，研究制定10个共性问题的具体操作样板，明确办公用房的执行配置标准、调配制度，完善办公用房备案制度，并牵头做好指导工作。年内，完成江山市办公用房信息统计网上登记工作，联合市纪委等有关部门先后3次开展全市办公用房使用情况检（抽）查，对3家不符合规定的单位责令限期整改，已全部整改到位；针对四都镇、坛石镇等办公用房相对紧张的乡镇，组织基建房产科相关工作人员开展核查，为其提供具有可操作性、针对性的指导意见。

【公车管理】 规范APP软件派车审批、社会车辆租赁等相关事项，逐步减少手工单派车。完善公车平台管理的各项规章制度，制定考核评价体制，6月，对违反工作纪律的3名驾驶员给予通报批评，并扣罚当月工资和月度考核奖金。做好公务车辆的更新购置工作，新购公务用车13辆。全年公车平台共保障公务出行12000余次，安全行驶175万公里，未发生严重安全事故。中心在新年登高、江山人发展大会等重要节会、关键节点保障服务到位，成绩突出。

【招商引资】 树立招商引资一号工程不动摇，结合中心实际，制定出台《保障中心招商引资考核办法》，坚持党政一把手率先垂范、领衔招商，实施招商引资激励措施。中心开展营商环境优化大讨论活动。2020 年度，中心落地招商项目 1 个（城南装饰城项目），新增投资 5500 万元；洽谈项目 1 个（江山千年舟竹制品监工基地项目），计划投资 3000 万元。贯彻上级关于扶贫工作规划和要求，先后 6 次深入张村乡安顶村、秀峰村开展走访慰问核查，助力脱贫攻坚。开展消费扶贫，超额完成东西部扶贫计划指标。

（市机关事务保障中心）

营商环境建设

【概况】 2020 年，江山市营商办围绕市委市政府中心工作，谋篇布局、大胆探索，推进重点工作领域改革，年内被省委改革办评为全面深化改革年度优秀，获衢州市政府全面深化改革专项工作表现突出集体嘉奖。在赛迪智库发布的 2020 年《全国县域营商环境百强榜》中，江山市再度上榜，排名百强县（市、区）第五十位，较上年进位 17 名。是衢州地区唯一连续三年入选百强榜单的县（市、区）。年内还获浙江省委改革办权威刊物《领跑者》刊登 1 篇（衢州县市区唯一），《浙里改》（改革实验室）刊登 1 篇（衢州县市区唯一），《竞跑者》刊登 6 篇〔刊登数量居全省县（市、区）前五，衢州第一〕。

【推进信用建设】 坚持信用为企业、为民生、为政府自身建设“三服务”。制定印发《关于加快推进社会信用体系建设的实施意见》，全面推进社会信用体系建设。2020 年，江山市在全国县级城市信用状况监测平台排名位列全国前十、保持全省第一（全国 386 个县级市、浙江 19 个县级市纳入监测）。

【政务服务改革】 启动政务服务 2.0 改革，推动政务服务逐步向“扫脸办”“无感办”的时代转型，借力“县乡一体、条抓块统”改革，加强乡镇、村便民服务，596 个事项下沉乡镇，形成县乡一体的无差别服务模式。市行政服务中心贺村分中心被国务院列为全国政务服务评价工作、全国政务服务“一次一评”“一事一评”工作两项标准的试点。

【抓好监管工作】 常态化开展“亲清直通车·政企恳谈会”。以“最多跑一次”改革理念，创新政企沟通日运行模式，变“把企业请上来”为“部门主动走下去”。与市工商联共同搭建“部门+商会”“部门+协会”政企沟通平台，将商会和协会产业集聚优势和政府部门服务职能优势相结合，推动部门和乡镇（街道）组团走访商会、协会。开设专场问诊，对企业反馈的营商环境建设意见、建议，进行统一受理。实现精准服务，对企业难点、堵点问题，实行交办销号制度。全年共收到企业问题投诉 63 个，实现问题 100%交办、情况 100%答复、回访 100%满意。社会层面，公开选聘 17 位

市营商办服务大厅咨询台

营商环境社会监督员，组建“专员”队伍。

（市营商办）

信访工作

【概况】 2020年，江山市共受理群众来信来访6188件/批（同比下降37.5%），其中来信5449件，来访739批1120人次。市“12345”政府服务热线共受理群众来电56249件。全年信访总量下降，无进京扰序、无赴省进京集体访、无恶性滋事事件，成功创建“无信访积案县”。

【浓厚工作氛围】 市委、市政府5次以上召开专题会议，研究部署信访工作，推进积案化解、重复信访治理专项行动；市领导坚持每日在矛调中心坐班接访，开展包案化解工作。市委、市政府主要领导率先垂范，带头接访、带头包案、带头化解最为疑难复杂的信访事项。市委、市政府分管市领导多次专题指导、督查督办积案化解等工作，多次约谈赴省进京越级访、问题解决不到位、积案化解进度慢、省交办农村建房信访事项未化解的责任单位主要领导。健全完善信访工作通报制度，每日通报赴省进京上访情况，每周汇总来访来信来电情况，每月梳理分析信访形势、热点问题、存在问题及建议并向市主要领导、分管领导书面专题汇报，每月通报办理质效检查、信访业务办理、党建指数指标等情况，每季度通报首办责任制落实情况。

【抓好源头防控】 市领导批示初访和初信，要求责任单位主要领导一周内亲自接待、亲自过问、亲自化解，压实事权单位责任。1月至12月，共交办首办事项213件。市领导全年到矛调中心接待群众来访297批889人次，市主要领导阅批群众来信72件。坚持党建统领基层治理，开展以无信访村社创建为主要载体的“四级联创”工作（无信访积案县、乡镇，无信访村社、网格），将矛盾纠纷化解在基层萌芽状态。全年共143个村社创成无信访村社，30个村社连续4年创成无信访村社。深化市领导坐班接访制度，出台市领导接待群众工作实施方案，通过定期接访、下访约访、重点接访等形式，利用“周二无会日”，重点约访、带案下访、包案化解、督办落实。

【强化综合治理】 强势化解信访积案。全市82件交办积案共化解71件（含自然息访5件），化解率86.6%，其中国家信访局交办的20件积案化解18件；省信访局交办的3件积案全部化解；衢州市信访局交办的21件积案化解19件；38件江山市级积案化解31件。全市建立“两难”问题三级钉钉群330个，提交问题1806个，其中市级交办46件，化解33件；乡镇（街道）提交198件，办结183件；村社提交1562件，办结1470件。重点整治重复信访。共交办各级重复信访事项302件，其中国家144件、省级109件、衢州27件，省级交办农村建房件19件；化解123件，其中国家66件、省级20件、衢州18件，省级交办农村建房件19件。

【围绕中心工作抓信访】 面对疫情，信访局第一时间响应，党员干部进村入社、坚守一线，主要领导坐镇12345热线中心指挥，加强协调、强化培训，确保涉疫来电打得进、接得通、答得准、办得好（疫情期间累计接听涉疫来电7874件），同时针对疫情防控热点问题汇总分析，每日报指挥部和市领导，为科学决策提供有价值的参考。全程参与江化关停、城南征迁、中央环保督察、城市精细化管理等多项市委、市政府重点工作。深入推进村级信访矛盾专项调处工作，成立专项整治指导组，领导包片、干部包村，11个重点村全部实现整转销号。

【提升信访工作能力】 从落实岗位职责、规范工作程序和时限入手，开展定期检查、交叉抽查、专项督查，加强对群众反映强烈的信访突出问题督查，确保信访事项办理依法合理规范。结合《信访条例》修订实施15周年宣传，组织开展岗位练兵比武活动，推动全市信访业务办理工作提质增效。

（严黎明）

政协江山市委员会

综述

【概况】 2020年是江山市发展进程中极不平凡、极为艰难的一年，也是政协事业创新发展、谱写新篇的一年，更是委员们风雨同舟、特殊难忘的一年。一年来，市政协及其常委会以习近平新时代中国特色社会主义思想为指导，坚决贯彻落实市委重大决策部署，坚持发扬民主和增进团结相互贯通、建言资政和凝聚共识双向发力，始终围绕中心大局，用活政协“树状工作法”，切实发挥专门协商机构作用，扛责担当、奋战一线、勤勉履职，全力助推江山经济社会高质量发展，为我市全面建成小康社会、打造“一地三区”、推进大花园建设作出了积极贡献。全年召开常委会会议9次，主席会议20次，党组会议27次；发挥“请你来协商”平台作用，开展协商39次。组织开展助推“四个年”活动主题大调研，形成专题调研报告36篇。年内共精编13期社情民意信息报送市委、市政府，向国家、省、衢州政协报送信息66篇，其中7篇信息被全国、省政协采用。编辑出版《茶缘—我与江山茶的故事》一书。

重要会议

【市政协全体会议】 政协第十届江山市委员会第四次会议4月20日至22日在市区举行。中共江山市委书记童炜鑫到会并讲话，郑朝基代表政协常委会作政协第十届江山市委员会常务委员会工作报告，祝继友作政协第十届江山市委员会常务委员会关于提案工作情况的报告。全体委员视频列席江山市第十六届人民代表大会第四次会议，听取并讨论《政府工作报告》和其他报告，提出意见建议。会议以无记名投票的方式，补选政协第十届江山市委员会副主席、常务委员。周立武当选为副主席。会议进行大会发言，表彰2019年度优秀提案、提案先进承办单位、反映社情民意先进个人和优秀调研报告。会议审议通过大会决议、提案审查报告和大会建议案。会议期间，以大会建议案形式，就“建立更高水平农村饮用水县级统管机制”提出建议，会议审议并通过大会建议案。共收到委员以提案形式提交的意见建议325件，经审查同意立案200件，其中以大会建议案形式提出的1件，以提案形式提出的199件，内容涉及江山市经济建设、政治建设、文化建设、社会建设和生态文明建设各个方面。及时召开移交会，将收到的提案交由市委、市政府及有关部门办理。

【市政协常务委员会会议】 2020年,共召开十届市政协常委会9次。

十届政协常委会第十九次会议于1月20日召开。会议传达学习了十九届中央纪委四次全会和省“两会”精神，审议通过召开政协第十届第四次会议决定；审议通过市政协十届四次会议议程（草案）和日程；审议通过政协第十届江山市委员会常务委员会工作报告、十届三次会议以来提案工作情况报告；审议通过政协第十届江山市委员会第四次会议各次大会执行主席、会议主持人名单和秘书长、副秘书长名单；通过有关人事事项。

十届政协常委会第二十次会议于 2 月 4 日召开。会议作出了关于延期召开政协第十届江山市委员会第四次会议的决定，决定原定于 2020 年 2 月 11 日至 14 日召开的政协第十届江山市委员会第四次会议延期召开，具体召开时间授权市政协主席会议确定。会议传达贯彻市委常委扩大会议精神，部署政协系统新型冠状病毒感染的肺炎疫情防控等重点工作。

十届政协常委会第二十一次会议于 4 月 8 日召开。会议传达了习近平总书记近期重要讲话和上级有关会议精神；受疫情影响，会议重新审议通过市政协十届四次会议议程（草案）和日程；重新审议通过市政协第十届江山市委员会第四次会议各次大会执行主席、会议主持人名单；通过周君望副主席辞呈；通过有关人事事项；部署市政协十届四次会议相关工作。

十届政协常委会第二十二次会议于 4 月 21 日召开。会议以书面形式听取各组讨论政府工作报告、政协常委会工作报告、提案工作报告以及法院、检察院书面工作报告等情况的汇报；审议政协第十届江山市委员会第四次会议决议（草案）和市政协十届江山市委员会提案委员会关于十届四次会议提案审查情况的报告（草案）；审议政协第十届江山市委员会第四次会议建议案（草案）；审议选举办法（草案）；通过政协第十届江山市委员会增补副主席、常务委员候选人名单；通过总监票人、监票人名单。

十届政协常委会第二十三次会议于 6 月 4 日召开。会议传达贯彻全国“两会”精神，以及全省、衢州市和江山市领导干部会议精神。会议审议通过有关人事事项，并对市政协下一步工作重点进行部署。

十届政协常委会第二十四次会议于 8 月 26 日召开。会议围绕“实体经济发展”开展论坛协商。与会人员围绕协商主题进行讨论，6 位政协委员、企业主代表分别作大会发言。

十届政协常委会第二十五次会议于 9 月 25 日召开。会议听取了市政府关于市政协大会建议案、协商意见和提案办理工作通报以及市人民法院、市人民检察院、市监委 2020 年 1 月至 9 月工作情况通报，传达中央、省委及衢州市、江山市委相关会议精神，并部署市政协下一阶段工作。

十届政协常委会第二十六次会议于 10 月 16 日召开。会议围绕“城北科创小镇建设”开展专题协商。会上，市政协课题组介绍了《关于深度谋划尽快启动城北科创小镇建设的调查与建议》调研报告，与会政协委员、政府相关部门，就协商主题开展交流。市委书记童炜鑫应邀出席会议，对市政协本次调研课题给予充分肯定，对委员建言进行点评和现场交办。会议还传达学习习近平总书记在深圳经济特区建立 40 周年庆祝大会上的重要讲话精神，并通过有关人事事项。

十届政协常委会第二十七次会议 12 月 31 日下午，市政协召开十届常委会第二十七次会议暨“十四五”规划议政性协商会，围绕市委《关于制定浙江省国民经济和社会发展第十四个五年规划和二〇三五年远景目标的建议（征求意见稿）》开展专题协商。市委副书记胡炳泉，市委常委、宣传部部长陈雪良出席会议，听取协商发言并讲话。市政协主席郑朝基主持会议并讲话。

【市政协主席会议】 2020 年，共召开市政协主席会议 20 次。

十届政协第六十次主席会议于 1 月 7 日召开。会议确定市政协 2020 年 1 月份重点工作，传达学习市委 1 月份重点工作，审议十届政协四次会议常委会报告和提案工作报告、《江山市政协提案工作提质增效推进办法》、政协应用型智库人才人选名单、优秀委员产生原则意见、优秀提案和提案先进承办单位名单、大调研优秀调研报告评选结果、优秀社情民意信息员名单、十届政协四次会议列席人员原则意见。

十届政协第六十一次主席会议于1月20日召开。会议审议通过2019年度优秀政协委员名单。

十届政协第六十二次主席会议于2月19日召开。会议审议通过政协江山市委员会应用型智库组建方案、政协江山市委员会应用型智库工作规则、市政协应用型智库人才名单、政协第十届江山市委员会第四次会议列席人员名单、政协第十届江山市委员会第四次会议分组和召集人名单、政协十届四次会议大会发言名单、主席台就座人员原则意见、主席会议成员走访委员方案和市政协2020年度重点协商课题。

十届政协第六十三次主席会议于3月6日召开。会议确定市政协2020年3月份重点工作，传达学习习近平总书记在3月4日中央政治局常委会上的重要讲话精神，审议通过《政协江山市委员会2020年度委员履职考核办法》。

十届政协第六十四次主席会议于4月3日召开。会议确定市政协2020年4月份重点工作，传达学习习近平总书记在浙江考察重要讲话精神，审议通过《市政协十届四次会议议程（草案）》《市政协十届四次会议日程（草案）》《市政协十届四次会议大会发言名单》《市政协十届四次会议大会建议案（草案）》《2020年度市政协重点工作分工落实方案》《2020年度重点协商工作计划（送审稿）》《江山市政协委员履职经费使用管理办法》。

十届政协第六十五次主席会议于4月5日召开。会议审议通过关于召开政协第十届委员会第四次会议的决定、政协第十届委员会第四次会议日程、政协第十届委员会第四次会议列席人员范围、政协第十届委员会第四次会议疫情防控方案，讨论选举办法和江山市政协工作树状图。

十届政协第六十六次主席会议于5月7日召开。会议确定市政协2020年5月份重点工作，传达学习习近平总书记在陕西考察时的重要讲话精神以及4月27日中央全面深化改革委员会第十三次会议、4月29日和5月6日中共中央政治局常务委员会会议、衢州市和江山市“两会”、市委市政府5月份工作要点等重要精神。会议审议通过《关于市政协主席会议成员分工调整的通知（审议稿）》《政协江山市委员会2020工作要点（审议稿）》《十届政协江山市常务委员会2020年度重点工作任务分工落实方案（审议稿）》《关于评选政协系统统筹推进疫情防控和经济社会发展工作先进委员的通知（审议稿）》。会议还讨论支部主题党日活动、工会疗休养、政协书画院后续开支等其他事宜。

十届政协第六十七次主席会议于5月27日召开。会议审议通过文化文史和学习委特聘委员名单，审议《关于我市建设用地复垦工作的调查与建议》课题报告。

十届政协第六十八次主席会议于6月8日召开。会议确定市政协2020年6月份重点工作，传达学习市委市政府6月份工作要点，审议通过《关于围绕高水平全面建成小康社会补短板开展政协联动专项集体民主监督的实施方案（审议稿）》《关于建立市政协委室联系乡镇（街道）制度的通知（审议稿）》《关于开展重点提案全程跟踪督办的通知（草案）》。会议还讨论省委政协工作会议精神落实情况、办公室和研究室人员分工等事宜。

十届政协第六十九次主席会议于6月24日召开。会议传达学习省委十四届七次全会、市委常委（扩大）会议、全市机关党的建设工作会议及扫黑除恶工作相关文件和会议精神，部署了在政协系统开展“融衢接杭”和“十四五”规划项目谋划竞赛、重点提案办理协商、基层协商等工作，审议《政协江山市委员会“请你来协商”操作办法（送审稿）》，审议通过市政协统筹推进疫情防控和经济社会发展工作先进委员名单。

十届政协第七十次主席会议于7月3日召开。会议确定市政协2020年7月份重点工作，传达学习习近平总书记在中央政治局第二十次和二十一次集体学习会、中央全面深化改革委员会第十四次会议上的重要讲话精神以及省政协委员会客厅建设培训研讨班精神，传达贯彻市2020年城南新城征迁誓师大会、全市营商环境建设工作推进会精神，部署市政协委员会客厅（室）管理运行相关工作，审议《关于开展“季度委员之星”推选活动的通知（审议稿)》。

十届政协第七十一次主席会议于7月27日召开。会议听取市林业局《关于江山市自然保护地整合优化调整方案》的汇报；审议《关于深化江山经济开发区体制改革的调查和建议》课题报告。

十届政协第七十二次主席会议于8月5日召开。会议确定市政协2020年8月份重点工作，审议通过《关于征集〈委员亲历〉文史资料的通知（送审稿)》和《关于征集〈江山美食〉文史资料的通知（送审稿)》。

十届政协第七十三次主席会议于9月1日召开。会议确定市政协2020年9月份重点工作，传达学习习近平总书记8月20日主持召开的扎实推进长三角一体化发展座谈会、8月24日主持召开的经济社会领域专家座谈会和省委“绿水青山就是金山银山理念提出十五周年”理论研讨会、江山市委十四届七次全会等精神，传达学习习近平总书记在安徽考察时的重要讲话、对制止餐饮浪费行为重要指示以及省政协主席葛慧君在全国地方政协工作经验交流会上的大会发言等重要精神，审议通过《关于开展2020年度提案工作评价问效活动的通知（送审稿)》。

十届政协第七十四次主席会议于9月9日召开。会议听取关于江山市物流小镇建设课题报告。

十届政协第七十五次主席会议于9月23日召开。会议专题学习贯彻省委书记袁家军在省委党校2020年秋季学期开学典礼上的讲话精神，传达学习全省政协主席暑期读书会暨市、县（市、区）政协工作交流会，衢州市、江山市委常委会相关会议精神。审议通过《关于深度谋划尽快启动城北创业创新小镇建设的调查与建议（送审稿)》《关于提升我市城市管理水平的调查与思考（送审稿)》课题报告及《2020年度政协工作综合考评办法（送审稿)》。

十届政协第七十六次主席会议于10月13日召开。会议专题学习9月28日中共中央政治局会议和10月10日习近平总书记在中央党校（国家行政学院）中青年干部培训班开班式上的重要讲话以及衢州市、江山市村社组织换届工作会议等精神，传达市委、市政府10月工作要点，确定市政协2020年10月份重点工作。

十届政协第七十七次主席会议于11月2日召开。会议传达学习十九届五中全会、全省领导干部会议、衢州市领导干部会议等精神，传达市委、市政府11月份中心工作，确定市政协11月份重点工作，审议通过关于进一步加强和改进市政协全体会议大会发言工作的意见、关于进一步加强退休老干部服务工作的意见以及关于调整主席、副主席联系民主党派、工商联的通知。

十届政协第七十八次主席会议于12月2日召开。会议传达市委、市政府12月份中心工作，确定市政协12月份重点工作，审议通过2020年市政协项目谋划擂台赛入围名单。

十届政协第七十九次主席会议于12月31日召开。会议传达学习中共中央政治局民主生活会、中央经济工作会议、农村工作会议和省委经济工作会议、市委常委会等精神，部署市政协1月份重点工作和元旦期间工作安排，审议通过关于召开政协第十届江山市委员会第五次会议的决定(草案)，讨论江山市“书香政协”建设暨“学而思”委员读书活动实施方案。

政治协商

【"请你来协商"平台】 制定"请你来协商"平台建设操作细则，制订年度重点协商计划，先后组织开展39场"请你来协商"活动。将"请你来协商"嵌入"三通一智（治）"江山一家亲、市政协网站，利用钉钉、微信等网络直播扩大协商活动知晓度和参与面。深化重点课题协商，通过领导点题、委员荐题、社会征题等形式，确定全年协商重点，先后开展"城北科创小镇建设""实体经济发展"等16场重点课题协商论坛。做细提案办理协商，围绕"城区公共直饮水管理""改善停车环境""加快谋划快递产业园"等7件重点提案开展办理协商。探索基层问题协商，组织开展规范村规民约、解决省际边界群众出行难等16场基层协商。

【常委会协商】 8月26日，市政协常委会召开"实体经济发展"协商论坛。与会人员围绕主题进行讨论，6位政协委员、企业主代表分别作大会发言。10月16日，市政协常委会召开"城北科创小镇建设"专题协商会。会议听取《关于深度谋划尽快启动城北科创小镇建设的调查与建议》的课题报告介绍，与会政协委员、政府相关部门，就协商主题开展交流。市委书记童炜鑫应邀出席会议，对市政协此次调研课题给予充分肯定，对委员建言进行点评和现场交办。

【主席会议协商】 3月26日，市政协举行"社区建设管理"主席会议专题协商暨"请你来协商"活动。会议听取《疫情防控背景下社区管理暴露出来的问题和对策》的课题报告，与会政协委员、社区工作者代表、居民代表及政府相关部门，分别就社区存在的人员薄弱、管理难、待遇低等问题进行协商交流，副市长周飞代表市政府表态发言。会议还通过钉钉直播平台与网友进行互动交流，当场解决网友疑惑。截至直播结束，场外参与人数近300人，收到意见建议181条。6月6日，市政协举行"建设用地复垦"主席会议专题协商暨"请你来协商"活动。会议听取江山市建设用地复垦工作调研课题汇报，与会代表分别就江山市建设用地复垦工作开展情况、存在问题和工作要点等进行协商交流。市委常委、常务副市长刘明鹤表示，市政府要充分吸纳政协委员们的意见和建议，认真对待协商成果，在下一步工作中积极转化。7月30日，市政协举行"江山经济开发区高质量发展"主席会议专题协商暨"请你来协商"活动。会议听取《强化创新赋能 打造高水平现代化工业平台》的课题报告介绍。与会政协委员、政府相关部门及企业代表，就江山经济开发区高质量发展存在的问题及建议进行协商交流。副市长巫小雄代表市政府就下一步开发区高质量发展提出了具体要求。9月11日，市

8月13日，市政协开展"城市重点项目建设"视察协商活动（徐雪良 摄）

政协举行主席会议“请你来协商·物流小镇建设”专题协商活动。会议听取《关于加快推进江山物流小镇建设的建议》的课题报告，与会政协委员、智库人员、政府相关部门及企业代表，就全市物流产业发展存在问题及物流小镇建设建议进行协商交流。副市长郭林将代表市政府就江山市物流小镇建设提出具体要求。10月12日，市政协举行主席会议“请你来协商·提升城市管理水平”专题协商活动。会议听取《关于提升我市城市管理水平的调查与思考》的课题报告。与会政协委员、智库人员、政府相关部门，就江山市城市管理面临的困境和对策建议进行协商交流。市委常委、常务副市长刘明鹤代表市政府作表态发言。

【专题协商】 5月20日，市政协举行“请你来协商·推进中药材品牌建设”专题协商活动。会议分析全市中药材品牌建设的难点和问题，结合江山市实际，提出相关协商建议。与会相关代表分别就推进江山市中药材品牌建设以及中药材产业发展中存在的问题进行协商交流；市农业农村局、市场监管局、文旅局、财政局等部门单位分别作回应发言。活动还采用钉钉群直播的方式，通过线上线下互动交流，让更多场外政协委员参与到活动中来，共收到场外有价值的意见建议50多条。副市长张志军到会听取意见和建议。

【提案办理协商】 坚持党政主要领导批办领办、政协领导领衔督办、政协委室协助督办机制，推动提案办得更快更实更优。一年来，市政协领导领衔，围绕城区公共直饮水管理、改善停车环境、加快谋划快递产业园等7件重点提案开展办理协商，推动整个提案办理质量优良率达到91%。

【基层协商】 研究出台乡镇（街道）、部门单位政协工作考核办法，明确乡镇（街道）党（工）委副书记分管联系政协工作，要求围绕党政关心、社会关注、群众关切的经济社会发展重点、难点、热点、堵点问题，本着“有事好商量，众人的事情由众人商量”原则，探索基层协商方式方法。先后组织开展规范村规民约、解决省际边界群众出行难等16场基层协商，帮助基层解难纾困。

【基层协商案例】 9月27日，市政协会同市司法局、石门镇在石门镇长山源村文化礼堂举办“请你来协商·规范村规民约”专题协商会，以规范村规民约为切入点，充分发挥村民自治功能，为全市村级组织换届工作营造和谐稳定、风清气正的环境。会前，江山法律服务政协委员会客室会同相关部门，成立专门课题组进行调研。选派人员深入基层，以大陈、清湖、石门、贺村4个乡镇10个村为重点，开展村规民约修订和实施情况调研，并形成调研报告。协商会上，邀请镇村干部、村民代表、政协委员、法律服务会客室成员及江山市政协相关委室、组织部、司法局、民政局等部门负责人对村规民约的规范修订进行协商交流，初步形成共识。会后，市政协办及时形成协商意见反馈相关部门，对协商意见中较难落地或有待斟酌的意见，通过再调研、再协商等方式进行跟踪。在跟踪过程中了解到，市委组织部从牵头抓总的角度，将村规民约修订纳入村级组织换届的总体安排；江山法律服务政协委员会客室会、市司法局、民政局相关人员发挥专业优势，协助石门镇长山源村两委班子对《长山源村村规民约（征求意见稿）》进行修改完善并于12月22日经村民代表会议讨论通过。市民政局以《长山源村村规民约（征求意见稿）》为模板，在全市21个村设立了村规民约长廊。

参政议政

【助力产业稳健发展】 新冠肺炎疫情暴发以来，江山市健康生活产业受到严重冲击。市政协三位领导牵头挂帅健康生活产业，急企业之所急，多次深入纺织服装、体育用品、健康食品产业企业专题调研，及时组织召开“你我同心·化危为机”“亲清直通车·政企协商会”等专题协商会，面对面深入交流、实打实解决问题，竭尽全力帮助企业渡过难关。助推数字消防产业加快破题发展，政协两位领导牵头服务，协助制定“加快数字消防产业发展的实施意见”，协助召开“2020 中国·江山数字消防产业发展”大会，邀请专家献计献策“打造中国数字消防产业第一城”，助力引进消防工程企业 100 余家。开展推进中药材品牌建设专题协商，助力“江山黄精”通过国家农产品地理标志产品专家评审，成为继江山绿牡丹、江山猕猴桃之后的又一张国家级农产品“金名片”；“江山黄精白鹅煲”入选第二届省“十大药膳”提名作品；成功举办“江山黄精乌鸡煲”烹饪大赛，承办全国中药材产地初加工技术研讨会暨湘浙品牌药材对接会，江山中药材产业与文化融合发展走在全省前列。发挥茶产业服务小组作用，指导茶农克服疫情困难抓生产，开展线上线下协同营销；参与举办首个国际茶日暨首届江山绿牡丹文化宣传日活动，助力创建 2 个省级生态茶园示范基地，助推“清漾—江郎山”“峡口—保安—廿八都”2 条茶旅游路线上榜省“十大茶旅精品线路”。

【助力重大项目加快推进】 参与江化基地关停，人员安置平稳有序。持续做好群众工作，组织开展常委会视察，助推重大民生项目如期点火调试。发挥专长、积极参与，助力推进城南新城征迁等项目。牵头最江南项目，高标准完成实验区土地整治 33.33 公顷并通过验收，春风江山加快建设，烟雨江郎、华翼飞行、江山如画等重大招商项目顺利落地。牵头推进南方水泥优化升级，助推绿色环保建材产业园立项实施。与此同时，主动做好招商引资，引进投资 5000 万元的建筑垃圾再利用处理中心项目；开展政协系统项目谋划擂台赛，共征集到物流小镇建设等 59 个谋划项目，多个项目入选市级项目库。

【一线战“疫”有担当】 新冠肺炎疫情发生后，第一时间发出齐心协力抗疫倡议书，及时组织全体委员、机关干部投身抗疫一线。市政协领导以身作则，带头深入所联系的村镇、社区、企业、边界卡点指导督查，分赴联系企业指导督查复工复产，助力做好“六稳”、落实“六保”。广大政协委员各展所长、各尽其能、各显神通，奋战救治一线、投身科研攻关、踊跃捐款筹物、以艺战疫、参与村社值勤维稳、参加志愿服务等，创新推出“复工贷”“共享员工”等，互助互帮渡难关。开展“助力防疫和发展”金点子征集、“公共卫生”民生协商论坛，提出意见建议 30 多条，助力防疫和发展“两手硬、两战赢”。据不完全统计，全市政协系统为抗疫累计捐款捐物 500 多万元，涌现一批统筹推进防疫和发展先进委员典型。

【脱贫攻坚真帮扶】 市政协各主席、常委带头，政协机关干部和广大委员积极参与“结对帮扶”和“万企帮万村”精准扶贫及“千企结千村”消薄行动，20 多名经济界委员与四川省布拖县、沐川县乡村结对帮扶，开展就业务工、产业发展等合作，累计捐赠帮扶资金 260 多万元。20 多家委员企业与市内 20 多个经济薄弱村结对，协助打造“一村一品一特色”，助推村级集体经济健康发展。

【国资改革助破冰】 协助完成国资中心组建及国资改革顶层设计，建立“1+4”国资公司框架，制定出台市国资改革及市属国有公司重组方案，交投实现挂牌，城建投、开建投获 AA 信用评级。

【化解难题强助攻】 全力协助挂联乡镇（街道）“两难”问题化解、中央和省环保督查反馈问题整改，14 个问题得到解决。

【村社换届献实招】 市政协领导及时到联系村社走访调研，做好群众思想工作，参加村社组织换届动员会，解决村社组织换届过程中出现的问题和矛盾，推进所联系村社组织换届顺利完成。

【基层治理重参与】 做好组团联村联企工作，扎实开展“三服务”活动，落实河长制、扫黑除恶等工作。

【企业经济研究会活动】 8月26日，召开市政协企业经济论坛。会议围绕“实体经济发展”开展专题协商，与会人员围绕协商主题进行讨论，6位政协委员、企业主代表分别作大会发言。

【大调研活动】 组织开展助推“小康决胜年、招商突破年、项目攻坚年、产业创新年”活动主题大调研。各民主党派、工商联、知联会，市政协办公室、研究室、各专委会，各委员活动组、衢州委员组，紧扣融衢接杭、实体经济、数字经济、乡村振兴、“最多跑一次”改革、城市精细化管理、公共卫生、民生改善等方面内容深入调查研究，共形成36篇专题调研报告，其中《搭乘数字经济快车抢占云上农业新高地》等多篇调研文章转化为协商议题、大会发言、提案和社情民意信息，为市委市政府科学决策、有效施策提供重要参考。

【政协民生论坛】 8月5日，市政协借“请你来协商”平台，以“重点提案办理协商”的形式，组织开展“公共卫生”政协民生论坛。论坛聚焦江山市公共卫生应急管理体制机制、重大疫情医疗救治硬件设施、实验室检验检测能力建设、防疫物资应急保障能力、公共卫生专业技术人才等问题，提出了慎终如始抓好常态化疫情防控、不断完善公共卫生体制机制、平战结合推进医疗救治体系建设、全面提升人才队伍建设水平、建立健全应急物资保障体系等方面的意见建议。副市长何正芳应邀参加，要求与会部门认真研究吸纳政协民生论坛的意见建议，进一步强化疫情防控工作和公共卫生体系建设。

9月2日，市政协主席郑朝基（中）视察重大民生项目建设情况（徐雪良 摄）

民主监督

【专项监督】 5月，市政协召开专题会议进行研究部署，成立工作小组，精心组织各专委会和相关委员活动小组开展三级政协联动专项集体民主监督活动。重点围绕全市的6个领域短板和5个领域弱项问题，就完成进度、实际效果、存在差距进行监督检查，提出对策建议40余条。8月，市政协开展“最多跑一地”三级政协联动集体民主监督，围绕省委关于加强县级社会矛盾纠纷调处化解中心规范化建设，推进矛盾纠纷化解“最多跑一地”改革的决策部署，组织相关委员活动组赴司法局、信访局等开展监督活动，并收集意见建议将监督调研报告报送市委市政府，供决策参考。年内，持续开展“城乡生活垃圾分类处理”三级联动专项集体民主监督。各委员活动组深入全市乡镇（街道）开展明察暗访、联动监督，并将情况及时向所在乡镇（街道）反馈。

【专题视察】 年内市政协组织开展常委会、主席会议等多层次视察，专题视察重大民生项目建设情况、“建立更高水平农村饮用水县级统管机制”大会建议案办理落实情况、“蓝城·春风江山”项目建设、江山港流域综合治理等重点工作，助推“融衢接杭”战略的实施，推进民生事业建设的落实。组织开展衢州政协委员江山活动小组跨区视察。

【反映社情民意】 把反映社情民意作为政协履职的重要基础和关键环节。全年共向市委市政府报送《社情民意》13期，向上级政协报送信息66条，其中刘立忠委员撰写的《关于尽快解决企业研发经费归集及统计问题，避免核心技术“卡脖子”的情况反映》被全国政协采用，《省政协领导智点“村歌现象”推动江山村歌从回响到燎响》等6条信息得到省、衢州市政协领导批示。

重要工作

【加强合作共事】 发挥人民政协多党合作重要机构作用，积极与各民主党派、工商联、人民团体和各界人士共建双向发力的履职平台，强化合作共事，汇聚正能量，画好同心圆。深化党派团结合作，密切同党外知识分子、非公有制经济人士、新的社会阶层人士、港澳台侨代表人士的沟通联络，关注并助力培养青少年家国情怀，切实增进“四个认同”。注重安排各民主党派、工商联、无党派人士在政协全体会议、专题协商会议、专题视察座谈会上发表意见。全面贯彻落实党的民族宗教政策，维护民族团结，促进宗教和谐。市政协各参加单位共参加政协活动30多次，提交集体提案30件、大会发言16篇、社情民意信息78条、调研报告10篇。

【开展“六送下乡”活动】 9月21日，市政协组织政协委员、智库成员、中药材专家及相关部门负责人，赴峡口镇枫石村举行中医药知识进村入户协商会暨送文史资料图书《江山中草药图鉴》下乡村活动，以协商的形式助推中医药知识、理念进入峡口镇千家万户，让中医药扎根农村大地，同时让老百姓具备一定的中医药知识，提高运用中医药防病治病的能力。10月29日，组织部分政协委员及医疗专家，前往坛石镇潭边村开展送医下乡义诊活动，邀请浙大医学院附属邵逸夫医院的专家以及市人民医院、中医院的医疗专家及多位医务人员，为周边村400多名群众免费量血压、测血糖、诊断病情、提供医疗咨询，并赠送价值1万余元的药品。

【文史资料征编】 发挥文史图书的资政育人、团结联谊作用，市政协年内征编出版《茶缘——我与江山茶的故事》，撰稿人遍及16个省份，大力弘扬江山茶文化。编辑《抗战时期江山史料汇编》5期，挖掘宣传江山历史文化。《自有青青松柏心——江山十罗洋茶场场长廖松柏》等2篇文史稿件入选省政协《全面小康路上的政协人》一书。继续推进《江山重点工程建设亲历记》《我的知青岁月》等文史资料征集工作。

【加强联谊交流】 积极创办委员会客厅（室），统一设计委员会客室标识，制定出台委员会客厅（室）运行管理制度，开辟种植“梅花会客林”，发挥委员魅力，影响有影响力的人。江山首个省级政协委员会客厅——两岸联谊政协委员会客厅挂牌并开门迎客；策划创立关注居民自治、退役军人联谊服务、法律服务、智汇驿站、志愿者服务联谊、方志文化、茶趣、乐活乡村、智造未来等9个委员会客室，承办或举办“两岸一家亲”衢台两地中秋联谊、“企业专利申报”、“重阳敬老礼茶”等主题活动10余次，受到基层广泛欢迎。利用政协书画院、江山茶文化研究会等阵地，举办书画联谊交流活动8次。开展联系商会走访，指导重庆、广西、义乌等商会顺利换届。参加皖浙赣3个省12个县（市、区）政协第三十九次工作交流会议。与上海闵行区政协开展联谊交流，构建两地对接新桥梁，助力江山市融入长三角一体化发展。

【强化委员服务管理】 坚持常委会听取政府、监委、法检“两院”等工作情况通报，组织委员列席市委市政府重要会议、重大活动，进一步畅通委员知情明政渠道。举办委员履职能力提升培训班，召开委员专题读书会，进一步加强委员教育。开展走访活动，关心各界委员工作生活。完善《委员履职考核办法》，强化委员责任担当，重视考核结果运用，评出10名“最佳委员”、38名优秀委员，调整不称职委员4名。办好政协《动态信息》，加强政协微信公众号管理，定期发送政协活动情况和委员履职信息，搭建委员知情明政平台。

【加强自身建设】 坚持把加强党的创新理论武装放在突出重要位置，制订市政协党组理论学习计划，固化周一夜学制度，推进“不忘初心、牢记使命”主题教育常态化制度化，持续笃学深悟习近平新时代中国特色社会主义思想，深入学习中共十九届五中全会、习近平在浙江考察时的重要讲话和省委、衢州及江山市委有关会议精神，进一步筑牢思想根基、提高政治站位，增强“四个意识”、坚定“四个自信”、做到“两个维护”。先后以政协党组会、主席会议、常委会会议、机关干部学习会、8090新时代理论宣讲团等形式，组织20多次专题学习，撰写学习体会24篇，开展交流研讨4次，深入村社、企业宣讲7次，切实做到学思用贯通、知信行统一。认真贯彻落实习近平总书记关于加强和改进人民政协工作的重要思想，进一步加强新时代人民政协党的建设工作，充分发挥政协党组在把方向、管大局、保落实中的核心作用，出台政协党组工作规则，推进机关党组及支部班子规范化建设。全面落实从严治党和党风廉政建设责任，高度重视政协意识形态工作，推进人民政协党的组织和党的工作有效覆盖。选派机关干部担任第一书记、农村工作指导员、扶贫结对成员、组团联村（企）成员。

【扩大政协影响力】 重视人民政协理论研究和意识形态宣传工作，《“树状工作法”在释放县级政协制度效能中的应用与思考》等3篇理论文章在省政协获奖。优化江山政协网站，办好政协微信公众号，借助《人民政协报》《联谊报》等各级媒体广泛宣传市政协工作的特色亮点，共刊发各类稿件300多篇。

（市政协）

中共江山市委纪律检查委员会
江山市监察委员会

纪检监察工作

【概况】 2020年，全市各级纪检监察组织和纪检监察干部在上级纪委监委和市委的正确领导下，始终坚持“严”的主基调，紧扣高质量发展主方向，认真履行党章和宪法赋予的职责，充分发挥监督保障执行、促进完善发展作用，全市党风廉政建设和反腐败斗争呈现新局面、打开新格局。

【加强政治监督】 坚持把习近平总书记重要讲话和指示批示精神以及上级重大决策部署的贯彻落实情况，作为政治监督首要任务，推动各级党组织和党员干部自觉做到“两个维护”。围绕“六稳”“六保”及脱贫攻坚、村级组织换届、国资改革项目攻坚等市委市政府中心工作，全面推行“365监督在线”工作机制，跟进监督、全程监督、精准监督，发现问题1129个，运用“四种形态”处理576人次。在疫情最严峻时刻，第一时间成立督查组，深入一线监督检查疫情防控措施落实情况，严明战时纪律，党纪政务处分19人。深入开展扶贫领域腐败和作风问题专项治理，党纪政务处分8人。全程驻点监督助力城南新城征迁，受到江山市政府集体嘉奖。开展优化营商环境专项整治月行动，对查处的损害营商环境典型案例进行通报。严把选人用人关，审查村级组织换届资格人选11756人次，建议取消21名候选人参选资格，其中“一肩挑”5名。准确把握“三个区分开来”，澄清失实举报37件，旗帜鲜明对负责者负责、为担当者担当。

【夯实管党治党政治责任】 牢牢抓住全面从严治党主体责任“牛鼻子”，探索完善“四责协同”机制，个性化定制党委、党委“一把手”、班子成员、纪委“四张责任清单”。分三个层面召开2019年度党委（党组）落实主体责任情况汇报会，对10个落实主体责任不到位的单位进行当面质询，开展年中“回头看”。严格执行“一案双查”责任追究制度，对32名履行“两个责任”不力的领导干部进行问责。推行政治监督“四清单”“两档案”“两报告”制度，建成“四清单”156份、政治生态档案82份、市管干部廉政档案646份。打造江山市清廉示范点19个，“五科挂零、廉香满园”清廉学校创建获评首届“基层清廉建设（浙江）十大经验”创新提名奖，实验小学、大陈乡早田坂村入选衢州市级优秀清廉示范点。

【推进正风肃纪】 高标准推动落实中央八项规定及其实施细则精神，常态化开展“廉节清风”专项行动，深化“会所中的歪风”、“烟票”等问题专项整治，紧盯餐饮浪费开展“光盘行动”专项监

3月24日，市委常委、纪委书记、监委主任温胜浩（右二）实地调研清廉村居建设工作

督。全年共查处违反中央八项规定精神问题42起71人，党纪政务处分52人，其中查处形式主义、官僚主义问题22起43人，党纪政务处分34人；查处享乐主义、奢靡之风问题20起28人，党纪政务处分18人，持续释放越往后执纪越严的强烈信号。

【保持反腐高压态势】 以更大力度、更快节奏惩治腐败，全市各级纪检监察组织共处置问题线索1116件，同比上升27.3%；立案317件，同比上升23.3%，其中同级管理干部案件19件；党纪政务处分317人，同比上升14.4%；挽回经济损失950余万元；对10名被调查对象采取留置措施。运用"四种形态"处理1123人次，同比上升24.2%，其中"第一种形态"处理797人次，占比71%。发挥市委反腐败协调小组作用，召开专题会议研究部署4次，建立健全追逃追赃协调和成员单位协作会商等机制。用好纪检监察建议有力武器，出台《纪律检查建议和监察建议工作实施办法》，对1起落实纪检监察建议不力典型案例进行通报。强化警示教育，组织党员干部旁听法院庭审3次，公开案例通报11期，点名道姓通报33起74人次。

【提升基层治理效能】 持续深化纪检监察信访举报"最多访一次"工作机制，创新推行信访举报件会审工作机制，推进"积案清淤"专项行动，开展信访举报宣传月活动，来访接待窗口进驻市矛调中心。全市共受理信访举报287件次，检举控告量、重复举报量、赴省去京访同比分别下降12.3%、25.9%、55.5%，实名举报率、群众满意率、转立案率同比分别上升6.4个、9.7个、5.2个百分点；信访举报工作考核位列衢州市各县（市、区）首位。持续深化清廉村居建设，细化村级小微权力清单35条，推行"廉情指数"评价机制，经验做法在衢州市清廉村居建设推进会上作典型发言。探索开展乡镇（街道）纪检监察工作规范化建设，经验做法在全省会议上作典型发言。设立村（社区）监察工作联络站308个，聘任站长308名、联络员619名，有效打通基层监督末梢。深入推进扫黑除恶专项斗争，三年来累计查处涉黑涉恶腐败和"保护伞"问题5件7人，移送司法机关4人。

【发挥巡察"利剑"作用】 组织开展十四届市委第十至十二轮巡察，完成对20个部门单位和118个村（社区）党组织的政治巡察，发现问题2199个，移交问题线索26件，党纪政务处分41人，移送司法机关4人，清退追缴各类资金390余万元。严格执行书记会点题督办、巡察整改"双约谈""双督办"等制度，累计"双约谈"被巡察单位党组织负责人28人次，对41个部门单位、124个村（社区）整改情况进行评估，责令21个单位共63个问题继续整改。创新推行"大数据+巡察"模式，共通过大数据技术巡察9个部门单位、57个村（社区），经验做法被

纪检监察干部实地监督农业春耕情况

中央、省级媒体刊登报道。

【打造忠诚干净担当铁军】 坚持把政治建设摆在首位，推行市纪委常委会“党性党纪教育一刻钟”制度，不断提高政治判断力、政治领悟力、政治执行力。完善“线上+线下、片区+班组、比武+练兵、理论+业务”干部培养机制，制定年轻干部“五个一”成长清单，举办全市纪检监察系统综合业务培训4场次。7名干部被抽调参与上级巡视巡察，其中市委巡察办副主任毛海丽表现优秀被中央巡视办通报表扬。建立“委领导+纪检监察室+派驻机构和乡镇（街道）纪（工）委”责任链条，强化干部一线历练。出台纪检监察干部严管厚爱“双十条”实施细则，建立重点工作正反面典型通报制度，通报正面典型16个、反面典型3个。加强关心关爱，开展谈心谈话166人次、家访175人次，为纪检监察干部澄清正名2人。调查核实反映纪检监察干部信访件6件，运用“四种形态”处理13人次。

（市纪委）

民主党派

民革江山市委会

【概况】 2020年，民革江山市委会有党员81人。其中，担任衢州市政协委员2人，江山市人大代表2人、江山市政协委员18人。年内获省级荣誉10项，20多人次获衢州市表彰，30多人次获江山市级及相关部门表彰。

【参政议政】 在衢州市、江山市“两会”上，共向大会提交大会发言1篇、集体提案5件和个人提案、议案23件。其中团体提案《关于提升城市能级 建设未来社区的建议》被评为优秀提案，调研报告《关于提升农村拆后空间资源利用效率的调查与思考》获市政协“大调研”活动优秀调研报告一等奖，徐垂勇执笔的《关于提升农村拆后空间资源利用效率的调查与思考》、钱琛执笔的《关于全面加强未成年人司法保护的建议》、何旭执笔的《关于执行工作推进“最多跑一次”改革情况的分析及对策》入选省民革参政议政研讨会交流篇目。

【社会服务】 在抗疫斗争中，第一时间贯彻上级决策部署和工作要求，发动全体党员立即行动，主动应对突如其来的新冠疫情，在抗疫大考中展现江山民革担当。天鸿民情直通室，接待上门反映情况的市民300多人次，落实解决100多件与市民息息相关的大小事。悦读驿站，举行3场活动，首次开展以“同心圆梦”为主题的云上故事会，2件原创作品被省民革录用。传统文化实践基地，每周开展一期（疫情期间暂停）传统文化教育，内容涵盖国学讲座、读书会、诗歌朗诵会、香道文化等。

【祖统联谊】 挖掘祖统工作新内涵，借助省级政协委员会客厅—江山两岸联谊政协委员会客厅平台，参与接待台湾同胞赴江山参访活动，承办“两岸一家亲”衢

衢台中秋晚会合影

台中秋联谊会。依托对外联络资源优势，走访慰问原国民党抗战老兵，服务台资企业。全年共接待海内外亲朋好友 100 余人次，书信、电话联络 30 余人次。

（叶晓婧）

民盟江山市总支部

【概况】 2020 年，民盟江山市总支部共有盟员 33 人，围绕衢州市委“1433”发展战略体系、江山市委“融衢接杭”战略，对标“重要窗口”建设新目标新定位，勇于担当，履职尽责，取得较好成绩。年内，共获各级荣誉 50 余项，其中衢州市级以上荣誉 8 余项。

【参政议政】 聚焦绿色发展、改革开放、数字经济、县域治理等重点工作，调动盟内智力资源建言资政。全年开展大花园建设、村规民约修订等课题调研 13 次，形成调研文章 6 篇，《关于打造江山市农产品电商区域公共品牌的建议》等 3 篇获评市政协优秀调研文章。提交提案、议案、建议 32 篇，集体提案 4 篇，其中《关于加强外卖餐饮食品安全监管的建议》等 7 篇获评衢州、江山优秀提案、议案、建议；提出污水零直排、衢州有礼等督查意见 10 余条，报送社情民意、党外建议 50 余篇，其中，《关于完善保障教师合法权益三大机制建设的建议》《警惕“网络补课”成为复课后中小学补课新模式》等多篇被省委统战部、民盟浙江省委会等采用。获评衢州市委会反映社情民意信息工作先进集体，8 位盟员被评为衢州、江山反映社情民意信息工作先进或优秀个人、优秀政协委员，入选江山市政协智库人员。

【社会服务】 践行“民盟同心”系列品牌活动。依托盟内外法律专家资源，9 月 24 日，成立“民盟同心·法律服务专家站”，组建省、市、县三级法律专家团队及百名法律服务志愿者队伍，搭建法律服务专家站、室、点三级服务平台。全年共接收线上、线下法律咨询 300 余人，办理法律援助案件 32 件，参与调解重大矛盾纠纷 28 起，开展黄丝带帮教等系列法律服务活动 25 次，邀请盟内法律专家、省内知名律所主任到江山为 20 多家企业开展“法治体检”，为疫情防控、江化关停、城南新城征迁、村（社）组织换届等重难点工作推进提供法律解决路径，38 条意见建议被市委市政府采纳。

【助力战疫】 筹集资金 4 万余元支援战疫。开展网格走访排查、防疫知识宣传、隔离点医疗废物收集处置督查等服务，为百余家企业送上额温枪、口罩、消毒用品等防疫必需品，协调处理企业复工复产难题上百件。盟员毛慧卿、徐俊华入选浙江民盟公益心理、法律、金融服务团，提供疫情相关法律咨询“云”服务 30 余次。围绕疫情防控工作中的痛点、难点问题，积极建言献策，上报《关于加强新型冠状病毒感染的肺炎疫情在农村地区防护的建议》等建议 10 余件。获民盟省委会抗

9 月 24 日，“民盟同心·法律服务专家站”揭牌成立

击新冠疫情先进集体、衢州市统一战线“同心抗疫、大爱驰援”等荣誉。

（严 璐）

民建江山市支部

【概况】 2020年，民建江山市支部发挥自身优势，积极开展参政议政、社会服务活动，被民建浙江省委会、民建衢州市委会评为2019年度“先进基层组织”。会员邓柳青获2019年度“浙江民建十大年度人物”称号，2015—2020年度全国民建优秀会员。祝森根被衢州市委统战部“同心抗疫，大爱驰援”表彰，被评为江山市第十一批拔尖人才。会员丁向英“意大利蜜蜂蜂螨绿色综合防控技术集成与示范推广项目”获省农业农村厅技术进步奖一等奖。熊月华被评为沐川县东西部扶贫协作先进个人。

【参政议政】 提交江山市政协集体提案2件，即《关于加强国有房屋出租管理规定的建议》《关于我市A级乡村景区化可持续发展的思考与建议》。提交江山政协调研文章1篇，即《关于江山农村家宴放心厨房建设的思考》。提交江山市政协提案5件，即《关于开发普及网上会议系统的建议》《关于进一步推动在公共场所、机关企事业单位设立母婴室的建议》《关于推动开发应用“市民卡”，融入杭衢“都市圈”的建议》《关于有效放大“国际花园城市”效应的建议》《关于推进江山市钱塘江诗路文化带建设的建议》。提交衢州市政协提案4件，即《关于减轻民营企业负担的建议》《关于普及推广第九套广播体操带动全民建身的建议》《关于推动开发应用“市民卡”融入杭州“都市圈”的建议》《关于我市A级景区村可持续发展的建议》。提交江山市人大个人议案2件，即《关于做强我市健康食品产业的几点建议》《关于提升城市旅游产业生命力的建议》《关于落实畜牧兽医医疗卫生津贴的建议》。提交衢州市人大个人议案1件，即《关于协助争创江山木门产业链“链长制”试点的建议》。提交衢州政协调研3篇，即《关于加快我市基层治理数字化转型的建议》《以垃圾末端利用能力建设为牵引 对垃圾处置进行全链条系统设计》《扎实推进衢黄上旅游协作区建设 共同打造世界一流生态旅游目的地》。投稿社情民意信息《关于调整九年级网课的建议》《关于建立一支中国留学生统战队伍的建议》《关于发动民用口罩进行“家庭式来料加工”的模式生产》《关于将我市健康三色码中的红、黄码按县区进行再分类，有效促进复工复产用人招聘的建议》《关于推动全社会普及心肺复苏急救能力及公共场所配备AED自动除颤器的建议》《关于疫情期确诊患者使用医用手环，用信息化简化流程的建议》15篇，编制“江山民建”微信公众号推文5篇。

【社会服务】 发动会员积极参与抗疫一线的工作。毛赛春捐款32万元，扶贫消费11200元。祝森根赞助1.5万元（3000份饮品），扶贫走访（贺村镇人大）赞助50箱饮品3000元，退役军人走访赞助70箱5000元，支持沐川乡村建设10000元等。祝江土个人捐款7000元助贫困学生学费，捐价值1万元的节能灯给河北省承德市丰宁满族自治县西官营乡人民政府。汪芳抗疫捐款4000元，扶贫消费1万元，疫情赞助18000元（6000个口罩+6000元），捐建大陈乡小学2万元。姜军参与江山市贫困山区爱心助学捐款，为疫情捐款捐物达2万元。周国平为群众提供免费的法律咨询50场次以上，为老年人、未成年人、妇女等社会弱势群体提供免费法律援助5次，为中小微企业提供各项服务50次以上。

（曾晓耘）

民进江山市总支部

【概况】 2020年，民进江山市总支部设5个支部，会员69人。年内获全国先进2项、省级荣誉6项、衢州市级集体奖励6项和个人先进32人次。会员在本职岗位上获得县级及以上荣誉 130 多项，涌现出一批“科技追梦人”“拔尖人才”“最美审计人”“最美科技人”“最美红十字个人”“衢州市名医”“三八红旗手”及各类先进工作者。

【理论学习】 持续开展“不忘初心、牢记使命”的学习教育活动。4 月 10 日，民进主要领导参加市委统战部召开的全市各民主党派、知联会、新联会专题学习会。5 月上旬，总支在党派大楼完成民进展示区布展，总面积 44 平方米，配置各类图片 130 多幅。7 月，总支主委参加 2020 年第一期民进全省骨干会员培训班，获优秀学员荣誉称号。

【抗击疫情】 2 月 4 日，会员王荣所创办的“科润电力”高低压开关柜驰援武汉市火神山医院，提供电力保障。总支委员刘立忠从正月初三开始，研究、设计适用于疫情防护使用的“改良版”消防过滤式自救呼吸器，将 90 套呼吸器捐赠给衢州高速交警；其撰写《关于应对疫情支持民营企业健康发展的意见》等 4 条社情民意，被统战部门采用；撰写《疫情后对我市健康食品产业带来的机遇和发展思路》等 3 条调研报告，选入 3 月市政协大会发言。同时，刘立忠等将 4 吨多消毒液运送至上海、65 吨高浓度次氯酸钠消毒液连夜运往湖北、捐赠 100 公斤消毒液助学塘源口小学复课。

1 月 18 日，民进会员为老百姓送春联（祝日耀 摄）

4 月 15 日，主委柴琼颖率领医护会员 10 人助力塘源口小学复学前疫情防控的现场指导。总支副主委、市市场监督管理局副局长毛艳萍率领工作人员与各乡镇（街道）做好联防联控工作。总支委员汪雪涯疫情捐款 5000 元，会员祝翠霞被评为衢州市抗击新冠疫情“杰出护理管理者”、毛巧媛被评为衢州市新冠肺炎疫情防控工作先进个人。

【参政议政】 一年被各级参政平台采用的议政建言共 47 篇（次），其中全国政协采用 1 篇、民进中央采用 1 篇，省政协信息 1 篇，省委统战部 1 篇，省委会信息 3 篇，衢州市统战部 2 篇，衢州市委会信息 12 篇，江山市政协大会口头发言 2 件、信息 23 篇、大调研获奖成果 1 件。刘立忠撰写的《避免核心技术“卡脖子”亟需顶层统一口径，尽快解决企业研发经费归集及统计问题》得到民进中央全国政协办公厅采用。王明清《建议以“五大系统为抓手，改进升级全国农贸市场”》被浙江省政协办公厅采用。

【创优创先】 科技支部被评为民进衢州市 2019 年度优秀基层组织，卫生支部被评为民进衢州市 2019 年度社会服务工作先进单位。刘立忠、王雪勇、汪雪涯、方勇文、王超洋被评为民进衢州市 2019 年度优秀会员。毛艳萍荣获 2019 年度江山市人民政府“个人嘉奖”。刘立忠 2020 年先后被评为浙江省“科技追梦人”、全市统战信息工作先进个人（衢州市统战部）、政协系统统筹推进疫情防控和经济社会发展工作先进委员、江山市政协反映社情民意先进个人、江山市优秀政协委员、党外知识分子联谊会先进会员、参与新冠肺炎疫情防控工作最美志愿者等。会员王荣所创办的科润电力科技股份有限公司提交的《基于故障电弧监测的电气消防与巡检关键技术及应用》获科技创新成果，被评为2019年度浙江省科学技术进步奖二等奖。王超洋获江山市十佳科主任称号。王雪勇、王超洋、方勇文、刘立忠、汪雪涯、汪益平、赵容华、毛巧媛、陈小慧等获江山市优秀会员。陈小慧获评“江山市疫情防控先进集体代表”，赵峥峥获得“衢州市教育系统先进工作者”称号。9月，夏天亮指导学生姜丁允征文《山沟里的防疫战士》，获衢州市中小学生主题故事征文三等奖。汪雪涯摄影作品《私人剧场》在三影堂厦门摄影艺术中心举办个展，摄影书《ShaoShao》2019年第二届IPDA无像摄影样书奖年度最佳摄影书奖，摄影作品《疫情日记》获第22届全国艺术摄影大赛人像类铜奖。

【社会服务】 组织“捐资助学”“结对帮扶”“敬老义诊”“春联万家”“送医下乡”“支教培训”等系列活动。会员王荣的公司参与市慈善总会活动，多年同市二中结对，专门由市慈善总会定期给学校捐赠助学基金，捐助美丽乡村建设、结对帮扶、五水共治。开明公益书屋依托党派优势，精心打造民进社会服务活动基地，书屋面积114平方米，有少年儿童类图书为主的各类读物4500多册。建立市政协委员会客室，有陈林洪主持的“关注居民自治政协委员会客室”；刘立忠领衔的“智汇驿站”委员会客室；汪益平牵头的“方志文化政协委员会客室”。卫生支部主委王雪勇主持急救培训15场，各界人士参加1200余人（次）；开展青春健康教育2场，参加70余人。

（祝日耀）

农工党

【概况】 2020年12月21日，农工党江山市第一届支部委员会换届，选举产生第二届支部委员，刘建英任主委、毛康军任副主委，毛冬晴、金梅珍任委员。有党员14名，其中行政事业单位干部4人，医生4人，教师3人，经济界人士3人。江山市政协委员6人，衢州市政协委员1人。

【履行职能】 围绕社会热点、难点工作和民生、发展为题，深入基层开展考察调研，撰写课题调研报告、提案建议、社情民意。题为《关于基于医共体下的基层医疗卫生机构人才状况的调研与分析》在省委会立项。《我市工业化水平分析及发展建议》《对多元化农村养老服务供给格局现状分析和对策研究》两篇调研报告获江山市政协三等奖；《关于加快推进城东片区规划征迁建设的建议》《关于“化危为机”激活我市社区治理新格局的建议》两篇提案被

12月21日，召开农工党江山市第二届支部委员会选举大会

评为江山市政协优秀提案。毛康军被省委会评为参政议政先进个人。农工党江山支部被衢州市委会评为先进集体。在江山市政协十届五次全会上，提交提案10件，其中集体提案4件，个人提案6件。支部主委刘建英在大会上作题为《创新就职促进政企沟通提质增效的建议》的发言。

【社会服务】 投身社会服务，贡献发挥农工党员力量。在新冠疫情期间，医卫党员们坚守岗位，奋战在医疗和防控一线，毛康军被省委会评为抗疫先进个人，毛康军、孔志云、高冉冉先进事迹获衢州市委统战部表彰。金梅珍的抗击新冠肺炎典型事迹——“添得夕阳无限美 多给老年一片温暖”入编《大战大考中的江山政协委员担当》。

（金梅珍）

九三学社

【概况】 2020年，九三学社江山市基层委员会共有社员53人，其中高级职称社员30人（正高6人）。年内，基层委获评九三学社浙江省委“全省社会服务先进基层组织”，九三学社衢州市委“先进基层组织”“信息工作先进集体”“新闻宣传先进集体”，获衢州市委统战部颁发的“同心抗疫 大爱驰援”先进集体称号。

【参政议政】 全年共向浙江省人大、衢州市和江山市“两会”提交大会发言2篇，提交议案、提案或建议28件，其中团体提案4件，内容涉及改善交通、全域旅游、乡村振兴、未来社区建设和提升中医药在抗疫防治中的能力等方面。基层委团体提案《关于创新机制，助推陆港加快发展的建议》和吴丽萍社员提案《关于及时化解廿八都二期项目建设启动前相关民生问题的建议》获评江山市政协优秀提案。巫优良社员撰写的《发展壮大集体经济 加快推进乡村振兴》和吴丽萍社员撰写的《关于深化乡村文化旅游融合阵地建设的建议》分别获江山市政协“年度大调研”二等奖和三等奖。省人大代表王军撰写的《关于加快推进生活垃圾管理条例立法工作的建议》获评省人大常委会“年度省人大代表优秀建议”。社员楼英俊撰写的《关于进一步加强农房体系构建及风貌管控的几点建议》和社员何烁撰写的《关于加强食品安全监管，推进“放心食品”工程的建议》分别获得九三学社衢州市委“年度优秀重点调研报告”三等奖和优秀奖。毛水芳主委在江山市政协十届四次会议上作《解放思想 统筹规划 加快老旧小区有机更新》专题发言，获得市委、市政府领导的好评。

【社会服务】 动员和带领全体社员投入“江山市党外人士比贡献活动”。在新冠疫情防控工作中，广大社员坚守抗疫防控工作一线，积极捐钱捐物支援抗疫工作。社员周云辉捐献2万多元抗疫医疗物资，医卫支社主委毛兆光率医疗专家，与峡口镇残联一起，深入枫石村、连丰村、三卿口村，上门为残疾群众体检和现场办证服务。

【信息宣传】 全年共上报社情民意信息或党外建设28篇，其中被上级录用：省人大3篇，省委统战部2篇，九三学社省委5篇；衢州市人大2篇，衢州市政协2篇，九三学社衢州市委21篇；江山市政协2篇，江山市委统战部3篇。全年被中央、省、衢州市和江山市等新闻媒体采用的新闻报道120多篇，连续16年获评九三学社衢州市委信息工作先进集体，连续6年获评九三学社衢州市委新闻宣传先进集体一等奖。

【联谊交流】 9月，在廿八都镇筹划、建设“九三之家（画坊）”，作为九三学社江山市基层委与杭州市江干区基层委、下城区基层委两地开展社会服务的联合站点。年内，先后接待九三学社衢州学院支社主委廖小辉一行，九三学社衢州市委专职副主委郑爱萍一行，省人大常委会副主任、九三学社浙江省委主委、省社会主义学院院长姒健敏一行，省政协常委、九三学社浙江省委副主委叶区波一行到江山市调研指导工作。

（余乾敏）

群众团体

工会

【概况】 2020年，江山市新建工会组织53家，其中非公企业和两新组织45家，新组建农家乐联合工会等新业态领域工会组织，发展会员355人。全市共单独组建基层工会1378家，联合工会72家，涵盖单位1738个，职工8.3万人，会员8.2万人，工会组建率、入会率均达到98%以上。全市建有19个乡镇（街道）总工会和1个经济开发区总工会，建有乡镇（街道）私营企业联合工会19家。年内，组织召开江山市工会第十七次代表大会。

【推动劳动竞赛活动】 启动杭衢高铁项目征迁，移动支付业务推广等项目劳动竞赛活动，江山港小流域综合治理工程立功竞赛活动向纵深推进。与人才办、人社局等部门联办江山市职工技能大赛，300余名职工参加8个工种的比赛。

【开创全域旅游新局面】 争取全省抗疫一线职工、省劳模疗休养团分批到江山疗休养；召开山海协作区职工疗休养交流会，与柯桥区、下城区、江干区、钱塘新区四地总工会签订职工疗休养合作协议，廿八都镇、大陈村被列为全省首批职工疗休养基地。年内已有90万人次的外地职工到江山疗休养。

【开展各类文体活动】 全市各级工会累计举办职工文艺会演、“工厂好声音—厂歌大会演”、职工大合唱等文艺活动680场次。举办全市性职工运动会及职工拔河、乒乓球等体育赛事85场次。组织职工书画、摄影、“衢州有礼”职工礼仪等方面的培训及比赛活动350余场次，组织“送文化进企业”活动232场次，有9万多人次的职工参加。

【实施困难职工帮扶行动】 全年为142户建档的困难职工家庭发放困难帮扶专项资金35万元；春节期间开展“送温暖”活动，为困难职工家庭和困难劳模家庭，送慰问钱物4.9万元；划拨出50

4月14日，举办江山市第四届工人运动会（沈天法 摄）

万元经费设立疫情防控一线员工关爱基金，对1500余名抗疫一线职工进行走访慰问；组织112名全市抗疫一线先进职工开展疗休养；启动实施“夏送清凉”行动，筹备15万元的清凉物品，用于对高温一线职工的慰问。

（陆肖惠　方志鹏）

共青团

【概况】 2020年，共青团江山市委员会主动承办共青团基层组织改革省级专项试点，积极参与脱贫攻坚、乡村振兴、大型赛会志愿服务等工作，先后获江山市城市品牌宣传突出贡献集体、衢州团市委年度考核第一名等多项集体荣誉。

【青春战“疫”】 面对突如其来的新冠肺炎疫情，第一时间组织发动各级团组织团员青年、志愿者2000余名，前往抗疫一线开展网格排查、交通枢纽管控、卡口值守等志愿服务，服务长达2万小时。依托江山青联、青企协等平台，广泛发动青年捐资捐物，共募集抗疫资金25000元，医用口罩11000个、消毒水20桶，合计37000元。疫情防控取得阶段性成果后，主动谋划开展“青春有你·五四同行”青年“云”助力复工复产系列活动，通过“团团带你游江山”“复工战线上的青春力量”等主题活动，带动一批青年消费，助力江山旅游业、第三产业的复苏。

【“招才引智”人才月系列行动】 推进共青团服务供给侧改革，找准青少年成长成才成家新需求，联合多部门组织开展“家雁归巢 智汇江山”大学生招才引智人才月系列行动，以“青凉一夏”大学生暑期实践活动、“青系江城”江山籍青年学子联盟桑梓行、“相约仲夏，情动江山”青年人才联谊交友嘉年华、“青创江山，智慧未来”第四届青年项目谋划大赛等五大“青”系列活动，引导青年全方位成长。

【“小蜜蜂”志愿者服务队】 持续发挥团员和青年志愿者榜样引领作用，全面打响“小蜜蜂”志愿服务品牌。先后服务“2020中国江山数字消防产业发展大会（江山人发展大会）”“全域旅游培训班暨首届全域旅游绿色对话活动”“2020年‘庆丰收 迎小康’中国村歌大赛”等大型赛会20余场，参与志愿者300余人次，全年共受到市委执行“十条军规”较好典型事项通报表扬2次；助力助推国家卫生城市创建复评，动员全市11个活跃志愿组织1000余人参与，助推“八个一”有礼实践，营造全市志愿服务良好氛围。

【关注青少年成长】 全面、精准摸排困难大学新生，深入开展为期3个月的“爱心助成才·共圆大学梦”大学新生助学行动、雏鹰起飞希望工程助学计划，共发放助学金49.5万元，资助贫困中小学生21名，贫困大学生75名；积极对接省青基会、微笑明天基金会等，为廿八都小学等山区留守儿童征集爱心物资、彩虹活力包30余万元。

7月，承办共青团基层改革省级专项试点

【基层改革省级专项试点】 从提升团员发展质量目标出发，因地制宜、精准施策，通过建立“有礼少年成长积分”评价体系，配套完善团员“三亮三比”积分管理、“5+X+1+0”有礼积分手册等团员发展管理全流程评价细则，高质量完成共青团基层组织改革省级专项试点工作，团员发展质量切实提高，初、高中毕业班团学比分别降低至17.7%和54%。

【村级团组织换届】 坚持党建带团建，以选优配强全县村社团组织班子为关键，高质量完成全市19个乡镇（街道）314个村（社区）团组织换届工作。选举共产生团组织班子成员882人，团支部班子平均年龄31岁，“90后”团干部363名。其中，大专以上学历394人，占44.7%，中共党员364人，占41.2%，全面选齐配强基层村（社区）团组织队伍力量。

【8090新时代理论宣讲】 整合各级团组织资源和力量，组建成立一支宣讲能力强、经验丰富的“团”字号青年讲师队伍，按照“一名金牌讲师、打磨一堂精品课程、开展一次专题宣讲”的底线要求，依托青年之家、青年讲习所、红领巾学院等团属阵地，创新采用Rap、沙画、短视频等宣讲方法，深入学校、村社、企业等基层一线，开展宣讲90余场，惠及群众2600余人次。

【青年大学习】 紧扣团中央“青年大学习”主题，以深入学习宣传贯彻中共十九大、十九届五中全会和团的十八大精神为主要内容，组织开展以“青年大学习”为主题的一系列网上主题团课、线下宣讲学习活动，全市累计参与学习40多万人次。

【组建村播网红队伍】 以开展“大花园里庆丰收·云赶集中迎小康”江山市首届“村播”网红直播大赛为契机，联合多部门通过政府搭台建立与头部主播、直播网红、本地乡贤的联系交流，加快江山文化在新业态下的传播，创新赋能传统产业，助力脱贫攻坚。年内已孵化村播优秀能手42名，培育“10万+”级粉丝量“星主播”4人，“50万+”级粉丝量“村播”网红4人。建立“村播”大师工作室2个，累计销售农特产品3000多万元。

（郑梦臻）

12月，组织村级团组织换届选举

妇联

【概述】 2020年，江山市妇联以改革创新为引领，以“党政所急、妇女所需、妇联所能”为原则，统筹抓好妇联组织改革“八大破难行动”等年度妇联工作“七件事”，全面提升妇联工作实效。国家税务总局江山市税务局办税服务厅成功创建全国巾帼文明岗，周多花家庭被评为全国五好家庭。虎山街道妇联被评为浙江省示范乡镇（街道）妇联组织，清湖街道“1+26”联盟妇女微家获评浙江省示范妇女微家，姜菁辉被评为浙江省巾帼建功标兵，林项霞、王晓丽被评为浙江省巾帼新农人。推荐宝格商贸陈小娟参加人民优选直播大赛，并获评2020人民优选“优秀巾帼”特约推荐官。

【改革破难】 从组织覆盖攻坚着手，全市新建妇女微家15个，开展“微课堂”“微调解”“微共享”等活动。开展巾帼文明岗创建，延伸妇联组织覆盖面，成功创建全国巾帼文明岗1个，省级巾帼文明岗2个，衢州级巾帼文明岗6个。从整体优化提升上发力，把村（社）妇联组织换届作为组织建设改革破难的重中之重，圆满完成村（社区）妇联换届工作，推动妇女参与基层民主管理实现新提升。全市308个村（社区）妇联共选举产生新一届妇联主席308人，副主席418人，执委2198人。村（社区）妇联主席中，45周岁及以下134人，占比43.5%；大专及以上学历65人，占比21.1%。妇联主席100%进“两委”班子。探索打造区域化妇联品牌，形成北部儿童之家示范群、中部妇联组织建设示范群、南部“一米菜园”示范群等区域特色妇联品牌。

【巾帼抗疫】 坚持疫情防控和复工复产两手抓两手硬。守好家庭抗疫第一岗，劝导宅家抗疫，丰富宅家活动，开展了“家的味道”居家抗疫美食线上秀、“公筷公勺新家风”抖音短视频大赛、家庭教育书香分享、巾帼暖医行动等活动。编发、转发科普微信39条，推送“防疫前沿—巾帼文明岗系列、基层妇联干部系列、女企业家系列”等正能量微信20余条，《关爱“逆行者” 暖医更暖心》等两条信息登上浙江新闻和《人民日报》客户端。疫情期间，发挥陈小娟等一批巾帼主播作用，帮助妇女带货20多万元。助力企业复工复产，牵头召开江山市女企业家座谈会，帮助企业纾困解难；为35家企业推送用工信息，帮助解决用工需求500多个。

【“一米菜园”】 坚持“党建统领+妇联主抓+群众主体”的创建主线，紧扣“衢州有礼”诗画风光带建设、农房整治拆后利用、产业发展等中心工作，推动“一米菜园”创建纳入新时代美丽乡村建设、美丽城镇建设等重点项目。争取项目资金200万元，深化“一米菜园”创建，通过“拆一片、治一片、美一片”，推动“小菜园”向“大乡村”转变。全年共创建“一米菜园”3013个，参与农户3500户，覆盖全市79%的行政村，盘活拆后土地10多万平方米，建成衢州市级“一米菜园”示范村2个、优秀村2个，江山市级重点村2个、示范村29个。

【儿童之家】 牵头制定《江山市加快推进儿童之家建设实施方案》，全市同步推进各级示范型儿童之家以及基础型儿童之家建设。年内建成省规范化儿童之家5家、衢州市级示范型儿童之家15家、江山市级示范型儿童之家18家，基础型儿童之家建设全面开展。依托儿童之家，举办“守护童年”“把爱带回家”等系列主题活动217场次。

清湖街道花园岗村“一米菜园”（周玄雯 摄）

【家庭文明】 385户家庭参与各级各类“最美家庭”创建工作，创建全国五好家庭1户，省级最美家庭1户，绿色家庭1户，衢州市级最美家庭12户，文明家庭15户。深化家庭教育工作，以宣传《浙江省家庭教育促进条例》为主线，线上线下同步举办“衢州有礼 教子有方”等家庭教育专题讲座；重视家庭教育阵地建设和师资队伍培育，培育优秀家庭教育讲师人才8人，其中叶林芳等4人入选衢州市家庭教育讲师团；早田坂村儿童之家被评为衢州市级家教家风实践基地。深化“衢州有礼，美传万家”工作，组建江山市最美家庭联盟，举办“新时代家庭观”8090新时代理论宣讲，为119户衢州市级及以上最美家庭发放礼遇护照。

【妇女发展】 11月17日，全国妇联书记处书记章冬梅一行到江山调研妇女助力乡村振兴工作，充分肯定江山市妇女在美丽乡村建设、数字化发展等领域的勇敢尝试。学习新发展理念，举办“共享新经济，共赢新时代”妇联系统第三届项目谋划擂台赛，征集优质项目41个。抓好“妈妈的味道”“妈妈的手作”两大品牌工作，推荐大陈麻糍、丁姐苹果干、清漾状元糕等参加线下各级“妈妈的味道”美食巧女秀。开展巾帼云创计划，通过“格格妈”直播间、大陈“妈妈的味道”、清湖“闻香识女人”等直播资源，帮助妇女代售农产品。抓好“头雁引领行动”，培育种粮大户林项霞、“三农”培训导师王晓丽等巾帼新农人，举办妇女技能培训活动30多场，全方位促进妇女提素提质。

11月17日，全国妇联书记处书记章冬梅（右二）在江山市调研妇女助力乡村振兴行动（袁小菊 摄）

【妇女维权】 以落实“五项制度”为维权行动指引，以常态化婚姻家庭矛盾纠纷排查化解为抓手，融入“县乡一体、条抓块统”工作。全市有842名妇联执委担任网格长、专兼职网格员。把网格工作与妇联“四必访”工作相结合，建立重点家庭服务档案2900多份，化解矛盾纠纷1300多起，助力平安关口前移。建立“五个一”工作清单和重点家庭跟踪机制，对有关妇女儿童进行长期针对性帮扶；坚持访贫问苦工作，争取帮扶物资21.4万元，帮扶贫困“两癌”妇女20人，贫困儿童65人，贫困应届大学生4人。建设法律娘家人服务工作站，串联市乡村三级工作网络。6月5日，长台、双塔两地成立法律娘家人服务工作站（女法官工作站），为乡村两级“家调会”提供培训7场次，人员200多人次，下村“现场坐诊”15场次，就近协调解决家庭矛盾纠纷、妇女劳动纠纷、妇女儿童权益纠纷等41起，为妇女提供法律援助案件30起。11月12日，省妇联党组成员、副主席童丽君一行到江山调研“五项制度”落实情况，充分肯定江山市妇联妇女维权工作成果。

（袁小菊）

科 协

【概况】 2020年，江山市科协在抗击新冠肺炎疫情、打造科普平台和开展科普宣传、学术交流、农民素质培训、引进院士专家人才资源等方面做了大量工作。年内，江山市全国科普日启动仪式被中国科协评为全国科普日优秀活动；市科协被评为衢州市全国科普日优秀组织单位。

【推动疫情科普防控工作】 疫情期间，与各乡镇（街道）科协上下联动，在全市35个科普e站播出疫情科普内容。利用钉钉群、微信群等，普及各种预防知识。同时在《科普之窗》节目中播放科普视频，在《今日江山》微信公众号、广播专栏“科普园地”中专题推送科普信息，为广大群众提供权威疫情科普知识。利用科普中国开设的“防控新型肺炎让春节更祥和”专题，动员科普员队伍进行手机宣传。在单位大楼及各乡镇、街道张贴宣传海报、悬挂横幅、发放科普宣传册、全市科普画廊专题巡展等扩大科普宣传覆盖面。科协8名干部分2批全员参与社区疫情防控和企业疫情防控复工复产。

【走访有关院士专家】 通过参加科技论坛、上门拜访等形式，与吴丰昌、杜祥琬、陈宗懋、都有为等12名院士联系。6月5日，会同浙江省科协、衢州市科协联合组织开展博士生科技服务团“三服务”活动。邀请省文化和旅游发展研究院、省林科院森林食品所、浙江农林大学的专家教授为江山基层送上科普讲座、农技指导、企业咨询等服务。6月18日至19日，中国工程院院士、雷达专家贲德一行应邀到江山考察，并到江山中学作专题讲座。7月22日，中国科学院院士、美国工程院外籍院士、固体力学专家、浙江大学教授杨卫一行应邀到江山考察。8月中旬，赴杭州与浙江农林大学、浙江传媒学院就建设院士工作站、科技合作开展座谈。

【开展集中性科普活动】 4月15日至5月14日，参加为期一个月的“衢州市文明素养科普知识网络竞赛”，全市有8345人参与。6月16日，组织科普大篷车进社区活动，开展“使用公筷公勺”和“行作揖礼”等“文明行动”，内容包括科普大篷车视频巡展、科普展览、健康科普志愿服务。6月20日，与双塔街道乌木山社区主办的“服务基层民生，打造有礼家园”科普宣传展览在赵家文化礼堂举行，开展垃圾分类趣味比赛及烟头不落地签名承诺等活动，来自街道、村社干部和志愿者200人参加。12月4日，联合县前社区开展宪法宣传走进社区活动。组织东门社区科普馆和周家青社区科普馆结合社区实际开展科普活动。

【科普日活动】 在9月全国科普日活动期间，围绕“决胜全面小康，践行科技为民”活动主题，在全市范围内组织发动基层科协、

9月19日，举行2020年全国科普日活动启动仪式暨江山市首届机器人创客大赛

科普教育基地、科普特色学校、科技志愿者等开展30多个贴近群众、贴近生活、贴近实际的一系列的科普宣传活动项目，营造讲科学、爱科学、学科学、用科学的良好氛围。9月19日，在文溪实验学校举办江山市2020年全国科普日活动启动仪式暨江山市首届机器人创客大赛。9月25日，会同市教育局在中山小学举办江山市中小学科技节，激发全市少年儿童对科学的兴趣和向往。科普教育基地光大环保能源（江山）有限公司组织城南小学、城北小学、恒泰小学等学校学生开展垃圾分类科普活动。科普教育基地江山合创快速制造技术有限公司在保安小学开设3D打印科普课堂。周家青社区开展以“垃圾分类，从我做起”为主题的青少年垃圾分类科普趣味活动等。全年有7家单位被评为衢州市全国科普日活动优秀组织单位，7项科普活动被评为衢州市全国科普日优秀活动，2名科技志愿者被评为衢州市全国科普日活动优秀科技志愿者，获奖数量在衢州名列第一，市科协被评为优秀组织单位。“2020年全国科普日启动活动暨江山市第一届机器人创客大赛”被评为中国科协“2020年全国科普日优秀活动”。

【经常性科普工作】 与江山广播电视总台联办《科普之窗》科普园地》专栏，分设科普动态、科普小贴士、小小科技馆等板块。与新闻中心联办科普专栏，在《今日江山》每周刊出1期科普知识。全市200个科普画廊做到展出内容每两个月更新一次。全市35个科普e站开展自查整改，推进科普e站转型升级，提高科普服务效能。开展科普中国APP推广工作。完成衢州市基层科普馆调查摸底统计工作。8月初，配合专业调查机构开展2020年公民科学素质抽样调查，在双塔街道、虎山街道、碗窑乡、新塘边镇、峡口镇以入户调查和上街随机抽查的形式，对110个样本进行调查。江山文溪实验学校的“小科学家科普实验室”被纳入江干区科协科普工作项目，获得5万元项目资助金。年内光大环保能源（江山）有限公司、江山如画农业科技有限公司、格物斯坦机器人创客中心、江山合创快速制造技术有限公司、江山市青少年素质教育拓展中心被评为衢州市科普教育基地。江山仙霞岭自然保护区科普墙分为保护物种、珍稀动植物、宣传标语等板块，内容丰富、造型精美，已于11月建成。江郎山地质科普馆设计方案已通过会审，项目有序推进。组织参加衢州市自然科学优秀论文评选活动，推荐9篇论文参评，其中1篇获一等奖，1篇获三等奖。参与省科协“百佳企业科协、百佳企业科协工作者、百佳企业科技工作者”评选，浙江福赐德生物科技有限公司科协获百佳企业科协称号，浙江福赐德生物科技有限公司科协主席徐水荣获百佳企业科协工作者称号。海维科技公司刘立忠获省科协“科技追梦人”称号。

【农民技术培训】 将农村文化礼堂作为农函大新阵地，新增长台镇长安村文化礼堂、长兴村文化礼堂、福赐德生物科技公司等3个教学点。聘请22名专家组成讲师团。首次尝试以网络视频直播的方式进行线上实用技术培训。2月13日，联合衢州市科协、农函大江山分校教学点江山市神农猕猴桃专业合作社，举办首期“猕猴桃春季生产管理”培训班，特邀中科院武汉植物园猕猴桃资源与育种中心研究员陈美艳，为109名猕猴桃种植户进行视频连线“空中课堂”培训。6月15日，在长台镇长兴、长安两个村开展蔬菜、瓜果及特色农产品互联网实战技术培训班。7月28日至30日，在安徽池州市举办中药材产地初加工技术培训，邀请国家中药材产业技术体系采收及初加工岗位科学家曾建国、安徽省池州市青阳县人大常委会委员陈伟民等专家现场授课。全市70余名中药材从业人员参加培训。8月26日，“你点我来”走进廿八都镇乡村振兴讲堂，农函大讲师郑秀英为廿八都镇村民带来“猕猴桃采收、储藏及采购园地管理”直播培训。开展农民技术人员职称评定工作，共有25名农民技术人员获评初、中、高农职称。

【深化科协系统改革】 调整补选部分乡镇（街道）科协领导班子成员，全市19个乡镇（街道）建立健全了科协领导班子，三长（医院院长、学校校长、农技站站长）全市乡镇（街道）、村（社区）科协基层组织的全覆盖。筹备市科协第六次代表大会，各基层选举单位已完成代表的选举和委员候选人的推荐工作。年内新建江山海维公司科协、惠企科技服务公司、欧邦工程管理公司江山分公司科协等3家企业科协。

【落实全面从严治党主体责任】 认真开展2019年度落实全面从严治党主体责任检查考核反馈问题的整改。制定党组、党组领导班子成员落实全面从严治党主体责任清单。开展领导班子成员、科室负责人廉政风险点排查。党组对单位政治生态状况进行会商分析，专题研究党风廉政建设工作，做到常抓不懈、警钟长鸣、筑牢防线，防止“四风”反弹。党组专题研究党建工作，认真学习贯彻中共十九届五中全会和市委全会精神。10月，市委充实科协党组书记和党组成员各1名，加强党对科协的领导。11月，市委巡察组进驻科协开展巡察。努力完成招商引资、项目前期、脱贫攻坚、组团联村联企、平安建设、五水共治、创卫等市委市政府下达的各项工作任务。

（吴梦颖）

工商联

【概况】 2020年，江山市工商联牢牢把握两个健康工作主题，围绕中心、服务大局，不断提升工商联工作科学化水平，努力使工商联成为民营经济人士之家、工商联干部成为民营经济人士之友，为江山市全力打造“一地三区”作出应有贡献，获2019—2020年度全省“五优工商联”称号。

【开展理想信念教育工程】 8月中旬，组织30余位执委企业家赴长兴、安吉等地考察学习，详细了解习近平总书记关于“绿水青山就是金山银山”这一科学论断的深刻内涵，切实感受生态经济发展带来的重大转变，坚定企业家们的绿色发展思想。为切实关爱企业家身体健康，进一步提高企业家身体素质，更好地促进民营经济人士健康成长，市工商联连续10年为企业家送健康体检。9月中旬以来，市工商联组织近100名执委企业家分批赴浙江医院进行体检。开展为期三个月的“新时代工商联的新样子”大讨论活动，围绕工商联“是什么”“干什么”“怎么干”这3个问题，开展一次干部笔谈、一次企业家访谈、一次主题活动、一次学习调研、一次专题研讨、一次成果宣传等“六个一”活动。

【开展青蓝接力接班工程】 借助新生代企业家联谊会这个平台，

10月30日，在“江山如画”基地举办首届企业家运动会（李钊莹 摄）

先后组织青年企业家开展学习考察、红色之行、扶贫帮困、友好联谊、拓展训练等活动，培养造就一批传承父辈精神、履行社会责任、充满竞争活力的新一代非公经济代表人士队伍。市新生代企业家联谊会获评全省“四好”商会。年内组织新生代企业家开展民营经济人士理想信念教育实践活动4次，重点学习中共十九届五中全会精神和省、市领导关于新生代企业家队伍建设方面的要求，引导新生代企业家坚定理想信念，争做优秀社会主义建设者。推荐会员参加组织部、统战部组织的各项素质培训6起39人次，提升新生代企业家的经营管理水平和驾驭企业能力。6月，和新生代企业家联谊会联合组织40位青年企业家赴“教育之乡”东阳以及“中国小商品城”义乌开展红色教育暨学习考察，瞻仰红军长征博览城，参观横店集团、华灿光电（浙江）有限公司、义乌四季严选基地、“网红直播第一村”北卜朱村。8月，在浙江阿德里传媒公司成立市新生代企业家“弄潮儿”8090宣讲团，开展企业家座谈会精神的宣传及新生代企业家“弄潮儿”8090系列宣讲活动。10月，举办首届企业家运动会，共设射击、射箭、卡丁车三项竞赛项目，分为男、女两组，80多名企业家参与比赛。11月，组织20位新生代企业家赴上海开展学习教育活动，瞻仰四行仓库抗战纪念馆，考察深兰科技公司，参观第三届中国进口博览会。同时，邀请上海商会青年分会企业家讲述自己的创业故事，交流企业发展情况。12月，邀请杭州商会青年分会企业家介绍创业体会。有26家会员企业积极参与东西部扶贫协作和市内村企结对消薄行动，三年来累计捐赠帮扶资金和物资300多万元。

【开展抗击疫情工作】 成立市工商联新冠肺炎疫情防控工作领导小组，传达学习中央关于对新型冠状病毒感染的肺炎疫情防控工作的决策部署和省委、市委的有关要求。向全市广大民营经济人士和乡镇（街道）商会、异地商会及在外江山籍广大民营企业家发出倡议书，引导商会党支部充分发挥战斗堡垒作用和党员的先锋模范作用，通过捐款、捐物等多种形式支持疫情防控工作。1月27日，市新生代在群内发动“众志成城、抗击疫情”公开募捐活动，有34名会员自愿参加募捐，共筹得8.4万元和1000个口罩捐赠给红十字会用于防疫抗疫工作，并将价值10万元的医用口罩、医用手套、消毒柜、帐篷等一批防疫物资送到急需的乡村学校。全市各商协会、民营企业累计捐款捐物1300多万元。评选表彰江山民企战“疫”十二先锋。落实市委、市政府关于疫情防控和复工复产两手抓、两手都要硬的总要求，结合“三服务”活动方案，深入会员企业，切实了解企业在复工复产中遇到的问题和需求，努力打通服务企业的“最后一公里”。向企业传达各级防疫文件和惠企政策，共向企业宣传解读惠企政策67条，告知惠企申报4件。利用自身优势，帮助企业购买相关防疫物资，赠送额温枪143把，帮助企业联系购买口罩10万余只。

【培育企业清廉文化基地】 召开清廉民营企业建设推进会，评选表彰20家江山市级示范企业和6家示范商会，推荐衢州市级示范企业2家。开展企业清廉文化廊、场、室、展厅建设项目，使廉洁元素和廉政实践成为江山民营企业的标配和硬核。《多措并举推进清廉民企建设》案例入选全省工商联系统8月服务“两个健康”优秀案例。

【“亲清直通车·政企恳谈会”活动】 先后到新塘边商会、清湖商会、四都商会、峡口商会、纺织服装协会、机电装备协会、人民检察院，以圆桌会议的形式来助推各有关部门共同解决企业反映的痛点、堵点和难点，收集各类问题和建议93个，其中现场解决14个，会后交办部门答复或解决79个。评出表彰“企业诉求办理十佳案例”。与市检察院开展涉企案件诉前会商机制，对5起涉企案件提出减轻或免予起诉的司法建议。联合市检察院举办民营经济健康发展法治论坛，编发一系列的政策汇编和案例。

【结对帮扶工作】 与四川省布拖县跃进村签订对口帮扶协议，从劳务协作、项目扶持、消费扶贫等领域保质保量完成脱贫任务。组织江山虎集团、江山南方水泥有限公司、浙江为康制药有限公司、浙江赢牌体育用品有限公司4家企业捐赠第一批帮扶资金，江山市艺康化学有限公司、浙江美伊服饰科技有限公司捐赠第二批帮扶资金。落实《江山市与沐川县东西部扶贫协作三年行动计划》，动员企业、公益组织、机关干部广泛参与脱贫攻坚战，已累计完成物资捐赠10万元。组织26家企业和沐川县26个贫困村进行结对，在就业务工、产业发展、村集体经济、资金帮扶等方面开展合作，累计捐赠资金300万元。同时，万汇通新能源科技有限公司在四川雅江投资18亿元建设达阿果水电站，浙江宏电环保公司在四川成立环保公司，总投资2亿元。

【开展江商凝聚工程】 春节前，举办全市异地商会融衢接杭恳谈会，20多名在外商会会长参加座谈，围绕交通、人才、项目、科技、服务、营商环境等提出意见建议18条。4月，召开融衢接杭大讨论推进会，制定出台《江山市工商联关于开展长三角和杭州都市圈商会对接活动方案》。5月，组织企业家访谈，江山虎集团、健盛集团、贝林集团、天际互感器等12位企业家，以“企业家心目中的融衢接杭”为主题，从企业家的视角看融衢接杭，共收集到意见建议8条。国庆中秋期间，协办第三届江山人发展大会，重点做好杰出江商的评选、重点嘉宾的邀请和市内企业家的动员组织。举办2020年商（协）会“融衢接杭”项目谋划擂台赛，聚焦交通先导、城市赋能、产业创新、乡村振兴、民生发展等重点领域，共谋划提出高质量的新项目11个。推进数字消防产业转型升级，做好全国消防工程公司江商回归工作，年内引进上海守信消防公司成功落户江山。加强非公经济代表人士的培养，开展选树和表彰20位“杰出江商”的典型人物。推动“江山人经济”转化为“江山经济”，主动服务江商回归工程和家乡建设，授予20家商会2019年度“四好”荣誉称号，10名会员2019年度“异地商会十佳秘书长”荣誉称号，6家商会2019年度“江山市异地商会招商引资（东西部协作扶贫）先进集体”荣誉称号，6家商会和23个会员企业“抗疫先锋”荣誉称号。

（吴欣悦）

文联

【概况】 2020年，市文联所属一级文艺协会11个，二级文艺协会8个，有市级会员1396名，其中省级会员97名，国家级会员24名。邵雯瑜入选浙江省第八批“新荷计划”人才库。继续办好《仙霞》季刊4期、《江山市少年作家报》2期。组织和指导各文艺协会配合市委、市政府中心工作，多次开展采风、创作、文艺宣传活动。东门社区、周家青社区、清湖三村、溪底村、浔里村、茅坂村、长兴村、洪福村等8个村（社）入选衢州市第二批文艺特色村（社），获衢州市2020年度文联系统先进集体称号。

【2020新年登高文艺活动】 2020年元旦，“中国体育彩票”2020全国新年登高健身大会中心主会场在江山市江郎山举行，组织摄影、朗诵、诗词骨干百余人参加，组织文艺节目现场表演。

【推出抗疫作品】 在抗疫斗争中，市文联第一时间发出倡议，号召广大文艺工作者积极行动，以文艺的力量参与到抗疫中。江山作协是衢州市最早发起并参与“抗疫”行动的社团。除夕（1月24日），当浙江派出第一批白衣战士驰援武汉时，会员毛巧仙创作出衢州市第一首抗疫诗歌《除夕，你为何要远行》，在江郎风微信群引起极大关注。共创作诗歌、散文、小小说等文学作品 372 篇，歌曲 14 首，书画 100 余幅，摄影 200 多张，朗诵作品 10 余篇等。以“江郎文艺”公众号推出 33 期，“乡里芗气”公众号推出 7 期，“书画江山”推出 2 期，“行摄大江山”推出 4 期。据不完全统计，48 位会员的 180 多篇“抗疫作品”在央视、学习强国、中国艺术报、中国文艺评论、中国作家网、中国网、中国诗人、浙江新闻客户端、浙江文艺等重要平台和微信公众号上发表。协助文联组稿编辑出版纸质《抗疫特刊》一期，收稿 112 篇。同时，毛改革方言抗疫大喇叭、衢州有礼、行作揖礼宣传培训、公勺公筷宣传深入人心，展现文艺工作者在抗疫中的使命与担当。

【完成巡察整改工作】 针对巡察组对文联巡察反馈的问题，抓好整改落实，抓住重点问题、重点领域和关键环节，坚持把巡察整改与持续改进作风、改进工作、提高党建科学化水平紧密结合、统筹推进，共修订或新制定《关于 2020 年度意识形态工作意见》《市文联关于加强文艺家协会工作意见》《市文联 2020—2025 五年工作规划》等 8 项规章制度，确保每项工作做实做细。发挥整改对文艺工作的推动作用，注重解决体制机制方面存在的问题，把整改成果常态化、制度化。强化意识形态工作，并制定《文艺协会政治指导员制度》。

【对接融衢接杭】 组织文联干部开展“融衢接杭”大讨论。6 月 4 日至 5 日，接待浙江省文联党组成员、书记处书记赵晓刚，省电影家协会副主席兼秘书长熊颖俐一行到江山开展“结对提升”调研活动。7 月，文联赴杭州江干区、下城区文联开展考察调研，交流学习先进工作经验；8 月，文联主席姜英带队到省文联进行工作对接。

【清湖文艺创作基地挂牌】 6 月 6 日，清湖三村文化礼堂开展“双百千村·文艺赋能”主题活动暨清湖文艺创作基地挂牌仪式，衢州市作协，江山市作协、书协、美协与其结对挂牌并开展创作活动。

【完成文艺之家建设】 投资 59 万元对西塘古民居进行装修改造，9 月底完成“文艺之家”项目建设，在 11 月 8 日举办浙西书法学术研讨会开幕式暨“江山文艺之家”揭牌仪式，邀请浙江省文联副主席、书记处书记、浙江省书法家协会主席赵雁君，衢州市文联党组书记、主席吴利平参加。同时，成立生态作家协会，抓好各协会、学会的换届选举工作。

【组织文艺志愿活动】 春节期间，组织 100 多名文艺骨干走进廿八都、保安乡、石门镇溪底村、上余镇上余村等地，开展“放歌新时代、文化进万家”文艺志愿活动，开展文艺演出、写春联、拍全家福等文艺志愿服务，共写春联送福 3000 对。5 月，开展“到人民中去”文艺志愿者服务系列活动。市文联组织广大文艺志愿者为基层百姓送文艺服务，开展有礼城市、行作揖礼、辅导培训、展览展示、“结对子、种文化”等志愿服务。市朗诵协会开展线上“五月的鲜花”网络“点诵”活动；市摄影协会黄水福在塘源口乡村振兴讲堂举办摄影培训讲座，采用现场与直播（线上+线下）相结合的形式向基层广大乡村干部和摄影爱好者讲解摄影基本技法。5 月 22 日，市文艺志愿服务走进石门溪底村，开展“行作揖礼”的示范和推广活动，江山戏协与溪底村结对，与婺剧爱好者现场交流，对乐器演奏和婺剧演唱技法进行辅导。

【开展文艺活动】 配合有关单位和个人开展文艺活动。7 月 23 日，参加在清三村举行的《清湖丛书》发放仪式；7—8 月，江山琴社和书协等分别开办古琴、篆刻公益班和“翰不虚动”书法临摹展；9 月 24 日，“有礼向善”张善军书法展开展；10 月 17 日—11 月 15 日，汪雪涯摄影作品个展私人剧场在厦门市三影堂展出。11 月 7 日—8 日，举办浙西书法学术研讨会暨“江山文艺之家”揭牌仪式；11 月 21 日，在大陈村举办全国村歌大赛总决赛；11 月 23 日，省文联带队，省电影家协会与江山市文联开展“结对提升”签约仪式，开展文艺辅导培训讲座和笔会活动；12 月 7 日，艺无止境——徐建飞个人独唱音乐会成功举办；12 月 16 日，举办赵容华长篇小说《江郎传》首发式；12 月 22 日—23 日，举行浙江省第五届微电影颁奖典礼；12 月 26 日，江山朗协邀请省朗协一道在清漾村举办纪念毛泽东同志 127 周年诞辰朗诵“快闪”活动。

【推出重点文艺作品】 柴薪多部文学作品、诗歌在全国各大刊物刊登和获奖；周建新的长篇小说《江山母女》《刘家福传奇》和赵容华长篇小说《江郎传》出版发行，《江山 1942》入选 2020 年度“红色芳华”—革命历史题材网络创作计划扶持项目。姜天华摄影作品《劳模工匠郑需璜》获 2020 年（第六届）全国人才工作新闻摄影暨短视频比赛一等奖。

（朱定一）

2020 年度省级以上获奖文艺作品一览表

序号	作者	获奖作品名称	获奖时间	类别或体裁	获奖品级	授奖单位	备注
1	汪雪涯	《乡情(组照)》	2020 年	摄影	浙江省第十八届摄影艺术展艺术创作类入选	浙江省文联 浙江省摄影家协会	
2	王明芝	《这一拉就是生与死的距离》	2020 年	摄影	金奖	浙江省文联 浙江省摄协	浙江省第十八届摄影艺术展
3	毛　颖	《清平乐·手机》	2020 年	词	二等奖	浙江诗词和楹联学会	
4	严林忠	《“抗疫”留影》	2020 年 2 月	摄影	入选	浙江省摄影家协会	
5	郭元敏	“守望相助、共克时艰”主题全国大书法作品	2020 年 2 月	硬笔书法	入展	中国硬笔书法协会	
6	郭元敏	“守望相助、共克时艰”主题浙江省大书法作品	2020 年 2 月	硬笔书法	入展	中国硬笔书法协会 浙江办事处工委	
7	吴建国	“守望相助、共克时艰”主题浙江省大书法作品	2020 年 2 月	硬笔书法	入展	中国硬笔书法协会 浙江办事处工委	
8	徐雪良	“守望相助、共克时艰”主题浙江省大书法作品	2020 年 2 月	毛笔书法	入展	中国硬笔书法协会 浙江办事处工委	
9	汪贤忠	“守望相助、共克时艰”主题浙江省大书法作品	2020 年 2 月	硬笔书法	入展	中国硬笔书法协会 浙江办事处工委	
10	李驰疆	“守望相助、共克时艰”主题浙江省大书法作品	2020 年 2 月	硬笔书法	入展	中国硬笔书法协会 浙江办事处工委	
11	朱天祥	“守望相助、共克时艰”主题浙江省大书法作品	2020 年 2 月	硬笔书法	入展	中国硬笔书法协会 浙江办事处工委	

序号	作者	获奖作品名称	获奖时间	类别或体裁	获奖品级	授奖单位	备注
12	王士金	“守望相助、共克时艰”主题浙江省大书法作品	2020 年 2 月	硬笔书法	入展	中国硬笔书法协会浙江办事处工委	
13	毛春根	“守望相助、共克时艰”主题浙江省大书法作品	2020 年 2 月	硬笔书法	入展	中国硬笔书法协会浙江办事处工委	
14	冯雄亮	“守望相助、共克时艰”主题浙江省大书法作品	2020 年 2 月	硬笔书法	入展	中国硬笔书法协会浙江办事处工委	
15	张小荣	《武汉战疫》	2020 年 3 月	油画	省级	浙江美术家协会	“众志成城一共同抗疫”浙江画家在行动
16	张小荣	《保卫大江山》	2020 年 3 月	油画	省级	浙江美术家协会	“众志成城一共同抗疫”浙江画家在行动
17	张小荣	《慎行》	2020 年 3 月	油画	省级	浙江美术家协会	“众志成城一共同抗疫”浙江画家在行动
18	严林忠	《你的样子》	2020 年 3 月	摄影	入选	浙江省委宣传部 浙江卫视	你的样子抗疫专题
19	赵素娟	《复工复产进行时》	2020 年 3 月	摄影	入选	浙江省摄影家协会	组照 浙江摄影人在行动网上影展
20	赵素娟	《烟火味》	2020 年 3 月	摄影	入选	浙江省摄影家协会	浙江摄影人在行动网上影展
21	张小荣	《武汉战疫》	2020 年 4 月	油画	省级	浙江美术家协会 浙江省文联	浙江文艺在行动美术篇
22	熊素红	《又闻书香》	2020 年 4 月	摄影	入选	浙江省摄影家协会	
23	熊素红	《上门服务》	2020 年 4 月	摄影	入选	浙江省摄影家协会	
24	熊素红	《脚手架上的舞蹈》	2020 年 4 月	摄影	入选	浙江省摄影家协会	
25	严林忠	《告别》	2020 年 5 月	摄影	入展	浙江省新闻工作者协会、浙江日报报业集团	浙江省“众志成城同心战疫”新闻摄影作品展
26	姜 燕	《咏富阳诗》	2020 年 5 月	篆书	优秀奖	浙江省书法家协会	
27	汪贤忠	“六品堂”杯第七届浙江省硬笔书法	2020 年 5 月	硬笔书法	老年组三等奖	浙江省硬笔书法家协会	
28	严林忠	《风雨坚守》	2020 年 7 月	摄影	入展	浙江省文化旅游厅 浙江省卫生健康委	“浙”里长城——浙江省抗击新冠肺炎疫情纪实展
29	姜天华	《江郎山》	2020 年 7 月	摄影	“中华之美”全国丹霞地貌摄影展入选奖	中国新闻摄影学会 中共张掖市委等	
30	王明芝	《千钧一发》	2020 年 7 月	摄影	金奖	人民摄影报社	“少华山”杯人民摄影“金镜头”2019 年度新闻摄影作品评选

序号	作者	获奖作品名称	获奖时间	类别或体裁	获奖品级	授奖单位	备注
31	汪贤忠	“浙里小康”浙江省农民书法篆刻展	2020年7月	毛笔书法	入展	浙江省书法家协会	
32	刘世华	《江山五勇士》	2020年7月	木雕	入展证书	浙江省文学艺术界联合会	
33	周金明	《太白醉酒》	2020年7月	竹木工	入围非遗薪传奖	浙江、中国非物质文化遗产博览会(杭州工艺周)组委会	
34	杨清泉	《江郎山》	2020年8月	摄影	入选	浙江省文联/浙江省摄影家协会	“诗画浙江”全省风景摄影大展入展
35	祝雪生	《文昌宫》	2020年8月	摄影	“美丽中国·诗画浙江”主题征稿省级入选	浙江省文化和旅游厅	浙江广播电视集团 浙江省摄影家协会
36	祝雪生	《江郎山，刺破天》	2020年8月	摄影	《国家地理》入选	国家地理中文网	
37	姜天华	《醉美是我家》	2020年8月	摄影	14版发表	人民摄影报	
38	沈天法	《隔离区》	2020年8月	摄影	入选奖	中国摄影网	
39	王晓燕	《小区里的游泳池》	2020年8月	摄影	入围奖	中国摄影家协会	
40	汪雪涯	《公共卫生间(组照)》	2020年8月	摄影	“诗画浙江”全省风景摄影大展入展	浙江省文联 浙江省摄影家协会	
41	汪雪涯	《舒心阁》	2020年8月	摄影书	“诗画浙江”全省风景摄影大展手工书入展	浙江省文联 浙江省摄影家协会	
42	张小荣	《孤芳自赏》	2020年9月	油画	省级	浙江省当代画院 浙江美协	参加联合举办的“美美与共·桥相逢”油画作品展
43	姜天华	《石城》	2020年9月	摄影	大美中国第二届全国旅游摄大赛旅游景区百佳奖	中国摄影网 中国艺术摄影网	
44	王小萍	《神奇江郎山》	2020年9月	摄影	大美中国第二届全国旅游摄大赛景区百佳奖	中国摄影网 中国艺术摄影网	
45	李驰疆	第三届琅琊杯全国诗书画	2020年9月	硬笔书法	一等奖	中国硬笔书法协会对外交流委员会	
46	赵容华	《江山1942》	2020年10月	小说	省级	浙江省网络作家协会	浙江省“红色芳华——庆祝建党100周年”重点扶持作品
47	郑建中	《走向彼岸》	2020年10月	水彩	国家级	中国美协	入选第三届全国小幅水彩展
48	吴建国	《映日荷花》	2020年10月		省级	浙江省美术家协会 浙江省花鸟画家协会	第九届浙江省花鸟画展览

序号	作者	获奖作品名称	获奖时间	类别或体裁	获奖品级	授奖单位	备注
49	陈宏君	《莲花白，荷花红》	2020 年 10 月	作曲	银奖	浙江省文旅厅	浙江省第十九届音乐新作大赛
50	汪雪涯	《疫情日记(组照)》	2020 年 10 月	摄影	第 22 届全国艺术摄影大赛人像类铜奖	全国艺术摄影大赛组委会	
51	刘建华	《新的启程》	2020 年 11 月	油画	省级	浙江美协 浙江油协	2020 年浙江省“大成之境”油画展
52	祝新源	《海之夏》	2020 年 11 月	摄影	2020“礼遇南孔·美好生活”第四届全国手机摄影大赛网络人气奖	浙江省文化馆	
53	李驰疆	“大美无言”全国大书法行草书作品	2020 年 11 月	硬笔书法	入展	中国硬笔书法协会	
54	王小连	《百花公主》	2020 年 11 月	戏曲	一等奖	浙江省教育厅	浙江省中小学生艺术节
55	周慧慧	《莲花红荷花白》	2020 年 11 月	歌曲	银奖	浙江省文化馆	浙江省第十九届音乐新作大赛
56	祝建荣	《画龙点睛》	2020 年 11 月	木雕	银奖	中国义乌文化和旅游产品交易博览会组委会	
57	王振富	《眼镜蛇和青蛙》	2020 年 11 月	木(竹)雕	银奖	中国工艺美术学会	
58	刘世华	《蜂蝶翻飞》	2020 年 11 月	木雕	铜奖	中国义乌文化和旅游产品交易博览会组委会	
59	徐雪丽 徐玲丽	《四君子》	2020 年 11 月	木雕	铜奖	中国工艺美术学会	
60	柴国韦	《医者仁心》	2020 年 11 月	木雕	铜奖	中国工艺美术学会	第十三届中国义乌国际森林产品博览会木(竹)雕艺术“金雕手”创新设计大赛
61	柴国韦	《守》	2020 年 11 月	木雕	铜奖	中国工艺美术学会	第十三届中国义乌国际森林产品博览会木(竹)雕艺术“金雕手”创新设计大赛
62	郑寿友	《农家三宝》	2020 年 11 月	木(竹)雕	铜奖	中国工艺美术学会	
63	柴肖雄	《本地情环保香烟斗》	2020 年 11 月	木(竹)雕	铜奖	中国义乌文化和旅游产品交易博览会组委会	
64	徐建飞	《格桑梅朵》	2020 年 12 月	声乐	铜奖	浙江省音乐家协会声乐专业委员会	
65	爱乐合唱团	《奋斗的意义》	2020 年 12 月	合唱	展演奖	浙江省文化和旅游厅	

残联

【概况】 2020年，江山市残联积极履行“代表、服务、管理”职能，实施政府民生实事涉残项目、残疾人危房改造、抗疫纾困、助残服务“最多跑一次”改革等重点工作，努力解决残疾人操心事、烦心事、揪心事。年内，残疾人危房改造工作获副省长王文序批示肯定。匠心残韵工坊成为全国残疾人文化创意产业基地，市残疾人工作在衢州市各县（市、区）综合考核工作中排名第一。

【残疾人基本情况】 全市现有持证残疾人有20785人，按残疾类别分，视力残疾2114人，听力残疾3550人，言语残疾264人，肢体残疾8863人，智力残疾2184人，精神残疾2979人，多重残疾831人。按残疾程度分，其中一、二级重度残疾人6466人，三、四级中轻度残疾人14319人。

【做好残疾人脱贫攻坚工作】 开展困难残疾人“四访四助”活动，圆满完成全市年收入8000元以下的困难残疾人、残疾人危房户全部清零的扶贫目标，残疾人大学生全部上岗就业等脱贫攻坚任务。以残疾人危房救助为重点，向上争取资金1800万元，为417多户残疾人低保家庭完成危房改造，改造危房数量、向上争取资金的数量均位居全省县（市、区）第一，超过全省26个加快发展县（市、区）总数的40%以上。

【做好抗疫纾困工作】 出台《做好受疫情影响的残疾人基本生活保障和扶持残疾人服务机构、残疾人就业创业纾困措施》政策，发放三批抗疫纾困补助资金共计148万余元，惠及340个残疾人经营户和13个“残疾人之家”。

【“残疾人之家”建设】 出台扶持政策，根据评星标准，在建设或改造提升经费上给予5万元至50万元的支持，全力推进“残疾人之家”建设及改造提升。全年投资500多万元添置床位、康复器材、图书室等，完成12家“残疾人之家”规范化建设。年内，全市有“残疾人之家”22家，为400多名劳动年龄段内的智力、精神和其他重度残疾人提供生活照料、技能培训、康复训练、文体活动等庇护服务。浙江亚格“残疾人之家”被评定为五星级。

【向上争取资金】 全年向上争取各级补助资金6200万元，比上年增加1000万元。按照“该享受政策的残疾人一个不能少、不符合政策的残疾人一个也不能多”的要求，抓好资金的绩效管理，推进精准化帮扶工作，全面落实“两项补贴”制度，出台《江山市残疾人两项补贴精准发放实施办法》，确保符合政策的残疾人“应补尽补、应保尽保、精准发放”。年内共为1.8万人次残疾人发放“两项补贴”4300多万元。

【抓好数字残联工作】 通过数据共享、业务协同和流程再造，规范整合残联、人社、民政等15个部门数据，首创面向残疾人全生命周期服务管理的综合性系统，实现致残人员主动感知、分析研

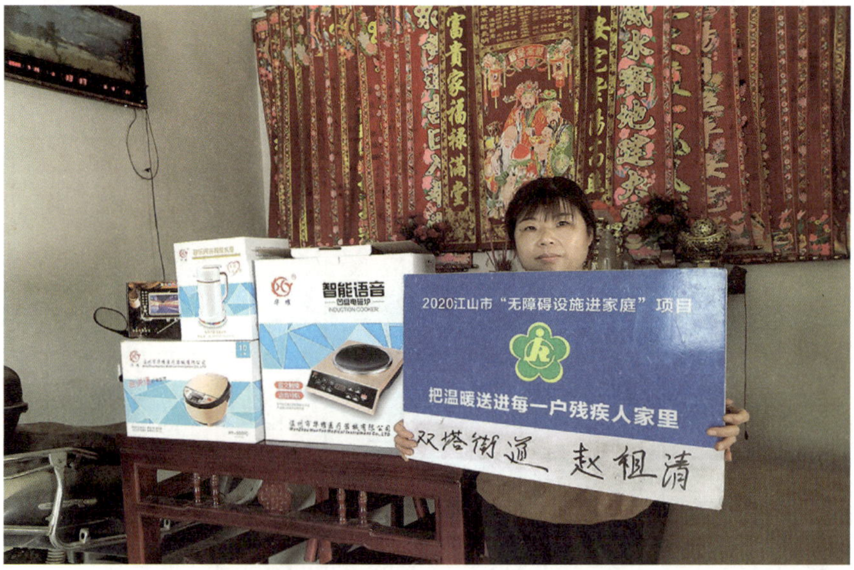

7月26日，市残联开展无障碍设施进家庭活动（祝小刚 摄）

判靠前服务，推动残疾群众惠残政策应享尽享。江山市首创的残疾人大数据分析服务系统被浙江省评选为“观星台”优秀应用，向全省展示推广。

【抓好康复工作】 利用市第四人民医院二期工程项目建设的有利时机，投资420万元，合力推进残疾人康复中心和精神残疾人托养中心改造提升和规范化建设。在配强残疾人康复协调员队伍的基础上，以残疾人康复指导中心为龙头，以社区康复站为补充，以乡镇专职委员和签约医生为骨干，建立三级精准康复网络。为157名0至8周岁残疾儿童提供听力、言语、肢体、智力、孤独症康复训练等基本康复服务177人次，完成各类轮椅、助听器等康复器具配发743件，投资105万元完成265户困难残疾人家庭无障碍改造，持证残疾人责任医生签约率达94.15%。

【抓好基层队伍建设】 出台《乡镇（街道）残疾人专职委员管理办法》，在全市19个乡镇（街道）配备36名残疾人专职委员，选优配强311名村（社区）残疾人专职委员，建立村级残疾人专职委员兼任网格员机制，打造全覆盖的残疾人基层治理体系。深化“看五头、帮办一件事”品牌建设，残疾人户每年的走访率达100%，政策宣传落实率达100%，残疾人群众满意率达99%以上，信访量同比下降70%以上。简化残疾人办事流程，深入开展“两问两送”、助残一件事和“四访四助”等活动，先后为1100多人新办残疾人证，其中上门办证320多人。在新冠肺炎疫情期间，为247名残疾人联系评定医院开展预约模式集中办证。

【无障碍环境建设】 按照《浙江省无障碍社区创建考核标准》，在双塔街道文苑社区开展省级“无障碍社区”创建工作，在交通设施和公共场所设置必要的坡道、扶手等无障碍设施。规范和优化社区无障碍环境建设，邀请市肢残协会残疾人代表进行无障碍环境体验，听取残疾人意见和建议。全市投资65万余元，先后助力双塔街道周家青社区、乌木山社区、文苑社区成功创建省级“无障碍社区”。

【浓厚助残氛围】 参与省残疾人福利基金会在腾讯公益平台上开展的“爱心 1+1　合力助残”网络99公益募捐活动，3天时间共吸引1000多人次参与捐款，其中残疾人企业家朱文一次性捐款20万元，全市共募集善款42万余元，排名全省第一。在扶残助残活动中，中国狮子联会浙江代表处先后向江山市残联捐赠总价值25万元的爱心物资，惠及69户纳入省“慈善助残危房改造”项目的困难残疾人家庭；市启梦公益帮助35名残疾人畅游杭州西湖；市滴水公益爱心人士为45名残疾人送上月饼、猕猴桃，共度国庆、中秋节，共吃团圆饭；开展重阳节关爱残疾人慰问公益活动，为70多名残疾人送上总价值1万多元的牛奶、生活用品等物品。

【开展残健共融活动】 做好残疾

9月27日，市滴水公益开展关爱残疾人活动（祝小刚　摄）

人就业工作，为残疾人架起“致富桥”，全年帮助3600余名残疾人就业。启动“康复健身你我同行　残健共融同奔小康”为主题的第四次全国残疾预防日暨残健共融健身周活动，鼓励残疾人开展健身运动，积极推进残健共融。年内周多花家庭获第十二届全国五好家庭称号，周晨佩获省第二届最美残疾人称号，上余镇毛丽丽家庭被评为2019年度省“最美家庭”，朱文获评最美衢州人十大年度人物提名奖，朱小平家庭获评衢州市第一季度最美家庭。上余镇视障双胞胎考上重点大学新闻被权威媒体转载报道，浏览量达1000多万人次；43篇助残工作报道被浙江卫视等媒体采用。

（祝小刚）

防疫抗疫红十字志愿者在高速卡点执勤

红十字会

【概况】 2020年，江山市共建有乡镇、街道红十字会19个，学校红十字会40个，志愿者队伍3支，注册志愿者103人。培训红十字救护员1900人次，普及救护知识1.5万人次。获浙江省红十字会“十三五”红十字系统成绩突出集体称号，获衢州市抗击新冠肺炎疫情先进集体称号。

【做好防疫防控工作】 组织红十字应急救援队服务在防疫战斗第一线，在高速卡点检测；开展消毒服务，为各机关单位、学校、企业免费提供消毒服务，截至5月底，救援队累计执行3782人次任务。倡议各界爱心人士为疫情防控捐赠急需款物，共收到捐赠款111.2万元；接收物资35批次，价值113.34万元。关怀被隔离群众，采购1500份大米和食用油提供给各乡镇街道被隔离群众；为支援湖北省防疫的江山医务人员送上慰问金；拨付50万元专款给市人民医院、市公安局等单位用于采购防疫物资和一线人员慰问。

【支援沐川县扶贫】 3月疫情期间，江山市委、市政府通过红十字会捐赠沐川县一批耳温枪、口罩、防护服等医疗物资，价值100.6万元。全年累计向沐川县汇款社会各界定向援助资金400万元。

【救助弱势群体】 春节前，在全市开展“情暖江山 · 红十字博爱送万家”活动，为47户生活困难户发放救助金4.56万元。与妇联联合开展“情暖母亲，关注贫困乳腺癌、宫颈癌贫困妇女”救助活动，为6位贫困“两癌”妇女发放困难救助金1.2万元。开展贫困学子结对助学活动，联系爱心商会和企业为12名贫困学生发放助学金2.4万元。

【器官遗体捐献】 开展器官捐献宣传工作，全年成功实现4例器官捐献和1例遗体捐献，共捐献出肝脏4个、肾脏8个、眼角膜2个，为14位重病患者带来生命延续或重见光明的希望。

【建设红十字生命教育体验馆】 在市区西山路2号红十字会建成1800平方米的红十字生命教育体验馆，重点突出互动体验环节，馆内共有23个可参观与体验的项目。

（严　君）

法　治

政法委及综治

【概况】 2020年，江山市委政法委以市域社会治理现代化和“县乡一体、条抓块统”两个试点为抓手，深入推进平安江山、法治江山建设，不断强化基层治理，维护社会和谐稳定，为推动江山经济社会发展提供有力政法保障。全年政法系统获衢州市级以上荣誉225项，24个集体和56名个人受到立功嘉奖。江山市被省委、省政府命名为2020年度平安县（市、区）。

【服务保障中心工作】 围绕市委“四个年”活动，立足政法职能，精准服务保障。全市政法干警投身村社卡点、交通要道、隔离站点参与一线疫情防控，累计投入警力14余万人次，核查车辆4.3万余辆、人员155万余人次，发布打击违法犯罪“十条铁律”，保障企业权益，助力复工复产；牵头抓好疫情防控网格管理组工作，在衢州率先制定网格防控“七个一”机制。找准政法工作切入点和着力点，聚焦市重大项目、重大活动，做好项目风险评估、矛盾纠纷化解、信访维稳等工作，全力推进江化关停、重大民生项目设备调试、城南新城征迁、村社组织换届选举等重点项目、重点工作平稳开展。

2月7日，市委副书记、政法委书记胡炳泉（左三）深入一线开展疫情防控检查

【深化平安江山建设】 常态化开展平安督导、暗访检查、专项检查，每周、每月、每季定期做好平安指标分析研判、排名通报，督促13项过程性指标牵头单位全力争先进位，督促责任单位严格落实省两轮平安暗访发现的28个重点问题整改。组织开展生产安全、消防安全、危化品、砂石等领域突出问题专项整治行动，发现整改消防隐患145处，危化品安全生产隐患362处，取缔非法储油加油设施企业20家，取缔非法制砂加工点56家，建立健全发

现问题、清单交办、销号整改、结果反馈的工作闭环机制。累计发送平安宣传手机短信60余万条，制作宣传折页10万份，积极向上级媒体刊物投稿发文，全年平安政法宣传大格局专项工作在衢州排名第一，全市“平安三率”水平实现稳步提升。

【防范化解重大矛盾风险】 注重关口前置、防线前移，加强涉稳风险源头防范化解。围绕“两会”、上海进博会、世界互联网大会、五中全会等重要节点，实施维护国家政治安全“三大工程”，全年启动重大活动维稳安保等级响应139天，组织开展维稳情报会商160余次；全力阻控涉军、民师、被征地农民养老保险、信访老户、涉邪等重点人群异动上行，牵头做好后疫情防控时期10个大类30个小类风险隐患防范化解，市级交办的46件“两难”问题化解33件，高质量完成重大决策社会风险评估78个，总体实现“江山本地不出事、江山人不外出惹事”目标。

【做实做优基层治理】 打造全国县域治理标杆地，推进衢州市全国市域治理现代化试点工作，成立以市委书记、市长任“双组长”的领导小组，分解细化、压茬推进三年七大专项、121项攻坚任务。全面实施县乡村三级矛调中心（矛调工作站）建设工程，启动社会治理中心迭代升级衢州试点工作，明确近远期目标及16项重点攻坚内容、24项攻坚任务清单和31项攻坚成果清单，强化平台资源融合运用。做好“网格+融治理”文章，在衢州率先制定《江山市关于规范全科网格建设的指导意见》《江山市社区网格工作管理办法》，创新网格警务、网格+检察、网格+法官、网格+代表等“网格+”模式，得到多位省部级领导批示肯定，并在多个国家级媒体进行报道，全省“网格+气象”现场会和衢州市公安“网格警务”现场会在江山召开。

【打好扫黑除恶收官战】 压茬推进“六清行动”和“十二大专项行动”，持续打好“扫黑除恶+树正打歪+行业治乱”组合拳。重点开展14个大行业领域乱象整治工作，全年刑事打击255人，行政处罚2272人，行政罚款1620.84万元；打击恶势力犯罪团伙4个，法院判决罚金500多万元，判决没收财产、追缴违法所得6000多万元，查处充当黑恶势力“保护伞”1案1人次；破获“2·19”跨境赌博、“9·21”涉黄、“10·9”非法采矿等一批大要案，电信诈骗案件高发态势得到遏制，全年发案同比下降1.96%，尤其是下半年每月发案量保持“六连降”，较上半年环比下降18.97%。全年扫黑除恶工作绩效居衢州第一。

【锻造政法铁军队伍】 推进政治生态和政法队伍建设，常态抓好每月主题党日活动、理论中心组学习活动，每季“政法季度标兵”评选，每年政法系统三“十佳”（“十佳政法先进单位”“十佳政法模范标兵”“十佳‘执法司法’先进个人”）选树。先后组织2批次123名政法信访部门中层以上领导干部赴西南政法大学参加政治轮训，组织8090年轻干部深入基层开展理论宣讲活动400余场次，排查整改执法司法问题819个，丰富举办法治大讲坛、项目普法成果展示等活动，提升政法干警法律政策运用、防范化解风险、群众工作能力。

（胡灿）

公安

【概况】 2020年，江山市公安局3次被市政府记集体三等功，获评“最佳满意部门”，2名民警立个人二等功，4个集体和17名个人立三等功，39名辅警立二等、三等治安荣誉奖章。

【助战疫情防控】 累计投入警力14万人次，逆行出征，坚守一线，发布“十条铁律”，建立“四层两翼”“五定分流”等机制，查处涉疫案件67起273人，核查车辆4.3万余辆、人员155万余人，精准推送涉疫情报3860条，被衢州市委市政府评为“抗疫先进集体”，被江山市政府记集体三等功。

【保障社会安定有序】 开展“矛

盾清零”“信访积案清零”等专项行动，约谈教育重点对象107名，打击恶意阻挠、非访闹访等违法犯罪人员38名，垃发项目在原址平稳落地，万商、纪元成功破产重组，助推江化顺利关停，两次城南征迁强力助签450户，铁拳维护308个村社换届，为中心工作提供“零距离”保障。完成数字消防产业发展大会、全国全域旅游培训班等安保警卫任务49项。

【深化公安服务改革】 疫情期间创新推出“网上办”“警邮办”“预约办”“定向办”的“四办”服务模式，破除疫情防控和群众办事的矛盾，共办理各类申请、证件3174起。“最多跑一次”改革实现率和满意率连续21个月保持“两率百分百”，农村派出所户籍窗口全面升级“1+X”综合型窗口。

【推进道路交通安全治理】 部署开展道路交通安全工作三年整治行动，实体化运作道交办，严查各类交通违法49.6万余起，抓细抓紧抓实605处交通隐患点排查整改，同比上升46.3%，交通事故起数和死亡人数实现“双下降”，分别同比下降2.29%和27.27%，创新推行企业员工交通违法“双通报”制度，提升交通事故防控源头治理效能，创新重大伤人交通事故救助机制获省政府领导批示推广。

【深化网格警务工作】 推动市两办出台《关于进一步加强网格警务深化基层治理的实施意见》，“六项措施”落地生根、遍地开花，全市上下基本形成“党委领导、政法统筹、公安主导、村镇主体、部门协同、群众参与”的基层治理新格局，成功举办江山市网格警务工作现场会、衢州公安“网格警务”现场会暨“融警务”机制建设推进会，工作经验受到公安部副部长林锐，省委常委、政法委书记王昌荣和副省长、公安厅长王双全等领导批示推广。

1月6日，市委常委、公安局局长郑东清（左三）在新塘边镇开展“三服务”活动

【推进智慧警务建设】 启动总投资7000万元的“智慧警务”项目。第一期投入资金3000万元，新增1656路人脸、车脸等设备，建设数量位列衢州市第一，建成“智安小区”26个，智能分析平台建设进展迅速。

【提升执法服务水平】 开展“执法规范化水平提升年”活动，常态执法巡查层级监督体系更加完备，处警回访满意度达98.5%，同比上升5.2%，涉警信访量同比下降23.2%，35起刑事、行政复议和诉讼案件实现“零败诉”。

【打造公安铁军队伍】 配合市人大常委会办公室开展工作评议。完成53名中层干部选拔调整，全程实现“零举报”“零信访”。完成森林警察大队正式转隶。全局共获省、衢州市级荣誉7项，省厅、衢州市级荣誉93项，2名个人立二等功，4个集体和17名个人立三等功，经侦大队民警余凯盛代表省厅参加公安部比武荣获第二名，涌现出“最美警队”峡口派出所、“最美辅警”王小斌等先进典型。

【加强警营建设】 联合红十字会设立卫士救助基金，慰问金大幅

智能化交通管理

提升，基层派出所和交警中队年度综合考核奖与乡镇（街道）差额补差政策成功落地，新增辅警编制242名，辅警经费连续提升，更新、新增执法执勤用车18辆，开发区所即将新迁，江郎山所和交警中队、城中所等建设项目快速推进。

【打好扫黑除恶收官战】 把扫黑除恶专项斗争作为“贯穿全年、一抓三年”的重点工程、核心工作来抓，先后召开18次党委会专题研究，成立工作专班实体化运作，紧盯线索核查，坚持以打开路，共接收各类线索646条，成案打击144条，摧毁黑恶犯罪团伙26个、破案288起、抓获271人，查封、冻结、扣押涉案财物1.3亿余元，上报市纪委监委查处涉及“保护伞”人员2人。成功侦办省扫黑办挂牌督办案件2起，衢州市扫黑办挂牌督办案件1起，江山市扫黑办挂牌督办案件2起，被省委省政府评为“全省扫黑除恶专项斗争成绩突出集体”。

【破获公安部督办大案】 先后开展4次集中收网行动，破获公安部挂牌督办江山港流域综合治理工程系列串通投标案，成功打掉4个长期盘踞在浙江省水利工程招投标领域的串通投标犯罪团伙，抓获犯罪嫌疑人54名，破获案件30余起，为国家挽回经济损失4000余万元。8月，出动百余名警力组成14个抓捕小组，分赴山东、江苏、四川等7个省20个市开展“2·19”跨境赌博专案集中收网行动，共抓获犯罪嫌疑人124名，追缴非法所得1.2亿元。

【破获其他重大案件】 10月，出动150名警力对3个涉嫌非法采矿、串通投标的犯罪团伙开展集中收网，抓获19名犯罪嫌疑人，查封扣押资金200余万元。11月，在杭州、衢州各级海关、税务部门的支持下，抽调100余名精干警力，分赴湖北、广东、江西、浙江四省开展“8·17”专案集中收网行动，捣毁犯罪窝点6个，打掉犯罪团伙5个，抓获涉嫌骗税、虚开等犯罪嫌疑人14名，冻结人民币522.76万元，港币40.2万元，查扣车辆7辆。同月，出动200余名警力开展“9·21”专案集中收网行动，捣毁市内某娱乐会所的卖淫团伙，抓获违法犯罪嫌疑人105名，净化社会治安环境。

【打击电信诈骗】 召开市打击治理电信网络新型违法犯罪工作联席会议，完善工作机制，开展全民签“两书”、8090宣讲等活动，推进“断卡”行动，严格督导考核，电诈案件高发态势得到有效遏制，发案增长率从上半年49%降至全年5.22%，下半年每月发案量实现“五连降”，相关经验做法受到副省长、公安厅厅长王双全批示推广。

（徐晟昊）

检察

【综述】 2020年，市人民检察院坚持以习近平新时代中国特色社会主义思想为指导，贯彻落实市第十六届人大第四次会议决议，聚焦服务大局、维护稳定、强化监督、创新发展和锻造队伍，全力奔跑，努力拼搏，各项检察工作有了新进展，获得国家级荣誉4项，省级荣誉17项，衢州市级荣誉20项，集体和个人二等功1次、三等功11次。

【打好扫黑除恶专项斗争收官战】加强与市公安局、法院、纪委监察委等单位的协作配合，坚持抓好线索清查、案件处理、黑财处置、行业清源等工作，推动扫黑除恶专项斗争取得压倒性胜利。严打黑恶犯罪不松劲。深挖彻查涉黑涉恶犯罪线索、犯罪事实及其背后保护伞，在为期三年的专项斗争中，共起诉涉黑涉恶犯罪嫌疑人16件88人，监督立案16人，摸排移送保护伞线索27条，办结保护伞案件1件。院领导带队连续4天出席法庭支持公诉，对黄某等11人黑社会性质组织犯罪作出有力指控，黄某被判处20年有期徒刑。调查分析涉案财产来源去向和权属证据，建议法院追缴、没收黑恶犯罪财产6000余万元，彻底铲除黑恶势力犯罪的经济基础。加大对工程招投标、砂石资源管理等领域违法犯罪活动的打击整治力度，批捕串通招投标、非法采矿犯罪嫌疑人8件13人，起诉7件38人。

【做好疫情防控工作】疫情期间，市检察院认真履职，关注疫情防控期间的社会动态，第一时间批捕起诉借疫情影响、以销售口罩为名实施诈骗和非法猎捕珍贵野生动物犯罪嫌疑人8件8人，确保疫情期间社会大局的稳定。强化监督助防疫。针对疫情防控一级响应期间，出现一些餐馆聚众堂食和大量人员扎堆购物等人员违规聚集的情况，迅速展开调查，建议有关部门及时采取措施加以解决，防止疫情人员大量聚集所带来的病毒传播风险。贯彻全国人大常委会《关于全面禁止非法野生动物交易、革除滥食野生动物陋习、切实保障人民群众生命健康安全的决定》，联合有关部门调查纠正宣传食用野生动物和部分餐馆违规经营野生动物食材的问题。全院干警投身社区疫情防控、卡点测控检疫工作1196人次。院领导带队深入社区、农村基层一线开展防疫工作，帮助基层干部强化防控措施、增添防疫物资，助力基层完成防控任务。

【助力企业复工复产】贯彻中央“六稳”“六保”决策部署，制定《积极服务保障企业复工复产的实施意见》，启动疫情期间三天内结案的快速办案机制，唯“快”、唯“准”办好涉企案件，先后对15名犯罪情节轻微的企业主、企业经营骨干依法及时作出相对不起诉的从宽处理，以最快速度帮助有关企业克服涉案不利影响，顺利复工复产。其中，24小时内办结某企业人员诈骗案，在最短时间里对2名企业负责人依法作出相对不起诉处理，企业员工陆续安心复工，企业生产经营状况转危为安。该案被评为“全省检察机关助力企业复工复产十大典型

市检察院党员干警参与社区疫情防控工作

案例”。快速办理某外贸企业2名负责人涉嫌伪造印章犯罪案件，依法作出相对不起诉处理，该企业原本难以完成的4000多万元外贸订单，按时顺利完成。致力于企业犯罪预防，通过分析某企业消防安全事故案件的案发原因，找出同类企业普遍存在的消防安全隐患，建议有关部门及时采取措施，消除风险隐患。该案被评为“全省刑事检察‘服务民营经济’精品案例”。

6月22日，市检察院召开首例行政执行申诉案件公开听证会

【打防结合保平安】 把平安建设作为重要的民生任务来抓，为打造全国县域治理标杆地贡献力量。全面履行指控犯罪职责。全年批准逮捕141件211人，提起公诉456件740人，出庭支持公诉563次。其中，对故意伤害、强奸等暴力犯罪提起公诉83人，盗窃、诈骗等侵害公民财产权利犯罪提起公诉211人，聚众斗殴、寻衅滋事等滋扰群众生活犯罪提起公诉68人，非法吸收公众存款、集资诈骗、非法经营等破坏市场经济秩序犯罪提起公诉89人。与市纪委监察委加强反腐败工作的协作配合，对5名职务犯罪嫌疑人提起公诉。努力实现预防犯罪使命。致力未成年人犯罪预防，联合市关工委、团市委等单位和社会公益组织，对23名涉罪未成年人开展帮教活动，进学校、下乡村，开展未成年人犯罪预防宣讲、视频普法68场次，着力提升未成年人的法治意识和自身保护能力。加大以案说法工作力度，发放案件警示教育手册5000余本，微信、微博推送警示案例63篇。抓好社会风险防范，申请强制医疗严重精神障碍患者3人，对3名监外执行罪犯监督收监执行。

【打击网络诈骗】 将网络诈骗类犯罪作为打击的重点。批捕起诉“套路贷”诈骗和以网上交友、投资理财等名义实施电信网络诈骗犯罪嫌疑人96人，跨境网络赌博、开设赌场犯罪嫌疑人21人，追赃520余万元，依法提起公诉的诈骗金额940万元网络诈骗案主犯余某被判处有期徒刑12年。针对网络诈骗类犯罪案件取证难、定性争议多的特点，提升办案的精准度，提前介入侦查21次，案件会商19次，提出引导侦查意见117条，自行补充侦查9次，调查取证300余份，检委会讨论17次，确保打得准、打得狠。

【化解矛盾保平安】 牢固树立办信接访也是服务民生的理念，对群众来信来访做到“马上办”，努力做到“一次办”。全年共办理来信来访267件，刑事申诉3件，组织公开听证5次。以司法救助助力脱贫攻坚，办理司法救助案件47件，为49名交通事故被害人、无人抚养儿童等贫困群众申请司法救助金，帮助解决生活困难。“12309”检察服务中心整建制进驻市矛调中心，实现群众信访“最多跑一地”。开展清理5年以上信访积案专项攻坚行动，一批疑难信访积案得到化解稳控。深化信访代办制，针对一起信访时间长达30年的积案，选派员额检察官担任信访代办员，通过与信访人逐笔核实原始凭证，还原事实真相，解其心结，并启动司法救助程序，帮助缓解生活困难，促成信访人自愿息访。

【优化刑事检察】 加大刑事诉讼监督力度，确保无罪不受刑事追究、有罪受到公正惩罚。全年共监督立案 11 件，监督撤案 8 件，纠正违法 7 件，追捕追诉 5 人，对犯罪情节轻微或定罪证据不足的不批捕 52 人、不起诉 165 人，其中监督立案的杨某故意伤害、非法拘禁、组织领导传销活动一案，被告人杨某被判处死缓。该案获评“全省刑事检察‘两项监督专题’优秀案件”。提出和提请刑事抗诉 5 件，改判 3 件。检察长列席市法院审判委员会 6 次，对多起疑难复杂案件提出检察意见。开展超期羁押专项检查，督促办案部门及时解决 11 名在押人员换押、延长羁押期限通知等方面存在的问题。推进羁押必要性审查，对 15 名无继续羁押必要的犯罪嫌疑人、被告人变更强制措施。开展刑罚变更执行监督，审查暂予监外执行案件 10 件，向相关部门提出检察意见，保障刑罚正确适用。

【强化民事行政检察】 查办虚假诉讼案件 4 件，依法打击以虚增借贷金额、隐匿还款证据等手段进行虚假诉讼，侵害他人财产权益的违法行为，维护司法秩序。认真办理民事申诉案件，对审查后认为确有错误的民事裁判提出再审检察建议 5 件，提请抗诉 2 件；对判决无误的，做好释法说理工作，引导申诉人服判息诉。助力解决执行难题，对执行活动发出检察建议 7 份，起诉拒不执行判决、裁定犯罪嫌疑人 4 人。与市司法局联合开展行政处罚中罚款及加处罚款执行情况专项监督检查，办理行政非诉执行监督案件 50 件。联合市法院出台《促进行政争议实质性化解工作操作规程》，合力推进行政争议实质性化解。

【深化公益诉讼检察】 深入贯彻落实市人大常委会《关于加强和保障检察机关开展公益诉讼工作的决定》，办理公益诉讼案件 74 件，向行政单位发出诉前检察建议 48 份，诉前磋商 26 次，监督支持有关部门依法履职，促进生态环境、食药安全、国资保护等方面的治理水平得到新提升。部署开展野生动物保护公益诉讼专项行动，深入野生动物保护现场开展检察调查 37 次，取证 76 份，办理非法猎捕野生动物民事公益诉讼案件 4 件，敦促当事人赔偿生态修复金。开辟公益诉讼新领域，关注群众身边的安全隐患，针对调查发现的消防通道堵塞、加油站移动支付安全隐患、道路限高设施阻碍急救车辆通行等问题，邀请相关职能部门举行圆桌会议，协商落实解决对策，维护人民群众生产生活安全。

【推进检察指挥中心建设】 启动检察指挥中心改造升级，着力建设融合“网格+检察”、一案双审、监督线索“过筛子”、巡回检察等多项功能的检察指挥体系和智慧大脑，实现“四大检察”法律监督线索智慧检索、线索归集、集体研判、综合指挥。边建边用，项目建设启动后检索目标信息 19.24 万条，发现法律监督线索 563 条，集体研判 91 次，成案 47 件。细化“四大检察”案件办理流程，分 4 个大类 13 个小类建立法律监督办案新模型，形成规范高效的检察办案指挥体系。8 月，省检察院在江山举办全省检察指挥中心试点工作现场会，推广江山经验。

【推进检察办案方式变革】 顺应刑事诉讼制度改革，在贯彻落实认罪认罚从宽制度中发挥检察机关的重要作用，确保宽严相济刑事政策得到具体落实。通过对犯罪嫌疑人的认罪悔罪教育和检察官、律师、当事人三方参与的量刑建议协商，对 527 名犯罪嫌疑人、被告人适用认罪认罚从宽制度，适用率达 85.73%，有效促进犯罪嫌疑人、被告人认罪悔罪，推动社会矛盾化解，提升司法效率。实行认罪认罚量刑建议专人备案审查制度，确保量刑建议精准可靠，量刑建议采纳率达 99.81%。顺应人民群众加快司法办案速度的要求，出台《“案—件比”专项治理实施方案》，倒逼检察官提升办案效率，缩短办案时间，下半年“案—件比”数据较上半年下降23.66%。在市委政法委的领导下，推进“政法一体化”办案系统的融合应用，刑事案件从立案到审判的全部证据和流程实现网上电子化流转，刑事办案方式由“纸上办”转变为“线上办”，有效提升了办案效率。

【推进检察技术研发应用】 以提升涉罪未成年人帮教质效为目标，依托微信等互联网平台研发“智慧未检线上帮教系统”，开展线上帮教28人次，家庭教育指导25人次，社会调查31人次，弥补线下帮教时间有限、动态信息难掌握的不足，为疫情期间有效开展对涉罪未成年人的帮教工作创造良好条件。相关工作做法先后在国家和省级未检工作会议上作经验介绍。实施快检实验室改造提升工程，强化快检实验室与公益诉讼部门、检察指挥中心的衔接配合，增配快检新设备，引进快检新技术，拓展快检技术应用范围，全年共开展快检业务114次，其中微量元素的检测量占全国检察系统同类检测总数的79.2%，快检技术服务办案的水平有了新提升。“运用快检技术督促整治校园周边食品安全公益诉讼案”被评为“全国检察机关公益诉讼技术支持典型案例”。

【自觉接受监督】 主动接受市人大常委会监督，制定任务清单，落实落细市十六届人大四次会议的决议要求，向市人大常委会报告扫黑除恶专项斗争开展情况，报备制度文件22份，法律文书195份。全体员额检察官向市人大常委会书面报告履职情况，2人作现场述职并接受评议。落实人大代表审议检察工作报告、视察检察工作时提出的各项意见建议，并及时反馈落实情况。向代表委员推送“浙江检察”移动检务平台，邀请86名代表委员和社会各界人士参加检察开放日、公开听证、年终述职述廉评议活动，畅通代表委员对检察工作的监督渠道。自觉接受政协民主监督，向市政协常委会通报检察工作，落实政协委员提出的意见建议。通过检务公开接受社会各界监督，公开法律文书503份，发布检察资讯458条，印发《江山检察》季刊2400余册，举办举报宣传周等宣传活动24场。

（毛晨曲）

法 院

【概况】 2020年，市人民法院忠实履行宪法和法律赋予的职责，圆满完成各项工作任务。全年共新收各类案件9934件，办结10050件（含旧存，下同），同比分别下降3.55%和2.82%，连续三年收案负增长，诉前化解各类矛盾纠纷2751件，诉源治理成效明显。年内被评为“全省突出贡献法院”“全国法院司法宣传工作先进单位”。

【推进中心工作】 出台全力稳企业稳经济稳发展、助力“一地三区”建设等司法保障意见，坚持“中心工作推进到哪里，法院服务保障就跟进到哪里”的服务大局理念，找准工作的切入点、结合点和着力点。运用“司法智慧”，参与城南新城征迁、江化基地搬迁、低效工业用地处置、“消防安保城”等项目的协调会和法律论证会11次，配合化解问题20个。贯彻执行市委脱贫攻坚部署，结对帮扶低保低边困难农户224户，帮助解决困难285个。做好村级组织换届各项保障工作，审查各类候选人8415人次。针对司法过程中发现社会治理方面存在的问题和漏洞，向有关部门发送司法建议21份，帮助完善制度、防范风险。发放《企业复工复产法律风险30问》宣传手册2000余册，开展“组团联企”活动64场次，推动企业有序复工复产。开辟涉企案件“绿色通道”，及时为防疫物资生产企业实际控制人解除限制高消费措施、12天高效兑现小微企业全部权益，稳妥处置因疫情引发的各类纠纷。

【优化营商环境】 紧盯世界银行营商环境评价体系中执行合同、办理破产、保护中小投资者三项指标，提升审判执行工作质效。联合营商办等14家单位出台《江山市优化营商环境办理破产便利化行动方案》，审结破产案件34件，化解银行不良资产2.69亿元，盘活工业用地15.82公顷、工业厂房7.34万平方米，清理债务总额5.12亿元。深化“线上+线下”并行方式，成功处置万商集团、纪元集团等破产企业资产。首次以网络方式召开债权人会议、52天快速审结江山市欧家盼门业有限公司破产清算案，提升破产案件审判效率。重视金融风险防范化解，深化金融纠纷快速处置机制，金融纠纷案件同比下降30.05%，纠纷化解期限平均缩短24天。开展民间借贷协同治理，将24人纳入“职业放贷人”名录，相关部门据此采取限制信贷、依法征税等措施，民间借贷案件同比下降19.81%。加大虚假诉讼打击力度，拘留6人，罚款3.4万元，依法追究刑事责任1人。

【抓好扫黑除恶工作】 制定《涉黑恶势力刑事案件规范化审判指引》，规范涉黑恶案件审判工作。2020年是扫黑除恶专项斗争的收官之年，三年来共审结涉黑涉恶案件16件88人，其中2020年审结6件38人，从严从重判处省扫黑办挂牌督办的黄某等11人黑社会性质组织犯罪案。一批“行霸”“村霸”被依法严惩，社会风气和发展环境持续改善，专项斗争任务圆满完成。坚持“打伞破网”，摸排移送涉恶犯罪线索22条，审结“保护伞”案件1件。充分运用追缴、责令退赔、没收等手段加大“打财断血”力度，开展涉黑恶案件财产刑专项执行5次，穷尽措施，依法处置涉案财产6814万元，铲除黑恶势力经济基础。狠抓行业清源，向相关部门发送司法建议7份，促进社会管理水平提升。强化普法宣传，运用微信、微博等新媒体，及时发布扫黑除恶典型案例，营造强大舆论声势。

【助推县域治理现代化】 坚持发展新时代“枫桥经验”，主动融入党委政府大治理格局，推动形成“社会调解优先、法院诉讼断后”的递进式纠纷过滤体系。优化人民法庭功能布局，贺村人民法庭新建审判楼正式启用，石门人民法庭投入办公。依托“利君法官”调解工作室以及巡回法庭、网格法官工作室，以“七个融网进格”为抓手，深化“网格+法院”双向互动模式，推动解纷力量下沉、解纷关口前移，法官融网进格开展工作1900余人次，诉前纠纷化解率同比上升17.7个百分点，万人成讼率继续保持衢州最优值。主动提供法律指导，协助化解峡口镇苗圃雇员意外死亡、虎山街道9岁男童溺水死亡等“两难”问题纠纷。践行社会主义核心价值观，判决小区花樽“花式健身”受伤案物业公司无需赔偿，展现司法断是非、拒绝“和稀泥”的公正担当。严格落实“谁执法谁普法”，深入机关、企业、社区、部队开展民法典系列专题讲座21场，在各级主流媒体发表法治宣传报道220余篇，抖音、微信公

2月21日，开展“组团联企”服务活动（周凌云 摄）

众号等发出推文 390 条，“蒲公英”普法宣讲团获江山市项目化普法成果一等奖。

【依法惩治刑事犯罪】 新收刑事案件 475 件，审结 476 件，判处罪犯 738 人，其中判处五年以上有期徒刑 51 人。依法严厉打击疫情防控期间犯罪行为，审结利用口罩等防疫物资实施诈骗案件 6 件 6 人。加大对危害市场经济秩序犯罪的打击力度，审结非法吸收公众存款、集资诈骗、非法经营等犯罪案件 8 件 17 人。参与电信网络新型犯罪协同治理，审结电信网络诈骗、侵犯公民个人信息等犯罪案件 14 件 31 人。保持反腐高压态势，审结贪污、受贿等职务犯罪案件 5 件 6 人。践行“绿水青山就是金山银山”理念，审结污染环境、滥伐林木等案件 9 件 10 人。联合公安、检察机关出台意见，依法严厉打击妨害政法干警依法履职犯罪，审结妨害公务（袭警）案件 3 件 3 人。落实宽严相济刑事政策，对 568 名认罪认罚的被告人依法从宽处理，对 157 名被告人适用缓刑等非监禁刑。强化人权司法保障，推进律师辩护全覆盖，为 191 名被告人指定辩护律师。

【化解民商纠纷】 新收民商事案件 3808 件，审结 3838 件。审结各类侵权纠纷 214 件，保护公民人身和财产权利。审结买卖、租赁、建筑工程等合同纠纷 2437 件，维护诚实守信的市场交易规则。推行示范诉讼，审结劳动争议纠纷 28 件，同比下降 61.64%，助力“无欠薪市”创建。审结涉企纠纷 985 件，发布公司类典型案例 4 个，支持中小企业健康发展。持续推进家事审判改革，设立“法律娘家人”服务工作站（女法官工作室），审结婚姻家庭、继承纠纷等家事案件 818 件，同比下降 11.76%，维护家庭和谐稳定。联合市人武部出台司法保障实施意见，成立涉军“法官服务站”，用心用情用法维护军人军属合法权益。

【监督支持依法行政】 依法审查涉土地、环保、林业等行政非诉执行案件 29 件，裁定准予执行 29 件，准予执行率 100%，支持行政机关依法行政。强化府院良性互动，积极协助政府出台《行政案件败诉追究办法》等规范性文件，凝聚法治建设合力。联合检察机关出台促进行政争议实质化解工作操作规程，依托行政争议调解中心，参与、指导化解行政争议案件 24 件。

【深化诉讼服务】 推进“智慧法院”建设，深化司法领域“最多跑一次”改革，充分运用移动微法院、ODR（在线矛盾纠纷多元化解平台）、远程视频提讯系统以及浙政钉数据共享系统，实现立案、保全、调解、开庭、执行线上全流程 e 网联通，“掌上”开展审判执行活动 1.82 万次，为当事人提供安全便捷的诉讼服务。推行无纸化办案办公，从“立、审、调、判”到结案归档实现全流程无纸化，立案环节无纸化率达 100%，位居全省前列。依托巡回法庭、网格法官工作室，选取典型案例开展巡回审判 121 场次。

12 月 10 日，虎山巡回法庭通过“网格+法院+警务”调解案件（周志昂 摄）

紧跟司法网拍专业化趋势，引入网拍辅助机构，优化网拍体验，成交188件，成交金额1.7亿元，为当事人节省佣金153万元。为经济困难的当事人办理缓、减、免交诉讼费3.5万元，发放司法救助款、慈善救助金17.7万元。

【抓好审判管理】 制定《审判委员会工作细则》《专业法官会议工作规则（试行）》等制度文件，完善案件审判运行流程，全年召开审判委员会会议14次，专业法官会议72次。落实“四类案件”监管制度，全年启动监管案件79件，确保有序放权与有效监督相统一。对延长审限、长期未结案件实行动态管理，定期通报数据。成立案件质量评查小组，开展司法质量监督大检查，健全常规评查、重点评查、专项评查相结合的长效机制，评查各类案件160件。召开审委会专题评议被改判、发回重审的案件，加大错案责任追究力度，对瑕疵案件的承办法官给予延期晋升、记入业绩档案等相应处理，一审发回改判瑕疵案件同比下降41.85%。

【强化案件执行】 执行收案4135件，执结案件4199件，执行到位金额4.03亿元。贯彻市委全面依法治市委员会出台的《关于加强综合治理从源头切实解决执行难问题的实施意见》，完善综合治理执行难大格局。加大惩戒力度，依法限制高消费3616人次，限制出境2589人次，罚款126万元，司法拘留29人次，以涉嫌拒执犯罪移送立案侦查10件10人，判决4件4人。围绕“六稳”“六保”工作要求，开展“江城风暴”“清秋风暴”等集中执行专项行动10次。以“一件事”集成改革为契机，完善与不动产登记、公安等部门协作机制，推行法院执行查控“云协作”，实现“一网通办”“一站办结”“一体推进”。8月运行以来，线上办理不动产、车辆查控及停水停电协助事项1320件。联合公证处出台《执行款提存实施办法》，提存执行款13笔合计439.9万元，规范执行案款管理。

【加强自身队伍建设】 始终将遵守政治纪律和政治规矩摆在首位，自觉用习近平新时代中国特色社会主义思想武装头脑，切实提升队伍核心战斗力。修订完善《党组工作规则》，认真落实党组会议“第一议题”学习制度，把准把稳方向和大局。实施“基层党组织组织力提升工程”，科学整合支部规模，组织干警荣誉退休仪式、“八一”重返军营等活动，打造有温度的党建。制订年度党建工作计划，每月制发支部学习及工作提示，阶段性细化党建内容。抽调46名党员干警下沉到8个社区参与抗疫志愿服务，13人次获专项表彰。以提升党建影响力、讲述法院好故事为着力点，精心备战微型党课大赛，获江山市级以上奖项4次。院领导、支部书记与干警双向谈心谈话，听心声、解难题，增强队伍凝聚力。制定《优秀年轻后备干部选拔工作实施方案》，首批选拔入库15人。按照“政治过硬、本领高强”的要求，不断完善“走出去+请进来”培养模式，先后组织21批次161名干警参加民法典等业务培训学习。开展庭审观摩、书记员岗位大练兵、优秀案例分析评比等活动17次，提升干警业务能力。注重司法调研，完成省、市重点调研课题2项，12篇调研论文及案例发表、获奖。强化先进引领，80个集体和个人获得市级以上荣誉表彰，1名干警获评全省审判业务专家。同时，主动接受市人大常委会、市政协和社会各界的监督，支持配合检察机关法律监督。

【以作风建设规范行为】 深入开展“两个坚持”专题教育、“三个以案”警示教育、“三个规定”专项整治等活动，编印《法院内部监督执纪手册》，开展“纪律作风警示教育月”活动，发送廉政短信、观看警示教育片、编写警示案例手册、发送助廉家书、签署廉洁交往承诺书，持续推进“奖罚三通报”，筑牢公正司法“防火墙”。推进执法司法规范化水平提升年活动暨执行不力专项治理，突出规范化和执行力两个关键，梳理各类问题清单37项，逐一整改销号。落实衢州市委交叉巡察反馈意见整改工作，4个方面13个问题40项整改措施整改到位37项。

（周凌云）

司法行政

【概况】2020年，江山市司法局共获各级荣誉93项，其中省级以上21项，获评全国公共法律服务工作先进集体、省法治浙江（法治政府）建设先进单位、县乡法治政府建设全省最佳实践、全省行政复议规范化建设工作成绩突出集体、全省“枫桥式”司法所建设成绩突出集体等，行政复议规范化建设、乡镇（街道）合法性审查全覆盖等5项工作获省政府、司法厅领导批示肯定；普法依法治理工作、社区矫正3.0版本、乡镇（街道）合法性审查全覆盖、人民调解等4项工作在省级以上会议做经验交流，其中基层依法治理工作在长三角基层依法治理论坛上作经验交流；在衢州各县（市区）司法局综合考评排名中再夺第一，实现五连冠。江山市在法治浙江考核中位列全省第八名，取得衢州地区该项考核的最好成绩。

【推进公共法律服务中心迭代升级】推进市级公共法律服务中心成建制入驻市社会矛盾纠纷调处化解中心，实现公共法律服务中心环境优质化、服务精细化、功能集成化、队伍专业化、管理规范化、全面数字化，为群众提供覆盖全业务、全时空的高品质公共法律服务。全年接受法律咨询4830余人次，受理法律援助案件760件、司法鉴定486件、公证1639件，成功调处矛盾纠纷3472件，在疫情防控和企业复工复产期间，开展公证服务、仲裁服务、法治体检等服务325次。

【推进法治浙江（法治政府）建设】履行市委依法治市办职责，做优顶层设计，按照“工作项目化、项目清单化、清单责任化”的原则，部署法治江山建设100项任务及十大重点专项工作，明确责任单位及完成时限，强化乡镇（街道）、部门法治建设主体责任，建立完善法治工作信息交流机制，协调解决推进中的问题。强化督察考核，将法治建设在市年度综合考核中的分值占比提高到10%，开展分类考核，促进相关工作任务有效落地。江山市以全省第八名的成绩获评全省法治浙江（法治政府）建设先进单位。

【完成城南征迁工作领办任务】强化征迁工作法治保障，把好全市征迁政策法治关口，派驻骨干力量入驻征迁指挥部政策法规组，参与每户诉求研判及政策解读等工作。优化征迁工作法律服务，引导律师服务征迁工作，免费解答法律问题300余条，办理保全证据公证20余件。主动领办征迁任务，全员上阵，采取“一个被征户、一名领导、一支队伍、一套方案、一抓到底”的工作方法。在城南征迁一期、二期工作中，率先完成领办任务，获市政府集体嘉奖。

【加强重点中心工作法治保障】加强优质法律服务供给，全年参与市委市政府各类涉法会议400余次，审查保障重大决策366件，出具合法性审核意见105份，提出意见建议423条，保障市委市政府依法科学决策。推动万商破产项目处置、江化关停收储、水利设施重大串标案件处置等一批重大遗留案件破冰推进。保障高铁新城征迁、城南新城征迁、桃花源生态保护区项目、雪岭自然保护地项目、宅基地三权分置等一批重点中心工作的法律服务，推动一批多年赴京赴省的“两难”信访件的调处化解工作。

【实施全省县乡法治政府建设“最佳实践”培育工作】完善市政府决策合法性审核程序等制度文件，规范决策草案前置程序，建立跟踪评估机制，明确各方合法性审核职责分工，配优配强六个政府法律事务服务组，加大法治审查员培育力度，推进行政决策制度化、程序规范化、队伍专业化。获评全省县乡法治政府建设“最佳实践”。

12 月 31 日，在第二届长三角基层依法治理论坛上作经验交流

【推进合法性审查乡镇（街道）全覆盖】 推动政府决策合法性审查工作向基层延伸，明确由司法所承担决策合法性审查工作，构建“承办机构—镇综合督考办-司法所”运行机制。深化乡镇司法助理员（法制审查员）三年全覆盖工作，出台专门管理办法，组织13 名新招录人员开展专业岗前培训，实现法治专业人才快速复制，强化对乡镇（街道）重点中心工作的法治保障。全市 19 个乡镇（街道）共审查合同等文件 400 余件，提升决策合法性审查工作能力，相关经验做法以现场会方式在衢州推广。

【推进行政复议规范化建设】 配强配齐专业人才力量，建立健全制度机制，成为全省第一批通过评估达标的单位。发挥行政复议化解行政争议主渠道作用，推进行政复议向行政争议源头延伸，全年共处理各类行政争议纠纷569 件，立案前化解 491 件，化解率 86.3%；立案 56 件，结案 49件（以调解方式结案 37 件，成功率达 75.5%）。作为全省 6 个县（市、区）局之一获评全省行政复议规范化建设工作成绩突出集体。

【开展行政诉讼案件败诉率专项治理】 强化行政执法监督指导，推进行政执法“三项制度”落实，加强人员培训力度，源头规范行政执法行为。加强与案件审理法院的沟通协作，争取将存在败诉风险的案件下放调解，避免败诉。开展败诉专项治理工作，出台行政案件败诉责任追究办法，推进败诉追责制度化、常态化，倒逼依法行政。一审行政诉讼案件败诉率从 2019 年的 28.57%下降至8.3%，降幅居全省之首。

【推进普法依法治理工作】 深化项目化普法工作，创新“融”普法工作模式，抓好“七五”普法规划落实，建成重点普法项目 100个，创作法治文化作品 150 多个，创建民主法治村社 235 个，其中国家级 5 个，全民法治观念和法治意识明显提升。拓宽基层阵地，深化“枫桥式”司法所建设，成功创建省级“枫桥式”司法所 2家，占衢州总数的 2/3，江山市司法局获评浙江省“枫桥式”司法所建设成绩突出集体。12 月，市司法局作为全省仅有的 2 个县（市、区）局之一，在第二届长三角基层依法治理论坛上作经验交流。

【打造社区矫正 3.0 版本】 推进全省社区矫正规范化执法试点工作，打造社区矫正 3.0 版本，开展《中华人民共和国社区矫正法》学习宣传，在社区矫正规范化监管、帮扶式教育的基础上，为社区矫正对象提供“点单式”就业指导、“全程式”心理辅导、“多元化”志愿服务，以更加人性化的教育、温情式的帮扶，关爱、感召社区矫正对象顺利融入社会、反哺社会。全年成功创建 8 个社区矫正示范工作站点，无一例社区矫正对象脱漏管，1500 余人次投入公益活动中，相关做法在全省会议上作经验交流并推广。

（伍俊斐　陈灿灿）

军　事

人民武装

【概况】 2020年，江山市人武部严格落实党管武装制度，紧紧围绕强军目标，牢记使命、聚力为战，振奋精神、砥砺前行，干字当先、狠抓落实，重大任务圆满完成，各项工作扎实有效，全面建设向上向好。年底，被军分区表彰为"战备训练先进单位"。

10月10日，市委常委、人武部政委李骏（中）在凤林镇指导工作

【征兵工作】 按照"一季征兵、全年准备"要求，严格落实疫情防控管理措施，从网上报名、系统筛选、体格检查、政治审查、役前训练等步骤，顺利完成2020年度征兵任务。9月中旬，在部机关举行新兵出征仪式。送兵后按时间节点要求跟踪做好新兵入营后思想工作，督导各乡镇持续做好入营新兵的动态跟踪，每周汇总报告情况；开展廉洁征兵"回头看"，做好新兵回访工作。

【民兵整组】 按照"搞清、编实、建好、炼精"思路，重点突出应急分队、任务分队建设。通过整组，达到组织规模适度、教育引导深入、结构布局合理、重点队伍突出、资料整齐完善、成效明显突出总体要求和预期目标。5月，对全市19个乡镇（街道）基干民兵分队逐个进行实地检查、集合点验，对基干民兵整组工作和基层规范化建设情况进行一次兜底式检查验收。工作组每到一处，严格按点验标准对民兵整组工作党管武装、组织建设、政治工作、练兵备战、保障措施等五个方面进行全面检查考核。通过听汇报、看资料、对信息、核查等方法，逐项严查细看、客观判评。围绕建设"一流民兵"的目标，对所编人员按任务区分、自身素质、地域分布进行合理编组，重点突出基干民兵"平时服务、急时应急、战时应战"的要求，在遇有突发事件随时做到"召之即来、来之能战、战之必胜"。

【学生军训工作】 8 月中旬，从全市范围内精心挑选优秀民兵骨干和优秀退役军人，开展教官上岗培训、资格认证、军训宣誓，制定“六要八不准”条例，规范教官言行，实地督导学生军训实施情况，每日讲评总结，全过程奖惩激励。同时，开展国防教育、消防安全等知识讲座，提高广大学生的军事素养，激发其关心国防、热爱国防的使命感。9 月 20 日，顺利完成全市 10 所高中学校 5750 名学生军训任务。

参加省军区第三届岗位练兵大比武

【参加省军区岗位练兵大比武】 以省军区第三届岗位练兵比武暨应急救援能力检验评估为牵引，统筹辖区“民兵+民间”军地联合救援力量，加强应急应战演练，提升遂行急难险重任务综合能力。专题召开党委会议战议训，研拟比武方案，遴选比武集训人员。按照“全过程、多要素、实战化”要求，区分室内作业、现地救援两个模块，扎实开展针对性演训。每日训练结束后，分专业、分任务进行复盘小结，做到集智攻关、查漏补缺。11 月，代表衢州军分区赴舟山参加大比武，取得优异成绩。

【专武干部集训】 5 月 20 日，组织全市基层专武干部进行为期 5 天的封闭式集训。集训按照采取理论授课、专题辅导、研讨交流等方式，对“民兵军事训练”“政治工作”“兵员征集”“民兵整组的组织与实施”“民兵情报信息学习”“识图用图”等进行专题理论辅导，使专武干部了解掌握基层武装工作基本理论、基本技能和基本业务。

【征兵宣传】 抓住大学毕业生返乡过节契机，提前筹划，抓早抓长。1 月 21 日，召开 2020 年度大学毕业生征兵政策咨询会，帮助大学毕业生了解、掌握应征条件、应征流程、优待政策、发展途径以及经济补助等热点问题，鼓舞青年学子携笔从戎，献身国防，力争征兵各项工作宣传到位、动员到位、落实到位。

【国防教育】 村镇国防教育基地“建有场地、管有理念、用有所值”，以凤林镇白沙村为样板村，自 2012 年开展“军民共建文化示范村”活动以来，累计投入资金 2 亿多元，先后打造开发集石刻文化园、文化健身广场、军民文化长廊、国防科技园等项目为一体的军民文化苑，创新引进恒昇部队果蔬配送基地等建设项目，实现国防教育与新农村建设协调共享发展，白沙村被省政府评为全省唯一一个以村级单位命名的省级国防教育基地。

（许 诺）

公共管理

人力资源和社会保障

【概况】 2020年，江山市人力资源和社会保障局下设办公室、事业单位人事管理科、政策法规科与行政审批服务科（仲裁与劳动关系科）、专业技术人员管理科、职业能力建设科（就业促进科）、工资福利与奖励科、社会保险和基金监督科等7个职能科室。局下属社会保险事业管理中心、人才和就业管理服务中心、劳动保障监察大队、劳动人事争议仲裁院、劳动能力鉴定管理中心、人力资源和社会保障行政事务辅助中心等6个单位。

【城乡就业】 全年全市城镇新增就业人数12950人，城镇失业人员实现再就业4842人，帮扶重点人群就业565人，发放创业担保贷款1225万元，安排离校未就业毕业生就业见习119人，城镇登记失业率为1.79%。通过融媒体终端、自助一体机、小程序“务工通”、“政企通”平台、人社微信公众号等推进线上招聘，将智能招聘与实体招聘结合，打造就业服务“快捷通道”，开启江山“智能就业”新时代。以全民创业创新大赛为抓手，强化创业平台搭建、创业模式推广、创业人群培育、创业政策扶持、创业服务优化“五位”建设，因地制宜将消防产业、电商、猕猴桃产业与创业相互结合，打造返乡农民创业基地，建有返乡农民工基地5个，入驻创业实体62家，带动就业1420人，累计产值51710万元。推进公益性岗位规范化建设试点，鼓励各村（社区）积极开发公益性岗位安置就业困难人员，累计开发绿色公益性岗位564个，发放公益性岗位补贴73.53万元。精准投递“见习岗”帮扶就业，搭建高校毕业生就业见习平台，缓解毕业生“临时性”就业需求。累计帮扶130名毕业生实现就业，全市22家就业见习基地共提供各类见习岗位150余个，吸纳高校毕业生见习108人，发放见习补助50.32万元。

【社会保险参保】 截至年底，江山市实体社保卡持卡率（签发率）95.45%，电子社保卡持卡率（签发率）57.22%，基本养老保险参保率达99.42%。年底完成全市47521名企业退休（职）人员养老金调整，人均月增资128.18元；完成全市城乡居民退休人员养老金调整，基本养老金由155元调整为185元。对符合城乡居民基本养老保险参保条件的困难群体，全部纳入参保范围，实现困难群体“全覆盖”。配合退役军人事务管理部门，做好退役士兵的社保参保补缴工作，为退役军人中断补缴586人，补缴金额1578万元。做好省集中数据整理、差异化政策上报等各项准备，完成省集中经办系统按时上线运行。及时了结遗留案件，完善社保基金案件移交程序，有序组织社保业务经办疑点信息核查、企业职工基本养老保险提前退休专项自查、失业保险基金内控专项自查、社会保险基金第三方审计、社会保险基金安全评估自查及复评等多项社保基金监督工作，查找社会保险基金管理的风险点和薄弱环节，推动社会保险基金平稳运行，严保退休待遇“生命线”安全。

【工资调标与退休管理】 审核发放疫情防控医护人员补助费，累计发放补助费353万元。完成事业单位工作人员按年度考核结果晋升薪级工资8316人，审批事业单位岗位变动调整工资业务962人次，办理机关事业单位工作人员退休127人。为符合条件的80人发放“中国人民志愿军抗美援朝出国作战70周年”纪念章。运行全省事业人事工资系统，做好数据转移、数据维护的前期工作。

【工伤认定】 在开展工伤认定中，立案受理工伤案件1008件，处理完毕1008件，进行伤残鉴定5批次共360人，受理案件和认定人数同比分别下降13%、15%。7月起，试行新业态从业人员职业伤害保障试行办法，将快递物流、网络送餐、网络约车企业纳人工伤保险保障范围，累计参保新业态人员160多人。

【机关事业单位队伍建设】 全年人事招聘报名、审查、笔试、面试、体检、考察等各环节紧凑有序、公开透明，继续实现“零差错”。事业单位人员招聘累计报名人数2646人，聘用90人。协同市委组织部完成面向985、211、双一流高校本科生或研究生，招聘事业单位紧缺专业技术人才22人。指导协同教育、卫生部门参加高校招聘会10多个场次，通过送考场进校园，直接面试、面谈等快速绿色通道，为教育、卫生系统提前招聘优秀毕业生130多人。公开招聘教师95人，卫技人才60人。指导教育、卫健、农业、林业、文化部门完成定向培养中小学教师24人，卫技人才15名，农技员4名，文化员2名。首次组织编外用工统一招聘，开展编外用工公开招聘两期，累计招聘机关单位编外用工141人。协助完成事业单位机构改革，共核准、变更事业单位岗位设置方案45例，审核岗位新聘、晋升、转岗等1000多人次。

【专业技术人员管理与人才引进】 推荐各类高端人才，成功推荐国家百千万工程人才1名，是衢州市第一人和唯一。完成博士后工作站建设，引入博士在为康制药博士后工作站进站，促成其正式授牌验收授牌。选拔推荐2家单位成功入选第八批衢州市专家工作站，指导3家专家工作站申报并成功入选江山市第七批专家工作站。试行高级职称自主评聘工作，新取得高级职称199人。重新组建8个序列的初级评审委员会，推进职称评审网上申报工作，保证职称评审工作公平、公正、积极、有效，让职称评价得到用人单位和参评对象的双重认可，全市获相应专业技术资格累计526人。

【职业能力建设】 共举办各类职业技能培训班95期，参加培训7560人，其中线上培训19个项目，673人。开展职业技能鉴定94批次，获取资格证书累计6984人，开展高技能人才培养960余人。指导完成江山市技工学校升格高级技工学校，为衢州市唯一。指导建设国家级技能大师工作站1家。落实职业技能三年行动，组织开展就业创业及农村劳动力转移培训，全年完成培训13000人。继续组织334名技师、高级技师参与新一轮“千名技师带高徒”活动。开展企业“以工代训”，惠及企业4476家，发放培训补贴1986万元。开展“山海协作”技能人才培养。与柯桥人社局签订技能人才培养合作协议，取得相应的国家职业资格证书共203人。探索试行项目培训。向社会公布14个工种第一批项目制培训目录清单，累计培训技能人才400余人。成功举办一年一次的江山市职业技能大赛，共有59家企业和乡镇的219名员工报名参加比赛，8名选手取得二级技师职业资格证书，48名选手成为技术能手，99名选手取得高级工职业资格证书。

【调解仲裁】 全年共受理劳动人事争议案件317件，涉及劳动者人数340人，涉及金额697.1万元，案件调撤率达 93.1%。合理利用调解仲裁系统、微信等软件系统办结案件。在疫情期间，当事人不能如期到庭参加庭审，仲裁员通过劳动人事争议调解仲裁信息系统、微信等软件与当事人沟通，便利当事人，节约诉讼时间和成本，成功审结劳动争议案件 20 余起。

【劳动保障监察】 受疫情影响，全年发生劳动纠纷案件 174 起，涉及劳动者 1209 人，涉及金额 1057.43 万元，同比增长分别为 87.1%、233.06%、349.17%。联合住建、水利等行业主管部门多次对全市在建工程项目进行检查，现场发放问题告知单 44 份，提出整改建议 267 条，对存在欠薪隐患的用人单位做到早发现、早预防、早介入。推行农民工工资保证金保函新政为企减负，保证金缴纳额度进一步降低，全面推行企业使用银行保函、保险保证方式替代缴纳农民工工资保证金，以现金缴纳的保证金可用保函替换。全年共收到农民工工资保证金履约保证保险、银行保函 214 份，涉及担保金额 7370 万元。在建项目浙江省工资支付监管平台使用率达 100%，位列衢州第一。推进根治欠薪基层综合治理示范区项目落地落实。开展《保障农民工工资支付条例》宣传，通过企业法人代表和劳资专管员专题学习培训会、治欠宣传片等形式，准确地把各项制度向企业解读，提高其守法意识，畅通群众投诉渠道。

（陈博烜）

医疗保障

【概况】 2020 年，市医疗保障局抓党建促业务、抓改革增亮点、防风险促发展，不断推动医保事业高质量发展。全年职工医疗基金总收入 3.13 亿元，基金总支出 2.5 亿元，基金累计结余 5.14 亿元；城乡医疗基金总收入 5.61 亿元，总支出 4.86 亿元，基金累计结余 2.85 亿元。基金运行总体平稳，参保率 99.97%。年内，获衢州市医疗保障工作目标责任制考核一等奖，被评为江山市 2020 年度“最佳满意部门（单位）”、争先创优先进集体。

【推进医疗保障服务标准化建设】 按照省医保经办标准化体系，细化制定业务经办标准、医保事项标准、内审稽核标准，推进医疗保障服务标准化建设。建设“医保自助服务区”，设置“浙里办” APP 体验区、医保零星报销自助受理区、医保政策浏览区，以“零窗口”“零跑腿”“零感知”的“三零模式”推进医保“智”助服务，打造智慧医保、线上医保、掌上医保。同时，深化政邮合作，重塑“浙里办”申报—获取信息—上门取件—办结出件”服务流程，构建“线上”和“线下”政务服务闭环。参保群众“足不出户”就可进行报销。实施以来已办理 100 多件，相关做法被《衢州信息》采纳为“三服务”典型案例。

7 月 29 日，衢州市医保半年度工作座谈会暨医保经办服务提升现场会在江山市召开，图为参会领导考察医保自助服务区

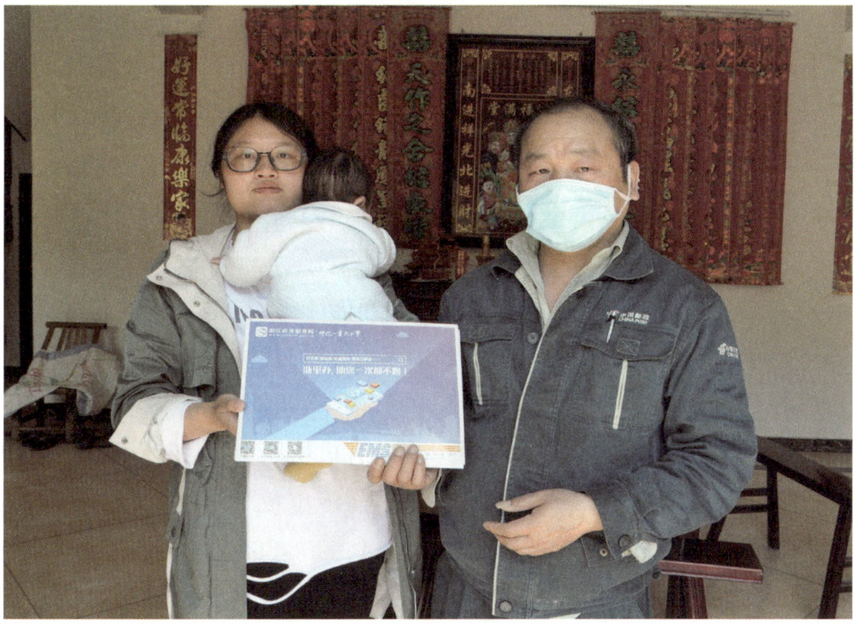

深化政邮合作医保报销“零跑腿”

【强化医疗救助】 建立健全救助对象精准识别和主动触发机制，扩充和完善“一站式”结算，提高医疗救助的针对性、精准性、便捷性。下半年，先后开展医疗救助“回头看”和“六个一”两次专项行动，自查自纠、查漏补缺，确保医疗救助政策落实率和符合条件困难群众资助参保率两个100%。全年共资助参保2.39万人1006万元，救助18.93万人次2411.23万元。

【完善DRGs点数改革】 执行好国家编码标准，优化点数付费方式，完善病组方案，推动医疗保障高质量管理。通过制定床日付费标准和总床日定额标准，制定准入和退出机制，明确结算办法。探索市内定点医疗机构开展精神疾病、安宁疗护、医疗康复（含脑瘫儿康复）等需要长期住院治疗且日均费用较稳定的慢性疾病，允许纳入相应的按床日DRGs点数付费管理。

【药品耗材集中采购】 完成“4+7”药品带量扩围采购工作，各公立医疗机构根据网上协议签订的任务数有序推进药品使用，药品约定采购量执行良好。通过带量采购，药价明显降低，患者用药负担明显减轻，医保基金透支风险减少。

【开展医疗服务价格调整】 按照“控总量、腾空间、调结构”要求，开展医疗服务价格调整，通过压缩不必要药品和医用耗材使用量、控制不必要检查检验等腾出空间，合理调整部分医疗服务价格，逐步理顺医疗服务比价关系。

【遏制骗保行为】 开展“打击欺诈骗保 维护医保基金安全”集中宣传月活动，活动期间通过“政策赶圩”、举办有奖问答、曝光典型案例等形式进行宣传报道。拍摄反映骗保行为的微电影《斩断骗保黑手》。通过公开招标确定太平洋人寿公司为合作方，意外伤害案件由第三方实施调查。全年共调查手工报销542件，发现存在第三方责任157件，费用总额343万元；医院实时核查5390件，剔除核查时已自费出院、重复上传、异地医保及拿到中心手工结算案件，发现存在第三方责任154件，涉案金额164万元，把骗保行为遏制在萌芽状态。全年共立案查处参保人骗保案件14件，追回医保基金9.18万元。其中行政处罚8件，已结案8件，罚款金额2.9万余元；移交公安机关立案侦查6件，涉案8人。2家医疗机构被终止协议，4家零售药店因超剂量配售药品、销售食品、化妆品等原因被暂停医保服务3个月，3名定点医院的医保医师因违反《衢州市基本医疗保险协议医师管理暂行办法》被处罚。

【开展自查自纠行动】 全年共组织开展2次医疗机构自查自纠行动。自查发现问题非公立医疗机构20家，涉及2.45万人次，涉及违规金额77.4万元。在规范使用医保基金行为专项治理行动中，自查发现问题单位47家，涉及14.67万人次，涉及违规金额

377.05 万元。两次自查自纠涉及违规款已于 9 月底清退完毕。

（市医保局）

民 政

【概况】 2020 年，市民政局贯彻落实习近平总书记对民政工作的重要指示精神，聚力精准保障、和谐自治、幸福颐养、暖心服务"四个标杆区"建设，聚焦省"民政 30 条"，主动扛起脱贫攻坚重任，全面提升基本民生保障、基层社会治理、基本社会服务水平，为全面建成小康社会贡献民政智慧与民政力量，获评浙江省民政厅 2020 年度先进县（市、区）。

【社会救助】 全市共有城乡低保家庭 8797 户 13217 人，其中城镇 392 户 523 人，农村 8405 户 12694 人，低保占比 2.14%（全市户籍人口 615510 人）；低保边缘家庭 1957 户 5610 人。发放低保金 9588.08 万元，其中发放城镇低保金 401.07 万元，城镇低保平均补差为 625 元，占城镇低保标准的 74%；发放农村低保金 9187.01 万元，农村低保平均补差为 584 元，占农村低保标准的 69%；发放低保对象价格补贴 1710.62 万元；发放低保边缘对象价格补贴 380.39 万元；发放特困人员价格补贴 119.71 万元。1 月 1 日起，特困人员月供养标准从 940 元提高到 1031 元，共计拨付特困人员基本生活经费 1522.27 万元、特困人员护理费 33.3 万元；10 月 1 日起，最低生活保障标准统一调整为 850 元/月。继续实施临时救助分级审批制度，共救助 384 户 702 人，发放临时救助资金 157.42 万元；对 9 名原国民党抗战老兵、71 名 40%精简退职职工、171 名定补精简退职职工补助进行相应提标；会同残联实施对 8042 名困难残疾人生活补贴和 10549 名重度残疾人护理补贴对象的核对、审定工作。

【居民家庭经济状况核对】 2020 年市城乡居民家庭经济状况核对中心通过"浙江省大救助信息平台"和"江山市居民家庭经济状况核对信息系统"，共核对 45718 户次 96998 人次，核出异常情况 4594 户次 13123 人次，异常率为 13.53%。其中：低保对象 33313 户次 66548 人次，核出异常情况 3342 户次 8870 人次，异常率 13.32%；低保边缘对象 7483 户次 24705 人次，核出异常情况 1043 户次 3762 人次，异常率 15.23%；特困对象 4331 户次 4333 人次，核出异常情况 40 户次 40 人次，异常率 0.9%；临时救助对象 499 户次 1093 人次，核出异常情况 169 户次 451 人次，异常率 41.26%；总工会困难职工救助 92 户次 319 人次。由于省级系统升级，核对部门工作内容进一步细化，核对精准度大大提高，异常率较去年增加 7.84%。同时对 150 户 264 人申请公租房对象进行收入认定，初步认定一档家庭 16 户 25 人，二档家庭 56 户 115 人；三档家庭 63 户 99 人，不符合住房救助对象 15 户 25 人。

【养老服务】 截至年底，已备案养老机构共 40 家，其中公办养老机构 17 家，民办养老机构 23 家；共有机构床位数 4555 张，其中护理型床位数 2278 张，占比 50%；入住老人 2055 名，其中特困人员 747 名；新增 5 家养老机构，新增床位 720 张。全市养老机构积极应对新冠肺炎疫情，实行封闭式管理，实现老年人零感染，免费发放 1000 余公斤的消毒药水，1000 多个一次性医用口罩、7630 公斤大米和 3050 升食用油。持续扶持民办养老机构发展，拨付床位补助 584 万元，消防改造 91.82 万元，运营经费 36.86 万元，综合保险补助 5.47 万元。推行生活困难老年人家庭适老化改造和乡镇级示范型居家养老服务中心建设，两个浙江省为民办实事项目，完成双塔街道、上余镇、四都镇、大陈乡等 4 个乡镇 100 户生活困难老年人适老化改造，拨付资金共计 55.67 万元；乡镇级示范型居家养老服务中心实现全覆盖，拨付建设资金 464.1 万元，乡镇、村两级居家养老服务中心运营补助资金 291 万元。4 月 1 日起，进一步提高百岁老人长寿保健金，从每人每月500元提至1200元，居衢州市首位，全年为2991名高龄老人发放长寿补贴349.08万元。6月1日起，扩大养老服务补贴对象，将低保中度失能、低边重度失能老年人纳入补贴对象，月收入2000元以下高龄老年人从94周岁扩至92周岁，全年为168名在机构养老的服务补贴对象和325名居家对象发放补贴174.13万元。搭建“智慧养老”监管平台，实现民办养老机构老人基本信息、出入院动态情况，居家养老服务工作人员信息、活动、助餐、服务等事项全程监管，老年人通过刷脸用餐，促使老年人用餐补助、机构运营补贴发放更精准。

9月12日，举行江山市水库困难移民教育资助金发放仪式

【儿童福利】 全市现有儿童福利对象1686人，全年新增对象420人，退出254人，累计发放儿童福利金592.5298万元。全年发放孤儿助学金10.5万元，受助对象11人。全年新建设儿童之家38家，总共建成60家，实现服务全覆盖。

【水库移民】 2020年，江山市水库移民工作年度考核位列衢州地区首位，并再度被评为省水库移民工作考核优秀县（市、区）。全年共扶持水库移民项目51个，总投资3981.04万元，其中安排移民扶持资金2289万元，受益移民村48个，受益人口82284人，受益移民6268人。全年累计为水库移民提供各类创业就业技能培训230人次，在全省率先探索开展创业致富带头人培训，对全市30名水库移民创业致富带头人开展课堂教学与现场考察相结合的培训，帮助参训人员较快找准创业痛点、解决创新难点、疏通致富堵点，让越来越多的移民群众在家门口实现就业致富。继续深化精准扶持工作，围绕“互联网+美丽”，在完成白沙村、定村村试点的基础上，继续深化智慧移民村居建设项目，选取清湖街道花园岗村、凤林镇桃源村两个水库移民较集中的移民村进行二期建设，通过分期分步实施的办法，将移民智慧村居做成一个让移民群众得实惠享成果的惠民工程。修订并全面实施《江山市水库移民困难群众临时救助实施细则（试行）》，文件根据“两不愁三保障”的要求，在大病救助、残疾救助、住房救助、教育资助、专项救助、临时困难救助六个方面对困难移民群众进行分类分档，实施精准救助，全年共对422名（户）水库移民进行救助，救助金额达94.7万元。围绕移民和谐稳定，按照“属地管理、分级负责”的原则，压实责任，全年实现“零越访、零集聚、零赴省去京”的“三无”目标，为全市守牢各级重大活动维稳“硬核”任务做出贡献。

【收养登记】 全年接受收养预登记105件，出具收养登记证50本，不予办理收养登记通知书21份，委托第三方对60户家庭进行收养能力评估。解除收养登记1份，委托第三方对100户收养家庭进行回访，组织人员对回访家庭进行15%随机抽查。推进“收养一件事”在江山落地，11户收养家庭享受了便利。

【慈善事业】 全年，市慈善总会累计收入3154.67万元，比上年同期增加893.39万元，增幅为39.51%。其中各类捐赠款1543.64万元、新冠肺炎专项捐赠567.2万元、争取上级资助款920.84万元、利息收入122.99万元；总支出救助资金2639.42万元，比上年同期增加204.08万元，增幅为8.38%，惠及困难群众共17.15万人次，慈善基金累计达1837.79万元，比上年同期增加87万元，增幅为5%。

【福利彩票】 全年“福彩暖万家”系列公益活动总共资助125人，合计金额40万元。其中“福彩助力·点亮梦想”公益活动，资助困难家庭留守儿童、残疾儿童等困境儿童100名，资助标准2000元/人，合计金额20万元；“福彩牵手·助圆大学梦”公益活动，资助2020年困难大学新生25名，资助标准8000元/人，合计金额20万元。福利彩票销售服务中心年销量526万元，2010—2020年累计销售总额5.51亿元，2010至2020年累计捐献公益金5557万元。

【城乡社区建设】 开展全国社区治理和服务创新实验区创建，建设“三社联动”信息平台，开发小程序“聚益社”，在双塔街道周家青社区、虎山街道市心社区试运行，收效良好。在双塔街道文苑社区、虎山街道东门社区、贺村镇中心社区开展“邻礼汇”社区综合体建设。在双塔街道城北社区建设“初心驿站”，在双塔街道县前社区、文苑社区、贺村镇中心社区建设“居民会客厅”，打造江山市城市社区公益品牌。面向社会公开招聘专职社区工作者22名，破格从疫情防控一线社区自聘人员、劳动保障员中转聘专职社区工作者9名。出台一线社区工作者关心关爱八项政策，7名村（社区）干部荣登省“千名抗疫人物英雄谱”。推广实施村规民约（社区公约）“三版一会”制度，有39个村（社区）建成村规民约（社区公约）长廊，相关做法在《中国社区报》整版刊登，并在学习强国推出。省级示范型农村社区由9个增至15个，新增6个；衢州示范型农村社区由12个增至18个，新增6人；江山市城乡社区建设示范点由123个增至144个，新增21个。全年通过社会工作者职业水平考试205人，持证社工人数累计达841人，已登记备案社工机构20家，开设社会工作岗位56个，建成3个乡镇（街道）社会工作站。疫情期间，发动志愿者近12万人次参与防控工作。

【换届选举】 高质量完成村社组织换届工作，制作村（居）民委员会、村（居）务监督委员会换届选举工作指导手册，指导全市292个村、16个社区的四套组织换届选举，对全市19个乡镇（街道）进行换届业务专题培训。7月27日至8月31日，在新塘边镇和大陈乡开展试点工作，实现村委会成员职数选足率、一次性选举成功率、“一肩挑”选成率以及参选达标率“四个百分百”。全市面上换届于11月12日全面铺开，次年1月初全面结束。全市292个村、16个社区全部高质量完成选举工作，92%以上参选率全面达标，职数全部选成选足。共选出：村委会成员1021人，其中主任292人，副主任263人，委员466人；村监会成员879人，其中主任292人，委员587人；居委会成员80人，其中主任16人，副主任16人，委员48人；居监会成员48人，其中主任16人，委员32人。选举后一个月内，全面完成村社区组织和成员信息采集和基层群众性自治组织特别法人统一社会信用代码证书换发。

【社会组织管理】 全年共新增社会组织52个，其中民办非企业单位35个，社会团体17个；共注销28个社会组织，其中民办非企业单位25个，社会团体3个；共变更41个，其中民办非企业单位23个，社会团体18个。截至12月底，全市共有社会组织3579个，其中正式注册登记的有745个（社团202个，民非542个，基金会1个），备案类社会组织2834个。平均每个城市社区拥有社会组织21.31个，农村社区拥有社会组织

8.54个。进一步加强了社会组织年检力度，社会组织年检率达到86%，其中社会团体已检137家，年检率为76.1%，民非企业已检186家，年检率为89%，年检率均达到历史新高。符合承接政府转移职能和购买服务推荐性目录的社会组织共有12家，其中社会团体3家，民办非企业单位9家，包含了38个服务种类。评选出3A级以上社会组织7家，拨付奖励资金1.6万元。审核通过28家社会组织参与的项目创投，拨付补助资金54.4万元。

【婚姻登记】 年内，江山市入选浙江省19个婚俗改革实验县，登记处获“2020年度衢州市巾帼文明岗”荣誉称号。为有效降低离婚率，采用多种方式做好婚姻辅导，通过政府购买服务方式，婚登处与聆听话廊社会工作站合作开展婚姻家庭辅导工作，五年来共为5000多对夫妇提供婚姻家庭辅导，劝止非理性离婚958对，开展后续离婚心理调适咨询1000多例、家事矛盾调解579例、新婚恐婚辅导31例。疫情期间，为减少群众的逗留时间，离婚采用预约加线上和线下的辅导方式，离婚数同比减少448对，减少32%，为促进江山市婚姻家庭和谐做出了贡献。文章《江山市“四个强化”积极开展婚姻家庭辅导服务》在“浙江民政”微信公众号、“浙江婚姻家庭协会”微信公众号上报道。报道《江山“聆听话廊”今年已挽回200多段婚姻》在浙江新闻客户端、《衢州日报》上发表。婚姻登记处2020年度共办理婚姻登记4522件，结婚登记2902对，离婚登记936对，补领结婚证620对，补领离婚证64本，查询档案1827人次，无有效投诉，登记合格率100%。

【区划地名】 全年地名命名3条。完成省厅对乡镇街道设置指标的调查以及意见反馈。开展乡镇搬迁小区设置行政村条件成熟度的调查。完成第四轮行政区域江山常山段年度联检，共检查界桩3个、界线56.8千米。实施三省边界亭修缮及周边环境改造项目，组织江山、广丰、浦城三地民政发起边界亭楹联征集活动，共收到全国各地及海外作品361份2000多副楹联，并开展边界亭文化展示、碑记等后期设计制作工作。完成国家、省地名志、地名词典衢州市卷的编纂、审校任务。开展不规范地名整治工作，完成省不规范地名清单中江山市清理整治任务3条，清理不规范小区名称17条，网络地图不规范名称43条。完成乡村门牌证现场发放工作，发放门牌证145390本。对江山市第二次全国地名普查各类材料进行归档，并向省地名档案馆移交47盒地名普查成果文书和光盘。推进地名信息化工作，为江山市城市大脑提供地名数据3项接口，以及基于地名数据的2项民政数据接口。贺村镇礼贤村被认定为第二批浙江省千年古镇（古村落），向省厅提交申报文本和宣传介绍短片。向中国地名大会报送10条命题，1分钟江山市推介片一部。对最多跑一次地名事项进行优化改进，接受门牌证办理等事项85276件，网办件提升至99%。

【流浪乞讨救助】 全年共接待救助和实施救助740人次。其中女性333人次；未成年人4人次；护送返乡29人次；自主返乡24人次；跨省护送6人次。全年合计费用支出240.45万元。

【殡葬改革】 开展殡葬服务收费专项整治行动，下发自查通知、自查自纠通知。9月11日完成殡葬延伸服务公示价格整改并进行张贴，12月完成尾气处理改造。乡村公益性公墓收费，超标准的已经完成物价备案。移风易俗，助力脱贫攻坚举措：开展殡葬政策宣传，引导群众移风易俗，简化丧葬礼仪，停止遗物焚烧、电子礼炮业务，减轻丧葬负担；制定红白喜事村民公约。为保证文明祭祀，安全无事故，分别下发春节、清明节、国庆节、重阳节期间的文明祭扫通知，各公墓做到集中祭扫期间有人员现场值守，做好文明祭祀、安全管理、疫情防控工作。在疫情期间，严格落实疫情防控措施，暂停群众现场祭扫活动，开通网络祭扫，开展免费鲜花代祭活动。全年无安全责任事故发生。推行树葬、公益性骨灰堂建设等形式的节地生态安葬工作。2020年，实施骨灰撒散安葬2例，树葬2例。出台节地生态安葬奖励办法，推进节地生态安葬点建设，江山市19个乡镇（街道）均建有节地生态安葬点，建设率达100%。全市292个行政村，节地生态安葬点共覆盖125个行政村，覆盖率达到42.8%；建有2个“公墓改公园”“一人一树一石”示范点，完成全年节地生态安葬点建设任务。完成惠民殡葬提标扩面，按文件规定落实惠民殡葬政策，江山市户籍的城乡居民可享受普通火化费减免，接尸费减免，骨灰寄存一年内减免，3天的冰箱存放费用减免。逝者为五保户、低保户、优抚、劳模、二级及以上残疾户可享受额外减免。8月，设立骨灰盒惠民专柜。在殡葬信息化建设方面，数据录入真实可靠，火化等各类数据及时录入殡葬管理系统，全年录入3550名死者信息。深化群众身后“一件事”改革工作，建立江山市殡仪馆便民服务平台，方便群众网络预约遗体火化、冷藏业务；在服务部设立联办专窗，由单位工作人员负责录入数据，方便逝者户口注销。建立信息报送应急保障、处置机制，积极开展殡葬改革宣传工作，在浙江省民政厅网站、《中国社会报·殡葬周刊》上发表殡改信息。江山市殡仪馆（江山市公墓管理所）全年火化遗体3970具，出售墓穴227穴（包括合墓），生态安葬（骨灰撒散）3起，墙壁葬1起。发放殡葬服务领域惠民资金245万元。

【信访维稳】 2020年，民政系统全年共受理来信（网）、来访、来电（“12345”热线）共130件，其中，民政部2件，市委主要领导批示3件，“12345”政府热线63件，信访超市流转8件，网信54件，办结率100%；全年共出具答复意见书130份，上报调查（办结）报告14份，较好地解决低保、残疾、老年人等弱势群体的信访问题。

【项目建设】 年内，实施江山市殡仪馆改造提升工程。工程总用地1.23公顷，建筑面积约6000平方米，总投资4450万元。灵山公墓一期工程房屋及主要道路年内开工建设，工程总投资7000万元，规划用地13.6公顷，建筑面积3499平方米，建设墓穴24004穴。

（张恬　毛嫣然）

退役军人事务

【概况】 2020年，江山市退役军人事务局以打造“服务退役军人最优城市”为目标，以“一强五好”为总抓手，重点围绕涉军维稳、服务体系、就业创业、优抚安置、社保接续、双拥创建等工作，推进“衢州有礼·新时代枫桥式退役军人服务站”建设。市退役军人服务中心、贺村等4家成功创建省级枫桥式退役军人服务中心（站）。113个村社通过省级示范型退役军人服务站验收。

【维护退役军人合法权益】 坚持接访情况每日分析研判机制，每天将收集的疑难问题，专门成立疑难问题攻坚小组，制订化解方案，及时化解矛盾。建立局长签办机制，推进信访件的办理。推进以法律法规切实维护退役军人合法权益。开展退役军人事务部提出的“思想政治工作年、基层基础基本建设年”活动，将思想政治工作融入基层服务站建设之中，以乡村云讲堂为依托，定期开展线上培训，组织学习政策法规、新时代思想等内容。

【深化服务体系建设】 立足“新时代·枫桥式退役军人服务（中心）站”建设，围绕硬件抓基础，围绕软件抓服务，退役军人服务体系建设取得新突破。抓好培训，提高各乡镇（街道）退役军人服务站专职工作人员的履职能力；制定《江山市乡镇（街道）退役军人服务站专职工作人员考核办法（试行）》，提高专职工作人员工作效率和水平；制定《全体干部职工联系基层工作制度》，对照创建指标，加强指导和督促，高质量推进“衢州有礼·新时代枫桥式退役军人服务站”建设工作，高标准创建新时代枫桥式退役军人示范中心（站）129个，在省级创建验收中获得较高评价；强抓融入成立关爱退役军人协会，成功融入社会资源，构建“政府强力主导、服务体系积极作为、社会力量广泛参与”的退役军人服务保障体系“三驾马车”模式，帮助退役军人解决实际问题和困难，持续提高退役军人幸福感。

【就业创业指导】 做好调查摸底，在退役士兵报到时，了解就业需求，为下一步开展技能培训和就业岗位安排奠定基础；强化创业培训，创立江山市退役军人创业孵化基地，举办首届退役军人“云创客”培训班，通过电商创业理论课程+电商公司实地体验课程两模块，增强退役军人创业能力，引导和帮助退役军人投身电商创业领域；扶持就业创业。全年共开展线下专场招聘会3场，提供岗位，解决就业；常态化通过微信、钉钉等途径发布就业岗位，成功推荐就业；通过大力宣传《江山市创业担保贷款实施办法》，为退役军人办理全额贴息贷款。通过2020年浙江省单独招生考试，有退役士兵被高职院校录取。

【发挥示范典型效应】 通过组建“8090宣讲团”对郑水叶、汪衍君等优秀退伍老兵的先进事迹开展宣讲，邀请老兵进行红色讲座、书记讲堂，对抗美援朝老兵开展系列采访报道，以先进典型鲜活事迹，鼓励广大退役军人见贤思齐，积极服务社会、奉献社会。

【完善优抚安置工作】 重点抓好社保接续，努力克服江山市退役军人体量大、自谋职业安置人数多、业务档案缺失又比较严重等因素，举全局之力，加班加点，完成退役军人的社保接续工作。提升优抚综合保障能力，落实抚恤补助政策，确保优抚资金及时、足额发放。提高管理服务水平。

【构建双拥工作新格局】 坚持“党建统领+双拥”的工作理念，构建“政府搭台、部门联动、社会唱戏”的双拥工作新格局。宣传活动有广度，谋划开展年度双拥系列活动，投入12.5万元，开展电视流动字幕、户外视频等多种形式的双拥宣传，投资30余万元拍摄《江山市双拥》专题片、微电影《魂在心中》、《兵魂》和微视频《冲锋在前的老兵—汪衍君》等一批影视作品。走访慰问有深度，开展“情系边海防官兵”拥军优属活动，全年共安排近40万元经费走访慰问江山籍驻守边海防现役军人家庭。褒扬纪念有厚度，针对疫情影响，创新性开通线上祭扫和线下代祭扫双重服务，精心组织“9·30”烈士公祭日活动。谋划“江山烈士纪念馆和烈士陵园改造提升工程”建设项目，积极争取到省厅255万元专项建设资金。全面排查核实全市烈士纪念设施现状，对存在问题全部整改到位。在全市英烈讲解员大赛中，选派选手获比赛一等奖。军休服务有温度，坚持疫情期间守护健康双向互动，主动服务老人，关注老人身体状况，切实当好军休干部的守护者、服务者和倾听者，为军休干部开展全方位的家庭、生活服务。

（市退役军人事务局）

工　业

综　述

【概况】 2020年，市经济和信息化局坚持改革创新，优化营商环境，克服浙江交科江山基地政策性关停和能源“双控”等因素影响，较好完成各项指标。全市全年完成规上产值276.6亿元，同比下降1.06%；完成规上工业增加值68.46亿元，同比增长1.9%。完成工业投资31.2亿元，同比增长24.1%；完成制造业投资25.88亿元，同比增长12.5%；完成技术改造投资11.54亿元，同比增长3.6%。

【智能制造】 智能制造项目量质齐升，江变、欧派、王牌获评省级智能工厂/数字化车间、天际获评省级大数据应用示范企业，欧派门业获评省级企业上云标杆，首创银租智改助推中小微企业智能化转型模式。补助智能制造专项资金4400万元，全年新增智能制造提质扩面项目63个，减少用工人数1300余人，平均提升产能100%以上。

【亩均效益改革】 对全市1643家工业企业实施新一轮亩产效益评价，通过“亩均论英雄”综合评价系统进行线上填报数据，实现企业“最多报一次、一次不用跑”。强化结果应用，抓好企业资源要素优化配置。前三季度，全市新增A、B类企业用地46.55公顷、排污指标6.45吨，优先支持A、B类企业各类财政奖励和补助13575.89万元、降低用电成本1056.59万元，依法依规征收D类企业差别化电价、水价137.33万元。合理处置低效工业用地，签订收储协议17宗，盘活土地面积27.27公顷，签约率达74%；过户8宗，实现腾空3宗。开展“低散乱”企业整治。对风险隐患大、违法违规企业实施常态化治理，累计排摸发现、整治提升“低散乱”企业130家，其中改造提升49家，搬迁入园22家，关停淘汰59家。完成落后产能企业淘汰

1月，江山经济开发区公共服务中心投入使用（侯晨捷　摄）

30家，腾出用能1.81万吨标准煤。

【帮助企业复工复产】 疫情期间，利用组团联企服务机制和属地平台，提前开展全市工业企业疫情重点地区人员摸排工作，排查外地员工3578人，疫情重点地区人员1134人，劝导500多名已返疫情重点地区人员暂缓返江。制定《关于做好江山市工业企业复工和疫情防控工作的通知》，督促企业在做好疫情防控的基础上，简化审批流程。牵头推出“复工贷”，完成13批次195家企业审批，预授信16125万元，完成45笔放款4775万元。制定支持防疫应急专项补助政策，给予防疫应急物资新增设备投入最高60%的补助，采用“即报即审即补”的兑现方式，补助20家应急物资企业项目资金4109.65万元。落实各类防疫补助政策，返还3385家受疫情影响企业社会保险费5000万元，阶段性减征4446家中小微企业社保费约1.7亿元。

【平台建设】 以打造高质量发展新高地为目标，坚持主平台能级提升和小微园区整合规范两手抓，积极打造江山特色的小微园区，年内，江山市被评为省级小微企业园区建设提升重点县，获得专项资金500万元。全市新增通过省、市、县三级认定的小微园1个，累计通过认定小微园6个，数量居衢州之首，新开工建设可津产业园是江山市首个工业地产模式小微园。对通过省、市、县三级认定的小微园开展绩效评价，引导规范运营管理、强化服务，注重入驻企业选择和培育，不断提高亩均产出和税收，促进小微园不断提高运营管理服务水平，实现园区和企业共同高质量发展。江东化工园区通过省级认定。在全省不断取消不达标化工园区的情况下，对标《化工园区认定办法》，完成江东化工园区总体规划、产业规划、环评安评修编，配合做好化工园区信息化设计方案，指导园区内19家危化品生产企业按认定办法做好整改，做好向上对接，成功保留江山市化工园区。

【为企业减负】 以优化营商环境，打造清亲型政商关系为主题，聚焦政策惠企、服务助企，鼓励工业企业“提信心、稳预期、增实力”。推动企业纾困发展。将企业减负作为服务企业的首要任务，全年减负约13亿元。高效完成清欠清零，完成省清欠3229.26万元清偿工作，清偿率100%；完成衢州审计清偿项目691项计1946.5万元，清偿进度100%。开展为期一个月的《浙江省民营企业发展促进条例》专题宣传月活动，举办专场宣传贯彻活动5场，参加企业近500家。推行“1+32+N”宣传模式，确保各类减负政策传达到位。结合破产案件处理所出现的问题，上报《关于设立企业破产特殊群体纾困资金池的建议》。

【创业创新】 产品创新取得新突破，4家企业的4个产品入选省装备制造首台（套），为历年之最，占衢州入选总数的50%。面向企业全员，构建全链式培训体系，培育企业发展新动能，举办第四届全国设备管理与技术创新成果大会，参会人数达840人；累计开展线上线下培训78场，线上学习人数8.6万人。举办首届中国（江山）工业设计大赛，设置门业家居等奖项48个，收到参赛作品1864件，经初赛、复赛、决赛三个环节，兑现奖金60万元，决赛现场3个设计作品与江山本地企业达成合作意向，并签订成果转化意向协议。引导成立门业（家居）产业设计公司，开办设计人才专题培训班。继续举办“政企同育”培训班，提升干部队伍服务企业、发展经济的能力。开展抖音直播培训，引导企业构建线上线下融合、多业态互补的营销格局，其中开洋木业通过抖音直播带货，线上转化的门店订单销售额提高4倍以上，百家万安开展线上直购会，在线人数达75万人次。

【化解风险】 配合做好浙江交科江山基地关停员工安置、维稳应急、安全生产、新项目落地等工作，完成轨枕、管片及机制砂产业项目矿地综合利用项目可研报告和项目建议书；完成矿地综合开发利用项目的立项；制定矿区房屋搬迁安置方案和搬迁安置政策；完成项目社会稳定风险评估；完成江山城建投公司与浙江交科就矿产储量、合资公司持股比例初步方案。平稳处置纪元电气破产案件，深化“府院联动”工作机制，妥善解决员工有关问题，完成浙江万通机械有限公司、浙江伊米特制衣有限公司破产清算。

经济开发区

【概况】 2020年，江山经济开发区实现规上工业总产值188.6亿元，同比增长7.32%；完成固定资产投资29.43亿元，同比增长12.91%，其中工业投资完成15.41亿元，同比增长9.82%、房地产投资完成9.86亿元，同比增长11.85%；企业研发经费达到4.99亿元，同比增长24.53%；实现税收收入14.31亿元，同比增长30.12%。江山—柯桥山海协作产业园以绩效考核满分的成绩，连续4年获得省级一等奖，实现“四连冠”。

【平台提升】 贯彻落实省、衢州市开发区（园区）整合提升要求，推进园区系统性重构、创新性变革，开发区（园区）整合提升方案限时保质通过省里首批批复。推动市委市政府制定出台《关于进一步深化江山经济开发区整合创新促进高质量发展的实施意见》和《关于进一步深化江山经济开发区整合创新促进高质量发展的三年行动方案》文件，理顺开发区管理体制机制。按照产城融合发展理念，开展“研究性+落地性、现实性+长远性”的园区产城融合规划方案编制工作，完成最终方案定稿。根据江东化工园区评定需要，编制完成江东化工园区总体规划及江东化工园区控制性详细规划。

【招商引资】 全年新引进总投资25亿元的欧派特种门窗产业园、总投资16.5亿元的天际未来工厂、总投资15亿元的研一产业园、总投资10.5亿元的交安设施产业园、总投资近3亿元的科润变压器项目等供地项目25个，协议总投资73亿元。萌恒集团、赢家服饰、吉成小微园等一批重大招商在谈项目正洽谈落地。

【项目建设】 全年安排重点建设项目90个，开工建设项目86个，开工率超过95%。欧派、科润、奥仕等13个新增用地类项目开工建设，永利百合、中民筑友、公跨铁立交桥、莲华山公租房等一批项目竣工投产投用。

【征迁收储】 打好城南新城、高新东路、江东五期征迁大会战，全年征收土地118.87公顷，拆迁房屋535户，收储企业13家。城南征迁一期领办8户和二期领办2家企业在全市率先签约清零；省重点工程高新东路征迁工作14天完成56户签约清零，江东五期征迁10天完成90户签约清零。

9月24日，副市长郭林将（左二）在鸟语花香景区项目建设现场开展“三服务”工作

【培育创新】 结合江山市木门产业优势，实施强链补链工作。10月14日，成功列入省产业链“链长制”试点示范单位。15个智能制造试点项目和39个提质扩面项目，累计完成投资5.3亿元，其中超亿消防、欧派门业、名雅居木业、丰泽木业、申达换热器、科力车控、雷士灯具等7个试点项目和三元塑胶1个提质扩面项目通过验收。实施高新技术企业培育三年行动计划，三星铜材、伟丰新材料、捷尔世阻燃、江汇电气、华伟化工、千彩新材料等23家企业申报国家高新技术企业并通过省评审。

【整治提升】 根据省化工园区评价认定管理办法，通过前期初审、专家评审及现场核查等环节，10月23日，江东工业园区进入浙江省化工园区（集聚区）合格园区名单，同时以81分衢州地区最高分通过安全风险排查衢州复评。园内危化品停车场、消防取水码头、气防站、水质监测站点等安全生产配套工程加快推进。

【国资改革】 履行开发区管委会出资人职责，对开建投公司工作目标和工作重点实行一盘棋统筹，理顺公司运行管理体制。11月20日，中诚信国际信用评级有限责任公司审定开建投公司主体信用等级为AA，成为江山市首个获得AA主体信用评级的国有企业。

【向上争取】 规划S316（里坞）—315（十村）连接线一期项目成功争列省重点项目和国家土地计划指标清单，并完成报批组件。抢抓土地报批窗口期，集中报批江东工业园原已征未批地块、欧派三期、长丰大道辅道等17个区块约66.67公顷土地，奠定用地基础。

（侯晨捷）

商务经济

电子商务

【概况】 2020年，全市实现网络零售额155.68亿元，同比增长63.4%，增速高于衢州市27.1个百分点，高于全省49.1个百分点，位列衢州第一、全省第二。年内引进浙江蔓芭网络科技公司总部项目1个，累计招引亿元项目8个。电商发展促消费工作得到省委、省政府肯定。《江山市开展“十县百亿”电商精准助农工程三年助力八个贫困县成功摘帽》在《浙江政务信息第714期专报》刊登。《江山市积极探索电商转型发展新路径 构建电子商务产业发展新高地》作为典型做法在《浙江省争先创优行动简报第49期》上刊登，同时在《浙江政务信息第423期专报》刊登。

【优化电商环境】 全年为53家电商企业兑现电子商务政策财政奖补资金合计235.78万元。新出台《江山市电商项目招引若干政策意见》，从场地租金、职工公寓房、装修补助和地方财政贡献激励等四大方面对市域外的电商项目进行政策扶持。

【抓好电商扶贫】 成功举办2020“十县百亿”电商精准助农资源对接会暨江山直播经济产业发展峰会。开展沐川东西部电商培训2期，培训150人次。组织一次大型电商直播活动，累计销售蜂蜜1300多公斤、销售额达6.8万元。组织商贸企业捐款10万元。通过电商消费扶贫，帮助四川省沐川县等地对口扶贫地区销售猕猴桃、茵红李、柑橘126.5万多公斤，销售额达1350多万元。

【创新试点推进有力】 深入推进省电子商务创新发展试点项目和国家电子商务进农村综合示范县项目。通过项目实施制定规范农产品质量标准，发放防伪溯源标签10万张，初步建成溯源平台系统；完成猕猴桃品牌标识设计和包装设计；完成新建冷库共2个，提升改造冷库5个，新建分拣线两条，建成村级快递服务中心17个、提升电商服务站点50个，建设直播间9个。

【电商直播初见成效】 抢抓电商直播风口，开展淘宝直播、抖音带货培训，先后举办32场培训，培训2300人次。建立“1+1+N”模式推进村播平台建设，依托“一园（直播经济产业园）一飞地（杭州九堡）”带动“一批综合体、实训基地、特色村镇”建设，推动直播经济“三进”，即“进乡村、进园区、进景区”，加快建设直播电商新高地。建有由村两委干部、返乡创业青年、农村主妇等组成的群雁村播队伍150多人，开展“群雁村播”385场，销售农特产品1.08亿元。

国内贸易

【概况】 全年实现社会消费品零售总额150.1亿元，同比增长3.4%，增速高于衢州市3.4个百分点，高于全省6个百分点，增速位列衢州第一。驰骋控股集团有限公司被列为浙江省农商互联农产品供应链企业之一；江山欧派门业获

4月3日，开展“四好衢州·放心消费”活动

评浙江省新零售示范企业。健全单用途预付卡工作监管工作机制被省商务厅作为经验推广。

【促进消费】 设立消费专班，商务局主要领导带队先后20余次赴省商务厅、发改委、衢州市商务局进行对接。先后4次面向企业、乡镇街道统计员专题召开样本企业统计业务培训会。统筹安排财政资金2100万元，开展“四好衢州·放心消费”、“浙里来消费、衢州购车惠”汽车促消费及“三衢味金秋消费季”等活动。组织干部职工开展工会活动，直接拉动消费2700万元。

【推进省级试点】 稳步实施批发零售业改造提升试点工作，年内6个试点项目总投资2.6亿元。9月，完善出台《2019—2020年度江山市省级批发零售业改造提升试点项目资金管理办法》，明确将项目资金补助比例从2%提升到20%。

【化解遗留问题】 牵头制定万商集团破产清算资产处置突发事件应急预案及万商集团破产清算资产处置社会风险评估报告。做好万商集团破产案件维稳工作。继续推进畅达加油站、原贺村加油站业主诉求，与其沟通选址事项，联合资规等部门多次召开协调会，帮助解决合理诉求。

外向型经济

【概况】 2020年，全市实现进出口总额37.99亿元，其中出口37.69亿元。实际利用外资849万美元。获评2019年度全省商务运行调查监测工作先进单位。

【全面稳定外贸外资】 联合中国信保衢州营业部，召开江山市外贸企业出口信用保险培训会，宣传信用保相关业务及政府相关政策，服务企业更好地利用政策性工具化解海外信用风险。

【开展政策修订】 为174家外贸外资企业兑现外向型经济资金2708.74万元，缓解外贸企业流通资金压力。出台稳外贸政策措施“三条”，从延续参展政策、补助退货损失、支持出口信用保险方面支持企业渡难关，其中出口退货损失方面政策成为衢州首创；出台稳外贸政策“五条”，从出口信用保险、线上参展、电子商务方面给予企业补助，并提高补助标准；出台《江山市“信保贷”融资业务实施办法》，探索“政府+银行+信保+担保”模式，帮助外贸企业应对海外应收账款风险，提供增信支持。

【做好企业服务】 走访调研永利百合、健盛袜业等外向型生产企业，向企业宣传外贸政策，促使健盛袜业和永利百合于8月和11月部分回归。线下线上展会相结合，先后10多次组织200多家企业参加广交会、进博会等各类大型展会。

粮食安全

【概况】 2020年，江山市获2019年度衢州市粮食安全责任制考核

开展粮食安全应急演练

优秀，获评2017—2019年度浙江省粮食收购工作成绩突出单位，粮食收储有限责任公司中心粮库获评浙江省四星级粮库。

【加强疫情期间粮食保供】 对全市粮油应急加工企业及粮油配送企业库存及供应情况进行监测，协调加工企业尽早开工，确保市场供应平稳。

【开展粮食订单收购工作】 向省粮食和物资储备局争取早稻订单统筹3500吨。全市落实早稻订单1283户、面积5158.31公顷、订单29882.52吨，其中50亩以上种粮大户218户，实际收购订单早稻25748.34吨。60户晚稻种植面积50亩以上的种粮大户申报晚稻订单1046.67公顷、6448吨。全年兑现订单奖励政策1575.8万元。

【储备粮轮换与结构调整】 组织轮换出库早籼谷4356吨、晚籼谷5500吨、玉米1000吨、小麦5500吨。对现有储备粮品种结构适当调整，增加早稻、晚稻及成品粮储备规模，适当调减小麦与玉米储备规模。严格按照省、衢州市农业专班工作要求，落实好粮食和食油储备实物库存，确保实物库存占比超过70%。

【做好为农服务工作】 为信誉良好、土地流转种粮面积13.33公顷以上的22户种粮大户发放粮食订单预购定金214万元。扩大“粮食订单质押贷款”覆盖面，为20多户种粮大户办理质押贷款700多万元，帮助种粮大户解决筹款难问题。设立大桥临时早稻收购点，由收储公司领导班子带队负责收购。为粮农提供免费除杂服务，减免粮农除杂费用90多万元。

【加强粮油安全风险预警】 组织对全市粮油市场进行质量抽查10人次以上。实施“放心消费在浙江”行动，经检查审核后公布3家放心粮油示范企业和17家放心粮油示范店。对中心粮库检验检测中心进行升级改造，争取到省财政资金54万元，再次采购重金属检验设备3台。做好军粮供应改革准备工作，做好新的军粮供应品种，组织粮油货源进行供应部队。承办衢州市2020年粮食安全应急预案二级响应演练，提高粮食应急响应速度和应急综合保障能力。

其他重点工作

【疫情防控保障有序】 采购26大类防疫防护物资，其中包括口罩350多万只、防护服5000余套、额温枪4000多把、消毒用品2.87万瓶，隔离衣1.98万件等。先后10余次为市“两会”、全域旅游培训会、全国健美操锦标赛、新年登高等大型活动提供红外线测温门保障。全年向全市各乡镇（街道）、各部门、学校发放各类口罩252万个、隔离衣19738件、防护服5648套、额温枪4015只。先后为各卡点配送帐篷168顶、行军床59床、大衣40件等应急物资68批次。开展秋冬季疫情防控物资储备工作，落实储备的物资有口罩75.97万只、额温枪739把、护目镜4500副，共计货款283.74万元。

【整治行业乱象】 全年接到“12345”平台消费投诉件190件，其中单用途预付卡投诉118件，汽车销售38件，非法加油10件，出国劳务6件，其他17件。牵头组织相关部门开展3次非法加油点联合专项整治行动，查处非法加油点案件13件，移送市场监管部门行政处罚13件13人，结案11件，行政罚款30余万元。联合市应急管理局、消防救援大队两次组织企业自备油罐设施设备专项整治，共排查企业自备油罐45家次。加强预拌混凝土企业专用车辆的安全管理，全市175辆全部纳入省卫星监控平台。联合市质监站按季度对混凝土企业产品质量进行抽样，全年委托质监站检测中心检测水泥、砂石、混凝土试块和砂浆试块等样品136份。

【问题整改彻底规范】 成立商务整改工作领导小组。对照反馈的问题清单，组织召开巡察整改专题民主生活会，围绕巡察整改工作，先后召开8次党委会议、5次推进会议，系统落实各科室（中心）整改职责，凝聚全局上下共同抓好整改工作的思想共识和行动合力。巡察组反馈的6个方面42项问题已整改到位41个，未整改到位1个；问责20人次，其中给予提醒谈话4人，批评教育16人；修订、制定6项规章制度，细化出台2项年度计划和工作方案；追缴各类违规违纪款项4.33万元。

【严格执行清洁生产标准】 谋划预拌混凝土生产线项目，与1个预拌混凝土生产线项目主动对接帮扶企业，提供清洁生产建设的指导和服务，1家新建预拌混凝土生产线项目已建成并通过清洁生产验收。依照《浙江省预拌混凝土生产企业清洁生产验收标准》，全市11家预拌混凝土企业全部完成清洁生产改造并通过验收。

（詹涵颖）

商　　贸

供销合作

【概况】 全市供销系统深入贯彻习近平总书记对供销合作社工作作出的重要指示和李克强总理对供销合作社工作作出的批示，牢固树立为农服务宗旨，深化体制机制改革，培育“三衢味”区域公用品牌，推进“三位一体”改革，打造为农服务综合平台，构建现代再生资源回收利用网络体系建设，各项工作实现稳中有进，稳中向好。

【推进再生资源网络体系建设】 7月，组建成立江山市再生资源行业协会，开展再生资源回收业务、交通常识等学习活动。9月，研究制定《江山市现代再生资源“三级”网络体系网点布局方案》，规范回收站点建设和运营模式。10月，完成市后淤等5个再生资源与生活垃圾“两网融合”示范点基础设施建设，逐步构建“回收网络化、服务便利化、分拣工厂化、利用高效化、监管信息化”的全链条再生资源回收利用新体系。常态化开展行业经营现状排查摸底。12月，制定出台《江山市现代再生资源回收利用体系建设行业专项整治实施方案》，统筹规划推进城南综合体项目建设。

7月8日，江山市再生资源行业协会成立

【深化“三位一体”农合联改革】 4月，研究起草《关于深化“三位一体”改革 推动农合联更好服务党建治理大花园建设的实施意见》。年内新建江山市长台镇现代农业综合服务中心、江山市长台镇蜜蜂产业农合联、江山市猕猴桃产业农合联和15个村综合服务社，同时成立中共江山市长台镇蜜蜂产业农合联党支部、中共江山市猕猴桃产业农合联党支部。响应衢州市“金秋消费季”活动，指导“三衢味”授权企业参与发动、审核、产品上线，带动“三衢味”授权企业销售，活动期间

4 月，开展春耕送肥活动

拉动消费 766.15 万元，位居衢州各县区第一。10 月，谋划推进一批以为农服务为宗旨的农合联“三位一体”服务体系建设、服务“三农”和改善城乡环境的创新项目，向省供销社申报江山市供销社特色亮点和农业社会化服务培育建设项目，争取到省财政专项资金扶持 150 万元。

【开展区域协作】 1 月以来，帮助“神农猕猴桃”“新生粮食”“福赐德峰产品”等农产品消费帮扶合作主体赴柯桥区对接，对全年合作意向进行沟通交流，通过微信推送、电话联络等方式，新增“旺林竹炭”等合作主体。全年协助全市农业市场主体销售猕猴桃、蜂产品、米粮、山茶油、竹炭花生等特色农产品 121 万元。通过全面摸排沐川特色农产品规模、品质和带动贫困户增收等情况，遴选出红心猕猴桃、牛肉酱等当地特色农产品进行重点帮扶，全年完成单位购销额 640.4 万元，连续两年超额完成指标任务。10 月，由四川省沐川县财政和江山市供销（集团）总公司共同出资 50 万元建设沐川（小凉山）旗舰店，展示销售沐川县域内的七大类农特产品。

【为农服务】 疫情期间，指导督促全市农合联会员全面落实防疫举措，畅通疫情期间农资、农产品、日用品的供应通道。3 月，江山市农合联执委会带领市贺福农资有限公司、市兴合农资有限公司等江山市农合联会员单位，在开春累计储备化肥 1800 多吨，农药 30 多吨，农膜 5 吨。针对当时交通管制、物流受限、物资紧俏等局面，通过微信、电话订货，帮助农户足不出户即可订购，享受上门配送服务。4 月，开展“送化肥、保春耕、战疫情”为主题的 2020 年春耕送肥活动，支持相关农业生产主体复工复产。5 月，与大陈乡共同举办“品早田好梅 传凤山文化”第五届大陈乡杨梅采摘文化节。8 月，牵头举办首期“百村千播”直播电商培训，培训对象涵盖全市范围涉农企业、农合联及农产品经纪人协会会员等 100 多人次，推进“村播”业态健康可持续发展。10 月，联合大桥镇举办“浙西粮仓、稻鱼飘香”农民丰收节，推动乡村振兴深入发展。

（夏文杰）

烟 草

【概况】 2020 年，江山市烟草专卖局（分公司）贯彻落实行业和地方工作部署，守牢疫情防控与经营管理“两大战场”，奋力夺取高质量发展高分报表。全省分层分类对标同组排名第三；县级局（分公司）年度工作业绩综合考核排名第一；全市基层对标创优 8 个基层部门中，有 7 个排名同序列前三。在项目攻关推动创新中，一个 QC 项目获全省系统一等奖、国家局三等奖，一个创客项目获全省系统三等奖。

【业务经营】 全年共销售卷烟 21744.52 箱，同比下降 0.89%；实现含税销售额 10.22 亿元，同比

10 月，机关人员下基层开展“一对三帮扶”活动

增长 5.91%；税利 2.92 亿，同比增长 6.8%。

【专卖管理】 全年查获案件 111 起，查获卷烟 1033.83 件，案值 780.3 万元。其中查获零售终端假私烟案件 5 起，取缔违法违规大户 5 户；查获专车运假案件 11 起，传递自主情报 2 起，共计卷烟 655.34 件，办成网络案 3 起，申报 2 起。

【许可证管理】 成立行政许可事项办理专班，提升许可证办理效率，全年共办理行政许可 2012 件，网上办证率 100%。

【参与疫情防控】 在做好本职工作的同时，共派出 1549 人次参与 14 个社区疫情防控工作，累计服务时长 9000 余小时，收到社区锦旗 3 面、感谢信 5 封。

（周育梅）

盐业

【概况】 2020 年，面对市场竞争和集团混改内部重组的双重压力，江山盐业公司围绕集团混改、澳洲海盐战略、打造盐业“重要窗口”等主题主线，保障江山市场食盐的质量安全和供应安全。全年总计销售各类盐品 2195.12 吨，其中小包装口食盐销售 1493.77 吨，同比上升 0.01 %；食品加工用盐销售 538.4 吨，同比下降 2.90 %；澳洲海盐销售 1222.81 吨，同下降 3.43 %；精品盐销售 154.24 吨，同比上升 12 %，吨盐价 4130.34 元。

【保障食盐应急供应】 疫情期间，针对食盐销售异常现象，根据集团统一部署，公司组织党员干部从年初三就开始进入应急值守状态。在乡镇村庄道路封道的情况下，克服困难，在做好自身防护的情况下，采取卡口对接的方式开展食盐配工作，共计销售小包装 200 多吨。全面复工复产后，深入市场一线对客户进行回访工作，履行国有企业社会责任和政治责任，做好食盐市场应急供应保障工作。

【构建终端营销模式】 按照衢州市公司大城区经营模式的工作要求，根据江山人口分布，经济流向的特点，推进核心配送商动态访销、海盐专柜 BC 类商超进驻、广告宣传、大型商超滚动促销等工作，紧密维系左邻右舍、时代东方等优质商户，按照“点对点”的终端配送方式，形成以“雪涛”中高端海盐销售为主的大城区终端销售模式。

【食盐市场监管】 面对盐政摘牌后市场监管真空的困境，与市场监管局与经信局协调沟通，推动三部门联合检查工作，巡查餐饮、流通、终端等渠道，宣传食盐专营及食品安全相关法律法规。在联合巡查中，发现江山某某食品批发部涉嫌无证批发山东鲁晶 400 克精制盐，立即进行立案调查。联合行动打击了违规批发不法商贩的不法行为，维护盐业市场的经营秩序，同时宣传“雪涛”海盐的优良品质及国企盐业的社会公众形象。

（金 灿）

招商引资

综 述

【招商活动】 3 月 4 日，江山市 2020 年第一季度工业招商引资项目集中签约活动在可津家居产业园隆重举行。3 月 12 日，江山市招商引资工作领导小组办公室印发《关于开展“招商引资突破年”重大招商项目谋划活动的通知》，组织开展重大招商项目谋划活动。4 月 16 日，市委常委、统战部部长姜方云前往市协作中心调研指导招商引资工作。4 月 20 日，市经济技术协作中心周秋林带队赴广州拜访美资企业佛山卢格斯有限公司，对接 C 类医疗器材及食品过滤网项目。4 月 21 日至 22 日，市经济技术协作中心周秋林带队考察上市企业联邦家具集团、佛山照明、海天味业及江山乡贤企业生活喜洋洋家具集团，并向各企业精准产业招商推介、邀请来江山考察。4 月 23 日，市经济技术协作中心周秋林带队赴衢州对接中铁加仑 LNG 物流园项目，进一步与企业负责人交流沟通，明确项目落地需求，加快项目进一步推进。4 月 29 日，市委书记童炜鑫主持召开招商引资重点项目情况汇报会，逐个详细分析研判市近期重点招商项目，并交办各市领导挂帅推进。5 月 1 日，市委书记童炜鑫主持召开惠尔医疗项目线上招商洽谈会。5 月 26 日，江山市出台《江山市中介招商奖励办法》。6 月 10 日，市委常委、宣传部部长陈雪良带队，考察北京中睿集团，交流在江建设创新基金小镇项目。6 月 17 日至 18 日，市委常委、统战部部长姜方云带队赴金华、绍兴、宁波等地走访江山籍消防企业并进行座谈。6 月 19 日，市政协副主席祝继友带队考察宁波牛奶集团牧场及牛奶加工车间，与投资商就“朝阳牧业田园综合体”项目进行交流座谈。7 月，贺村星级酒店项目合作签约仪式在金陵大酒店举行，成功签订合作协议，引入海外海集团运营贺村星级酒店项目。市委常委、贺村镇党委书记徐明峰，副市长郭林将参加仪式并发表讲话。7 月 3 日，市委书记童炜鑫主持召开江山市二季度招商引资重点项目情况汇报会，对前期已研判项目梳堵攻坚，并对新跟进重大项目把脉出招。会议强调，要紧盯产业链，围绕“1+3+2”工业体系，着力推动门业（家居）、应急消防、装备制造、新能源新材料等产业集聚；紧盯大企业，充分激发欧派、天际、科润等内生性龙头企业的发展潜力，进一步做大做强，全力做好永利百合、百源等外来企业的政务服务，构建“亲”“清”关系；紧盯主平台，向增量和存量要空间，在新增用地指标上努力向上争取，在存量挖潜上将低效用地盘活作为当前紧急的专项任务迅速推进；紧盯政策和基金，做深做细研究，把政府产业基金在优质项目中跟进和退出的路子“走出来”；紧盯氛围，设立工作“红黑榜”加强督导，特别是通过发挥领导的带头作用进一步浓厚比学赶超的氛围。7 月 6 日至 7 日，副市长郭林将带领市府办、双塔街道、生态环境分局、协作中心、经信局等单位赴上海考察上海顶尖食品深加工项目。8月20日，杭州凌石信息技术有限公司董事长竺红卫一行到江山考察，副市长郭林将，开发区、财政局、协作中心陪同考察。座谈会上双方交流就建立主动防火基地，实地考察海康威视项目。10月12日，香港皇朝家俬集团有限公司董事陈浩一行带队江山进行考察，市领导徐明峰、郭林将陪同考察。11月16日，江山市印发《江山市人民政府关于聘任江山市“招商大使”的决定》，聘任56名知名人士为江山市“招商大使”。12月23日，“衢州有礼·锦绣江山”浙商“双循环”发展江山峰会举行。

【招商成果】 全市各招商引资责任单位共上报招商引资项目392个，其中新增用地项目50个，数字经济项目24个，四大高端主体项目41个。到位资金45.73亿元。其中工业项目194个，到位资金40.41亿元。引进亿元以上项目28个，其中5亿元以上4个，10亿元以上2个。同时，引进国家级领军人才2名，省级领军人才5名。

招商举措

【重构优化招商体系】 坚持把招商引资作为赶超发展“一号工程”不动摇，坚持顶层设计、全市“一盘棋”理念，系统重构“1343”招商战略体系，“1”是坚持把招商引资作为赶超发展“一号工程”不动摇，“3”是突出“营造最优环境、制定最好政策、配备最强队伍”的工作抓手，“4”是实施“重构体系、聚焦重点、丰富渠道、优化机制”的工作路径，“3”是努力在总量上求突破、质量上求提升、结构上求优化，完善招商引资项目洽谈、研判、决策工作机制，形成专职招商队伍、商会乡贤队伍、企业家队伍、中介（投资人）队伍、招商责任单位队伍构成的“领导挂帅、五军参战”招引工作格局。

【推进挂帅招商】 发挥市领导招商“头雁效应”，推行重招商引资项目市领导挂帅招商机制，市党政主要领导至少各盯引一个10亿元以上项目，其他市领导分别盯引一个亿元以上项目的目标任务，实施重大招商项目“一名市领导、一个牵头部门、一个推进小组、一名店小二、一套工作方案”的全周期服务机制，建立重大招商项目“半月一梳理、一月一会商、一季一汇报”机制，市委、市政府主要领导每季度听取专题汇报，协调重大事项，加快推进重点招商项目进度。

【鼓励中介招商】 出台奖励力度最大的中介招商奖励办法，其中引进先进制造业项目单个项目奖励最高至400万元，幸福产业项目和数字经济服务业项目单个项目奖励最高至300万元，高端主体项目单个项目最高给予奖励500万元，引进牵引性强、具有整合产业链能力的重大平台型项目及其他引领性、战略性项目的实行“一事一议”等，调动社会各界参与招商引资的积极性和主动性。摸排全国重点区域招商中介机构45家（其中拟签约中介机构6家），梳理“1+3+2”产业全国头部企业257家，发挥专业团队、优质资源优势，“借势借力”助推招商引资工作。

【推行“招商大使”制度】 从知名江商、市内重点企业高管、已落户重点企业中精挑细选一批有影响力的企业家或者行业成功人士担任“招商大使”，发挥企业行业资源参与招商作用，楼华燕等首批56名江山“招商大使”参与招商工作。同时充分发挥15万名在外江山人优势，狠抓江商回归、项目回迁、资金回流、人才回乡。

【深化产业招引】 注重产业链招商，发挥江山市木门（家居）产业优势，以及欧派产业园等企业引领作用，引进万园家具、国顺木业等门业类项目。发挥应急消防产业优势，以及海康威视等企业落地效应，引进京开消防、鑫龙消防、万众消防等消防应急产业项目。

【加强专职招商】 公开选调专职招商干部22名，其中工业招商局

5人，服务业招商局5人，驻杭州招商局5人，驻上海招商局4人，驻深圳招商局3人，增强专职招商力量。落实好专职招商工作机制，全面加强招商队伍管理，坚持两周一次例会、专题学习，提升招商干部业务知识、综合能力。实行专职导图作战，每名招商干部负责一个重点领域、一批重点企业、两至三个重点区域，明确时间节点、任务清单。加强实战锻炼，立足产业特色、资源禀赋特点开展精准产业链招商。

江山德霖板艺科技有限公司橱柜饰面板智能工段

山海协作

【山海协作活动】 4月22日，绍兴市发改委对口办专职副主任韩春芳带队到江山考察山海协作工作，实地考察柯桥—江山山海协作产业园入驻企业欧派产业园、江山市木门产业创新服务综合体、浙江天际互感器有限公司等企业，衢州经济技术协作中心副主任徐永功，江山市委常委、副市长马亦忠陪同考察。6月17日，江干区代表团到江山开展山海协作工作，考察产业飞地选址、长山源村山海协作乡村振兴示范点、江山上铺铁路货场、公铁联运项目等，并专题召开江山—江干产业飞地座谈会。6月18日，江山—柯桥山海协作技能人才培训开班，在开班仪式上，两地人力社保局签订2020年“山海协作”技能培训班协议书。8月28日，省督查组到江山督查山海协作工作，省督查组一行实地考察了健盛产业园、蓝城·春风江山田园文旅颐养小镇等山海协作示范项目和乡村振兴示范点峡口镇枫石村，并听取山海协作工作情况汇报，查阅相关台账资料。9月7日，协作中心出台《山海协作乡村振兴示范点建设管理实施细则》。10月21日至22日，杭州市对口支援和区域合作局党组成员、二级巡视员马佩龙带队到江山调研对接山海协作工作，实地走访杭州市援建的乡村振兴示范点江山市四都镇埠头村，衢州市协作中心副主任张志勇，江山市委常委、副市长钱伟陪同调研。11月4日，柯桥区委副书记、区长赵如浪率领柯桥区党政代表团到江山考察江山—柯桥山海协作产业园内的木门创新综合体和欧派产业园等项目开发建设情况，并召开江山—柯桥“山海协作工程”对接暨产业园第十五次联席会议，会上柯桥、江山两地签订深化科技合作、乡镇“残疾人之家”建设项目、疗休养路线及山海协作技能人才培训等相关协议。11月18日至19日，衢州市山海协作工程业务培训班在江山举办，衢州市、县（市、区）协作中心分管领导、科室负责人，杭州、宁波、绍兴、嘉兴及结对区县山海协作职能部门，以及山海协作挂职干部、乡村振兴示范点负责人等87人参加培训。11月27日，浙江大学—江山企业“创新结对”暨门业产业“智”造与创新设计高端对话活动举行。11月30日至12月1日，柯桥—江山山海协作文旅走亲队伍走进江山市。12月24日，市委书记童炜鑫率队赴下城区开展山海协作考察交流活动，实地考察基层社会治理综合服务中心、旧改项目、对口帮扶农产品展销中心、城市大脑下城平台、辖区企业，深化下城—江山两地的交流合作。同日，“江山—江干科创飞地”在江干区开园，市委书记童炜鑫参加开园仪式，雷士灯具、腾准科技、龙鼎制造、格创新能源、斯利迈医疗、星莱农业、格格屋、骁龙科技等8个创业创新项目正式签约入驻。

【山海协作成果】 对接江干区钱塘智慧城管委会、杭州金融科技中心、杭州人工智能产业园开展招商推介；对接浙江省现代产业规划院开展中介招商；摸底江干区、钱塘新区产业转移情况，制定招商地图。推进江山—柯桥山海协作产业园数字化和智能化改造，2019年12月至2020年11月招商引资实际到位资金23.61亿元，政府投资基础设施投入3.15亿元，规上工业总产值62.5亿元，亩均税收30.45万元。《产业数字化园区智能化，智能制造助力打造“百亿级”山海协作产业园》入选省发改委“最佳实践案例”评选。尽心对接、多方争取四都镇埠头村入选杭州市本级山海协作乡村振兴示范点，一期（3年）计划援建资金1245万元。落实省发改委山海协作乡村振兴示范点工作指引，推进四都镇埠头村、清湖街道华夏村、上余镇李坪村、峡口镇枫石村、石门镇长山源村开展乡村振兴示范点建设，五个村均编制村庄发展规划，推进2020年度山海协作乡村振兴示范点项目建设。制定《山海协作乡村振兴示范点建设管理实施细则》，加强和规范山海协作乡村振兴示范点建设项目申报程序，完善操作流程，落实项目监督管理，提高援建资金使用绩效。争取绍兴市援建塘源口乡猕猴桃产业品牌建设专项资金200万元。积极对接下城区，争取下城区免费提供两间店面给杭州恩苗农业有限公司建立“江山馆”，帮助销售江山农产品，助力群众增收。江山—江干科创产业“双飞地”建设加快推进，江山—江干科创飞地正式开园，雷士灯具、腾准科技、龙鼎制造、格创新能源、斯利迈医疗、星莱农业、格格屋、骁龙科技等8个创业创新项目正式签约入驻；“浙江大学紫金众创小镇·江山市创新创业基地”新入驻企业10家，共入驻企业29家，综合入住率87.5%。江山—柯桥山海协作“消薄飞地”建设取得成效，购买柯桥区中心城建设投资开发有限公司1624.2平方米空间物业并委托管理运营，“消薄飞地”保底收益310万元柯桥方面已经拨付江山市。加强与杭州协作，创新教育教学合作模式，积极应对受疫情影响，两地学校教育教学交流从线下发展为线上网络教学、网络培训，创新人才培养模式，提升办学水平，持续推进合作办学。成立高军玉小学校长导师工作站助力江山市小学校长成长。借力江干区杭州贝贝信息科技有限公司等销售茶叶、蜂产品等800万元，绍兴柯桥新供销供应链管理有限公司采购江山大米、竹炭花生、蜂产品、茶叶等总价值1200多万元。完成劳务职业技能培训及农村带头人培训1000人次。与杭州铁路公安处杭州东站派出所签订路地融合、信访维稳、警务交流合作协议。

（市经济技术协作中心）

农业农村

综 述

【农户小额普惠贷款试点】 2020年，江山市被省农村信用社联合社、省农业农村厅选为全省唯一的农户小额普惠贷款试点县，在全省率先推出农户小额普惠贷款金融服务，完成普惠授信15.1万户，授信金额223亿元，授信率100%。成功探索"无感授信、有感反馈、按需用信"的农户小额普惠贷款"江山模式"，入选三季度全省争先创优行动"最佳实践"案例（衢州唯一）。

【乡村振兴产业】 江山市被省财政厅评为2020年省级乡村振兴产业发展示范建设县（衢州市唯一县），建设总投资2.2亿元的江山市食用菌产业发展示范建设项目，获省财政资金8000万元。同时，江山市被中央农办、农业农村部评为全国农村承包地确权登记颁证工作典型地区。

【数字农业】 江山市被省农业农村厅、省发展和改革委员会、省财政厅、省商务厅列入2020年省级"互联网+"农产品出村进城工程试点县名单，建成农业应急指挥中心1个、应急管理基点12个，完成种养殖基地数字化改造13个。浙江大夫第现代农业有限公司入选全省第二批数字农业工厂试点创建主体。开展"村播"活动847场，带动农产品销售8.3亿元。

【休闲农业】 全市有三星级以上农家乐（民宿）201家，休闲农业与乡村旅游示范园（点）30个，全年营业收入约4.3亿元。推进农旅一体化平台建设项目3个，江山米糕入选"浙江农家特色小吃百强"。

【农业"机器换人"】 全市农机总动力38.65万千瓦，主要农作物耕种收综合机械化水平81.6%。发放农机购置补贴704.68万元；推广农机具政策保险243台套；引进首台无人驾驶插秧机，推广新型植保无人机19台。

【现代农业经营体系】 培育现代农业主体健全经营体系。2020年底有农业龙头企业75家、示范性家庭农场99家、示范性合作社22家。

【农民培训平台建设】 全年开展农村实用人才和高素质农民培训76期，培训学员6056人次，培训全局干部3400多人次，开展师徒结对活动全方位提升年轻干部工作能力，完成基层农技人员知识更新培训73人。利用钉钉群办好"云"课堂，组织7名副高以上专家为乡镇干部、农业主体线上线下授课。

农业生产

【概 况】 全市粮食播种面积24513.33公顷，总产15.59万吨，其中水稻播种面积18253.33公顷，产量13.24万吨。生猪饲养量37.93万头，家禽饲养量2316万只，渔业产量1.55万吨，蔬菜播种面积9753.33公顷，猕猴桃种植面积1780公顷，食用菌栽培1.1亿袋，实现蜂业总产值15.57亿元。茶园总面积3486.66公顷，中药材种植面积1773.33公顷。

【粮食生产】 全市粮食播种面积

同比增长206.66公顷、产量同比增加500吨。申报种粮大户249户，较上年新增13户；承包耕地面积6140公顷，较上年增加1086.67公顷，增幅21.5%；种粮大户水稻复种面积7713.33公顷，较上年增加973.33公顷，增幅14.4%。发放规模种粮补贴2160.3万元，较上年增加800万元，其中市本级配套大户直补资金500万元，发放耕地地力补贴3012.5万元，江山市配套粮食生产其他扶持资金1290万元。提供水稻集中育秧面积7666.67公顷，新增插秧机43台，开展水稻机插服务面积7333.33公顷，较上年增加3300公顷。江山市被省政府授予浙江省第三届“河姆渡杯”粮食生产先进单位银奖。大桥镇入选国家级农业产业强镇建设名单，获中央财政奖补资金1000万元。提标改造粮食生产功能区1000公顷，新建高标准农田1333.33公顷。

【畜牧业生产】 全市生猪饲养量37.93万头，同比减少30.18%；生猪出栏20万头，同比减少44.52%；生猪存栏17.93万头，同比减少1.89%，其中能繁母猪存栏1.73万头，同比增长34.63%。家禽饲养量2316万只，同比减少8.25%；家禽出栏1801万只，同比减少2.74%；家禽存栏515万只，同比减少23.42%。

【蔬菜生产】 全年蔬菜播种面积9753.33公顷，同比增加5.2%；产量26.91万吨，同比增加8.15%；产值4.88亿元，同比增加8.98%。实施省第三轮省蔬菜产业团队项目“藕田养鳅共生模式示范”。

【渔业生产】 全年渔业产量1.55万吨，产值4.89亿元。鱼苗、鱼种生产和鱼种投放量分别是6亿尾、3911吨和3644吨。全年培训人数500多人次。成功创建省级渔业健康示范县，新发展稻渔综合种养400公顷，新培育省部级水产健康养殖示范场6家。推广洁水渔业模式，22家规模养殖主体配置养殖尾水处理设施。水产推广做法成为全省8个“推广服务好做法”之一。

【水果生产】 全市猕猴桃种植面积1780公顷，同比增长0.75%；产量2.3万吨，同比增长4.55%；产值2亿元，同比增长13.64%。其他水果产量2.78万吨，产值1.86亿元。水果产业总产量5.08万吨，同比增10.8%；产值3.86亿元，同比增长10.7%。“江山猕猴桃”获国家农产品地理标志登记证书。“江山市猕猴桃特色农产品优势区”被认定为浙江省特色农产品优势区。吴创家庭农场的红美人柑橘获2020年衢州市精品柑桔擂台赛红美人类一等奖。

【食用菌生产】 全市食用菌规模1.1亿袋，同比增长6.34%；总产量3.58万吨，同比增长8.92%；产值3.497亿元，同比增长9.29%。江山市入选2020年省级乡村振兴产业发展示范建设县，是衢州市唯一县。建设总投资2.2亿元的江山市食用菌产业发展示范建设项目，获省财政资金8000万元。启动建设总投资1.4亿元的食用菌产业园项目，总面积40.53公顷，涉及面积约5.2公顷，其中1.87公顷工业用地已通过报备，3.33公顷农业设施用地正在审批备案过程中。举办江山特色农产品贮运保鲜技术培训班，国家食用菌产业团队试验——秀珍菇培养基添加甜菜渣配方试验已经全部完成。

【蜂业生产】 全市蜂群23.5万箱，蜂业总产值15.57亿元，其中养蜂产值3.57亿元，经销加工产值12亿元，出口产值2600万美元，全市养蜂规模与经济效益实现全国29连冠。蜂王浆冻干粉生产技术全国领先，建成全省第一条蜂蜜饮料生产线。

【茶叶生产】 全市茶叶总面积3486.66公顷，同比增长0.97%；产量2476吨，同比增长7.6%；产值1.98亿元，同比增长1.5%。其中名优茶1780吨，同比增长6%。产值1.79亿元，同比增长1.7%。茶产业生产全程社会化服务试点获浙江省农业丰收二等奖，编制完成“江山绿牡丹”手工茶制作技艺团体标准。浙江红盖头农业科技有限公司“红盖头牌”葛饮料、十罗洋茶场“十罗洋牌”绿茶荣登“2020浙江农业博览会百个名优畅销农产品”榜单。举办

5月21日，举办首个国际茶日暨首届江山绿牡丹文化宣传日活动

线上“江山绿牡丹开茶节”、首个国际茶日暨首届江山绿牡丹茶文化宣传日活动。两茶旅游路线上榜浙江十大茶旅精品线路。

【中药材生产】 全市中药材面积1773.33公顷，同比增长1.02%；总产量1959.24吨，同比增长8.49%；产值2.21亿元，同比增长8.01%。“江山黄精”通过农产品地理标志登记部级评审。江山黄精“江郎1号”获第13届中国义乌国际森林博览会金奖。召开中药材产地初加工技术研讨会暨湘浙品牌药材对接会。举办浙江省十大药膳江山黄精乌鸡煲烹饪大赛。通过浙江省团队科技特派员平台，共同研究灵芝健康产品开发、建立加工标准技术体系，初步开发灵芝胶囊、孢子油、饼干等健康产品。

【农业保险保费补贴】 完成农业保险保费3462万元，其中政策性农险保费收入3200万元，商业性农险保费收入180万元，地方特色农险保费收入82万元，为全市878户农业经营主体提供风险保障6.8亿元，引入中央、省两级财政补贴资金2300万元，支付理赔款3450万元，赔付率99.65%。

【“3030”新农人项目】 全年2个新农人项目计划总投资2031.59万元，其中省级财政资金1000万元，企业自筹1031.59万元。

农业面源污染治理

【省级农业绿色发展先行县】 江山市被省农业农村厅评为2020年度农业绿色发展先行县(市、区)，建成凤林、峡口两个省级农业绿色发展示范区。

【“肥药两制”改革】 抓好“肥药两制”改革，培育改革试点主体53家，创建省级改革示范农资店4家；推广应用有机肥2.1万吨，测土配方施肥覆盖率95%以上，减少不合理施肥200.5吨；推广水稻绿色防控技术17000公顷次、统防统治14000公顷，农药减量6.5吨。

【秸秆综合利用】 引进水稻收割打捆一体机8台，推广农作物秸秆还田面积25953.33公顷，秸秆综合利用率96.2%。在总结、提炼农民秸秆利用实践的基础上，重点推广秸秆还田、秸秆—养殖场治污、油菜秸秆—湖羊、秸秆—生物质燃料、秸秆—原料化利用等“五大模式”，推进秸秆变废为宝，初步形成农作物秸秆资源化、生态化利用新格局。

美丽乡村建设

【农村人居环境整治】 全年开展专项活动2600余次，出动人员3800多人次，清理垃圾2.5万吨，设立垃圾兑换点580多个，兑换烟头3.5吨。新建多功能、高颜值垃圾分类处理站点4座；累计建成省高标准农村生活垃圾分类示范村11个。开展农村公厕大提升服务，拆除农村旱厕11856宗，争取中央奖补资金415万元，新建公厕114座。江山市被评为2020年度全省深化“千万工程”建设新时代美丽乡村（农村人居环境提升）工作考核优秀县。

【新时代中国幸福乡村建设】 围绕“衢州有礼”诗画风光带建设，以新时代中国幸福乡村建设为载体，印发《关于公布2020年度新时代中国幸福乡村、新时代美丽乡村创建计划名单的通知》，创建新时代美丽乡村80个和幸福乡村27个，打造美丽乡村风光带，促进美丽乡村串点成线提质扩面，实现从单个村点建设向连线成片建设推进，变盆景为风景。

【历史文化（传统）村落保护利用】 启动第八批重点村广渡村及6个一般村项目建设，广渡村完成总体规划省级评审及部分工程方案设计，八股厅项目动工建设，6个一般村全面完成工程方案设计，5个村已动工。第五批重点村清湖一村在省级三年绩效考核中获优秀等次，花桥村被评为省历史文化（传统）村落保护利用示范村。广渡村入选第八批历史文化（传统）村落保护利用重点村，浔里村、凤里村入选第九批历史文化（传统）村落保护利用重点村。保安乡保安村等5个村被省政府列入第六批浙江省历史文化名镇名村街区名单

【乡村未来社区建设】 推进项目建设，累计投资1.3亿元，启动通景公路、饮用水、排污、用电等基础配套项目建设；投资1200多万元，提升改造村庄环境，完成茶马文化广场、山塘舍里精品民宿、通村道路提升、农房外立面改造以及部分景观节点等项目；“春风江山”项目加快投资，完成投资8亿元，第一期8.82万平方米、222幢中式颐养农庄、公寓、商业街样板区全面开工建设，244.47公顷流转土地、66.67公顷农业种植及景观打造、马文化改造提升工程启动，酒店、民宿、学校完成项目规划论证。

【农房管控和风貌提升】 累计完成九大类应整治对象8.3万宗，整治面积439.59万平方米；已利用宗数5.17万宗，利用面积232.6万平方米，拆后利用率97.9%；累计建设“一米菜园”7.2万平方米；复垦土地面积51.2公顷。8月，在衢州市争先创优现场考评中位列第一。推广应用房地信息系统，受理线上审批1205件，办结率79%，房地信息系统考核位居衢州第一。

【“衢州有礼”诗画风光带江山段】 布局建设衢州市级拆后利用示范村20个、江山市级拆后利用示范村10个。推进“百里须江·全域旅游风情带”规划设计，形成世遗江郎休闲样板区、花园门户风光段、品质城区风景段、美丽镇村风情段、仙霞古道风韵段“一区四段”发展结构。15个重点项目累计完成投资20.89亿元，年度投资完成率142%。完成31处闲置农房、26处连片土地资源调查以及16个项目谋划，开展集中推介招商。

农民增收

【低收入农户清零】 通过努力，全市消除收入8000元以下农户共181户307人。市低收入农户人均可支配收入10788元，增幅17.8%，增幅位居全省26个县第二，衢州6个县（市、区）第一。

【抓好“两不愁三保障”工作】 全市未发现低收入农户子女失学辍学现象，各类学校布局合理，百姓就学方便。所有低收入农户全部纳入医保资助范围，相关人员纳入医疗保险、大病保险及医疗救助。年内排查确认的931幢农村困难家庭危房，已全部完成改造建设，低收入农户住房安全得到保障。年内排查确认的2851户低收入农户饮水安全问题，已全部完成改造建设。超额完成29.2万农村人口饮用水达标提标任务。

【完成村集体经济“消薄”工作】 全市292个行政村全部实现经营性收入10万元以上，达到20万元以上的有156个村，50万元以上的有44个村，100万元以上的有13个村，全面完成省、衢州市下达的“消薄”工作任务。

【农村集体“三资”监管】 全面完成村级债权债务清查，建立村级债务档案514个，清收陈欠合同承包款1000多万元，下拨化解

资金5000万元，145个村债务得到有效化解。对5个重点村开展“三资”专项清理，对12个乡镇（街道）80多个村开展误工支付、项目建设、合同管理检查；实施村组资产租赁、资源发包合同收集归档、备案登记制度，完成102个村审计工作。

【创新扶贫机制】 “一包一牌一卡一码”扶贫做法，分别在《衢州日报》头版头条、省农业农村厅专班动态专题报道。创新扶贫工作机制，通过“一单一班”“两报两会”“六案六图”“七问七查”“八个一”等举措，打赢脱贫攻坚战。

【实施“甜蜜奔小康”项目】 连续3年实施“甜蜜奔小康”项目，帮助四川省乐山市沐川县13个乡镇、2200多户贫困户养殖“江山蜂”2万余箱，新培育养蜂致富带头人54户，助力贫困户年均增收5000元以上。江山市成为浙江省唯一被中国蜂产品协会评为蜂业扶贫先进县。

平安建设

【农业安全生产】 开展安全生产“百日攻坚”专项行动，累计出动工作人员2580人次，检查农业生产主体2690家次，提前完成556辆变型拖拉机清零，发放报废补偿资金223.99万元。组织技术人员218人次开展农村沼气安全检查，检查工程126处，废弃沼气58处，整改隐患17项。

【农产品质量安全】 落实农药销售实名制，抽检农产品1200批次，省级例行检测合格率98.54%。健全提升农产品追溯体系，市（县）、乡两级质量实现安全智慧监管全覆盖。

【农业投入品质量监管】 出动执法人员450多人次，检查农资店215家次，抽检农业投入品68个，除兽药和饲料各1个检测不合格立案查处外，其他均合格，农药的抽检合格率近两年均达到100%。

【农业综合行政执法】 出动执法人员450余人次，其中开展渔政夜间巡查执法12次，查处农业违法案件21起。两个执法案卷先后入选2020年全省农业行政执法优秀案卷、全省渔政执法“十佳案卷”。

【动植物疫病防控】 重大动物疫病免疫台账到位率100%，开展动物疫病、人畜共患病防控监测，监测各类动物疫病14543份。重点防控加拿大一枝黄花等植物疫情，病虫预测准确率达95%以上。

【推进农业“互联网+监管”】 完成国家级监管事项库认领工作，认领率100%，开展认领监管事项的执法检查，除无检查对象外，达到监管事项全覆盖。开展检查215家次，掌上执法利用率100%，“双随机”事项抽查率10%，检查72家次，与市场监督管理部门开展跨部门“双随机”检查，全面完成省市各项考核指标。

（刘嘉欣）

林　业

综　述

【概况】 2020年，市林业局以“森林江山”建设为目标，不断探索创新，发展林业生态建设。截至年底，全市林业用地面积145200公顷，占土地总面积的72%，林木蓄积量744.2万立方米，森林覆盖率69.51%，平原林木覆盖率27.4%，城区绿化覆盖率43.93%，人均公共绿地面积14.09平方米，公路、铁路、城区骨干道路和河岸绿化率95%，宜林网化农田区的农田林网控制率96.1%，省级以上重点生态公益林面积66746.67公顷，湿地3866.67公顷，环城生态景观林2000多公顷。空气负氧离子平均浓度750个/平方厘米，空气质量良好以上天数连续六年达90%以上。市内有国家级风景名胜区1个，国家森林公园1个，省级自然保护区2个，省级公园2个，城区森林主题公园4个。

【“森林浙江”建设】 2021年1月，省委、省政府发文表彰全省“森林浙江”建设成绩突出贡献集体和个人，江山市政府、峡口镇政府被表彰为突出贡献集体，全省仅5个县（市、区）政府获得表彰。江山市连续第十年获省政府“森林浙江”考核优秀。

林业生产

【绿化造林】 全年完成平原绿化762.6公顷；人工造林664.6公顷；迹地更新146.67公顷；四旁植树29.6万株；义务植树30万人次，80万株；珍贵树种发展55.2万株，其中赠苗完成17万株。大力开展新增百万亩国土绿化行动，全市完成新增百万亩国土绿化面积877.93公顷，为省下达任务373.33公顷的235.2%，排名全省第一。

【省级森林城镇和“一村万树”示范村创建】 持续推进“森林系列”创建，塘源口乡、张村乡获评省级森林城镇；贺村镇耕读村成功创建省级生态文化基地；“一村万树”示范村创建工作有序开展，塔东村、金山村、东儒村等7个行政村成功获评省级“一村万树”示范村。

【林业种苗保障】 做好绿化造林苗木调剂，共调剂苗木92万株，其中良种苗37万株，珍贵树种55万株，供应温州、衢州等地10多个县（市、区）。积极与上级部门对接沟通，争取各类项目资金217万元，保障项目开展。林木良种补助项目，培育良种苗木60万株，其中油茶30万株，其他林木良种30万株；珍贵树种容器苗培育项目，培育珍贵树种55万株，其中一类苗20万株，二类苗10万株，三类苗25万株。

林业产业

【木材加工产业】 全年林业总产值262.76亿元，同比增长11.21%，其中一产9.81亿元，二产171.90亿元（木业产值171.90亿元），三产81.05亿元。

【绿色富民产业】 发展林下经济

江山港流域综合治理绿道（柴茂林 摄）

助农增收，全市林下经济种植面积 1500 公顷，经营主体 2000 多个，2 万多人从事林下经济行业，农民月均增收 2500 元以上。推广林下黄精高效栽培、白及高效培育等技术，全年发放相关补贴 120 余万元。推进“一亩山万元钱”五年行动计划，共完成新建示范面积 180 公顷，辐射面积 533.33 公顷，巩固面积 813.33 公顷。邀请林科院亚林所等科研院所黄精、油茶专家到江山授课，为林区持续输送林业实用科技成果，共培训种植户、技术人员 200 余人次。

【助推大花园建设】 “衢州有礼”诗画风光带锦绣江山乌木山区域生态修复项目成功列入省林业重点工作任务，获省级财政资金补助 1000 万元；金钉子二期项目完成竣工验收；仙霞古道（江山段）修复项目完成并通过验收；浮盖山村枫岭关段森林古道维护与保养项目、太阳山古道修复项目完成设计方案并开工建设。

【参展国际森林产品博览会】 组织 18 家企业参展第十三届中国义乌国际森林产品博览会，展品涉及木结构及木建材、木门、家具、花卉园艺、木（竹）工艺品、森林食品等六大类 20 个品种。展会期间，完成现场交易额 40 多万元，达成意向性协议 300 多万元。参展企业中浙江茶之语科技开发有限公司等 5 家企业林产品获 5 个优质林产品金奖，浙江红盖头农业科技有限公司等 8 家企业林产品获林产品优质奖。此外，还收获本届博览会木（竹）雕艺术“金雕手”创新设计大赛银奖 1 件、铜奖 5 件。

林政管理

【林地征占用管理】 全年共办理林地占用 167 起，面积 75.11 公顷，收取森林植被恢复费 1505.11 万元；发放林木采伐许可证 628 份，采伐面积 37450.85 立方米。保障全市 28 个涉林重点项目落地。

【松材线虫病除治】 全年清理枯死松树小班总面积 4253.33 公顷，折合松林面积 2635.33 公顷，为省下达除治任务 996.07 公顷的 264.6%；清理枯死松树数量 4.51 万株 12304 吨。根据秋季普查数据，全市 18 个乡镇（街道）疫情面积 3321.67 公顷，枯死松树 10641 株。疫情危害程度同比下降 30%，亩均死树降低 76.7%。探索形成松材线虫病“三统三最五机制”防治做法，年内省级核查中，江山市除治质量排名第一、除治成本最低、补助林农价格最高，获得时任副省长彭佳学肯定，批示全省推广江山经验。在全省国土绿化行动及松材线虫病防治工作会议上，江山市作典型发言；相关检疫执法工作受到国家林草局点名表扬，成为全国在该项工作上唯一受表扬的县级单位。

【野生动植物保护】 全面落实全国人大“禁野”决定，出台《关于全面禁止非法猎捕、经营、食用陆生野生动物的通告》《关于规定我市陆生野生动物禁猎期、禁猎区及禁用工具和方法的通告》等规章制度，确保野生动物管理有规可依。稳妥有序开展在养野生动物处置工作，共处置竹鼠、豪猪、果子狸等兽类5884只，眼镜蛇、王锦蛇、滑鼠蛇等蛇类39466.4公斤，发放补偿金1314余万元。推进古树保护建设工程，完善保护名录，对全市1600多株古树、13个古树群全面开展保护牌更换工作。

【开展联合执法】 一级响应期间，每天对全市各菜市场、农家乐、野生动物经营和繁育单位等重点场所开展联合执法，打击非法猎捕、运输、销售野生动物等违法行为。共出动巡查、检查人员762人次，检查野生动物活动区域296处，开展宣传教育746次，发放宣传资料427份。

林业改革

【探索地役权改革】 5月7日，江山市政府与桃花源基金会签署合作协议，共建雪岭社会公益型自然保护地。相关部门、乡镇共同发力，分片挂联指导，协调解决项目难点、堵点，提前8个月完成1200多户、4200公顷集体林地地役权签约。12月，发放全国首宗地役权不动产登记证明，为全省乃至南方地区农村集体林生态保护与经济赋能提供示范样板。该项目成功入选2020年度衢州市改革创新最佳实践案例。

【重新构建林业执法队伍】 在林业行政执法由市森林公安局代履行期间，提前谋划森林公安转隶后林业资源保护工作，设立江山市林业资源保护站，负责保护全市林业及生态建设成果；成立森林防火科（行政执法科），承担全市森林资源保护和林业行政执法职能。

【国企改革】 落实市国资改革相关要求，坚持政企分开，对种苗站进行合理优化，将种苗站主要业务聚焦在行业管理，做好国企重组涉及的江山市林业种业有限公司划转移交工作，确保资产、机构和人员平稳过渡。

自然保护地管理

【彰显世遗品牌效应】 6月13日，成功举办“建设浙江大花园—2020文化和自然遗产日走进江郎山”活动，活动线上线下相结合，展现江郎山世界遗产和风景名胜保护等方面成果，获得省政协原副主席陈艳华、省林业局局长胡侠等领导好评。

【整合优化】 以江郎山总规修编为契机，成功争取省自然保护地整合优化试点县资格。开展现状调查评估，重点解决交叉重叠、历史遗留和现实矛盾冲突问题，对金钉子自然保护区、仙霞岭自然保护区和浮盖山地质公园等进行合理优化。《江山市自然保护地整合优化调整方案》已完成预案上报。

（邵琳珊）

仙霞岭保护区管理

【概况】 2020年，江山仙霞岭省级自然保护区管理中心紧紧围绕衢州“1433”、江山“融衢接杭”发展战略，以“四个年”活动为抓手，以打造全国“两山”实践样板区为目标，全面开展资源管理、科研监测、宣传教育、社区共建等工作，推动江山市生态保护事业发展。全年共实施项目10个，争取省级资金2502万元。

【数字保护区建设】 把保护区数字化改革当做牵引各项工作的主动力和总抓手，精心谋划“天空地一体化综合管护系统”项目并组织实施。该项目顺利通过浙江省林业局竞争性立项，被列入浙江省林业局2020年重大项目，并获得省林业专项资金2000万元，为有史以来全省自然保护区获省级补助资金规模最大项目。年底，完成生态因子监测系统和管护中心建设。

【综合科考】 联合省森林资源监测中心、省林科院、浙大、浙师大、杭师大、农林大等科研院校，完成为期三年的综合科考工作，发现野生脊椎动物 331 种，野生及常见栽培高等植物 1743 种，较之前的市历史记录增加 46.5%和 63.8%。同时，通过自主布设的红外相机首次拍摄到黑熊活动影像，为江山历史上首次明确监测到黑熊踪迹，江山成为浙江省继开化和遂昌之后第三个被证实的黑熊分布点。根据科考成果，出版《仙霞岭珍稀动植物》图鉴。

【科普宣教】 以阵地建设为抓手，夯实科普宣教硬件基础，年内建成仙霞岭保护区科普百米科普墙，结合已有的科普馆和科普长廊两大科普宣传阵地，数百种动植物标本以及各种展现形式全方位进行科普宣教。通过组织新华小记者采风、联合张村乡小学开展“科普知识进课堂活动”等形式，不断提高生态保护意识。同时通过各种平台不断加强对外宣传，年内印制《仙霞岭》内刊二期，黑麂、猕猴等仙霞岭自然保护区重点保护野生动物视频影像在央视一套《秘境之眼》播出，全年累计 13 次，播放次数在全国所有自然保护地中位列第四。

【资源管理】 加强基础设施建设，提高资源保护能力。投资 260 多万元，完成徐罗—松坑口森林消防应急通道，改善林区道路条件，满足保护区巡护管理需求和方便群众生产生活。实施引水灭火工程，在保护区内安装 33 个消防水桶，配备风力灭火机等消防设备。在春节、清明节等重要节日节点，督促巡护员开展重点巡护。全年共印发禁火令宣传册 200 余份，悬挂宣传标语、横幅海报 30 余条。

红外相机首次拍摄到的黑熊

【科研合作】 与省森林资源监测中心、省林科院、浙江大学、北京林业大学等科研院所合作，共同开展科研攻关。年内，分别投入 125 万元与浙江大学合作开展黄腹角雉调查与研究项目，投入 46 万元与北京林业大学合作开展伯乐树遗传研究项目，与省林科院、浙江农林大学合作开展伯乐树土壤肥力、水分影响、光照影响等项目研究。在保护区内建设实习基地，开展科学研究。

【社区共建共管】 抓住国家林草局与央视合作推介自然保护地生态农产品的机遇，加强与国家林草局自然保护地管理司、农业农村部门和第三方推广机构的对接合作，争取保护地生态农产品上线销售，带动当地群众增收。根据保护区内居民耕种的农作物遭受野生动物破坏严重的实际情况，投资 4 万多元购买防护围栏，完成保护区田间围栏发放，帮助百姓减少野生动物破坏农田造成的损失。

(徐水菊)

水利　电力

水利项目

【概况】 2020年，江山市水利局坚持以“补短板、强监管、走前列，推进水利高质量发展”为总基调，突出重大水利项目建设、农村饮用水达标提标、水旱灾害防御、水利行业管理等重点，求真务实，攻坚破难，圆满完成各项年初既定目标。全年共向上争取资金4.1亿元；江山市水文站被水利部评为2020年度全国优秀水文站；农饮水达标提标行动获全省农村饮用水达标提标行动成绩突出县，成功争取到省级奖补资金3000万元；峡口镇三卿口溪和廿八都镇廿八都溪获评浙江省2020年度美丽河湖；连续第三年获全省农业水价综合改革绩效评价优秀县称号；获2018—2020年度衢州市农村饮用水达标提标行动先进集体及衢州市扶贫开发工作成绩突出集体称号。

【江山港流域综合治理项目】 项目概算投资22.32亿元，总用地面积453.04公顷，需征用土地面积384.87公顷，需拆迁房屋359户（不含城南新城）。以稳征迁、促投资、强监管为总基调，组织开展“春夏大攻坚，秋冬大决战”施工竞赛活动，出台“四不承诺”“六不六零”“廉政约谈”等规章制度，多措并举扎实推进各标段复工复产、有序施工。年底，累计完成建设投资15.79亿元，完成年度投资5.98亿元，年度投资完成率199%，实施和即将开工实施共14个标段，其中已完工4个标段工程。共完成土地政策处理415.87公顷,完成房屋征迁360户8.19公顷，累计支付征迁费用3.57亿元。

廿八都溪获评浙江省2020年度美丽河湖

【碗窑灌区续建配套与节水改造项目】 项目概算总投资14198万元，主要涉及贺村、清湖、长台、坛石、新塘边、峡口、凤林等7个乡镇街道,共划分为11个标段。截至年底，工程完成东、西干渠改造17.8公里，支渠改造26.3公里，渡槽加固3.6公里，信息化建设光纤铺设71公里、信息管理系统软件搭建等。完成形象投资约1.4亿元，总形象进度为100%。

【其他水利项目】 融合乡村振兴，完成廿八都溪及三卿口溪“美丽河湖”以及3个“乐水小镇”、15个“水美乡村”创建；开展水库除险加固、山塘综合整治、中小流域治理等面上水利工程，尖山底水库、窑垄水库除险加固项目通过完工验收；投资854万元，完成11座山塘综合整治项目；投资1623万元，完成三卿口溪及百廿秤溪小流域治理项目。

民生实事

【农村饮用水达标提标】 发挥三大水库的水源优势，按照“能延则延，能扩则扩”的总体思路，以“全民共饮一缸水”为目标，推进城乡规模化供水工程建设，形成以城乡供水管网为主、部分小型供水工程为辅的“1+X”供水格局。全年完成农村饮用水达标提标行动工程项目12个，累计完成投资10359万元，年度投资完成率为108.5%，解决农村19.15万人口的“用水难”问题，达标人口完成率为104.1%。

【小水电清理整改】 加快推进绿色水电建设，全力进行小水电清理整改工作。以《江山市小水电清理整改工作方案》为指导，开展全市水电开发规划修编、环境影响评价手续完善、生态流量核定、“一站一策”工方案编制等工作，顺利完成41座水电站的整改销号任务及省厅核查工作。

12月25日，市委常委、常务副市长刘明鹤（左二）在无水港二期项目现场开展“三服务”工作

【深化“三服务”活动】 研究制定《江山市水利局关于深化“三服务”开展水利“三联三促进”活动实施方案》，成立工作领导小组，采用局班子领导带队分片联乡镇（单位），分类型联企业、项目。局干部具体联系村、企业的形式，每月定期开展服务工作。全年累计为群众、企业、基层服务330次，解决实际难题67个。同时，合理选派干部挂联村社，落实“组团联村”工作机制，结对帮扶助推乡村振兴。开展“百名局长驻窗口”活动，每周安排班子成员在办事窗口坐班充当服务员、办事员，听取群众和企业的办事诉求及建议，及时解决相关问题，提高服务效率。

行业管理

【水政执法】 开展市域范围内涉河违章建筑的普查，结合“河湖清四乱”“无违建河道创建”等工作，制定《江山市无违建河道实施方案》，以乡镇（街道）为实施主体，逐步展开拆违工作，累计拆除江山港乱搭乱建3处，清理河道管理范围内构筑物面积200平方米。借势“五水共治”“清三河”行动，开展“四个禁止”活动，全年查处5件乱倒垃圾行为，其中立案处罚5件，罚款7200元。规范管理全市河道及江山港综合治理工程范围内砂石资源，秉持从严惩治的原则，重拳出击，年内查处累计处理水政违法案件21件，收缴罚没款7.69万元；涉嫌刑事犯罪移送公安机关追究刑事责任5件，其中2人已被刑拘；查处无证取水2件，开展水资源、水土保持监督检查4次。

【水资源管理】 根据省厅下达的年度节水型社会建设工作任务，完成3个企业清洁生产审核、1个节水型企业申报材料、1个工业企业水平衡测试、2个节水型居民小区和5个节水型单位的创建工作。将节水摆在突出位置，完成水利局节水机关建设及江山市节水宣传教育基地建设工作。落实最严格水资源管理制度，全年共征收水资源费579.53万元，并全部按规定上缴。

【水利改革】 整合重组形成6家局属事业单位，进一步整合资源，优化机关结构，提升办公效率。推进水利工程标准化管理，完成蚱蜢山底、湖塘两座小型水库的标准化管理创建工作，年内列入省厅创建名录的200处水利工程全部完成。推进水利“最多跑一次”改革，及时动态调整权利清单，将涉及渔业的行政许可及处罚事项划出给农业农村局，共有行政权力事项55项，政务服务事项45项，即办率100%，跑零次率100%，承诺时限压缩比100%；共办结135件审批件，包括105个水土保持方案审批件和30个取水许可审批件；完成政务服务2.0平台45个水利服务事项的配置工作；对网上政务服务事项进行核查，杜绝超期办理等质量问题。健全完善“四项机制”，推进农业水价改革，完成全市2.38万公顷农业水价综合改革任务，在全省率先完成农业水价综合改革市级验收，验收得分100.2分，排名衢州市第一。

安全保障

【水旱灾害防御】 更新乡镇（街道）应急抢险队伍。成立水旱灾害防御领导小组，建立完善市水旱灾害防御抢险的专家库。安排20万元防汛监测预警设施专项运行维护经费，对全市75处水雨情自动测报站、5处简易水位测报站、30处视频监控系统的维护修理，通过对山洪灾害预警软件的迭代升级，完善、更新水雨情监测数据，强化暴雨、洪水的监测与预报能力，提高汛情信息传递时效性和精准率。汛期通过山洪灾害系统发送预警信息6万多条，帮助基层防汛责任人动态关注水位变化，按照预案做好相关防范工作。

【安全生产】 开展日常质量与安全监督活动，全年检查工程90余次200多人次，发出水利工程质量与安全检查意见书20份，水利工程质量整改通知单9份。组织开展安全生产月活动及安全生产知识培训，下发《江山市水利局关于开展2020年水利“安全生产月”和“安全生产万里行”活动的通知》，对在建水利项目施工单位、项目法人、在江山注册的水利施工、监理、设计企业进行安全培训，全面提升安全隐患防范意识。通过政府购买的方式，利用中介机构对全市水利行业开展安全生产大检查，指导帮助做好安全生产相关工作，全年完成对全市6家水利企业、7座水电站、23处在建水利工程施工现场安全生产检查工作。全年未发生一起重大安全生产事故。

（徐圣钧）

峡口水库

【概况】 2020年，江山市峡口水库管理中心下辖峡口水库、白水坑水库和江山市水利水电开发有限公司，管理白水坑、峡口、峡里湖、贺社、山溪蓬、木西坂等6座电站，共18台机组，总装机容量59720千瓦，年平均发电量1.4亿千瓦时。

【服务重点工作】 组织36名党员和17名非党职工固定在市区各卡点值守，单日最多组织79人助力社区防疫，做好防疫知识宣传、居家隔离人员服务、开展公共区域巡查等工作。发动干部职工捐款9960元，支援抗疫一线。3月，

9月25日，开展“为民服务守初心，脱贫攻坚践使命”党员志愿服务活动（夏思晴 摄）

因峡口水库库区道路塌方，通过工作船向库区运送生活物品、防疫物资，以及出入库区的防疫人员、当地群众和采茶农民达30多趟、500余人次。结对帮扶152户低收入农户，为峡口镇峡南、峡西、柴村等村12户低保困难户排查安全用电隐患和更换用电线路。组织干部职工参与城南新城二期项目征迁，领办的15户任务全部完成签约、腾空及验收。

【项目招引】 引进浙江华欣有机肥生产线项目，年产1000吨塑料粒子生产线项目，年产1200吨塑料管件、800吨塑料粒子生产线项目等6个项目，完成固定投资6960万元。完成项目谋划51个，其中报送市前期办26个，3个项目入库。峡口水库扩容提升项目获市第六届项目谋划擂台赛一等奖。

【项目建设】 完成2020年度峡口水库（含灌区）年度维修养护工程、白水坑电站综合自动化改造项目和叶家洋段、峡里湖段生态堰坝修复工程。配合完成江山市碗窑灌区续建配套与节水改造项目。

【抗旱灌溉】 推行灌区东西干渠社会化养护，对106公里的渠段进行除草，清淤2441立方米，保障汛期灌渠通畅和灌区沿线人民群众生命财产安全。全年为联家乔水库、东塘水库、青口水库、茹菇塘水库累计充库750万立方米，共完成灌溉3次，灌溉天数17天，输送水量2381万立方米。

【安全生产】 完成总投资160万元的白水坑电站发电机组自动化升级改造项目。开展岗位技术大比武及“安全生产月”知识竞赛活动，组织应急演练等反事故演练7次，业务培训10余次。峡口电站成功创建水利部2020年度绿色小水电示范电站。全年安全发电1.645亿千瓦时。

【防汛度汛】 第一时间启动应急预案，7月9日至7月11日，白水坑水库开闸泄洪，泄水4995万立方米，峡口水库溢流4次，溢流量7538万立方米，做到多点联动，泄洪不停、巡查不止、人员不离。通过科学研判、精准调度，多蓄水700万立方米保障全市下半年生活、生产、生态用水。

【水源保护】 成立水源地环境保护领导小组，建立水质月分析机制，完成峡口水库水质状况报告，对饮用水源水质动态跟踪、分析。加大“线上+线下”巡查力度，全年共开展库区巡查106批次，参与人员达400多人次，劝阻库区偷钓160余人次，没收渔具170余件，取缔库区钢板船、木船、橡皮艇、竹筏等“三无”船只28艘。水源地手机短信提示量增至每年12万条。生态环境部南京环科所生物多样性调查团队在白水坑水库调查发现中国特产稀有鸟类—中华秋沙鸭。峡口—白水坑水库水源地在2020年度县级以上集中式饮用水水源地安全保障达标评估中等级为“优”。

（熊晓军 夏思晴）

碗窑水库

7月9日，副市长张志军（右二）在泄洪一线指导防汛安保工作

【概况】 2020年，江山市碗窑水库管理中心围绕“实力碗水、文化碗水、幸福碗水”建设目标，统筹抓好水库加固改造工程、水利工程“三化”改革、发电生产、管养分离、水源保护、文明单位创建等重点工作，助力城南新城二期征迁、脱贫攻坚、疫情防控和城市精细化管理等市委市政府中心工作。全年提供生态及灌溉用水4556万立方米，完成上网电量5849万千瓦时，谋划重大前期项目确认4个，其中入库项目1个，高效完成城南新城15户征迁任务。获衢州市文明单位称号；获江山市“双建”工作先进单位称号。

【突出党建统领】 以建设清廉机关、创建模范机关和争创衢州市级文明单位等“三创”工作为载体，开展水文化、品牌文化、党建文化和清廉文化等阵地建设，完成衢州市级清廉机关和党建模范机关示范点建设。全年接待全市机关党建党务工作者现场观摩3批次共150人。充分发挥党组织战斗堡垒作用和党员先锋模范作用，先后开展助力乡村振兴、党员结对扶贫、帮扶大桥敬老院、支持城东实验学校优秀毕业生和上余小学助力等活动，全年共投入各类帮扶资金30余万元。组织开展“下基层、转作风、促发展”活动，34名机关干部职工参与一线执勤和夜班巡查值守工作。

【发挥综合效益】 加强水雨情测报和科学调度，精准制定水库控运计划，提高水资源利用率。通过加强发电调度和发电计划安排，兼顾“防汛灌溉、生态供水、发电生产”等综合利用，实现综合经济效益全面提升。全年完成上网电量5849万千瓦时，其中峰电5675万千瓦时，实现峰电占比97%，创衢州地区历史新高。为长台溪和达河溪及沿线农田提供生态及灌溉用水近4556万立方米。

【推进项目建设】 完成加固改造工程蓄水阶段、主坝非溢流坝段下游面加固等16个分部工程验收、大坝加固等3个单位工程验收、施工标合同工程完工验收等多个工程验收。推进水利工程管理“产权化、物业化、数字化”“三化”改革试点，做好水利工程构筑物及所依附土地的测绘确权工作，编制《江山市碗窑水库管理及保护范围划定方案》；投入800多万元资金搭建碗窑水库综合管理平台，基本完成数字化管理系统建设。完成2019年度维修养护工程的10个专项工程，2020年维修养护实施方案编制上报工作，全年获补省级维修养护补助资金164万元。

【夯实安全保障】 建立健全重大风险防控机制，强化安全意识教育宣传，加强应急协调和处置能力，推动应急体系建设，全年开展各类安全生产检查督查10余次。编制完善“一湖一策”实施方案和相关管理制度，联合开展

7 月 30 日，集中开展销毁非法捕捞禁用渔具

水源保护和渔业执法巡查，举行集中销毁非法捕捞渔具现场会，推进一级饮用水源地保护工作，确保全库域生态环境和“一碗水”安全。开展普法宣传和国家工作人员学法用法考试，邀请市人民法院专家开展《中华人民共和国民法典》知识专题培训。

【助力中心工作】 高效完成城南新城二期征迁工作，提前 10 天完成 15 户征迁任务，取得签约率、腾空率综合排名 16 名的较好成绩。根据新型冠状病毒防控工作部署，严格开展中高风险地区人员排查，强化物资供应保障。发动 52 名党员志愿者分赴 11 个社区参加疫情防控值守工作。开展“三服务”活动，有 8 名干部参与“组团联村”和“组团联企”工作，112 名干部职工与碗窑乡、双塔街道共 223 户低收入农户开展一对一结对帮扶，党员志愿者自发捐款 3050 元，助力碗窑乡低保户完成农房修缮。

（市碗水局）

电力工业

【概况】 2020 年 8 月，公司由国网浙江省电力有限公司的全资子公司改制为分公司，更名为“国网浙江省电力有限公司江山市供电公司”。截至年底，江山电网共有 220 千伏公用变电所 3 座，总容量 102 万千伏安；110 千伏变电所 10 座，其中公用 8 座，总容量 73.15 万千伏安，专用 2 座，总容量 12.30 万千伏安；35 千伏变电所 17 座，其中公用 13 座，总容量 23.62 万千伏安，专用 4 座，总容量 3 万千伏安；35 千伏输电线路 33 条，其中公用 21 条，总长 201.35 千米，专用 12 条，总长 67.96 千米；10 千伏配电线路 206 条，其中公用 187 条，总长 2261.25 千米，专用 19 条，总长 46.70 千米。年内全市全社会最高负荷 49.07 万千瓦；全社会用电量 26.89 亿千瓦时，同比下降 2.69%；售电量 18.97 亿千瓦时，同比增长 1.54%。获“衢州市平安单位”“国网衢州供电公司精神文明建设先进单位”等荣誉。

【保障防疫抗疫和复工复产】 优化电网运行方式，对全市防疫抗疫重点场所实行 24 小时用电监测。完成市人民医院感染病大楼空调外线和 13 个省际卡点的临时用电设施架设，快速为防疫物资生产企业完成用电增容改造。全程参与社区联防联控，1 名员工获评衢州市优秀共产党员、阿毛志愿服务中心获评衢州市最美志愿服务组织。首创“企业复工电力指数”，利用电力大数据，对全市 1467 家企业的复工和产能恢复情况进行动态监测，每日编制《江山市企业复工生产情况分析报告》，为政府科学指导企业复工复产提供数据支持和决策参考。执行阶段性降低用电成本政策，减少企业电费支出 3900 万元。推进农村电气化建设，支持“光伏小康工程”。完成 1 万余户“两保户”用电优待办理，减免电费 196.94 万元，

做好防汛供电保障工作（王雄伟　摄）

助力打赢脱贫攻坚战。

【提升电网建设】 开展江山电网分布式电源消纳能力分析评估，规划建设多元融合高弹性电网。深化配电自动化建设，投运全省首条智能开关合闸速断互联线路、衢州地区首条10千伏跨省联络线路。总投资3.2亿元的220千伏郎峰变投产运行，总投资7000万元的110千伏山海变开工建设，总投资6000万元的110千伏城东变开展前期工作。全市城乡电网改造建设年度总投资1.38亿元，完成建设项目87个，新增或更换变压器107台，新建或改造高、低压线路456千米。完成电力线路“上改下”项目2个，推进鹿溪北路电力杆线入地改造，拆除城乡废旧电杆2945根。推进新型基础设施建设，建成3座综合供能服务站，投运虎山公交快充站。开展杭衢高铁江山段电力杆线迁改，35千伏生活垃圾发电项目成功并网。

【优化电力服务】 推行高压“六个典型”业扩报装和低压“抢修式”业扩报装服务模式，压降客户用电接入时间。落实用电优惠政策，推广应用“转供电费码”，促使政策红利及时足额传导至终端用户。拓展新型不停电作业方式，全年完成不停电作业923次，减少停电时户数11.3万个。推行“网格化”抢修服务，提高故障抢修效率，减少故障停电时间和次数。加强配网智能化管控，实现配网无人机智能自主巡检，提升电网供电可靠性。引领清洁低碳发展，完成电能替代项目40个，实现替代电量8312万千瓦时，促成衢州综合能源服务公司与江山市城乡公交有限公司签订10年运营合作协议。推进市场化电力需求响应，完成东方商厦、何家山水泥厂可调节负荷接入。

【增强保障能力】 开展用电设施特巡，加大应急抢修力量投入，完善迎峰度夏（度冬）电力保障方案，全面做好防汛防台、抵御雨雪冰冻等灾害防范应对工作。在“6·30”峡口镇大峦口村抢险救灾中，以最快速度、最高效率抢通电力线路，为及时救援转移和安置受灾群众提供有力保障，获国家电网有限公司党组表扬肯定和市委市政府“十条军规”正面典型表彰。健全低效企业差别化电价执行机制，配合做好低效工业用地收储再开发，加强节能降耗，助推“亩均论英雄”改革。精准核查用电情况，为小微企业和个体工商户帮扶纾困、工业企业绩效评价等工作提供有效支撑。精心组织各次保供电活动，圆满完成全国新年登高健身大会、高考学考、中国村歌大赛、全国健美操比赛等重大保供电任务16次。

（邹国波　童海洋）

交通运输

综 述

【概况】 2020年，全市11个重点交通项目年内完成投资5.91亿元，年度形象进度158.04%；向上争取资金3.96亿元，顺利完成重要县道“四好农村路”改造提升民生实事项目。全年获市议案提案办理先进单位、落实全面从严治党主体责任突出贡献集体等各类先进集体和个人荣誉40多项。

【工程建设】 总投资8700万元的淤八线改建提升工程于1月14日通过交工验收；总投资3.41亿元的综合交通客运枢纽商业部分于5月1日启动试运营，公共部分11月30日实现竣工验收；总投资13.57亿元、全长约42.2公里的通景公路和姜家公路于12月16日实现交工验收；总投资3.75亿元、全长约4.4公里的桑淤大桥及接线工程开展桥梁桩基施工，实现投资3124万元；总投资4.77亿元、全长约5.3公里的迎宾大道西延伸工程进场施工，实现投资8750万元；总投资3.7亿元、全长约11公里的通景公路“二改一”工程完成路基、桥梁工程，实现投资2.22亿元。

【项目前期】 总投资27.4亿元、全长约32.5公里的江玉公路完成线位方案优化、工可调整审查、初设审查、用地预审和规划选址等前期工作，已启动土地报批相关工作；总投资约3亿元、全长约1.9公里的清湖大桥改建工程完成桥型方案比选论证、项建书及工可批复、初步设计审查等前期工作；同时谋划205国道峡口大桥至保安段外移改建项目、甬金衢上高速公路、江山江航道项目、丽江上高速公路、江衢快速路、大桥至常山公路、315省道东移、G3高速碗窑互通连接线、江山至遂昌等项目前期工作。

【疫情防控】 1月23日至3月1日，市交通运输局共安排工作人

11月7日，市委常委、副市长钱伟（左四）在通景公路“二改一”项目建设现场开展“三服务”工作

7月3日，副市长程佳华（右三）实地踏勘江玉公路线位方案

员786人次，按要求全力做好疫情防控相关临时性工作。贯彻落实疫情防控和复工复产“两手抓、两手硬”的要求，做好全市12个在建交通项目、5家客运企业、2家物流基地、10家重点物流企业及175家一般货运物流企业、82家维修驾培企业、3家危化运输企业复工复产事项。协调提供9辆客车开通8条专线，帮助欧派、健盛等企业解决疫情期间员工上下班交通问题。

【安全管理】 交通安全维稳工作继续保持平稳态势。2010年以来未发生重特大交通责任事故，水上交通连续43年安全无事故。圆满完成春节、“五一”等重大节日和市“两会”等重要会议活动期间安全维稳工作，开展危险货物运输“雷霆整治”“铁拳行动”等专项整治，建立道路危险货物运输企业管理网格，加大全市3家危险货物运输企业的42名驾驶员、50名押运员和10名安全员的监督管理。完成6月30日和9月18日两次洪涝灾害应急抢险工作。全力打好扫黑除恶专项斗争决胜战，深入交通重点领域，开展联合执法，形成行业乱象治理合力，对存在“不按秩序候客、喊客揽客、强行拼载、不打表计价器”等行为的出租车，纳入“黑名单”管理，公开曝光违反规定车辆31辆次，禁止进入高铁站经营的车辆10辆次，出租车秩序明显好转，群众投诉同比下降67%。

【四好农村路】 推动农村公路实现普惠性、全覆盖、高质量、竞争力、现代化，争创省万里美丽

综合交通客运枢纽

经济交通走廊示范县。年内投资1845万元，对贺峡线、贺下线、墩贺线等县道约41公里实施改造提升工程。提高农村公路管养经费，推进80公里农村公路新改建和53公里美丽经济交通走廊项目建设、74个农村港湾式停靠站、44个农村物流服务网点改建工作。廿八都镇、达岭、五程等3个乡镇运输服务站和张村乡客运站建成投入运营。

【综合改革】 深入推进“最多跑一次改革”，实现群众办事事项“凭一部手机办理”“凭一张身份证办成”“凭一个二维码查验”，“一证通办”“电子证照”及二维码查验全覆盖，推行“减一步与加二度”的优秀做法获省级媒体宣传推广。按时完成老旧营运车辆淘汰256辆，超额完成7辆，任务完成率103%。推进100辆巡游出租车更新改造为环保节能型出租汽车，指导城乡公交公司做好城南虎山车站的整合，以及日均客流量达3000人次的城北汽车北站的搬迁。处理好46名在职职工和243名退休职工的社保和医保问题，解决好困扰在职和退休职工多年的后顾之忧，市运公司2家子公司及驾校等资产以及9宗地共计3.69公顷的土地、房产顺利完成收储，最后一家前后历经3次20多年改制未成功的集体企业完成清算。做好下属事业单位改革，将市公路管理段、市道路运输管理所和市港航管理所（地方海事处）等3个单位的职能进行归并，新组建成立交通运输综合行政执法队，统一行使公路路政、道路运政、工程质量监督管理等行政职能；新组建市公路港航与运输管理中心；市交通工程质量安全监督站更名为市交通工程管理中心；市新农村公路规划建设办公室更名为市新农村公路管理中心。

公路管养

【概况】 全市境内有1条高速（G3京台黄衢南高速公路76.281公里，境内设5个出口、2个服务区）、1条国道（G205国道，76.53公里）、2条省道（S315兰贺线37.40公里、S221省道江溪线31.58公里，合计68.98公里）、44条县道、87条乡道、542条村道，管养公路总里程达到1850.64公里，管养公路路网密度为91.66公里/百平方公里。

【公路建养】 投入5800万元，完成国省道、县道和农村公路养护大中修。投入资金1995万元，完成42.15公里的县道公路改造提升工程。投入500多万元，实施205国道溪口桥、315省道西山

通景公路

底、埂里桥等9座桥梁拆除重建、加固修复等改造。投入资金700余万元，实施江青线等6条县道公路实施路况、路容、路貌整治提升，增设护栏17公里、设置自发光设施4公里。投入1700万，启动江山市公路应急保障中心项目建设。

【路政管理】 联合公安交警，采取“白天+黑夜”“固定+流动”模式，年内共查处超限超载车辆1146辆次，卸载货物总重5.73万吨，割除高栏板、恢复外廓尺寸至行驶证登记状态车辆249辆次。投入1200多万元，做好12个省市县三级以及江山市S221省道6个道路交通安全隐患点治理。

运输管理

【概况】 全市现有城乡公交公司、长运公司、交通实业公司、江郎山旅游客运公司、长泰客运公司、长运旅游客运公司等6家客运企业，以及红旗、顺安、泰运等3家出租车企业，城乡客运班车通达率100%、客运班车通村率达100%，全年公路旅客运输量457万人次。全市有营运客车461辆，其中城乡公交公司255辆、长运公司42辆、交通实业公司27辆、江郎山旅游客运公司30辆、长泰客运公司5辆、长运旅游客运公司2辆，出租车100辆；客运班线101条，其中长途班线18条，一级公交网络4条（2元一票制）、二级公交网络19条（市区至相关乡镇采用阶梯式票价，2元起步，最高10元封顶），三级公交网络60条（乡镇到村2元一票制）。营运货车2882辆（不含牵引车），运输吨位6.3万吨，从业人员4230人。危险品运输企业3家，危险品运输货车29辆。维修业户114家，其中一类维修企业4家，二类维修企业25家，三类维修业户73家，汽车综合性能检测站1家。全市共有12家驾校、教练车388辆，全年培训学员8008人。

【智慧公交便捷出行】 提升公共出行服务水平。1月19日，首次开通虎山汽车站至衢州西区“巴巴快巴”客运班线，7月1日起，全市公交车支付宝扫码支付业务实现全覆盖。在重要节假日开通火车站至长台镇、峡口镇等重点乡镇夜间直达“定制公交”。新投放17辆新能源纯电动公交车，助力节能减排和绿色出行。新建5个公交专用充电桩、新改建10个公交站点、新增1条微循环公交，开工建设18个智慧公交亭。全市有城区公交客运港湾式停靠站（候车亭）142个、站牌212块，农村公交客运港湾式停靠站（候车亭）326个、站牌391块，开发区（园区）公交客运港湾式停靠站（候车亭）58个、站牌115块。

【物流建设】 开辟有义乌、宁波等省内和上海、南昌、福州、广州、山东、湖南、湖北等省外100多条货运专线，与全国300多个大中城市实现货运直达。全市有物流公司209家，建成江山虎、驰骋等2个物流基地，拥有衢州市级物流龙头企业2家（驰骋物流、江山虎物流）、江山市级物流龙头企业7家（正宇运输、同岳物流、方达物流、福得物流、安驰物流、三众物流、远驰物流），建有172家村级农村物流服务点。主要从事承运水泥、矿石、煤和木业、电光源及众多配载货运站的货运运输业务，全年货运量3337万吨，货运周转量377059万吨公里，同比增长分别为-13%和0.91%。

（市交通局）

铁路工作

【概况】 2020年，市铁建中心主要抓好杭衢高铁江山段项目建设，提前高质量完成房屋征迁，成功争取江山火车站站房改扩建方案；加快浙西公铁联运综合物流项目推进；谋划推进衢（州）武（夷山）高铁项目。

【杭衢高铁江山段项目】 3天完成杭衢高铁江山段沿线88户房屋拆迁签约、7天时间实现全部腾空、拆除，干出杭衢新样板、跑出杭衢新速度。按照市委市政府江山火车站改扩建工作要求，咬定目标，不气馁，不松懈，从“不

11月，杭衢高铁江山段施工（黄水福　摄）

可能”到“有可能”，从“有可能”到实现攻坚目标，在初步设计批复站房扩建至1万平方米基础上，国铁集团同意原址拆后新建15000平方米站房方案。基本明确江山火车站杭衢场与杭长场“等高2台5线”方案，争取将新增费用纳入“调概”范围。

【浙西公铁联运综合物流项目】浙西公铁联运综合物流项目先后被列入浙江省重大产业和重点建设项目，小型汽车配送基地项目已建成投运，公铁联运无水港正在建设。综合办公楼进行室内装修，9幢物流仓库和集装箱堆场主体工程完成并进行内外装修，铁路专用线完成路基工程，整个项目争取2021年10月投入运营。

【衢（州）武（夷山）铁路项目】衢武铁路项目是杭（州）深（圳）高铁近海内陆线新通道的一部分，是构建一条“连三省、接三区、通两湾”的国家高铁运输大通道，提升江山市四省边际铁路交通枢纽地位重要项目，年内项目纳入《衢州市“十三五”及中长期铁路网规划》。在铁五院提供初步方案的基础上，配合衢州市委托国铁集团经规院开展衢武铁路细化研究，完成《杭深铁路中通道优化方案（初稿）》，同时对接福建省有关部门单位，形成合力助推项目入选两省的省级规划盘子。

【路地协调配合工作】优化高铁办客车次，江山站高铁办客达到50趟，保留原7对始发终到高铁不变，高铁办客时间、出行通道更合理。基本完成铁路沿线安全隐患整治，累计治理铁路沿线彩钢瓦等硬漂浮物26处，砍伐影响铁路安全树木30处145棵，增设上跨铁路桥梁安全护栏3处、移交公铁平行护栏管护17处。认真协调地方涉铁工作，认真配合相关部门、乡镇（街道）完成10余处管线、道路穿越铁路报批工作，协助衢州南方水泥优化升级项目铁路专用线迁建工作，开展前期预可研究。

（毛建军）

城乡建设

综述

【概况】 2020年，江山市住房和城乡建设局（简称“住建局”）坚持“人民城市人民建、人民城市为人民”，围绕深化建设“江山大花园”和全力打造“一地三区”战略目标，重实干、强执行、善攻坚、优功能，各项工作成效显著，综合考核获衢州建设系统优秀，农村危房解危、平安建设等工作获评衢州市突出集体等。

【重点工程】 聚焦城乡建设主责主业，以匠心精神和绣花功夫高质量推动品质城市建设。全年共投入城市基础设施建设资金8.8亿元，向上争取专项资金及债券补助12.62亿元。江滨南路封门溪口桥梁道路水毁重建工程，仅用6个月走完“设计—施工—通车”全流程，同步实施潮汐车道改造，城市南北向通行效率大幅提升。遗留5年的景星西路西延伸段工程道路改造工程，经多次艰难谈判、向上协调，于10月初成功破冰、重启建设。生活垃圾焚烧发电项目从第一灌水泥浇筑到主体结构封顶，仅用时7个月，打造光大国际全国垃发项目的“江山速度”，项目于12月18日顺利完成点火。餐厨垃圾处理项目通过环保验收，实现平稳运营。全线贯通城区污水管网大动脉，完成鹿溪南路、南门路等道路雨污分流改造及“白改黑”。

【房地产管理】 坚持“房住不炒”定位，以“稳地价、稳房价、稳预期”为目标，强化房地产市场监管，全年新建商品房成交面积31.31万平方米，成交金额33.44亿元。全年二手房成交面积45.61万平方米，同比上涨11.13%；金额34.49亿元，同比上涨17.35%。抓好保障房开工建设和配租管理，放宽申请配租条件，降低公租房准入门槛。完成棚户区改造安置房开工404套，开工率100%；发放公租房租赁补贴213户，发放金额43万元。联合市综合执法局、营商办、公安局、市场监管局五部门开展“大检查、大整顿、大提升”专项行动，全面加强房产中介管理，完成中介机构备案190家。

【建筑业管理】 全市建筑业企业完成产值61.78亿元，同比增长11.56%。全市共有施工总承包一级企业3家（新增一家），二级企业19家。加大行业扶持力度，制定出台新一轮建筑业扶持政策，从完善建筑市场管理、鼓励建筑业企业做大做强、鼓励支持企业改革创新发展、营造良好发展环境、加强质量安全管理等五方面入手提振行业信心。深化建筑业管理，对建筑施工企业诚信评价体系进行调整，坚持建筑市场准入和清出制度，加强施工企业的市场行为监管，全年共开展资质动态核查6次，核查企业数180余家/次。开展民用建筑节能评估审查工作，严格按照绿建条例，实施星级绿色建筑，共落实绿色建筑58个，建筑面积87万平方米。推动建筑工业化发展，全年完成新开工装配式建筑40.89万平方米。

【建筑质量管理】 严格落实工程

质量终身责任追究制和工程质量主体责任制，与119家本地施工企业签订综合目标管理责任书，压实企业主体责任。组成建筑市政工地安全、农村危旧房安全、公用设施安全等7个安全巡查小组，进行拉网式巡查，共出动各类安全巡查5860余人次，组织安全生产各类演练30多次。

【危房解危】 以加快房屋重建、住户早日回迁为目标，永康里33幢D级危房改造交付使用，完成南门路8-1号D级危房产权置换选房活动及协议签订，完成永安里片区改造项目（一期）3栋房屋主体结构浇筑和结构验收。围绕脱贫攻坚决战决胜要求，摸排全市农村困难家庭住房情况1.13万户，完成931幢农村困难家庭危房改造，并按照“1+3”工作模式对新增危房进行解危，确保动态清零。

【市政工程建设】 开展城北人行道贯通改造，完成鹿溪北路、文教路—文苑路—江滨路段等主要路段人行道改造。实施江东二区、江滨二区、站前里小区等19个小区“零直排”小区创建，涉及改造面积约130万平方米，改造房屋900幢，并同步对小区景观绿化亮化、道路改造、综合管线等市政基础设施进行改造，提升小区整体居住品质。

【市政设施管护】 结合城市精细化管理三年计划，推进人行道铺装、广告牌整治、积水点改造等工作。完成一江两带及金陵大酒店附近、新火车站等重点区域景观亮化更换9900余条，护栏灯更换光源2100余个，全力打造城市亮丽夜景；维修破损路面1万余平方米，修补人行道铺装6000平方米，更换井盖等市政设施300余处；完成市区废旧广告牌、挑臂灯等拆除整治800余处，完成礼贤路、文教路、江东大道等处积水点改造。

【城乡供气】 投入资金1460万元，新建天然气中压主管道8.8千米、低压庭院管网15.3千米，完成江滨二区一期、江东二区二期、中原学府、贝林玉泉湾等8个新老小区3080户居民管道天然气配套建设以及浙江威曼汽车、江山皇朝装饰、江山丽枫酒店等18家非居民用户燃气设施配套安装。全市有63个小区22800户居民具备供气条件。10300多户居民、120多家企业和单位开通管道天然气，年用气量1725万立方米，同比增长8%。

【园林景观提升】 完成江滨北路、北关路、鹿溪北路等11条主干道路700余株行道树补植，完成南门广场、鹿溪广场等两处口袋公园建设，完成须江女神像、鹿溪中路与中山路交叉口等重要节点建设；完成西山公园、乌木山公园的综合提升改造；推进杆线入地工作，完成西山路和凝秀北路等路段废旧架空线缆拆除；强势推进拆墙透绿工作，全市34家部门单位全部完成围墙拆除和综合改造，全力打造绿色、开放、共享空间。

【园林绿化养护管理】 针对不同类别不同等级公共绿地实施分级分类管理，完成城区188万平方米公共绿地修剪、补植、施肥、病虫害防治等养护工作；制定《江山市开放式居住区绿地养护管理机制》，夯实开放式绿地管养制度基础，完成园中园、凤栖苑、山水家园、金椅小区等开放式小区绿地补植18万平方米；接管33万平方米开放式小区绿地，维护各类公共绿地园林设施，修缮须江阁、兰苑及公园广场亭廊等古建筑。

【卫生保洁】 全年道路保洁面积625万平方米，处理生活垃圾10.55万吨，同比减少7.78%；清运率100%，无害化处理率100%；清运建筑垃圾8.3万吨，处理餐厨垃圾2204吨；开展垃圾分类工作，成功创建江山望府、首府、紫荆园等5个省级高标准生活垃圾分类示范小区，城区生活垃圾分类收集覆盖面达91.26%。推行“撤桶并点”+“两网融合”模式，探索生活垃圾分类实践新模式；深化城区“厕所革命”，围绕城市公共厕所服务“便利化、智慧化、人性化、特色化、规范化”五化运动工作目标，投资150万元对

9月30日，江山首府省级垃圾分类高标准示范小区建设完成（方敏 摄）

景星公园、解放路等5处公厕进行改造提升；联合开展“烟头兑换抽纸”奖励活动，兑换抽纸5万包，捡拾烟头250万个，全力打造“烟头不落地”的城市。

【完善城市排涝体系】 重视城区排涝重点和积水节点改造，加快实施城区排涝整治工程。完善防汛应急预案，严格落实防汛责任，组建4支防汛应急抢险队伍，储备水泵、麻袋等防汛物资。汛前组织200余人次对市区五溪一渠、桥梁、检查井开展安全排查，对排查出的积水点情况进行逐一登记，对存在隐患及时进行清淤维修，并形成“一点一策”排涝方案，对问题路段进行改造。

【村镇建设】 全年实施美丽城镇建设项目112项，总投资达2.26亿元，“五美”建设水平实现明显提升，廿八都镇、贺村镇创建首批美丽城镇省级样板，大陈乡、四都镇通过考核验收，获评2020年度新时代美丽城镇建设基本达标城镇。推进农村生活污水治理，对全市125个30吨及以上生活污水处理设施实施标准化运维；牵头实施59个农污设施新建改造设计工作，打造“设计—建设—运维”三维一体的农污治理新模式，受到省美丽浙江领导小组和建设厅通报表扬。完善传统村落规划设计方案，督导柴村村、枫石村、三卿口村、广渡村等村落加快推进传统村落项目施工，其中浔里村、洪福村提前一年完成项目施工；加快国家级历史名镇名村第一轮保护规划修编；勤俭村、凤里村等5个村获评第六批省级历史文化名村，廿八都镇、大陈村获评国家级历史文化名镇名村。

【法治政府建设】 增强法治观念，开展“互联网+监管”各项工作，全系统党员干部积极参加党内法规知识网络竞赛，参赛率90%；组织全局《中华人民共和国民法典》专题学习，开展宣传工作。完成68件人大、政协议提案办理任务，见面率和会商率100%，连续8年获议提案办理先进单位荣誉称号。

【人防建设】 加快推进人防重点项目建设。强化人防队伍建设，指导成立江山市人防海豚应急救援队，提升人防应急救援能力。在“5 · 12”“9 · 18”等特殊节点开展人防宣传活动，普及人防知识。

（市住建局）

城市建设

【概况】 2020年，江山市城市建设投资集团有限公司（以下简称城建投集团）高质高效履行企业责任，统筹推进抓项目、强党建、防风险、惠民生等各项工作，保持公司稳中求进的良好态势。全年完成工程项目投资入库4.5亿元，实现经营性收入5.35亿元，实现利润7229万元，纳税2152万元，总资产首超60亿元，获衢州市农村饮用水达标提标先进集体，江山市项目推进先进集体。

【改革转型】 完成整合重组，实

城东片区

行“1+6+8”框架体系和运行模式，即1个经营班子，6个内设部室（党政综合办、计划财务部、运营管理部、项目工程部、内审风控部、投资发展部），8家全资子公司（市水务有限公司、江城管道燃气有限公司、城市发展投资有限公司、资产经营有限公司、须江旧城改造有限责任公司、水利水电开发有限公司、土地测绘院有限公司、虎跃建设工程有限公司）。开展集团公司发展战略谋划、老城有机更新以及城市品质提升三年计划专题研究，制订总体发展目标和五大板块具体经营方向，完成三年行动重点任务清单表，制订更具市场性的管理、人力、绩效考核等制度，提出“1543”集团三年发展战略体系、工程项目四个“50计划”、人才强企“321工程”等工作载体，完成公司主体信用AA评级，具备发债条件。

【城市项目建设】 西山西路建成通车，鹿溪北路雨污管网改造及附属配套工程、城北幼儿成长中心外围配套、窑里小学迁建外围道路先后完工，公铁联运综合物流园基础设施配套、三桥溪综合整治建设工程完成形象进度60%；完成鹿溪路、环城南路雨污管网改造及附属配套工程项目改造；完成城区27条道路及老年健身广场、文化广场、美食城等公共设施周边场地智能停车泊位3295个；城市亮点项目一东入城口景观提升完成改造，乌木山公园、西山北段景观改造提升工程、西山西路沿线景观提升工程、城区文保修缮工程、城市阳光棚项目和市政府拆墙透绿项目相继完成；梅泉书院恢复重建项目完成项目进度50%、江东邻里中心破土动工；打好蓝天绿水保卫战，完成鹿溪污水处理厂二期工程和63个单村水厂建设，农村饮用水达标提标三年行动计划已全面完成；城南拆迁安置公寓楼一期项目完成主体结构70%，水库移民避险解困公寓房完成总体进度40%。

【城市经营】 公房出租业务签订合同501份，租金441万元；完成公司房屋住宅出租分类拍租3次，租金收入42.43万元；与美食城21户租户完成合同签订，租金收入65.2万元；土地租金收入46.9万元，同比增长30%；完成牛头岭六号、七号地块农转用报批、土地清表、供地报批、杆线迁移等土地出让工作，出让总面积13.93公顷；地下停车场实行物业委托管理，火车站迎宾广场地下停车场全年实现总营收50万元；成功竞得江东邻里中心、上余贺基建筑石料用灰岩矿采矿权项目，累计向杭衢铁路供料26万吨；累计供水2614.07万吨，完成低收入农户接水2673户，累计处理污水1137.27万吨，削减COD 2562.8吨，氨氮246.8吨，城市污水处理率为97.1%，累计销售天然气1700万立方米，首次日供用气突破10万立方米。

【融资争资】 主动宏观把握国家金融法规政策，及时与银信对接，确定优质项目，全年争取到一般债券资金7500万元，其中城区雨污水管网及配套设施改造提升工程5000万元，西山北段景观改造提升工程1500万元，浙西公铁联运综合物流园基础设施配套项目1000万元；上级补助资金3690万元，其中城南拆迁安置公寓楼一期项目获得中央基建投资资金2790万元，梅泉书院恢复重建及周边设施配套工程获得补助资金900万元；江山市棚户区改造项目83000万元。通过峦风里安置小区项目、矿地综合利用项目、轨枕项目，加大与国资、银行等金融机构的对接，新增资本市场融资额度5亿元。

【征迁收储】 根据《城市土地储备和出让计划》，重点做好老城区项目征迁的资金和人员保障工作，推进大润发片区、航埠山片区、西山片区、溪东片区、老电影院片区、江化片区等房屋拆迁及土地征收工作，公司先后完成老火车站旁公交场站、南门口客运中心和周男祠堂岗18-2号签约，完成原铁通公司基站腾空拆除，城北广场项目中大润发北侧和公交北站地块市政处管理用房拆除。

（许 敏）

“三改一拆”

【概况】 2020年，江山市“三改一拆”工作，以巩固省基本无违建市创建成果为抓手，借势城市品质提升、违建别墅清查整治、扫黑除恶、农房风貌提升等省市专项行动，聚焦重点开展专项整治。全市完成拆违91.43万平方米，完成衢州市下达年度任务的140.66%。完成“三改”38.3万平方米，完成衢州市下达任务的123.5%。其中，城中村完成13.1万平方米，旧厂区7.6万平方米，旧住宅17.6万平方米，提前完成年度目标任务。

【推进城区乱搭乱建专项整治】 通过党员干部带头示范，重拳整治“空中违建”等城区违建乱象，累计拆除违建89宗，总面积10013.85平方米；针对以新建住宅小区“空中阳光房”为主的违建乱象，出台《江山市城区新增违法建设快速处置方案》，综合执法局成立新增违建防控分队，划分责任片区，实行部门、街道、社区、物业联动，提高违法建设处置效率，累计阻止和整改抢建96起，拆除新增违建64处。同时，拆除违建别墅2宗，取缔54家非法采砂场点，强制拆除违建1100多平方米。

【开展小微企业违法建筑专项整治】 对全市排查出存在安全隐患小微企业违法建筑，建立任务清单，实施“挂图作战、对账销号”，排除干扰，保持铁腕治患的高压态势，彻底整治排摸发现小微企

违法建筑拆前、拆后

业中严重影响消防和使用安全的违法建筑，完成隐患整改49件，拆除违法建筑4.83万平方米。

【重视媒体信息宣传】 多渠道、多途径、多角度开展“三改一拆”宣传活动，报道“拆违”、“三改”、群众参与等实例，营造“三改一拆”全社会共同参与的浓厚氛围。全年，在省、衢州市主流媒体报道185篇，其中省级以上媒体录用125篇，衢州市级媒体录用60篇，“三改一拆”信息宣传工作排名居衢州市各县（市、区）首位。

（朱荣建）

“五水共治”

【概况】 2020年，全市上下齐心协力，奋勇争先，完成治水各项工作任务，出境水断面水质稳定达到二类水标准，总磷指标降至0.09毫克/升，较2018年下降24%，氨氮指标下降34%，高锰酸盐指标下降12%，践诺一江清水送下游。捧回衢州市首座省“五水共治”（河长制）工作优秀县“大禹鼎”银鼎。

【高效创建“污水零直排区”】 实践“污水零直排区”4566工作模式，以每月重点任务交办机制、三色管理办法两项制度为抓手，滚动交办建设任务32期244项，完成“6+19+2”建设任务（6个镇街、19个生活小区、2个乡镇工业平台建设）。承办衢州市“污水零直排区”建设现场会。对前两年开展两轮“回头看”，排查并解决71个问题。

【“河（湖）长制”提档升级】 市委、市政府主要领导签发“总河长令”，制定下发《关于进一步明确各级河长履职任务的决定》，严格执行周期“首日巡河”制度。全市30位县级河长累计巡河220余次，牵头解决73个水环境问题。“跨省合作治水”经验入选水利部《全面推行河长制湖长制典型案例汇编》。在太湖局河长制工作会议上以《创新跨省治水“四通”模式 共建共享边际“幸福河”》为题作交流发言。廿八都溪、三卿口溪被评为省级“美丽河湖”，建成廿八都镇、贺村镇、峡口镇3个“乐水小镇”，狮峰村、三卿口村、浔里村等15个“水美乡村”。完成丰足溪治水主题公园建设，投资126万元打造节水教育馆。

【治水宣传】 制作工作画册《勇立潮头踏浪行》和专题片《奋楫扬帆正当时》，治水信息3次登省简报，推文7次登省公众号，10次登衢州市公众号。“气象+网格防汛、大峦口抗洪、护水战高温、跨省河长国庆我在岗”4篇新闻登上《浙江日报》头版，持续营造治水氛围。专人专岗负责“12345”举报件工作，全年累计受理83件，时效率、满意率均达100%。11月召开全市治水幸福感提升动员会，部署“六进六个一”行动，制作入户宣传单、节水贴纸、灭烟袋等9类的实物宣传品，推出宣传片、H5小游戏、抖音短视频等6类数字宣传品。举办“公众护水

1月2日，市委常委、副市长马亦忠（左三）检查污水零直排区工作

·共享幸福”河长制杯文艺展演，晚会视频在浙江新闻客户端直播链接点击量超过32.6万人次。根据省治水办公布的2020年度全省“五水共治”公众幸福感调查结果，全市测评得96.21分，位列全省各县（市、区）第二位。

【全面完成年度治水项目】 坚持“治污水、防洪水、排涝水、保供水、抓节水”五水齐抓，统筹推进。新建污水管网12公里，实施126个污水处理厂清洁排放技术改造和30吨以上规模农污设施标准化运维全覆盖。实施排水许可证制度，发证登记企业1000余家。规模农业经营主体肥药定额施用53户，渔业健康养殖示范县和6家水产健康养殖示范场高分通过省级验收。开展防汛和地质灾害应急救援演练，提高防汛应急指挥能力和应急处置能力。新建（改造）城镇污水配套管网7公里，完成雨污分流改造、排水管网清淤180公里，增加应急强排设备0.04万立方米/小时。新建供水管网4.7公里，改造供水管网2公里，完成农饮水达标提标工程3.6万人任务，三年累计实现29.2万人“有水喝、喝好水”。发展高效节水灌溉面积100公顷，完成全年淘汰落后和严重过剩产能企业19家，完成“低散乱”企业整治130家。

（袁枭　吴政）

征迁事务

【概况】 2020年7月，为全力推进项目攻坚年“城市征迁专项行动”，探索“领导小组＋指挥部+‘一办五组’+包干网格”征迁模式，市委在原“江山市国有土地房屋征收事务中心”的基础上成立江山市征迁事务中心，为市政府直属公益一类事业单位，机构规格相当于正科级，事业编制12名，其中设主任1名，副主任2名，股级职数5名，内设综合科、政策法规科、征迁管理科。

【完成城南征迁（一期）任务】 7月1日，市召开2020年城南新城征迁誓师大会。会后，在市征迁事务中心梳理研判每户情况，整理好未签约户的家庭情况和利益诉求，确保问题出现及时解决，与各实施单位和领办部门全力以赴，仅用3天就实现签约过半、10天完成签约67户、30天完成72户全部签约清零，实现城南征迁（一期）征迁目标。

【完成城南征迁（二期）任务】 10月19日，市召开城南新城二期征迁誓师大会。会后，市征迁事务中心全力协助领办部门单位做好征迁政策解释、征迁全流程法律保障、重点户攻坚等工作，确保城南（二期）征迁首个签约日完成156户签约，首周完成307户签约，27天完成全部378户签约任务。

（祝许铮）

做好城南一期征迁工作

最江南指挥部

【概况】“最江南”绿色休闲实验区以绿色发展为主线，通过对土地资源再整合、旅游资源再优化、文化资源再挖掘，打造建设集生产生活、农业观光、休闲度假、健康养生、智慧养老、体育运动和景观艺术为一体的休闲度假胜地。实验区范围涉及贺村镇、清湖镇、凤林镇、长台镇、石门镇、峡口镇等6个乡镇39个行政村，北接江郎山大道，南连江山港，东依仙霞山脉，西至205国道，总体规划面积108平方公里。规划建设内容主要包括“一心、一轴、五谷、十景、十园”，即以江郎山AAAAA景区为核心，以规划建设的通景公路为景观轴，打造稻香谷、芳蔼谷、霞辉谷、怡心谷、容光谷等五大功能区块，突出花海留春、稻香织锦等十大景观节点，加快建设蓝城·春风江山、江山如画、烟雨江郎等不同风格特色的主题庄园，丰富江郎山及周边景区的旅游品质，全面提升江山市的旅游竞争力。

【推动招商引资项目落地】 发挥好“店小二”式优质的服务，灵活解决项目推进过程中遇到的土地、资金、政策等实际难题，强化项目目标、过程、进度管理，倒排工期，推进项目落地开工建设。其中江郎山航空运动基地项目，投资规模1.1亿元，选址江郎山景区原游客服务中心周边，建成衢州地区首个大型航空运动旅游基地项目。项目规划范围约38.67公顷，项目内容为航空旅游、飞行员培训、飞行器销售、研学度假等。投资主体取得军方空域使用许可，已投入1000多万元，购置三角翼飞机3架、热气球4个。神宇航天农业科技创业园项目投资规模10亿元，规划用地666.67公顷，其中一期规划用地266.67公顷。项目依托中国航天科技集团的资源优势，以太空科技为主题，集航天育种、航天农业示范、科技成果转化、体验式旅游和休闲度假为一体的航天科普教育基地。星空营地项目位于贺村镇、石门镇万青山区域，以万青山自然景观为依托，以骑行道作为连接，以人与自然充分接触，建设以自驾游客、年轻游客为重点消费群体，以户外拓展活动、培训基地、特色书屋、主题乐园为内容的特色营地。蓝木户外运动发展股份有限公司（暂名）对该项目兴趣浓厚，指挥部与投资主体进行沟通，争取项目尽量落地实施。江山市太泰农业开发有限公司对悦色荷塘项目多次进行洽谈沟通，争取将该项目建设成高山精品农业示范区。全年共接待中移建设、福晟集团、汉鼎宇佑集团、景域国际旅游运营集团、上海欢乐草环境发展股份有限公司、中惠智慧建设旅游有限公司等100多批次客商到江山考察，洽谈项目合作。

【推动旅游与农业融合发展】“最江南”指挥部土地垦造项目涉及4个乡镇，项目总投资2.23亿元，总面积310.27公顷，新增耕地面积284.53公顷，已验收66.67公顷。以绿色发展为主线，通过对土地资源再整合，为“最江南”绿色休闲实验区下一步招商引资打下坚实的基础。石门镇、长台镇下徐岗垦造耕地一期及二期、长台镇朝旭村柴道坞垦造耕地、长台镇青塘山垦造耕地、石门镇达坝山垦造耕地项目、凤林镇老佛山垦造耕地一期等项目全面完成验收凤林镇老佛山垦造耕地项目二期、石门镇西山村垦造耕地等项目已完工，等待验收。其中凤林镇老佛山垦造耕地项目（80公顷）已引进投资主体本元乳业打造一二三产融合田园综合体项目。

【推进专项规划项目】 饮用水主管网规划完成设计，水务集团正组织实施饮用水主管线工程，供水主管线工程于10月完工；电力专线、燃气主管线、110千伏高压线路迁改等基础设施配套项目总投资6900万元，规划设计方案已完成，并启动工程实施。“春风江山”田园文旅颐养小镇项目完成控制性详细规划设计，并提交资规局审核把关；五星级度假酒店、高端民宿等商业板块已完成设计，正进行内部论证。

【推进光谷小镇省级特色小镇的创建】 推进光谷小镇省级特色小镇创建工作，克服光伏行业重大政策调整带来的产业投资急剧下降等不利因素，会同发改局、凤林镇等乡镇部门到省发改委汇报对接，多方筹集资金完善小镇客厅、绿道等基础设施建设。年内光谷小镇完成固定资产投资额 78713 万元，特色产业投资额 4400 万元，税收收入 4091.73 万元，税收增幅高达 261.14%，旅游接待人数 26 万人次。

【推进落地项目建设】 推进已落地的“春风江山”田园文旅颐养小镇（以下简称“蓝城小镇”）、江郎山航空运动基地、江山如画农业休闲观光园、烟雨江郎国际生态旅游度假区、鸟语花香生态园等一批重大项目建设。为项目做好土地报批、征收、出让，基础设施配套建设，政策处理，审批手续全程代办等工作。仙居山公墓、蓝城小镇供水主管等一部分配套项目完工投用，投资 4000 万元。蓝城小镇的电力专线、110 千伏高压线迁改、燃气主管线、主道路一期（一标段）、周边基础设施配套、电力专线一期敷设双回路电缆及开闭所建设工程等一批基础设施配套项目正在实施，总投资约 6900 万元。“春风居”田园文旅颐养小镇项目，年内完成有效投资入库 5.45 亿元，商业街 2.4 万平方米建筑已结顶，颐养农庄、养生公寓推进建设。做好基础设施配套建设：电力专线完成形象进度 85%；燃气主管线完成形象进度 55%；开工建设高压线迁改、主道路一期项目。特色田园综合体建设其中江山如画四季果园项目总投资 2 亿元，年内完成投资 3800 万元，完成生产型农业向服务型、休闲型农业转型升级。烟雨江郎国际生态旅游度假区项目，年内投入 6000 多万元，正在建设接待中心。太泰有机生态观光农业园中园区雪藕通过有机认证，年产量 30 万公斤，已销往钓鱼台宾馆，同时通过阿里巴巴线上销售平台、实体店线下平台销往全国各地。鸟语花香生态园已完成第一期 1.33 公顷土地供应。

（郑　倩）

信息产业

邮 政

【概况】 2020年，中国邮政集团有限公司浙江省江山市分公司围绕“党建引领是关键，普遍服务是根本，金融业务是饭碗，寄递争做国家队，关爱员工为己任”主线开展工作，坚持以“三个视角”找差距，“三大规律”抓落实，各项工作持续稳步推进。实现邮政业务收入5740万元，同比增长11.09%。

【服务疫情防控工作】 在疫情防控期间，第一时间建立“零报告”制度，按频次做好设备、邮件的消毒，确保邮政网点普遍服务、机要通信、揽投服务、在线服务“四个不中断”，并开通“绿色通道”，提供全程免费运输和配送服务。为驰援武汉的5名“白衣天使”开通寄递绿色通道，提供在鄂期间的寄递服务保障。开通“教材配送、口罩配送、蔬菜配送、医疗药品配送”。其中教材配送在全省率先启动，共收寄4.5万件，为全市4万多名学生投递教材。主动对接疫情防控点，提出帮助老年人申领“健康码”，免费打印彩色健康码、制作成挂牌，累计发放“健康码”挂牌2120张。与市医保局密切合作，深化“最多跑一次”改革，开办“医保”专递业务，让城乡参保人员“足不出户”就能报销，实现“零跑”。

邮政浙江江山分公司率先在全省启动教材配送

【抓好爱心助农扶困工作】 连续两年与江山市民政局、商务局联合在长台镇乾湖村举办猕猴桃项目启动仪式，为猕猴桃农户提供“寄、销、存”一条龙的综合邮政服务。全年为16个困难种植户包销猕猴桃5.6万元。线上开设“江邮助农”邮乐直播间，组织开展多场次工业品、农产品直播展销活动，畅通“工业品下乡”和“农产品进城”双向渠道。结合自有的空白乡镇网点新设立3个邮善邮乐慈善超市，辐射范围涵盖长台、坛石、大陈、保安、塘源口等5个乡镇，累计服务低保困难户2925人次，为低保困难户减免生活开支13.43万元。联合中邮保险浙江分公司、江山市民政局，

爱心助农猕猴桃直播

为全市4524名低收入人群每人赠送一份“中邮保险安心保”人身意外险，累计保额9048万元。

【“电商邮速贷”项目】 邮银双方共同多次走访江山市商务局，介绍“电商邮速贷”项目，为电商企业提供信息流、物流、资金流“三流合一”的全方位邮政综合服务方案。三方就电商客户授信工作开展洽谈并达成合作意向。7月1日，开展党建引领政企合力助推江山电商发展座谈会，现场为市电商协会和迈微、冒个泡、宝格、策括、寻味、彼思公司等6家电商企业进行金融授信授牌。三方签订战略合作协议，在党建文化、寄递、金融等领域展开合作交流，信息共享，优势互补，同步发展。“电商邮速贷”项目为政府解决电商企业营商环境，成功为电商企业贷款达6405万元。

【“邮快合作”项目】 通过发挥自身县乡村三级网络优势，全力用足用好“邮政农村网络”资源。按“多站合一”模式，与江山市中通快递、申通快递、百世快递、德邦快递等快递公司签订“邮政快递合作协议”。年底，首批建成保安、凤林、新塘边、碗窑、大陈等5个邮快合作服务中心，统一命名为“中邮驿站”，辐射95个行政村作为试点，以“共用运力、集中配送”的方式，为乡村居民提供优质的快递服务。

（柴 菁）

电 信

【概况】 2020年，中国电信江山分公司坚持党建统领，深化价值经营，持续深化改革、提升发展能力，主动融入地方服务大局，助推江山数字改革、疫情防控、平安建设，为文旅部全域旅游培训班暨首届全域旅游发展绿色对话活动、江山数字消防产业大会、浙江省第七届新农村冲击播助推“多娇江山”等重大活动做好通信保障工作。

【基础网络建设】 抓住5G发展机遇，全面推进5G网络建设。积极推动与联通开展全省5G网络共建共享，200M带宽峰值达2.7G，平均下载速率达800Mbps，处于行业绝对领先地位。加快网络建设进度，打造5G精品网络。开通5G宏站18个，基本实现城区核心区域5G网络覆盖。持续打造云网融合优势，全市光纤接入端口达17多万个，实现光网全覆盖。加快10G PON光网升级改造，加厚城区覆盖，加大农村延伸，满足用户对千兆光网的需求。

【数字化改革】 发挥中国电信在信息化领域的技术优势和网络优势，推动智慧应用赋能百业，推进基础设施智慧化融合应用，助推地方政府数字经济发展。助力“最多跑一次”改革，承接“12345”政府话务服务热线项目，承建行政服务中心“最多跑一次”智能化大厅项目，助推“最多跑一次”改革；助力基层治理，承建江山基层治理四个平台、综合指挥中心项目、社会矛盾纠纷调解中心等项目；助力智慧城市相关项目，承建电子政务外网改造、智慧警务安防小区等重点项目，共完成视频监控点位560个；助推平安乡村建设，完成水利、水务、河湖、环卫监控400多个点位以及美丽乡村2000多个公共区域监控点位部署，快捷实现对19个乡镇街道292个行政村主要集聚场所、重点人群监控的全覆盖，打通了基层治理的“最后一米”；助推全域旅游信息化，承建江山市五大景区全域旅游大数据平台，安装监控点位300余个，实现江山五大景区内WIFI全覆盖。

【疫情防控和复工复产】 在抗击新冠肺炎疫情期间，履行央企责任，全力保障通信畅通，用心做好客户服务，有序推进复工复产。通过“天翼看家”视频监控，协助各医疗机构、乡镇街道做好隔离病房、重点人群的管理，全市累计安装674个。助力社区联防联控，抽调23名党员志愿者下沉到社区疫情防控一线，和社区工作人员并肩作战，近2个月时间累计参与1311人次。助力疫情防控宣传工作，配合江山市疫情防控指挥部向10万余电信客户累计发送疫情防范相关提醒短信300万余条。支撑“停课不停学”，为学校提供天翼ITV“空中课堂”服务。保障复工复产，推出“96666”复工复产热线，为85家中小企业免费提供“云会议”“云办公”等上门/远程指导服务。

（王　艳）

移　动

【概况】 2020年，中国移动江山分公司注重服务创新，推行服务的人性化、人情化和人文化，努力为客户提供良好的语音质量、丰富的品牌、业务种类和完善的客户服务。分公司下设综合部、市场经营部、政企客户部和网络部4个部门，设有虎山、贺村、双塔、石门、峡口、上余6个网格。有在编员工77名，其中中共党员21名。

【疫情防控】 坚持“两手硬、两战赢”，强化组织保障，全面实现有力防疫、运转有序。成立工作领导小组及综合协调、通信保障、市场服务、政企服务4个专项工作小组。建立疫情防控视频会议、日报制度等沟通机制。做好内部防控，保障复工复产。严格把控防护物资保障，监督指导营业厅防疫措施，做好员工的防护宣传。助力政府精准防控，保障复工复产复学。运用“移动5G+体温检测系统”，助力50所学校复学复课，结合手持式热成像、云视讯等产品，助力企业复工复产。组织党员团员青年42人次，配合社区开展疫情防控工作。

【网络建设】 全市家庭宽带覆盖3个街道，11个镇，5个乡，13个社区，275个行政村，覆盖用户数20余万户。至年底，江山2G基站数600余个，4G基站900余个，4G人口覆盖率达到99%以上，5G基站数达到200余个，覆盖江山主城区、AAAAA景区、交通干线、乡镇集镇所在地以及经

7月5日，开展通信网络抗洪抢险工作（缪王斌　摄）

济开发区部分区域。年内开展通信保障20次，调用通信车3次，主要完成2020年全国新年登高健身大会、张村乡第三届民俗文化节、江郎山音乐节、2020年江山市“你好江山”文艺会演、2020年江山市四省边际羽毛球邀请赛等各类通信保障。

【信息化应用】 提升电子政务视联网的服务质量及客户服务体系，建设医疗视联网应急指挥调度系统，为疫情防控调度指挥提供技术保障。拓展5G行业的应用，实现公安、交警单兵系统、人民医院移动查房系统等数据实时在线等深层次的应用。助力教育信息化项目的建设，疫情期间克服设备短缺的问题，为中小学幼儿园配备5G人脸识别测温一体机系统。推动教育局“好课堂”项目的建设落地，通过直播、点播平台建设，把优秀的教学资源和成果分享给更多的学生。

【优质服务】 坚持“客户为根 服务为本”的服务理念，提升服务质量和宽带客户满意度：累计开展“总经理接待日”活动12次。设立服务监督员，累计招募监督员20余名，组织开展服务质量监督工作。参与社会公益活动，配合市场监督管理局协同各单位以“3·15”信用让消费更放心为主题，开展相关宣传咨询服务活动，提升移动服务形象。规范渠道、营业厅营销，加强触点服务满意度考核，全力打造“十分服务”环境。提高有线接入率、全面提升质差整治、完成光功率整治、完成AAA专线双路由整改，持续提升宽带客户满意度。

（市移动公司）

联 通

【概况】 2020年，中国联合网络通信有限公司江山市分公司（简称江山联通）围绕深化创新理念、加快互联网转型升级步伐。年内网络建设投资1600万元，新建5G站点17个，室分站点3个；4G站点15个，室分站点9个，开通4G搬迁站点6个。推进与电信4/5G网络共建共享，共建5G宏站17个，室分站点3个，实现市区、县城覆盖，普通县城热点覆盖，开放给电信共享4G小区78个，同时共享电信小区98个。

【做好疫情保障工作】 为确保疫情期间网络通信安全，安排专业线骨干人员7×24小时值班，密切监控医院等重点场所的网络运行情况。发挥联通大数据分析能力，对武汉流入江山各区县的人数进行统计，为江山疫情防控提供坚实的数字化支撑服务。利用“房参谋”疫区隔离监测系统助力社区疫情防控工作。在恢复生产经营的同时，推出“宽带免费提”“贫困生赠送钉钉卡学习”等多项惠民措施，尽可能帮助更多学校、师生、家庭解决上网问题。

【助力智能交通建设】 5月8日，中标城北新城及第二福利院一号、二号路智能交通工程智能交通系统的建设，建设2个十字路口红绿灯及配套设施、11个违停抓拍单元、交警执法平台存储系统扩容等。12月3日，承建中心城区雨污管网改造及附属配套—环城南路及南门路段智能交通建设，提高道路视频监控总量、加大监控覆盖密度。通过新建、扩建和改建监控点，增加道路视频监控总量。升级、改造现有的视频监控，提高图像信息系统的视频质量。借助联通在5G、大数据、物联网、人工智能、云计算领域的技术优势，整合各类视频图像资源，实现视频管理信息系统的数字化、网络化和智能化。

（郑燕飞）

规划与国土资源

自然资源和规划

【概况】 2020年，市自然资源和规划局紧扣衢州市委“1433”发展战略体系和“两统一”核心职责，突出“保护优先、生态优先、绿色发展”发展理念，以扛起“重要窗口”的高度使命感和责任感，打造绿水青山生态环境，服务和保障全市经济发展大局。

【优化空间布局】 做好国土空间规划，严格落实生态保护红线管控、分区管控要求，划定生产、生活、生态空间开发管制界限，完成生态保护红线优化调整“二上”方案。做精城市设计，完成《城市品质三年提升计划实施方案》，完善老城区、通禄门片区、大润发区块、虎山公园片区、江东区块城市设计，勾勒美丽城市空间格局。做细专项规划，科学编制道路改造、雨污管网、“污水零直排区”、景观配套等专项规划，主动服务城市亮点工程。做美乡村规划，对贺村镇、上余镇、四都镇、峡口镇、石门镇、凤林镇等重点乡镇开展调研，做好三卿口村、大夫第村、李坪村3个精品村庄规划。

贺村镇土地整治项目区

【推进土地整治“4138”工程】 垦造耕地通过衢州市复核验收534.33公顷，完成任务率151.22%。旱改水通过衢州市复核验收158.4公顷，完成任务率182.77%。完成耕地质量提升面积1351.4公顷。标准农田建设，通过衢州市验收476.07公顷，完成任务率1020.15%。城乡建设用地增减挂钩，通过衢州市验收157.73公顷，完成任务率107.66%。

【加快“十类地”综合处置工作】 消化2009—2017年形成的批而未供建设用地面积50.05公顷，完成率127.04%，消化2018—2020年形成的批而未供建设用地254.3公顷，2018—2020年平均供地率74.79%，获得指标奖励19.88公顷。

【向上争取指标】 积极向上争取医疗卫生事业补短板3个项目和江山市淤头至衢州绿色产业集聚区贺村姜家公路工程等4个重大基础设施项目土地指标和占补平衡省统筹相关工作。争取到新增建设用地计划指标140公顷，除省重点项目51.2公顷，其他指标88.8公顷，比上年增加21.8公顷，增长率32.54%。争取到省统筹占补平衡指标数量指标36.2公顷，水田31.9公顷、粮食产能指标44.65万公斤，比例高达33.33%。

【做好耕地保护工作】 强化永久基本农田保护，建立永久基本农田千亩方。选择江山市永久基本农田示范区、千亩畈（万亩方）高标准农田建设项目、江山市省级现代农业综合区、省级粮食生产功能区的凤林镇长桥头畈作为建设项目，项目区面积145.07公顷。连续10年种植彩色水稻。耕地保护补偿资金的发放与违法用地“六挂钩”，尤其是“与无证采矿挂钩”后，违法用地逐渐下降。

【做好土地整治和供应】 全市累计供应住宅用地面积20.67公顷，出让金21.65亿元；商服用地面积4公顷，出让金1.74亿元；工业类用地面积74.93公顷，出让金2.37亿元。谋划全域土地综合整治和生态修复工程。年内申报省试点的10个全域项目有6个列入省计划，争列数量居衢州首位；年内计划完成验收全域土地项目4个；峡口镇枫石等村全域土地综合整治项目成为浙江省争取国家级试点项目。

【做好不动产登记工作】 创新推进司法拍卖不动产登记“一件事改革”，不用到现场实现司法查（解）封、司法拍卖不动产等。建立集成、统一的网上“一窗受理”平台，实现“互联网+不动产登记”向抵押、二手房转移、司法协助等业务领域延伸，资规窗口被评为全年服务最满意窗口。同时，推进规划用地多审合一、多证合一。推进审批流程再造，对以标准地出让的工业类一般项目，办理时限缩短1个月。

【查处自然资源领域违法违规行为】 全年共开展执法巡查172余次，下发《责令停止违法行为通知书》32份，立案自然资源领域违法案件9宗，移送公安侦查5宗，完成农村乱占耕地建房摸排上报247宗。打击涉砂行业乱象，制定《江山市涉砂行业乱象整治工作方案》，出动执法巡查750人次，取缔非法制砂加工点56家。全年共受理各类信访件146件，比上年同期减少45%；受理群众来信件25件，比上年同期减少64%；来访件24件，比上年同期减少35%；“12345”热线来电97件，比上年同期减少38.9%。

（市资规局）

生态环境

生态环境

【概况】 2020年，衢州市生态环境局江山分局统筹推进疫情防控和生态环境保护，打好污染防治攻坚战，推进生态环保督察整改，推进生态文明示范创建，全市生态环境质量持续改善。水环境质量创有监测数据以来的历史最高水平，后溪出境水断面水质首次达Ⅱ类水质标准；国控双塔底断面和衢州市控童家、江山大桥、余家等3个断面水质以及2个县级以上集中式饮用水水源地水质100%达标，四夺“五水共治”工作大禹鼎，勇夺衢州各县（市、区）首座大禹鼎银鼎。空气质量首次全面达到二级标准，PM2.5年均浓度33微克/立方米，同比下降3微克/立方米，空气质量指数优良率95.6%，同比提升1.9个百分点，重污染天数为0。污染地块安全利用率达100%。

【治水长效战】 召开全市河长制暨出境水水质提升保卫战工作会议，建立水质提升“4948”工作体系，开展雨污分流、污水零直排等九大专项行动；争取上级支持，为江山港生态保护和修复工程争取到中央水污染防治资金3800万元；新建16个乡镇水质自动监测站，实现全市乡镇水质自动监测全覆盖。

【治气攻坚战】 深化工业废气治理，推进炉窑治理，清理整顿涉气“散乱污”企业15家，关停取缔7家，整合搬迁6家，整治提升2家；推进PM2.5和O_3“双控

一江两带

双减”，重点实施江山南方水泥有限公司超低排放改造；推进 VOCs 治理 26 家重点管控企业“一厂一策”提升改造、木门企业“油改水”；新建 10 个乡镇空气自动监测站，实现全市乡镇空气质量自动监测全覆盖。

【治土（清废）持久战】 做好土壤污染管控治理，牵头开展重点企业土壤详查，强化污染地块开发利用联动监管；制订印发江山市“无废城市”建设工作方案、实施方案，全面启动“无废城市”创建；开展固体废物大排查大整治行动，清理存量堆场，规范企业固废分类及贮存处置管理，全市一般工业固体利用处置率 99.85%，工业危险废物利用处置率 100%，危险废物规范化管理达标率 93%。完善固体废物收集处置体系，建成小微企业危废集中收集转运中心、衢州南方水泥窑协同处置一般固废等固废处置项目。常态化疫情防控期间，协调好全市医疗废物、废弃口罩和隔离点生活垃圾无害化处置。

【环保督察整改】 第一轮中央环保督察反馈问题、81.5 件信访交办件以及省环保督察反馈问题、31 件信访交办件全部完成整改销号。其中，浙江交科江山基地关停工作，经过近三年的克难攻坚，从全面停车到员工全部安置再到设备清洗拆除，全程按时高效、平稳有序，从根本上解决“老大难”信访问题。完成第二轮中央生态环保督察迎检任务，配合做好督察进驻期间的协调、陪同和保障工作，62 件信访交办件的调查处理报告和 10 批次紧急调阅的资料全部按要求完成报送；边督边改宣传成效良好，《衢州江山：迅速行动 核查把关》一文在《浙江日报》刊登。开展督察信访交办件整改，截至年底，督察组交办的 62 件信访件已完成整改 51 件，整改完成率 82.3%。制定出台《江山市第二轮中央生态环境保护督察反馈问题整改方案》，按计划有序推进反馈问题整改。

【环境执法监管】 常态化开展“雷霆斩污 2.0”、每季度“双随机”抽查和每周“零点、错时”等专项执法行动，对 2019 年度两批次“雷霆斩污”立案查处企业开展后督察，对重点危废产废单位开展现场核查，对全市辖区内 5 家“铸铝”企业的渣铝灰产生、处置、使用情况进行专项排查。组织完成 2020 年度新年登高活动和全国村歌大赛总决赛期间的环境保障和高考噪音防控巡查工作。完成 98 家“双随机”抽查和结果公示，组织开展 16 批次“零点、错时”专项执法行动，全年立案查处案件 47 件，罚款 248.32 万元；受理的 333 件群众投诉全部办结，群众信访投诉件数量实现三年连降。

【提升环保服务】 面对常态化新冠疫情防控形势，积极服务“六保”“六稳”，推行容缺受理审批，受理相关“三类项目”29 个，提供先开工后补办手续等服务；打造“线下零接触、线上快速办”的远程环保审批服务和业务指导绿色通道。对 26 家污染排放量小、与民生保障密切相关、环境管理绩效水平高的企业列入执法正面清单，免于现场执法检查 48 家次；通过电话、网络、现场帮扶等方式开展服务企业 39 家次。发布《江山市“三线一单”生态环境分区管控方案》，为全市规划环评落地、项目环评审批提供硬性约束和根本遵循。开展第二次全国污染源普查工作，入户普查对象 4799 家，相关工作表现突出，获国务院普查办授予的先进集体称号。

【生态绿色创建】 年内，江山市成功创建省级生态文明建设示范县，获评 2019 年度美丽浙江建设考核优秀县，被省政府授予浙江生态省建设集体三等功；城东实验学校、新塘边初中、一都江小学和贺村一小成功创建省级绿色学校。作为全省生物多样性调查重点区域之一，第一时间部署、率先启动，在全市域开展野外调查，发现中华猕猴桃、伯乐树等国家重点保护野生植物 9 种，中华秋沙鸭、丽星鹩鹛等国家一级重点保护野生动物 4 种，生物多样性调查成果多次登上学习强国、浙江卫视等高端媒体平台。

【生态环保宣传】 邀请中国工程院院士、清华大学环境学院院长贺克斌教授做客江山大讲堂，为江山市四套班子领导和市管干部作《碳中和目标下的蓝天保卫战》专题讲座，促使生态环境工作纳入党委政府决策部署的大视野。承办全省生态环境政务新媒体工作和网络舆情培训班，向全省各地150余名生态环保宣教负责人宣传、展示、推介江山。定期组织乡镇（街道）、部门生态环境工作人员轮训；联合传媒集团，精心筹划组织第10个“浙江生态日”和“6·5”世界环境日系列宣传活动；组织60多名中小学生赴生物多样性调查现场开展“走近自然”生物多样性科普宣传活动；支持环保社团活动，为环保志愿活动搭建平台，浓厚公众参与氛围。

（邱　湛）

11月19日，举办第十七届长三角气象科技论坛

气象工作

【概况】 2020年，江山市气象局共发布各类预警信号109个，气象内参、重要气象报告等服务材料106期。各类决策短信40万余人次，新闻媒体采访20余次。梅汛期7轮强降水过程，启动应急响应5次，预报准确，服务及时。顺利完成疫情防控、中国村歌大赛总决赛、浙江省青少年射箭锦标赛、浙江省青少年足球（女子乙组）锦标赛、全国攀岩系列赛、中高考等重大社会活动及法定节假日期间气象服务保障工作。响应市委市政府抗旱工作部署，于9月11日、11月23日抢抓有利时机，赶赴碗窑水库作业点开展3轮人工增雨作业，发射火箭弹12枚，合计有效覆盖面积900平方公里，增雨量360万吨，改善生态环境，缓解全市森林火险防治和农业生产抗旱压力。

【获评“中国天然氧吧”称号】 实施生态保护专项任务，开展城市“富氧”行动，江山大气环境持续向好，城乡负氧离子浓度年均达2512个/平方厘米，城市森林覆盖率、人居环境气候舒适度、旅游适游期等多项指标名列全省前茅，11月，被中国气象局授予“中国天然氧吧”称号。

【打造“网格+气象”防灾减灾模式全国样板】 融入“党建统领基层治理”大局和网格化社会综治体系，强化各层级责任互促互进，强化部门联防联动，引导全社会参与共建共享，做实大联动大服务机制。建成预警一键达、职责一张单、信息一张网、联动一盘棋、考核一条线的“网格+气象”防灾减灾治理模式。主汛期内，江山气象网格队伍统计摸排受灾人员9083余户，协助转移受灾群众738人，巡查出各类隐患点402处，无一起因暴雨及其引发的城市内涝、小流域山洪、山体滑坡、道路塌方导致的人员伤亡事件。其中“6·30”江山峡口镇大峦口村滑坡泥石流灾害抗灾抢险过程中，气象预警零延迟进村入户，

11 月 16 日，现场讲解“网格+气象”组织架构和工作流程

气象灾害实况全网共享，救援力量综合研判，成功转移危险地区 94 户共 198 名群众，从死亡线上救回 11 名受困村民，受到时任省委书记车俊的批示肯定，并被中国气象局纳入筑牢气象防灾减灾第一道防线的两个优秀工作案例之一，进行通报表扬。11 月 16 日，全省“网格+气象”工作现场推进会在江山市召开，全面部署全省“网格+气象”工作，总结推广“江山实践”的成功做法和经验。

【开展应急管理体制改革】 制定《江山市气象局重大气象灾害预警分级叫应实施细则》，修订完善应急预案操作手册和防汛会商制度，布设气象专线进驻应急指挥平台，落实应急响应期间综合指挥中心 24 小时联防值守制度，建立完善高效联动的重大灾害性应急处置机制。与文化旅游管理部门建立预警为先导的应急响应机制。针对暴雨、大风、台风、暴雪、雷电五种最常见灾害性天气，根据蓝黄橙红分级预警标准及防范要求，为全市 18 家 AAA 以上景区及全市涉旅酒店民宿分类制定响应措施。完成全市 86 家易燃易爆危化品场所防雷安全的 100%全覆盖检查，实现掌上执法开通率 100%、掌上执法激活率 100%、掌上执法率 100%、“双随机”抽查事项覆盖率 100%，监管主项覆盖率 100%。建设完善以微信、微博、微头条、抖音为新媒体主阵地的气象服务和宣传传播矩阵，推广应用“江山气象”“江山气象预警信息发布”等微信公众号等，建立“江山发布”“天目”“江山多娇”等地方官方媒体平台的预警传播机制，整合气象、应急、水利、资规、华数传媒等多部门的信息发布设备资源和融媒体发布渠道，建立重大突发自然灾害预警信息发布绿色通道机制，实现高级别气象灾害预警融媒体全覆盖。

【项目建设】 推进基层气象观测系统“智能化”建设。新建 1 套天气现象视频智能观测仪以及 26 套区域自动站点的视频监控系统（其中包含 6 个星光级高清实景监控），完成 7 个高风险区域站布点建设。4 月 1 日，正式开展地面气象观测自动化改革业务运行，推动观测业务重心向业务监控、维护保障、应急处置和质量管理等方面转变。建设三项业务系统，提升气象监测预报预警城乡精细化水平。建成高影响天气快报系统、“网格+气象”综合管理平台、精细化气象灾害预警决策服务平台三项业务系统，推动以智能网格预报为基础精细到乡镇级的江山预报预警服务，预报分乡镇，预警分片区，叫应到网格。

（华潇萍）

经济管理

发展和改革

【概况】 2020年，面对复杂的外部发展环境和经济下行压力，江山市发展和改革局坚持稳中求进总基调，以加快“大花园”建设为目标，以“三个年”活动为抓手，强化战略引领，突出改革创新，狠抓项目推进，发展改革各项工作取得显著成效。全年全市生产总值312.64亿元，按可比价格计算，同比增长1.6%；全年固定资产投资111.28亿元，同比增长2.6%；规模以上工业完成总产值276.56亿元，同比下降1.1%；全年社会消费品零售总额150.06亿元，同比增长3.4%，全年实现财政总收入34.96亿元，同比增长8.6%，其中一般公共预算收入21.31亿元，同比增长3.7%。

【谋划发展】 定期监测江山市国民经济和社会发展总体情况，做好全年各季度经济运行分析，完善企业监测体系，加强对经济社会发展形势、未来预期及存在问题分析。下达2020年国民经济和社会发展计划，完成2020年国民经济和社会发展计划执行情况报告，完成2021年国民经济和社会发展计划指标编制。全面推进江山市“十四五”规划编制，成立江山市“十四五”规划编制工作领导小组，完成“十四五”规划基本思路，配合市委起草《关于制定江山市国民经济和社会发展第十四个五年规划和二○三五年远景目标的建议》，完成编制《江山市国民经济和社会发展第十四个五年规划和二○三五年远景目标纲要》，组织开展全市“十四五”专项规划的编制。

【区域协调】 全面落实“融衢接杭”战略举措，组织开展“融衢接杭”大讨论活动，动态发布融衢接杭微信公众号，形成全市推进“融衢接杭”工作的浓厚氛围，推动深入融衢、精准接杭、全方位对接长三角一体化。开展浙赣边际合作工作，启动开展柔性集中办公，组织开展示范区规划编制、重大项目谋划储备工作，完成《浙赣边际合作（衢饶）示范区发展规划（2020—2035）》编制，推进示范区江山片区水系工程建设，推进江玉公路等重大项目前期。

【项目征迁】 按照市委市政府“一鼓作气、速战速决”要求，抽调精兵强将，主动融入、全速推进，实现7天13户征迁户签约、腾空双“清零”，清零速度居全市前列。同时协助文旅局解决最后1户征迁任务，打通征迁服务“最后一公里”，助力全市打赢城南新城征迁清零大会战，获得城南征迁工作表现突出集体嘉奖。

【争列项目】 杭衢高铁涉双江线改建工程、研一新材料产业园、规划S315—S316接线工程等3个项目被列入2020年省重点建设项目增补名单；江玉公路被列入省重点建设预安排项目名单；桑淤大桥及接线工程等3个项目列为全省第一批争取国家土地指标项目（全省79个），涉及项目总投资达50.89亿元，争列项目数量及体量均居衢州各县（市、区）

首位、全省前列。

【争取资金】 全年牵头向上争取各类资金高达15.9亿元，其中城南拆迁安置公寓楼等7个项目成功争取专项债券，资金额度10.5亿元，居衢州市县市区前列；峡口中心卫生院等8个项目争取抗疫特别国债，资金额度2.66亿元（“两直”资金3.95亿元）；碗窑大型灌区续建配套与节水改造项目、永安里片区改造、江山童话托育工程等项目成功争取中央预算内投资和省级配套资金1.4亿元，其中高标准农田建设项目获得中央资金额度位居全省第一。

【招商引资】 面对疫情对本年度招商引资工作的不利影响，全局上下众志成城、迎难而上，全年新引进各类项目6个，其中数字经济项目2个，10亿元至20亿元项目1个、1亿元至5亿元项目1个，其他项目2个，计划固定资产投资超22亿元，超额完成市委市政府下达任务。

【争列试点】 年内，江山市被评为全省大花园典型示范县创建建设单位，成为衢州市唯一受到省政府督查激励县（市、区），获得600万元督查激励;成功争列2020年省级资源循环利用示范城市试点（培育类）；成功争列2020年浙江省物流示范县综合改革创新试点，全省仅5个县（市区）入围，衢州市唯一；全力推动浙江驰骋物流有限公司争列省物流新业态新模式发展试点企业（全省仅30家）；助力华欣湖羊农村产业融合发展示范园成功入选全省第二批农村产业融合发展示范园创建单位。

【重大项目前期】 4个省市县长工程年内3个落地开工，超额完成省定目标任务，项目落地率位居衢州前列；江山港流域综合治理等9个省重点建设项目全部开工建设，完成投资17.94亿元，完成年度计划投资137.37%；73个衢州市重点建设项目全部开工建设，完成投资65.48亿元，完成年度计划投资146.85%，320个江山市重点项目开工率和投资完成率达90%以上，圆满完成“双九”目标；重大项目前期攻坚经验在浙江省《最佳实践》第五期刊登，是衢州地区首个入选案例，并向全省推广。

【重点项目建设】 全力聚焦项目主战场，以“五个一”项目攻坚机制（一日一快报、一周一协调、一月一调度、一季一开工、一年一载体）为抓手，不断推进项目建设，320个重点实施项目开工，完成入库投资77.6亿元，较去年同比增长23.96%。创新成立“四大办”专班（大项目统筹办、大财政金融办、大监管服务办、大建设调度办），每周召开协调会，协调解决重大项目推进难题，全年组织例会21次，协调重大项目50多个，解决杆线迁移、土方落实、建筑围墙拆除、施工招标、施工许可证办理等具体问题128项，论证项目近500个。杭衢高铁涉双江线改建工程、研一新材料产业园、规划S315—S316接线工程等3个项目列入2020年省重点建设项目增补名单；江玉公路被列入省重点建设预安排项目名单；桑淤大桥及接线工程等3个项目被列为全省第一批争取国家土地指标项目（全省79个），涉及项目总投资达50.89亿元，争列项目数量及体量均居衢州各县（市、区）首位、全省前列。

【政府投资管理】 精准调控投资总量和结构性指标，编制500万元以上可入库的投资项目计划，形成以重点项目为统领，政府投资、工业、农业、服务业房地产五大分类项目全部包揽的“1+5”的项目计划体系。编制“攻坚清单”，完成固定资产投资122亿元以上，总量增长达到10%。全力冲刺进入衢州第一方阵，促进政府投资计划规范管理，提高实施项目的投资完成率。

【民生价格服务】 实施减税降费坚决有效，助力44家疫情保障企业列入省级名单（2家列入国家级名单），争取到贴息贷款2.28亿元，18家企业享受省级税收补助，为企业节约融资成本近900万元；提前启动2019年度现代服务业政策兑现工作，兑现资金2461.51万元，惠及企业67家。全力做好政策专班牵头工作，牢牢把握惠企服务重点，通过“五减”（减税、减费、减租、减息、减支）等惠企政策，全年累计为企业降本减负近15亿元。

【“最多跑一次”改革】 积极开展企业投资低风险小型项目审批“最多20个工作日”改革探索，成功挖掘出“江山市奋发农业发展有限公司年加工大米4万吨、菜籽油1000吨生产线建设项目”。自项目土地招拍挂开始，市发改局即全程跟进，深入企业解读政策，全方位提供业务咨询、问题协调、审批代办等服务，充分发挥改革实效，帮助企业更好更快地完成开工建设和竣工验收全流程审批，推进项目早落地、早开工、早建成。

【现代服务业发展】 全年全市完成服务业增加值152.23亿元，同比增长2.6%，位居衢州市第二位，占全市生产总值比重48.7%。2019年度省服务业发展综合评价（2020年11月评价），在全省Ⅲ类地区中排名第十四位，在衢州各县市区排名第二位。新招商落地项目5个，出让总用地面积5.41公顷。组织6次项目验收，返还9个项目履约保证金510万元，基础设施配套奖励592.4万元。兑现2019年现代服务业发展资金2461.51万元，补助项目88项，惠及企业67家。争创省物流示范县（市、区）综合改革创新试点，驰骋物流获省物流新业态新模式发展试点企业。江山智能供应链运营中心一期项目、浙西公铁联运综合物流项目、江山虎山运动公园项目、江山市实达实工业购产业科技园4个项目列入2020年省服务业重大项目计划。

【能源结构转型】 不断提升能源保障能力，完成新塘边站、淤头站、长塘弄站3座加油站改造任务。做好燃煤锅炉淘汰收尾。下达第七批淘汰改造分散高污染燃料锅炉补助资金，共计400.68万元。2020年江山市的燃煤锅炉淘汰任务为江山市华盛纸业制造有限公司1台15蒸吨的燃煤锅炉，9月已完成拆除工作，所需蒸汽由大唐热电供给。

【农村产业融合发展】 推进农村产业融合发展。以省级华欣湖羊农村产业融合发展示范园为基础，加快完成创建方案编制，全力争列国家级农村产业融合发展示范园。

【深化东西部扶贫工作】 全年向沐川投入社会帮扶资金628万元，消费扶贫金额近2200万元，引导4家企业投资当地，总计投入金额2.77亿元，培训当地党政干部、专业技术人才近千人次，帮助1530位贫困人口到浙江省稳定就业，43家学校、医院完成结对，镇镇结对、村企结对实现全覆盖。圆满完成江山市东西部扶贫协作各项指标任务。

（市发改局）

市场监督管理

【概况】 2020年，市场监管系统狠抓疫情防控，助力复工复产，推进改革发展，严守安全底线，夯实基层基础，100%完成各项目标任务。先后被人力资源和社会保障部、国家市场监管总局评为“全国清理整顿人力资源市场秩序专项执法行动取得突出成绩单位”，被浙江省委、省政府评为“全省扫黑除恶专项斗争成绩突出集体”，获浙江省知识产权保护工作成绩突出集体、“放心消费在浙江”成绩突出集体、“浙江省市场监管执法工作成绩突出集体”、衢州市场监管工作绩效考核优秀等次、城南征迁工作表现突出集体嘉奖、有礼指数“八个一”突出贡献集体等18项集体荣誉；有郑晓明、王朝阳等30多名市场监管执法人员先后获得食品安全工作成绩突出个人、“服务标兵”、抗疫一线巾帼建功标兵、新冠肺炎疫情防控“先锋战士”等25项荣誉。

【新冠肺炎疫情防控】 疫情发生后，紧急劝停45万人次的婚丧宴和农村家宴，防范重大传染风险。加强农贸市场、餐饮单位、药店等重点单位监督检查，强化主体责任落实。牵头做好冷链食品物防工作，指导全市226家冷链食品经营户及餐饮单位激活“浙冷链”系统。特事特办，拓展防疫物资进货渠道，增加市场供给，允许境外防护口罩和国内民用防护口罩经备案后上市销售，累计备案国内外防护口罩13.5万个。在全市无口罩厂、口罩紧缺的情况下，成立“民用组”“医用组”防疫物资服务专班，联系设备、寻找原料、免费检验、蹲点服务，促使九派公司4天转产民用口罩、美伊公司3天获得医用隔离衣备案证，推动宇安、同仁堂两家企业达成共享合作生产口罩，帮助12家企业进入省医疗器械应急通道。发动73名党员干部，参与县前社区“入社联户”疫情防控，包区清楼、入户排查、巡逻劝导，累计服务居民964户2301人。依托个体民营企业协会，动员部分会员企业为疫情重灾区捐款50万余元。

【助力企业复工复产】 出台20条服务企业举措，建立党员干部“1+1+5+N”专项结对服务机制。在低风险食品领域率先试行告知承诺审批制，以“零见面”形式核发衢州市首张免于现场核查的食品生产许可证。实行“零接触”行政审批、“浙里检”线上送检，疫情期间共线上受理行政审批办件1454件。开展精准惠企纾困工作，通过精准施策、精准核查、精准兑付，对全市1485户小微企业、4400户个体工商户进行资金补助，共计兑付“两直”资金5610万元。

【启动省“十大特色产业质量提升”试点】 5月，省市场监管局把江山门业列为全省十大重点支持产业之一。江山市成立专家团队，开展门业产业质量发展现状调查、标准比对分析，形成《江山门业产业品质发展SWOT分析和对策报告》。先后举办2期质量提升专题培训会，指导138家门业企业完成木门及相关产品对标达标。6月22日，江山市获批筹建浙江省木门产品质量检验中心。7月7日，省级门业产业质量提升试点服务项目启动仪式，在江山木门产业创新服务综合体顺利召开。

3月，市委书记童炜鑫（左二）在宇安医疗科技有限公司调研口罩生产情况

【开展食品“抽、检”分离改革试点】 作为全省8个试点县（市）之一，投入14.8万元，配齐配强抽样装备，设立独立办公场所，配备专用车辆，建立抽检对象、抽样人员、陪检人员三大数据库，采取“双随机”方式，采用“2＋1＋X”食品安全抽样模式，即由2名执法人员、1名检验检测机构专业人员、若干名基层人员，共同组成食品抽样组。结合基层监管重点和群众食品安全关注点，组织开展食品抽与检工作，以此确保食品抽样过程更加合法、专业，检验过程更加公平、公正，规避以往食品抽检的一些弊端。全年累计抽检食品1870批，合格率94.97%。

【优化营商环境】 全面推进“最多跑一次”“住所申报承诺制”“证照联办”“证照分离”“多证合一”等一系列改革举措，激发市场主体活力。推进公平竞争审查制度落实，做好存量清理和增量审查，全面清理妨碍市场公平的政策规定，保证各类市场主体依法平等使用各类生产要素和公共服务资源，共计清理出涉及市场主体经济活动的政策措施共 73 件（含 11 件废止文件），其中代政府发文 29 件（含 8 件废止文件），部门发文 44 件（含 3 件废止文件）。

现场检查冷库经营企业

【质量与标准】 推进质量与标准建设，启动江山市政府质量奖管理办法修订工作，指导企业申报省市政府质量奖，8 家取证“品字标”企业全部完成“四个百分百”（先进性关键性能指标和质量承诺 100%公示、认证品牌产品 100%规范贴标、厂区车间 100%明示亮标、广告宣传 100%植入“品字标”元素）要求，全市新取得 3 张“品字标”认证，发布 4 项浙江制造标准。推进国家数字消防产品质量监督检验中心筹建项目，与浙江方圆检测集团股份有限公司、应急管理部天津消防研究所达成初步合作意向。全年发放品牌和标准化战略等奖励、补助资金 350 万元。

【注册登记与融资】 抓好企业开办全流程“一件事”，网办率达 99.25%。抓好企业注销全流程“一件事”，以“一网通”办结税务、市监、海关、人社等注销手续，累计办结 1937 户。推行食品经营许可证照同步注销试点，建立常态化退出市场机制。在市场主体的开办或注销方面，做到少跑步，少花钱，少耗时；时间快，速度快，审批快；服务好，政策好，效果好。全市新登记各类市场主体 1.1 余万户，同比增长 53.47%。新增小微企业 1387 家，新增“个转企”106 家。办理公司股权质押登记 13 件，动产抵押 86 件，为企业融资 20 亿余元。办理商标质押融资 1290 万元；办理专利质押贷款 2660 万元。

【执法检查与行政处罚】 打击涉疫违法，立案查处口罩案件 39 件，罚没款 62 余万元，其中个案最高罚款 50 万元。严厉打击非法加油站（点），查处非法加油案件 13 件，结案 10 件，移送安监局 1 件，罚没款 30.06 万元，没收油品 24 余吨，查扣车辆 5 辆。开展性保健专项检查，检查药店 60 余家，立案查处 7 个案件，移送公安 5 件。开展燕窝专项执法检查，检查经营主体 69 家，查扣涉案问题燕窝 5003.4 克、货值 6.3 万元。开展知识产权执法检查，查处商标侵权等知识产权案件 13 件，移送公安 1 件，罚没款 38.25 万元，涉案货值 103.51 万元，受理专利投诉 2 起。开展保健品行业乱象整治，立案查处保健食品案件 10 件，移送公安 7 件，罚没款 26 万元。开展电动车专项整治，查获一起销售未取得 3C 认证的电动车案件，查封问题电动车 74 辆，作出顶格处罚 20 万元。开展反不正当竞争执法，重点查处招投标领域的不正当竞争行为，全年查处串通招投标等不正当竞争案件 14 件，罚没款 37.67 万元，涉案货值 500 余万元。全年立案查处违法案件312件，结案253件，罚没款1253.47万元，货值3159.59万元，移送公安机关9件。

【知识产权保护与运用】 加入全省知识产权创新试点单位行列，建立中小微企业知识产权援助机制，申报创建国家知识产权强县工程示范市（县）。经市编办批复同意，成立衢州地区第一家县（市）级知识产权维护中心，配备兼职工作人员7名，与消费者权益保护中心合署办公，着力抓好知识产权宣传、培育、服务等成长体系建设。在门业行业协会设立品牌建设指导站，指导企业做好商业秘密和知识产权保护工作。全年申请商标注册2016件，全市有效商标累计10131件；申请专利1221件，授权742件，万人发明专利授权量12件，PCT国际专利申请2件；知识产权贯标企业1家，申报省专利导航项目企业1家，新申报衢州专利示范企业11家，专利补助企业及个人230多家，补助资金481.11万元。全市实有专利累计6350件。

【食品安全协调】 以食安办名义，征求40个食安委成员单位意见，拟定2020年食品药品安全工作重点，层层分解落实，加强属地管理，提升监管水平。牵头起草、推动出台《江山市党政领导干部食品安全责任制工作清单》，以5个模块、25项要求、70条具体任务，首次将党政领导干部食品安全职责清单化，落实食品安全党政同责责任制。组织全市509名协管员参加全省基层食品安全网络学院培训，并在衢州地区率先完成学习考核，考核合格率100%。按时举办“江山市基层（网格）食品安全协管能力竞赛决赛”，由胜出单位组成江山代表队，参加衢州市食品安全协管能力竞赛，囊括个人竞赛一等奖、二等奖和团体现场竞赛第一名，并被授予最佳组织奖。指导全市19个乡镇（街道）及71所学校食堂实现食品安全责任保险全覆盖，累计保费达77.68万元。

【食品安全监管与服务】 落实食品生产经营主体责任，与全市4175家食品生产经营主体签订食品安全责任书；加强食品安全知识宣传培训，组织19场食品安全法相关知识培训，发放《食品安全法实施条例》等相关宣传资料600余份，组织保健食品宣传进社区、进乡村、进校园、进网络、进商超活动11场次。按时完成A、B、C、D类食品销售风险分级管理工作。全市流通环节共有食品经营单位4271家，食品生产加工单位484家。全年共开展校园食品安全、节令食品安全等专项监督检查8次，累计出动执法人员4700余人次，检查生产经营主体3469户次，责令8家违法违规主体限期整改到位。全年全市食品生产流通领域没有发生大的安全事故和事件。

【餐饮安全监管与服务】 开展农村家宴放心厨房改造提升和中小学及等级幼儿园“智能阳光厨房”建设，完成9家农村家宴放心厨房改造提升、22家中小学及等级幼儿园“智能阳光厨房”建设。

7月29日，举行江山市基层（网格）食品安全协管能力竞赛（决赛）

累计建成农村家宴放心厨房37家，覆盖全市18个乡镇街道。强化网络订餐食品安全监管，先后查处两起违法行为。全市入驻“美团”“饿了么”两个平台的商家共有768家。全年共承担重大餐饮安全保障活动17起、138餐次、10万人次的餐饮安全保障工作，实现零事故、零投诉。全市2716家餐饮服务单位承诺签约推行公筷公勺，刊发8期红黑榜予以公示，开出全国第一张未使用公筷公勺罚单，累计开出此类罚单59张；发出厉行节约反对餐饮浪费倡议，印制宣传海报1000份及提示桌牌2000个。年内，全市共有餐饮服务单位2759家，其中餐馆2412家，食堂339家，集体用餐配送单位8家。

【药品、药械、化妆品安全监管与服务】开展中药饮片专项检查，摸排全市中药饮片生产企业1家，批发企业2家，经营企业78家，使用单位48家。对市疾病预防控制中心及20个疫苗接种点开展专项检查，未发现违法违规行为。开展药品网络销售违法违规行为专项整治，采取“线上”收集线索和“线下”实地检查相结合的方式，落实质量管理主体责任，备案登记的药品批发企业自查率达到100%；开展医疗器械专项整治，打击哄抬物价、销售三无产品等市场乱象和违法行为；开展化妆品专项整治，现场检查172家，约谈2家，受理投诉举报2起，责令下架产品12个，化妆品抽检6批次，检测全部合格。在廿八都、上余、塘源口、大桥等乡镇，增设5个送药上山便民服务点。创建24小时“网订店送”药房，建立药品“外卖”配送标签、隔离储存、控温配送等措施，确保药品质量，并可追溯。

【价格监督与服务】立足价格监督检查职能，加强价格监管，维护疫情防控期间物价稳定。开展涉企收费检查，督促供气、供水、供电企业严格落实降费政策，全年共降费4840.86万元，其中电费3207万元，水费115.47万元，气费178.5万元，房屋（摊位）租金1339.89万元。开展转供电环节不合理加价行为整顿行动，督促清退多收电费4.34万元。开展机动车检测收费专项整治，对两家机动车检测企业进行专项检查，发现其擅自违规收取新增环保检测项目费，收费标准为85元/辆·次，共收取3799笔32.29万元，被责成3月17日起停止收取，并发出《价格提醒告诫书》，签署《价格承诺书》，对擅自收取的费用予以退还。

【产品质量监管与计量评估】加大产品质量监督抽检力度，安排生产领域产品质量抽查172批次，流通领域质量抽查100批次。对抽检不合格企业，实行不合格产品闭环后处理，并按“一企一档”要求，建立企业不合格产品档案。推进细木工板分类分级，实施产品风险分级、产品质量安全评价结果分档和企业监管等级分类管理并动态调整，差别化运用监管措施，提升监管效能。加强危化品质量安全监管，压实主体责任，开展监督检查，消除安全隐患。开展重点工业产品质量安全风险监控，以细木工板和非医用口罩两个块状产业和工业产品生产许可获证企业为重点，开展全产业产品质量风险隐患排查及整顿治理工作，定期收集风险信息，及时分析、研判、应对。强化计量监管，重点领域是医院、加油站、大型商超等，全年检查医院35家、加油站6家、加油机27台、眼镜制配单位18家、验光仪等计量器具21台。

【特种设备安全监察】开展特种设备安全专项整治三年行动、危化品全生命周期安全重点整治、安全生产月大检查等隐患排查整治。累计出动执法人员915人次，检查企业323家，下达监察指令24份，消除安全隐患75处。推进特种设备安全管理分类评价，推广电梯保险+服务，累计640余台电梯承保电梯安全责任险。

【市场主体年报】全市应年报企业8233家、农专社436家、个体工商户31602户，实际参与年报分别为8028家、420家、29401户，年报率分别为98.89%、

97.02%、95.32%，位列衢州第一，其中企业年报率排名全省第八。累计公示各类主体信息96591条，登记备案信息154587条、动产抵押信息124条、股权出质信息100条、行政处罚信息1360条、经营异常企业名单1118家（户）、严重违法失信企业名单11家，为社会公众提供在册各类主体的查询数据。

【企业信用监管】 全年完成“双随机”任务143个，检查各类对象1297家次，发现问题率22.6%；累计出动执法检查人员13244人次，检查经营户18798户，发现无照经营户2235家，发出行政指导书512份，引导办照2007户，其余被依法取缔。培育“守重”AA级公示企业7家，奖励AAA公示企业1家，奖励资金10万元。指导帮助7家企业在浙江股权交易中心成长板挂牌、10家企业申报衢州市“诚信民营企业”、3户个体工商户申报衢州市“诚信工商户”。推荐小商品市场个体户江书修申报2020年“最美诚信浙江人”。

【检验检测及检定】 全年完成检定、检测任务10183批次，其中计量7553批次、食品1689批次、林产品703批次、消防238批。参与监督抽查1567批次，其中食品1339批次、林产品32批次、消防196批。累计减免检验检测、计量检定费用59.7万元，减免防疫防护产品质量检验检测费用1.2万元。

【农贸市场建设与管理】 推进放心市场创建，市区江东、廿八都枫溪等3家农贸市场为创建对象，年底前顺利通过省政府考核组的考核验收。推进“五化”市场创建，市区城南农贸市场、贺村镇南农贸市场为创建对象，年底前全面完成创建任务，顺利通过省政府考核组的考核验收。推进星级市场创建，重点是各乡镇农贸市场，按照《三年行动方案》，有条不紊地全面展开。作为政府为民办实事项目，江城菜市场建设工程经过两年多的建设施工和内部装修，于2021年1月18日正式投入运营。

【市场监管平台建设】 按照“县乡一体、条抓块统”试点工作方案，打造有特色的市场监管平台。在贺村分局开展全员派驻试点，实现队伍不散、办公独立、借力发展目标，并作为基层治理先进典型材料上报省局。不断完善相关机制、考核办法等，规范人员下沉程序，梳理职责边界清单16项，“属地管理”事项责任清单4项，市场监管入格事项清单15项。派驻人员由年初的22人增加到31人。依托“视联网+”举办市场监管业务千人培训会，内容涵盖无证无照经营排查与整治、药品生产经营单位日常巡查与管理，餐饮经营单位日常巡查与管理等七个方面。

【消费者权益保护】 在疫情期间，开通投诉举报热线，24小时受理各类消费投诉举报。开展“放心消费在江山”行动，制定实施方案，完成1834家放心消费单位培育，其中无理由退货承诺单位515家、放心工厂120家、放心商圈1个。全年接受各类咨询举报投诉1567件，其中咨询80件，投诉912件，举报575件，办结1545件，办结率98.5%；投诉调解成功825件，成功率91.4%，涉及争议金额105.7万元，为消费者挽回经济损失84.4万元。

【服务政府中心工作】 组建7个“1+1+1+X”征迁团队，强力服务城南新城征迁项目，连续奋战49天，取得城南新城一期7户、二期14户，共21户征迁户的签约率和腾空率“双百”成绩。组织全系统150名干部职工，与10个村的300户低收入农户结对帮扶，落实扶贫“六个一”举措，提供扶贫资金及物质36万余元，通过消费扶贫购买扶贫物资11万元。

（祝远金 陈璐屿）

应急管理

【概况】 2020年，江山市应急管理局以“降事故、减灾损”为目标，狠抓疫情防控、安全生产、防灾减灾和应急管理等各项举措，实现应急管理工作全面履职的良

4月15日，应急科普类广播节目“老毛说应急”上线（何胜 摄）

好开局。全年全市累计发生各类生产安全事故12起、死亡10人，同比分别下降25%、9.1%。其中，工矿商贸领域发生事故2起，死亡2人，同比分别持平、下降33.3%；发生生产经营性道路交通事故10起、死亡8人，同比分别下降28.57%、持平，未发生较大及以上事故；森林火情31起，其中成灾7起，过火面积13.27公顷，受害面积9.57公顷，未发生人员伤亡事故。

【安全生产】 推进危化品、消防、特种设备等“十大领域”百日攻坚行动，共检查企业（场所）1192处，排查整改隐患351个。开展安全生产联合巡查3轮次，发现整改问题46处。惩治非法违法行为，全年累计查处案件70件，行政处罚175.79万元。开展危险化学品全生命周期整治、危险化学品运输安全“铁拳整治”、非法“小化工”和有机硅生产企业安全生产专项整治，累计检查企业48家，发现整改隐患362处。开展重大安全生产隐患挂牌，督办并销号各类安全隐患100处。联合市纪委监委派驻市府办纪检监察组，对12个单位开展3轮次安全生产巡查，发现并整改问题54个。围绕“消除事故隐患，筑牢安全防线”主题，开展“安全生产月”“五进”活动98场，悬挂安全标语1万幅，征集安全文化作品100幅，组织应急演练1000余次，参与人员1.98万人。按照时间节点，通过“线上+线下”模式，全年推进1.81万人次安全素质大培训工作。

【防汛抗旱】 制定出台《江山市人民政府防汛防旱指挥部工作规则》，落实基层责任人1376人次。完成308个行政村防汛防台抗旱应急预案和形势图修编。开展防汛防台检查暨隐患大排查，成立5个督查组，累计检查处数2979处，发现隐患163处。实行“派单”督查机制，点对点下发工作提示函21份、风险提示函11份。举办全市防汛和地质灾害应急救援综合演练，联合消防、红十字、红盾、人武民兵等队伍200人，重点开展小流域山洪和地质灾害人员转移演练。

【森林防火】 制定《江山市森林防灭火半专业队考核奖励办法》，从值班备勤、器材维护、培训演练等方面规范队伍管理。组织全市200余人开展森林防灭火队伍集中轮训和比武竞赛，增强队伍应急处置和协同作战能力。推进“30分钟森林火灾扑救圈”建设，缩减编排16支市级半专业森林防灭火队伍，提升扑火应急反应能力。开展野外火源专项治理行动，累计出动工作组64组96人，发现问题25个，制止野外用火行为31起，实现全年“零火情”。

【防灾减灾】 推进全市95个避灾安置场所的规范化建设，其中72个实现可视化管理。投入500多万元增配医疗应急包、生活保障包等38类、1.5万余件救灾物资，保障灾民转移安置时生活所需。开展百村万户宣讲活动，结合“5·12”防灾减灾日活动，对24个自然灾害风险等级较高的行政村开展防灾减灾宣传教育“进农村”

系列活动，累计发放各类宣传册3.25万余份，组织应急演练37场次，参与网络竞答人数达1.73万余人。

【应急救援】 先后通过军地、社会、政企等多方位完善水、陆、空立体应急联动机制，完成公安专网、气象专网、移动基站千里眼视频平台和华数乡镇视频的接入工作，加强应急救援指挥体系建设。通过精简森林防灭火队伍，新培育红十字“海豚”急救援队伍，投入600多万元，配备雷达生命探测仪、侧扫声呐探测仪、救援艇、便携式卫星基站等专业化救援设备，加强应急救援力量体系建设。通过落实“一月一推演、一季一演练”演练机制，建立包含11个行业类型54名专家的专家库，加强应急预案管理体系建设。

【抗洪抢险救援】 探索镇域应急响应模式，克服全域难启动、局部有急需的难题，解决基层没汛情同响应、同值守问题，累计启动镇域应急响应5轮21次和全市应急响应3次。强降雨期间，召集防汛成员单位24小时驻点会商，通过准确判断天气形势、精准启动镇域应急响应、提前集结救援队伍，为抢险救援争取宝贵时间，实现“零伤亡”，受到时任省委书记车俊的批示肯定。

【推进江化永久性关停】 为保障江化关停期间的安全监管，明确专人负责，建立《关停特别时期安全工作方案》和《安全生产监督组入驻浙江交科江山基地工作制度》，聘请专家常驻指导，开展会商分析20余次，处置问题39项。实现所有装置顺利平稳完成停车，得到副省长高兴夫批示肯定。

【启动第二轮安全生产综合治理三年行动】 牵头制定《江山市第二轮安全生产综合治理三年行动实施方案》，细化年度任务158项，成立三年行动专班，对各牵头单位实行绿黄红三色管理”，根据“三色”评估结果，分层级对牵头单位进行约谈，强化主体责任落实。全年累计开展监督检查1292家次，排查隐患1904处，完成整改1493处。

【自然灾害灾后救助】 第一时间妥善安置“6·30”短时强降雨受灾群众198名，对113幢进水房屋开展安全鉴定，及时发文部署开展自然灾害救助资金申报和自然灾害救助责任保险申报，向上争取省级自然灾害救助资金131万元，全年累计发放慰问金3.22万元、自然灾害救助资金27.35万元、粮油米面4000多公斤、被子毛毯等生活用品5万余件，满足灾区群众生活需求。

【疫情防控和复工复产】 集中下沉参与防控，通过每天24小时不间断值守，为900余户居民把好安全入口，第一时间打通全市消毒液供应渠道，先后4次共拉取55吨次氯酸钠消毒液向全市发放，争取省级储备帐篷40顶，连夜调拨救灾物资以保一线人员安全。复工复产期间，检查申报复工企业274家，督导完成隐患整改300余处，开通“网络化”培训，为7400余名员工开展岗前安全培训，解决疫情消毒、人员防集聚问题。

（市应急管理局）

消防工作

【概况】 2020年，全市共接警660起，其中火警313起，造成一定财产损失的火情165起（不含草坪、配电箱等轻微火灾），造成直接财产损失约1181万元，受伤1人，死亡0人，与上年同期相比，起数下降28.57%，受伤人数上升100%，死亡人数下降100%，财产损失下降7.98%，其中纳入事故统计的火灾48起，未发生亡人和较大以上财产损失火灾。

【压实消防安全责任】 全年消防救援大队提请市政府召开政府常务会议、消防安全工作会议等6次，以市消安委下发《关于加强冬春火灾防控工作的通知》《全市消防安全三年翻身仗行动2020年工作任务清单》等一系列文件，定期部署、推动消防安全三年翻身仗、电动自行车、小微企业整治等重点工作。发挥参谋助手作用，协调住建、民政、商务、综合执法、应急、教育等职能部门对本行业本系统开展消防自查和联合检查，形成工作合力，向乡镇街道、行业部门发出建议函33份，督促整改火灾隐患232处。加强业务指导，全年60余次组织行业部门、乡镇街道及公安派出所、村（社）等基层组织开展消防业务培训，培训达3000余人次。

【深化隐患排查整治】 新冠疫情发生后，大队采取“线上+线下”综合指导服务方式，重点保障涉及疫情生产储存企业、处置定点医疗机构和集中隔离点等单位消防安全。共开展短信、微信提醒社会单位7000家次，电话督导55家次，视频督查28家次，对涉疫场所开展上门检查指导26家次。会同住建局排查37个住宅小区，发现隐患145处，对隐患问题以建议函方式交办乡镇（街道），将13幢高层建筑消防设施整改纳入市长交办任务。联合应急、住建、市场监管、派出所、主流媒体等单位深入电动自行车销售网点、顺丰快递网点、外卖饿了么网点、老旧住宅小区以及电动自行车拼装、改装、加装点等地，开展电动自行车消防安全检查，开展集中检查曝光3次。推动博瑞明珠城、国际花城等40个小区完成消防车道、登高场地标志施划，对市区30余个老旧小区施划标志标线100余处。会同经信局对全市141家塑胶企业开展专项排查，联合开发区集中对园区168家企业开展专项排查，下发联合督改通知书40份，完成隐患整改195处。年内挂牌整治重大火灾隐患单位3家，全部按期完成整改销案。

11月7日，举行2020年“119”消防宣传月启动仪式暨“追梦火焰蓝，守护千万家”消防健身跑活动

【创新丰富消防宣传形式】 坚持以“万名员工大培训”和“119”宣传月活动为抓手，推进消防“五进”活动。通过录制视频等方式组织拍摄消防安全教育微课程供复工复产企业学习使用，联合市教育局专题录制《开学消防安全第一课》视频，通过“云上课堂”向全市中小学生和家庭普及消防安全知识。邀请毛改革以江山方言道情的艺术形式拍摄“生命通道”微电影，点击量达4万人次。依托海康威视平台“消防学堂”，发动250家重点单位开展消防安全线上培训，385名消防责任（管理人）、1689名新入职员工、110名消控室人员完成线上培训；乡镇街道、行业部门推动列管单位、辖区企业4000余人完成线上培训，日常消防站对外开放24次，培训6000余人。消防车下乡宣传30余次，培训1万余人。举行2020年“119”消防宣传月启动仪式暨“追梦火焰蓝，守护千万家”消防健身跑活动，累计500余名群众参加。

【灭火救援】 全年共接警出动660次（含灭火和抢险救援），出动车辆1272辆次，出动警力7364人次，抢救63人，疏散被困383人员，抢救财产价值1383.97万元。秉持基础性工作重点抓的理念，组织开展“六熟悉”348车次，开展重点部位和“不放心”区域实战演练192车次，对辖区内121家微型消防站进行电话拉动1274

余次，实地拉动 667 余次，综合演练 3 次，微型站骨干及队员培训 90 次。对全区 6 处天然水源、335 个市政消火栓逐一进行实地排查和维护保养。对标“大应急、全灾种”任务要求，新购置一批水域救援装备、手抬泵、无齿锯等灭火救援装备及重型防化服等特种防护装备。成功处置“3·10”经济开发区衢州虹联塑业火灾、“3·12”美团外卖电动车火灾、“6·5”须江小女孩溺水救援、“6·30”四都镇赤山村矿山水域救援等重大工作。

（伍飞燕）

审计管理

【概况】 2020 年，市审计局共实施审计项目 20 个，查出管理不规范资金 1.48 亿元，违规问题资金 155 万元，已上缴财政 3918 万元，归还原渠道资金 6181 万元，移送案件线索 10 件，提出审计建议 47 条全部被采纳，推动被审计单位出具审计整改结果公告 39 个，审计信息和专报被采用 41 篇、被市领导批示 33 件。

【财政资金审计】 关注财政存量资金盘活、专项资金绩效，提高财政审计成效。促进江山财政压减非刚性、非重点项目支出 5180 万元，压减部门预算专项公用经费支出 3152 万元，推进政府过“紧日子”。查出农民工工资保证金管理不规范问题移送市纪委处理，促进全市在建项目农民工工资保证金征收情况进行排查，修订农民工工资保证金管理办法，为企业减负，保障农民工劳动报酬权益。对全市 71 家一级预算单位进行大数据审计，设计 10 张自查表，根据问题疑点进行延伸核实；组织内审人员对二、三级预算单位进行审计，协助审核审计自查表和普通问题疑点；加强与财政监督局、会计核算中心配合，同步开展审计疑点核查和财务大检查。

【经济责任审计】 对 9 个单位 17 名领导干部进行经济责任审计，为多年未审或从未开展经济责任审计且存在一定履职风险的部门单位。修订分类管理办法代拟稿，制定中长期规划，明确国资公司、“四办”纳入经责审范围，对五年轮审范围外的单位以离任交接、一级预算单位预算执行审计等形式实现审计监督全覆盖。听取多方意见，制定调查清单明确审计重点，借力主管部门的监测和考核结果，提高自然资源资产问题定性精准度和深度，促进审计建议的科学性及合理性。牵头组织召开推进会，加强全市农村生活污水治理工程实施进度. 围绕“融衢接杭”战略举措、最多跑一次改革、促进营商环境优化等内容，聚焦决策部署执行、民生项目落地、经济风险防范、重大项目推动、生态文明建设等工作，增强监督效能。配合组织部门指导完成 22 个单位 23 名领导的离任交接工作；组织审核市委组织部联审村换届候选代表 102 人、先进

5 月 19 日，审计组在沐川开展东西部协作专项审计

模范代表21人。

【政策执行审计】 实施扶贫、疫情防控资金和捐赠款物、涉企收费及清理拖欠民营企业中小企业账款、残疾人社会保障等4个政策跟踪审计项目，查处异地搬迁补助对象不精准、消薄平台绩效不高、疫情捐赠款物管理不规范、农民工资保证金管理不合规和残疾人社会保障政策落实不到位等问题，向市委市政府报送《异地搬迁管理不精准问题有待改进和加强》《消薄平台监管和绩效问题亟待改进》《审计建议规范我市慈善组织捐赠款物管理》《市商务局疫情防控物资采购协议不规范应尽快完善》《我市农民工资保证金管理混乱亟待规范》《教育需更加关注残疾人》《残疾人社会保障政策落实不到位需要整改》等审计专报，得到市领导的批示。制定或完善《江山市扶贫产业增收项目管理实施细则》《山海协作乡村振兴示范点建设管理实施细则》《关于进一步完善我市农民工工资保证金制度的通知》等8项规章制定。

【政府投资审计】 开展江山市虎山运动公园工程项目跟踪审计，重点关注PPP项目的政府方管理、合同执行等，对存在部分土地未报批、精装修费用有超概算风险、政府方管理薄弱等问题撰写审计专报。开展江山港流域综合治理工程预算执行情况审计，对工程施工管理、资金管理情况等进行重点关注，发现工程款支付管理混乱、隐蔽工程验收资料不实、设计不严谨导致频繁变更、第三方跟踪审计机构未有效履责等一系列风险性问题，提前做出预警，提出意见建议，并撰写专报，获市领导批示督促整改。开展结算管理情况审计调查。重点摸清审计局退出结算审计后，政府投资项目结算管理总体情况，包括2017—2019年度政府投资项目完工后结算审核情况以及中介结算质量、建设单位内控管理、中介主管部门的日常监管情况等。提出市政府投资项目在结算管理中存在的突出问题、制度性问题，促进承担市重点投资项目的国投公司完善内控制度，乡镇全面实行管审分离内审体制，中介主管部门加强日常监管。

【审计整改落实】 开展“1+3”审计整改“老大难”问题现场质询。6月下旬，与市人大财政金融工委、市纪委监委、市审计局等组成“1+3”督查组，对峡口镇政府、虎山街道等单位2019年审计整改“老大难”问题进行现场质询督查。向审计委员会报告2019年度审计项目整改落实情况，向整改未到位单位发出整改催办函，限期一个月内必须整改到位。建立日常管理考核机制，继续将审计整改纳入全市综合目标考核，年内根据整改落实情况进行倒扣最多6分，出台《审计项目质量考核评比办法》等制度，以考核机制倒逼审计查明问题的整改落实。《江山审计“五举措”“五借力”促进审计整改落实》一文被浙江审计信息和省厅微信公众平台采用。

（市审计局）

统计管理

【概况】 2020年，江山市统计局以“四个年”活动为指引，聚焦统筹推进常态化疫情防控和经济社会发展目标任务，及时汇总数据信息，跟踪研判数据指标，升级优化数据产品，推动建立统计联席会议制度，严格开展统计执法监督，为全市保供稳价、复工复产、指标争先政策落地提供优质统计服务。年内完成第七次全国人口普查正式登记，参与疫情防控和“三服务”活动，在第四次全国污染源普查、生猪稳产保供、低收入农户全面小康统计监测等工作中主动作为，获评江山市2020年度最佳满意单位。

【服务经济运行】 克服疫情影响，坚守统计岗位，每月逢“0”逢“5”不间断开展物价调查，线上定期组织企业生产经营情况问卷调查，及时形成数据图表和分析材料，为市委、市政府政策制定提供及时有效的决策依据。根据全省“一图一表一指数”考核机制，紧盯数据生产关键节点，制作《单位（项目）入库事项一表通》《统计数据指标申报节点表》《MEI 指标考核分析导图》，汇编《GDP 核算预测分析导图》，依托市长交办会、统计联席会、专业研判会“三会”，全年完成任务交办 150 余项，组织召开统计联席会议 4 场，每月开展专业研判。

【推进普查工作】 加快经济普查数据成果转化，集中整理前三次经济普查数据，在衢州六县（市、区）中率先公布《第四次经济普查主要数据公报》《江山市第四次经济普查主要数据》。根据第七次全国人口普查任务要求，落实市级专项普查经费 489.18 万元，有序完成各级普查机构组建，全市划分普查小区 2403 个、标绘建筑物 16.8 万个，选聘普查员、普查指导员 2478 名，全年组织业务培训 30 余场。11 月 1 日零时起，江山市第七次全国人口普查正式登记工作全面启动，2400 余名普查员逐户上门登记、认真填报信息，开展数据比对复核，推广运用普查信息自主填报，居民自主填报率 20%以上。

【创新统计产品】 以表格化、图文化、简明化为要点，改版《数说江山》《江山统计月报》，每月定期整理编发，提供政府、部门决策参考。以“专栏出数、专业研判、专题调研、专项解读”为特色，创刊《江山统计月度资讯》，全年刊发文章 70 余篇，受到市委、市政府领导及上级统计机构相关领导的关注与好评。全年形成《江山统计》专报分析 20 余篇，2 篇获市委主要领导批示。

【加强执法监督】 围绕防范和惩治统计造假工作，将“数据质量提升行动”贯穿全年，组织开展第十一届“中国统计开放日”线下普法活动，汇编囊括 14 个专业领域的《统计专业数据质量管控规则》，出台《防范和惩治统计造假全面整改自查自纠工作实施方案》，部署开展“数据质量核查月”行动，联合行业主管部门、属地乡镇（街道）排查整治问题 33 个，根据省统计局贸易数据核查结果，配合完成衢州统计局对江山市 10 家贸易企业的执法检查。出台《江山市统计局 2020 年度法治工作要点》，全年统计执法检查单位数 71 家，执法目标计划完成率 158%，对 7 家单位依法予以行政处罚（5 家予以警告，2 家予以警告并处罚款），罚款金额 8816 元。加强专业化执法队伍建设，新增统计专业初级资格、中级资格人员各 1 人，通过统计执法资格考试人员 1 人，年内全局 5 人具备中级以上统计专业技术职称，4 人通过统计执法资格证考试。

7 月 21 日，市第七次全国人口普查社区综合试点启动（徐斯佳 摄）

【民生服务】 聚焦“三服务”活动，增派 2 名干部参与组团联企网格服务，推选 1 名干部任挂联村第一书记，选派 1 名年轻干部驻村历练，全局参与联村联企服务干部 9 人，占干部职工总数的 39%，全年组织开展低收入农户“一对一”结对帮扶走访 350 多人次，提供扶持资金 10 万余元。

【统计转型升级】 对标政府数字化转型要求，打通“机关内部最多跑一次”线上办理渠道，组织“数据浙江”“城市大脑”统计指

2 月 20 日，在云宾菜市场开展居民消费品采价工作（周晨昱　摄）

标数据汇总，开通“浙政钉·掌上执法”系统，以“双随机”模式抽查 60 家单位，同步启动统计新媒体、统计新数表、统计新月报、统计新资讯“四新服务工程”。年内在全国 300 多个区县级统计新媒体平台中，“江山统计”微信公众号 9 次入选区县级微信公众号综合影响力月榜 top50,1 次入选全国月榜。

（毛玉鑫）

衢州海关江山联络处

【概况】 2020 年，江山市通过海关外贸进出口总值为 37.99 亿元人民币，同比增长 6.34%，占衢州市总值的 10.6%。其中出口值 37.69 亿元，同比增长 7%；进口 0.31 亿元，同比下降 39.24%。江山联络处受理海关注册登记备案企业 42 家，完成行政审批事项 51 项，原产地证备案审核企业 34 家。

【助力复工复产】 利用信用签证等业务办理模式，做到即时预约即时安排、随到随检“零延时”通关，减轻疫情对企业货物出口的影响。落实杭州海关帮扶企业复工复产十六条举措、衢州海关帮扶企业复工复产十二条措施，用好“杭州海关进出口企业复工复产关企互动平台”，畅通问题协调解决通道，提升通关便利化水平，帮助企业有序恢复进出口业务。其间，共调研企业 202 家次，共收集问题 37 个，其中涉及海关业务问题 19 个，解决 19 个。为企业送去口罩等防疫物资，帮助企业成功办理复产“绿卡通”。

【提升监管效能】 推进按“事前、事中、事后”的分段理念，将原检验检疫业务嵌入海关监管工作中，整合业务流程提升监管效能，严把进出口商品质量安全关，重点做好进出境企业、产品的日常监管，主要涉及木门、蜂产品、危化品、饲料及饲料添加剂、机电等法定检验产品的出口，以及海关数据统计、原产地签证、行政许可受理等日常管理工作。同时，维护好国门安全，把好进口粮食检疫安全关，做好外来有害生物监测和严禁“洋垃圾”进境。

【服务地方发展】 走访地方有关部门，调研重点企业和产业，持续深入推进“单一窗口”改革，优化检验检疫方法，简化通关流程，压缩整体通关时间，降低企业成本。全年为地方政府送专报 2 期和统计快报 11 篇，完成市政府约稿 6 篇，调研报告 3 份，及时反映江山外贸发展实际情况和存在问题。赴金华、丽水等地深入开展江山市发展跨境电商及设立海关监管场所调研分析，助力江山跨境电商发展。

（江荣巧）

综合行政执法

【概况】 2020 年，江山市综合行政执法局紧紧围绕“四个年”活动，紧盯打造“一地三区”目标定位，坚持执法与建设、管理与服务并举，推进疫情防控、城市品质提升、中央环保督查、国卫复审、省级综合行政执法试点改革等中心工作，参与城南新城征迁、低效用地整治、砂石资源整治等市级重点工作，年内获评有礼指数“八个一”、落实全面从严治党主体责任等年度重点工作突出贡献奖，城南征迁工作表现突出集体，创建国家全域旅游示范区工作贡献突出集体等13项先进集体。

开展户外广告清理

【护航重点工作】 保持“围绕大局、主动作为”姿态，积极服务市级重点工作，全年领办并完成城南新城征迁任务23户，协助配合12个部门完成20余户的签约工作。领先完成低效用地腾退签约任务2宗。推进砂石资源乱象整治行动，强化砂石领域的执法办案，全年开展专项检查12次，立案6起。牵头推进“污水零直排区”创建，牵头完成19个小区周边157家“六小行业”及27家机关事业单位污水零直排建设。全面压实脱贫攻坚责任，61名扶贫干部结对帮扶贺村镇121户贫困户。

【综合执法试点改革】 深化推进省级综合行政执法改革，打造基层综合执法改革贺村样板。重点围绕力量下沉、事项下放、规范化建设和执法管理等方面，实现统组“一支队伍”、整合“一张清单”、搭好“一个平台”、打造“一套体系”。创新“模块+执法”“网格+执法”“1+N”等管理模式，全面融合乡镇资源要素，外延整合部门派驻执法力量，实现基层治理提质扩面增效。年内，贺村镇综合行政执法队累计开展市容环境、安全生产、林木私砍、餐饮厨余等专项治理30余次，下达各类执法文书250份，劝导流动摊贩、店外经营行为6300余起、违停616余次，指导整改公共卫生场所102处，制止新增违建16起，办理一般程序案件51件，简易处罚728个。

【接受人大评议】 主动接受市人大常委会对综合执法局近三年依法履职情况的工作评议。自5月上旬开始，全力配合评议小组，以召开座谈会、个别访谈、下属单位走访、查阅案件等形式开展工作调研，调查研究阶段累计收到评议小组反馈的7个大类20项41条意见建议。8月下旬起启动评议整改，严格对照评议反馈意见，逐条逐项梳理归类，拟订整改措施，形成整改方案，对综合执法工作机制、城市管理执法、队伍建设、工作宣传等方面存在的工作短板进行全方面整改。

【环境保护】 高标准推进第二轮中央环保督查交办案件整改，年内共完成2起主办案件，7起会办案件的督促整改工作，累计检测餐饮机构油烟排放7家，立案查处2起，行政处罚2起。全力推进污染防治“三大战役”，严管严控建筑工地扬尘污染、餐饮油烟超标排放、露天烧烤等行为，全年开展环保相关专项整治28次，联合交警、住建等部门开展渣土运输执法检查6次，巡查工地1350余次，立案处罚12起。推进环保执法监管，建立健全餐饮油烟“五部门”联合踏勘制度，把好事前介入环节，完善餐饮机构审批机制，累计开展联合踏勘20次，涉及76家餐饮业主体，其中审批通过64家。

【城区违建处置】 牵头制定《江山市城区居住小区违法建筑分类处置办法》，为城区新增违建处置工作提供依据，全年拆除新增违建337宗，面积9221平方米，责令自行整改61宗，面积1668平方米。推动政府责成机制有效落实，理顺违建执法主体与拆除主体关系，承接并完成市政府责成的9起案件的强制拆除工作。

【提升城市品质】 以国卫复审迎检、“有礼指数”提升为契机，采取“网格+执法”“岗亭+执法”模式，将城区划分为32个治理单元，在重要节点设置执法岗亭3座，实现以岗亭为中心，辐射管理周边网格，全年清理流动摊10984起，规范店外店21907起，清理占道堆物6932起。采用安装硬隔离、施划人行道停车位，推进建设临时停车场、建设智慧停车系统项目，盘活城区闲置土地，改善停车难问题，年内增加城区停车位4484个。以“贴单+拖车”形式，加大人行道违停执法力度，改善城区车乱停现状，累计贴单处罚17474起，拖移机动车、非机动车1500余辆。扎实推进户外广告整治，对未经审批、存在安全隐患等情形的户外广告进行集中拆除，同步整治城区各类“牛皮癣”小广告，年内累计拆除大型跨街广告、大型三角牌、墙体广告、楼顶广告等各类大中小户外广告2400余宗（处），清理各类“牛皮癣”小广告15745处。全面摸排城区养犬底数，推进养犬登记工作，实现封闭小区办证率由55.2%到98.8%的大幅提升。推进“文明养犬示范小区”打造，年内完成完成长河山水景城、西城华庭、听涛山庄、江山公馆等4个小区的创建验收工作。创新毁绿监管模式，建立开放式小区绿地管护群，实现及时上报及时处置，全年累计立案查处毁绿案件47起，规劝毁绿行为54起。

【执法办案】 突出综合执法主责主业，以执法办案为中心，完善办案机制，提升办案能力，实现办案数量、质量“双提升”。制定出台执法证积分量化管理办法、重大行政执法决定法制审核制度、行政执法公示制度、常见执法事项自由裁量基准等，提升执法办案规范化水平。全年一般程序案件立案314件，简易程序1210件，较2019年分别提升20.3%、114.2%，其中线上系统办案245件，与衢州其他县市区相比名列前茅。加强执法人员培训，及时组织考证工作，实现具备执法资格人员持证率达97.47%。

【队伍建设】 常态化开展年底优秀办案集体、办案标兵、优秀案卷评选活动，发挥先进典型示范作用，带动提升执法队伍能力，全年评选出优秀办案集体3个，优秀办案标兵6人，优秀兼职法制员2人，优秀协管员10人，优秀案卷10宗。组织开展执法规范化实务培训、岗位练兵和市容实操、热点案件解读、法律法规解读等12场执法讲座培训等活动，通过集中理论授课、现场模拟讲解、综合知识竞赛等形式，提升队员业务能力。

（市综合行政执法局）

财政税务

财 政

【概况】 2020年，全市财政总收入34.96亿元，同比增长8.6%。一般公共预算收入21.31亿元，同比增长3.7%，占GDP的6.8%，占财政总收入的61.0%，其中税收收入19.21亿元，同比增长13.5%，占一般公共预算收入的90.1%。一般公共预算支出72.18亿元，同比增长6.7%。全市财政收支平衡。

【组织财政收入】 加强与税务部门沟通协作，做好数字测算，把握收入总量、结构和进度。深化政府非税收入收缴电子化改革，通过统一公共支付平台办理收缴业务57万余笔，金额59.91亿元。推广财政票据电子化改革应用，对医疗、教育等收费项目，率先完成信息系统的对接改造。规范非税收入管理，实现非税收入50.24亿元，其中纳入一般公共预算管理的非税收入2.09亿元。

【服务经济发展】 聚焦疫情复工复产。拨付新冠肺炎防控专项资金8160万元，出台疫情防控隔离补助等企业用工扶助政策。推动企业以工代训补贴政策落地，发放补贴资金1974万元，惠及企业4478家。参与制定一批助企惠企政策，为企业复工复产赋能。支持重大项目建设。争取新增地方政府债券16.5亿元，再融资债券2.4亿元。深化政府和社会资本合作，推进虎山运动公园、文化艺术中心二期、姜家公路等项目建设。完善政府产业基金2.0版运作，引进岩木草泽澜、立元天投壹号等基金，促使坚膜科技公司碳化硅总部项目落地。推动产业发展升级。加大对门业、装备制造产业、健康生活产业、消防应急产业和新兴产业的发展扶持力度。招引数字消防企业100家，实施智能制造提质扩面消防企业项目6个，推动数字消防云服务

12月2日，在海康威视江山运营总部调研

平台建设。支持数字经济建设，促进电商发展。推进全域旅游建设，兑现全域旅游政策资金4223万元。出台民宿发展专项支持政策，安排1000万元实施民宿提质富民三年行动计划。助力企业纾困解困。落实疫情防控阶段性减免政策，通过下调增值税税率、免征土地使用税和房产税等共减免税收1.2亿元；累计减免、返还、缓缴社保费3.86亿元。实行疫情期间承租国有资产类经营性房产免收房租政策，免收房租2043户，金额1320万元。降低政府采购项目供应商交易成本，取消保证金1.28亿元，工本费957万元。支持振兴实体经济政策，兑现涉企财政补助奖励资金3.31亿元。创新企业搭桥资金跨行转贷机制，办理搭桥资金258笔，使用搭桥资金19.02亿元，帮助企业转贷19.46亿元，为企业节省成本585万元。

【保障改善民生】 全市民生领域投入资金55.88亿元，同比增长1.1%，占一般公共预算支出77.4%。助力乡村振兴发展。整合资金8.36亿元投入乡村振兴项目建设。争取乡村振兴食用菌产业发展示范建设资金8000万元，撬动社会资本投入1.18亿元。拨付5.95亿元，支持江山港流域综合治理、农民饮用水等水利项目建设。安排网格员报酬1883万元，支持基层社会治理。安排1000万元支持村级组织活动场所（党群服务中心）建设提升行动。安排1400万元支持农村文化礼堂和新时代文明实践中心建设运维。安排一事一议财政奖补资金3000万元，支持农村综合改革和“三治融合”的乡村治理体系建设。支持社会事业发展，投入专项资金1.84亿元，推进县域医共体、医联体建设和人民医院“三乙”创建等重点医改项目。拨付专项资金1.92亿元，用于城乡低保等困难群众救助扶贫，拨付8.98亿元，支持保障性安居工程建设。安排专项资金5800万元，用于公办学校及义务教育保障项目。提高教师教育教学质量奖，提高教师待遇，安排资金3300万元促进民办教育。支持“平安江山”建设，投入655万元用于食品药品检验检测和市场监督管理。推进“治水、治土、治气”三大攻坚战。分别安排4633万元、3185万元、650万元用于城市保洁及垃圾处理、鹿溪污水处理厂及第二污水处理厂运营、农村生活污水处理运维；争取债券资金1.1亿元用于城区雨污水管网及配套设施改造提升工程，5000万元用于生活垃圾焚烧发电项目基础设施配套工程。开展锅炉综合整治，补助9家企业401万元，淘汰锅炉12台。

【推进财政改革】 推动预算管理一体化系统建设，在2020年度全省财政管理绩效考评结果中，被省财政厅评为财政管理绩效优秀单位，获激励资金500万元。推进“一卡通”建设，全年发放补助89万人次，补助金额3.84亿元。深化“最多跑一次”改革，实现非涉密事项100%网上办理。通过“双告知”实现线上审批代理记账许可，实现“零上门”办理行政许可审批。推动财政数字化转型，加快内部工作事项数字化转型应用。开展“上门服务至少一次”活动，深化会计信用体系建设试点、会计中介机构设立审批及备案管理等改革。

【强化财政监管】 推进公款竞争性存放，完成财政资金竞争性存放9.9亿元，单位公款竞争性存放13.9亿元。从严控制“三公”经费，全年一般公共预算中“三公”经费预计执行数0.27亿元，比上年执行数下降0.6%。严格政府投资项目评审，全年评审项目187个，送审金额13.84亿元，审减投资额9005万元，审减率6.51%。严格政府采购预算管理，实现“预算、执行、采购、支付”全流程信息化管理。加强内控建设，对7家行政事业单位内控建设情况进行现场督导评价。加强国库集中支付管理，强化行政事业单位资产管理，推进全省统一行政执法监管系统应用。

【深化国资管理】 做好国有资产报告，深化国资国企管理体制改革，制定《江山市国资改革及市属国有公司重组方案》。做优市属国有公司资产结构，推进资产资源清查，梳理出第一批拟注入4家市属国有公司的资产清单，涉及资产186宗。指导市属国有公司开展板块经营，进行财务核算调整，完善组织架构。江山经济开发区建设投资有限公司、江山市城市建设投资有限公司获公司主体信用AA评级。

（陈琲如）

税务

【概况】 2020年，江山市共组织税费收入52.99亿元，同比增长4.3%。其中，税收收入34.28亿元，增长14.64%；非税收入18.71亿元，下降10.49%。共办理各类减免退税20.38亿元，同比增加5.76亿元，增长28.78%。

【税收法治】 积极利用内控监督平台，以风险为导向，查找、梳理、评估税务工作中的各项风险，及时推送问题数据，促进税收执法权规范运行。通过网格化内控管理平台，开展网上巡检2次，监控到预警风险点20个，及时开展"回头看"自查工作，发现一例整改一例，确保责任到位。深入开展"七五"普法宣传活动，通过普法宣传进企业、进校园、进社区、进机关、进乡镇（商会）等形式，推进税法普及宣传教育，构建起多层次、广覆盖的税收普法大格局，营造崇尚税收法治的良好氛围。

【税费政策落实】 定向开展14批次企业和5批次217户小规模纳税人应享未享疑点信息核查，及时进行比对、调整。积极做好疫情影响房产税和城镇土地使用税优惠政策减免申报辅导，共申报减免房产税和城镇土地使用税953户，减免房产税和城镇土地使用税8912万元。贯彻落实增量留抵退税政策，共办理连续6个月增量留抵退税44户次，合计办理退税8402万元；办理先进制造业留抵退税23户次，合计办理退税275万元。

【税种管理】 制定《江山市税务局土地增值税清算核定征收操作指南》，明确符合核定征收的条件和流程，建立土地增值税项目管理动态台账，共统计项目78个，对遗留的税企争议较大的清算项目进行再整理分析，并交由第三方协审。完成个人所得税退税抽检工作，累计完成抽检审核1661人次，并且通过征纳互动平台答复纳税人在个人所得税手机APP上提的疑问273条，答复率100%。

【办税缴费服务】 积极推进"非接触式"办税缴费方式，优化办税服务厅资源配置，健全"以网上办税、移动办税为主，自助办税为辅，实体办税厅兜底"的多元化办税模式，完善24小时自助办税服务厅功能设置。以便民办税春风行动为契机，以实施减税降费、推动复工复产为主线，以深化税收领域的"放管服"改革、

在江山市花木匠有限公司宣传衢税26条疫情期间税收优惠政策

优化税收营商环境为抓手，依托蓝丝巾服务队主动送服务，共走访企业 136 户次，为生产、销售和运输疫情防控重点保障物资的纳税人、缴费人、提供办税缴费绿色通道服务，有效提高纳税人办税效率，增强纳税人的获得感，持续提升纳税人满意度。

【征收管理】 持续抓好征管系统数据质量检查工作，提升税收业务标准化水平。开展税收管理服务创新探索，优化征管信息系统功能，完善涉税文书电子化，拓宽电子文书送达范围，对欠税催缴实施痕迹化、档案化管理。坚持系统观念，突出“一事做优、事事联动”，推进税费数据共享共用、税种联动联管、税费同征同管、税收共治共管，增强税费征管系统性、整体性和协同性，深入推行精准化、分级分类管理，加快取得更多加强税费征管的创新性、系统性成果。

【大数据和风险管理】 完善税源风险管理工作机制，实施扎口管理，统筹推送风险应对任务。根据税收风险现状，梳理税收风险点，通过风险提醒、纳税辅导、完善征管等形式，积极构建以“信任+风险”为基础的新型监管机制，进一步深化风险导向下的强化监管。2020 年，共完成对 141 个外来建筑安装企业建筑项目的风险分析筛查和对异地 2 户混凝土企业的风险应对，并分步有序开展风险提醒、风险约谈和风险核查工作，妥善化解税收风险。

【国际税收】 强化税收政策支持和服务保障工作，完善建立境外投资信息、外汇收支信息沟通共享机制，完善“走出去”企业清册。做好日常非居民税收管理工作，完善非居民税收工作台账，逐户入企进行国际税收政策宣讲，按季开展非居民税收统计分析，结合第三方信息和征管信息，做好环比和同比分析，加强收入预测并做好每个季度的非居民税收收入分析工作。

（吴宣毅）

金　　融

金融服务中心

【概况】 2020年，市金融服务中心引导银行机构服务实体经济成绩显著。截至12月，全市本外币存款余额597.31亿元，较年初新增57.46亿元；本外币贷款余额478.77亿元，较年初新增66.45亿元，本外币余额存贷比80.15%。存贷款余额在衢州4个县市位居第一。不良贷款余额3.5亿元，较年初下降0.2亿元；不良率0.73%，较年初下降0.17%，不良率继续保持衢州四县市最低。

【对接多层次资本市场】 全市完成机构签约的3家后备企业为科润智控、天际互感器、科力车控。发行可转换债券25亿元，在谈股权融资5000万元。全年共兑财政奖励资金806.35万元。

【支持地方经济发展】 拓宽企业融资渠道，向18家重点企业投放专项优惠贷款2.84亿元；投放央行1万亿再贷款低权息资金10.74亿元；引入异地低利率资金32.21亿元；发放质押贷款9.53亿元。出台金融支持企业复工复产“五条刚性”意见，全年共转贷、续贷、展期2291笔57.91亿元，为企业减负11930.16万元。创新金融产品，农商行“农户小额普惠贷款”得到副省长朱从玖批示；担保中心“复工贷”被人民网作为全国首创进行报道；浙商银行“银租智改”在8月9日的《浙江日报》中头版推广宣传。

【加强地方金融风险防控】 组织相关部门对深圳市英蓉资讯服务有限公司江山市分公司、江山市亿典通汽车销售有限公司、中青互联江山服务站等涉嫌违规经营公司现场走访摸排。对尚未完成处置的民间融资案件重点攻坚，博瑞房产案件利益各方已经达成分配协议，案件资产也在处置过程。

（姜　涛）

11月12日，在科润智控了解企业生产经营情况

银保监组

【概况】 2020年，衢州银保监分局江山监管组认真履行监管职责，引导银行保险金融机构防疫抗疫，支持企业复工复产，推动线上融资，夯实信用风险防控。截至12月末，全市银行业机构人民币各项存款余额593.96亿元，较年初新增长57.81亿元，同比增长10.78%；各项贷款余额478.77亿元，较年初新增长66.45亿元，同比增长16.12%；不良贷款率0.73%，比年初下降0.17个百分点。全市保险机构保费收入13.54亿元，同比增长3.36%，其中财产险保费收入4.74亿元，同比增长-0.43%，人身险保费收入8.80亿元，同比增长5.52%。全市赔付支出4.31亿元，同比增长-3.26%。

【完善组织架构】 批准设立浙江民泰商业银行股份有限公司衢州分公司江山小微企业专营支行、浙江泰隆商业银行股份有限公司江山清湖小微专营支行。全市共有银行机构19家，其中政策性银行1家，国有商业银行6家，股份制商业银行3家，城市商业银行7家，农村中小法人机构2家。保险机构28家，其中财险公司12家，寿险公司16家。

【服务防疫抗疫】 根据江山市防控应急指挥部统一指挥，开展疫情排查、联防联控工作，确保疫情期间金融供给。联合市金融服务中心下发《关于做好全市金融机构营业网点对外营业疫情防控的通知》，指导全市金融机构有序稳步对外营业，严格做好营业期间疫情防控工作。多方协调，为辖内银行保险机构紧急采购防护口罩4万只，保障金融机构防护需求。

【支持复工复产】 指导银行保险金融机构落实各项支持企业复工复产金融政策，满足重点领域金融服务需求，全力保障企业生产经营资金稳定与融资成本下降。围绕“融衢接杭”发展战略和全面推进智能制造提质扩面三年行动方案，制定《江山市银行业保险业支持智能制造产业发展工作意见》，推动银行保险机构与名单内83家企业全部建立长期稳定的合作关系。通过该机制，累计走访名单内企业503次，名单内企业累计授信44.06亿元，较年初新增9.04亿元。全市银行业机构因疫情豁免利息1.34亿元，减收利息1.7亿元。

【强化风险防控】 联合金融服务中心，专题召开重点企业风险处置联席会议，完善联合工作机制，引导银行机构统一思想，对排查出的重点风险企业实行主办行联合会商机制，分类施策、精准对接。通过集体研判、一致行动协同处置辖内重大信用风险。年末，全市不良贷款余额和不良贷款率实现“双降”，不良贷款率为衢州市4个县（市）最低。

【落实省统建重大项目】 推广省统建重大项目—浙江省金融综合应用平台，发挥线上融资在特殊时期的重要作用，深化金融服务领域“最多跑一次”改革。截至12月末，辖内银行业机构通过“省金综”平台提供授信2717笔，金额89亿元，通过“省金综”平台成功办结线上抵押登记4075笔，实现最快30分钟办结。

（徐天龙）

人民银行

【概况】 2020年，中国人民银行江山市支行全面落实金融支持疫情防控、复工复产工作，深耕“绿色金融、普惠金融、智慧金融”三大战略，推动基层央行各项事业稳步健康发展，提升金融服务经济社会发展水平。年末，全市金融系统人民币存款余额593.96亿元，比年初增加57.81亿元，同比增长10.78%；贷款余额473.49亿元，同比增长14.85%，不良贷款余额3.5亿元，不良率0.73%，为衢州市4县（市）最低。

【推动专项再贷款政策落地见效】 对接防疫专项再贷款，窗口期内累计发放低息防疫专项再贷款23笔，金额2.79亿元；运用复工复产专项再贷款，辖内法人机构累计发放支农再贷款81笔，金额

1.82亿元；加快央行1万亿元再贷款低息资金投放。12月末，全市银行机构累计投放支小再贷款1375户，金额10.67亿元，加权平均利率4.46%，其中法人机构投放862户，金额7.92亿元，居衢州市4县（市）第一，加权平均利率4.49%。

【落实两项直达政策工具】 督促地方法人机构落实阶段性延期还本付息支持工具和普惠小微企业信用贷款支持计划，确保做到“应延尽延”，加大小微企业信用贷款发放力度。12月末，全市两家法人机构累计发放延期贷款9.95亿元，累计延期率96.5%；累计发放信用贷款本金金额2.84亿元，信用贷款占比28.72%。

【开展“名单制”工作】 组织各银行机构梳理出辖内110家信用佳、有实力的企业，给予“申请办理优先、授信额度优先、利率优惠倾斜”的“两优先、一倾斜”政策，发挥名单内企业在复工复产、高质量发展中的示范引领作用。确定年度新增贷款意向21.55亿元。12月末，名单内企业贷款余额30.31亿元，完成全部新增意向的140.73%。

【落实“三张清单”服务机制】 深化落实银行机构“三张清单”金融服务机制，开展“三张清单”工作情况定量、定性综合考评，提升银行小微企业金融服务能力，推动形成“敢贷、能贷、愿贷”长效机制。部分银行机构实现权限下放、流程缩短、免责落实，江山工行、农行中长期贷款由无权限调整为最高1000万元审批权限；江山邮储行线上业务办理从7天缩减至3天。

【践行“普惠金融”】 制发《关于开展“首贷户”培植专项行动指导意见》，鼓励银行机构因地制宜创新金融产品、优化服务方式，引导金融资源“支小助微”。12月末，全市银行机构累计支持首贷企业999户，金额18.5亿元；首创“无感授信”，促进农村金融改革提质升级。年内，联合农业农村局、金融办及银保监制定《江山市农户小额普惠贷款实施方案》，指导江山农商行线上实施农户小额普惠贷款工程，实现流程全部网上办理。12月末，累计采集全市18—65周岁可授信农户人口25.14万人，完成普惠授信24.23万人，授信覆盖面达100%，授信金额223亿元；设立“首贷户”拓展专项资金，以江山市成功创建浙江省首批民营和小微企业金融服务综合改革试点县为契机，争取省财政下拨资金内划出200万元，用于银行机构“首贷户”拓展激励。对首贷户贷款按照贷款金额1%左右比例给予地方财政贴息，激励银行机构开拓小微企业客户，同时建立无贷户个体工商户名单，实施首贷户拓展“三年行动”。

【提速“绿色金融”】 指导辖内浙商银行打造中小微企业数字化转型与银租金融服务模式，为企业提供更低利率的融资服务，解决企业因抵押物不足、授信额度受限等原因造成的融资难问题。累计为18家企业提供设备租赁融资1.27亿元，309台设备完成轻量化、低成本数字化改造；推动“活体畜禽抵押”融资模式落地江山；围绕猕猴桃产业各环节的金融需求，形成链式金融服务，综合运用信用、林权抵押、订单质押等方式，提供配套产品资金支持。年内，累计为超过2100家经营主体提供资金支持4.3亿元；引导银行机构重点摸排全市项目建设情况，对接“五水共治”、“三改一拆”、沿江公路建设等城市生态环境项目建设；召开市政府国资平台改革座谈会，助推国资公司改革，保障江山经济高质量发展；全力推动国资公司发行绿色债券，聚焦生态惠民工程，实现城市环境优化提升；助推江山城建投公司成功获评绿色企业最高等级，实现江山市国有企业在“中诚信绿色企业评估体系”最高等级中零的突破。

【创新发展“智慧金融”】 推进“央行支付”，以创建“移动支付引领县”为目标，探索云闪付全域综合应用。12月末，共计完成移动支付业务总笔数835万笔，完成任务的219%，为2019年的3.5倍，完成任务量和绝对数上远超其他县，活跃用户数近 2 万户。公交领域、医疗领域、助农服务点、批发市场商圈建设已按“引领县”的标准有序推进。年内，成功打造城中路“刷脸付”试点示范街；不断拓宽科技应用场景，持续优化金融资源配置，发挥金融服务信用信息共享平台与应收账款融资服务平台的桥梁作用，拓宽融资渠道，缓解市场主体信息不对称难题。指导全市银行机构借助浙江省企业信用信息服务平台及商务局“订单+清单”系统，深度对接全市 38 家外贸企业，全面摸排融资需求。年内，累计发放贷款 1.64 亿元，余额 1.97 亿元，给予贷款支持企业的就业人数达 2665 人。

【做好存保标识启用准备工作】 召开全市银行机构存保标识启用工作部署会并对各机构存保标识准备情况进行现场巡查，确保存保标识统一启用工作平稳有序开展。持续不断开展金融知识宣传，切实保护金融消费者权益。持续落实《江山市存款保险宣传三年行动计划》，实现存保宣传常态化、制度化，进一步提升公众对存款保险的认知。

【开展央行评级及资产质量真实性评估】 落实宏观审慎管理和系统性风险防范职责，对辖内两家法人银行开展央行金融机构评级现场评级及资产质量真实性评估，进一步摸清金融机构风险底数，找准风险根源，及时采取风险警示和早期纠正措施，提高机构抵御风险能力。

【深化“最多跑一次”改革】 以国内国际双循环的新发展格局为导向，深化大数据技术应用，全面推广资本项目收入支付便利化改革，推动贸易新业态发展。年内，办理资本项目收入便利化业务 120 笔，金额 467 万美元。运用外债新政增加企业融资渠道，第一时间落实宏观审慎参数调节。持续推动“优化外汇金融服务”活动走深走实，通过举办专题培训宣讲外汇便利化新政，疏通政策传导途径，提升业务办理效率与金融服务质效。

【提供汇率避险指导】 加大对企业汇率避险指导，督促引导企业加强“风险中性”和“财务中性”的意识，完善汇率风险管理。年内，江山市开展汇率避险业务签约金额984 万美元，同比增长4.9%。

【提高现金服务水平】 深入开展浙闽赣省际毗邻地区人民币现金服务示范区创建活动，优化辖区现金流通服务环境，满足市场对各券别的现金需求；做好新冠肺炎疫情防控期间现金服务保障和安全管理，全面做好回笼现金消毒处理和安全管控措施，保障现金使用安全，积极开展现金使用安全宣传引导，消除社会公众用现顾虑；全力做好新版 5 元人民币发行工作、开展整治拒收人民币现金专项行动，打造“安全、高效、和谐”的人民币流通环境，年内采取有效措施成功制止一起拒收人民币行为。

【打击电信诈骗犯罪】 持续深化

6 月 12 日，收看打击治理电信网络新型犯罪暨跨境赌博工作推进会（林文贞　摄）

与公检法税等部门的协作，强化对金融机构的督导提示，发挥优势扎实做好线索移送和案件协查，有效打击辖区内洗钱及电信诈骗犯罪活动。年内，排查出涉嫌电信诈骗账户 22 户，涉嫌跨境赌博账户 1 户，涉嫌出租出借账户 77 户；上报洗钱线索 9 条，立案 6 起，协助公安破获重大非法经营案一起，查扣冻金额 1.2 亿元，涉案金额 32 亿元。

【开展征信知识宣传】 结合“6.14 信用记录关爱日”“金融知识普及月”等多个重要时点开展征信知识宣传。宣传征信在支持疫情防控和企业复工复产、保护信贷主体征信权益、稳企业保就业工作中发挥的积极作用，引导社会各界树立诚信理念，营造良好信用环境。

（徐　倩）

11 月 26 日，开展宣传整治现金拒收行动

工商银行

【概况】 2020 年，中国工商银行江山支行（简称市工行）各项存款余额 70.47 亿元，余额占比 31.28%，四行占比第一，较年初增加 5.28 亿元。各项贷款余额 47.79 亿元，余额占比 26.32%，四行排名第二，较年初增加 3.56 亿元。新开对公账户 998 户，四行占比第一，位居分行前列。年内，被国家外管局江山市支局关于 2020 年度银行外汇业务合规与审慎经营的评估评为 A 类银行。

【创新服务实体经济】 聚焦“江山制造”和智能产业创新体系建设，突出工商银行在产业金融方面优势，保障制造业企业转型升级。年末，制造业贷款余额 12.05 亿元。支持工业平台打造和优化，保障企业生产要素需求，重点围绕工业园区、小微产业园区建设，园区内 36 家企业可享受融资优惠政策、产品与措施。支持工业企业生态圈发展，拓展工业企业核心供应链业务，通过商票背书质押加担保中心增信的方式，为 6 户企业投放余额 2618 万元。支持工业企业转型升级，通过满足企业技术改造、产业并购、产业链延伸等需求，保障企业可持续发展，为多家企业授信 3.84 亿元。关注辖内上市、拟上市公司发展，通过资本市场、直接融资引进等，助力企业发展。

【深化普惠金融服务】 树立“做好小微就有大未来”的经营理念，坚持“不唯所有制、不唯大小、不唯行业、只唯优劣”，践行“融资畅通工程”，提升普惠金融服务质效。创新产品化解融资难，推出“税务贷”“用工贷”“e 抵快贷”等普惠类贷款，年末银保监口径普惠贷款余额 22.6 亿元，全年新增 4.4 亿元。优化服务化解融资慢，扩大支行审批权限，设立小微中心，并通过优化业务流程，使民营、小微企业申贷获得率达到 99%以上，贷款流程缩减到 3 个工作日以内。减费让利化解融资贵，通过直接减免、降低利率、无还本续贷等方式，为企业节省财务成本近 500 万元，累计惠及 200 余户企业及个体工商户。

【全力支持复工复产】 面对严峻疫情形势，快速建立疫情专属服务团队，推出专项“防疫贷”产品，以金融力量稳预期强信心。快速响应“春润行动”，全力支持企业复工复产，高效办理全市首笔防疫生产企业的“人行专项再贷款”，为 5 家企业提供白名单授信 4300 万元，融资余额 3300 万元。办理全市首笔双保应急融资，为企业提供新增发放 200 万元信用授信。开展“春融行动”，为全市 7 家外贸企业提供授信 1.85 亿元，提供外汇避险业务约 664 万美元，减费让利 32.2 万元。加大减费让利力度，帮扶遇困小微企业、个体工商户，下调受疫情冲击较大的制造业、批发、零售业、住宿和餐饮业等五类企业的未到期贷款利率，累计惠及 159 户企业，单月降低企业付息成本 47.8 余万元；对疫情期间所有到期贷款给予“无还本续贷”政策，对出现临时性逾期的贷款，免除逾期罚息；年内，为 45 家企业提供无还本续贷 18590 万元。

（姜慧燕）

农业银行

【概况】 2020 年，中国农业银行江山市支行（简称市农行）紧扣市委市政府打造“一地三区”战略目标，优化信贷资源配置，为经济发展贡献力量。年末，市农行存贷规模 121.82 亿元，存贷规模跃居国有银行首位。其中，各项贷款余额 60.49 亿元，比年初增长 9.92 亿元。余额四行占比 33.32%，持续保持四行第一；增量四行占比 54.87%，实现“1 > 3”。

【支持复工复产】 落实党中央支持“六保”、服务“六稳”工作要求，围绕疫情期间“菜篮子”“米袋子”工程，写好“稳产保供”文章。新增疫情相关企业贷款 7.3 亿元，惠及 172 户小微企业，其中投放央行贴息抗疫专项贷 5200 万元，占全市 18 家金融机构总投放量的 20.88%。用好“生猪全产业链贷款”政策，落地全市首笔生猪活体抵押贷款 250 万元。

【推进数字化改革】 创新运用数字化技术、数字化思维，推出“小微网贷”“微捷贷”等线上小微企业融资产品，助力数字化改革推进。全年为 289 户小微企业发放线上贷款 9.06 亿元，线上贷款户数占全部法人客户比重 80%，比年初增加 63 个百分点。发展新兴业务，成功发放全市首笔“e 账通”线上供应链融资业务 e 信保理融资 1000 万元，落地全市首笔内保内贷 873 万美元；营销全市首笔“衢贸贷”380 万元。

【支持绿色普惠金融】 年末，涉农贷款余额 45.45 亿元，比年初增加 8.63 亿元，增幅 23.44%。绿色贷款余额 30.23 亿元，比年初增加 12.87 亿元，同比增速 74.14%，高于各项贷款增速 54.61 个百分点。成功发放耕读农场美丽乡村贷 1.1 亿元；成功落地全市首笔“生猪活体”抵押贷款 250 万元。

【优化信贷质量】 市开展不良资产清收处置“净表增效”活动。年末不良贷款余额 1901 万元，比年初下降 2315 万元，不良贷款率 0.31%，比年初下降 0.52%，余额以及不良率继续保持区域可比同业最低水平。全年完成不良贷款清收处置 4313 万元，其中自主核销不良贷款 3096 万元，核销后收回 636 万元。

（王　威）

中国银行

【概况】 2020 年，中国银行江山支行（以下简称支行）本外币各项存款余额 366575.44 万元；本外币各项贷款余额 312440.03 万元。

【加快处置不良贷款】 加大对不良贷款的管控与清收力度，由主要领导带队联系有关部门和授信企业，摸排不良原因、寻找化解办法、制定清收策略。全年累计清收各类不良贷款 1.5 亿元，化解不良边缘贷款 1.6 亿元，不良率下降至 0.17%，不良资产化解取得突破性进展，资产质量得到全面提升。

【参与政府“三大平台”改革】坚持担当国有大行责任，主动融入江山市经济社会发展大局，全力支持江山市三大平台转型，通过努力，江山市经济开发区建设投资有限公司、江山旅游发展有限公司、江山城市建设投资有限公司首单贷款均落地支行，累计为各类项目融资 13.76 亿元。通过与各大平台的合作，提供优良的金融服务加快融入江山市经济社会发展中。

【支持企业复工复产】响应浙江省银行业协会的倡议，切实支持实体经济企业复工复产，支行对制造业、批发和零售业、住宿和餐饮业等受疫情影响较重行业的存量企业开展“减息助企”专项支持行动。疫情期间，江山支行降息让利涉及企业 35 户，让利金额为 50.46 万元，小微企业各类退费让利涉及企业 56 户，退费金额为 80.06 万元。同时支行践行“六稳”“六保”倡议，全年累计向个体工商户等中小微企业投放各类普惠金融贷款 5.13 亿元，受惠企业 300 余家。

（郑彬斌）

建设银行

【概况】2020 年，中国建设银行江山支行一般性存款余额 59.12 亿元，比年初新增 2.26 亿元。其中：企业存款 32.17 亿元，个人存款 26.95 亿元；各项贷款 42.33 亿元，比年初新增 5.75 亿元。年内获衢州市级“平安单位”和江山市级“最佳满意单位”。

【推进新金融行动】疫情期间助力企业复工复产，帮助企业渡过难关。对全国及地方疫情防控重点保障企业进行对接，为 10 家防疫和民生物资生产企业新增授信 1.59 亿元；运用好“惠懂你”、普惠金融运营管理平台及“房押快贷”“个体工商户经营快贷”等拳头产品，加强对客户的引流获客，提升服务支撑。截至 12 月末，普惠贷款余额 8.66 亿元，较年初新增 1.93 亿元。以助力乡村振兴为着力点，推动“裕农通”服务点由 “村村通”向“点点活”迈进，加快“裕农通”服务点提质增量，完成 329 个“裕农通”服务；创新推出“三农”服务产品“猕猴桃惠农贷”，在全市 47 个文明村创新推出“助农文明 E 贷”。

【提升服务实体经济质效】加大对当地重点项目的信贷支持。为江山市重点项目如虎山运动公园、光大环保能源垃圾发电项目等提供信贷支持。对公贷款较年初新增 2.51 亿元。借助核心企业，为其上下游企业提供信贷支持，实现对整个供应链的全流程服务，累计为 11 家企业办理供应链融资总额 7427 万元；调整绿色信贷业务结构，拓展新兴绿色领域，绿色信贷余额占对公贷款比重 13.48%，较年初增长 4.38 个百分点；围绕建生态、搭场景、扩用户，与驰骋物流签署全面战略合作协议，利用建行先进的科技金融为驰骋物流提供技术支撑；加快推进外汇贷款、国内信用证等重点产品和业务，拓展金融市场代客交易、发展即期、远期结售汇组合产品。全年实现国际结算量 1.42 亿美元，增幅 5.42%。

【抓好零售金融新生态】打造网点场景生态，构建“一公里生态圈”。组织网点对周边一公里客群进行深耕经营，深化与周边社区、菜场、美食城、商户等的合作，通过场景建设增进 B 端商户新拓和提质增效。用好龙支付、善融商城、建行生活等优势产品，丰富网点服务内容，提升 C 端客户黏性；加强公私协同，拓展江山特色产业，结合商会、行业活动，提高对当地特色产业的支持力度；做大做强住房金融市场，配合房开公司做好驻点服务，加大受理新开楼盘及二手房按揭业务。深化“总对总”合作，推动公积金缴存、支取、贷款等服务高品质多样性转化升级；深耕“市场”“农村”两大领域，发展生态链快贷、惠农 e 贷、文明助农贷等产品。

（严晴美）

农商银行

【概况】 2020年，江山农商银行各项存款余额255.18亿元，比年初增加33.88亿元，增幅15.31%；各项贷款余额174.03亿元，比年初增加28.93亿元，增幅19.94%。存、贷款市场份额连续19年居江山市银行业机构首位，成为衢州农信系统首个存贷款规模超过400亿元的行社。获浙江农信系统分层分类考核发展类一级（优胜）单位、衢州市乡村大花园建设突出贡献集体、江山市最佳满意单位、江山市“爱心企业”、江山市产业创新工作突出贡献集体、江山市农业农村工作贡献突出集体等荣誉称号。

【打造农户小额普惠贷款江山样板】 与农村农业局合作打造“数据建模、无感授信、有感反馈、便捷增信、线上签约、按需用款”的农户小额普惠贷款江山样板，并承办全省推进会。至12月末完成全市18—65周岁普惠授信24.23万人（剔除负面清单9067人），授信覆盖面为100%，授信金额223亿元，比年初增长132亿元。有3.5万名农户通过线上方式贷款40.82亿元，实现信息智能采集“一个不少”、授信全民无感“一人不漏”、额度反馈有感“一户不落”、线上签约增信“一次不跑”、用信掌上放贷“一秒不误”的新突破。《精准普惠，金融赋能，全省农户小额普惠贷款试点的江山实践》案例入选省政府“最佳实践”案例，为江山市争取奖励资金900万元、土地指标6公顷、能耗4.5万多吨标煤。

【服务“六稳”“六保”】 面对突如其来的新冠肺炎疫情，第一时间成立20亿元专项贷款资金，对外发布助企惠民“特十条”；积极创新金融产品，迅速推出“复工贷”“抗疫先锋贷”“码商贷”“小微易贷税银贷”等多款专项信贷产品，全年累计支持复工复产企业207家，累放贷款1.8亿元；通过新客首贷首月免息、无本续贷增量扩面、“贷款延期+宽限期”、主动降息等方式减轻客户压力，新发放企业贷款加权利率5.6%，较年初下降0.85个百分点，为企业减少利息支出5531.83万元，累计发放无缝对接循环额度贷款1423户、34.55亿元，分别较上年同期增加545户、10.23亿元，增幅分别达62.07%和42.07%，为企业节省财务成本3109.5万元。向人行争取三项再贷款10.74亿元，用足用好人行政策红利，为企业节省融资成本2148万元。

【“红色互动”助企惠企】 与市委组织部两新工委建立“红色互动”共建机制，以党建联盟为“桥梁”，开展“红色互动双覆盖百日大走访”专项活动，154名党员共走访企业4354家，满足1890家企业综合金融服务需求和25.41亿元的融资需求，其中首贷客户193户。同时选派党员干部“一对一”服务民营及小微企业，不定期参加门业、消防等行业座谈会和企

宣传农户普惠小额贷款政策

业家团拜会，了解企业需求，靠前服务，主动为清单内287家企业上门会商服务，满足融资需求9.83亿元。

【助力乡村振兴】 选派6名优秀中层到乡镇挂职、派驻132名“网格金融管家”，覆盖292个行政村，将普惠讲坛和乡村振兴“云学堂”相结合，全面推动金融政策、知识、产品的宣传普及和培训转化应用，开设的1220余场普惠讲坛惠及6万余人。同时，为抗疫工作人员和志愿者提供“抗疫先锋贷”专项金融服务产品，上线后累计发放贷款5213户、16.98亿元。聚力服务乡村振兴战略，在丰收驿站引入了“金融+警务”“金融+保险”“金融+江郎积分兑换”“金融+民生”合作模式，为客户提供全方位服务。

（郑晓岚）

7月1日，开展电商金融授信授牌活动

邮储银行

【概况】 2020年，邮储银行江山支行共有13个网点，自助银行20个，银行卡助农服务点42个，普惠金融服务站5个。年末，支行存贷款规模超50.5亿元。其中：各项存款余额31.73亿元；各项贷款余额18.82亿元，当年新增存款2.05亿元，新增贷款2.81亿元，不良率1.16%。

【深化普惠金融】 在泉家弄、陈村、明星、幸福等信用村开展“整村授信”活动，评出6个三星信用村，整村授信总额3.5亿元，推进贺村农房集聚项目二期整体授信1800万元，峡口大峦口整村搬迁项目，整体授信6000万元。

【支持地方经济】 全年发放各类贷款14.11亿元，绿色信贷结余5.01亿元，创新推出邮助贷、小微易贷、工程信易贷、极速贷、旺农贷等线上新业务，服务客户1.05万户，有效授信金额7.76亿元，与省农业融资担保公司、省担保公司合作为江山引进资金9601万元。对电商协会的总授信额2亿元。累计对接企业200余家，实现放款近2亿元，共减费让利1006.15万元。应对新冠疫情，各网点未中断金融服务，支持抗疫企业贷款2100万元，支持复工复产企业贷款10.5亿元。

【倾力服务社会民生】 推进无欠薪工作，累计签约29个农民工代发项目，代发14461笔7828万元。金融服务平台、衢融通224笔70783万元，搭桥资金23笔10770万元。无还本续贷33户11.93亿元。政策性贷款7户2100万元，权益类质押贷款2615万元，物业贷9468.3万元。

（徐建祎）

农发银行

【概况】 2020年，中国农业发展银行江山市支行，以党建工作为引领，服务乡村振兴，防范信贷风险，夯实基础管理，提升队伍素质，各项工作稳步推进。年末，各项贷款余额122598万元；各项存款余额36220万元；实现账面利润

946 万元。不良贷款余额 0 万元。

【支持粮食收储】 做好粮油购销储工作，确保信贷资金及时足额供应。全年累计发放地方储备粮油轮换贷款 6288 万元，用于收购早稻 2535.6 万公斤；发放购销企业粮油收购贷款 1260 万元，用于收购晚稻 500 万公斤；发放地方储备粮油贷款 1473.12 万元，轮入省储粮 594 万公斤。

【支持农地项目】 支持江山“春耕备耕”工程，开通复工复厂绿色通道，成功发放全市首笔农村土地流转和规模经营项目贷款 4 亿元，用于江山市全域土地综合与生态修复工程（一期）项目，该项目对江山市全域范围内 2 个街道、11 个乡镇单位 31 个村的地块进行土地整治。

【支持生猪产业】 开通复工复厂绿色通道，投放生猪养殖业龙头企业贷款 1900 万元，用于采购种猪、生猪、饲料、饲料原材料、防疫兽药等日常经营所需，加快企业全面复工复产，保证疫情期间居民猪肉正常供应。

【支持民营小微企业】 聚焦小微企业，服务实体经济，3 月向江山市菲尼可生物科技有限公司发放农业小企业贷款 350 万元，用于生动物无害化集中处理，生物技术研发。发挥普惠小微政策优势，提供利率优惠，为企业减少融资成本 2.8 万元。

（周 丹）

人保财险

【概况】 2020 年，中国人民财产保险股份有限公司江山支公司以党建为统领，不断优化保险供给、提升服务质量。全年完成全险种保费收入 25030 万元，同比增长-4.67%，共处理理赔案 18961 件，支付赔款 16568 万元。

【推进安环险扩面工作】 积极对接市应急管理局及相关乡镇、开发区以及相关工业企业，成立安环险服务专班，开展“安环险周”活动，累计开展座谈会、推进会、业务宣导 20 余次，参加企业 300 余家，完成承保企业 297 家，超额完成政府及上级公司下达的承保 280 家企业的任务指标。

【助力安全绿色出行】 坚持电动自行车保险和上牌两手抓，深化“警保合作”“警保联动”机制，联合交警部门加大路面交通巡查和保险宣传力度，协助做好电动自行车保险工作；设立固定上牌登记点，确保新电动自行车上牌登记和投保一步到位。推进“警保联动”工作机制，落实“两站两员”政策，联合交警部门，建设 20 多个劝导站，为贺村镇重要路口、十字路口、“T”字路口增设警示柱、防撞桶、非机动车道阻隔栏等 2614 件。

【助力复工复产】 在疫情防控期间，创新工作机制、优化服务模式，发挥保险的风险分担和保障作用。针对疫情量身定制团队意外伤害保险，为全市 8000 名一线疫情防控人员增添保险保障；及时向企业推出疫情防控综合保险，

8 月 15 日，在江山永利百合实业有限公司开展电动车上牌保险活动（夏衰水　摄）

出台疫情期间财产险惠企政策，从三个维度减轻企业负担，帮助企业加快恢复生产。

【助力乡村振兴】 以服务乡村振兴战略和保险供给侧结构性改革为抓手，开办政策性农业保险品种15个，商业性农业保险品种6个，地方特色农业保险品种5个，新开发的地方特色湖羊养殖保险顺利通过银保监审批，猕猴桃、茶叶两项政策性农险申请省级试点顺利通过专家评审。全年为899户农业经营主体提供12.98亿元风险保障，支付赔款3028万元。

（曾心以）

11月，客户为中国人寿江山市支公司赠送锦旗

中国人寿

【概况】 2020年，中国人寿保险股份有限公司江山市支公司实现保费收入33906万元，同比增长15.58%。其中，首年期交保费7502.1万元；10年期以上保费4554.44万元；短期险保费3317.96万元，市场份额占比38.52%，同比增长9.5%。全年共处理理赔件27065件，支付赔款2754.6万元。

【抓好民生保障】 首年长期保障型产品保费3336.6万元，同比增长64%，短期险保费3317.96万元，同比增长7.9%，为江山百姓构筑重疾、医疗、平安的防护网，同时为全市700名优秀老师捐赠人身综合保险2.35亿元。

【推进政保合作】 采用“政府监督、财政出资、国寿优惠、保本经营”的运作模式。城乡基本医疗补充保险惠及全市4.5万人，计划生育保险全市参保率达95%以上。根据全市扶贫健康保险文件精神完成精准扶贫项目的承保工作，为全市2.3万名低收入人群提供额外的风险保障机制。实现理赔服务2.0升级，优化“五免一赔”直付理赔服务，2.5万元以下的理赔案件全自动流转，提高理赔时效及精准度，“重疾一日赔”已支付近百万元理赔服务，理赔时效仅0.64天。

【提升科技赋能服务】 推出“八小时外暖心服务不打烊”的口号，柜面建立“暖心专员”队伍，开通“暖心专线”，为行动不便的客户提供上门服务。寿险APP自助服务，10万元以下的保单借款实时到账，保单累计借款金额达1.5亿元，解决客户资金需要的及时性，在拥有保障的前提下有效实现资金的二次运作。

（徐水娟）

教育　体育

教育工作

【概况】 2020年，江山教育局弘扬“潜心育人、温暖有方”的江山嫩有精神，强化“班子心中有校长、校长心中有老师、老师心中有学生”的教育信念，坚定不移地推进教育现代化，深化教育领域改革创新，营造活力、阳光、清康的教育生态，“学在江山”品牌内涵和公认度进一步提升。中考平均分连续多年居衢州市前列。高考实现“七连增”。江山市政府专门专项给予江山市教育局、江山中学集体三等功，滨江高中、江山五中、江山实验中学集体嘉奖。全年2次荣立市政府集体三等功、1次获市政府嘉奖。

【抓好党建工作】 推进党建“规范化”“310”“葆本色”“浪推浪”“种种子”五项工程建设，构建“1+9”党建阵地。组建62个8090新时代理论宣讲团，通过打造“540”宣讲菜单，提供“点单式宣讲服务，获评衢州市基本理论宣讲先进集体。教育系统红色地标一“红·传”党建品牌荣获江山市机关党建品牌擂台赛一等奖，城关幼儿园“红星（心）闪闪”校园党建工程入选省首批中小学校党建精品案例。深化“廉香四溢”清廉品牌建设，创建清廉机关，建设模范机关的“双建”工作被省教育厅和衢州市教育局作为典型。4所学校被评为衢州市清廉学校示范点。

【注重教育质量】 坚持“健康第一、注重品行、突出学业、抓好美育与劳动教育”的育人准则，开展社会主义核心价值观教育，深化五育融合全力推进“提质减

2020年江山市学校情况一览表

	学校数	班级数	招生数	毕　业学生数	在　校学生数	2021年预计毕业生数	教职工数						
							计	其中					
								专任教师	行政人员	教辅人员	工勤人员	校办企业职工	编制数
合　计	156	2085	23350	21945	79290	21117	6662	5741	107	451	363	/	4281
一、基础教育	153	1940	20873	19996	72566	19126	6172	5306	101	450	315	/	4281
1、普通中学	22	618	8447	9307	26214	8993	2301	2208	14	20	59	/	2198
普通高中	7	209	3210	3117	9497	3106	850	793	4	16	37	/	753
普通初中	15	409	5237	6190	16717	5887	1451	1415	10	4	22	/	1445
2、小学	42	818	5106	5200	30731	5077	2100	2050	14	2	34	/	1822
3、幼儿园	88	493	7308	5476	15522	5045	1730	1008	72	428	222	/	220
4、特殊教育	1	11	12	13	99	11	41	40	1	/	/	/	41
二、中职教育	3	145	2477	1949	6724	1991	490	435	6	1	48	/	/

负”，深入实施“体艺2+1”行动、近视综合防控“310”和劳动教育“311”工程，全员开展科技节、体育节、艺术节、读书节、智力节等“五节”活动以及班级广播操、合唱、跳绳、器乐、眼保健操等。8所学校获评全国篮球特色学校和全国、省足球特色学校，2所学校获评省艺术教育实验学校。

【推进队伍建设】 将师德师风作为评价教师队伍素质的第一标准，落实师德师风“六个一″制度，实施未来教师“定向培养”、新进教师“365”、青年教师“1358”、骨干教师“百师带千徒”名优教师“151”、管理队伍“领雁带飞”等六大“千师登高”系列工程，建立杭州市名校长高军玉导师等6个专家工作站、3个名校长工作室。制定“园丁基金”人才激励办法，修订教育人才选拔、管理、激励制度9个，开展“入职送证”“在江送家”等“十送”暖师工程，打造“温暖教育”。

【补齐教育短板】 乡镇公办中心幼儿园实现全覆盖。创评一级幼儿园8所，等级幼儿园覆盖率97%，优质幼儿园覆盖面81.27%。建立总园、分园、集团化园的“幼教集团”管理体系，提升办学水平。被评定为实施学前教育补短提升工程措施有力、成效明显的县(市、区)，受到省政府督查激励。特殊教育以培智学校为主体，卫星班、随班就读、送教上门多元保障。推进职业教育产教融合，获第五批国家级农村职业教育和成人教育示范县，职业学校等级率100%。衢州第二中专高质量通过“三名工程”终期评估验收，争创成为省中职高水平学校建设单位；衢州财经学校客户信息服务专业列入省高水平专业建设名单。

江山中学数字地理实验室

【抓实智慧教育】 实施“互联网+义务教育”城乡结对帮扶扩面提质工程。全市义务教育优质学校与薄弱学校结对帮扶实现全覆盖，全年共开展城乡同步课堂767节，远程专递课堂62节，教师网络研修651次，名师网络课堂86节，有效促进城乡教育均衡。实施数字教育资源供给优质化工程。新冠疫情期间，组织905名名师、骨干教师，制作1500多节精品微课，确保“停课不停学”；升级“江山云视网”，创新开展“空中巡课”“网上点课”“在线评课”；创建“数字家长学校”，10所学校被认定为首批浙江省数字家长学校，城北小学被评定为省级联盟学校。实施教育治理数字化工程。搭建“健康校园综合系统”“教育数字智治驾驶舱”等系统，为优化教育治理提供数字化支撑。实施教育技术装备智能化工程。新建和改建新型教学空间22个，创新实验室17个；添置计算机1911台、多媒体触控一体机270套；完成校园骨干专网万兆改造升级。实施师生信息素养提升工程。启动中小学教师信息技术应用能力提升工程2.0培训；选聘首批21位首席信息官和14位首席技术官；成功举办首届中小学生科技节；21个案例入选浙江省

"基于技术的教与学方式变革"典型案例，5位教师在省级信息化应用技能比赛中获奖。

【推进评估创建】 获得政府履行教育职责衢州市A等评价，推进全国义务教育优质均衡发展县创建工作。锦绣江山外国语学校、城北小学、石门小学、城关幼儿园等四所学校成功创建第一批浙江省现代化学校。青少年法治教育校本化项目在江山市项目化普法成果展示总决赛中获一等奖。2020年公布的2019年度浙江省教育工作公众满意度得分为80.04分，2019年度教育现代化发展水平总得分为68.95分。

【做好重教惠民】 召开教育大会，深化"学在江山"品牌建设。市委市政府出台一系列尊师重教的政策举措，积极鼓励吸引社会力量、民营资本关心支持教育，改立奖教奖学5293万元18个类别的江山市人民教育基金，总额列衢州各县（市、区）第一。推进教育缴费"零跑腿"、转修复学"一张表"、考试服务"一站式"全覆盖，推进校园生活"一卡通""四点钟学校"家校互动"一平台"、加分确认"一证办"、毕业证明"网上办"等教育领域"最多跑一次"事项，执行公、民办学校同招政策。

办学条件

【概况】 全市中小学（含幼儿园）实施基本建设项目26个，计划施工面积8.99万平方米，计划总投资2.95亿元，年内完成投资0.95亿元。在建项目13个，施工面积4.6万平方米；竣工项目9个，竣工建筑面积2.8万平方米。

【政府投资项目】 全市中小学（含幼儿园）实施政府投资项目25个，计划施工面积8.71万平方米，计划总投资2.87亿元，年内计划完成投资0.9亿元。年底竣工项目9个，竣工建筑面积2.8万平方米，分别是窑里小学迁建（一期）、江山中学田径场改造、江山中专400米田径场建设、中小学校教师宿舍提升改造、江东幼儿园改造、四都幼儿园改造、大桥幼儿园改造、廿八都幼儿园改造等。开工建设项目12个，施工面积4.29万平方米，分别为窑里小学迁建（二期）、峡口小学迁建（二期）、培智学校康复楼新建、上余小学迁建、萃文小学迁建、江山中学体育馆改造、上余初中迁建（二期）、新塘边镇幼儿园新建、大陈乡幼儿园新建、长台镇幼儿园新建、上余镇幼儿园新建、石门镇幼儿园新建等工程。

【社会投资项目】 全市中小学（含幼儿园）实施社会投资项目1个，为衢州护士学校扩建工程，施工面积2800平方米，计划总投资800万元，年内完成投资500万元。

【布局调整】 根据新修编的《江山市学校布局专项规划（2013—2020年）》及《江山市幼儿园布局专项规划（修编）（2018—2030年）》，全年实施中小学（幼儿园）布局调整项目12个，建筑面积约3.75万平方米，项目总投资约1.52亿元，其中江东幼儿园改造、四都幼儿园改造、大桥幼儿园改造、廿八都幼儿园改造等4个项目按时投入使用，窑里小学迁建、上余小学迁建、萃文小学迁建、新塘边镇幼儿园新建、大陈乡幼儿园新建、长台镇幼儿园新建、上余镇幼儿园新建、石门镇幼儿园新建等8个项目施工顺利。

【教育经费】 全市教育经费总投入149246万元，比上年的139828万元，增长6.74%。其中一般公共财政预算安排的教育经费123477万元，比上年的113242万元增长9.04%。其中一般公共财政教育经费102477万元（教育事业费99121万元，教育费附加3356万元），比上年的94796万元增长8.10%。其他一般公共财政预算安排的教育经费21000万元，比上年的18447万元增长13.84%。全社会教育投入（不含公共财政教育经费）46769万元，比上年46607万元增加162万元，增长0.35%。一般公共预算教育支出102477万元，比上年的94796万元增长8.10%。生均一般公共预算教育事业费：幼儿园20203.71元，比上年的19587.36元，增长3.15%；

普通小学 14303.6 元，比上年的 12808.11 元，增长 11.68%；普通初中 18058.51 元，比上年的 16137.05 元，增长 11.91%；普通高中 18428.89 元，比上年的 17131.79 元，增长 7.57%；中等职业学校 12876.1 元，比上年的 12026.76 元，增长 7.06%。生均公共财政预算公用经费基本支出(不含校舍建设费用)：幼儿园 639.93 元，比上年的 616.61 元，增长 3.78%；普通小学 1335.39 元，比上年的 965.34 元，增长 38.33%；普通初中 1721.16 元，比上年的 1293.36 元，增长 33.08%；普通高中 752.32 元，比上年的 691.98 元，增长 8.72%；中等职业学校 2194.33 元，比上年的 2035.82 元，增长 7.97%。全市公共财政预算教育经费拨款占财政支出的比例为 14.20%，比上年增加 0.19 个百分点，国家财政性教育经费投入占国内生产总值的比例为 4%，比上年增长 0.22 个百分点。

教学科研

【课程开发实施】 加强中小学课程建设工作，开展一系列的课程建设培训活动，学习省市学校课程建设的先进经验，承办衢州市义务教育阶段学校精品课程研讨会。年内，市中山小学、实验小学、石门小学等 7 所中小学上送的 7 门课程入选衢州市精品课程，中山小学的《缤纷古灯》入选省精品课程。

【教师专业发展】 统筹组织市级教师培训班期 78 项，完成教师培训 367273.7 学分。出台并实施“151”名特优教师培养工程，修订实施“1358”工程；组织全市中小学教师开展暑期集体备课培训，参训教师 4383 人。承办浙江省“百人千场”专家名师送教下乡活动；对两类委培生实施重点跟踪培养，一类是师范类定向培养生，另一类是新入职城区委培教师。参加省市课堂教学评比，获浙江省课堂教学评比一等奖 1 人，二等奖 1 人；获衢州市课堂教学评比一等奖 18 人。恒泰学校老师姜雪华获浙江省 2020 年小学数学课堂教学评比一等奖，石门初中老师姜晨颖获浙江省初中地方课程优质课比赛二等奖。在教师素养和业务能力比赛中，获衢州市一等奖 16 人。

【教育科研成果】 年内有 48 项课题申报衢州市 2021 年度课题，其中重点课题立项 15 项，一般课题立项 31 项。11 项课题申报省教研课题，8 项课题申报省教育科学规划课题。举行 2020 年中小学教育教学论文评比活动，参评论文 1363 篇。年内，获衢州市教育科学规划 2020 年度重点课题研究成果评比一等奖 1 项，二等奖 5 项，三等奖 8 项；一般课题一等奖 4 项，二等奖 9 项，三等奖 14 项。年内承办衢州市 2020 年教科研工作会议与衢州市教育科学规划课题专题研讨会，扩大县域教科研工作影响力。开展浙江省“三全育人”德育落实机制典型案例撰写与各级教科规划课题结题指导。召开省级教研课题成果提炼研讨会。在浙江省教育报刊总社、浙江省教育科学研究院、浙江省教育厅教研室联合举办的 2020 年浙江省优秀教育教学论文评选中，江山市有 4 篇论文获一等奖，5 篇获二等奖，15 篇获三等奖，分别占衢州的 80%、41.6%、50%。

基础教育

【学前教育】 全市有幼儿园 85 所，其中公办幼儿园 29 所，民办幼儿园 56 所；在园幼儿人数 15443 人，学前三年入园率为 98.14%。有等级幼儿园 82 所，其中一级园 8 所，二级园 41 所，三级幼儿园 33 所，等级幼儿园入园率为 99.28%。幼儿园专任教师 1055 人，学历合格率为 100%，持证率为 98.86%，大专及以上学历占比为 99.15%。街州市学前教育示范乡镇（街道）6 个。全市建成投用公办幼儿园 8 所，新增学位数 990 个，撤并薄弱幼儿园 3 所，实现乡镇公办园全覆盖。5 所幼儿园通过二级园评估，1 所幼儿园通过预评估，优质幼儿园覆盖面达到 82%覆盖面居衢州各县（市、区）第一、省 26 个加快发展县第二；普惠性奖补资金破千万，劳动合同制教师收入超上年度社平工资。5 月，我市被评为省幼小衔接实验区（衢州唯一），推进小区配套园建设，新建江东科技幼儿园，城区新增 360 个优质公办学位。优化幼儿园管理和运行模式，公办园建立总园、分园、集团化园的“幼教集团”管理体系，民办园组成“名园+x”网格体，全面提升办学水平。连续两年在衢州市学前教育经费专项考核中排名第一。

【义务教育】 全市有小学 44 所，在校生 30731 人，校均规模 698 人。小学毕业生实行免试就近入学，小学入学率、现固率、小学升初中比例达到 100%。全市共有初中 17 所，在校生 16717 人，校均规模 983 人。初中入学率、死固率 100%，初中牛业生升入高中段比例为 98.060，其中升入普通高中比例为 52.62%，开入中等职业技术学校比例为 45.44%。

【普通高中教育】 全市共有普通高中 7 所，在校生 9474 人，班级数 209 个，校均规模 1353 人。推进高考招生综合改革。面对疫情冲击，主动应变，坚持做到“停课不停学”。高考上线实现“七连增”，达到 1114 人，比上年增 104 人，有 2 名同学被清生大学录取。

【特殊教育】 残疾少儿义务教育人学率为 100%、学前入学率为 93.55%、高中段入学率为 91.14%，其中义务教育段随班就读比例 59.91%，创历史新高。完善融合教育经费保障机制，落实义务教育随班就读、送教上门学生生均公用经费按同级普通学生 10 倍拨付。推进融合教育发展，新建、改建随班就读资源教室建设 19 个。新创建了所“衢州市特殊教育示范性资源教室”。组织随班就读 IEP 业务培训、资源教师基本功比赛，获得省首届资源教师基本功大赛获一等奖 1 人、三等奖 1 人，衢州市特殊教育培智）课堂教学评比一等奖 1 人，衢州市首届资源教师基木功大赛一等奖 2 人、二等奖 2 人。江山市塔智学校投资 650 万元的康复大楼新健工程 8 月动工。学校深入实施精准全面、完备适切的个别化教育，落实协同教学、分层教学，“2+×”康复课程满足每一个学生的康复需求。学校首届职高毕业生就业协议签订率超 50%。与绍兴市诸暨特殊教育学校结对交流，提升办学水平。

【民办教育】 全市现有全日制民办学校 66 所，在校生 21050 人，教职工 1950 人，其中专任教师 1397 人。其中幼儿园 59 所，在校生 10452 人，教职工 1135 人，其中专任教师 700 人小学 2 所，在校生 2214 人，教职工 186 人，其中专任教师 157 人；初中 1 所，在校生 1621 人，教职工 127 人，专任教师 104 人：完全中学 1 所，在校生 2688 人，教职工 183 人，专任教师 159 人；普通高中 1 所，在校生 590 人，教职工 50 人，其中专任教师 43 人;职业高中 2 所，在校生 3485 人，教职工 269 人，专任教师 234 人。撤并虎山街道兴旺旺等 4 所低小散民办幼儿园，抬高江山学前教育的底部。坚持民办园网格化发展，常态化管理，确保民办幼儿园规范“质”优。

职业教育

【概况】 全市现有全日制中等职业教育学校 3 所，其中公办职业学校 1 所（衢州第二中专），民办职业学校 2 所（衢州财经学校和衢州护士学校）。在校生 6377 人，毕业生 1907 人，招生 2130 人，其中五年制中高职衔接班招生 524 人。中等职业教育学校教职员工 493 人，其中专任教师 454 人，另有外聘兼职教师 111 人，省特级教师 2 人。

【学校建设】 以省“中职教育质量提升行动计划”和高水平职业院校和专业（群）建设为抓手，年内，江山市各中职学校根据自身专业发展优势，每所中职学校重点建设 1-2 个特色专业群，基本形成衢州第二中专的现代农业和智能制造、衢州财经学校的信息技术和财经商贸、衢州护士学校的护理等专业发展方向为主的县域内错位发展、特色发展格局。

【“双高”建设】 年底，衢州第二中专被列入省中职高水平学校建设单位，其农村经济管理和机械加工技术被列为A类高水平建设专业；衢州财经学校客户信息服务专业被列为省中职高水平专业建设单位。“双高”建设项目按期完成年度建设任务。

【人才培养质量提升】 进一步完善中等与高等职业教育一体化培养技术技能人才途径，其中衢州第二中专园林技术专业与浙江树人学院“中本一体化”培养列入全省“中本一体化”人才培养试点项目，面向全省招生40名。年内，全市中职学校升入各类高职院校1194人，约占毕业生数的62.3%。在2021年单考单招中，全市本科上线人数为54人，较上年增加4人；高职上线人数（含本科）为744人，上线率达100%。各职校开展“1+X”证书试点工作，进一步完善人才培养方案，切实提高人才培养质量。在衢州市学生技能大赛中，衢州第二中专共获得5个一等奖、2个二等奖、3个三等奖的佳绩，并有6个项目入围省赛；在浙江省中职学生技能大赛中，衢州第二中专“蔬菜嫁接”项目获2个三等奖，电气安装与维修项目获1个三等奖，获奖数居衢州市前列，学校及指导老师受到江山市教育局通报嘉奖；在衢州市学生文明风采优秀作品遴选中，衢州第二中专3个优秀作品入围省“文明风采”遴选作品。

【服务地方经济建设】 职业教育紧紧围绕地方产业发展现状，以问题和需求为导向，以实施集团化办学为突破口，积极调整办学策略，努力探寻校企合作的新模式，通过与园区、产业、企业的“三对接”，为江山经济社会发展提供了有力的人才支撑。同时，各职业学校、成人文化技术学校加强与社会各部门、企业、社区的联系，广泛开展职业技能培训、家政培训、退役士兵培训、新型农民素质培训等各类社会培训服务，培训人数达1万人次；开展衢州乡村振兴学院江山分院乡村振兴讲堂33次讲堂任务，听课学员累计3645人次。

成人教育

【概况】 全市现有中心成校5所，乡、镇（街道）成人文化技术学校19所，社区学校、市民学校309所，其中19所成校全部为省标准化成校，6所为省现代化成校。

【成校建设】 以省现代化成校和成教品牌项目创建为抓手，全面推进全市乡镇（街道）成校建设，不断提升成校的办学水平和质量。年内，江山市上余镇成人文化技术学校被浙江省教育厅、浙江省人民政府教育督导委员会办公室认定为2021年浙江省现代化学校（社区学校）。双塔中心成校的《“一核引领·双线并进·三级联动·多点相拥”——乡村成人教育“空中学堂”的构建与实践》获浙江省人民政府2021年省教学成果奖、《“e路有爱”——数字赋能乡镇成校“带老人走进智能世界”》获2021年浙江省“终身学习品牌项目”、《“一个都不少”银龄助老活动专项》获浙江省2021年度社区教育进农村文化礼堂学习品牌等，双塔中心成校徐贵祥老师被评为浙江省（2019-2020年度）教科研先进个人。

【社会培训】 各中职学校和各成校加强与部门、企业、社区的联系，开展“双证制”教育培训、农村预备劳动力职业技能培训、家政服务培训、电子商务培训、社区教育、老年人教育等，不断提升成教服务经济社会发展的能力。衢州第二中专与衢州财经学校配合市农办开展万名农民素质工程农村实用人才培训，同时与沐川县开展东西部扶贫协作人才培训。各职校与成校开展社会培训1万多人次，社区教育活动7万多人次。开展成人教育培训成果录入学分银行培训工作，共录入成人教育培训成果136079条。

（周冰岚　徐宗惠）

电 大

【概况】 2020年，江山电大春季录取新生206人，秋季录取新生378人，秋季学期在校生人数1396人。全年毕业学生481人，累计毕业学生12407人。年内，在全省市县电大业务工作考核中蝉联A等单位，获全省电大2020年度招生工作先进单位、全省电大教务管理创新案例优秀奖、衢州市电大系统办学先进单位等荣誉。

【招生工作】 全年投入10万余元，通过江山电视台、江山信息网、《今日江山》等主流媒体开展全方位、多角度宣传，制作招生短片，利用微信平台开展宣传，提升电大的知名度和美誉度。全年共招生584人。

【教学管理】 春季学期有115个班级，注册及报考课程7292门；秋季学期有118个班级，注册及报考课程8174门。加强学生网上学习过程落实、形考任务评阅、班主任导学助学工作等，提升学校办学质量。

【考试管理】 春季学期组织考试80场，参加考试总人数905人，共2121人次；秋季学期组织考试79场，参加考试总人数846人，共1956人次。按照考试规范流程和疫情防控要求，组织实施开放教育纸质考试、基于网络考试、无纸化考试、奥鹏远程教育考试等各类考试，强化责任意识，严肃考风考纪，各类考试安全平稳有序进行。

【办学条件】 3月，投入6万余元采购电脑、服务器、投影仪等设备，新建“云教室”，并通过省校验收，丰富开展教学活动的载体。9月，投入15万余元采购41台电脑、监控等设备，新建机房，满足机考需要，提升办学条件。

【社区教育】 9月10日，学校指导的大陈乡大陈村、新塘边镇勤俭村获评2020年衢州市市民终身学习体验基地（衢州市社区教育基地），多形式开展学习活动，丰富市民学习体验。开展学分银行工作，全年共录入各类培训成果156739条记录，其中非学历教育成果152749条，职业培训成果3096条，学历教育成果894条记录。依托省开大“第三年龄学堂”平台开展老年开放教育，累计老年学员注册6938人，其中新增注册4912人，开设老年防诈骗、老年养生、老年文化等课程，参与6660人次。

（郑 丽）

体育工作

【概况】 2020年，全年全市承办全国性比赛5次，省级比赛7次，衢州市级比赛3次，14451人次参与。举办第四届工人运动会等市级全民健身活动47次，6960人次参加；全年组织1051人次青少年运动员参加衢州市级以上比赛，获得国家级金牌1枚、铜牌2枚，名次奖6个；省级金牌30枚、银牌29枚、铜牌25枚、名次奖97个；衢州市级金牌140枚、银牌115枚、铜牌91枚。

【连续五年成为全国新年登高唯一中心主会场】 1月1日，“中国体育彩票”2020全国新年登高健身大会中心主会场活动在江山市江郎山景区隆重开幕，这是江山市连续第五次承办全国新年登高健身大会。中国奥委会原副主席王宝良，国家体育总局群体司司长郎维、登山运动管理中心主任李致新、体育彩票管理中心副主任张建华、浙江省体育局副局长胡国平、衢州市人大常委会副主任朱建华、排球奥运冠军宋妮娜、皮划艇奥运冠军孟关良、攀岩世界冠军钟齐鑫等出席开幕式。

【承办全国“美丽乡村”攀岩系列赛】 10月24日至25日，2020中国·江山第三届全国“美丽乡村”攀岩系列赛暨浙江省农村文化礼堂运动会（西部分站赛），在新塘边镇毛村山头村隆重开幕。来自全国的30支代表队、120名选手参加攀岩比赛，来自衢州、金华、丽水的500多名农民运动员参加运动会。

【承办全国健美操锦标赛】 11月22日至12月2日，中国·江山2020年全国健美操锦标赛在江山举办。该赛事由国家体育总局体操运动管理中心、中国健美操协会主办，江山市人民政府、衢州市体育局承办。本次锦标赛是年内健美操项目唯一的全国性大赛，共有来自全国各地的540名运动员参加。

【举办江山市第四届工人运动会】11月14日，江山市第四届工人运动会在江山市西山健身公园广场举行开幕仪式。运动会设拔河、登山、力量、体能、趣味、环江跑等12个竞赛项目，运动会为期16天，共有16家企业上千人参赛。经过激烈的角逐，城建投公司、农商银行、电信公司分别获得金牌总数前三名，水利水电公司、城建投公司、农商银行分别获得团体总分前三名。

【抓好重大赛事承办】元旦期间，以“江山向上、中国富强、鼓进2020”为口号，举办新年登高健身大会，组织开展开幕式、群众登山、全民健身展示、中国天空跑、钓鱼争霸赛以及2019中国登山户外行业大会暨第18届全国登山户外运动俱乐部年会、体育器材展销会、三角翼（热气球）等体验活动。端午期间，联合相关体育协会先后开展龙舟竞速赛、游泳挑战赛、钓鱼争霸赛、环城跑、骑遍江山、羽毛球、体育舞蹈展演等10项系列活动，有1000余人参加。

【建设虎山运动公园及体育馆】虎山运动公园项目推进顺利，体育馆、配套用房、全民健身中心三大主体结构全部实现结顶，进入粗装修阶段，入库投资额达3.7亿元。市体育馆改造提升工程于3月顺利开工，房屋主体已结顶，启动老体育馆外墙立面及广场改造工作，投资额达500万元。

【推广居家健身活动】响应总局、省局等号召，联合体育组织推出“居家健身系列活动”，针对有青少年儿童感染的情况，鼓励推广简单易行的亲子活动项目。组织村运会冠军参与新华社组织的“冠军教你室内健身”活动，相关视频被新华社采用5条，其中新塘边镇毛村山头村支部书记周勇强录制的顶扫帚健身活动，得到广泛传播，浏览量超过了105万人次。指导俪晴舞蹈团创编两部原创健身舞蹈《最美的温暖》《等你回家》，累计录制健身视频、图片近千条，并通过微信、抖音等载体进行网上推广，累计带动5万余人次开展居家健身活动。助力疫情防控，发起致敬“逆行者”健身服务活动，为英勇奋战在抗疫一线的医务工作者和抗疫英雄

8月8日，江山市全民健身日活动在西山健身公园举行

及家属提供免费健身服务。

【重视体育宣传工作】 2020年全国新年登高健身大会在中央电视台体育频道进行现场直播，直播时长达40分钟，有近1亿名观众观看，按照广告收益计算达3600万元。新华社、人民日报、中国体育报等30余家媒体参与活动对外宣传，累计发表原创稿件34篇。全年，体育工作被各级各类媒体报道100余篇。改革案例《江山探索“体育一家亲”模式 推动基层体育改革发展》被列入衢州市级优秀案例；《江山市积极推进群众体育供给侧改革打造全民健身的运动之城》被《领跑者》刊用。

【夯实体育基层基础】 制定出台《江山市社会体育指导员管理办法（试行）》《江山市单项体育协会管理办法（试行）》等，加强对社会体育指导员、体育协会的管理，社会体育指导员上岗率达31.57%，协会办赛激情高涨，各体育社团实际办赛25次。出台《江山市体教结合工作实施方案》，建立体教结合长效机制。全年输送长期集训运动员3人，转正运动员2人，注册运动员407人；选派2名教练员参加全国性培训，1人参加一级裁判员培训；成功申请一级运动员8人；二级运动员17人。与市委宣传部联合印发《关于印发《江山市体育进农村文化礼堂三年行动计划实施方案（2020—2022年）》的通知》，推动体育进农村文化礼堂工作。推进全民健身设施场地提升发展等民生实事项目建设，建成3个省社区多功能运动场、17个小康体育村、2个笼式足球场、1个游泳池、7个百姓健身房的建设任务，提升15分钟健身圈。在新塘边镇毛村山头村、贺村镇耕读村等地承办全国美丽乡村攀岩系列赛、浙闽赣皖四省边际羽毛球邀请赛、浙江省农村文化礼堂运动会（西部分站赛）等，培育打造毛村山头村、耕读村、路垄村等体育特色村10余个。

（储缦绮）

科　技

综　述

【概况】 2020 年全市研发经费 3.84 亿元，占 GDP 的比重 1.27%。2020 年全市规上工业企业研发经费支出 7.23 亿元，占规上工业企业营业收入的 2.41%。高新技术产业产值 127.5 亿元，占规上工业总产值的 46.1%，比上年提高 5 个百分点。高新技术产业增加值 28.1 亿元，占规上工业增加值的 41.1%，比上年提高 1.5 个百分点。全市高新技术企业 90 家、科技型中小企业 359 家；省重点企业研究院 2 个，省级企业研究院 6 个，省农业科技园区 1 个，省级星创天地 3 个。省工程技术中心 1 家，省高新技术企业研究开发中心 23 家，衢州市级工程中心 47 家，江山市企业研发中心 33 家；衢州市重点创新团队 4 个，江山市重点创新团队 17 个。

上海第二工业大学专家进企业服务

创新平台

【综合体建设】 围绕重点发展产业和中小企业创新服务需要，建设省、市、县三级产业创新服务综合体，打造各具特色、互补贯通、重点突出的产业创新服务体系。木门综合体以打造木门数字产业基地为目标，重点突出木门数字化制造、智能化转型和平台化服务，共入驻机构 22 家；输配电综合体委托申达重点企业研究院运营，数字消防综合体引进海康威视运营总部。

【浙大飞地】 与浙江大学、江干区共建浙江大学江山科创飞地、江山—江干科创飞地，引项目引人才，其中浙大飞地已入驻项目 29 个，江干飞地入驻项目 8 个。共享浙大创新资源，浙大飞地建立企业创新导师制度，服务江山面上企业，聘请 10 位浙大教授与 10 家企业成功创新结对。江干飞地采用竞争性磋商机制选择运营机构，运营责任更清晰、目标更明确、措施更精准，确定浙江智新泽地科技发展有限公司为江干飞地运营机构，12 月 24 日实现开园运行，首批入驻企业 8 家。

【科技孵化器建设】 调整市科技孵化中心在项目招引上广撒网、全产业的做法，着重围绕省里重点布局的大健康产业开展项目招引，培育新兴产业，打造江山市科技孵化中心智能医疗器械内窥镜产业基地，推进产业结构优化调整。根据孵化中心产业定位调整，对原入驻的企业开展清理，清腾出 1400 多平方米发展新空间，新引进智能医疗器械项目 4 个，入驻企业 5 家。

创新主体

【主体培育】 实施高新技术企业和科技型企业“双倍增”计划，培育高新技术企业。全年新认定高新技术企业 29 家，浙江省科技型中小企业 58 家。认定省高新技术企业研发中心 1 家，江山市企业技术研发中心 10 家，衢州市重点创新团队 1 个，江山市重点创新团队 5 个。

【合作推进】 建立精准科技合作对接机制，根据企业需求编制产学研合作清单，促进产业端与技术端的精准对接。组织企业与高校院所互动交流对接 15 次，征集揭榜挂帅上传榜单 18 个，完成科技成果登记 13 份，实现技术交易额 4.7 亿元。

【数字服务】 建设产品智能化专项、发明专利产业化项目申报、评审、立项及绩效评价等科技大脑操作系统，实现项目申报立项全网络化操作。实现科技政策兑现数字化，通过“政企通”平台兑现科技创新政策 3415.63 万元，为 17 家企业发放专利权质押贷款 3010 万元。在“三服务”暨科技战“疫”帮扶专项行动中，组织各类网络推广讲座 10 多场次、线上+线下技术服务 15 次。

项目研发

【研发经费投入】 实施“全社会研发投入提升行动计划”，以“四个三”为抓手，做实研发经费投入端和统计端工作。全市规上企业研发经费支出 7.23 亿元，占规上工业企业营业收入的 2.41%。

【产品智能化专项】 实施企业产品智能化专项，推进企业、产业智能制造。共立项 15 个，总研发投入 3962 万元，安排补助资金 1000 万元。组织申报江山市指导性计划项目 35 个，验收市级项目 78 个。

【发明专利产业化专项】 实施发明专利产业化专项，首次开展绩效评价，下达补助资金 170 万元，引导全市 11 个发明专利实现成果转化，总销售达到 12.7 亿元。

【向上争取项目】 组织申报省级重点研发计划 5 个、衢州市科技计划项目 5 个。冒个泡公司“猕猴桃物流保鲜及品质控制关键技术研究与示范”项目被列入省重点研发项目，浙江天际互感器有限公司“抗直流偏磁电流互感器关键技术的研发与应用 ”、江山市神农猕猴桃专业合作社“江山猕猴桃根腐病发生机制及微生物修复技术研究”项目被列入衢州市重点研发项目。

（姜爱武）

科技专家咨询委现场考察产品智能化专项实施工作

卫生　健康

综　述

【概况】 2020年，全市有医疗卫生机构297家，包括4家市级公立医院，5家卫生单位，3家社区卫生服务中心，17家乡镇（中心）卫生院，7家民营医院，4家社区卫生服务站，149家村卫生室，11家综合门诊部，97家个体诊所（医务室）。开放床位数2699张，卫生专业人员3305人。在岗人员3985人。高级职称467人。浙江省基层名中医1名。衢州市115人才2名。衢州市名医专家9人。江山市名医专家25人，拔尖人才9人。全年医疗机构业务总收入12.35亿元，门急诊383.33万人次，出院病人8.70万人次。其中公立医院总收入6.73亿元，门诊人次107.16万人次，住院人次5.17万人次，受新冠肺炎疫情影响同比下降7.18%，6.76%，12.67%；市域就诊率89.09%，在衢州各县排前列；公立医院门诊均次费用215.28元，同比增长1.9%，住院均次费用7994.97元，同比上升3.91%；医疗服务收入占比34%，同比增长1%；百元医疗收入消耗卫生材料19.53元，药品收入占比28.34%，同比下降7.22%及1.96%。基层医疗卫生单位业务总收入1.86亿元，床位使用率达54%。全年全市出生人口4677人，人口出生率7.59‰，人口自然增长率1.62‰。居民平均期望寿命80.04岁，其中男性77.78岁，女性82.9岁；无孕产妇死亡，婴儿死亡率3.06‰，5岁以下儿童死亡率4.1‰。

9月29日，副市长何正芳（右一）在康利眼科医院督查秋冬季疫情防控工作

【疫情防控】 新冠肺炎疫情初期，先人一步，掌握疫情防控主动权，并快速抓好患者救治、流行病学调查、疫点消杀等工作，全市6起新冠肺炎疫情均得到快速有效处置，至今无新增病例。5名医务人员援鄂抗疫、平安凯旋，2名检验人员驰援新疆抗疫，3名人员

6月4日，江山市国卫复审通过省级明查（吴倩倩 摄）

赴嘉兴市开展上海空港口岸入境来浙人员转运。组建22支巡回医疗服务小分队深入基层开展送医送药服务，累计送医3800余人，送药718人次；在全省率先开展公众心理危机干预，累计咨询3000余人，危机干预45人次。落实驻企健康指导员制度，完成2378家次中小企业以及381家次小微企业的巡查指导服务。按照“集中硬隔离”和“居家隔离硬管控”原则，全市范围内设立检疫站80个，出动医务人员1900余人次，排查超10万人次。启动社区管控，出台秋冬季新冠肺炎疫情防控工作方案及1+7应急预案，乡镇街道、村社一级均建立流调协查员及消杀队伍。建立储备目录、储备方式、储备数量和储备周期，确定贺村中心卫生院老院区为后备医院，选定纪元电器老厂房作为方舱医院，制定《江山市新冠肺炎疫情应急核酸检测工作方案》，完成市人民医院感染病区扩建项目和市中医院、妇保院PCR实验室建设，完成核酸检测10万余份。探索建立“四网格两专员”+“家庭医生联村结对”的农村新冠肺炎疫情防控网格管理体系，织密农村地区疫情防控网。

【国卫复审】 常态化开展国卫督查，通过市长钉督、七大交办、电视问政等方式进行问题交办，整改情况每周在《今日江山》通报，形成闭环管理，累计下发交办单21期，问题2169个，完成整改2021个，整改完成率93.17%。邀请国家级卫生城市暗访评估专家到江山市开展模拟评估，全面为江山国卫复评把脉问诊。建立“有礼指数”擂台赛制度，对排名靠前和靠后的单位分别授予红旗和灰旗，并通过媒体进行曝光，倒逼老大难问题整改。6家乡镇新申报创建国家卫生乡镇，有3家顺利通过省级暗访评估，新创建省级卫生村8个，全市累计创建省级卫生村141个，创建比例达到48.3%。

【“三乙”创建】 专门形成市一局一医院三级领导小组统筹发力的格局。市级领导多次调研、召开会议，推进“三乙”创建工作，专赴省政府、省卫健委对接“三乙”创建工作，并赴各地开展交流学习。建立周会商、月研判工作机制，对标对表开展相关问题销号式整治。市人民医院专门成立6个创建工作组，将创建工作任务分解落实到每个责任科室和具体责任人。两次邀请邵逸夫医院评审专家进行模拟自评，各类指标得到优化提升。

【医疗体制改革】 医疗卫生改革工作走在全省前列，2次在全国卫健会议上典型发言，4次在省级卫健会议上作典型发言，1个案例入选全国基层卫生综合改革典型案例。医共体下的基层医疗卫生补偿机制改革做法在健康报头版头条刊登。新增专家工作站5个，邵逸夫医院全面参与“三乙”创建指导；市妇保院—浙大医学院附属儿童医院新结为协作医院。落实医共体指导员制度，探索民营医院融入医共体建设，出台医共体分院薪酬制度改革实施办法。新实施医疗卫生服务项目45项，公立医院门诊智慧结算率保持70%以上、病房智慧结算率保持80%以上。

【公共卫生服务】 开展基卫项目质量提升专项活动，建立健全项目网络直报数据审核、档案定期清理、死亡档案销档等制度。完成电子健康档案系统升级改造，通过“浙里办”手机移动客户端（APP），推进居民电子健康档案向个人开放。推进家庭医生签约服务，贺村中心卫生院、凤林镇卫生院、石门镇卫生院成功创建浙江省家庭医生签约示范点。强化结核病、艾滋病、血吸虫病等疾病防控措施，规范做好传染病监测，抓好食品污染及食品中有害因素监测。强化严重精神障碍患者管控，持续做好出生人口监测；推进“两癌”筛查、国免、婚检等重大公共卫生服务项目，保障妇幼健康。完成国家全面两孩政策实施效果评估调查。全市计划生育公益金享受人数1758人次，全市独生子女险参保率95%以上，女性安康险参保人数3.3万人。推进国家职业病项目调查和尘毒危害专项治理。从严开展卫生监督执法，监督执法效能在全省县级卫生监督机构排名第一。

【重大项目建设】 14个基建项目稳步有序推进，人民医院改造提升工程将完工，人民医院感染楼扩建工程完成施工图设计；妇保院住院大楼装修改造工程、中医院及妇保院发热门诊及PCR实验室、上余第二卫生服务中心项目、保安乡卫生院综合楼工程建成投用；峡口中心卫生院迁建工程完成施工招标。投入320万元开展120急救调度中心建设，7家急救网络医院平均出车时间短至2分55秒。各类省、市民生实事项目超额完成任务，70周岁以上老年人免费接种流感疫苗12000剂次，重点人群结直肠癌筛查2277人，肺结核筛查57215人，新建爱心母婴室5家，改造提升爱心母婴室9家，新增托育机构6家、托位233个。初步完成江山市卫健事业发展“十四五”规划、医疗卫生机构空间布局专项规划等。

【人才队伍】 制定完善《正高职称人才考核实施细则》《医共体分院薪酬制度改革实施办法》，发放人才津贴，增强人才引领辐射力。打破基础性绩效工资平均分配机制，按收支结余增设“绩效考核奖”，该做法在全国基卫会议上作经验交流，被纳入国家卫健委改革案例集。对一线医务人员建立“一人一档”“一人一帮扶”制度，提供“6+x”服务。举办医师节庆祝活动，表彰先进个人和集体。推进五大共享中心建设，强化卫健人才培养。建立领导干部联系优秀人才制度，累计发放人才津贴、慰问金等600多万元。开展医共体内全员岗位管理和高级职称自主评聘工作，整合优质医疗资源。采取“线上+线下”招聘方

12月27日，开展庆祝江山市人民医院建院80周年活动（沈天法　摄）

8 月 18 日，举行庆祝第三个“中国医师节”活动

式，招聘到卫技人才 122 名，其中硕士毕业生 9 名，委托温州医科大学仁济学院、杭州医学院定向培养江山籍本科中医学 1 名、本科医学4名、专科临床医学9名。

【平安建设】 制订医疗乱象专项整治行动工作方案，完善药械耗材采购体制机制。打击治理电信网络新型违法犯罪，建立工作领导小组，与 33 个下属单位（含民营医院）签订专项工作责任书，与 3715 名职工签订反诈骗告知书等，全方位开展宣传，提升干部职工反诈骗能力。从严抓好消防安全工作，专题部署安全生产标准化建设、智安单位建设、安全生产专项整治三年行动，制订印发安全生产专项整治三年行动计划。

（吴倩倩）

文化旅游

文化广电旅游局

【概况】 2020年，市文旅局贯彻落实市委、市政府“四个年”决策部署，积极应对新冠肺炎疫情影响，主动调结构、抓复产、促融合，全市文化和旅游产业实现平稳有序发展。成功承办2020年全国全域旅游培训班暨首届全域旅游发展绿色对话活动，成功举行“庆丰收·迎小康”中国村歌大赛全国总决赛，在全省率先举办以健康为主题的“健康江山动起来”活动。石门镇清漾村、廿八都镇浔里村列入全国乡村旅游重点村名录，江山西砚被列入“浙江省文化产业示范基地”，江山东方文华饭店获评“金鼎级”特色文化主题饭店，江山市被评为2020中国县域旅游竞争力百强县市。

【疫情防控举措有力】 严格按照疫情防控要求，第一时间实现疫情防控实现全行业覆盖。以艺抗疫，先后创作《听令》《每个人》等5首主题文艺歌曲；连续创作5期“方言大喇叭”，阅读量超3000万人次，得到省知名新闻评论员舒中胜的转载点赞；创作《居家封门》《公筷风波》等多部防疫短视频作品，网络总点击量突破50万人次。向友好交流城市法国勃朗圣泉市捐赠医用防护设备，相关做法得到文旅部“文旅中国”及“学习强国”等媒体的转载。

【复工复产精准施策】 制定出台《关于全力支持旅游企业应对疫情稳定发展的政策意见》《关于尽快恢复振兴旅游消费市场 进一步激发旅游消费潜力的政策意见》，加大扶持力度、降低补助门槛，对星级饭店、等级民宿、旅行社和参加免费游的相关A级景区给予支持，提振市场信心，稳定行业发展。制定《关于江山市全域旅游聚人气促消费工作考核办法》，围绕全域旅游聚人气、促消费，对全市各乡镇（街道）、部门引进的会务、疗休养、赛事和文旅节会按人次进行考核，纳入全市年度综合考核评分项，工作成效显著。

【民宿培育卓有成效】 制定出台《江山市民宿提质富民三年行动计划（2020—2022）》和《江山市民宿提质富民扶持奖励办法》设立1000万元专项资金，支持民宿专业设计、品牌创建、宣传营销、集聚发展及环境优化，全力弥补江山高端精品民宿短板。坚持地方特色文化融入民宿发展，重点推进“4+8”民宿提升工程，其中石门山田花舍、保安西坡·箬山已开业运营，云端觅境、廿八都仙霞驿（归野）品牌民宿加速落地，2020年度新增如归、蓝天白云、大山明珠、和悦·红豆山居、初夜5家银宿。

【推进公共文化服务均等化】 完成全市16个综合文化站整改验收，项目化巩固推进乡镇（街道）综合文化站整改提升，完成清湖街道、长台镇、虎山街道、新塘边镇、廿八都镇、保安乡6个乡镇文化站标准化提升和大陈乡、坛石镇2个乡镇文化站精品化提质。做好2020年军民双拥共建工作，与江山武警中队开展合作，

11月8日，江山文艺之家揭牌（沈天法 摄）

举办舞龙、水墨画、摄影、合唱等培训活动。完成送戏下乡65场，公益演出3场，举办培训班18场，组织公益性讲座28场，观看和培训总人数达到3万多人次；承办7期展览，累计接待游客16万人次，旅游团200批次；策划举办“景上添书”、线上阅读马拉松快闪赛、“书香浙里 云享阅读”等各类活动阅读推广活动25次，送书下乡15773册。

【抓好传统文化保护】 紧抓枫石村被衢州市委市政府列为开发旅游试点村的契机，完成国保单位三卿口制瓷作坊碗厂11号民居工程修缮作坊展示利用方案编制，全面完成75处市保单位保护范围及建控地带划定及市域内文物区域评估。在此基础上，推进文保单位保护和利用，加快推进大夫第文旅综合开发、三卿口古瓷村等地有效招商。

【举办各类大型活动】 仅用三周时间筹备，举办全国全域旅游培训班暨首届全域旅游发展绿色对话活动，举行“庆丰收·迎小康”中国村歌大赛全国总决赛。策划举办“健康江山动起来”启动仪式，活动首发《健康江山动起来》主题曲及健康江山养生操，并联合浙江卫视新闻频道举办“健康江山动起来”浙江省第七届新农村冲击波助推“多娇江山”云直播，吸引2000多万人次关注江山；策划甜蜜春“蜂”工业游启动仪式，首批活动吸引近1500人次到江山旅游；举办游江山 健康购——“健康江山动起来”直播带货等一系列健康主题节会活动，观看量累计2000多万人次。

（鲁迁浅）

江山市高等级民宿情况表

所属乡镇	民宿名称	民宿等级	评定时间	客房数量	床位数
清湖街道	和睦大院	金宿	2019年	15	26
保安乡	古居民宿	银宿	2018年	9	17
石门镇	三石泥灶民宿	银宿	2019年	9	18
廿八都镇	薰衣香舍	银宿	2019年	6	12
石门镇	烟霞民宿	银宿	2019年	10	17
廿八都镇	大山明珠	银宿	2020年	7	11
廿八都镇	和悦民宿	银宿	2020年	6	8
廿八都镇	蓝天白云民宿	银宿	2020年	15	21
石门镇	如归民宿	银宿	2020年	8	16
大陈乡	初夜民宿	银宿	2020年	3	3

旅发公司

10月1日，江郎山三维环幕时光隧道投入运营

【概况】 2020年，市旅发公司围绕保牌守牌、项目攻坚、转型发展、团队建设等方面重点工作，全力推进江山旅游景区转型发展。五大核心景区全年接待游客98.02万人次，同比下降63.82%；实现营业收入4099.2万元，同比下降24.14%。

【完善规章制度】 修改完善《“三重一大”事项议事制度（试行）》《建设工程项目管理暂行办法》《物品及服务采购管理办法（试行）》《广告投放管理办法（试行）》《财务管理实施办法（试行）》《党总支会议议事规则》《财务预算管理制度》等规章制度，细化公司“三定”方案，建立完善员工个人评价考核体系，出台月度考核、年度绩效考核、应急管理站专项考核等办法，调动员工的积极性与主观能动性。

【推进工程项目】 江郎山三维环幕时光隧道、江郎山航空运动基地、西坡·江山箬山精品民宿、归野高端民宿等项目建成投入试运营；景区外部交通标识标牌及各景区内部标识标牌整改提升项目，仙霞关景区天衢楼、关帝庙、观音阁修缮工程，浮盖山景区游客中心、廿八都古镇景区旅游商店及休息区改造提升工程，清漾景区智能有声图书馆、五大景区入口闸机系统改造等工程完成建设；仙霞关旅游综合体、保安老街外立面整治提升等工程启动建设。

【提升景区品质】 多次委托浙江工商大学等第三方专家团队对景区进行明察暗访，结合专家反馈意见对景区全面整改提升；组织开展导游人员系统培训及技术比武项目擂台赛，员工服务水平显著提升；推进旅游厕所革命，完成清漾景区示范性AAA旅游厕所、廿八都古镇景区AA厕所改造并通过验收；完善景区与属地乡镇共建共享机制，完成仙霞关景区、清漾景区及廿八都古镇景区非机动车辆临时停放、衣物临时晾晒等场所的选址及建设，景区环境卫生秩序显著好转。

【增加资产总量】 有序推进国资改革重组，将江山市峡英水利水电发展有限公司（含下属江山市须江水利投资发展有限公司）、江山市农安土地资源开发投资有限公司（含下属浙江江山多娇投资发展有限公司）、江山市林业种业有限公司、江山市林业服务有限公司的股权无偿划转至旅发公司，注册资本金增至3亿元；成立万商城资产盘活利用项目工作专班，通过司法拍卖以3.6亿元的价格成功竞得万商城资产。截至年底，旅发公司资产总量达32.46亿元，同比增长71.2%。

【抓好宣传营销】 江郎山景区连续五年承办全国新年登高健身大会，吸引上万名群众参与，吸引《人民日报》、新华社、中央电视台等50多家主流媒体前来采风报道；协办文旅部2020年全域旅游培训班暨首届全域旅游发展绿色对话活动，全国各省级文化和旅游行政部门分管领导以及专家学者、企业代表、媒体代表380余人参加；与省广电集团合作，在“五一”黄金周推出杭州、嘉兴、绍兴三地主播自驾游江山活动，

11 月 5 日，清漾景区清廉文化展示馆建成投用

并在廿八都古镇进行云直播，104.6 万粉丝在线关注及观看；与上海奕姜网络科技公司合作，在小红书上推广江山旅游产品，发布文章 23 篇，实际曝光量 16 万+、点赞数 3000 余个；与旅文（北京）传媒公司合作，邀请旅拍达人林沁儿拍摄江郎山景区旅游宣传短视频，视频播放量达到 13.2 万+，点赞量破万。

【注重品牌建设】 创新“一核五驱（区）”清廉国企示范点创建机制，打造“山水廉韵、清风洁旅”清廉文化品牌，完成清漾景区清廉文化展示馆改造。探索“最多跑一次”改革，深化咨询“最多问一人”，指引“最多走一地”，购票“最多跑一次”，引领服务理念大提升，廿八都古镇景区游客咨询服务中心创建省级巾帼文明岗，仙霞关景区游客咨询服务中心创建市级巾帼文明岗。江郎山森林康养基地入选浙江省森林康养基地名录。旅发公司获 2020 年度衢州市政府特别奖幸福产业之星奖。

（陈　磊）

传　媒

传媒集团

【概况】 2020年，江山传媒集团围绕市委、市政府的中心工作，发挥各媒体平台作用，大胆创新，加大宣传力度，取得较好成绩。年内先后获浙江省广播电视节目技术质量金鼎奖、浙江省广播电视安全保障工作成绩突出集体(广播电视播出机构类)、浙报集团共享联盟合作奖、浙江乡村振兴带头人“金牛奖”评选“优秀组织奖”、衢州市广播电视新闻协作特等奖等荣誉。

【深化推进媒体融合】 年初，在完成新的内设机构组建基础上，开展普通岗位人力资源调配，并建立大采访中心，设立广播、报纸、电视、新媒体、专题五个编播（发）平台，依托“天目云”采编系统，优化采编流程，形成“整体策划、一次采集、多种生成、多元传播”的格局。梳理运行管理制度，完成78项制度的修订和完善，涉及行政管理、财务与财产管理、宣传工作、技术管理、安全管理、党建与人事劳动、经营创收等七个方面，健全管理、服务、保障三位一体的工作体系，推进集团治理科学化、规范化、制度化。加大融媒体产品开发，推出精品短视频、H5、VLOG、手绘、图说、海报新闻等融媒体产品400余件，10万+新闻19条。

【全力抓好主题主线宣传】 紧扣市委市政府中心工作，着力做好“凝心聚力打造‘一地三区’，开创大花园建设新局面”“开展‘四个年’活动，决胜高水平全面小康”“走向我们的小康生活”“实施融衢接杭战略，倾力优化营商环境”“打造一座最有礼的城市”“8090宣讲在衢州”“发展是硬道理，防疫是硬任务”等各类主题报道20余个，累计推出相关报道6000余条次。精心策划实施全国新年登高健身大会、产业创新发

7月1日，衢报传媒集团江山工作部在江山传媒集团挂牌成立

开展疫情防控采访

展大会、2020全国全域旅游培训班、中国·江山数字消防产业发展大会（江山人发展大会）等重大活动报道，实现重大活动报道大版块、多形态、立体化，大大增强宣传效果。

【推进多娇江山客户端平台建设】准确把握战疫宣传的方向、节奏、力度，全媒化出击、权威化引导、精准化策划、联动化作战，打好战“疫”舆论战。疫情开始至2月底，多娇江山客户端平台采制、编发疫情防控各类信息报道1200余条，总阅读量达1000多万次，留言4万多条（相当于常规新媒体单月发稿量6倍以上）。多娇江山客户端上开通“云上课堂”版块，为全市中小学生提供手机端在线课堂通道，点击量累计达60万次以上。3月10日，《人民日报》第6版刊登《浙江：媒体融合，汇聚战疫力量》一文，点赞江山市融媒体中心在疫情防控与经济社会发展“两手都要硬，两战都要赢”的实践中彰显出媒体融合的“新闻力量”。集团因疫情防控工作中成绩突出，被市政府记集体三等功。

【外宣工作取得突破】按照“上大报大台、攻头版头条”的外宣目标，主动与央视、人民日报、新华社等上级媒体开展交流学习、密切联系、精准对接、打通渠道，加快建立大外宣工作格局；以浙报集团县级融媒体中心共享联盟江山工作站、衢州日报报业传媒集团江山工作部的成立为契机，在深化宣传报道协作、助推县级媒体融合发展、畅通业务培训渠道等七个方面展开深度合作，在讲好江山故事、传播好江山声音中实现新闻宣传新突破。全年在省级以上媒体推出重点报道400多条次，其中人民日报客户端、新华社11条，央视、央广21条，学习强国165条。在人民日报社举办的2020全国城市传播热度排名中，江山市首次跻身全国城市传播县级市百强榜单，位列第20位。

【突发事件精准发声】在突发性事件中充分发挥媒体宣传精准发声、有效引导舆论、传递正能量的积极作用。6月30日，峡口镇大峦口村遭遇强降雨，市、镇、村三级充分发挥“三联工程”作用，将处于危险地带的104户198名群众全面安全转移。7月8日，推出《偏僻山村遭山洪袭击，104户198名村民如何安全转移》等报道，受到新华社、中新社、环球网、中国网等49家上级媒体的关注和转载。其中，新华社客户端阅读量达150万+。7月10日，中国精神文明网网站微信公号《网友留言泪目|有了你，我便不是一叶孤舟！》采用江山市抗洪救灾感人画面。

【“媒体+”工作取得新进展】多娇江山客户端构建“新闻+服务”信息综合体，整合交通出行、医疗教育、文化旅游等信息资源，开展线上线下相融合的新闻资讯、学习教育、商务娱乐等综合服务。先后承办企业团拜会、微党课大赛、江山市数字消防产业发展大会（江山人大会）开幕式、第二届浙闽赣皖四省边际主持人大赛等活动，策划推出“大花园里话小康”三农故事大赛暨8090新时代理论宣讲团助力乡村振兴活动。围绕全市中心工作，摄制专题片40多部；结合国卫复评迎检、有礼指数考评拍摄制作曝光类专题片。

【抓好城南征迁攻坚和宣传工作】 响应市委、市政府号召，领办城南新城二期征迁工作任务，第一时间成立由集团总裁挂帅指挥、3名领导班子成员和1名退二线领导担任征迁小组长、老中青科学搭配的27人征迁工作专班，经过持续近半个月日夜奋战，全面完成领办任务。坚持征迁攻坚与做好宣传两手抓，加大“全力以赴服务大局—加快推进城南新城二期征迁”专栏的报道频次和力度，在11月1日签约首日推出《我签约了》专版报道，得到市领导和相关部门的好评。一个月来，各媒体平台推出征迁动态、各领办单位征迁案例等相关报道近100条次，营造支持征迁、追赶比拼的浓厚氛围。

【夯实安全保障基础】 根据媒体融合实际需要，投入近200万元购置、更换相关摄录设备、完成融媒体中心增补项目建设，夯实融媒体中心基础设施建设；开展网络安全渗透测试，落实信息系统等保测评，新增相关网络安全设备，实施912工程项目，完善信息安全防御体系；落实5G抗干扰措施，完成新老UPS电源系统的切换，确保广播电视系统安全平稳运行。实施“智安单位”项目建设，结合开展“拆墙透绿”工作，全面提升集团大院安保设施。

（徐 璐）

江山华数

【概况】 2020年，江山华数公司坚持“智慧广电综合运营商，数字经济服务提供商”定位，以精细管理为抓手，着力补齐短板，夯实发展基础，深挖新兴领域，打好阵地战、产品战，完成各项预定工作目标。公司注册资本5100万元，资产规模1.5亿元，全年营收为7601万元（不含投资部分），比上年增长6.22%；实现利润822万元（不含投资部分），比上年增长12.8%。全网拥有在线数字电视有效终端18万只，应急广播终端3511只，宽带用户5万多户；运营各类视频监控联网终端6000多个，并参与衢州市政务云计算中心的建设运营。获江山市2020年度最佳满意部门称号，获省广电局年度客服考核优秀等次。

【服务防疫抗疫】 利用数字电视平台及覆盖优势，全力开展防疫抗疫公益宣传；发挥应急广播作用，在疫情突发期间，每天滚动播出“毛改革大喇叭”等防疫抗疫宣传13次；防控期间，与教育部门协作，利用数字电视平台及网络、终端覆盖优势，开设“空中课堂”，为1—9年级段的学生上传视频教学课件1530件，播出累计时间639小时，保障“学生停学不停课”。

【提升基础网络】 完成年度重点项目建设投资498万元，为期两年的城区10G EPON技术升级改造完成；结合应急广播村村通工程，完成上余镇江村、苦叶田两个村的有线覆盖网建设，行政村有线广播电视网络覆盖率100%，自然村有线广播电视覆盖率98%。支持美丽城镇建设，推动4K智能终端进村入户，贺村、大陈、廿八都3个省年度美丽城镇样板的乡镇先行实施。

【履行公共文化服务职能】 为9000多户具备安装条件的低保户和低边户提供有线数字电视免费安装、收视服务，为1000户重点优扶对象提供优惠服务，每年减免收视费100余万元。

（市华数公司）

乡镇　街道

双塔街道

【概况】 2020年，双塔街道实现规上工业企业产值1.05亿元，年度固定资产投资1.23亿元。城镇常住居民人均可支配收入5.2万元，同比增长5.1%；农村常住居民人均可支配收入2.8万元，同比增长7.7%。年内，获江山市最佳满意乡镇（街道）、疫情防控“集体三等功”、项目征迁“集体嘉奖”，招商引资、应急管理、旅游（服务业）、乡村产业发展、美丽乡村建设等5个方面工作获江山市“突出贡献集体”荣誉。

【疫情防控】 面对突如其来的新冠疫情，300余名街村干部提前返岗，以网格为作战单元，利用大喇叭、宣传车及840多名联户党员，通过“线上+线下”精准发力，全员发动，累计发布宣传信息13万次，排查全国范围内重点地区到江返江人员100多万人次。创新卡口管控“五步法”，在各村（社区）设置卡点416个，守住、守好关键“小门”。推行实物版“健康码”，为老年人、小孩等群体出行提供便捷。以“1+1+1+N”模式建立“战疫”临时党支部，发挥党员志愿者、村（居）民小组长、楼栋长的作用，为居家隔离人员提供暖心服务。运用252个天网探头、12个高空天眼开展督查、巡查，累计服务居家隔离对象985人、健康监测1100余人。实行班子领导挂联制度，建立政企合作长效机制，帮助企业解决物流受限、矛盾纠纷、用工困难等问题20多个。搭建“共享员工”平台，帮助东方文华酒店与健盛袜业实现60名员工共享，推动企业复工复产。创新开发“十小”行业线上复工备案系统，推动企业“云复工”。做好763家小微企业和个体工商户“两直”补助。在抗击新冠肺炎疫情工作中，周家青社区获浙江省先进集体，

凤鸣苑69幢全体业主给周家青社区赠送锦旗

文苑社区获衢州市先进集体。

【脱贫攻坚】 324 名街道、部门干部结对辖区低收入农户 777 户 1501 人，定期走访结对贫困户，倾听诉求、纾困解难，帮助解决上岗就业、看病就医、农产品滞销等问题。开展中秋、国庆等传统节日送温暖慰问活动，自掏腰包为贫困户送去米、面、油等生活必需品。对摸排出的 8000 元以下的农户进行社会救助，实现应保尽保。落实 73 人的“雨露计划”，补助资金 21.9 万元。以“发现一户、鉴定一户、上报一户、改造一户”的标准，完成 49 户农村困难家庭危房改造，6 户残疾人无障碍改造通过验收。完成 114 户低收入农户供水达标改造工程。落实公益性岗位 33 个，补助资金 23 万余元。落实 562 人生活补贴，894 人护理补贴等残疾人补助政策。通过组团联企、亲青帮、青年志愿者服务队，为回乡创业大学生提供政策咨询、困难帮扶，帮助大学生回乡创办大夫第、郎田坞等家庭农场 5 个，酷果、恒沃等电商 8 家。组织 38 名讲师团进村入户授课，帮助低收入农户拓宽创业就业渠道。推进 246 万元的扶贫项目，完成新塘坞村达畈渠道维修改造工程，改善低收入农户农业生产和灌溉条件；黄家村 30%的项目收益用于低收入农户的就业、义务劳动、走访慰问等奖励补助和病残救助。23 个村村级集体经济达 10 万元以上，11 个村达 20 万元以上，4 个村达 50 万元以上。

【土地整治】 推进土地整治“4138”工程项目，建设用地复垦登上全市 8 月份项目推进红榜，10 月底提前完成 12.33 公顷的年度任务。涉及赵家、召石、陈村的 179.47 公顷的赵家片土地整治项目，9 个标段于年内全部完成建设并通过衢州市复核，年底已完成农作物种植和管护。面对市里交办的砂石资源专项整治工作，街村干部每日现场督战，紧盯目标、压实责任、迅速推进，提前完成辖区内整治任务 9 处。

【征地拆迁】 杭衢高铁江山段项目，在 6 天时间内实现 45 户房屋清零，提早完成涉及陶村、大夫第、迎宾、坳里等 4 个村的 17.55 公顷土地征收。迎宾大道西接线工程，在完成涉及坳里、莲塘、丰足、新塘坞等 4 个村的 14.67 公顷土地征用的基础上，预签约启动 6 天内实现 25 户房屋签约清零。完成持续 3 年的江山港流域综合治理项目 30.87 公顷土地清表，4 户房屋及附属物征迁等扫尾工作。提前做好江玉公路项目的准备工作，完成涉及和贤、灵泉、丰足、坳里、莲塘、郑村等 6 个村的 29.47 公顷征用红线放样、土地分户测量等填报工作。

【招商引资】 丰富以商招商、商会招商、乡贤招商等载体，搭建平台、共享信息、精准招商，街道年度上报信息 15 条，新引进项目 2 个，到位资金 1.1 亿元。新增园正化工等 1 个招商项目，服务推进年产 5000 吨西垄人农副产品深加工生产线、年产 2000 吨君缘食用菌生产线等 2 个项目。新增入库东方文华饭店、丽枫酒店等 4 家贸易企业，中通快递、八方旅游等 4 家服务业企业，占全市新增入库数 65%以上。谋划上报新项目 39 个，3 个项目入选市发改项目库，“江菌”智慧产业园项目获江山市第六届项目谋划二等奖。

【环境整治】 累计巡查“四边三化”工作 6000 余次，全面排查 315 省道、221 省道、高速、高铁、长金线等主干道，整治自查自纠问题点 180 余个，整治上级交办的问题点 21 个。组织赵家片豆腐作坊专项整治，完成 20 个养殖场的水体处理装置升级，成功创建 5 个种粮大户肥药两制示范点，常态化推进落实“河长制”工作，各水域水质持续改善。开展农村人居环境提升“百日攻坚”“烟头不落地”“垃圾分类集中宣传月”等行动，在市级活动评比中均获一等奖。杨墩、丰足、路垄三个市级垃圾分类示范村复评检查全部以优秀等次通过。完成辖区内 2156.9 吨枯死松木清理，成功承办省松材线虫病防治现场会。

【城市品质】 坚持预防为主、防控结合，发现问题、快速处置，坚决整治小区新增违建。累计查处新增违建、破坏绿化、占用消防通道等违法行为 173 宗，限期内整改 62 宗，强制拆除 31 宗，约谈物业公司 39 次。累计发动干部 3100 人次，开展集中及各类整治行动 123 余次，检查经营户 900 户次，处理僵尸车 80 多辆，推进国卫复审通过省级验收。成功承办衢州市污水零直排区现场会。

【乡村风貌】 深化美丽乡村“七个一”建设，实施道路硬化、路灯亮化、入村口提升、小区基础设施完善等美丽乡村建设项目 65 个，共投入资金 1945 万元。做好拆后利用工作，建设“一米菜园”190 处，停车场及广场 21 处，美丽庭院 45 个。路垄村获评衢州市“一米菜园”优秀村，黄家、社后、大夫第村获评江山市“一米菜园”示范村。全年落实造林面积 55.47 公顷，完成率 213.3%，超额完成国土绿化年度任务。杨墩村获评浙江省“一村万树”示范村、森林人家。新增衢州市、江山市示范性家庭农场各 1 家。建成 AA 级景区村庄 4 个，A 级景区村庄 13 个，建成 AAA 级旅游厕所 3 个，A 级 2 个，普通级 12 个。

【信访维稳】 减初信、治重访成效显著，全年信访总量同比下降 65.3%。涉及生猪养殖、高铁配套提升工程、金家棚户区征迁等一批历史遗留积案成功化解，解决 5 年以上历史遗留问题 5 件，累计化解各级交办信访积案 16 件。街村两级建立 30 个社会治理“两难”钉钉群，化解上级两难交办件 6 件。构建街村一体的调解体系，发挥人民调解作用，累计调解矛盾纠纷 465 起，街道“江城调解工作室”获衢州市级品牌调解室。民主法治村建设覆盖率 100%，街道获江山市法治乡镇街道，街道司法所获衢州市“枫桥式”司法所。落实三级以上维稳安保等级响应 84 天，做好新年登高、江山人发展大会和全国、省、衢州市“两会”等维稳安保工作。配合做好江化关停工作，涉及辖区 18 名转岗、再就业员工无一例上访。

【全科网格】 完善网格工作考核细则，7 月开始实行网格“红黑榜”，强化“双向激励”机制，激发网格队伍活力，10 人被评为市级以上优秀网格员，其中 1 名省优秀网格员、4 名衢州市抗疫优秀网格员。持续推进和深化网格警务工作，累计联动处置警情 705 件，助力公安成功抓获当天刚潜逃进江山的悬赏命案逃犯。以综合信息指挥室“1+4”平台为依托，累计流转办结平台事件 12766 件。开展联合执法 30 余次，解决违建、噪音、交通安全、污水治理、邻里纠纷、犬类管理等事件。

【专项行动】 开展“清风护航”扫黑除恶专项整治，发挥街道、村社、网格、党员 4 个层级合力做好宣传、全面摸排，营造扫黑除恶强大声势。开展反邪教“两清两覆盖”专项行动，帮助 23 名已转化人员做好脱离工作，建立爱心工作站 1 个，工作室 2 个。开展“禁种铲毒”专项行动，发现处置 17 起非法种植罂粟行为。开展防电信网络诈骗专项整治，自 5 月挂牌以来，同比发案率下降 37.98%。开展消防安全、食品安全、安全生产大排查，排查各类经营场所 2700 多处，发现整改各类隐患 661 处，全年辖区内未发生安全生产事故，火灾事故发生率下降 48%。

【民生实事】 投入 340 多万元，完成启坞垄、夏村塘等 9 处山塘水库的综合整治及池塘的清淤。投资 650 万元的百廿秤溪综合整治工程，已完成主体建设。投入 335 万元，完成双塔底至大夫第村村委、陈村路口、农村生命安防工程等 3 个重要农村公路项目。投入 290 万元，完成长金线农村公路大中修、金家　陈村（黄家段）改善提升、灵泉村（和贤村）公交车候车厅等 3 个重要农村公路工程。投入 100 多万元的路垄村桥下空间项目已完工。投入 80 万元的缸甫底村大花园建设项目一标段已基本完成。投入 300 多万元建设城北、县前、文苑社区居民会客厅，县前、文苑 2 个社区已完成。建设丰足村村庄整治风貌提升、黄家村道路改造，迎宾村道路修复等 3 个移民扶持项目。

【优质服务】 推进“最多跑一次改革”，强化网上办、掌上办，通过村级代办服务、“浙里办”APP、“村情通”等方式，拓宽群众办事渠道，充分满足群众需求，实现“办事不出村”的目标。实行街道干部组团联企制度，“跑小青”线上接单后，通过科室对接、内部流转、代办服务，累计为企业代办事项 1150 余件。推进第七次全国人口普查工作，作为全市体量最大的乡镇（街道），共普查 4.3 万多户，9.3 万多人。乌木山社区作为全市“七人普”试点单位，试点经验在全市面上推广。举办乡村振兴讲堂管理员业务培训会，丰富乡村振兴讲堂课程形式，建立猕猴桃种植、紫薇繁育、果木种植等多个培训、实训基地，带动村民增收致富。服务退役军人，发放 2018 年和 2019 年入伍的义务兵家属优待金 181.5 万元。街道残疾人之家获浙江省四星级残疾人之家，文苑、乌木山两个社区获评浙江省“无障碍社区”示范点。

【精神文明】 累计建成文化礼堂 21 个，成功创建衢州市四星级文化礼堂 3 个，江山市三星级文化礼堂 1 个。推进历史文化村落建设，完成缸甬底村刘氏大厅改造

督查指导村（社）换届选举工作

提升，莲塘村祠堂改造已进入整修阶段。连续举办四届道德模范“最美双塔人”评选，推选 56 名“最美双塔人”。成立 100 余人的“8090”新时代理论宣讲团，开展进礼堂、进广场、进讲堂等宣讲活动 150 余次，传播党的声音，讲好双塔故事。抓实“八个一”有礼践行工作，开展“公筷行动我先行”“学国学知礼仪”专题讲座、“行作揖礼”培训等多样化的宣传活动，12 个村社结对举办全民有礼实践活动 6 场。

【村社换届】 超前谋划“摸、招、谈、干”四招，营造从“等着换”到“抢着干”的氛围。实施“招贤令”工程，为村级换届储备 40 周岁以下后备人才 59 名，换届期间自荐报名的 22 名乡贤能人中，有 12 名高票当选为新一届两委干部。按照班子领导分片包干、组团干部联村包格、村社选情每日研判等制度，开展集中走访，广泛征求党员群众的意见和建议。31 个村（社区、合作社）全部一次性选举成功，194 名村社两委干部全部选优选足，高票当选。

（程嘉郁）

虎山街道

【概况】 2020 年，虎山街道城市居民人均可支配收入达 51987 元，同比增长 10.5%；农村居民人均可支配收入 28415 元，同比增长 10.8%。街道共完成固定资产投资 2.61 亿元，同比增长 1.2%；实现财政总收入 1.9 亿元，其中地方财政收入 1.04 亿元。街道党工委被评为 2020 年度衢州市乡镇（街

道）统一战线工作先进集体，东门社区被评为衢州民政工作先进集体，南门社区获浙江省2020年度民主法制社区，麻车村被阿里研究院授予2020年度第八届中国“淘宝村”。

【抗击疫情】 对街道87个开放式小区实行封闭管理，累计居家隔离794人，集中隔离45人。建立总团长、总协调、总联络的分层作战体系，根据各个社区实际情况制定《疫情防控作战图》。对居家隔离对象门锁处张贴“福”字进行契约化管理，利用智慧手段进行出入人员数据化管理。建立疫情防控临时党支部，实行机关部门党员干部“定人、定岗、定责、定时、定单位”的“五定”出入口管理体系，发挥“社区党建+基层治理”五层金字塔架构模式优势，发动辖区6300多名在职党员、在册党员、网格员、楼道长、志愿者等，形成“共建共治共防共享”的防疫新格局。

【工业经济】 全年引进项目资金2.07亿元，分别是1.89亿元的京开消防科技灭火器项目、1100万元的浙江华超医疗科技项目、704万元的美伊服饰医用防护服项目和广州南兴消防工程有限公司江山分公司项目。全年完成有效投资2.61亿元，其中服务业投资为2.34亿元，工业投资为2700万元。辖区2家规上工业企业完成总产值5.71亿元，其中浙江三棱塑胶有限公司7252万元，同比增长2%，限额以上批发零售业销售额达20.83亿元，同比增长18.90%；规模以上服务业营业收入2.4亿元，同比增长6.2%。组建企业复工服务专班，帮助100余名外来人员返江务工，推进辖区135家企业顺利复工复产。全方面提升项目服务，助推网营物联（江山）智能供应链项目、浙西公铁联运综合物流项目建设，完成城南大型停车场、小牛凯西梦想小镇项目、江山金坞村50兆瓦林光互补光伏等项目前期工作。

【项目攻坚】 整合一批干事有激情、破题有方法的精兵强将成立征迁一线指挥部，现场办公，挂图作战。西山路延伸至铁路货场道路、西山西路一期、通禄门“布丁宾馆”和历时17年的周男祠堂岗18-2号等一批遗留项目成功“清零”，城南新城征迁二期、桑淤大桥及接线工程、江玉公路等市里交办的征迁任务如期完成，全年累计征收土地18公顷、拆迁房屋93户。全力推进土地整治，全面完成店前村前井、彭里村藕塘底、荷塘村竹篷等8个建设用地复垦项目，18公顷土地完成整治并验收入库，完成量达到市下派任务数的175%。

【环境整治】 全面推进村庄绿化、美化、洁化，完成道路沿线353宗“四边三化”整治点整改，其中市级交办问题点61处。推进六乱整治，投入70多万元开展集中整治，人居环境得到显著提升。做好农房整治“后半篇”文章，高标准完成3444宗、13.59万平方米土地的拆后利用，利用率

7月7日，在江东社区协调城东实验学校扩建与社区居民活动场所问题

97.76%。做深做实“五水共治”，更新完善“一河（湖）一策”，治水满意度宣传位列全市第一。推进国卫复审迎检，清理辖区“脏、乱、差”2300多处，清运垃圾3000多吨。

【脱贫攻坚】 组织78名街道干部、127名部门干部与319户低收入农户牵线结对，实现低收入农户结对帮扶全覆盖。建立干群联系常态化机制，重点围绕“四个帮助、一个宣传”，通过“一包一牌一卡一码”，严格落实帮扶措施。探索实施“脱贫计算公式”，依托大数据计算农户收支情况，消除收入8000元以下农户。开展枇杷、马家柚、白菇等特色产业种植培训，累计培训低收入农户260余名，33名实现就业。举办“乡村振兴村播助农”面桶坞农产品线上推介会直播活动，当日吸引粉丝3500多名，销售枇杷500公斤。开展残疾人家政月嫂培训和面点师培训，设置公益性就业岗位，帮助30多名残疾人完成就业。

【平安建设】 全年共排查矛盾纠纷615起，调处615起，调解成功率达100%；街道司法所调解案件53宗，涉及金额1216万余元，其中重大案件8宗，司法确认24宗。建立信访化解“五办”机制，构建“领导交办、团长领办、组团联村协办、社会治理办催办、纪工委督办”的工作闭环。全年处置市级以上来信来访188件、“12345”热线230件，化解市下派积案8件、街道自排积案3件。开展到衢赴省进京、涉众类群体、万商集团破产、“两直”补助、江化关停等26类利益群体稳控，有效完成省市及全国“两会”、国庆中秋、十九届五中全会等重要节点的维稳任务，全国“两会”期间赴省进京人次同比下降40%。组建街村两级“两难”问题联动工作钉钉群，整合力量，化解市级“两难”问题3件，街道自排“两难”问题20件。

【建立“网格+代表”平台】 在全市率先召开第一届民主议事会第一次会议，53名议事员参加会议，30名辖区部门单位、企业代表、乡贤代表列席会议，聚焦民生实事，推动落地落实。建立“网格+代表”平台，将31名省、衢州、江山三级人大代表和53名议事员按便于活动、有利于工作的原则挂联到22个村社73个网格，通过“线上”网格微信群、“线下”走访接访，全年共收集意见建议311条（线下59条，线上252条），已处理回复206条，未处理到位的，以人大代表名义督促相关部门抓紧落实。“网格+代表”的实施，有效解决一批民生难题，《江山虎山街道：“网格+代表”服务群众“零距离”》在省、衢州、江山等各级媒体上广泛报道。

（毛立忠　毛肖肖）

清湖街道

【概况】 2020年，清湖街道实现一般公共预算收入5405.74万元，农村居民可支配收入2.86万元，在克服工业平台划转不利影响下，完成固定资产投资5733万元，规下产值3595万元。年内，先后获国家卫生镇、省级AAAA级景区镇。

【疫情防控】 在抗击突如其来的新冠肺炎疫情期间，借助“三联工程”，全面摸排落实1400余名返乡人员居家隔离措施。各村严防死守，设立劝导卡点94个，1100余名党员和志愿者参与卡点执勤、巡逻劝导和24小时值守。清湖商会及各界乡贤纷纷捐资捐物助力抗疫，构筑出“全员一心参战、全程闭环管理、全面严防死守”的坚实防线，取得疫情防控阶段性胜利，展现非常时期的清湖担当。街道党工委书记毛晓荣被评为省级优秀共产党员，七里社区被评为衢州市“城市社区参与新冠肺炎疫情防控工作”先进集体。

【经济发展】 统筹推进疫情防控和经济社会“两手抓”“两手硬”，干部“一对一”挂联服务辖区149家重点企业，专注为企业纾困解难，助力经济回春复暖，推动新增固定资产投资项目6个，江山三远帐篷有限公司实现“小升规”。落实江山经济开发区区块调整要求，324家生产经营单位完成无缝划转。规模企业做好招商引资工作，完成总投资5600余万元。完成市“12345”政府服务热线安全、消防和环保交办单13件，落实搬迁8家，整改5家。

【征迁攻坚】 按照“人人都是征迁员、全员上阵做征迁”的思路，全身心投入全市征迁大会战、攻坚战，城南新城一期七斗毛墩区块、蔡家山宅上十六底区块29天完成签约72户，二期蔡家山杨家山、下份、洪岗山区块27天实现251户“清零”，上楼安置试点破冰迈出坚实步伐。高新东路路口、祝家坂、毛塘区块17天完成65户征迁目标，报批土地22.33公顷。通景公路二改一36户征迁任务如期达成，交付施工用地6.33公顷。郎峰变高压走廊线位11个村塔基政策圆满处理，进入无障碍施工。被市政府授予城南征迁工作集体三等功，3人获征迁嘉奖，展示清湖铁军的声势和气势。

【项目推进】 配合虎山运动公园、城南拆迁安置点、灵山公墓等市级重点项目建设，两次承接全市性项目集中开工仪式。深入实施土地整治“4138”工程，落实建设用地复垦项目7个，复垦土地17.73公顷，占任务面积的104%。全面加快“6·6”洪灾灾后重建，投资870余万元，完成读溪口村、东儒村、乐意村等4处堰坝修复，推进小清湖地方污水管道重建和农田水利灌溉修复。结合通景公路取土点选址，争取资金400万元，用于谋划建设九村村灾后建房集聚点。投资1000余万元，启动街道矛调中心、综合执法一站式大楼建设。全年谋划项目56个，1个项目首次入围市级项目库获三等奖。

11月，修缮后的古镇历史文化村落保护项目花田埂（邵俊超 摄）

【古镇焕新】 挖掘仙霞古道陆路起点老故事，把握钱塘江流域丝绸之路“水路陆路中转站”新起点，采取“资金整合聚力、项目组合发力、人员聚合用力”的方式，高标准实施清湖一村、二村、三村35个省级历史文化村落保护与开发项目，系统推进生活垃圾资源化处理站、省级污水零直排区等项目建设，依托“衢州有礼”诗画风光带建设、“百里须江·美丽长廊”，融通贯穿国卫复审迎检和“有礼指数”八个一、国家级文明城市创建，充分激发古镇形态美和内在美，推动清湖日益成为服务园区、城区的承接平台，成为江山城市休闲的主要区域，成为江山大花园的核心景区。

【乡村提档】 围绕乡村振兴战略，聚焦短板补齐、长板更长，改善蔡家山、新塘底、路陈等城郊村、园中村环境卫生与硬件设施，实施推进前村、九村、十村、华夏、和睦、东儒、乐意、清三等村33个整治项目，集中销号“四边三化”问题点700余个，完成“三改一拆”15万平方米，拆后推广建成“一米菜园”1万余平方米，以点串线、连线成面，全域推进美丽乡村建设提档升级。花园岗村、九村村获衢州市“一米菜园”示范村称号，清泉村被评为AAA

11 月，召开七里社区党支部换届选举大会（毛慰　摄）

级景区村，获新时代中国幸福乡村 2 个，获评新时代中国美丽乡村 7 个，创成省级文明村 1 个和衢州市级文明村 1 个。与此同时，清湖码头乡贤馆“贤”字招牌一炮打响，被授予衢州市首批南孔乡贤馆称号。

【村社换届】 按照省委“五好两确保”和江山市委“两选足一达标”要求，坚持“选优配强”同“依法依规”相结合，27 个村社圆满完成党组织换届选举工作，新塘底村、路口村、路陈村、浮桥头村 4 个村党组织书记全部满票当选，26 个村书记和主任“一肩挑”均一次产生并高票当选。村委会换届参选率达 98.6%，实现“程序合法到位、过程平稳有序、结果公认满意”目标，同步做好换届选举“后半篇文章”。年内 26 个村全部实现村集体经营性收入 10 万元以上，其中 19 个村村集体经营性收入 20 万元以上，7 个村村集体经营性收入 50 万元以上，2 个村村集体经营性收入 100 万元以上。

【基层治理】 持续深化党建统领+基层治理“主”字形架构，积极承担参与乡镇模块化、“县乡一体、条抓块统”、派驻干部管理、“两难”联动钉钉群、基层治理“四平台”升级、干部四维考评等改革试点任务。化解初信初访 73 起、化解率 98.6%，包案化解积案 11 起，无信访村（社）增至 16 个，位列全市第二。四平台全年受理事件 15997 件，办结率 100%。防范电信网络诈骗，签订告知书 2.86 万份。摸排整改道路交通安全隐患点 50 余处，增设安全劝导员 5 名。办理审批服务事项 7120 件，网上、掌上办件 2080 件，群众满意率 100%。

（徐路恒）

上余镇

【概况】 2020 年，上余镇财政一般预算收入 4555.95 万元，完成计划数 103.86%；固定资产投资 1 亿元，增幅 56.3%；农村居民人均可支配收入 2.82 万元，同比增长 6.3%。年内，入选市“县乡一体、条抓块统”改革试点乡镇；被江山市政府记集体三等功。

【项目攻坚】 实战淬炼“顶层设计、体系推进、环环相扣、步步紧逼、公正公开、服务用心”的上余攻坚样本，全年完成土地征收 110.12 公顷，房屋拆迁 234 户。其中，杭衢高铁项目 6 天完成 41 户签约、腾空、拆除、选位“四清零”；上余村贺基全域土地综合整治与生态修复项目依靠组团联村力量 5 天完成 60 户签约、腾空“双清零”；江东园区（五期）10 天完成 96 户签约清零。“4138”工程，上余村江家、后庄两个土地综合整治项目工程形象进度达 95%。建设用地复垦超额完成实施 17.02 公顷，验收 15.72 公顷。山头村株树整治项目和七一村茹埂头垦造耕地项目顺利通过市级验收。

【村级换届】 聚焦组织意图与群

众意愿高度统一，全镇116名村两委一次性选举成功率达100%；“一肩挑”村党组织和村委会选举平均得票率分别达99.91%和96.63%，村级组织换届《“一个不换”和“一个不留”》的做法被选编至省《内参》(2021年第一期)。

【脱贫攻坚】 全镇647户低保、87户低边人员实现“应保尽保”“应扶尽扶”。依托“镇级补助、慈善救助、社会帮助、村级协助”，在全市率先完成97户危房解危，235户低收入农户饮用水改造。全镇18个行政村有2个村年经营性收入达到50万元，9个村年经营性收入达20万元，其余各村年经营性收入均超10万元。

【基层治理】 围绕社会矛盾纠纷调处化解中心建设、“两难”钉钉群运用、“组账镇代理”推行，强化基层党组织堡垒作用、基层党员先锋模范作用。取缔辖区非法制砂场（点）18处，查扣非法盗采50余车次，高效推进并清理完成35处20余万立方米非法堆砂场（点）。平稳完成一都江村、余航村、山头村延续10年拖欠共计704201.44元水费收缴工作。全年化解各类矛盾纠纷326件，5件市级以上信访积案23天时间完成息信止访。护航江东园区奥仕集团顺利完成风险评估，市双氧水有限公司年产61万吨双氧水技改项目平稳落地，市重大民生项目成功设备调试。

【乡村振兴】 践行“两山”理论，打造“千万工程”升级版，推进“一村一品、一户一院”，实现村美、户美、人美、业美生动蜕变，沿江公路“车站记忆·有礼人家”诗画风光带示范线建设获衢州市领导肯定。李坪村获评衢州市“一米菜园”示范村。污水零直排区创建铺设污水管网8311米、雨水管网580米，疏通污水检查井230座；上余村“三合一”示范点民生实事项目加速推进，上余幼儿园、上余小学建设项目完成招投标。

【民生事业】 推行房地信息系统，实现建房手续线上审批办理，镇建房审批平均时长缩短为24天。推进“枫桥式”退役军人服务站提升建设，健全退役军人服务保障体系。持续深化最多跑一次改革，全镇18个行政村的便民服务中心完成规范化提升，初步实现社保查询、生育登记等560余件事项一次都不用跑。推进“两堂一站”融合建设，新建完成文化礼堂8个，其中示范型2个（塘岭三村、木车村）。建立“1个中心讲堂（李坪）+3个特色讲堂（上余、一都江、塘三）+N个特色教学点讲堂，其中中心讲堂累计开课58场，参加人数5060人次。

（周晓飞）

衢州有礼诗画风光带—李坪村

四都镇

【概况】 全年实现工业总产值10.46亿元，其中规上企业总产值8.89亿元，同比增长13%；地方财政收入3597.32万元，同比增长31.96%；农村居民可支配收入26647元，同比增长7.6%。2020年，获项目征迁工作表现突出集

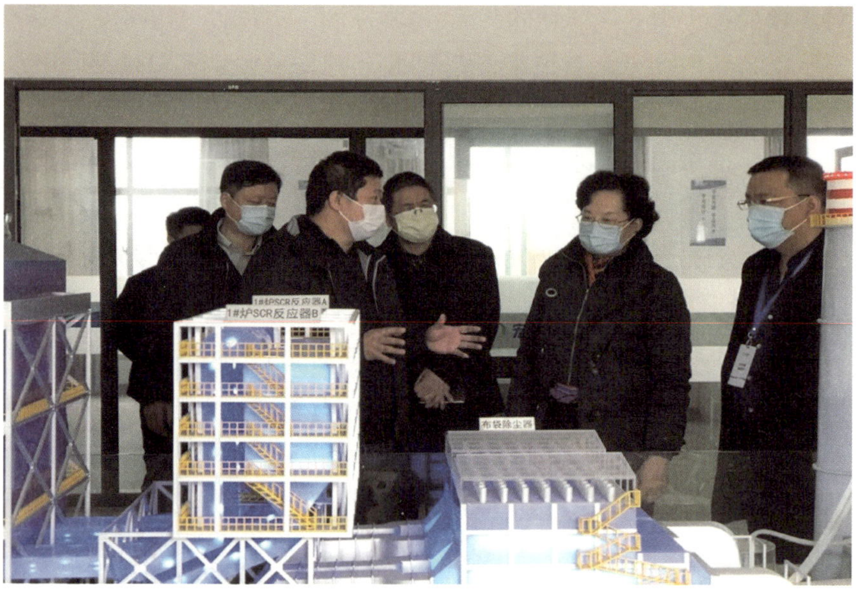

3月9日，衢州市人大常委会主任居亚平（右二）在四都镇指导企业复工复产工作

体、党建统领（村社换届）突出贡献集体、招商引资（山海协作、东西部扶贫、异地商会）突出贡献集体、科技创新工作突出贡献集体、生态环保工作突出贡献集体、美丽乡村建设贡献突出集体等荣誉称号。

【疫情防控】 坚持人民至上、生命至上理念，打赢疫情防控阻击战，全年实现新冠肺炎疫情零输入、零感染。疫情初始，迅速建立战时体制机制，健全作战指挥体系，落实疫情防控各项工作。通过电话、走访、大数据反馈等方式共计摸排15万余人次，上报各类重点人员189人，其中境外返江人员32人，劝导人员集聚6630人次，发动卡点值守2640人次，出动宣传车190车次，发放宣传册12000余张。镇企携手共同战疫，11个联企服务小组做好复工复产和政策落地“保姆式”服务，镇域44家工矿商贸企业及全体个体工商户于2月底全面实现复工复产，返岗员工达1442人，帮助企业新招员工100多人。

【脱贫攻坚】 全面压实镇村责任，制定“一户一策”，高质量完成困难群众危旧房改造和饮水安全保障工作，41户低收入农户搬进新房，帮助400余户低收入农户开展“清洁家园”行动，实现“忧居”变“安居”；通过新建管网、实施单村供水站改造、安装净水器等解决低收入农户饮用水安全问题101户。推进干部一对一帮扶，严格落实421户贫困户“一包一牌一卡一码”工作机制，每月定期开展大走访活动，累计收集贫困户基本信息1000余条，落实扶贫政策50余项。重点开展消费扶贫、产业扶贫、就业扶贫、健康扶贫等，疫情期间帮助15户贫困户销售柑橘1万多公斤；为在册699名低收入农户购买扶贫健康保险，农村合作医疗实现全覆盖；帮助25名贫困学生申请“雨露计划”，发放资金7.5万元。推进村集体经济消薄工作，通过村企红色物业联盟、盘活集体资源要素等路子，全镇8个村集体经营性收入全部达到10万元以上，其中傅筑园村、前岭村、埠头村突破50万元。

【工业发展】 深化“亩均论英雄”改革，服务推进企业提档升级，永坚实业跻身亿元企业，新增美琦服饰、宏电装备等两家规上企业，园区亩均税收近10万元。全员服务招商引资，健全以商招商、以企引企、中介招商、产业链招商等机制，绘制招商地图，积极对接热威科技、宏电环保等总部搬迁，安贝实业当年引进市外资金1亿元。推动企业科技创新，投入研发经费1800万元，新增港亨实业、逸都生物等2家国家高新技术企业，高新企业占规上企业比例达50%。完善园区基础设施配套，完成桔海路三期、江北路园区段650米道路提升建设；投资400余万元改造园区及企业污水管网，高分通过“园区污水零直排区创建”衢州市级验收。优化营商环境，建立组团联企制度、首席店小二跑团机制，帮助企业招工100多人。

【项目建设】 全力服务重大项目建设，快马印刷、集镇南街改造、“四水线”等一批产业项目、民生项目按计划顺利推进，全镇累计完成固定资产投资1.8亿元，同比增长63.64%。杭衢铁路项目征迁刷新历史速度，仅用三天完成17户签约腾空“双清零”。推进土地整治4138工程，完成垦造耕地项目4个、标准农田建设项目1个、建设用地复垦项目8个，新增耕地110.86公顷，改善耕地面积19.6公顷。组织项目谋划擂台赛，谋划重大项目前期20余个。

【生态环保】 坚持“两山”理念，统筹推进“蓝天、碧水、绿地、净土”四大行动，生态环境持续优化。推进“河长制”，两级河长累计开展巡河300余人次，镇域内4个小型水库全部实现清洁化养殖，出境水质常年达到Ⅱ类水标准。高标准推进国家卫生乡镇创建行动，全年共开展环境卫生集中整治86次，出动6880人次，整治问题点213处，清运垃圾1345车，成功通过国家卫生镇创建衢州市级技术评估。全力推进“四边三化”行动，完成沿江公路沿线、杭长高铁沿线问题点整改17处。持续巩固农村风貌提升和农房整治成果，严控违法建筑，常态化整治乱搭建反弹40余处，改造提升外立面50余宗，打造“一圈一路”拆后利用示范带22条。

【美丽乡村建设】 坚持乡村振兴战略，坚持镇村一体统筹发展，全力培育美丽经济。对接“衢州有礼”诗画风光带规划，推进埠头村“红满橘香”、傅筑园村“孝廉纯风”、双溪村“幸福古渡”等3条乡村振兴示范带建设，实施美丽乡村项目22个、产业项目2个，争取各级援建资金1315万元。斥资100多万元对全镇32座晚清民国时期建筑、2条古道，1座乾隆年间牌坊进行保护；投资200多万元建成新文化站；坚持以橘乡特色为底色，尊重历史记忆，出版文化专刊；结合衢州有礼“八个一”，修订完善村规民约，教育引导农民树立务实、守信、崇学、向善为内涵的价值理念。投资3000多万元完成11个美丽建设项目，补齐城镇路网、养老、就学等功能短板，成功创建首批省美丽城镇达标镇。

【民生事业】 推进“应保尽保、应退尽退”的精准救助政策，全年新审批低保户52户90人，清理不符合低保条件对象85户90人；新认定低保边缘户10户27人，清理不符合低保边缘条件对象29户62人；新审批特困户60户60人，清理不符合特困条件对象5户5人，消除8000元以下收入的贫困户。提升农民参保意识，城乡居民医疗保险参保率达98%。提升养老服务质量，实施特殊困难老年人家庭适老化改造22户，投资205万元建成示范型居家养老服务中心。持续打响“学在江山·四都您放心”品牌，整合利用各方资源，加大教育支持，公办幼儿园建成投用，埠头村建成

埠头村美丽庭院

省级示范儿童之家，江北村建成市级示范儿童之家。开展庆祝第36个教师节庆祝表彰大会，兑现镇长教育基金18.3万元，表彰优秀教师10名。农村文化持续发展，实施双溪村、前岭村、金山村文化礼堂项目建设，投资20余万元完成橘文化展馆建设。深化双拥共建，完成8个行政村省级“枫桥式”退役军人服务站建设，成功争创全国示范型退役军人服务站。

【平安四都建设】 健全矛盾纠纷多元化解机制，全面完成8个村矛调站建设，开展矛盾纠纷大排查大调处行动，调处矛盾纠纷281起，同比下降52.9%。深入推进无信访网格创建，重视初信初访工作，建立健全信访代办制、领导接访制、干部下访制，累计接访群众94人次，受理来信来访33件，同比下降35.7%；受理“12345”政府热线90件，全部完成办结，同比下降39.2%；成功化解市级信访积案3起，傅筑园、四都、前岭、江北等4村创建无信访村。持续推进“一中心四平台”建设，全年受理并办结事件6075件，办结率100%。建立健全应急响应机制，最大限度保障人民生命财产安全，“6·30”抗洪抢险工作受到衢州市委“十条军规”通报表扬。

【政府效能提升】 推进“效能提升年”活动，梳理制定会议、考勤、学习等7项机关干部管理制度，全面提升干部作风效能。推进“最多跑一次”改革进乡村振兴讲堂工作，成立乡村振兴讲堂代办员队伍19人，实现村级民生高频事项网办、掌办，全年累计“无差别受理”1500多件。推进政务信息公开，全年累计公开信息107条。强化法治政府建设，从严落实重大行政决策程序，规范公正文明执法，提高全民法治意识。开展《中华人民共和国民法典》《中华人民共和国宪法》等宣传教育活动8场次，发放法治宣传资料3000余份；组织机关干部参加学法用法考试，实现参与率100%、合格率100%，持证率达83%；顺利通过衢州市首批“法治乡镇”创建初验工作，成功创建衢州市“文明公正规范”司法所，埠头村成功创建省级民主法治村。强化内审约束及外部监督机制，突出重点领域和关键岗位廉政风险防控，监察监督站建设全覆盖，全年开展专项监督78次，发放立行立改交办函10份，交办问题13个，全部整改到位。

（徐秋霞　何臻）

大陈乡

【概况】 2020年，大陈乡克服新冠肺炎疫情、“6·30”洪灾等不利影响，促生产，强民生，实现地区生产总值19278.6万元，财政总收入2758.13万元，其中乡级财政地方税收突破千万元大关，同比增长14.36%，占同类型所有乡镇总和的62.7%；完成固定资产投资3815万元，同比增长12%；农村居民人均可支配收入达24412元，同比增长1%。年内，圆满完成省村级组织换届试点工作，实现村四套班子选足率100%、“一肩挑”高票选成率100%、基层民主参选达标率100%的“三个百分百”的目标；《红军大陈战斗研学游基地》项目获江山市第六届项目谋划擂台赛二等奖；《大陈见面》实景剧如期见面，成功承办“庆丰收·迎小康”中国村歌大赛总决赛。

【疫情防控】 面对突如其来的新冠疫情，大陈全体乡村两级干部放弃休假，全员投入战斗，率先推出“十个一”的具体举措，即调查摸底一户不漏，居家隔离一天不少，喜宴聚餐一起不办，各村路口一个不放，活禽市场一律不开，宣传教育一刻不停，自身防护一丝不苟，信息报送一秒不拖，责任落实一环不缺，纪律松动一毫不许。

【全域旅游】 启动大陈战役遗址公园建设项目，拓展书香大陈红色游线至乌龙村，延长大陈红军路至乌龙里坂自然村，打造全长5000米的红色旅游线路。其中，《红军大陈战斗研学游基地》获江山市第六届项目谋划擂台赛二等奖。推出沉浸式实景剧《大陈见面》。全年大陈古村演出《大陈见

疫情防控卡点督查（徐翔军　摄）

面》和《你好江山》40 余场，总观看人数 8600 余人次。围绕“文化治村”的金字招牌，全年接待游客 30 万人次。接待厅级以上领导 25 批次，其中包括中组部领导、全国全域旅游培训班、浙闽赣 4 省 9 市（区）党政联席会议、中西部扶贫四川省领导等重要接待。

【现代农业】 投资 380 多万元，完成红星村后垄塘水库清淤、乌龙村皂角树底水库标准化提升等工程。发展现代农业，综合利用早田坂村 33.33 公顷高标准农田，注册“凤鸣早田”品牌。注重培育有机农业和“一村一品”，杨梅、枇杷、中草药等颇具规模特色，连续 5 年成功举办杨梅采摘文化节，累计培育现代家庭农场 35 家。

【绿色工业】 推进传统产业转型，推动南方集团北蕉矿、马道山矿开展绿色矿山创建。做好招商引税，全年引进项目 2 个，其中总投资 1.2 亿年产 2.5 万吨光电夹丝玻璃的浙江龙鑫智能家居有限公司项目落户贺村工业园区。发挥乡贤作用，推动了项目回归、人才回归。其中，浙江旺林生物科技有限公司被评为国家级高新技术企业，建立浙江省博士后工作站，企业负责人汪芳被中国林学会评为乡土专家。

【项目建设】 总投资 2140 万元的民心工程萃文小学、大陈幼儿园项目于 9 月 29 日开工。大陈乡（红星）示范型居家养老服务中心有序推进，已完成主体建设，正内部装修。投资 60 万元的大唐村大唐洞道路修复亮化工程基本完工，春节假期日均游客超千人。投资 80 万元建立 5G 超融合数字化管理平台，实现千里眼高空点位与地面监控点位的联动协同。建成智慧古村落安防系统，在电、气、火等方面实现智慧化监管。

【农村风貌】 强化在建房屋管控，严格“审批、巡查、整改”三把标尺，落实“四公开”“四到场”等机制，全程管控到位。加大文化元素融入，使“书香大陈”的元素和“浙派民居”的风格更加统一协调，提升“村歌文化风俗线”风情韵味。推进全域景区化，根据各村特色优势和资源禀赋，因地制宜，打造“一村一品”“一村一景”“一村一韵”，全乡 6 个村形成具有本村特色的农房整治及拆后利用风光带，其中早田坂村参加衢州市农房整治拆后利用示范村获得第一名。

【脱贫攻坚】 坚持“两不愁三保障”目标标准不动摇，深入实施“民心”工程，兜牢民生民利发展底线。依靠千企结千村、红色物业园、光伏发电等举措，实现全乡 6 个村物业全覆盖，村集体经济稳步增长，各村村集体经营性收入全部达到 10 万元以上，其中 50 万元以上 3 个，100 万元以上 2 个。大陈旅游接待综合体项目完成主体建设，正积极对外招商。强化低收入农户核查，确保一个不漏，全乡共有低收入农户 328 户，共 494 人，全部享受低保低边相关政策。鉴定 C、D 级危房

45户，无房户2户，已全部完成修缮和腾空工作。强化教育帮扶，实施“雨露计划”，补助贫困学生16人，发放补助资金4.8万元。走访困难党员50人，发放慰问金额3.92万元。做好残疾人公益事业，残疾人享受生活补贴153人，居家护理补贴200人，其中集中托养6人，为14户低保、低边残疾人申报省级慈善危房改造项目，已验收14户。

【基层治理】 “七五”普法教育扎实开展，大陈村、早田坂村、乌龙村成功创建“省级民主法治村”，民主法治村覆盖率位列全市第一。落实定期分析、领导包案等机制，信访维稳责任进一步落实，实施“天网工程”。建立健全“源头化解、重点稳控、群防群治”的信访案件处置机制，马道山矿纠纷等一批市级信访积案成功化解。优化“党员跑小二”队伍，推广“浙里办”手机APP安装使用，推行“移动办”“网上办”，共代办各类事项3707件。推行组团联村、村联网格、党员联户的基层治理模式，打通服务群众的最后“一厘米”。

【文化惠民】 成功承办首届“庆丰收·迎小康”中国村歌大赛总决赛，15支来自全国15个省（自治区、直辖市）的村歌队伍，分获大赛一二三等奖，大陈村获得大赛特别贡献奖。活动由农业农村部牵头主办，决赛现场关注流量达到2亿多人次。强化阵地建设，投资30万元，完成6个村乡村振兴讲堂改造提升工程，承办衢州市村社组织换届试点工作部署会暨乡村振兴讲堂推进会，早田坂村文化礼堂被评为省五星级文化礼堂。深化党建跨领域结对，促成浙江小百花越剧团党总支、与大陈村党总支等4家党组织签订党建结对，在大陈村建立小百花·爱越基地。举办“越游越有礼”小百花戏曲郊游会、开设戏曲党课、大陈剧社梨园选秀会等活动，共选出48名学员免费参加由浙江小百花越剧团组织的夏季学员班。与北京华艺艺术有限公司合作，引入陈耘、陈一龄两位丙烯画专家入驻大陈古村，开设花石阁，设立四点钟课堂。

（谢宇涛）

开展省村级组织换届试点工作（徐翔军　摄）

碗窑乡

【概况】 2020年，碗窑乡完成生产总值3.9亿元，同比增长3.3%，其中第一产业9228万元、第二产业10940万元、第三产业18832万元。财政可支配收入2873.14万元，其中地方财政收入529.75万元，完成年初预算505.75万元的104.75%。人均可支配收入25058元，同比增长7.8%。先后获得浙江省小城镇环境综合整治突出贡献集体、第四次全国经济普查先进乡镇集体、农房管控（治危拆违）突出贡献集体、水库移民工作先进单位等称号。

【工业经济】 全乡共有工业企业9家，主要产业为水力发电和蜂产品加工，产值超千万的企业有江山市碗窑水电站和浙江千红蜂产品有限责任公司。全年招商引税企业1家。完成固定资产投资1543万元，占计划任务的154.3%。

【农业经济】 全年农作物播种总面积1492公顷，其中粮食作物面积849公顷，总产量5214吨；油料278.4公顷，总产量452.9吨；棉花0.4公顷，总产量0.8吨；甘蔗17.2公顷，总产量739.1吨；蔬菜265.5公顷，总产量3603吨；食用菌总产量720吨；果用瓜23.3公顷，总产量380.6吨；茶园25.2公顷，茶叶产量14.3吨；果园207.8公顷，水果总产量2476吨（柑橘1410吨，猕猴桃740吨）；羊存栏数1932头，出栏数843头；家禽存栏数7.1万羽，出栏数10.9万羽；养蜂年末存1.2万箱。全年完成农业总产值9228万元。

【休闲旅游】 明确“一核两线多面”定位，推进“醉美碗窑”诗画风光带建设，以江碗线、碗窑溪为链条，从入乡口“月影广场”到“月亮湖”坝区，串联起“移民筑梦”党建示范带、“一米菜园”、古窑址群、“渔家乐一条街”等村品特色，做好“串珠成链”文章。投入600万元提升省AAAA级景区建设，改善游客中心广场、旅游公厕等基础设施，优化宜居宜游服务配套。投入140万元提升红石桥村美丽村庄道路，投入40万元用于道路亮化提升，更新江碗线两侧路灯200盏，焕发“一溪两带”夜景光彩。运用“拆改建用”组合拳，实现拆后利用率100%，包括利用村内边角地、废弃地和闲置地，新增一米菜园12处、美丽庭院8处、停车场5处、绿化带200米，融入瓷乡文化、移民文化、清廉文化，以农房整治助推风貌提升。

【项目建设】 新招引数字经济项目衢州钉商电子商务服务有限公司，全年实现线上营业额8000万元，疫情期间累计提供44个就业岗位并全部缴纳社保，成为江山线上服务业企业的标杆。顺利开展江山港流域综合治理红石桥段工程，1.08公顷征迁安置地建设基本完成，26户拆迁户有序选位宅基地，着手重建安置地新家园。推进土地整治“4138”工程，克服水源地保护红线限制的影响，全乡共5批次11.37公顷建设用地复垦任务，完成验收入库9.92公顷。计划投资1500万元用于美丽城镇建设，年内已实施集镇道路“白改黑”工程，加快推进污水管网改造、交通管理智能化系统更新，提升集镇出行环境。

【环境整治】 抓好“添绿增色”工程，年内实现造林扩面23.07公顷，完成复垦地边坡植绿4.47公顷、拆后土地复绿10.33公顷，结合江碗线绿化带日常管护，强化森林防火和林病防控，扎实筑牢绿色生态屏障。深化“五水共治”行动，开展碗窑溪河道清淤，加强库区水源地生态保护，全乡14个水库、山塘推广洁水养鱼，提升“一湖一溪两路”碧水景观。聚焦创国卫行动，推进网格包干“十乱”专项整治，加强环卫保洁、改水改厕、病媒生物防治工作，顺利通过衢州市级技术评估。

【文化建设】 利用“两堂一站”融合，组织各类文艺活动22场、观众6880人次，开办训练班35次、培训2947人次，开展讲座12场、听众1850人次，丰富村民精神生活。支持文化兴村，投资300万元建设党建示范带，其中凤凰移民文化馆项目成为衢州范围内唯一一个成体系、上规模的移民文化馆；凤凰村入选江山市农村文化礼堂建设“精品工程”培育名单；《碗窑美》入选2020年中国村歌大赛“百佳村歌”，并受邀在全国决赛开场表演；《有一个美丽的地方》获江山市“河长制”杯文艺节目大赛银奖。

【民生实事】 精准帮扶540户896人低收入农户，跟进雨露计划、公益性岗位、医疗保障等举措，107户供水达标改造已全部完工。攻坚克难完成70户危旧房改造解危，居全市前列。所有行政村经营性收入均达10万元以上，其中4个村达20万元以上，实现集体经济薄弱村“清零”。投资400万元，完成天井村、金龙村油茶基地配套建设项目，实现油茶扩面增产66.67公顷，增强村集体经济“造血”功能。凤凰村、府前村引进定时器加工、玩具制作项目，带动村民就业120人，实现年增收近400万元。深化“最多跑一次”改革，融入乡村振兴讲堂，升级各村便民服务中心，全年乡本级受理各项业务2777件，9个村合计受理1986件，“网上办、掌上办”办件量3836件，线下代办976件。维护和更新政府门户网站，主动公开信息165条，其中通过政务网站公开70条、通过政务微信公开98条。

【平安建设】 年内各网格共上报事件6635件，其中矛盾纠纷757件，治安隐患类304件，交通安全328件，困难救助539件，疫情防控908件；共接到应急联动警情120起，及时反馈、完成处置。共受理各类信访件119件，其中江山市访15件、各级来信5件、领导信箱11件、网上信访87件、部门转1件，报结率达100%。运用“两难”问题联动钉钉群，各村累计上报乡级群10起事件，涉及山林界址、饮用水工程、土地整治政策处理等问题，已成功办结。开展“网格+代表”试点工作，创新建立“一张网、两联系、三聚焦、四定期、五大员”的工作机制，51名人大代表利用资源和渠道，帮助解决一批民生关键事、微实事，共走村入户265户，办结问题23个。

（叶雪晨）

贺村镇

【概况】 2020年，贺村镇实现规上工业总产值46.03亿元，同比增长7.75%，财政总收入4.51亿元，同比增长3.95%。其中税收收入1.14亿元，一般公共预算收入2.39亿元；农村居民人均可支配收入31296元，同比增长8%。年内，获国家级荣誉2项、省级荣誉13项、衢州市级荣誉5项、江山市级荣誉27项。成功承办第一届“浙皖闽赣”四省边际羽毛球邀请赛和羽毛球小镇产业论坛，四省九地市16支队伍参加，衢州市人民政府副市长徐利水，浙江省体育总会秘书长王苗永，浙江省羽协秘书长朱晖，羽毛球世界双打冠军桑洋等到赛指导，新华网、中国新闻网、人民体育官方微博等国家级媒体宣传报道，打造“羽动江山、四方来贺”新名片，进一步促进体育事业发展和产业转型升级。

【工业经济】 全镇工业企业法人单位403家，其中规上企业69家，上市企业1家，全年“小升规”工业企业8家，有省级产业集聚大平台—莲华山工业园。推进木门、消防、文体等三大传统产业稳步发展，全镇木业门业产值33.1亿元，其中欧派门业销售额达13.5亿元；消防器材形成区域特色，从事消防器材生产和销售就业人员万余人，销售网络遍布全国各地；有羽毛球生产企业37家，高档羽毛球出口到东南亚和韩国、日本、丹麦等国家，中低端羽毛球产量占全国70%，年产值达1.6亿元。省市县长工程可津产业园、五星级酒店、智廷科技等重点项目有序推进。全年共淘汰落后产能生产线4条，关停整治低散乱

10月17日至18日，“浙闽赣皖”四省边际羽毛球邀请赛在山底村举行

贺村镇风貌

企业30家。黄柏山园区一期项目时隔7年正式完工，并启动二期建设。新增高新技术企业2家，科技型中小企业5家；9家企业入围江山市智能制造提质扩面项目，其中欧派门业免漆防火门智能工厂入围省级名单。

【农业经济】 农作物播种总面积6352.2公顷，其中粮食作物面积3922公顷，总产量2.4万吨；油料1162公顷，总产量2562吨；棉花19.9公顷，总产量38.9吨；甘蔗33.1公顷，总产量1948.7吨；蔬菜1066.5公顷，总产量1.5万吨；果用瓜74.1公顷，总产量3857.7吨；茶园25.4公顷，产业产量25.5吨；果园109.9公顷，水果总产量1020吨。全镇生猪饲养总量12.3万头，年末存栏数5.95万头；牛年末存栏数548头，年内出栏数535头；羊存栏数2451头，出栏数1531头；家禽存栏数123.4万羽，出栏数285.5万羽。

【招商引资】 全年共招引项目49个，其中亿元以上项目3个，分别是可津产业园、鑫龙消防、国顺木业，数字经济项目1个，衢州市级考核项目4个，完成到位引资额8亿元。

【村社换届】 村党组织换届，“一肩挑”人选全部顺利当选，其中29个村社的“一肩挑”人选满票当选，16个村社全员满票当选，其中有17名新上任“一肩挑”书记。村委换届选民66951人，参选率达97.46%，45个村“一肩挑”人选全部选成。

【商贸物流】 全镇范围有中国驰名商标1个，省级名牌产品1家，浙江制造标准起草企业2家，“品”字标认证企业2家。浙西木材市场年交易木材量180万立方米，年产值25亿元，是华东地区最大、全国第三的原木交易市场。浙江省农村电商龙头企业冒个泡公司在淘宝、京东等电商平台开设店铺或商城30多家，是浙江省电子商务百强企业，年销售猕猴桃400多万公斤。

【土地整治】 积极推进“十类地”综合处置面积50.7公顷，其中批而未供7.5公顷，建设用地复垦25.8公顷，盘活存量建设用地17.2公顷，分别是平岗山15.9公顷、淤前0.47公顷、湖前0.33公顷、达梗0.47公顷。完成“九龙谷”土地整治项目，新增垦造耕地170.2公顷，旱改水提升新增水田167.9公顷，高标田建设97.1公顷。

【项目征迁】 推进项目征迁清零，完成莲华山EN12区块、莲华山10号区块延伸建设工程以及莲华山10号路以北区块等9个征迁项目，共计征收土地70公顷，签约房屋80户。

【城镇建设】 实施政府投资项目41个，完成年度投资3亿元。投资700万元的新一轮城镇规划全面启动；投资5000万元的贺康大桥、投资2800万元的吴村大道、2000万元的淤头集镇整治一期等重大项目先后落地。投资1800万

8月18日，市委常委、贺村镇党委书记徐明峰（左五）督查推进淤头集镇雨污分流项目建设

元的潭龙小区危房改造项目完工；大成路市政改造工程竣工验收，提升北入镇口的形象。投资2300万元实施重大民生实事项目9个；投资325万元对贺村第一小学运动场改造提升并对外开放；投资200余万元打造法治公园；建设微健康公园设施4处、南孔书屋2个；提升农贸市场3个；创建垃圾分类减量示范小区3个；设置垃圾分类点235个；投放室外吸烟亭83个。

【城镇管理】 完善综治平台建设、投资200余万元实施“天网工程”，探索环卫一体化管理。专项整治浙赣铁路外部环境961个问题点；整治贺滨东路全线、墩贺线坛石路口等交通隐患300余处；投资800万元维修镇域农村公路，养护道路126.7公里；新建汽车、电瓶车停车位400余个。投资500万元对集镇区域的破损道路、零星节点等进行修复补绿；对大成路、杨柳湾小区亮化绿化提升。成功创建浙江省四星级乡镇食安办和镇南农贸市场省级“五化”提升工程，推广“农村家宴放心厨房”项目。

【“五水共治”】 出台《贺村镇水质提升实施方案》，“五水共治”群众满意度95%以上，全年出境水保持在二类水以上。严格落实“河长制”，各级河长巡河率保持100%。完成中央环保督察组督办的1起河道卫生投诉件的整改及回头看工作。全年镇财政投入40万元开展江山港及贺村内溪河道保洁。江山港流域综合治理工程项目完成形象进度80%。完成华塔、高路、达埂3个村的水系连通工程。完成2个山塘、10个池塘的综合整治。承办全市“河长制”杯文艺活动。

【景区建设】 成功创建省AAA级景区镇。全镇共有国家AAA级景区2个、A级以上景区村庄12个、中国乡村旅游金牌农家乐1家，“秀美耕读”景区通过国家AAAA级景区资源评估。景区累计接待游客18.3万人次，收入1190.5万元；拥有民宿（农家乐）8家，房间211间，床位361张，餐位1010个。

【“县乡一体、条抓块统”改革】 推进“一支队伍管执法”改革、综合信息指挥室建设、“四维考评”管理等工作，推进基层治理示范点丰益村、三联工程示范村山底村、全科网格建设示范点吴村村的打造，集中展示基层治理的成效成果。依托综合执法平台，推行智慧城管模式，建设智慧街面管理、电动车未戴头盔情况识别、人员聚集检测、烟雾检测识别等智慧城镇基础设施，推动社会治理由“治”转“智”；累计开展联合专项执法26次，劝导店外经营6000余起、拖车处罚违停421辆，镇干部行政执法证件持证率提高至75%，被评为浙江省县乡法治政府建设“最佳实践”。

【三联工程细化版】 实施“大团统小团”新模式，将46个村（社）整合为贺村片、吴村片、淤头片3个片区大团，实现各小团力量配置“最优化”。优化党员联户模式，按照“居家党员线下访、在外党员线上联”，辅以村民小组长进网格“助联”，打通联系服务群众“最后一米”。结合“周二无会日”，党员干部累计走村入户3.24万人次，解决群众问题、需求3580个。

【平安建设】 全年综合指挥中心接收处置各类事件1.75万件，累计发放反邪教宣传资料5520余份。扫黑除恶专项斗争知晓率95%以上。落实“网格+融治理”工作，推进警务、司法、调解进网格。全镇信访总量同比下降20.6%；“12345”投诉同比下降36.2%；赴省进京上访人次同比分别下降33.3%和76.9%；“贺事佬”调解工作室获评省级金牌人民调解工作室。镇矛调中心调处各类矛盾纠纷362件。化解重复信访件26件。查获无证经营案1起，餐饮违法案件11起。整治交通安全隐患，推广执勤劝导及“红黑榜”，全年投入1500多万元用于道路修缮、隐患整改。组织50岁以上骑电瓶车中老年集中培训，覆盖群众1万多人。在重要场所悬挂横幅500余条，粘贴宣传标语2000余条。全年交通事故死亡8人，同比下降69%。

【疫情防控】 在抗疫期间，累计入户排查24万人次，悬挂横幅2000余条，发放《倡议书》《居家隔离告知书》《温馨提醒》1万余份，宣传单13670余份，通过应急喇叭开展820次防疫宣传，编发抗疫微信28条，阅读量超10万人次。镇综合执法队累计出动89批次986人次，劝退活禽买卖80多次，规范店外经营23家，拆除占道帐篷18顶，清理占道经营行为53起。关停网吧、足浴店、KTV等娱乐场所57家。劝停农村酒宴385起共5786桌。

（汪徐凯）

新塘边镇

【概况】 2020年，新塘边镇实现地区生产总值9.31亿元，农村人均纯收入2.94万元。年内获江山市新冠肺炎疫情防控工作集体嘉奖荣誉。成功承办第三届中国·江山全国“美丽乡村”全国攀岩系列赛暨浙江省农村文化礼堂运动会·西部分站赛。圆满完成村社组织换届省级试点工作。助力城南新城二期征迁工作，坚持“依法征迁、以情拆迁、和谐发展”的工作理念，提前18天完成签约、腾空“双清零”，圆满完成上级交办的任务，获2020年度“最佳满意乡镇”称号。

【基层组织建设】 提早谋划、细化措施、统筹力量、凝聚合力，圆满完成村级组织换届试点工作，实现全程高质量、全面高质量，全程稳、全面稳的目标。19名村党组织书记、村主任均成功“一肩挑”，当选的村“两委”成员中共有80后干部41名（其中90后干部14名），大专及以上学历干部24名，平均年龄从上一届44.8岁降为42.8岁。第一时间开展“一村一实事，实干赢民心”活动。

10月24日，第三届全国美丽乡村攀岩系列赛暨浙江省农村文化礼堂运动会·西部分站赛开幕（周瑶 摄）

【疫情防控】 积极稳妥有效应对新冠肺炎疫情，动员全镇66名机关干部、110名村干部、140余名青年、860余名党员积极参与56个卡点执勤值守，19个村总计成立23支志愿服务队走村入户，联合卫生院、派出所开展人员摸排、宣传劝导、健康监测等工作，累计劝导取消红白喜事、集体聚餐184起，荣获市新冠肺炎疫情防控工作集体嘉奖荣誉。

【工业经济】 围绕市委“两手抓、两手硬、两战赢、两领先”的部署要求，启动“1+N”助企服务机制，迅速落实市里出台的支持企业十二条、“复工贷”等措施，联合新塘边商会开展“员工共享、资源共享”行动，从防疫物资、用工需求、资金补助等多个方面协助企业渡过难关，以最快的速度恢复生产秩序。围绕“乡贤回归、产业优势”持续发力，开展小分队招商、点对点招商、以亲招商、以商招商，主动对接、优化服务，不断增强招商实效。全年实现招商引资项目6个，全部为“1+3+2”项目，分别是亚龙塑胶、江郎峰消防、国威消防、浙江九易德阀门、援创消防、鸣宇消防，其中市外项目1个、江商回归项目1个，招商总额1.81亿元。

【农业经济】 全年农作物播种面积2939.1公顷，其中粮食作物面积1872.9公顷，总产量12475.3吨；油料7343公顷，总产量1121.6吨；棉花1.8公顷，总产量29.9吨；甘蔗4.3公顷，总产量284.8吨；蔬菜501.4公顷，总产量15746.8吨；食用菌总产量3708吨；果用瓜21.7公顷，总产量1445.7吨。肉类总产量2340.9吨，其中猪肉产量767.1吨，禽肉产量1561.5吨。生猪饲养总量11564头，出栏生猪6224头，年末存栏5340头；年内牛出栏34头，年末存栏82头；年内羊出栏353头，年末存栏531头；年内活家禽出栏1220192只，年末存栏308822只，禽蛋产量781.2吨。

【农业基础设施建设】 推进土地整治“4138”工程，完成新增建设用地复垦6个项目8个标段13.8公顷，其中验收面积13.1公顷；完成垦造耕地续建工程14个标段共61.3公顷，其中验收面积50.7公顷；完成旱改水续建6个标段共20.1公顷，其中验收面积16.5公顷；标准农田建设（含提升）续建工程8个标段494公顷，其中完成验收467公顷；15个标段完成工程审计，围绕特色农业发展挖掘土地潜力，流转并种植新开发土地120余公顷，投资50余万元对5个项目进行生态复绿。

【乡村振兴】 结合美丽乡村风光线建设，串点成线完成“日月耕读”党建示范带项目；成功承办第三届中国·江山全国“美丽乡村”全国攀岩系列赛暨浙江省农村文化礼堂运动会·西部分站赛，吸引来自全国的30支代表队500多名农民运动员参加；深化农村文化礼堂“建管用育”，全镇建成文化礼堂14个，其中新建上平天村、外坞村2个示范型文化礼堂。

【民生事业】 开展节日帮困送温暖活动，走访慰问特困家庭大病重病对象8人次，妇女同胞、计生困难家庭25户，发放慰问金

10月29日，新塘边镇幼儿园开工（柴煌　摄）

1.4 万元，春节、“七一”期间走访慰问生活困难党员 67 人，发放慰问金 6.5 万元；做好残疾人公益事业，共发放各类补助金 57.6 万元；落实医保参保工作，城乡医保参保率 97.81%，位于全市前列；做好贫困大学生助学活动，帮助 9 名贫困大学生争取到每年不少于 3000 元的资助；加大职工慰问力度，给 14 家企业 304 名高温作业职工送去慰问品；向市妇联争取资金 20 万元，用于毛村山头村、彭村村、上平天村 3 个村儿童之家创建，成功创建衢州市级儿童之家。

【生态环境建设】 夯实农房整治工作成效，全镇拆后利用总面积达 11.45 万平方米，利用率 97%。重点打造毛家仓村、勤俭村省级美丽宜居示范村和东陈村市级拆后利用示范点，形成示范带动、典型引路、以点带面、全面开花的浓厚氛围。开展集镇污水零直排建设“回头看”工作，及时整改问题；落实健全河长制工作，新塘边溪出境水检测平均值接近地表水 II 类标准；投资 133 万元的白马泉水库除险加固工程结余资金调增项目已全部完工；投资 105 万元的新塘边溪集镇段水闸改造、堤防修建及其他配套设施建设项目已完工；投资 1151 万元的新塘边溪综合治理项目（一期）和投资 96.9 万元的东亭小溪整治工程已开工建设。

【基层社会治理】 坚持以人民为中心的服务理念，努力实现访、调、诉、裁“一条龙服务”，进行“一站式办公”“一体化管理”运作。中心运行以来共接待群众 66 批次 186 人，受理各类事件 66 件，办结 66 件，常态化开展矛盾纠纷排查化解活动，全镇召开信访联席会议 12 次，排查出各类信访案件 129 件（次），妥善协调处理 128 件（次），调处率 99.2%。利用“线上+线下”模式开展扫黑除恶专项斗争、防电信诈骗宣传，累计张贴、发放各类宣传资料 1.4 万余份；共举办各类法治宣传教育活动 10 余场，解答群众法律咨询 400 余人次。落实安全生产责任制，对辖区企业开展检查 145 次，出动检查人员 90 余人，开出限期责令整改通知单 24 张，复查企业 24 家，上报重点隐患企业 2 家，整改挂牌督办企业 2 家，开出停产整顿通知单 2 张。重视食品安全工作，联合市场监管局开展检查 18 次，办结网格员上报的案件 40 多件。实行网格员包片负责，及时处理和上报各类矛盾纠纷，对重点人员、场所、隐患纠纷巡查到位、管控到位、调解到位，实现“小事不出网，大事不出镇”的目标。加强信访条例宣传，提高群众知晓率，坚持依法按政策处理信访问题，共化解上级交办的信访积案 11 件。

（王程浩）

坛石镇

【概况】 2020 年，坛石镇实现地区生产总值 61362 万元，同比增长 3.3%，实现完成公共财政预算收入 4072.52 万元，其中税收收入完成 446.94 万元，非税收入完成 1871.34 万元，转移性收入完成 1754.24 万元。农民人均收入达到 2.78 万元，同比增长 9%。年内获全省“扫黄打非”进基层示范点、“五水共治”考核优秀乡镇、浙江省三星级乡镇食安办、浙江省地质灾害隐患综合治理“除险安居”三年行动成绩突出集体等省级荣誉。

【党建统领】 出台“三议四清”工作办法，定期召开会商会、协调会、研判会，制定目标计划单、协调交办单、督查督办单、任务反馈单，形成“计划—协调—督办—清零”工作闭环，全年梳理工作要点 48 条，全部销号。全方位抓实“三联工程”，开展党员“四个一”活动，常态化开展督查。多路径抓活集体经济，用好“产业+项目”，13 个村集体经营性收入全部达 10 万元以上，其中 11 个村达到 20 万元以上。出台“1+6”指数化管理村级版，将党建工作具体化，量化考核，适时开展村书记党建工作考试和知识竞赛，党建工作抓实落地，“1+6”指数考核位于全市排名前列。

【村级换届】 结合市换届选举工作指导手册，制订方案，各个环节早谋划、早部署，严格落实“早八点晚八点”制度，实现每天分析研判不间断，实现选情全程精准掌握。村级党组织、村委会换届一次性选成选足，平稳高票当选，村党组织成员平均得票率为96.6%，“一肩挑”平均得票率为97.8%；村委会成员平均得票率为98.6%，“一肩挑”平均得票率为99.5%，村民回乡参选率为96.7%。坚持“干中换、换中干”贯穿始终，梳理“开门一件事”承诺清单，以“上任即奔跑，开门就起势”的势头，推进村各项重点工作。

【项目推进】 打好“4138土地整治”攻坚战，高效完成4批308个区块27.8公顷的建设用地复垦，超前实现年度24.7公顷目标，完成率达112.7%。其中，验收25.3公顷，完成率140.6%。“潜力摸排”和“工程推进”两次登全市土地整治红榜。积极推进江玉公路交通项目，3天内完成46.7公顷土地分户，完成14户被征收户房屋评估等工作。整合项目资金1200余万元，成功创建衢州市“四好农村路”示范乡镇。加快推进汇农蛋鸡生态示范园建设，完成12.5公顷土地流转，10万余立方米的土地平整。投资366.8万元完成6座山塘综合整治工程，投资130万元实施上溪、占村村水毁修复，投资94万元完成7座池塘清淤改造。

【旅游产业】 发挥坛石城郊区位优势，深化“景村融合”，把美丽乡村建设与旅游景区建设融为一体，青龙洞景点宣传登上学习强国平台。挖掘坛石红色旅游资源，上王竹子林红色革命旧址成功创建“衢州市红色革命教育基地”。开拓研学基地建设，科学规划，以上王竹子林红色革命教育基地、新叶青龙洞、上溪骑行小镇、贞元度假区、鳌头荷花景观带等旅游资源为重点，构建“一镇两线三点六组团”旅游风光带，彰显地域特色。

【文化事业】 举办坛石镇首届乡贤联谊会，借助乡贤的智慧和力量，凝心聚力，共谋发展。加强“队伍”建设，组建一支36人宣讲团，“量身”打造宣讲主题，开展宣讲活动10余场，吸引800余人次前来听课。推动“衢州有礼”落细落实，“衢州有礼”擂台赛，2次夺得全市流动红旗。统筹推进文化礼堂和新时代文明实践站建设，全镇13个村实现文化礼堂全覆盖，镇文化站被评为第四批全省“扫黄打非”进基层示范点，横渡村文化礼堂被评为衢州市级四星礼堂，定家坞村、五圳村被评为三星级文化礼堂，潭边村被评为衢州市十佳书香文化礼堂，横渡村被评为衢州市文明村，新叶村被评为省AAA级景区村庄，上王村被评为省AA级景区村庄，五圳村被评为省A级景区村庄。

【脱贫攻坚】 配合浙江省扶贫数字化录入系统信息采集试点工作，完成881户、1403人信息录入，完善国扶系统989户、1958人低收入农户信息录入。完成郭丰村仓边坞养殖场室外配套工程、鳌头村光伏扶贫地面发电站、占塘村清水鱼养殖基地（二期）3个项目，持续跟进潭边村八卦山养殖场扩建工程后续工作，推进上王村“光伏”工程建设。做好雨露计划申报工作，摸排符合条件52人，帮扶资金15.6万元。

【疫情防控】 新冠疫情发生后，迅速响应，全民动员，采取各种“硬核”措施，全镇13个行政村、3万多人口，未发生一起人员脱管事件，获“江山市抗疫工作集体嘉奖”，乡贤积极响应疫情防控工作号召，共收到乡贤捐物捐资60余万元。统筹推进疫情防控与经济社会发展，因势而动恢复生产生活秩序，率先推出乡村振兴“云讲堂”，采用“平台直播+钉钉直播+实地教学”的“两播一学”模式，有序推动企业复工复产、农耕播种、学校复学，江山第一个复工土地垦造项目在坛石启动。

【平安建设】 深推“1314”网格警务工作，加强网格员与民警深度融合，4月率先完成市委市政府重点交办的两件积案，化解率实现100%，其中国家级挂牌积案一件（其中潭边村姜某某信访积案，长达11年），全年全镇信访量28起，同比下降57.6%。发挥钉钉“两难”问题群联动机制，上溪村信访矛盾纠纷同比减少30%。加大汛期巡查力度，对镇内7个水库、67个山塘进行自查自纠，完成7个水库控运计划、安全应急预案修编，实现安全度汛。

【农房风貌管控】 从严对标上级任务，完成全镇13个村农房整治验收工作。因地制宜、综合施策，创新“一村一带一线全景化半刻钟幸福圈”模式，打造“一村一特色”。全镇拆后利用宗数1250宗，利用面积6.65万平方米，利用率97.7%。成立工作专班，将工作进度、招标公示、开工时间等进行梳理汇总，通过现场设计方指导、组团推进、村级反馈、挂图作战、清单式销号，形成工作闭环，推动新叶村从“脏、乱、差”到“净、齐、美”的蜕变。

【营商环境】 通过“专家线下培训+APP平台线上培训”模式，成功举办5期企业负责人与安全管理员线下培训会，培训400余人次，线上培训500余人，提升企业管理水平和员工安全素养。推广应用房地信息系统，确保审批人员、网格员熟练使用，实现建房动态全程掌握，农民建房线上审批率100%。开展最多跑一次进乡村振兴讲堂，完成13个村便民服务中心改造提升，组织村代办员进行最多跑一次高频事项业务培训，对相关民生事项的代办做通关实操演练，打通服务群众的“最后一公里”。

【民生事业】 以“动态排查、及时治理”为目标，开展困难群众危房治理工作，共治理改造五批危房50户，其中C级22户，D级23户，无房户5户，竣工验收率100%。投入55万元完成17个重要交通要道候车亭建设。完成“十四五”规划项目谋划和2021年水库移民扶持项目申报工作，全镇共谋划申报水库移民项目35个。完成新叶村、横渡村、潭边村亮化工程，全部通过验收。超前谋划坛石镇养老服务中心提升建设（康宁楼），投资1454万元，占地700平方米，建筑面积约5000平方米，争创一流养老服务机构。推进农民饮用水达标工作，完成坛石镇低收入农户供水达标改造287户，完成所有低收入农户水费减免申报。

（徐慕云）

大桥镇

【概况】 2020年，大桥镇全镇财政总收入3158.09万元，完成年初预算的100.12%；全镇规上工业总产值1.26亿元，同比增加2.7%。争创全国农业产业强镇，成为衢州唯一入选的乡镇；承办衢州市春季农业生产暨稻渔综合种养现场推进会、2020年衢州市农民丰收节暨江山市农民丰收节，荣登央视《新闻直播间》；获衢州市疫情防控先进集体和先进基层党组织称号。

【农业转型】 实施万亩稻渔综合种养、万亩油菜种植“双万”行动，新增稻渔综合种养面积197.2公顷，投放各类优质鱼苗1.39万斤。建成仕阳尾泥鳅养殖基地，完成陈家稻渔综合种养基地规范提升。以争创衢州市土地流转示范乡镇为目标，推进土地连片流转，全年流转土地569.04公顷，其中8个村累计流转率60%以上。各项惠农补贴发放到位，累计交售早稻订单200万公斤。

【营商环境】 持续深化“最多跑一次”改革，完成15个村便民服务中心改造提升，50项村级高频事项清单全部上墙。优化“跑小二”队伍建设，全年开展代跑代办4800多人次，办理各类事项5000余件。推广政务服务网和浙里办APP，推动服务事项“网上办”“掌上办”，工作效率和服务效能得到全方位提升。执行“三联工程”“周二无会日”“周四夜访”“周五网格信访接待日”等机制，以全程优质的服务营造出最优营商环境。

【项目建设】 成功争取浙赣边际合作（衢饶）示范区建设项目资金1000万元，用于衢饶示范区水系治理工程，项目总投资1200万

陈家稻渔综合种养基地

元。江玉公路征迁工作稳步推进。完成芳源、福塘、黄石3个村2019年“一事一议”财政奖补项目建设；陈家、湖游、仕阳村争列2020年“一事一议”项目，均已开工建设。上仓村溪方塘青年鸡舍养殖基地项目，获扶贫资金200万元，已完成项目立项、招标，并动工建设。完成2019年度农田生态拦截沟渠项目、衢州市生态洁水渔业精品示范项目建设。推进土地整治“4138”工程，大桥镇建设用地复垦实施总任务为15.87公顷，全年立项实施完成18.30公顷，立项完成率为115.3%；完工验收总任务为12公顷，已完工验收12.75公顷，完工率为任务数的106.25%。建设用地复垦项目已通过市级验收15.24公顷，旱改水项目1个村已通过市级验收。自然资源部储备补充耕地核查工作的整改、举证中，共完成整改面积5.09公顷，整改完成率100%。

【招商引资】 坚持以商招商、精准招商，年度上报项目总投资2.8亿元，涉及新增用地、新增投入和服务业项目13个，实现落地资金9300万元。其中，新增用地类项目益聚钙业和奋发农业项目完成1.67公顷工业土地出让。全年完成固定资产投资1338万元，完成率为任务数的133%。高质量开展融衢接杭大讨论活动，征集项目“金点子”26个，谋划项目11个，将列入市级重大项目前期储备库的益聚钙业生产线和衢饶水系治理项目提前转化实施，转化率高居全市前列。

【环境治理】 坚持绿水青山就是金山银山发展理念，持续打好“五四三”专项治理组合拳，深化落实“河（湖）长制”，开展五水共治满意度宣传。全年开展畜禽养殖场污水和生产安全大检查258场次，规模养殖得到规范管理。完成污水零直排区后续问题整改，实现集镇范围污水“零直排”。陈家、福塘、湖游、黄石、上仓美丽河湖整治项目正在施工。推进“新增百万亩国土绿化五年计划”，完成非林地造林25.67公顷，超额完成市下达任务数的148%。完成全镇松材线虫病摸排和治理工作，清理疫木2330余吨。

【农房管控和风貌提升】 持续巩固农房管控和风貌提升成果，做好“后半篇”文章，共整治398宗8961平方米，打造“拆后利用”示范点15个。加快推进美丽城镇项目建设，大桥镇美丽城镇建设工程（洋宅前环境提升工程）投资270万元，已完成管道铺设，挡墙砌筑等工程。“三改一拆”共拆违30161平方米，完成市下达任务数的100.54%。推进衢州有礼“八个一”践行工作，全面开展入户宣传和千村修约，累计发放倡议书3000余份、公筷4500余双、公勺2000余个，测评问卷700余份。打造15个示范型“有礼网格”。

【疫情防控】 坚持人民至上、生命至上，“一盘棋”统筹、“一张网”防控，实现境内疫情“零感染”。发动党员干部群众800余名，成立流动宣传队 15 支，设置文明劝返点 47 个。133 个乡村大喇叭、16 个流动音响每日循环播放宣传，悬挂横幅 200 余条，粘贴标语 1000 余条，编发防疫微信 21 期，发放《应知应会》5000 余本。对 169 人落实最严格的居家硬隔离，成功劝导农户推迟或取消各类宴席和聚餐 83 场 1768 桌。推行“扫码+测温”通行，安装健康码超 1 万人。发动商会、乡贤、人民代表、企业主等助力疫情防控，累计捐赠防疫资金和物资总价值 6.27 万元。创新“五联模式”严防边界疫情输入，筑牢疫情防控省际屏障，相关做法被《人民日报》、新华网、光明网等 8 家央级权威媒体转发。

（朱虹霏）

凤林镇

【概况】 2020 年，凤林镇共完成工业总产值 5.47 亿元，其中规上工业总产值 3.73 亿元。农民人均可支配收入 28524 元，地方财政总收入 5444 万元。全镇经济良好发展，社会事业健康协调。获浙江省禁毒工作先进集体等荣誉称号，白沙村创建全国文明村、国家森林乡村，凤里村获浙江省历史文化村落保护利用重点村。

【党建统领基层治理】 实施基层党建“1+6”指数化管理办法，把基层党建工作细化成六大指数二十项指标，将信访维稳、扶贫攻坚等中心工作统抓统管，形成评价党建工作实绩的指标体系。完成 2 个 AAA 级乡村振兴讲堂创建，聘用清华大学、浙江大学等 19 名大学生组成讲师团。组建 8090 新时代理论宣讲团 38 人，开展宣讲活动 30 多次。换届选举中 118 名村两委职数全部一次性选成选足，其中村党组织委员 81 人，村委委员 65 人，交叉任职 28 人。

【工业经济】 深化“亩均论英雄”改革，全镇共有 18 家工业企业纳入到全市企业综合绩效评价系统，其中郎峰木业亩均评价各项指标位居全市木业家居行业第二，被评为 A 类企业。整治“低散乱”企业 6 家，完成家宝纸业落后产能淘汰，解决环境污染等历史遗留问题，盘活土地资源，实现腾笼换鸟。做好小微企业和个体工商户纾困工作，完成“两直”补助 42 家 28 万元，减轻企业因疫情带来的损失。为 288 家企业全程代办“企业码”申领工作，帮助企业提高数字化治理能力。

【农业经济】 深化农业供给侧结构性改革，清水蟹、有机米、秀珍菇、竹荪等优质农产品备受市场青睐，“江山 · 红美人”柑橘在 2020 年衢州市精品柑橘擂台赛中获一等奖。隆泰农业先后种植铁皮石斛、白芨等药材 1300 多公顷，种植油茶 2000 多公顷、猕猴桃 800 多公顷，示范带动全镇中草药种植规模。投资 1500 多万元启动政棠片万亩高标准农田建设项目，完成松材线虫病枯死松木采伐 97 吨，非洲猪瘟得到有效防控，生猪产能逐步恢复。加大耕地保护力度，完成粮食复种 413 公顷，发放耕地地力保护费 317.41 万元，完成土地流转 2.6 万公顷，培育种粮大户 47 个，发放规模种粮补贴 457.45 万元。

【休闲旅游】 重点开发光谷小镇、江山港水系、南坞凤里古村落、白沙国防教育基地等旅游景点，努力打造成“世遗江郎后花园”。江山如画农庄推出卡丁车、儿童乐园、射击射箭馆等旅游项目，全年吸引 3 万多名游客前来采摘体验。打响白沙省级国防教育基地金字招牌，引进浙江岳峰旅游公司，盘活军民文化苑等资源，谋划实施军旅文化综合体项目，高峰时期每天有 600 多名游客前来游玩，利用“十一”假期举办主题为“锦绣江山 · 盛世白沙”的首届军民共建文化周活动，迎来 5000 多名游客前来体验。举办官田麻糍文化节、红美人采摘节等活动，把活动效应转化为市场效益，为乡村休闲旅游集聚人气。

【项目推进】 加快推进鸟语花香项目建设，先后完成 800 多公顷土地流转，13.87 公顷建设用地的招拍挂，景区内部道路全部打通，启动海洋馆、鸟语林等建筑的基础施工。完成南派家居和枫尚木业项目建设，总投资1.18亿元，规划用地42公顷，建筑面积3.25万平方米。江山港凤林段综合治理工程动工建设，投资8422万元。凤林初中道路建设项目完成总投资1000万元，征收土地30.45公顷。

【精准脱贫】 市级部门以及镇村两级367名干部，与980户1575人低收入户建立结对关系，坚持每月开展走访慰问，针对低收入农户居住环境脏乱差等问题，先后组织结对干部1100多人次，帮助846户低收入农户进行整治。扶贫政策明白卡等宣传资料发放4000多份，完成困难群众危旧房改造44户，供水达标改造154户，落实雨露计划、营养餐、定额用水用电补助、数字电视优惠等相关政策，家庭人均年收入8000元以下农户全部清零。全镇18个村经营性收入全部达到10万元以上，其中20万元以上的村10个。

【平安建设】 坚持每月开展安全生产大检查行动，发现安全隐患53个，完成整改49个。抓好道路交通安全，发放宣传资料2万多份，与60周岁以上老年人签订电动车骑行安全承诺书7300多份，在5个重点隐患路口安排8名交通安全劝导员全年上岗执勤，完成27辆变型拖拉机的报废切割。做好防汛抗洪工作，在南坞水库举行防汛演练，开展防汛巡查276人次，转移群众5户15人，完成8处地质灾害点15户农户避让搬迁，完成“浙江安全码”赋码1781人。落实食品安全责任，建设农村家宴放心厨房3个，开展食品安全检查12次432户，整改问题隐患2个。创建10个无信访村，获评衢州市信访工作突出贡献集体。

【疫情防控】 完成隔离管控175户284人，取消农村家宴197宗5000多桌，取消乡贤会、运动会等活动21场，关闭宗教活动场所12处，关停棋牌室33家、饭店农家乐16家。先后组织6000多人次开展上门宣传，发放宣传资料7万多份，制定6项防疫工作制度，实现疫情防控规范化、标准化。全镇6个省界卡点严防死守省际大门，建立跨省联合通行制度，累计劝返车辆1605辆3349人。获市政府集体记功嘉奖。

【乡村治理】 开展网格警务、“网格+代表”等工作，按照“一格双警”原则，为每个网格配备1名网格民警和1名网格交警，全面警情联动率达96.1%，同比上升210%，纠纷率警情同比下降达23.9%。开展以“八个一”为主要内容的衢州有礼指数提升行动，将衢州有礼相关内容纳入村规民约，完成城市品牌标识融入900多处，发放衢州有礼宣传资料1.4万多份，引导群众自觉践行公勺公筷、行作揖礼、不随地吐痰等文明行为。凤溪村叶介兴老人相关事迹在浙江卫视等省级媒体报道，其家庭被评为浙江“最美家庭”。

（鲁苗苗）

2月13日，市委书记童炜鑫（中）在凤林镇检查防疫工作（毛勇　摄）

峡口镇

【概况】 2020年，峡口镇全年完成固定资产总投资3.86亿元，财政总收入19657.92万元，同比增长28.6%，完成税收收入4447.86万元。农村常住居民人均可支配收入达到2.98万元，同比增长11%，是第二批省级中心镇、衢州市经济强镇。年内，获“衢州市抗击新冠肺炎疫情先进集体”“衢州市先进基层党组织”称号，获江山市项目推进、招商引资（山海协作、东西部扶贫、异地商会）、基层治理（信访维稳）等突出贡献集体称号10个，被江山市评为最佳满意乡镇。

【三产发展】 坚持走好“转型发展”之路，持续推动三产融合。工业经济逆势上扬，全年实现规上企业产值9.63亿元，同比增长42%。培育龙头企业，为开洋门业、金旗门业争取土地指标16.2公顷用于企业扩大再生产，提高龙头企业产值占比。培育“互联网+农业”发展模式，引导传统农业向现代农业及智慧农业转变。以网购、直播带货为载体，开启全新的线上+线下营销模式，为农产品打开智慧销售大门。“峡风牧歌”全域土地综合整治试点项目成功被列入国家试点。加快旅游接待能力升级，集餐饮、休闲、住宿等功能为一体的峡口镇乐乐欢酒店旅游综合体建成使用。提升峡里风主题公园精品特色民宿，全镇新增民宿客房250个。

6月24日，在镇区企业了解并解决企业发展难题

【项目推进】 以项目建设为抓手，推动镇域经济高质量发展。抓好华欣牧业湖羊生态示范园、温氏农业产业园、江山市第三人民医院、供电所等26个重点项目实施，完成全社会固定资产投资4.23亿元。围绕生态工业、现代农业、研学康养等优势产业建链、强链、补链，提升项目含金量。全年引进新项目17个，其中2个新增用地项目，总投资10.38亿元。举办第六届项目谋划擂台赛，205国道峡口段外移、峡口镇机械精加工小微园、食品深加工基地、峡口工业功能区物流中心、杨继洲医养综合体和“清风峡里”商业综合体等多个项目初步纳入江山市“十四五”规划项目盘子。

【美丽集镇建设】 推进小城镇“五美”建设，通过衢州市级美丽城镇创建验收。新建农贸市场，引进“清风峡里”商业综合体，推进江山市第三人民医院建设，提升集镇能级。推进水香畈五区、强电上改下、兴华街改造提升和兴华北街外立面改造等工程。建成并交付避险解困公寓楼B区一、二、三标段12幢336套公寓房，促进人口集聚。高分通过省级污水零直排创建，完成江山港流域综合治理广渡溪标段形象进度的75%，完成三卿口溪综合治理工程，并顺利通过省级美丽河湖验收。

【农房风貌管控】 开展农房风貌管控工作，带领12支攻坚小组，开展大峦口村“6·30”灾后危旧房拆除比拼活动，完成133户危旧房拆除工作。推进拆后利用工作，全镇拆后利用率达81%，其中王村、同桥、三卿口和枫石等衢州市级示范村拆后利用率达95%以上。保持控违拆违的高压态势，按照“发现即拆，冒头就拆”原则，发放限拆和停建通知书20份，涉及面积4741平方米。开展困难群众危旧房摸排、鉴定、改造工作，完成48户低保户危房改造。

【“6·30”抗洪抢险】 发挥“三联工程”作用，指挥靠前、排查全面、救援及时，将处于危险地带的94户198名大峦口村民全部及时转移，直接从死亡线上救回11名受困村民，全镇未发生一起因强降雨造成的人员伤亡事故，获得浙江省委书记车俊批示肯定和衢州市委、江山市委高度肯定，6人立个人三等功，7人获个人嘉奖，大峦口村立集体三等功。

【村组织换届】 坚持“选优配强”原则，做好选情研判、政策研究、舆论宣传等前期工作。通过加强组织领导，压实工作责任，强化督促检查，推动各项工作稳步开展，高质量完成村组织换届工作。共选出新一届村两委干部117人，全面实现“一肩挑”。18个行政村中村党组织书记调整比例达55.6%，村两委调整比例达45%，年龄结构、班子结构、能力素质全面优化，村级班子面貌焕然一新。

【基层治理】 坚持人民至上、生命至上，全程闭环管控、精密智控，取得疫情防控阶段性胜利。全面保障复工复产，全方位收集企业诉求，有效协调解决生产物资、招工用工、员工返岗、防疫物资等难题，确保两手硬两战赢，获“衢州市抗击新冠肺炎疫情先进集体”称号。以深入推进“最多跑一次”“一次不用跑”服务改革为抓手，实现便民服务中心一窗受理。全年受理便民服务事项5365件，其中“跑小二”代办事项4152件，办结率100%。利用镇村矛盾调解室，立足源头及时化解矛盾，累计调处各类矛盾纠纷375件；紧扣创建“无信访积案乡镇”目标，率先开展无信访网格、无信访村、无信访积案乡镇“三级联创”，成功化解18件信访积案。

6月30日，在大峦口村抗洪抢险（王一飞　摄）

【民生福祉】 推进峡口镇长岗山生态公墓、峡口镇养老服务中心改扩建等项目建设。推行医保进村入户，群众参保率99.79%。开展农民健康体检，参检率91.9%。关心关爱残疾人群体，向646位残疾人发放困难生活补贴，向723位残疾人发放护理补贴。开展残疾人责任医生签约工作，签约率100%。免费开展女性“两癌”筛查，超额完成目标任务。做好退役军人事务工作，对困难退役军人、烈士遗属、士兵家属发放优待金116万元。做好年度征兵工作，向部队输送优质兵员。

【脱贫攻坚】 聚焦“两不愁三保障”，通过政策兜底、公益帮扶、产业扶贫等形式确保农户脱贫，完成家庭人均年收入8000元以下农户销号清零。引进扶贫项目，盘活资产，挖掘资源，拓宽集体经济收入渠道，地山岗村、王村村物业经济楼建设推进顺利。18

个村集体经营性收入均达到10万元以上，其中20万元以上村11个，50万元以上村5个。着力解决水库移民存在的居住不安全、生存环境恶劣、生活贫困等问题，推进避险解困农户搬迁安置，截至2020年年底，水库移民避险解困项目已安置187户536人。

【文化事业】 以“衢州有礼”诗画风光带建设为着力点，投入1800余万元推动三卿口、柴村、广渡等历史文化村落实现资源转化、项目成景。完成连丰、地山岗、峡西、峡南和三卿口等村文化礼堂建设，村级文化礼堂覆盖率94.4%，被评为省级农村文化礼堂建设示范乡镇。峡口初中有28名学生考取省重点高中江山中学，其中有4名学生考入江中学军班，3名学生考入实验班，数量位居乡镇首位。

（詹圣如）

保安乡

【概况】 2020年，保安乡全年完成固定资产投资3567万元，完成当年任务的102%；农民人均可支配收入达2.4万元，同比增长11.4%。

【农业经济】 农作物播种总面积735.5公顷，其中粮食作物面积467.4公顷，总产量2868.5吨；油料49公顷，总产量90.2吨；中草药材面积5.2公顷，总产量57.3吨；蔬菜146.7公顷，总产量1704.8吨，食用菌25吨。毛竹和茶叶是两大特色产业，其中茶园112公顷，茶叶产量91.2吨；果园82公顷，水果总产量1476吨。

【全域旅游】 持续推出红红火火过大年、绿牡丹开茶节、“重走红色古道”游线等文旅品牌，先后参与承办国际越野跑、新年登高、浙江省记者主题采风等活动。“西坡·箬山”精品民宿正式对外营业。年内，保安乡成功获评国家级卫生乡镇以及省级AAAA景区乡镇；保安村被评为浙江省历史文化名村以及浙江省AAA级景区村，入选首批衢州市职工疗休养基地；龙溪村被评为浙江省AA级景区村；保安村、后坂村箬山自然村获评第一批省级传统村落。全年接待游客数30.43万人次，旅游收入162.37万元。

【项目建设】 投资3500万元的江山港流域综合治理项目基本完工；示范型居家养老服务中心项目顺利竣工；投资4800万元的仙霞关旅游综合体项目进入施工阶段；保安支线白改黑、上箬山至阴垄林区道路硬化等项目成功纳入项目库；赵宅门拆后利用示范村、保安老街改造等项目进入施工阶段；邻里中心建设、竹艺文创中心、保安溪滨水旅游配套设施建设等项目有序推进。全乡建设用地复垦项目实施6.4公顷，圆满完成全年任务。野度山地度假区、龙井镇精品民宿等亿元以上招商引资项目取得实质性进展。

【环境治理】 推进衢州有礼“八个一”新时代文明践行等系列工作，乡村风貌明显改观。落实环卫一体化，常态化开展“一支队伍管执法”巡逻，改善集镇环境卫生秩序。全方位推进国土绿化美化进程，栽种各类苗木2万余

7月4日，举行“重走红色古道”游线启动仪式

1月20日，保安乡开展红红火火过大年活动

株，新增国土绿化面积10.67公顷。强化公益林管护，全年共发放生态公益林补助263.79万元。

【农房管控及风貌提升】 坚持因地制宜、因户施策、就地取材原则，结合民需民求民愿谋划好拆后利用、资源转化、风貌提升的农房风貌提升后半篇文章。通过优先保障农民建房、建设公共停车场、打造一米菜园（果园）等多种方式，按照“一村一带、一季一花、一庭一果、一户一景、一旬一味”主题，推进拆后土地应用尽用，全乡拆后利用率100%。投资200万元，重点打造赵宅门拆后利用示范村，开展绿化提升、景观改造、标识打造、地面铺装等工程。

【民生保障】 惠民政策全面落实，城乡居民养老、医疗保险参保率均达平均水平。全年发放低保金118.27万元，发放特困金8.19万元。维护残疾人权益，发放残疾人生活困难补贴、护理补贴共计45.15万元。年家庭人均收入8000元以下农户实现清零，深化“消费终端+集体经济合作社+小农户”等消薄模式，全乡7个村集体经济经营性收入全部达10万元以上，其中有6个村达20万元以上。

（毛慧琴）

廿八都镇

【概况】 2020年，廿八都镇实现地区生产总值3.9亿元，同比增长2.7%。年内，廿八都镇成功创建国家卫生镇、美丽城镇建设省级样板镇，入选浙江文艺创作采风基地和首批“浙江省职工疗休养基地”，“污水零直排区”创建工作高分通过衢州市级验收。

【抓好村级换届】 以新一轮村级换届选举为契机，对照“四过硬、五不能、六不宜”资格条件，选出一批党员认可、群众放心的“领头雁”。在村党组织换届中9个村有6个村实现满票当选，党组织成员平均得票率98.3%；在村委会换届中有2人实现满票当选，平均得票率89.7%。

【推进集镇建设】 结合“美丽城镇”“AAAAA级景区镇”“省级园林镇”“美丽河湖”等创建，先后投入3000多万元，完成炉峰小区公共休闲场所建设、廿八都镇文化站改造提升、集镇路灯亮化、农民饮用水提标改造、水毁堤坝修复等40多个重点工程项目建设。

【发展全域旅游】 成功承办全国全域旅游培训班暨首届全域旅游绿色对话活动、首个国际茶日暨首届江山绿牡丹茶文化宣传日活动，推介“一日游三省”“一眼望三省”“一餐品三省”等特色体验项目，打响“住古镇、游三省”旅游品牌。全年旅游接待人数63.6万人次，旅游经营收入5280多万元，分别同比增长12.8%和11%。

【做好“五水共治”】 与福建省盘亭乡、江西省铜钹山镇对接协商，探索建立生态共治机制，签订跨境治水全面交流合作协议，组建“浙闽赣”治水微信工作群，通过部署联动、信息互通、资源共享等举措，推动出境水质实现“跨越式”提升。廿八都镇出境水水质常年保持Ⅱ级以上标准。完成集镇87家六小行业整治、214户农户截污纳管、200余户雨污分

古镇全景

流改造，新建雨污管网 850 余米、检查井 100 多个，以 94.8 分的高分通过衢州市级验收。

【探索“地役权”改革】 与桃花源基金会合作建立由政府监督、村民参与、桃花源管理的雪岭社会公益型自然保护地，探索实施全国首例“地役权改革”模式。仅一个月完成 513 户农户、约 1251.7 公顷集体林地设立“地役权”同意书的签订工作，成为第一个实现项目区用地签约“清零”单位。

【提升特色产业】 借助廿八都商会、乡贤会等平台，开展招商引资，推动相关高端民宿项目洽谈落地，助力民宿产业提档升级，引进“千万级”以上酒店 1 家—归野·仙霞驿人文酒店，创建大山明珠、和悦农庄等省级银宿 2 家。

【抓好土地整治】 对照土地整治“4138”工程，以“钉钉子”精神，完成坚强、山峰、兴墩等村约 7.2 公顷建设用地复垦项目，拓宽古镇发展空间。持续做好农房整治“后半篇”文章，推进复垦复绿、“一米菜园”、“口袋公园”建设等工作，让“荒地”变“绿地”。林丰村成功创建农房整治拆后利用示范村。

（叶 成）

长台镇

【概况】 2020 年，长台镇实现地区生产总值 4.64 亿元，同比增长 7.8%；财政总收入 3240 万元，其中一般公共预算收入 1445 万元，与上年持平；农村常住居民人均可支配收入 2.64 万元，同比增长 7%。先后被授予国家级生态镇、省级文明镇、省级卫生镇、省体育强镇、省体育特色乡镇、省级蜂业特色农业强镇、省级森林城镇、省级科普示范乡镇等荣誉称号。

【工业发展】 坚持“引领+指导”“监督+服务”总体思路，统筹疫情防控与经济发展，企业运转逐步向好，全年全镇完成工业产值 11.42 亿元，规模企业产值 1.29 亿元，工业固定资产投资 6600 万元，11 个固投项目入库，其中 5000 万元以上项目 2 个。全力摸排向上对接，8 个项目被列入政府投资计划，5 个项目列入重点实施计划，形象进度均达到年度目标计划，争取各项资金 1400 万元。强化落实考评监督体系，按照低效企业改造提升要求，对辖区内 42 家工业企业实施“亩均效益”综合评价，监管调控 15 家 C 类企业，倒逼转型 7 家 D 类企业。举办 2020 年项目谋划擂台赛，全镇共谋划项目 43 个，其中 9 个项目入围镇级擂台赛，2 个项目纳入市项目储备库。

【农业发展】 加强农业基础设施建设，投资 654 万元实施长台镇乾湖片高标准农田建设项目，投资 1650 万元实施农民饮用水达标提标工程，受益人口 8000 人。引进食用菌（金针菇）生产线。完成长安坂粮食生产功能区3.07公顷非粮化处置恢复。全面开展耕地地力保护调查，调查补贴面积884.33公顷，发放补贴142万元。推进粮食绿色高产高效创建工作，不断提高水稻产量和效益，下徐分畈千亩示范片连续六年申报省级千亩示范片，申报早稻订单356.6公顷，收购早稻1949吨，奖励资金117万元。

【旅游发展】 投资1.2亿的甜蜜客厅项目完成公寓楼结顶，延伸蜂业产业链，提升旅游服务整体供给能力。发展特色农业休闲观光，培育花园黑莓基地、贺新鹿鸣山庄水果基地、长安红枫基地、华峰千亩稻田观光园、乾湖万亩香榧基地等长台休闲农业观光点，全年各特色农业观光基地共接待游客1.5万余人。发展工业旅游，开发集食宿、产品展览、休闲体验等服务为一体的工业旅游模式，健康蜂业年接待游客量9万多人次。

【土地保障】 牢牢把握政策红利关键期、窗口期，全面推进全域土地整治工作，全镇实施项目21个，实现新增耕地103.2公顷，流转土地89.87公顷，其中最江南土地整治项目新增耕地近53.33公顷，累计产生效益3000多万元，为村集体带来收益150多万元。深入实施土地征迁工作，完成通景公路、江山港流域综合治理工程长台段政策处理，确保工程无障碍施工。推动集镇东扩，历时15年的嵩山路延伸贯通工作成功完成，为集镇发展和凝聚人气提供空间与土地。

【集镇建设】 坚持把集镇建设作为凝聚小镇人气，推动经济发展的重要抓手，强化建管结合，不断完善基础设施，全面提升集镇宜居宜业水平。开展污水零直排创建工作，投入资金437万元，开展新街一期整治、二期整治、亲水平台污水管道局部修复等工程，12月顺利通过衢州治水办验收。按照“五美”“十一”的要求全力推进美丽城镇建设，在集镇内实施山体公园、嵩溪两岸绿化提升等特色整治项目10余个。注重科技手段运用，开展智慧化城镇管理系统建设，集镇安装“天眼”18个，基本实现重要节点环境秩序情况实时监控和整治的全程网络化、留痕化操作。结合“四平台”建设，打通集镇保洁网络、“两站两员”交通巡查网络与全科网格互联通道，实现问题采集“一网进”、问题整治“一拳出”。

【美丽乡村建设】 坚持“条块结合、以块为主、分类指导、合力推进”的工作机制，强势推进“三改一拆”工作，全年完成拆违4.2万平方米。全面开展农房整治“回头看”，定期对各村进行巡查、发现违法苗头做到即查即拆。全年累计处置拆后反弹80余起。推动拆后利用，共调剂农民建房38户，建设小广场2个、停车场9个、打通拓宽村庄道路12条，结合拆后利用示范村创建，整合资金、资源，同步启动“柴大纪”故居改造提升、“红色足迹”党建示范等项目建设14个，与“一米菜园”、庭院整治相呼应，打造点上出彩、线上风光的拆后利用示范区。

整治后的嵩溪两岸

【环境卫生治理】 加强力量配备和制度保障，开展自查自纠，促进环境卫生水平持续走高。开展联合执法行动，整合美丽城镇办、消防、综合执法、市场监管等力量，累计开展40余次大巡查，发现处置问题200余个。扎实推进环境卫生综合整治，定期开展集中整治行动，实行包干区划分，层层落实，专人负责，全年组织15次大扫除整治，出动1800人次，清理垃圾265吨，清除“牛皮癣”650处，规劝占道经营720余起，整治乱停乱放2000余起。设立烟头兑换超市，完成兑换60余次，组织入户宣传16次，发放宣传资料2500余份，顺利通过省级卫生乡镇复评。

【守牢疫情防线】 面对新冠肺炎疫情的大战大考，紧抓“外防输入、内防扩散”，累计摸排5.7万人次，精准确定重点人员752人，全面落实居家隔离硬管控“两个一律”“十个一”要求，对居家管控人员实行“3对1”管控责任制，累计隔离79户109人。筑牢疫情防控“铜墙铁壁”，阻断病毒入侵路径，设立村入口卡点27个，实行24小时值守制度，绘制卡点“七步法”值守规范流程图，保护村民生命健康安全。因势而动恢复生产生活秩序，有序推动企业复工复产，深化“组团联企”服务，做好惠企政策宣传和兑现工作，为辖区内企业提供口罩、消毒液等物资援助，保障企业“复产不停产”、项目“复工不停工”，实现疫情防控与复工复产“两手抓”“两战赢”。

【夯实脱贫底线】 以全面消除年收入8000元以下农户为基础，做好兜底保障工作，通过“网格+大数据”反馈，全镇505户825名低收入农户成功享受民政社会救助政策，全年累计发放救助金430万元，全面消除8000元以下农户。围绕“两不愁三保障”要求，完成35户低收入农户危旧房修缮，226户低收入农户饮用水安装工作。通过“三联工程”“三服务”等载体，组织镇干部及市挂联部门力量开展结对帮扶活动，累计出动120余名干部帮扶，500余户低收入农户受益。开设甜蜜之旅“云讲堂”，指导低收入农户养蜂561桶，带动每户实现增收近4000元，实现“输血式”扶贫向“造血式”扶贫转变。

【织密治理网线】 深化全科网格规范化建设，定期召开网格员大会，强化“一长三员”培训，全面加强网格力量，全年共上报信息7248条，对重点人员、场所的走访服务完成率及服务人员落实率均达到100%。坚持普法先行，以《中华人民共和国宪法》《浙江省社会治安综合治理条例》为宣传重点，推动普法工作全域覆盖。建立“网格警务+矛盾纠纷”和“两难”化解机制，构建多方参与、多部门联合的调解格局，提高矛盾纠纷化解成功率，全年处置各类矛盾纠纷141起，其中镇调委会处置重大矛盾纠纷17起，涉及金额420余万元。化解市级交办“两难”案件2件，办结信访件23件，对近3年的信访件进行全面梳理，针对可能影响村级换届工作的2件重复信访件进行市领导包案处置。

【完善民生保障线】 “残疾人之家”运行良好，共有100多名残疾人受益，同步实现全镇700多名残疾人意外保险、养老保险补贴等福利全覆盖，保障好特殊对象的日常生活。养老服务中心3号楼、示范型居家养老服务中心工程建设基本完工。高标准推进文化阵地建设，完成辖区内8个村“两堂一站”融合建设，实现“两堂一站”共享化、一体化，开展云讲堂13次，听课人数达3000余人次；结合8090新时代理论宣讲团，全面铺开线下宣讲70余课。深化教育改革，“学在长台”品牌继续领跑江山，长台初中上江中分数线31人，江中上线率、总分优秀率、普高上线率、英语平均分优秀率居全市农村初中第一名，总分平均分居全市第六名。提升学前教育质量，投资1260万元的公办幼儿园项目已完成项目招投标。

（陈淋淋）

石门镇

【概况】 2020年，石门镇实现财政总收入8496.28万元，同比增长7.6%；一般公共预算收入2996.07万元，同比增长48.2%；农村居民可支配收入2.6万元，同比增长4.2%。年内，获浙江省食品安全工作成绩突出集体、浙江省（2021—2023年）运动休闲旅游示范基地、衢州市平安建设突出贡献集体等荣誉，清漾村被评为第二批全国乡村旅游重点村。

【疫情防控】 围绕“外防输入、内防集聚”的防控目标，通过“一日一交办、一日一晨会、一日一专报、一日一督查”，形成工作闭环，全力做好疫情防控工作。全镇劝停农村聚餐宴席180户3985桌，摸排在外人员7735人，其中境外人员60人，中高风险地区57人，低风险地区从事重点行业17人，实行健康监测人员159人。平稳推进小微企业和个体工商户“两直”补助工作，现场核查小微企业38家和个体户211家，指导50多家企业开展“两直”补助自主申报。全镇187家企业获取补助资金154.2万元，其中157家个体户，发放补助金额94.2万元；30家小微企业，发放补助金额60万元。

【工业经济】 全镇工业企业36家，以家具木业为主，其中规模以上企业2家，分别是江山市恒力劳防用品有限公司、江山市伟峰家居有限公司。

【农业经济】 经济作物播种总面积655.3公顷；油料278.5公顷，总产量468.6吨；棉花43.8公顷，总产量72.9吨；甘蔗13.9公顷，总产量377.2吨；中草药材2.2公顷，总产量10.9吨；蔬菜274.2公顷，总产量7428吨；食用菌总产量4755吨；果用瓜20.5公顷，总产量728.9吨；花卉苗木224.8公顷；其他作物109.9公顷；茶叶总产量186吨。生猪总存栏30212头，其中能繁母猪存栏数2540头，年内生猪出栏数32894头；牛年末存栏175头，年内出栏72头；羊年末存栏359头，年内出栏161头；家禽年末存栏25.81万羽，年内出栏184.81万羽；兔子年末存栏697只，年内出栏1636只；肉类总产量5288.1吨，其中猪肉2918.8吨，牛肉12.4吨，羊肉2.7吨，禽肉2351吨，兔肉3.2吨。

【村级集体经济】 探索村集体经济多元化发展模式，在全盘谋划、精准施策、结对帮扶、跑项目上做足功夫。谋划村集体经济增收项目30个，其中延龄村筹资220万元建设2000平方米白菇基地，溪底村筹资800多万元建设的集旺铺、商超和仓储功能于一体的集镇农贸市场综合体项目。15个村总收入1579.34万元，同比增长62.82%，其中经营性收入391.52万元，同比增长71.39%。

【党建+基层治理】 平稳高效完成村组织换届工作，对标“选足选稳选优”要求，15个行政村村组织换届选举一次选成选足，得票率创历史新高。开展乡村振兴讲堂活动，通过课程设置特色化、讲堂联动体系化、经费保障多元化，全镇16个讲堂已为党员群众送上400多节高质量课程。

【土地征迁和整治】 完成征迁土地12.4公顷，其中集镇扩容146亩，镇南外环线2.07公顷，春风江山0.60公顷。围绕春风江山项目建设，多次协调项目推进中的相关问题，完成道路施工土地政策处理0.67公顷，完成蓝城高压线涉及的1.33公顷土地和燃气管道建设涉及的3公顷土地政策处理。完成土地出让1.51公顷，其中住宅用地出让1.43公顷，江郎觅境项目0.07公顷。启动春风江山项目18公顷土地报批程序。

【发展旅游产业】 高端民宿建设全面铺开。蓝天白云、如归民宿获评省级银宿，镇域省级银宿增至4家，投资300余万元的高端民宿“山田花舍”于7月初开业，蓝城·春风江山小镇将与国内知名民宿品牌“宿集”，共同打造150间高端民宿客房。江郎山飞行基地成为新晋“网红”，长山源峡谷漂流正式对外营业，启动长山源村旅游接待综合体项目建设。

【抓好“五水共治”工作】秉持“绿水青山就是金山银山”的理念，紧抓“污水零直排区”创建及“农污治理”两项重点工作，全面提高雨污分流和污水处理能力，纵深推进“五水共治”各项工作。投资1018万元，实施“污水零直排区”创建工作；投资180余万元，对4个农村生活污水处理终端及界牌村的污水管网和窨井进行修复；完成全镇221户低收入农户饮用水安装任务；投资2945万元，按期完成安装饮用水管道65公里提标达标工程；投资50万元，进行镇域范围内2处水毁修复，投资58万元，进行2处池塘综合整治。

【信访调处】坚持以信访积案化解为抓手，以提升“三率一度”为目标，探索“网格+警务”治理模式，制定出台《石门镇网格警务工作实施方案》，将网格警务考核纳入《石门镇网格工作绩效考核实施细则》，发挥老娘舅团队和法律帮帮团作用，全力打造平安石门。全年接收信访件306件，其中“12345”件248件，办结率100%，核实率100%，满意率87.5%；成功调处矛盾纠纷341件，其中形成书面案卷的166件；来信来访58件，同比下降70.85%；市县两级交办积案7个，全部销号，实现清仓见底。6月5日，全市党建统领基层治理暨信访积案化解工作互看互学现场会在石门镇召开。

1月，举行溪底村晚（姜金梅 摄）

【结对帮扶】开展民政社会救助专项整治行动，完成全部救助系统在册668户1018个救助对象的复核工作。镇慈善分会及各村慈善工作站累计救助154户困难群众，救助金额10.29万元。15个行政村均建立居家养老服务日间照料中心，在溪底村建立镇示范型养老服务中心，并开展助配餐服务，日均助配餐80多人。

【脱贫攻坚】每月动态更新，做到“不落一户不落一人”，对照“四好八有”的要求，全面推行“四个一”工作，掌握低收入农户的政策享受情况，督促全面落实各项扶贫政策，建立一户一档。开展受疫情影响低收入农户就业帮扶、产业帮扶需求和家庭年人均收入8000元以下滚动摸排工作，通过纳入低保特困、慈善慰问帮扶、结对帮扶、党员连户帮扶等措施，全面实现全镇10户17人家庭人均收入8000元以下对象清零。

【安全生产】同全镇15个行政村及43家制造业企业签订安全生产消防责任书。推进企业安全生产检查工作127次，发现问题隐患108个，开具责令限期整改指令书17份。对辖区内5家企业8个重大危险隐患进行挂牌督办整改，已全部如期整改到位。完成辖区内9家木质加工企业的安环险投保工作，指导并督促辖区内10家重点制造业企业建立“一企一档”，组织企业员工开展线上线下培训735人次。开展“低散乱”企业整治，完成8家企业的整治工作，其中关停淘汰1家，改造提升4家，整合入园3家。指导10家企业录入智慧安监系统。

【建设民生事业】投资100多万

元，对敬老院进行基础设施改造，新建镇级示范型居家养老服务中心及石门镇残疾人之家，并投入使用。实施长山源村里余自然村宅间道路硬化及村停车场建设工程、泉塘村花峡线至西街道路及基础设施配套工程。实施四好农村公路建设工程5个，其中界牌安基至江郎山1公里联网公路建设，花峡线至旧街580米农村联网公路建设，江山如画党建示范带花峡线道路隐患整治光能一体路灯安装，西山村村委至黄金垄农村联网公路建设，延龄村昭明至塔底农村公路大中修等，实施石金公路沿线新群村等港湾式停靠站建设9个。

（萧　杭）

张村乡

【概况】 2020年，张村乡财政总收入3134.8万元；固定资产投资2074万元，同比增长70.8%；农村常住居民人均可支配收入20798元，同比增长9.5%。年内，被评为浙江省新时代美丽乡村示范乡镇、浙江省森林城镇、2019—2020年度闽浙赣毗邻地区第四联防区护林联防先进单位。同时，张村乡先锋村被评为2020年度浙江省美丽乡村特色精品村、衢州市拆后利用示范村；双合丰村被评为浙江省“乡村氧吧”。

【脱贫攻坚】 围绕“两不愁三保障一安全”，落实“一村一对策、一户一帮扶”措施，对低收入农户对象进行结对走访。落实低收入人员危旧房改造工作，26户实现解危，其中13户实现改造提升。稳步推进扶贫项目，重点抓好太阳山村梯田茶叶基地一期、二期项目、琚源村物业经济用房提升工程、先锋村状元居集体经济用房项目等。落实各项扶贫政策，按时足额发放低保金，共发放低收入农户生活保障资金266.19万元。维护残疾人权益，发放残疾人“两项”补贴108.24万元。帮助低收入农户落实定额用水、用电补助等政策。落实村级债务化解，向上争取化债资金475万元。完成示范型居家养老服务中心及残疾人之家建设。11个村全面实现消薄，经营性收入达10万元以上，其中秀峰村等5个村实现经营性收入达20万元以上。实现年经营性收入10万元以上行政村全覆盖，人均年收入8000元以下农户全消除，兑现全面小康的承诺。

【疫情防控】 面对新冠肺炎疫情，乡村两级党员干部全天轮岗、全域巡查、全员排查，开展动员部署12次，发动党员干部200余人，出动宣传车辆60车次，悬挂横幅70余条，发放《新型冠状病毒感染的肺炎防控应知应会知识手册》3500份，发放倡议书3500张。设置破溪、塔山、安顶、双溪口等文明劝返点，制定文明劝返工作制度，安排党员干部驻点值守，24小时轮班排查，对返乡人员实行防控宣传、体温监测、居家隔离，实现人员排查“全覆盖”，全乡群众“零感染”，及时保障乡域企业、项目复工复产。

【村级换届】 围绕“选优配齐”的总目标，把村级换届选举工作作为一项重要的政治任务摆在突出位置。结合“党员联户”、组团联村及“三联工程”考评等工作，深入各村各户开展调查摸底，全面掌握选情，通过党政主要领导挂联重点村、调整组团联村团长、开展“2+2”谈心谈话工程。制订换届选举工作实施方案，落实“班子成员一日一汇报、换届专班一日一碰头、组团联村一表一签字”等工作机制，形成选情动态分析、工作闭环管理的良好工作状态。落实“夜访八点半”制度，深入村庄农户，逐户谈话。11个行政村共选出41名党组织委员，有15名委员得票率100%，其中5名“一肩挑”人选得票率100%，“一肩挑”平均得票率96.71%，党组织委员平均得票率95.26%，当选的11名村党组织书记中，连选连任9名，占比81.8%。村两委班子结构进一步优化，新一届村党组织委员平均年龄比上届下降2周岁，35岁左右委员9名，较上届增长80%。高中及以上学历人数较上届提高42.3%。

【特色农业】 坚持“质量兴农、品牌强农、绿色发展”导向，发展以精品茶叶（黄金茶）为主导，油茶、猕猴桃、石斑鱼、中草药等传统农特产为辅的“一体四位”农业产业。结合“千企结千村、消灭薄弱村”专项行动，推进琚源村“聚缘渔村”项目；太阳山精品茶叶基地项目完成二期设计；与省农科院结对，打造百亩高粱种植基地。开展“4138”土地整治项目，建设用地复垦全速推进，单年完成土地复垦20.27公顷。做好年耕地地力保护补贴调查工作，对纳入补贴的2493户农户263.07公顷田地逐户登记，实行立档管理，做到将补贴对象与耕地面积一一对应。

【全域旅游】 贯彻落实“万千百”工程，基本实现景区村庄全覆盖，塔山村被评为A级景区村；对标冲刺文武张村国家AAA级景区创建，实施农特产品一条街、荷塘溪风光带、游客接待中心、太阳山通景公路等一批重大文旅项目，累计完成投资1450万元。其中总投资600万元的状元居综合体项目完成农家乐主体、空中游泳池完成主体建设；总投资420万元的琚源村旅游集散中心、石斑鱼孵化房、养殖池、垂钓池等完成建设并实现投产；总投资340万元的客运站、文化站、游客接待中心联建项目建成投用；总投资180万元的双溪口村红色物业楼完成建设并实现投产。

【项目推进】 系统推进“十四五”谋篇布局，举办项目谋划擂台赛，提出项目13个，其中文武张村景区—国家AAAA级旅游景区创建项目参加全市集中展示预选。总投资约1.1亿元的凯胜项目进入实质性施工阶段；总投资5.2亿元的太阳谷神话乐园项目完成项目拟建区详规设计、土地流转等工作，先行项目实现动工；太阳山寺扩建（修缮）项目动工建设。同时，引进毛长甫村箬缘高端民宿项目；双合丰清水鱼养殖项目完成备案。

张村乡集镇一角（郑红林 摄）

【风貌提升】 抓住“农村风貌提升”这一“牛鼻子”，推进拆后利用、三改一拆、危旧房治理等工作。一年来，拆除违章建筑60宗5755平方米，占比完成115.1%。完成地质灾害避让搬迁3户，工程治理1户，合计解危13人。投资450万元，完成张氏、余氏等宗祠、古民居修缮工作，推进复垦复绿、“一米菜园”“休闲区”建设、古道修复等综合利用工作，打造最特古朴村落风貌。巩固农房整治风貌提升和小城镇环境综合成果，投资500万元，实施农特产品一条街项目，沿街立面改造及街头形象工程有序推进；投资150万元，实施荷塘溪风光带提升工程及知新桥水幕灯光秀、秀峰景观堰坝、游步道等项目，蓄水造景、水岸亮化，远可看、近可游的最美滨河风景线初步形成；推进“国家卫生乡镇”创建暨衢州有礼“八个一”践行工作，通过“大宣传、大整治、大督查”等一系列举措，共创文明有礼新风尚。

【文化事业】 推进文化礼堂、乡村振兴讲堂、新时代文明实践站等“两堂一站”融合建设，新建龙头店、安顶村文化礼堂2家，新建乡村振兴讲堂10家，新建新时代文明实践站7家，在全市率先实现“两堂一站”建设全覆盖，其中秀峰村被列入市“两堂”融合“精品工程”。围绕“主题教育主阵地、乡村振兴主平台、基层治理主载体”的目标定位，突出“大培训”“大融合”，管好用好“两堂一站”。建立以红岩顶为依托的“红色初心讲堂”，以“茶叶、油茶、猕猴桃、石斑鱼”四大农特产业为核心的“特色田间讲堂”。结合“清廉村居”建设，在秀峰村清风巷打造“清风讲堂”。成立一支以“红岩顶老人、四大产业专家、乡贤人才、兴村治村名师”等组成的乡村振兴讲师团。全乡乡村振兴讲堂开课329余次，累积培训党员群众6000余人次。

【基层智治】 推进法治政府建设各项工作，新增法治阵地4个，安项、毛长甫、玉坑口、塔山、双溪口、双合丰等6村成功创建衢州市民主法治村。建立网格安全网，新增电子监控系统10处，制定《网格工作绩效考核实施细则》和《网格警务工作实施方案》，建立健全网格考核机制。全乡25个网格通过平安通上报解决事件3353起。办理信访事项150件，办结率98.3%；化解信访积案6起；摸排矛盾纠纷40起，成功化解37起，化解率达92.5%。

（王　贤）

塘源口乡

【概况】 2020年，塘源口乡实现固定资产投资1370万元，同比增长13.22%；财政总收入4224.06万元，完成预算的101%；农民年人均可支配收入20436元，同比增长8%。2020年被评为浙江省猕猴桃特色农业强镇、浙江省森林城镇。

【疫情防控】 面对突袭而至的疫情，全乡累计出动党员干部1000多人次，全方位地毯式排查出重点人员37人，并迅速核实反馈市防疫指挥部下达的12批52人次的密切接触者的相关信息。通过横幅、宣传手册、防疫微信、LED屏、乡村大喇叭等各类载体，营造铺天盖地的宣传氛围，实现重点疫区返乡人员零发病、市外人员零输入、农村家宴零举办，健康码100%领取。结合“健康江山”建设要求，组织开展新冠肺炎疫苗、老年人流感疫苗接种。联合贝林医院医疗专家开展“关爱百姓健康”义诊活动，开设健康养生讲座，为村民送健康福音。

【脱贫攻坚】 全乡低保户、低保边缘户、特困户全部纳入保障范畴，全年发放最低生活保障金195万元，特困供养金46.3万元，对6户家庭开展临时救助，累计发放救助金1.33万元。全乡300多名重残、瘫养等困难群众享受残疾补助，累计发放残疾人两项补贴75万余元。年内全乡低收入农户增收10%以上、最低收入水平达年人均9000元。做好低收入农户饮用水入户工作，184户低收入农户成功喝上放心水。关注贫困家庭子女上学难问题，26名困难家庭学生享受雨露计划。完成残疾人家庭无障碍设施改造10户，辅具配送20多户，危房改造9户。

【村集体经济】 积极盘活资源，前墩智能猕猴桃大棚成功实现对外承包，每年为村集体经济增收3万余元。仓源村、洪福村、前墩村列入市山海协作飞地物业项目，每年可为村集体增收5万元。洪福村高端民宿福瑞居项目顺利签约，每年为村集体增收12万元。成功为白石村争取400kwp地面分布式光伏扶贫项目。全乡各村集体经营性收入均达10万元以上，其中塘源村达到20万元以上，洪福村达到30万元以上，仓坂村突破50万元大关。

【特色农业】 举办猕猴桃产业发展大会、猕猴桃种植大咖头脑风暴会暨低收入农户拜师结对仪式等活动。实施“1234”产业提升工程，出台扶持猕猴产业发展10条举措，梳理猕猴桃栽培模式图。举办各类猕猴桃产业培训6期，1000多人次参加，依托政协“请你来协商”平台，广泛征求果农意见，推进猕猴桃产业进步。紧抓直播风口，在仓坂、塘源口、

5月29日，召开塘源口乡猕猴桃产业发展大会暨“1234”产业提升工程部署会

洪福村新建3个直播间，探索直播带货新方式。浙江省猕猴桃特色农业强镇创建工作通过省级验收，成功争取2021年产业发展项目资金500万元。创新推出“江山源味”区域农产品公用品牌，在省农业博览会上成功推介，“桃气小镇”品牌价值日益凸显。全年全乡猕猴桃总产量近8000吨，同比增加1000吨，年产值突破8000万元。

【旅游产业】 仓坂村党建引领猕猴桃产业发展示范点项目完工并投入使用。成功举办江山市猕猴桃采摘节、洪福村自行车爬坡赛等活动。投资200万余元的洪福村“123沉浸式红色革命体验基地”已完工。

【“五水共治”】 深入贯彻落实“河长制”，举行“五水共治”宣传9场，开展集中护河水行动30次，发动300余人次参与河道整治，全乡水质达到Ⅱ类水以上，为碗窑水库输送安全放心水。加强农民饮用水保障，全乡农民饮用水提升工程已完工，新增单村供水点12个，实现全乡各村饮用水全覆盖。

【森林防灭火】 年内，11块造林地块实现新增造林24.4公顷，完成下达任务的122%，提高森林覆盖率，成功创建省级森林城镇。强化森林防灭火意识，制定出台森林防灭火“五个一”系列举措。新组建乡级半专业森林防火队2支，投资5万余元提升防灭火设备，累计开展森林防灭火培训3场，提升消防队员实战能力，年内未发生重大森林火情。

【美丽乡村建设】 洪福村投资300万元对村内传统古村落进行修缮；仓坂村在入乡口打造“桃气小镇”新地标，并对千亩猕猴桃基地的观景平台进行修缮，仓坂村桃气讲堂被评为衢州市级AAA讲堂；白石村完成村公共区域的八角亭修缮及新建达河山桥。洪福村成功创建“新时代中国幸福乡村”，仓坂村、白石村成功创建“新时代美丽乡村”。

【人居环境】 开展国家卫生乡镇创建工作，年内累计投资5万余元新增沿线标识标牌、灯杆旗等，增设集镇分类垃圾桶，划分集镇包干区确保责任到人。通过国家卫生乡镇衢州市级暗访，衢州爱卫办国家卫生乡镇技术评估和病媒生物控制水平实际评估。结合美丽城镇创建需要，常态化开展集镇生产经营规范行动，整治店外经营210余人次，维护集镇墟日秩序45次，出动110人次。投资5万元在集镇打造森林公园，提升集镇面貌。

【土地整治】 全年共投资911万余元完成建设用地复垦11.79公顷，完成市下达任务的117.93%，受市“十条军规”表彰。注重建管并重，加强土地拆后利用工作，实现新增停车场、健身广场、一米菜园等30余处。投资60多万元在塘源村打造拆后利用示范村；洪福村被评为江山市“一米菜园”示范村。

【基础设施建设】 白石村下坳头至大麦田道路、塘源村后山道路、坳头至达乾公路等道路环境实现改善提升。完成全乡10多处水毁道路修复。投资40万余元，完成青石和冷浆塘2个村党群服务中心修缮并投入正常使用。动工建设仓源村、前墩村、塘源村党群服务中心。完成塘源口村、洪福村堰坝修复，保障汛期群众生命财产安全。投资70万余元，在集镇完成示范型居家养老服务中心（残疾人之家）、儿童之家建设，优化山区留守儿童、老人及残疾人的生活环境。

【乡村振兴讲堂】 完成乡村振兴讲堂与文化礼堂"两堂融合"建设，新增6个新时代文明实践所，仓坂村文化礼堂建设主体工程基本收尾。结合群众实际需求，开设田间讲堂、线上课堂、集镇讲堂，组建乡村振兴讲堂钉钉群。邀请心理学老师、猕猴桃专家、党校老师、法院法官等到乡授课，结合当下重点工作开设防范金融诈骗、防洪防汛等课程，全年累计举办各类讲堂宣讲活动142次。推进意识形态建设，开展每周一图文活动，向外推介风土人情，桃气小镇公众号发表248篇推文，信息宣传报道48篇，上报舆情187篇，网评118篇。

【便民服务】 推进"最多跑一次"改革，城乡居民医疗保险参保率99.75%，城乡居民社会养老保险参保率99.69%，协助办理生育服务登记69人，完成采伐证审批11人次，民宿营业执照办理5人次，农民建房审批29户。第七次全国人口普查工作有序推进，做到应登尽登。

【清廉村居】 根据农村集体"三资"、工程项目专项巡察反馈意见，全面完成4个村70个问题的整改。对照巡察问题，其他村同步开展对照检查，深化巩固巡察效果。开设村级小微权力清单讲解专题课11期。健全村"小微权力"规范运行机制，常态化开展"廉节清风"行动，针对村级小微权力运行、小额工程监管、小额资金拨付及扶贫领域腐败和作风问题等"三小一扶"开展专项督查，保障党风廉政建设重在日常，严在经常，坚决惩处"微违纪"现象。

【基层治理】 深化乡镇模块化运行，进一步做实做细做深做优党建统领基层治理体系，推进"县乡一体、条抓块统"高效协同治理格局形成。发挥网格员基层治理神经末梢作用，上报处置各类事件信息10593件，将矛盾化解在网格，做到小事不出村、大事不出乡。及时响应群众呼声，处置答复应急联动事件33起。借助三联工程以及清风和事佬，累计受理各类信访及"12345"投诉热线52件，办结率均为100%。持续深化扫黑除恶三年专项行动，累计开展扫黑除恶专项摸排10次，"清风护航"排查工作10次。在疫情、汛期、十九届五中全会等重点时间段，坚持做好各级响应要求，强化基层维稳力量保障。成功化解1件国家级挂牌督办的信访积案，两个半月内实现案结事了人和，受市"十条军规"表彰，8个村成功创建江山市无信访村。全乡乡村两级"两难"问题钉钉群，累计成功办结各类疑难杂症问题15件，助力打造平安塘源口。

（王丽雯）

人 物

人物传

刘志海（1926—2020），曾用名刘芝海，山东省庆云县人，中共党员，原西藏那曲地区工业局离休干部（享受副地厅级政治生活待遇）。

1944年，刘志海在山东省靖远县参加粮食征收工作，后任盐山县高湾区公所粮食保管员、文书、区委组织干事。1946年7月加入中国共产党。1949年5月，刘志海随解放大军南下，在华东南下干部纵队三支队第一大队第三中队任事务会计。5月24日，抵达江山，被分配到民政科，负责后勤保障工作。当时江山县政府工作人员实行供给制，所需的经费和粮食、牙膏、香皂等生活用品都要从衢州领取，由于刚刚解放，形势并不稳定，国民党在大陆的残余势力和土匪活动还很猖獗，经常破坏火车、汽车，抢劫钞票、物资，后勤保障工作既辛苦，又危险。有一次，刘志海刚从衢州领来钞票和物资，还没拎进火车站，列车就被炸了。望着整袋的钞票、日常用品，刘志海心急如焚，只好打电话求助，用全县唯一的一辆汽车，将钞票和日用品安全运回江山。刘志海虽然掌握着县政府的财物调拨权，但他从来不搞特殊化，更不乱花一分钱。全家挤在一间不足10平方米的小木板房中，既是宿舍又是办公室，一住就是5年多。由于当时粮食紧张，家人常去挖野菜或到粮食加工厂购买米糠充饥。刘志海先后担任江山县政府事务会计、民政科副科长、人事科科长、宣传部副部长，衢州地委组织部干部科副科长，遂昌县委组织部副部长、部长，江山县委组织部部长等职务。1958年12月，响应中共中央国务院关于干部参加体力劳动的号召，与县委常委、副县长孟庆厚等人，作为县委第一批下放参加劳动的领导干部，深入到红旗（清湖）公社担任炊事员。

1959年3月，时任江山县委组织部部长的刘志海，身先士卒，告别即将临产的妻子，毅然赴藏，成为全省首批抽调的12名县级干部之一。孩子出生时，刘志海正在去西藏的路上。到西藏以后，他先在那曲地区申扎县工作，后调到那曲地区工业局工作，一干就是25年。历任申扎县委委员、组织部部长，县委副书记，那曲地区革委会计划经济生产组副组长，那曲地区工业局副局长等职。在藏期间，刘志海亲自参与平叛、民主改革等工作。他身处边疆，经常下基层，每次下基层少则两三天，多则一个多月。没有青菜吃，只能吃糌粑、生羊肉；有时还遭遇狼熊等猛兽袭击，被困雪野几昼夜；还遭遇过车祸，被压在车底；遭遇过歹徒，被捅17刀。他把人生华年奉献给海拔4500米以上的雪域高原。

1986年，刘志海离休回到江山后，身体力行，仍积极参与老干部的各项社会活动，发挥余热。2008年5月12日，四川省汶川县发生里氏8.0级特大地震。消息传来，刘志海与市委组织部7位离退休老干部主动捐款，为抗震救灾奉献爱心。2014年，刘志海将自己的工作经历、所思所想，记录下来，出版了《雪域藏北廿五年》。

（徐义祥　供稿）

人物录

江书修，男，1965年3月出生，是一位普通个体工商户，也

江书修：第九届“最美衢州人”十大年度人物

是一名共产党员。30多年来，江书修秉承“质量为本、诚信经营”的原则，从源头严格把关，直接从商品厂家进货，反复验看商品，确保商品质量；艰苦创业，积极进取，优质服务，以诚待客，公平交易，童叟无欺，以优质的商品、良好的信誉，深受顾客信赖，创下“经营百货30年无假货，心诚货真30载无投诉”的业绩。江书修积极主动参与新冠病毒疫情防控一线工作，50多天没有休息过。江书修在2004年就自愿向中央组织部多交1000元党费；扶危济困、乐于助人，热心公益事业，积极参与慈善捐赠活动，向省人民教育基金会、汶川等地捐款捐物，受到社会各界广泛好评。江书修先后荣获浙江省“诚信工商户”、浙江省先进个体工商户、衢州市首届“最美个体工商户”、江山市创建国家卫生城市工作先进个人、江山市首届“十佳退役士兵”提名奖、全国先进个体工商户、2020年“最美诚信浙江人”等荣誉。

毛海雄，1978年7月出生，中共党员，浙江天地化工有限公司董事长。他是热心公益的企业家。疫情期间，全市消毒酒精缺乏，他将自己公司里仅存的80公斤酒精悉数捐赠，又四处奔走全省各地高价采购医用酒精近3吨，捐赠给政府部门和教育局，

毛海雄：衢州市慈善之星

用于乡镇街道干部和学生返校复课的疫情防控。他团结两委成员组建了菜农经济合作社党员网格，帮助辖区群众解决大小事。疫情防控期间，他率先垂范，坚守抗战防疫最前线，摸排人口、上门排查、入户宣传、卡点驻守……同时，2012年至今的8年时间里，他一直致力于帮助贫困学子完成学业，目前已资助金额达30万元。

叶介兴，1934年12月出生，中共党员，江山市凤林镇凤溪村村民。在衢州江山凤林镇的集镇后面，经常会出现这样一幕：一条悠长的巷子里，不管是晨雾缭绕的清晨，还是漫天晚霞的傍晚，叶介兴和妻子周梅香都会准时拿着扫把、铁锹来巷子里签到。600多米的巷子，早上，先把前一天晚上留下的大片垃圾扫走；傍晚，附近小学学生放学

叶介兴：衢州市慈善之星

路过后就再扫一次。没有大片的垃圾，就蹲在路边，把墙脚路边的杂草拔掉，旮旯里的脏东西都清出来扫走……这些已经成为了他们36年来的习惯。把巷子打扫干净，是他们的初衷；让村庄更美丽，是他们的愿望。如今，越来越多的人加入他们的行列，让“自扫门前雪”变成“共护一条路”！

毛金月，1973年7月出生，中共党员，江山市石门镇琚家岗村支委。面对肢体残疾、生活无法自理的单身叔公，江山市石门镇琚家岗村的好侄媳毛金月自从结婚那天起，就没有回避，而是选择悉心照料老人，这一坚守就是24年，用自己的一片诚心和孝心，书写了一段人间孝老爱亲的佳话。

每天做完早饭，毛金月自己来不及吃，就趁热端到叔公毛春龙的房间里，吃完后又用轮椅将其推至门外场院晒太阳。

今年47岁的毛金月，24年前嫁给了琚家岗村村民毛凤法。

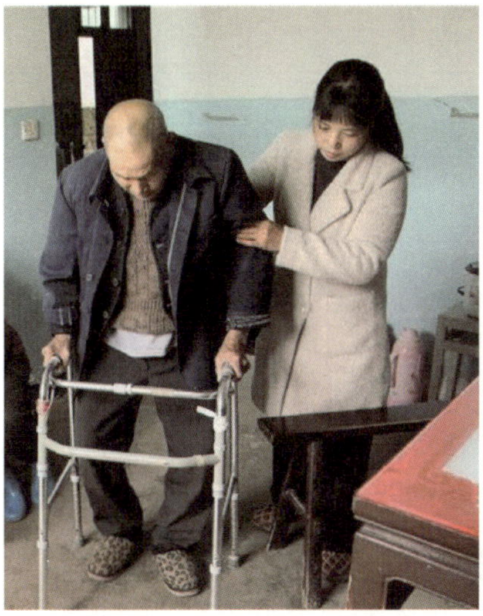

毛金月：衢州市孝亲之星

由于丈夫长年在外打工，儿子又小，家里的农活以及服侍公公、婆婆、叔公三位老人的重担就落在她一人肩上。

毛金月说，刚嫁过去的头几年服侍多病的婆婆，婆婆过世后没几年，公公卧床不起，又得她床前床后地照料，煮汤煎药、端屎端尿，一直服侍到公公90岁那年去世。现在全力以赴服侍已88岁的残疾单身叔公。

祝建军，1975年1月出生，江山市保安乡卫生院院长。

12月6日下午2时30分许，一名5岁儿童不慎跌落市区北泉街附近的鹿溪渠中，瞬间被水流冲出四五米开外。危急时刻，市人民医院医共体保安分院院长祝建军闻声冲过来，不会游泳的他，奋不顾身跳入2米多深的水渠开展施救。他在冰冷刺骨的水中抱住儿童、抓住岸边绿植，奋力坚持十余分钟后，在岸边群众的帮助下，成功托举儿童上岸。上岸后，他又不顾自己冻得全身发抖、脸色发白，第一时间用毛毯为儿童保暖。祝建军同志在危急关头英勇救险的感人事迹受到了社会各界的高度赞扬。中央电视台、上海东方台、浙江台、衢州台、江山台、《浙江日报》、《衢州日报》等国内众多媒体作了报道。

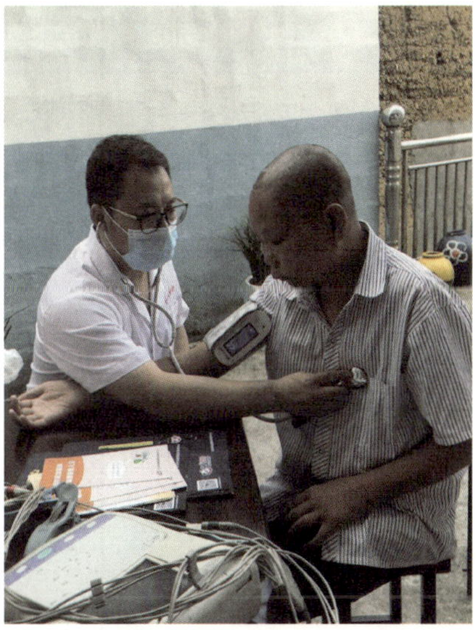

祝建军：衢州市义举之星

2020年江山市现役军人立功情况表					
序号	家庭地址	姓 名	立功情况	立功时间	主要事迹
1	张村乡秀峰村	吴洋涛	三等功	2020.1.6	在2019年度工作中,成绩突出
2	张村乡双合丰村	陈小波	三等功	2020.12.11	在2020年度工作中,表现优异
3	张村乡双合丰村	徐慧强	三等功	2020.1.6	2018年度新训工作成绩突出
4	凤林镇凤祥村	童敢强	三等功	2020.12.31	在战训任务中,工作表现突出
5	凤林镇凤翔村	周玮炅	三等功	2020.12.18	在2020年度工作中,表现优异
6	凤林镇游溪村	邵仁旺	三等功	2020.12.3	在2020年度工作中,表现优异
7	贺村镇大贤坂村	周奕星	三等功	2020.9.17	在2020年抗洪任务工作中,表现突出
8	贺村镇河东村	戴赛前	三等功	2020.12.10	在2020年度工作中,成绩突出
9	贺村镇诗坊村	周亮	三等功	2020.12.1	在2020年度工作中,贡献突出,成绩显著
10	贺村镇狮峰村	周伟龙	三等功	2020.12.7	在2020年度工作中,成绩突出
11	贺村镇石后村	毛东	三等功	2020.12	在2020年度工作中,成绩突出
12	贺村镇石后村	姜慧明	三等功	2020.12.29	在2020年度工作中,成绩突出
13	贺村镇严麻车村	严毅超	三等功	2020.12.30	在2020年度工作中,成绩突出
14	虎山街道安泰社区	毛晨冲	三等功	2020.12.11	在2020年度工作中,表现优异
15	虎山街道荷塘山头村	罗位太	三等功	2020.12.15	在2020年度工作中,表现优异
16	虎山街道市心社区	席圣君	三等功	2020.12.31	在2020年度工作中,成绩突出
17	虎山街道西门社区	王啸	三等功	2020.12.18	在专项任务中,成绩突出
18	虎山街道西门社区	蒋伟	三等功	2020.12.1	在2020年度工作中,表现优异
19	廿八都镇山峰村	谢志强	三等功	2020.12.7	在2020年度工作中,成绩突出
20	清湖街道和睦村	陆晓峰	三等功	2020.12.6	在2020年度工作中,表现优异
21	清湖街道和睦村	陆学明	三等功	2020.12.8	在2020年度工作中,贡献突出,成绩显著

序号	家庭地址	姓 名	立功情况	立功时间	主要事迹
22	清湖街道贺周村	官宏杰	三等功	2020.11.20	在2020年度工作中，贡献突出，成绩显著
23	清湖街道华夏村	徐圣	三等功	2020.9.10	在2020年度工作中，成绩突出
24	清湖街道清湖二村	林赋珅	三等功	2020.12.30	在2020年度工作中，成绩突出
25	上余镇江村畲族民族村	郑欢	三等功	2020.11.29	在2020年度工作中，表现优异
26	上余镇李坪村	周俊	三等功	2020.12.24	在2020年度工作中，成绩突出
27	上余镇七一村	姜春林	三等功	2020.1.20	在2020年度工作中，成绩突出
28	石门镇岭底村陈家自然村	郑仕豪	三等功	2020.12.31	在2020年度工作中，成绩突出
29	石门镇清漾村	毛运通	三等功	2020.5.27	在2020年度工作中，成绩突出
30	石门镇溪底村	王荣	三等功	2020.10.20	在2020年度抗洪抢险工作中，表现突出
31	双塔街道湖溪里村	徐夏康	三等功	2020.12.30	在2020年度工作中，成绩突出
32	双塔街道县前社区	毛宇辉	三等功	2020.12.18	在2020年度工作中，成绩突出
33	双塔街道周家青社区	杨子	三等功	2020.12.5	在2020年度工作中，成绩突出
34	四都镇傅筑园村	姜凯	三等功	2020.9	在2020年度工作中，成绩突出
35	四都镇双溪村	郑晓刚	三等功	2020.12.27	在2020年度工作中，表现优异
36	塘源口乡塘源口村	徐升	三等功	2020.12.31	在2020年度工作中，成绩突出
37	碗窑乡碗窑村	席申宇	三等功	2020.12.10	在2020年度工作中，成绩突出
38	峡口镇上西坑村	毛伟	三等功	2020.11.30	在2020年度工作中，成绩突出
39	峡口镇双潭村	邵露	三等功	2020.12.29	在2020年度工作中，成绩突出
40	峡口镇峡北村	周阳容	三等功	2020.12.7	在2020年度工作中，成绩突出
41	新塘边镇外坞村	姜新镇	三等功	2020.1.19	在2020年度工作中，成绩突出
42	新塘边镇外坞村	姜磊	三等功	2020.1.17	在2020年度工作中，成绩突出
43	长台镇花园村	徐小焕	三等功	2020.12.22	在2020年度工作中，表现优异

人物记

春暖花开　英雄凯旋

——江山市5位医务人员援鄂经历撷彩

2020年的春节，新冠肺炎病毒肆虐。疫情当前，一声令下，我市5位医护人员迅速集结。600公里的路程，是江山与武汉的距离，也是家乡与前线的距离。面对全然未知的病毒和被感染的风险，他们没有退缩，毅然选择逆行出征。从2月9日到3月28日，在49天的时间里，他们先后在两家方舱医院战“疫”，用生命护卫生命，用担当诠释担当，用仁心仁术书写医者大爱。

在这场看不见硝烟的战争中，他们是勇往直前的战士，是挺身而出的英雄；可脱下这身白衣战袍，他们也是父母万般呵护的儿女，是孩子依恋撒娇的父母。他们“替父母做主”同意自己援鄂，他们“狠心”撇下幼子、挚爱前往疫情重灾区，是太无情吗？不，恰恰是对所着白衣的敬畏、对祖国人民的大爱，才让他们无畏逆行、驰援武汉。

春暖花已开，勇士踏歌还！为迎接即将归来的5位白衣战士，本报整理了他们口述的在武汉的经历，了解英雄战“疫”的艰辛与不易，以及疫情之下人性的善良与美好。

毛晓明：我为自己而自豪

我们是在方舱医院上班，接触的基本上是轻症病人，感觉平时上班很平淡——其实作为医生，我是非常享受这种平淡的，因为不平淡意味着需要紧急处理甚至抢救，大概率要做艰难的决定，还是平淡一些好。

开始上班，最困难的还是适应这身防护设备。防护服虽然是薄薄的一层，但保暖效果一流，虽然外面还是寒冬，而且病房里也没有空调，身上只有单薄的衣服，但只要稍微一活动，就感觉全身上下都湿了。

根据先行者的经验，我上班之前尽量减少饮食、进水，因此虽然每班都穿尿不湿，不过每次都没用上。我的近视度数比较深，带了护目镜之后，两层眼镜都起了雾，到最后雾变成了雨，头稍微一动感觉就有水滴流下。这让以前十分简单的工作变得非常艰难。

不过后来有了经验：给眼镜和护目镜加了防雾涂层，效果会好很多，洗衣液、洗手液、洗洁精等，都可以——这都是大家总结出来的。队里还专门给我们发了防雾液，效果很好。

从江山去的战友虽然住在同一家酒店，但因为此次情况特殊，大家尽量不接触，平时有事多通过手机联系。一个人不上班在驻地时，有时会思念家人，如果时间还早，会跟家里视频，报下平安，如果时间太晚，则看看家里发来的视频，或者学习下最新的诊疗方案，并熟悉各种预案，如病人需要抢救、停水、停电、突发防护服破裂等，不过庆幸的是，我没有用到这些预案。

在武汉工作期间，经常遇到让我感动的事情。但平时上班时全身心投入工作，没考虑其他。反而是一个人在驻地看新闻时，往往是感触及感动最多的时刻。看到医护人员脸上被护目镜压出深深的压痕甚至破溃，面对镜头说“不要拍我，好丑啊”；下班了，高兴地蹦蹦跳跳回家；夜晚坐在回驻地的车上，大家都累得睡着了；因为有一碗热干面，高兴得手舞足蹈……看到这些镜头时才会突然发现，其实这些正是自己或队友的经历，并会为此感动。

我不是个感性的人，但这段

时间，常常被一些简简单单的话戳中泪点。其中有一句话是这么说的：中国人经常被他们其中的勇敢者保护得很好。突然就很有感触，我们现在有这么美好的生活，都是革命先烈用生命和鲜血换来的；而现在这样一句话也被用来称赞我们，我深感自豪，也有些忐忑，觉得自己还不够格，但我愿意为之而努力。

郑悦琳：践行医者誓言

2 月 9 日凌晨接到通知，上午 8 点整装出发，晚上 7 点抵达武汉天河机场。到了酒店一切安置妥当后，我们就进入了战备状态：组建管理团队、执行驻地十项规定、网络学习新冠防治知识、小组练习防护服穿脱，一切只为练好兵、准备战斗。

第一次入舱，我上的是主班，主要负责电脑床位安排、电子医嘱处理、电子护理记录等与电脑打交道的工作。因为第一次无经验，上班时间一长，护目镜上很快流下了水痕，眼前就像有个水帘洞。我只能睁大眼睛从水流的缝隙间努力寻找鼠标光标的位置，真的如“雾里看花”一般。平时轻而易举的事，在那样的条件下却完成得很艰辛。

再次入舱，我上白班负责患者的治疗护理工作。其中一名患者的情况令我印象深刻。在被感染之前，她在街道上班，每天给小区的住户测体温、采购物资、帮有困难的住户解决问题。疫情期间，她全家上阵，结果儿子也感染了，在同一家方舱医院，“孩子的爸爸没有感染，他还在外面忙着！”一说起这些，她先前因身体不适而产生的忧愁一扫而空，眉宇间透露着自豪。“阿姨，你们是最棒的！”我向她竖起了大拇指，“安心休养，一切都会好起来。”听了我的话，她笑起来：“幸亏你们来了，真好！”“你们浙江医疗队，最棒了！我们相信你们！”旁边患者的夸赞，让我心里暖洋洋的。

2 月 21 日，接到急令，我们需要转舱，更艰巨的任务需要我们完成。

因为队里的推荐，我加入了浙江感控团队，参与了开舱前的院感防控流程布置；感控员是最晚进舱，最后出舱，目的只有一个：督查队友穿脱防护服，避免他们感染。最终，我们浙江感控团队不负使命，圆满完成任务，并如期返程。

经常听到患者对我们说“谢谢”，因为护目镜和口罩的遮挡，他们也没能看清我们的面容，但在每一次和患者的交流过程中，我都能深切地感受到，他们对我们无条件的信任。这种以生命相托的信任和依赖，也激发了我深深的职业自豪感。我想说：感谢你们的信任，我们也将用生命接力，践行医者誓言，战胜疫情！

郑春燕：1997 年出生的我已经长大

2 月 9 日凌晨 1 点，即将入睡的我接到了护士长的“征召令”。我用了 21 分钟时间拟好了“请战书”：“我已工作了 4 年；我很年轻，没结婚没小孩；父母身体好，也支持我。”满纸的优势让我即刻获批。

打开父母的房门，叫醒了熟睡的他们：“我要去武汉啦！”妈妈一脸茫然地看着我："什么时候出发？"我蹲在床头看着妈妈认真地说："今天早上8点。""那你现在就要收拾行李啦。"妈妈平静地说。我点了点头，收拾到一半，突然收到了妈妈的微信："妈妈舍不得你。"我瞬间湿了眼眶……

早上临出门时，妈妈借口要给同城的舅舅送菜"顺路"载我去医院："这箱子会不会很重啊？妈妈给你提吧，太重了，你提不动啊！"我顿时鼻子一酸：我觉得自己是个大人了，可在父母眼中，我还是个孩子……后来我才知道，1997年出生的我在江山的5名援鄂队员中，是年龄最小的。

飞机落地了，我们的紧张感也随之而来。这是一场没有硝烟的战争，如果说武汉那些重症监护室是主战场，那么我们第三批援鄂医疗队打的便是清扫周边的"游击战"：建立根据地并稳定后，移交给别的队，然后我们再撤，建立新的根据地，建好稳定后再转移阵地……第一个进入的是武汉黄陂方舱医院，我们见证了医院从无到有、患者从一名到满床。

那天我上的是责任班，主要负责管理患者。新收治的10余名患者中，一名拉行李箱的姑娘引起了我的注意，她年龄与我相仿，情绪低落。当我走向她时，她正默默地抱着膝盖蹲在床旁。"你怎么了？"我才刚问出口，她瞬间就哭了："爸爸被病毒感染后走了，妈妈在隔离观察，我又被送来了……"我也忍不住流泪，并轻轻拍着她的肩膀。渐渐的，她情绪有所好转，我向她解释了方舱医院的大概情况。正当我从护士站给她拿来了基本生活用品时，她又哭了："我姐姐一家刚被送去隔离了！怎么办啊……"我心里很难受，于是告诉她新冠病毒的相关知识，安慰了许久，她慢慢平静下来。途中，我虽然手头上一直有其他事情忙着，但一直留意着她。临近交班时间，我又去看她，她不在。邻床阿姨说她去洗漱了。我偷偷向阿姨简单交代了一下她的情况，让阿姨帮忙多多留意。走之前我在她的床头柜上留下了一颗糖果，希望她吃了心里可以不那么难过。后来，我们还互加了微信，我也常在微信上关心、开导她。

辗转第二个方舱医院后的某个下夜班的早上，打开手机，我看见了之前那个姑娘给我的微信："白衣天使小姐姐，我今天出院了，到酒店隔离14天！谢谢你！"现在回想，我已经忘记了那天上班的疲倦，但仍记得那天阳光明媚，晴空万里，我很开心！

李强：入党是我继续努力的动力

2月9日凌晨1点，接到要前往武汉支援的通知，我没多想，直接答应了。随即起床叫醒父母，

简单交代了几句后就开始收拾行李。晚上约12点下了飞机才得知，当晚全国有5000余名援鄂医护人员抵达武汉。

经过数天的休整，我们开始在方舱医院上班。

第一天上班，和平时一样，听取交班后开始查房，发现病人大多数都是年轻人，很多病人也没有临床症状，比较配合我们的工作。

在自身防护方面，我们根据防护培训要求，依次穿上一次性帽子、N95口罩、防护服、第一层外科手套、靴套、外层外科口罩、隔离衣、第二层手套、鞋套、护目镜、外层帽子。更关键的是脱防护服，每个步骤都必须小心翼翼，因为在这个过程中由于防护服、隔离衣抖动所产生的气溶胶才最容易使我们感染。

第二次上班时，我临时被调到别组的方舱去接班，由于对场地不熟及时间仓促，匆匆忙忙穿

戴好防护用品，开门进入工作区的一刹那，昏暗的灯光及低矮的天花板组成的压抑环境，顿时让我感到呼吸极度困难，加之口鼻完全闷在厚厚的口罩下，虽然我张大嘴巴也难以吸入足够的空气……怎么办？那时的我全身已大汗淋漓，视线也开始模糊。因为已进入污染区，再返回清洁区是不行的，我只能继续往前走，终于看到医护人员在走廊交班。我赶紧快速穿过他们，来到办公室，径直奔向椅子，靠着椅背坐下，闭上眼睛。理智告诉我此刻绝对不能摘掉口罩，再联想到浅快的呼吸只会造成过度通气，进一步加重恐惧感，我必须打破这个循环。于是尝试让自己静下来深慢呼吸，并采用腹式呼吸法，终于人慢慢地平静下来，睁开眼睛，发现外面的世界已经变得清晰。这次经历让我有了在密闭环境中调整呼吸的经验，对之后的工作中有很大帮助。

早在2月11日，我就写了入党申请书。2月29日，火线加入中国共产党，使我在精神上得到了一次洗礼。能成为一名共产党员，是我的骄傲，也是我接下来继续努力工作的动力。

就在我们默默紧张有序的工作中，慢慢传来了各种好消息：各地方舱医院陆续休舱，许多医院出现“床等人”的局面。我们所在的方舱医院也只有出院病人没有新入院的，渐渐地，出院人数不断增加，病人数也从成百降至十几，我们也圆满完成了任务。

杨凯琳：我只是做了该做的事

2月9日凌晨1点刚准备交接班时，接到护士长钉钉上需要报名驰援武汉的信息，我第一时间报了名。

即将出发时，我看到科护士长悄悄地在我行李箱里塞各种日常生活用品，她想尽可能地填塞、填满，正如她平时给我的爱和关怀，细腻且盈满。她一边放，一边落泪。看着她那双红肿的双眼所流露出的心疼和不舍，我心中如打翻了五味瓶……

来到武汉后，才发现自己是300多名浙江援鄂医疗队的一员。2月17日凌晨1时，队长晓明哥第一个“出征”了。出舱后，他在微信群里跟我们分享了入舱后可能遇到的不适情况及应对方法，并强调防护工作一定要做好。听了他的介绍，我忐忑的心才慢慢安定下来。

当天晚上7点多，我们出发了。20分钟后，到达了目的地，我被分配到外舱工作。帮助队友穿好防护服、隔离衣后，我就开始打扫清洁区、更衣室的卫生，再进行消毒。清洗好护目镜后接到电话要去A舱借物资，我已经记不清一共来回跑了多少趟，只觉得贴身的衣服已全部湿透。

第二次，我进舱了。当我穿好防护装备，拿起治疗盘，与病人一起抗击病魔的时候，我能感受到来自内心的声音：我爱这份工作。穿着厚厚的防护服，走几步就能感觉到胸闷气喘等各种不适，平常再简单不过的更换床单，此时都是慢动作进行。在这里，我也时常被武汉人民的温暖感动着。看到我呼吸不畅，一旁的警察教我调整呼吸；不管我做什么工作，方舱里的患者都会提供帮助。

2月20日下午，我们接到了第二天准备转场的通知。在转场的路上，悦琳姐姐打开手机音乐：“阳光总在风雨后，请相信有彩虹……”大家跟着音乐节奏一起唱了起来。

3月6日又是一个难忘的日子——我入党了！当我举起右手，宣读入党誓词时，我能感受到来自心灵的呼唤，我爱我的祖国。

回家的日子终于到了！出发前，我们又一次把各自的房间整理干净，并留下了一封感谢信。

没想到临行前，酒店全部工作人员都在大厅列队对着我们鞠躬道谢：“谢谢你们！你们辛苦了！”看到这一幕，我再一次泪奔。

回首这短短的49天，遇到了太多太多让我感动的事情，这段经历，将成为我永远的回忆。我为自己可以成为援鄂医疗队伍中的一员，而感到骄傲！其实，我不是英雄，我只是做着身为医护人员、身为中国人应该做的事。

致敬英雄！

2月9日凌晨1时许，江山一支援鄂的5人医疗小队成立了，“好的，我知道了，我愿意！”简短的回复却承载着千钧之力。当天早晨8时许，收拾好简单行囊的他们来到了统一上车点，准备出发。“万事要小心！”“到了那边，一定要注意个人防护……”即将远行的他们带着亲人朋友满满的牵挂，坚定地转身离开，这一去就是49天。

白求恩说：“医生，应该献身于维护人民健康的事业。”这5人带着一颗医者仁心，带着61万江山人民的祝福，坚定投入到新冠肺炎战“疫”一线。1997年出生的护士郑春燕是此次援鄂队员中年纪最小的一个，虽然也会因为妈妈的一句“妈妈舍不得你”泪湿眼眶，却依然坚定地选择收拾好行李，背上行囊。她的“请战书”上依然写着：“我已工作了4年；我很年轻，没结婚没小孩；父母身体好，也支持我。”毛晓明是两个孩子的父亲，一直以来都陪在孩子身边的他，这次却毅然选择了远行：“家里的孩子需要我，但我的病人们更加需要我。”江山的“逆行者”们舍小家为大家，奔赴战“疫”一线，日夜奋战，与时间赛跑，与病魔较量。没有人生而英勇，只是选择了无畏。他们中有孩子的母亲、有父母的子女、有丈夫的妻子，却因为同一个身份：医护人员，所以选择逆行。

没有一个冬天不可逾越，没有一个春天不会到来。谢谢你们的逆行换来了如今疫情形势积极向好态势。致敬英雄，欢迎回家！

（关 迩）

（该文发表于2020年4月10日《今日江山》）

艺 文

诗 词

古稀孝子叶新龙为百岁娘亲梳头

刘 毅

三生石下识前身，
天地茫茫谁可亲？
镜里苍颜开笑靥，
眼前白雪返天真。
古稀稚子忧何事，
百岁高堂竟几人。
借得乾坤芳草地，
朝花夕拾见常伦。
（入选第八届华夏诗词奖）

散 文

江郎山，刺破天

撰文：刘艳萍
摄影：祝雪生

三峰一一青如削，
卓立千寻不可干。
正直相扶无倚傍，
撑持天地与人看。
——辛弃疾

江郎山，素有“雄奇冠天下，秀丽甲东南”之誉，又名灵石山、须郎山，它以雄伟奇特的“三爿石”著称于世，自唐朝时就成为江山的“地标”。

江山建置于唐武德四年（公元 621 年），五代时吴越王钱镠将其改为江山县，即是因江郎山之故。

江郎山作为浙江省第一个世界自然遗产，国家 AAAAA 级景区，是典型的丹霞地貌景观，有着“三石凌空拔地起，壁立千重刺破天”美誉，拥有中国丹霞第一奇峰、全国之最的一线天、天然造化的伟人峰、千年古刹开明禅寺、千年学府江郎书院、“江山如此多娇”摩崖石刻、“烟霞亭”等胜景。

名山大川都有美丽的传说，

江郎山当然也有自己的神话故事。

一说江氏三兄弟登顶成仙化为三巨石；又一说是江氏三兄弟为了海公主的爱情而与癞蛤蟆将军大战，三兄弟为堵住奔涌而出的海水，立地化为三爿巨石，卓立伟岸，撑天柱地。

江郎山是粗犷豪迈的，连雾岚也尽显恣意洒脱。仿佛是一幅硕大的写意画，从天际裹挟而来，使得三峰似隐似现，呈现出雾锁山头山锁雾的美景。

山风徐来，云雾了无声息地遁去，豁然开朗，开明禅寺的钟声仿佛依稀传来。置身此地，身心俱宁，世俗的纷扰渐渐远去。愿幻化成山间一草、一木，深深扎根，听山间呢喃，随着山谷的溪流，在岁月的长河里旋转流淌。

千年古刹开明禅寺，前身为江郎寺。始建于北宋，后改名为“开明禅寺”，屡建屡毁，现在的寺庙重建于1990年。

最美的传说总是和爱情相关，爱赋予人们超越一切的勇气，和到达彼岸的力量。

江郎山是粗犷豪迈的，连雾岚也尽显恣意洒脱。仿佛是一幅硕大的写意画，从天际裹挟而来，使得三峰似隐似现，呈现出雾锁山头山锁雾的美景。

主峰海拔819.1米，称为郎峰，被赞誉为“神州丹霞第一峰”，在峭壁之上，还有明代理学家湛若水的摩崖题刻“壁立万仞”四字。中间为亚峰，最南边的是灵峰。

江郎山聚岩、洞、云、瀑于一山，集奇、险、陡、峻于三石。明地理学家徐霞客，曾三游此地，并留下了“悬望东支尽处，其南一峰特耸，摩云插天，势欲飞动，问之，即江郎山也”的文字，盛赞其“奇”“险”“神”。

三峰之间有大弄、小弄可出入。于郎峰和亚峰之间的大弄观景台望去，雾霭中两侧山峰巍峨如南天门，耸入云霄。

小弄在灵峰与亚峰之间，高312米，长298米，宽仅3米余。两壁夹峙，笔直平行，如巨斧大力劈出，缝隙所见蓝天仅余一线，

气势雄伟，蔚为壮观，被称为“中国丹霞一线天之最”。宋朝柴元彪曾有诗赞曰：“移来渤海三山石，界断银河一字天。”

郎峰奇险，历来无人可上，让无数游客浮想联翩。明朝鸿胪寺卿周文兴一心由此登天，雇人沿郎峰崖壁凿岩开路，结果工程浩大，拖延经年，前边的脚手架刚刚搭建，下层的竹木栈道已经腐烂，登天的美梦成泡影。郎峰脚下，遂称登天坪。现沿石壁凿有3500余级石阶，石阶宽处1尺余，狭处刚够立脚，仅能容一人通行。迂回盘旋在千寻绝壁之上，身下即为万丈深渊，堪称奇险。

从登天坪近看江郎三峰，三爿危崖矗立，摩天插云，形似天柱石门。犹如置身云端，俯瞰大地，白云仿佛伸手能触。崖上有“灵石回风”石刻，源自每到秋天的傍晚，有狂风动地而起，环大弄小弄旋舞，扫落叶于九霄云外，乃一大奇观也。

伫立峰巅，时有白云从身旁飘过；俯瞰脚下，百里山川尽收眼底，颇有登天之感。

三峰虽为绝壁，也有大树傲然生长，被山岚雾气滋养，恣意伸展。

霞客亭，在灵峰之西，峭壁之上，为纪念徐霞客三顾江郎，1992年秋设“霞客游踪”景点，是近观江郎三峰的最佳位置。

阴浮出水面，须女湖是江郎山的一面铜镜，每一滴水珠都折

射着安宁娴静。

喧嚣过后，一切重归静寂。宛若大梦一场，守候着脚下这方土地，任沧海桑田，世间变迁，江郎山兀自挺立如初。

白居易曰：“安得此身生羽翼，与君来往醉烟霞”。当年陆游、杨万里、辛弃疾等文人骚客都曾经登临江郎山饱览胜景，留下大量不朽诗文。唐初宿儒祝其岱更是爱其风光旖旎，景物怡人，隐居在江郎山设馆讲学，后学风鼎盛，人才辈出，蔚为望族。

这三爿巍峨的峰，拔地冲天，耸立在行云流水中，守着清风明月，与陆离的霞光融为一体，连接江山大地的河流山脉。

横看成岭侧成峰，有人远观三峰即感悟到非凡勇气和不屈力量；也有人在清晨的云烟中，在午间的万丈阳光里，在夜晚的璀璨星光里，暂时放下所有雄心壮志，沉醉在江郎山间，像草木一样安静。

（该文发表于2020年8月31日《国家地理新闻网》）

江山：别有洞天古涵洞

戴明桂

在闽浙赣边界的江山市东南部，有一处独特的古代水利工程一张村古涵洞。这条久未人知的古涵洞完全由人工建造，其历史之悠久、工程之浩大、结构之奇特、功能之实用，令人惊讶、惊奇、惊叹。

张村古涵洞是一条人工地下长河，位于江山市张村乡先锋村，因有 5 段暗渠、5 个缺口，也称五份涵洞。其涵洞一般高 2 米，宽 1.8 米，四周用鹅卵石铺砌而成。洞内，流水潺潺，幽暗阴凉；洞顶，阡陌纵横，房舍井然。

其古涵洞共分 5 段，每段长短不一。最上一段暗渠在大坞山谷，长 50 余米，由鹅卵石和山石砌成。北洞口较窄小，南洞口宽大，洞顶是农田。出了南洞口，是一段沿着山势而筑的明渠。这段明渠落差较大，水流湍急，有七八个小瀑布和小水潭。明渠两岸，或是山丘石壁，或是农田石磡。明渠南端，有一座清代建造的石拱桥，如一弯残月。石拱桥上建有四角凉亭，配设美人靠，供人们休憩之用，并连接山谷间的道路。

第二段暗渠位于先锋村庄最北端，60 余米长。

南洞口有一方小瀑布，瀑布下是长方形水潭，供人们取水、洗涤之用。一条 120 余米长的明渠与村中人行干道平行。明渠两岸用鹅卵石砌磡，苔藓盈壁，自成格局。这条明渠两旁大多为民房和道路，建有 4 座石拱桥，其中两座为清代所建。

第三段暗渠位于村中偏北，长 60 余米，稍有弯曲。南北洞口宽大，人们均可站立轻松进出。暗渠上为道路、菜地、房屋等。

第四段暗渠位于村中心，长 60 余米，略有曲折。洞顶也为道路、菜地等。除北洞口宽大外，南洞口较窄，出地面需弯腰沿台阶上来。

第五段暗渠位于先锋村西南

端，长70余米。最南洞口，设在荷塘溪北岸，也是整个古涵洞的出水口。其涵洞清流汇入荷塘溪后又融入大溪。

古涵洞5个缺口有大有小，若长若短，或宽或窄，一般设在暗渠的转弯处，或流水落差较大的地方。每个缺口都有小水潭，清波潋滟，并砌10多级石阶上下，方便人们或取水，或捣衣，或洗菜，或捉鱼，或乘凉，或戏水。每到酷暑季节，站在洞口，凉风习习；进入洞中，暑热顿消；站驻片刻，沁心怡情；戏水之际，心旷神怡。

涵洞出水口的荷塘溪，也铺有200多米的鹅卵石河床。河床鹅卵石紧密相连，牢固异常，洪水冲不散，杂物难聚集。在鹅卵石缝隙间常生长着一丛丛石菖蒲等水生植物，小鱼小虾常在石缝、水草中游戏和躲藏。正像唐代诗人李群玉在《引水行》一诗中所云："一条寒玉走秋泉，引出深萝洞口烟。十里暗流声不断，行人头上过潺湲。"

仔细观察古涵洞，只见石与石相互紧靠，井然有序。几百年来，仍保持原有形状，未发生坍塌或被洪水冲毁情况，形成了至今仍发挥安澜、洗涤、乘凉等重大作用的古代水利工程。

难以想象，铺建这么长的古涵洞，不知需几万吨、几十万吨的鹅卵石。建造期间，其发起人的推出、资金的筹措、班子的建立、图纸的设计、工具的制作、师傅的聘请、民工的安排，以及工艺的确定、工程的验收、费用的结算、完工后的管理保护等等，彰显了组织者、谋划者、指挥者的聪明才智，以及广大村民团结奋斗的精神。

岁月沧桑，往事悠悠。这条古涵洞自大坞山谷下来，携带山林花草的芬芳，汇聚涧壑清泉的甘甜，飞珠溅玉，奔腾而下。我常常思考，这古涵洞，其工匠是谁？资金如何筹集？何时动工、何时完工？为什么史料没有记载？是张村先辈深谋远虑、深藏

若虚，不愿公开炫耀，还是故意保密，给人们一种悬念和猜想，或给人们一种惊讶。

这是一个谜，这是一个梦。对此，我一直很迷茫、很遗憾，也很感叹。

唐代香严闲禅师与唐宣宗李忱曾联句诗云：“千岩万壑不辞劳，远看方知出处高，溪涧岂能留得住，终归大海作波涛。”张村古涵洞汇聚周围山坑泉水，跌宕奔腾，清流淙淙，紫气腾腾，烟波袅袅。它自明清以来，流淌着历史，流淌着智慧，流淌着文化，流淌着梦想。

令人欣慰的是，江山市张村乡党委、政府和先锋村两委很重视保护这一古老的水利工程，并采取一些措施，做好有关清理、维护、管理工作。我想，随着乡村振兴的开展，能否借鉴新疆吐鲁番坎儿井的经验，从本地实际出发，邀请有关专家、学者来张村考察，抓好古涵洞历史资料的挖掘、研究工作，同时建设好、维护好古涵洞周围的道路、栏杆、上下洞口的台阶等，并建立古涵洞的模拟馆、资料室等。

我相信，在各方努力下，张村古涵洞将别有一番天地，令大家心醉陶然，流连忘返。

（该文发表于 2020 年 8 月 23 日《浙江日报》）

著 作

《江郎传》

作者：赵容华。《江郎传》是一部长篇章回体神话小说。小说讲述了魔族祸乱三界，仙、人、妖齐心协力治伏魔王的故事。小说分为四部分：黄巢开仙霞、詹妙容得道、平定方腊、化山镇魔，约合计四十五回，共计 40 万字。以地理学家徐霞客游江山后做了一个梦为故事的开端，小说历史跨越将近两千年，历经姑蔑、中唐、北宋三个时代，结合楚灭姑蔑、黄巢起义、方腊起义三个历史节点，描述了黄巢、方腊顺应民心揭竿起事、起义队伍的发展壮大，最后失去民心而衰落的过程，向读者诠释了何为忠义。作者坚持历史唯物论观点，坚持“忠于人民为忠，义于人民为义”的思想理念。

《江山 1942》

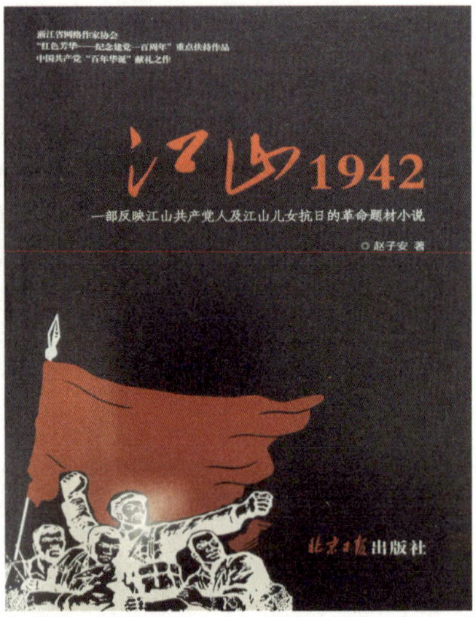

作者：赵容华。《江山 1942》是一部长篇革命题材小说，小说根据历史真实事件改编，主要讲述1942 年姜献华、张广、孙克、邓毅生等共产党员，在浙闽赣三省交界组建抗日游击队抗日的故事。

1941 年皖南事变以后，姜献华等新四军同叶挺军长一起，被国民党反动派押往有魔鬼窟之称的上饶集中营。在营中，面对敌人的严刑拷打、威逼利诱，姜献华等共产党员同敌人顽强斗争，绝不屈服，还在营中建立秘密党组织，精心谋划逃出集中营。逃出集中营后，姜献华利用自己家族优势，在离上饶集中营不远的江山新塘边乡建立当时唯一一个“红色中转站”，先后帮助二十多名逃出来的同志北上抗日和寻找党组织。同时，姜献华和张广、孙克等研判抗日形势，决定成立抗日游击队。姜献华随即进城寻找党组织，不料党组织已遭受破坏。6 月，日军发动浙赣战役，并散播细菌，残害中国军民。姜献华等成立党小组，收编国民党残余部队及乡绅土匪，组建成 400 多人的抗日游击队，发动道塘垄等战役，成功阻击南下日军，为浙赣战役的胜利立下了不可磨灭的历史功绩，谱写了中国共产党人谋求民族独立和国家富强的壮丽篇章。小说以历史为主线，同时吸收部分民间故事作为创作素材，充分反映江山共产党人及江山人民在浙赣战役中的英勇事迹。

《雪域之光》

作者：李治本。本书收录了作者西藏文学、艺术摄影作品。文学作品，以爱国情怀、人生感悟、净化心灵为主基调的哲理散文；艺术作品，以奇异风光、创意构图为主画面的图片。《雪域之光》为纯文学和艺术摄影作品，凝聚了作者 10 多年的创作心血，展示了人生感悟、奇光夺目的艺术效果，引领文学和摄影走精品创作、推陈出新的艺术创作思路。

《芝麻闲话》

作者：胡韶良。全书共分一言九坊，一日一悟，一触即发、一往情深、一序衷肠　等五个栏目，收集 87 篇散文与纪实作品。主要是写江山的真人真事及其人生感悟，对宣传江山，提高江山的美誉度，推动江山的两个文明建设，有一定的促进作用。其作品大多在媒体上公开发表过，并产生相当程度的积极影响。

《一石如坛》

作者：祝王飞。本书追忆前

江中校长、前《江山日报》主编、市府督学王石坛风雨坎坷的人生经历。他任校长七年，倡导提出办学“八字校训”；身为校长，坚持上课，没有缺过一堂课；他任校长期间，学校高考升学率连年增长，学校在全国性的学科竞赛中成绩突出，他为学校建设费尽心机。他本人被评为江山县劳动模范，学校也获“省教育系统先进集体”等多种荣誉。

退休后，带病筹建“浙江省发展民办教育研究所”，创办省教育信息报的《民办教育》版，是教育战线上楷模。他则堂堂正正、生活俭朴、反腐意识强烈。

全书共分同事追念、同窗怀念、学生瞻念、亲友思念、永远怀念五个栏目，除序言、附录外，共收 38 篇文章，16.7 万字。该书记录了王石坛先生朝乾夕惕、笃志不倦的敬业事迹，展现了王石坛先生束身自好、清风两袖的廉洁情操，彰显了王石坛先生大义凛然、剑胆琴心的独特人格。

《月光爬满马头墙》

作者：刘艳萍。江郎山、仙霞古道、廿八都古镇，江山的每一条街巷，每一个村落都深藏着故事。在城市化进程日益推进，传统乡土社会不断被“蚕食”的今天。我们需要留下一些文字去记住这个古城独有一段风华岁月。

作为高度浓缩的抽象概念—乡愁，必须依托特定的场景、人事、风物来进行。为此以见证者的视角，以写意随笔、游记散记为主，生动展现浙西秀丽的山水，淳朴的民风民俗，丰富的自然人文景观、历史建筑，重点展示江山独特的古镇、古道、古村文化、特工文化、生态美食等等。散文集力图从乡村社会最具代表性的人文历史进行写作，去触摸有温度的过往，去追寻乡村印记的“根”与“魂”。

《月光爬满马头墙》以文学的形式生动践行“两山”理念，让更多人认识古城、古镇、古道走进浙西山水。该作品分四个辑，分别为：地理、风物、饮食、行吟，分别从自然与人、风物民俗、特色美食、发展现状等四个方面展现江山。

文件选辑

中共江山市委　江山市人民政府
关于进一步深化江山经济开发区整合创新促进
高质量发展的实施意见

市委发〔2020〕5号

为进一步深化江山经济开发区（以下简称“开发区”）整合创新，充分激发开发区发展活力，加快推进开发区高质量发展，特制定如下实施意见。

一、指导思想

以习近平新时代中国特色社会主义思想为指导，紧扣开发区是我市工业经济唯一主平台定位，围绕“发展高质、规划高标、产业高端、服务高效”的发展要求，按照“系统设计、完善架构、理清边界、明晰职权、解决痛点、理顺体制、激活效能”的原则，进一步深化开发区整合创新，促进开发区高质量发展，着力把开发区打造成为江山经济发展的主引擎。

二、发展目标

力争至2022年开发区规上工业经济总量占全市比重达70%以上，规上工业企业达190家以上，其中10亿元以上企业5家以上，国家高新技术企业达70家以上，规上工业企业亩均税收达10万元以上，规上工业企业研发经费占营业收入比例达2.5%以上，进入省级经济开发区前35位。至“十四五”末，开发区规上工业经济总量占全市比重达85%以上，规上工业企业达220家以上，其中10亿元以上企业8家以上，20亿元以上企业2家以上，国家高新技术企业达100家以上，规上工业企业亩均税收达12万元以上，规上工业企业研发经费占营业收入比例达2.7%以上，力争进入省级经济开发区前30强。

三、基本原则

——聚焦平台集聚化。加强统筹规划，系统科学谋划，强化开发区经济发展增长极的核心地位和引领作用，加快整合提升，突出产城融合，完善生产性和生活性服务功能配套，提升产业平台能级水平，实现开发区规模化发展。

——聚焦发展集约化。完善政策体系，优化决策流程，聚焦盘活存量和提升增量，突出创新驱动、亩均提效、招大引强，促进新动能、新优势再培育，推进开发区高质量发展。

——聚焦要素集中化。按照权责一致，加快改革创新，赋予开发区一定的经济管理权限。建立激励和保障相适应的长效机制，强化开发区人员、财力、土地等要素保障，推动开发区可持续发展。

——聚焦产业集群化。突出产业为王，优化产业布局，按照“1+3+2”产业培育体系，强化龙头企业培育和补链强链项目招引，壮大产业规模，完善产业配套，构建产业优势，促进开发区集群化发展。

四、重点任务

（一）优化管理运行体制

1. 加强领导协调。建立开发区工作统筹协调领导机制，市委、市政府加强对开发区工作的领导；市委常委会、政府常务会议每季度研究开发区工作。市委、市政府主要领导定期协调解决开发区重大事项。

2. 提高行政效能。按照模块化运行要求，优化行政组织架构，科学设置内设机构，明晰内设机构职责，建立扁平高效的内部管理运行机制。赋予开发区主要领导推荐提名权，配优配强开发区领导班子。根据双塔、虎山、清湖三个街道划入开发区企业数量，调整开发区人员编制，选调“懂经济、善招商、会服务、敢担当”的综合型干部，优化干部结构。开发区的综合考核奖励标准参照乡镇（街道）执行。

3. 明晰权责边界。在符合法律法规、相关政策和有关规定的前提下，明晰市级层面和开发区决策权责边界，赋予开发区在土地征收、房屋拆迁、企业收购、招商引资、项目审批和资产租赁处置事项一定的自主决策权。强化开发区经济发展职能，减轻社会管理负担，将开发区清湖大道以北城市建成区的城市管理监察、园林绿化、卫生保洁、路灯等日常管理维护移交给住建和综合执法部门负责，将开发区建成的安置小区移交属地乡镇（街道）管理。经济开发区范围内的集体土地征收、房屋拆迁、坟墓迁移等政策处理工作和社会稳定，由属地乡镇（街道）负责，开发区做好资金保障和政策把关工作。

4. 优化服务机制。着力优化营商环境，围绕“最多跑一次”改革，深化全生命周期服务，强化企业从项目入园至投产运营需办理事项的全程代办、帮办、陪办。深化组团联企服务，开发区领导班子、中层干部及一般干部三级组团，明确挂联网格企业，实行网格化组团服务。开发区内纳税千万以上企业及高端创新科技人才，优先保障就学、职工公寓、蓝领公寓、高铁 VIP 服务等需求，优先推荐“两代表一委员”，提高企业家获得感和荣誉感。

（二）深化平台整合提升

5. 调整管理区划。遵循组团连片、功能集成、资源共享原则，对开发区城南区块进行优化整合，划入清湖工业小区及江贺公路沿线范围，形成东至江电路和江山港、南至江山港和莲华山大道、西至规划高新西路、北至杭长高铁和沪昆铁路线，总体上形成“一区三园”的开发格局（开发区所属的城南工业园、莲华山工业园、江东工业园），总规划面积 57.8 平方公里。同时托管四方坞、江家垄、虎山工业小区以及双塔街道赵家、社后、坳里、和贤等四个工业小区。

6. 推进产城融合。按照产业新城发展定位，着力加快开发区产城融合专题研究，在市域国土空间规划的指引下，编制《江山经济开发区总体规划修编和控制性详细规划》，并做好与城南新城、贺村小城市相关规划之间的衔接。按照产城融合发展理念，强化近期建设项目管理，统筹公共服务设施、基础设施、商住开发等项目布局和建设时序。

7. 优化空间布局。明确莲华山工业园为开发区工业经济发展主平台，主攻莲华山工业园用地发展空间拓展。适时启动城南工业园（原高新园、原山海协作园至清湖工业小区中间地带）用地发展空间拓展。做好江东工业园五期已征区块报批扫尾。开发区托管区块和全市乡镇功能区原则上不再拓展工业用地发展空间。

8. 明晰产业布局。莲华山工业园重点布局门业（家居）、高端装备、消防应急、健康生活产业；城南工业园重点布局总部经济、数字经济、楼宇经济、生产生活性服务业、装备制造和“退二进三”“退二优二”；江东工业园重点布局新材料、新能源产业。托管的坳里、社后、虎山工业小区等城郊区块实施“退二进三”“退二优二”，发展数字经济和楼宇经济。

9. 强化整治提升。围绕建设美丽园区目标，以美丽厂区建设为主抓手，推进园区整体风貌提升。按照高起点规划、高标准建设要求，着力完善新划入区块的基础设施配套。加快园区安全环保隐患整治，加强园区安全管理和环保治理数字化监管体系建设，建设数字化公共服务平台，打造智慧园区。

（三）完善合力扶园机制

10. 完善财政体制。按照现行的财政分成体制，将新划入开发区管理的企业纳入税收分成范围。城南工业园和莲华山工业园范围内的商住商服用地由开发区负责经营，收益原则上用于开发区滚动开发。

11. 强化空间保障。按照“两保障一支持”原则，全力保障开发区用地需求。全市每年新增土地指标优先保障开发区重大项目和重大基础设施建设。积极盘活开发区内已批未征、低效闲置等存量土地，开发区盘活的奖励指标全部用于支持开发区新的发展空间拓展。

12. 完善派驻管理。按照服务高效的要求，调整优化派驻部门和人员，强化派驻干部对企业全生命周期服务。开发区负责派驻人员指挥协调、管理考核和提名推荐。派驻干部的身份性质不变，编制、人事关系仍在派出部门，党（团）组织、工资、工会等关系可转到开发区，年终考核按其总数的20%确定优秀等次人员。派驻人员调整须书面征求开发区意见并报市委组织部审批。

13. 建立捆绑考核。将涉园区重点部门及相关乡镇（街道）的年度考核与开发区捆绑考核。涉园区部门考核与开发区主要经济指标测评完成情况挂钩，相关乡镇（街道）考核与开发区集体土地征收、房屋拆迁等完成情况挂钩，设置一定比例奖惩浮动分值，视工作完成情况加扣分。实现涉园区部门、乡镇（街道）围绕园区转的目标，形成合力兴工扶园的工作格局。

（四）加快国资企业改革

14. 实行一体高效运作。市财政局（国资办）委托开发区管委会履行出资人监管职责，开建投公司作为管委会下属企业，其经营班子由开发区管委会任免。开发区管委会对开建投公司工作目标和工作重点实行一盘棋统筹。

15. 实现“两覆盖”目标。市财政局（国资办）统筹全市国有资产资源，将有效资产注入开建投公司，市国资公司将认缴的注册资本注入到位，通过调整土地用途、补缴土地出让金，确权、转性、评估增值等方式做大做优资产，实现经营性资产覆盖债务、收益覆盖利息的目标。

16. 建立现代企业制度。加快推进开建投公司市场化转型步伐，完善公司法人治理体系，开建投公司实行市场化公司会计核算办法，加强公司内部管理，促进各项工作规范化、标准化、制度化。开建投公司以开发区的投资建设开发和运营为主业，聚焦和服务于开发区的高质量发展，争取达到AA资信评级，实现自我造血功能。建立开建投公司绩效考核评价体系，考核结果与经营班子和员工收入相挂钩。

（五）聚焦产业提质增效

17. 优化招商机制。坚持招商引资“一号工程”，围绕“1+3+2”产业培育体系，突出产业招商、以商引商和中介招商。聚焦招大引强，市委、市政府对开发区招商引资工作重点考核引进5亿元以上大项目，对开发区引进10亿元以上大项目进行通报表扬。设立开发区产业基金，按照“政府引导、市场运作、分类管理、防范风险”的原则对基金进行运作和管理，丰富招商手段，提升招商实效。

18. 聚焦创新驱动。围绕产业链部署创新链，鼓励和支持区内企业与国内重点高校、科研院所合作，强化科创园、孵化园、产业创新综合体等创新服务平台建设，构建“源头创新、技术开发、成果转化、企业孵化、主导产业”全链条式竞争优势。加快培育高新技术企业，打造一批国家级、省级企业研发平台。大力推进开发区智能制造提质扩面和智能化产品研发生产。

19. 狠抓倒逼转型。全力推进开发区“亩均论英雄”改革工作，加大开发区内低效用地“腾笼换鸟”力度，制定整合倒逼收储企业清单，研究制定《江山经济开发区工业企业收储办法》，对收储盘活用地统一规划，科学定位，合理布局，重新出让，用于主导产业发展。

20. 强化企业培育。加快开发区企业上市培育步伐，推进一批企业股改、上市。充分运用综合绩效评价结果，通过正向激励和反向倒逼，推动企业上规升级。鼓励和引导园区企业建立产权清晰的现代企业制度，实施“内联外合”工程，引导关联企业兼并重组和对外开放合作，促进主导产业强链、补链和延链，扎实培育一批龙头和单打冠军企业，切实做大做强产业集群。实施开发区“青年企业家薪火工程”，筛选一批80、90后青年企业家，培育提升政治素质、经营能力、社会责任和文化修养，致力于培养一批优秀企业家。

2020年1月22日

中共江山市委
江山市抓基层党建“1+6”指数化管理办法（试行）

市委发〔2020〕14号

为深入贯彻落实习近平总书记对衢州提出的“八个嘱托”和对江山基层党建、新农村建设作出的重要指示精神，巩固扩大“不忘初心、牢记使命”主题教育成果，以高质量党建工作提升县域治理现代化水平，为党建治理大花园建设提供坚强组织保障。结合我市实际，特制定本办法。

一、总体思路

高举习近平新时代中国特色社会主义思想伟大旗帜，全面贯彻党的十九大和十九届二中、三中、四中，省委十四届六次和衢州市委七届七次全会精神，围绕省委巡视整改指出的江山基层党建工作存在的短板问题，进一步深化“三个三”基层党建工程，落实“县、乡、村、网格”抓基层党建工作主体责任，推行抓基层党建“1+6”指数化管理办法，“1”即一套狠抓落实的推进机制，重点建立健全责任、例会、考评、保障等制度；“6”即支部堡垒指数、班子担当指数、党员先锋指数、基层善治指数、讲堂活力指数、扶贫攻坚指数等六套重点工作的评价指数，以指数化的理念量化反映各级党组织基层党建工作中的优势和短板，并最终形成基层党建质量指数，精准推进“百千万”工程、村级班子建设、党员队伍管理、“三联”工程、乡村振兴讲堂、扶贫消薄等基层党建各项重点工作，着力实现基层组织建设全程高质量、全面高质量。

二、基本原则

推行基层党建工作指数化管理，最终目的是进一步发挥基层党组织的政治核心作用和战斗堡垒作用，高效推进基层党建工作标准化、规范化、制度化建设，应遵循以下指导原则和要求。

一党建统领全域化。树立“大党建”思维，切实发挥市委总揽全局作用、基层党组织战斗堡垒作用和党员先锋模范作用，强化顶层设计，构建以党建为引领、统筹推进各项工作的新机制，提升统筹协调能力。

——考核评价数据化。强化结果导向，按照“定期调度、定期分析、定期通报，有对比、有方向、有提升”的总体思路，按百分制量化，细化各项重点工作核心指标，方便各级党组织同项工作横向比较，全面工作综合比对。

——资源统盘融合化。整合统筹各部门力量，理顺工作职责，打通县乡两级人员、经费、资源等共享渠道，让县乡机构成为“一家人”、资源使用成为“一盘棋”，实现“对流式”融合互动。

——基础保障实效化。坚持“党的一切工作到支部”，把基层党组织政治建设摆在首位，聚焦基本组织、基本队伍、基本活动、基本制度和基本保障等内容，推进基层党组织标准化规范化建设，形成人往基层走、钱往基层投、项目向基层倾斜、资源向基层集聚的良好导向。

三、构建一套狠抓落实的推进机制

大兴“崇尚实干、狠抓落实”之风，围绕基层党建，建立健全责任、例会、考评、保障等方面抓落实的有效机制，全面破除抓而不紧、抓而不实、抓而不细等问题，确保各项基层党建工作到边到角。

（一）构建责任体系

1. 市委书记“五个坚持”。坚持把党建统领基层治理作为“一把手”工程来抓，任期内走遍一次全市所有行政村、社区；坚持每月专题研究推动党建统领基层治理工作；坚持每季度召开一次互看互学现场会抓推进落实；坚持每半年向衢州市委专题书面汇报一次党建统领基层治理工作。

2. 组织部长“五个做到”。做到责任在心、担当在肩，落实好抓基层党建直接责任人责任；做到每周召开一次部委碰头会，梳理工作计划；做到每月与至少一名乡镇（街道）党（工）委书记面对面谈话，及时了解基层动态；做到每季度向市委书记专题汇报一次基层党建工作；做到每年至少走遍一次所有基础薄弱村。

3. 乡镇书记“五个必须”。必须把党建统领基层治理工作作为当然的书记领办项目；必须挂联一个后进村（社）党组织帮扶整转；必须每月主持召开基层治理月度主题研判会；必须每月参加一次网格党组织活动；必须每年走遍一次辖区内所有网格。

4. 联村团长“五个到位”。抓基层党建工作“一岗双责”主体责任认识到位；组团联村“1250”工作法落实到位；入网驻格联系帮扶到位，按照“走村不漏户、户户见干部”要求开展连心帮扶，收集社情民意；重点工作推进到位，明确组团工作任务、要求及责任人，突出抓好重点中心工作推进落实；党建工作规范化、制度化指导到位，规范三会一课、组织生活等党建日常工作，强化农村基层党组织战斗堡垒作用。

5. 村社书记“五个带头”。带头学党建管党建用党建，全面推动“浙江二十条”“衢州三十条”落地落实；带头每月召开网格长及专职网格员例会，抓村促格，统筹推进网格各项工作；带头抓好村企结对和重点项目，带领集体增收和群众致富；带头深入网格，走遍每家每户，办实事、调纠纷、解难题；带头遵守党纪国法、村规民约、红线底线，公平处事、阳光履职。

6. 网格书记“五个自觉”。自觉组织开展上级有关政策、文件精神学习；自觉召集网格内党员召开月度例会，通报一些情况，听取党员工作，并做好记录；自觉向上级党组织汇报阶段性重点工作完成情况；自觉带队开展网格巡查，确保每周至少一次；自觉收集并认领网格内群众最急最忧最盼的要事难事。

（二）健全例会体系

1. 每周碰头会。每周市委组织部召开部委碰头会，及时学习上级有关决策部署，总结上周工作成果，梳理下周工作计划。通过发挥集体群策群力、集思广益的作用，有针对性地解决工作中出现的新情况、新问题，加强对中心工作的管理，形成计划周到、重点突出、推进有力的良好氛围。

2. 每月点评会。每月由市委书记或组织部长主持召开全市乡镇（街道）党（工）委书记、组织委员工作例会，通报近期重点工作督查情况，传达上级有关决策精神，部署阶段性重点工作任务。同时听取相关乡镇（街道）党建工作特色亮点、存在问题以及意见建议等，查找不足、整改提升，切实加强基层党委抓党建工作主体责任。

3. 季度现场会。每季度由市委书记主持召开党建现场会，结合上级工作部署，确定季度主题，并随机选取一个或多个乡镇（街道），采取先看点、后开会的形式，专题推进党建治理大花园各项工作重点。同时，基层党建质量指数季度排名末位的乡镇（街道）党（工）委书记要进行表态发言。

4. 年终述职会。当年年底或次年年初，召开抓基层党建述职评议会，市委常委听取乡镇（街道）党（工）委书记述职，重点聚焦坚持和加强党的全面领导，落实党中央和上级党组织关于基层党建工作部署要求，履行基层党建工作责任，以提升组织力为重点，突出政治功能。落实党风廉政建设责任制、意识形态工作责任制等也要纳入述职内容。会上市委书记进行逐一点评，组织参会人员进行评议，评议结果纳入相关考核，同时述职报告在一定范围内公布，接受基层党组织和党员群众监督。

（三）完善考评体系

1. 一月一督查。坚持“每月最多督一次”，围绕党建治理大花园十项重点任务，采取电话抽查、实地走访、座谈交流、数据对比等方式，对“百千万”工程、村级班子建设、党员队伍管理、“三联”工程、乡村振兴讲堂、扶贫消薄等基层党建重点工作开展专项督查，分项目排名打分，视情通报，并形成月度问题整改清单，实行销号管理，相关督查、整改情况作为六套评价指数参考依据。

2. 一季一发布。根据《衢州市乡镇（街道）党（工）委抓基层党建分类考评办法（试行）》（衢市组〔2019〕36号）要求，按照乡镇（街道）的党建基础、人口基数、经济规模、区域位置、资源禀赋等要素，将19个乡镇（街道）分为三类，以季度为单位，对每个乡镇（街道）基层党建工作进行考核，折算六套评价指数结果，综合形成基层党建质量指数，按照指数高低分类排定名次，并对外发布，形成质量分析报告。

3. 一年一奖惩。根据六套评价指数综合情况，单位层面，三类乡镇（街道）年度基层党建质量指数排名第一的，可向市委直接推荐1—2名科级干部提任初步人选；一年内有2次季度基层党建质量指数分类考核排名末位的或年度基层党建质量指数三类乡镇（街道）排名末位且指数低于60的，市级年终综合考核不得参评一等奖。个人层面，结合述职评议、实地考核、平时调研了解情况，形成乡镇（街道）党（工）委书记综合评价意见，按照“好、较好、一般、差”确定等次，其中“好”的占比原则上不高于50%，经市委常委会研究后在一定范围内通报，评价等次达到“好”的，年度考核优先评为“优秀”等次，评价等次为“差”的，暂缓晋升职级；三类乡镇（街道）年度基层党建质量指数排名前2的组织委员，年度考核优先评为“优秀”等次。个人综合评价结果作为干部选拔任用、职级晋升的重要参考。

（四）强化保障体系

1. 强化队伍保障。要优化党务工作队伍结构，吸纳优秀党员干部从事党务工作。每个乡镇（街道）在专职配备1名组织员的基础上，要求15个村以下的乡镇（街道）必须专职配备1—2名组织干事，15个村至20村的乡镇（街道）必须专职配备2—3名组织干事，20个以上村的乡镇（街道）必须专职配备3名以上组织干事，组织员作为第一梯队后备干部压担培养。同时，实施组工干部素质提升工程，每年县级层面至少举办1次组工业务培训班，每年参加各类学习培训累积不少于12天；每年至少组织1次乡镇（街道）党（工）委书记、组织委员市外考察学习，不断拓宽工作视野。

2. 强化经费保障。完善以市财政投入为主、稳定的、逐步增长的基层党建经费保障制度，全面保障村主职干部报酬、退位村主职养老补助、村级组织运转、村级活动场所改造提升、村级集体经济发展、乡村振兴党建示范带建设、乡村振兴讲堂运行等经费。落实每年基层党建经费增幅不低于10%的增长机制。其中，城市社区、农村社区服务群众专项经费分别不低于15万元/年、10万元/年；县、乡两级分别按照不低于50万元、10万元标准设立党内关爱基金。以不低于上年度所在乡镇农民人均纯收入两倍标准确定村主职干部基本报酬。以不低于上年度社会职工人均工资标准确定社区专职工作者报酬。同时，按“花小钱办大事、集中力量办成事”原则，由市财政局牵头，统筹整合乡村振兴项目资金，优先向村级“五星级”党组织倾斜，农林水、资规、发改等相关部门也要按照底线30%的比例，将优质资源向村级“五星级”党组织倾斜，做到资金集中扶持、政策统一供给、要素集聚发力，为重点项目落地落实提供充足的保障。

3. 强化阵地保障。建好管好用好村级组织活动场所（党群服务中心），对属于危房、租用、面积小于100平方米的村，原则上进行新建；对面积在100—200平方米且基本功能不具备的村，原则上进行改建提升，街道党群服务中心按照综合服务设施面积不低于500平方标准配建，社区党群服务中心按照每百户居民拥有综合服务设施面积不低于40平方米标准配建，每个社区不少于350平方米。新建或改建活动场所要坚持阵地建设规范化、作用发挥最大化、管理使用标准化的原则，达到“六有六室”标准，即有鲜明标识、有工作制度、有学习资料、有电教设备、有宣传阵地、有使用计划，设置便民服务大厅、党群活动室、综治调解室、综合会议室、档案资料室、乡村振兴讲堂，一般不单设村书记、村主任办公室，合理划分功能分区，做到“一室多用”。同时活动场所外观要大气、庄重，形象标识要相对统一；内部布置要朴素简洁、美观大方，精简规范上墙内容，坚决防止“低级红”。

四、推行六套重点工作的评价指数

坚持问题导向、目标导向、结果导向，以“百千万”工程、村级班子建设、党员队伍管理、“三联”工程、乡村振兴讲堂、扶贫消薄等6项重点工作为重点，细化党建评价指数设置、创新目标考评流程、强化评价指数运用，最终形成基层党建质量指数，全面评价基层党建工作质量，从而不断压实党建工作责任、充分激发党建工作活力，有效促进组织晋位、书记归位、党员正位（具体内容详见附件）。

（一）明确功能定位

1. 支部堡垒指数。全面评价“百千万”工程建设水平，以“双整”示范县乡创建为抓手，高标准落实“浙江二十条”，着力推动“百县争创、千乡晋位、万村过硬”，全面夯实农村基层组织建设，确保整乡推进、整县提升。

2. 班子担当指数。全面评价村级班子建设水平，着力推动“领头雁”工程，从“选、育、管、爱”四个维度上压一级推动村级班子整固提升，打造一支政治过硬、敢于斗争、担当作为、群众信赖的农村带头人队伍，努力营造一心干事、团结干事、干净干事的浓厚氛围。

3. 党员先锋指数。全面评价党员队伍管理水平，着力整合各单位监督管理力量，全过程加强党员队伍发展、日常管理、违纪处理等方面的领导，实现信息互通、数据共享，严把党员入口关，畅通党员出口关，永葆党员队伍的先进性和纯洁性。

4. 基层善治指数。全面评价“三联”工程建设水平，着力发挥基层党组织战斗堡垒作用和广大党员先锋模范作用，实现体制内上下打通、条块打通，体制外干群打通、党群打通，形成“平时为掌、战时为拳”的治理合力，推动党建统领基层治理“主”字型架构重重落地，全面提升基层治理水平。

5. 讲堂活力指数。全面评价乡村振兴讲堂建设水平，着力加强农村基层党员群众的教育管理，结合新时代文明实践中心、文化礼堂、农民素质培训等工作，切实全面提升广大农民的文明素养、文化素质和致富能力。

6. 扶贫攻坚指数。全面评价扶贫消薄水平，着力通过厘清市乡村三级扶贫消薄工作职责，重点激发乡村两级主体作用，通过完善机制、落实责任，制订规划、明确思路，盘活资源、深挖潜力，实施项目、兑现成效，多措并举促进低收入农户持续增收、村集体经营性收入稳定增长，切实增强低收入农户自我发展能力、村级自身“造血”功能，夯实乡村全面振兴的物质基础，增进全面小康的成色。

（二）明确主体责任

根据六套重点工作的评价指数，压实指数管理主体责任，确定牵头领导、责任领导及相关责任部门，其中牵头领导由市领导担任，责任领导由市委组织部分管领导及重要部门主要领导担任，相关责任部门打通融合、通力协作。

（三）明确实施路径

按照“规范合理、功能完备、利于工作、高效运转”的原则，明确指数管理工作目标及任务，细化指数完成的路径及要求，同时对形成的重点工作内容进行合理分工，协同推进，做到分工负责落实到位，确保各项工作有序运行。

（四）明确核心指标

根据六套重点工作的评价指数要求，科学合理、全面客观设置核心指标，每套评价指数由3—4个核心指标构成，通过日常纪实、电话抽查、实地查看、会议述职、现场观摩等5种方式量化采集、统计、折算。同时，以指数化的形式查看基层组织党建工作情况，便于分析对比数据，进而以问题为导向，判断发展趋势，为精准管理党建工作提供可靠的数据支撑，确保有依可循。

（五）明确折算方式

六套评价指数采取百分制的量化形式，每套指数满值各为100，其构成3—4个的核心指标采取百分率的量化形式，按照一定的权重占比折算出每套评价指数。同时，综合考虑六套评价指数的重要性，按照权重占比折算出基层党建质量指数，其中支部堡垒指数占20%、班子担当指数占20%、党员先锋指数占15%、基层善治指数占15%、讲堂活力指数占15%、扶贫攻坚指数占15%，可结合实际适时调整占比。

（六）明确保障机制

制定六套重点工作的评价指数保障机制，及时对各重点工作进行分析研判，制定工作计划，形成工作清单，定期对各项工作进行交办、落实、督查及反馈。同时，制定各项重点工作协调配合机制，确保既能独立开展工作，又能互促共进、协同推进。

五、工作要求

1. 强化思想认识。抓基层党

建“1+6”指数化管理办法遵循省委、衢州市委、江山市委对基层党建工作新部署、新要求，是确保基层党建工作常抓不懈、取得实效的有力抓手。各单位要进一步强化认识、突出重点、严督实导，推动各项重点任务落地落实。

2. 压实党建责任。党委（党组）书记要牢固树立抓基层党建的主责主业意识，切实担负起总揽统筹、推动落实、问绩问效责任，以抓基层党建“1+6”指数化管理办法为抓手，把基层党建工作牢牢抓在手上。其他班子成员要指导分管领域基层党建工作，形成党委（党组）统一领导，班子成员齐抓共管的整体合力。

3. 细分工作任务。根据抓基层党建“1+6”指数化管理办法，严格落实责任、例会、考评、保障等机制。要聚焦六套重点工作的评价指数及年度重点任务，结合本地本单位工作实际，对重点工作进行细化分解，制定详细可行的推进方案。

2020 年 4 月 17 日

中共江山市委
关于深入学习贯彻习近平总书记考察浙江重要讲话精神全力打造“一地三区”的决议

（2020 年 8 月 28 日中国共产党江山市第十四届委员会第七次全体会议通过）

市委发〔2020〕22 号

中国共产党江山市第十四届委员会第七次全体会议高举习近平新时代中国特色社会主义思想伟大旗帜，全面贯彻党的十九届四中全会、省委十四届七次全会和衢州市委七届八次全会精神，深入学习贯彻习近平总书记考察浙江重要讲话精神，研究部署“重要窗口”建设在江山落地落实的思路举措，进一步动员全市广大党员干部凝心聚力、克难攻坚，以新状态、新作为投身打造全国县域治理标杆地、全国“两山”实践样板区、全国全域旅游示范区、全国乡村振兴先行区的“一地三区”新征程，奋力开创江山大花园建设新局面，全力在全省建设“重要窗口”和衢州建设四省边际中心城市中展现江山风采，并作出如下决议。

一、学深悟透习近平总书记考察浙江重要讲话精神，切实当好“重要窗口”的建设者维护者展示者

2020 年 3 月 29 日至 4 月 1 日，在统筹推进疫情防控和经济社会发展的特殊时期，习近平总书记到浙江考察调研并发表重要讲话，给予浙江工作充分肯定、特别指引，赋予浙江“努力成为新时代全面展示中国特色社会主义制度优越性的重要窗口”的新目标新定位，这是浙江改革发展史上具有里程碑意义的大事。省委审时度势，着眼长远，围绕深入学习贯彻习近平总书记重要讲话精神，提出建设10个方面“重要窗口”，加快形成13项具有中国气派和浙江辨识度的重大标志性成果，为浙江建设“重要窗口”确立了四梁八柱。衢州市委立足在全省建设“重要窗口”中主动担当奋发有为，明确了8个方面的具体任务。

建设“重要窗口”的新目标新定位立意高远、思想深邃、内涵丰富，全市广大党员干部要学深悟透、真信笃行，切实当好“重要窗口”的建设者、维护者、展示者。要深刻领悟建设“重要窗口”是践行“两个维护”最直接、最具体、最生动的体现，进一步提高政治站位、增强政治定力、严守政治纪律、强化政治担当、彰显政治忠诚，完善保障“两个维护”的制度机制，把“两个维护”贯穿到建设“重要窗口”全过程。要深刻领悟全面展示是建设“重要窗口”的内在要求，既牢牢把握自身优势，充分挖掘自身特色，把已有优势做得更优更强，又加大力度全面补齐各方面短板和弱项，把工作基础打得更牢更实，全方位展示中国特色社会主义制度优越性。要深刻领悟建设“重要窗口”是一项长期艰巨任务，既着眼长远，放宽视野谋全局，努力在各重要领域和关键环节中率先取得标志性成果、实质性突破；又立足当前，俯下身子，坚持“两手硬、两战赢”，扎实推进“四个年”活动，高标准统筹做好疫情防控和经济社会发展等各项工作。总之，就是要坚持“学在深处、谋在新处、干在实处”，层层深入、步步推进、久久为功，以具体行动和实际成效，全力在全省建设“重要窗口”中展现江山风采。

二、努力打造“一地三区”，在全省建设“重要窗口”新征程中提供江山实践

习近平总书记对浙江提出“重要窗口”的新目标新定位，赋予浙江走在前列的厚望，是对全省上下的殷切嘱托。省委、衢州市委相继召开全会作出全面部署，号召全省、全市上下为建设“重要窗口”多探路、多闯关、多破题。江山作为浙江西南门户，在建设“重要窗口”实践中，理应以更高政治站位，扛起更重使命任务，展现更大担当作为。特别是习近平同志在浙江工作期间，先后3次到江山考察调研，并对“加强基层组织建设”和“构建社会主义新农村”作出重要指示。这些年来，江山始终牢记习近平同志指示要求，一任接着一任干，在基层治理和新农村建设上，打下基础、积累经验；同时，立足自身生态资源和旅游资源，在发展全域旅游、加快“两山”转化上，形成特色、积蓄优势。在建设“重要窗口”实践中，江山必须持续深入贯彻习近平同志对江山指示要求，立足现实基础条件，在县域治理、“两山”实践、旅游发展、乡村振兴等最具优势、最能破题方面，持续探索实践，提供经验样本。要坚持以“八八战略”“八个嘱托”“八大任务”和习近平同志在浙江工作期间对江山的指示要求为指引，全面对标“重要窗口”的新目标新定位，突出“发展高质量、治理现代化”主线，始终朝着江山大花园目标方向，深入实施“两轮驱动”“融衢接杭”战略举措，全力打造全国县域治理标杆地、全国“两山”实践样板区、全国全域旅游示范区、全国乡村振兴先行区“一地三区”，努力在全省建设“重要窗口”新征程中扛起江山担当、贡献江山力量、提供江山实践。

三、努力打造全国县域治理标杆地

习近平总书记指出：“要坚持和完善中国特色社会主义制度，推进国家治理体系和治理能力现代化。”在这次考察浙江时，又聚焦社会治理，高度关注基层治理，指出要着力完善城市治理体系和城乡基层治理体系。郡县治则天下安，治理好县域，事关国家长治久安和前途命运，事关最广大人民群众切身利益。这些年来，江山坚持以党建统领基层治理，深入推进“三联工程”，积极构建“主”字型治理架构，在基层治理体系建设和体制机制完善等方面积累了经验成效。在建设“重要

窗口”实践中，江山必须在基层组织建设、治理效能提升、社会环境优化等方面争创一流，在县域治理上成为标杆。要锻造一流基层组织，突出抓牢基层党组织建设这一根本，深入践行党建“三个用来”，做实做细做深做优党建统领基层治理体系，统筹抓好思想、组织、作风等各方面建设，锤炼锻造绝对忠诚、统领有力、清正廉洁的基层党组织，夯实基层治理根基。要形成一流治理效能，深化“最多跑一次”改革，加快政府数字化转型，推动“一件事”集成化改革迭代升级，推进改革延伸扩面，实现企业群众办事方便快捷；推进“最多跑一地”改革，进一步完善“主”字型治理架构，着力推进县级社会矛盾纠纷调处化解中心建设，抓好“县乡一体、条抓块统”改革，继续深化乡镇模块化改革，深入实施“三联工程”“周二无会日”等制度机制，谋深做实“网格化、融治理”文章，打通治理服务“最后一公里”。要提供一流社会环境，以提升群众安全感、获得感、幸福感为基层治理最终导向，深化“平安江山”“法治江山”“学在江山”“健康江山”建设，加大民生投入，完善社会保障，建设更加平安稳定、和谐有序的幸福江山。

四、努力打造全国“两山”实践样板区

习近平总书记指出：“绿水青山就是金山银山，我们绝不能以牺牲生态环境为代价换取经济的一时发展。”在这次考察浙江时，又提出“要把绿水青山建得更美，把金山银山做得更大，让绿色成为浙江发展最动人的色彩”。“绿水青山就是金山银山”理念引领发展潮流，是今后发展的主要方向。江山作为全省生态功能屏障，诗画浙江大花园建设核心区，生态环境建设水平一直处于全省前列。这些年来，江山通过大力推进转型升级，加快发展生态产业，把生态理念贯穿城乡建设、深化开放等工作，“两山”转化通道不断打开。在建设“重要窗口”实践中，江山必须在持续厚植生态优势基础上，突出做好“转化”这篇大文章，推动平台、产业、企业跨越升级，成为“两山”实践样板。要全力提升绿色品级，打好“蓝天”“碧水”“净土”三大保卫战、打赢“清废”攻坚战，筑牢钱江源生态屏障。要全力提升平台等级，聚焦江山经济开发区建设，按照集约高效原则，优化空间布局和管理机制，推进低效资源挖潜提升，加快与城南新城、贺村小城市产城融合步伐，力争平台规模迈向新台阶。要全力提升产业量级，坚持智能化、集群化发展方向，推动建材化工传统产业绿色转型，重点培育产业智能改造，大力培育数字经济、现代服务业等新兴产业，力争在传统产业、重点产业、新兴产业三个方向，培育形成“百亿”集群产业支撑。要全力提升企业等级，坚持股改上市、创新驱动、政策引导统筹发力，倾力培育“百家”龙头企业、单打冠军、隐形冠军等企业主体，加快形成“百亿”龙头引领、骨干支撑的企业梯队。

五、努力打造全国全域旅游示范区

习近平总书记指出：“发展全域旅游，路子是对的，要坚持走下去。”在这次考察浙江时，又强调“原生态是旅游的资本，发展旅游不能牺牲生态环境”。发展全域旅游是加快构建国内循环为主、国内国际互促双循环新格局的重要方向，是推动区域资源有机整合的重要抓手，也是江山发展的潜力所在。江山旅游资源丰富，高等级景区数量居全省前列，区域文化底蕴和人文特色深厚。这些年来，江山始终把“旅游富民”作为发展重要引擎，旅游引领力和带动力持续提升，是全省唯一集世界自然遗产地、国家AAAAA级景区和全域旅游示范区等旅游“金字招牌”的县（市、区）。在建设“重要窗口”实践中，江山必须把全域作为一个大景区打造，统筹做强核心景区、美丽城区、休闲旅游“三大版块”，建设“处处是风景、时时享风景、人人皆风景”全国一流休闲旅游目的地。要培育“千万级核心景区”版块，聚焦做强江郎山—廿八都景区，

积极推进省级、国家级旅游度假区创建，加快景区设施、业态、品牌等方面提升，提高旅游产业化发展水平，力争通过几年努力，核心景区年游客量达千万人次以上。要建设“高能级美丽城市”版块，紧抓衢州打造四省边际中心城市建设契机，在空间形态、赋能兴产、经营管理上下功夫，增强城市全域旅游“会客厅”的承载力和吸引力。要发展“高等级休闲旅游”版块，围绕“特色化、精品化、产业化”方向，打响运动休闲游、生态休闲游、文化休闲游三大品牌，推动休闲游与景区游有机结合、联动发展。

六、努力打造全国乡村振兴先行区

习近平总书记指出：“要坚持乡村全面振兴，推动农业全面升级、农村全面进步、农民全面发展。”在这次考察浙江时，又强调“要在推动乡村全面振兴上下更大功夫，推动乡村经济、法治、文化、治理、生态、党建全面强起来”。推进乡村振兴是实现城乡协调发展的关键一招，也是实现经济社会高质量发展的关键环节。这些年来，江山持之以恒以“幸福乡村”创建理念全方位推进乡村建设，乡村风貌品质不断提升，功能布局不断优化，连续9年被评为全省新农村建设优秀单位，先后荣获首批部省共建乡村振兴示范县、全省首批6个美丽乡村示范县。在建设“重要窗口”实践中，江山要对标“3752”乡村大花园建设要求，持续坚持“幸福乡村”建设理念，优化乡村风貌、产业、生活三大空间，真正推动乡村成为一个留住“形”吸引“人”守住“魂”的令人向往地方。要塑美“风貌形态”空间，以“全域谋划、整体打造”理念，统筹乡村规划管控，做好农房整治“后半篇”文章，推进全域土地综合整治，努力构建山水格局、生态基底、历史肌理、聚落形态更加融合共生的美丽乡村形态。要打开“产业发展”空间，集聚要素、资金、资源，高标准规划建设“衢州有礼”诗画风光带，全力将诗画风光带建设成为乡村振兴示范带、幸福产业大平台，加快乡村产业发展。要构建“满意生活”空间，坚持以人为本理念，着眼“精神+物质”两大需求，丰富农民群众精神文化生活，扩大村集体、群众增收途径，构建高质量农村设施服务体系，建设农民宜居满意的美好家园。

七、凝聚打造“一地三区”强大合力

打造“一地三区”任务艰巨、使命光荣，全市各级党组织和广大党员干部都要以只争朝夕的拼劲、攻坚克难的斗志、和衷共济的作风，发扬钉钉子精神，一步一个脚印推进工作落地落实。

强化党的领导。充分发挥市委总揽全局、协调各方的领导核心作用，把市委集中统一领导贯穿到“一地三区”建设方方面面。压实各级各部门党组织主体责任，推动各项工作在“一地三区”建设大局中去考量、去谋划、去推进。各级党组织主要领导要扛起本单位落实“一地三区”建设第一责任人责任，切实推动各项任务落细落实落到位。

优化干部队伍。突出政治导向，锻造牢固树立“四个意识”、坚定“四个自信”、坚决做到“两个维护”的忠诚干部。坚持实践标准，在建设“一地三区”全过程、多环节中考察、锻炼、识别干部，推动广大干部到“一地三区”建设攻坚一线历练。强化关心关爱，完善容错纠错机制，激励广大干部积极投身“一地三区”建设。

改进干部作风。各级各部门和广大党员干部要喊响“从我做起、向我看齐”口号，领导带头、以身作则，担当负责、攻坚克难，形成比学赶超、奋勇争先浓厚氛围。坚决杜绝形式主义、官僚主义，加大对不担当不作为问题惩戒力度，为打造“一地三区”提供坚强纪律保障。大力弘扬“功成不必在我”协作精神，不为不办找理由，只为办好想办法，形成“事事马上办、人人钉钉子、个个敢担当”良好局面。

凝聚各方力量。人大要发挥好监督职能，强化工作监督和法律监督；政府要结合各项任务，细化工作方案，完善考评体系，明确落实清单，压实责任链条；

人民政协要积极履行发挥政治协商、民主监督、参政议政职能；统一战线要积极构建大统战工作格局，广泛凝聚民主党派、工商联、在外乡贤、无党派人士智慧力量；工会、共青团、妇联、科协等群团组织要激发工人、青年、妇女、专家学者等各类群体主动参与热情。要提高意识形态工作领导权、管理权、话语权，充分利用8090新时代理论宣讲团、新闻媒体等载体，讲好“一地三区”建设中涌现出的优秀人物、先进典型故事，传递好声音、唱响主旋律、凝聚正能量，营造全市上下共谋共建的浓厚氛围。

全会号召，全市党员干部要更加紧密地团结在以习近平同志为核心的党中央周围，在省委、衢州市委坚强领导下，团结和依靠全市人民，不忘初心、牢记使命，担当破难、拼搏奋进，全力打造“一地三区”，在全省建设“重要窗口”和衢州建设四省边际中心城市的新征程中扛起江山担当、贡献江山力量、彰显江山风采！

江山市人民政府办公室
关于培育发展新材料和新能源产业的实施意见

江政办发〔2020〕22号

为贯彻落实《全面振兴江山工业的若干意见》(市委发〔2018〕8号）文件精神，加快培育发展新材料和新能源产业，促进新动能持续增强，结合我市产业基础条件和发展前景，经市政府第五十七次常务会议研究决定，特提出本实施意见。

一、总体思路

坚持“创新、协调、绿色、开放、共享”的发展理念，抢抓新一轮科技革命和产业变革重大机遇，以高质量发展为主线，以改革创新为动力，以新材料和新能源两大产业为重点，实现产业产品结构高端化，生产制造绿色化、工艺装备智能化、创新应用集成化，努力构建现代化工业体系，提升产业支撑作用，推动江山工业全面振兴发展。

二、主要目标

到2025年，全市新材料和新能源产业优势突显，结构更趋合理，布局进一步优化，发展质量和制造水平进一步提升。产业总量明显扩大，规上企业产值达到60亿元，其中新材料规上产值达到25亿元，新能源规上产值达到35亿元。企业主体不断壮大，规模以上企业50家，其中亿元以上企业20家，5亿元以上企业5家，10亿元以上企业2家，实现主板上市企业1家；创新水平逐步提升，国家级高新技术企业达到20家，省级企业技术（研发）中心达到10家。

三、发展重点

(一)推动新材料产业持续发展

1. 重点发展高性能无机粉体材料及复合材料。重点发展纳米二氧化硅、纳米氧化铝、纳米氧化锌、纳米二氧化钛、纳米氧化铁等纳米材料及多功能改性粉体材料。大力推进纳米二氧化硅等功能性粉体材料及超细粉体材料在高分子材料多功能改性中的应用。积极推广纳米改性复合高分子新材料在车用硅塑胶硅纤维配件、家电灯具用硅塑胶配件、供排水塑胶管件、城市燃气管道、厨卫门窗装饰材料等生产领域中的应用，培育纳米等高性能无机粉体材料制造、高分子材料改性、塑料配件成型和产品生产上下游联动、协同发展的产业优势。

2. 突出发展绿色环保阻燃复合材料。积极开发和引进氢氧化镁、氢氧化铝等无机阻燃剂及磷酸酯类阻燃剂等无卤阻燃剂生产技术和优势生产企业，进一步扩大产品产量，提升产品质量。大力推进无卤阻燃材料的配方技术研究和新阻燃产品开发，培育一批具有产品优势的无卤阻燃建筑保温材料、阻燃家居装饰（木、竹）材料、阻燃汽车内装饰材料、阻燃汽车配件、塑料胶管、电线电缆、家用电器等阻燃制品的专业生产企业，打造江山市无卤阻燃剂及无卤阻燃制品的生产研发基地。满足省内外消防应急、木门家居、塑胶产业和汽车配件产业对阻燃材料和制品的需求。

3. 做大高性能专用添加剂及新型涂料。加快引进和积极发展第四代高性能混凝土外加剂系列产品，适应高速公路、高速铁路、城镇建筑、隧道桥梁等行业对混凝土施工和质量要求。着力引进和开发聚氨酯乳液、水性丙烯酸（酯）乳液、水性环氧树脂乳液及有机硅改性乳液等生产技术，吸引和鼓励国内外企业带着新产品、高技术在江山落户，大力推进高端水性涂料、油墨、胶黏剂等环保产品对油性产品的替代，提高水性产品的产品质量和使用效果。扩大水性涂料、油墨、胶黏剂、密封剂等产品在建筑装饰、汽车制造、家用电器、电子信息、海洋船舶等行业的推广应用。鼓励发展海洋船舶防污防锈涂料、高性能钢构防腐涂料、光固化涂料、粉末涂料及热熔胶、功能性粘结剂与密封剂等高端产品。

4. 适时关注与引进前沿新材料。加强纳米材料、生物材料、智能材料、超导材料等前沿新材料研发情况的跟踪，支持资金实力比较雄厚的企业加大与科研院所及高校的对接，适时引进碳纤维复合材料、稀土功能材料、石墨烯材料产业化应用，拓展纳米材料在光电子、新能源、生物医药等领域应用范围；开发智能材料、仿生材料、低成本增材制造材料和新型超导材料，推进生物制造技术向化工、材料、能源等领域渗透应用。

（二）推动新能源产业突破发展

1. 大力发展新型动力电池及材料。大力引进高性能电池隔膜、负极、电容器、黏结剂等的研发和产业化项目，做大超级电容器、水性黏结剂的规模。发展燃料电池、固态电池、铝-石墨烯电池等电池的研发和产业化，做大动力电池规模。推进废旧电池回收体系建立和资源利用开发。推进锂电池产业链的纵向延伸和横向拓展，适时引进电芯、电池企业。

2. 重点发展新能源专用车及配件。大力推进电子水泵、真空泵、磁力泵、电动空压机等研发生产，切入电动车热管理控制、换热及驱动部件领域。加大对动力总成（电机系统）的研发。加强驱动电机技术研发，重点发展高功率密度、转矩密度和高性能车用电机、专用机电耦合装置；推进新能源汽车智能化技术，重点发展具备与全球定位系统（GPS、北斗）、地理信息系统（GIS）和智能交通系统（ITS）相结合的电控系统。通过较为完善的新能源汽车产业配套，吸引新能源汽车整车企业，特别是特定领域（专用车、微型车）的新能源汽车企业落户，形成较为完整的新能源汽车产业链，推动新能源汽车产业在我市根植性发展。

3. 积极发展绿色能源及配套装备。做大LED系列化产品，特别是灯丝灯的规模，积极向OLED及系列化产品转型升级。同时引进（合作）芯片设计、封装、测试等产业类项目，完善半导体芯片制造产业链。积极引进电子元器件、通信网络、智能终端等行业龙头企业，着力补齐产业链条，完善产业配套。积极发展高端锰锌铁氧体及元器件，扩大高端软磁铁氧体磁芯的规模化生产。大力发展新能源光伏太阳能发电技术，加快引进燃气热泵技术、联合循环技术、燃气分布式能源系统，加大新能源的推广和应用。

四、实施路径

（一）实施龙头企业育强工程。按照“主业突出、技术领先、优势明显”的要求，聚焦产业重点领域和关键环节，全市培育创新能力强、市场潜力大、带动性强的龙头企业5家以上，培育成长速度快、经济效益好的单打冠军企业10家以上，引导要素资源向优势企业集聚，提高企业行业话语权。支持企业“小升规、规改股、股上市、市做强”，分层次推进企业与资本市场对接。鼓励企业开展兼并重组，发挥产业整合和示范引领作用，对我市新材料和新能源产业企业被上市公司及控股公司兼并重组（注册地仍在我市），且重组方占重组后企业股权51%以上的，重组过程中产生的地方综合贡献全额奖励给企业或个人；重组后，以被重组企业前3年地方综合贡献平均数为基数，自重组次年起5年内，给予新增地方综合贡献80%的奖励。

（二）实施专业协作应用工程。按照“专精特优”和构建“产业集群”的发展要求，突出新能源引领主导化、新材料推广应用化。坚持以应用促发展，围绕处于产业化初期、社会效益显著、市场机制难以发挥作用的重大技术和产品，在市场应用、生产许可、政策采购等方面加大扶持力度，建设相应的重大应用示范工程。鼓励政策性基础设施建设、样板工程建设等优先使用本地新材料和新能源产业企业的产品。

（三）实施项目引领激励工程。围绕新材料和新能源产业的主导产品以及与之配套的上游原材料、辅料、零部件以及下游深加工和应用市场等，每年谋划和引进一批企业和项目。对落户“一主三副”工业平台的新办企业，自企业注册次年起5年内，按其地方综合贡献的50%给予奖励；现有企业从园区（“一主三副”）外搬迁入园的，自项目竣工验收合格次年起5年内，以企业搬迁入园前3年地方综合贡献平均数为基数，超基数部分，给予5年50%的奖励。对固定资产投资10亿元以上的产业类项目或上市公司投资项目给予“一事一议”政策。每年组织实施以工艺、装备、产品和管理升级改造为重点的技术改造项目，对新增设备投资300万元以上的项目，按设备投资额的5%给予补助。

（四）实施科技创新突破工程。加大企业技术创新激励力度，每年选择新材料和新能源产业创新技术类项目5个，由企业出题，国内外科研院所进行攻关，对项目实现产业化，给予技术合作项目合同实际支付额30%补助，单家企业每年最高补助50万元。鼓励企业与科研机构、高等院校联合设立各类研发中心，并积极通过中试等完成科研成果的工业化转化，对新材料和新能源产业龙头培育企业在北京、上海、杭州及深圳等城市设立研究院（中心）分支机构，按其前三年研发设备投入实际支出总额给予10%的补助，单家企业最高补助300万元。加强人才团队引进与科研项目、产业化项目之间的衔接，搭建人才创新创业平台，积极推进江山—浙大紫金和江山—江干科创飞地建设。大力推进中科院广州能源所、宁波材料所及深圳先进技术研究院等科研机构的合作，引进分支机构，建设专业的技术转化（服务）平台。

（五）强化融资服务助推工程。立足于“按市场化运作”原则，重点支持培育发展一批处于初创期和成长期的新材料和新能源产业企业。对政府产业引导基金参股10%以上的企业，股改过程中形成的地方综合贡献部分，全额奖励给企业，并给予3年内500万元银行同期贷款基准利率50%的贴息补助。引导和鼓励金融机构创新产业信贷方式和金融产品，为培育和发展产业营造一个良好的金融市场环境。

五、保障措施

（一）加强组织领导和统筹协调。强化市工业强市领导小组下的产业服务小组产业研究、产业招商、企业服务职责，强化统筹能力，督查本实施意见落实情况，明确责任分工，协调产业和企业遇到的难题，以前瞻性战略眼光引领新材料和新能源产业高质量发展。

（二）用足用活产业引导基金。积极争取国家和省扶持新材料和新能源产业发展的各类基金，在市产业引导基金的基础上，多模式、多渠道，重点扶持新材料和新能源产业领域的重点项目、创新型项目和重点企业。充分发挥市产业基金的引导作用，吸引社会资本共同投资新材料和新能源产业，走出一条创新链、产业链、人才链、政策链、资金链深度融合的路子，构建新材料和新能源产业发展新格局。

（三）强化发展生产要素保障。加强生产要素的统筹协调，保障产业重大项目的用地、用能和环境容量等要素供给。鼓励金融机构创新金融产品和服务，对新材料和新能源产业重点项目给予支持。加大高层次人才、高技能人才引进培养力度，对高层次人才团队和产业领军人才在本市创新创业的，享受本市人才激励政策。推进要素市场化配置，引导高端要素资源向综合效益高的优质企业、项目倾斜。

（四）健全运行监测和合力推进机制。加强对新材料和新能源产业及重点企业发展的统计和监测，把握产业阶段特征及未来发展态势。提高政府行政效能，激发经济主体活力，精心组织“组团联企”服务，定期调研企业生产经营情况，及时研究解决企业面临的挑战、难题和行业共性问题，提出强有力、切实可行的对策措施。

六、其他

本意见自2020年2月15日起施行，有效期3年，2020年1月1日起符合本意见的按意见执行，与其他政策有重复的，按“从优、从高、不重复”原则执行。

江山市人民政府办公室

2020年1月15日

文件选目

2020年度党的规范性文件目录（市委发）

市委发〔2020〕5号	关于进一步深化江山经济开发区整合创新促进高质量发展的实施意见
市委发〔2020〕6号	关于进一步深化江山经济开发区整合创新促进高质量发展的三年（2020-2022）行动方案
市委发〔2020〕14号	关于印发《江山市抓基层党建“1+6”指数化管理办法（试行）》的通知
市委发〔2020〕15号	关于加强新时代江山公安工作的实施意见
市委发〔2020〕19号	关于加强新时代乡贤工作同心聚力共建江山大花园的若干意见
市委发〔2020〕21号	印发《关于在全市开展8090新时代理论宣讲工作的实施意见》的通知
市委发〔2020〕22号	关于深入学习贯彻习近平总书记考察浙江重要讲话精神全力打造“一地三区”的决议
市委发〔2020〕24号	关于推进新时代江山民政事业高质量发展的实施意见

2020年度党的规范性文件目录（市委办）

市委办〔2020〕6号	印发《关于加强部门派驻乡镇（街道）机构干部管理考核工作的意见（试行）》的通知
市委办〔2020〕7号	关于印发《江山市机关事业单位编外用工管理办法》的通知
市委办〔2020〕12号	关于印发《关于进一步深化“组团联企”服务的通知》
市委办〔2020〕16号	关于深化“服务企业服务群众服务基层”的实施意见
市委办〔2020〕17号	关于严格执行党政机关办公用房管理有关规定的通知
市委办〔2020〕21号	关于印发《浙江省江山经济开发区管理委员会职能配置、内设机构和人员编制规定》的通知

市委办〔2020〕37 号	关于坚持五个导向开展五廉行动全面推进清廉村居建设的通知
市委办〔2020〕47 号	关于印发《进一步加强网格警务深化基层治理的实施意见》的通知
市委办〔2020〕51 号	关于印发《市级领导公开接待群众来访工作实施方案》的通知
市委办〔2020〕52 号	关于印发《新时代江山产业工人队伍建设改革实施方案》的通知
市委办〔2020〕54 号	印发《关于激励引导干部人才到农村基层实施乡村振兴“五百行动”的意见》的通知
市委办〔2020〕58 号	关于印发《江山市重大决策社会风险评估实施细则》的通知
市委办〔2020〕59 号	关于印发《江山市村集体经济组织债务化解专项行动方案》的通知
市委办〔2020〕72 号	关于印发《江山市高水平推进美丽城镇建设行动计划（2020—2022 年）》的通知
市委办〔2020〕73 号	印发《关于构建“县乡一体、条抓块统”模式提高基层治理能力的试点工作方案》的通知
市委办〔2020〕74 号	关于印发《江山市派驻乡镇（街道）人员“一沉到底”管理工作方案》的通知
市委办〔2020〕75 号	关于印发《进一步加强检察机关法律监督工作的实施意见》的通知
市委办〔2020〕76 号	关于印发《江山市向上争取工作考核激励办法（试行）》的通知
市委办〔2020〕77 号	关于印发《江山市乡镇（街道）“属地管理”事项责任清单》的通知
市委办〔2020〕84 号	关于印发《江山市低效工业用地处置专项行动方案（2020—2022）》的通知
市委办〔2020〕86 号	关于印发《江山市深化厉行节约防止餐饮浪费行为实施办法》的通知
市委办〔2020〕87 号	印发《关于贯彻〈党委（党组）落实全面从严治党主体责任规定〉责任分工方案》的通知
市委办〔2020〕88 号	关于印发《江山市国有企业退休人员社会化管理实施方案》的通知
市委办〔2020〕92 号	关于印发《江山市关于深化市属国有公司改革的实施意见》
市委办〔2020〕93 号	关于印发《江山市直单位党组讨论和决定党员处分事项工作程序规定（试行）》的通知
市委办〔2020〕95 号	关于印发《江山市推进全国市域社会治理现代化试点打造全国县域治理标杆地实施方案》的通知
市委办〔2020〕97 号	关于印发《江山市工商业联合会改革实施方案》《江山市红十字会改革实施方案》《江山市计划生育协会改革实施方案》的通知
市委办〔2020〕104 号	关于印发《江山市开展数字生活新服务行动方案》的通知
市委办〔2020〕105 号	关于印发《江山市“两难”问题三级钉钉群运行机制》的通知

2020年江山市政府（市府办）发文行政规范性文件目录

江政办发〔2020〕1号	关于印发江山市中介招商奖励办法（试行）的通知
江政办发〔2020〕3号	关于进一步加强农村建设用地复垦工作的若干意见（试行）
江政办发〔2020〕5号	关于公布市政府及市政府办公室行政规范性文件清理结果的通知
江政发〔2020〕5号	关于公布江山市2019年历史建筑名录的通知
江政办发〔2020〕22号	关于培育发展新材料和新能源产业的实施意见
江政办发〔2020〕23号	关于推动门业（家居）产业集群高质量发展的实施意见
江政发〔2020〕6号	关于印发江山市推动服务业高质量发展的若干意见（试行）的通知
江政发〔2020〕9号	江山市人民政府关于规定我市陆生野生动物禁猎期、禁猎区及禁用工作和方法的通告》
江政办发〔2020〕29号	关于加快推进社会信用体系建设的实施意见
江政办发〔2020〕37号	关于印发江山市中介招商奖励办法的通知
江政办发〔2020〕52号	加快推进3岁以下婴幼儿照护服务发展的实施办法
江政发〔2020〕17号	关于调整江山市征地区片综合价补偿标准的通知
江政办发〔2020〕68号	关于全面推进智能制造提质扩面三年行动方案的补充意见
江政办发〔2020〕77号	关于印发江山市电商项目招引若干政策意见的通知
江政办发〔2020〕84号	关于推行城区停车收费管理的实施意见
江政通〔2020〕1号	综合行政执法职能事项划转的通告
江政办发〔2020〕85号	关于加快数字消防产业发展的实施意见
江政办发〔2020〕87号	关于印发江山市全面禁止非法交易和滥食野生动物妥善处置在养野生动物工作方案的通知
江政办发〔2020〕98号	关于促进建筑业健康发展的若干意见（试行）
江政办发〔2020〕108号	江山市人民政府关于印发江山市砂石资源管理办法（试行）的通知

附　录

重点工作突出贡献集体和个人

一、落实全面从严治党主体责任突出贡献集体和个人

集体（10 个）：大陈乡、石门镇、贺村镇、上余镇、综合行政执法局、交通运输局、传媒集团、卫生健康局、检察院、法院

个人（10 名）：姜晓东（双塔街道）、周顺福（廿八都镇）、李勇建（峡口镇）、严献明（坛石镇）、徐东升（组织部）、周建荣（审计局）、姜小标（公安局）、王永华（发改局）、毛香水（教育局）、郑水根（财政局）

二、党建统领（村社换届）突出贡献集体和个人

集体（10 个）：纪委监委、公安局、新塘边镇、大陈乡、上余镇、贺村镇、四都镇、坛石镇、农业农村局、信访局

个人（15 名）：徐正贵（凤林镇）、毛方堃（长台镇）、郑李慧（塘源口乡）、陈晓峰（保安乡）、郑新卫（组织部）、姜杰军（村社换届专班）、姜春兔（村社换届试点工作指导组）、祝兴明（政法委）、周志军（民政局）、郑庆辉（卫生健康局）、王群（石门镇）、戴勇（清湖街道）、郑熙渊（张村乡）、毛家佳（大桥镇）、周勋建（峡口镇）

三、基层治理（信访维稳）突出贡献集体和个人

集体（10 个）：新塘边镇、贺村镇、峡口镇、石门镇、凤林镇、政法委、司法局、信访局、住建局、公安局

个人（10 名）：徐新（清湖街道）、刘益斐（上余镇）、何振华（双塔街道）、姜增胜（长台镇）、毛翔（廿八都镇）、刘建刚（市场监管局）、华潇萍（气象局）、祝双善（商务局）、周国庆（财政局）、林文青（基层治理专班）

四、脱贫攻坚（扶贫消薄）突出贡献集体和个人

集体（10 个）：组织部、民政局、残联、自然资源和规划局、教育局、贺村镇、峡口镇、坛石镇、凤林镇、清湖街道

个人（15 名）：徐惠明（市府办）、姜亚萍（农业农村局）、周玉玲（纪委监委）、杨忠福（财政局）、陈斌滨（城建投）、吴剑忠（市委办）、徐俊（扶贫开发专班）、毛淑梅（统计局）、姜玲珍（发改局）、吴威（住建局）、郑积亮（传媒集团）、黄心蕊（医疗保障局）、黄日忠（四都镇）、周东剑（新塘边镇）、斯剑雄（长台镇）

五、招商引资（山海协作、东西部扶贫、异地商会）突出贡献集体和个人

集体（12 个）：峡口镇、发改局、江山经济开发区、经济技术协作中心、统战部、四都镇、商务局、双塔街道、上余镇、农业农村局、人力社保局、经信局

个人（16 名）：侯海乾（经信局）、徐骏（张村乡）、毛锋君（碗窑乡）、毛水根（市委办）、程

鹏（服务业招商局）、沈俊波（组织部）、柯成（贺村镇）、董志成（财政局）、徐衎（农业农村局）、朱良（卫生健康局）、徐炳炎（教育局）、周峰（发改局）、尹平（农业农村局）、段淑霞（统战部）、郑华新（经济技术协作中心）、蒋晓静（传媒集团）

六、争先创优（改革创新）突出贡献集体和个人

集体（10 个）：营商办、体育局、医疗保障局、编办、廿八都镇、农业农村局、商务局、公安局、司法局、贺村镇

个人（10 名）：张妙苗（宣传部）、王以洪（教育局）、周洪军（市委办）、祝增华（发改局）、毛晓荣（清湖街道）、陈磊（碗窑乡）、汪潇（市场监管局）、邱朱灵（市府办）、祝春凰（农商行）、周荣强（林业局）

七、有礼指数“八个一”突出贡献集体和个人

集体（10 个）：住建局、市场监管局、综合行政执法局、团市委、教育局、公安局、虎山街道、贺村镇、坛石镇、保安乡

个人（10 名）：余晨辉（宣传部）、王群芳（传媒集团）、陆小强（统战部）、陈建伟（城建投公司）、袁航（清湖街道）、姜慧敏（双塔街道周家青社区）、姜姗姗（卫生健康局）、叶井萍（发改局）、王中明（商务局）、毛利芬（廿八都镇）

乡镇、街道、经济开发区、机关部门综合考核

一、乡镇（街道）

1. 经济型乡镇（街道）

一等奖：贺村镇、峡口镇、上余镇

二等奖：双塔街道、清湖街道

三等奖：虎山街道、四都镇

2. 复合型乡镇

一等奖：新塘边镇、石门镇

二等奖：坛石镇、凤林镇

三等奖：长台镇、大桥镇

3. 生态型乡镇

一等奖：大陈乡、塘源口乡

二等奖：碗窑乡、保安乡

三等奖：廿八都镇、张村乡

二、经济开发区

参照经济型乡镇（街道）考核得分，经济开发区考核结果为一等奖。

三、机关部门

1. 党群综合类

一等奖：组织部、政法委、宣传部、统战部、传媒集团、信访局、机关事务保障中心

二等奖：编办、总工会、妇联、残联、党校、老干部局、团市委、文联、人武部

三等奖：科协、档案馆、工商联、红十字会、电大

2. 经济发展类

一等奖：财政局、发改局、资规局、农业农村局、商务局

二等奖：水利局、经信局、住建局、协作中心、交通运输局

三等奖：科技局、林业局

3. 社会管理类

一等奖：公安局、教育局、卫健局、司法局、应急管理局、文旅局、生态环境分局、人力社保局

二等奖：综合执法局、审计局、市场监管局、民政局、法院、营商办、医保局、统计局、检察院、体育局

三等奖：峡水中心、碗水中心、仙保中心、铁建中心、监管办、退役军人事务局、供销联社

4. 垂直管理类

一等奖：税务局、气象局、供电公司、消防救援大队

二等奖：移动公司、江山火车站、电信公司、公积金中心、华数公司、联通公司

三等奖：海关联络处、邮政局、国安站、烟草公司

5. 金融类

一等奖：农商银行、农业银行、工商银行、建设银行、中国银行、人行、银保监监管组、杭州银行

二等奖：泰隆银行、浙商银行、邮储银行、人保财险、中国人寿、金华银行、浙商证券、温州银行、浦发银行、交通银行

三等奖：台州银行、财通证券、招商银行、农发银行、北京银行、村镇银行

全市经济发展工作中作出突出贡献集体和个人

一、产业创新（智能制造、亩均论英雄）

1. 集体10个

经信局、财政局、科技局、组织部（人才办）、农商行、综合执法局、经济开发区、法院、应急管理局、贺村镇

2. 个人10名

周俊玮（市委办）、毛东升（金融服务中心）、周世有（亩均办）、姜林楠（市府办）、姜祥修（综合执法局）、徐欢（经信局）、王师华（公安局）、叶妮（统计局）、柴莉赟（上余镇）、姜文伟（资规局）

二、科技创新

1. 集体5个

峡口镇、四都镇、统计局、税务局、农业农村局

2. 个人5名

刘云丽（组织部）、史诚（贺村镇）、江仁剑（市府办）、王勇（经信局）、金一波（经济开发区）

三、要素保障（争取资金、土地指标）

1. 集体10个

财政局、发改局、公安局、住建局、资规局、坛石镇、清湖街道、林业局、经济开发区、上余镇

2. 个人10名

柴小娟（农业农村局）、刘兵（经信局）、姜小燕（文旅局）、王崇清（教育局）、章莉（协作中心）、吴涛涛（贺村镇）、邱福军（审计局）、周刚坤（征迁中心）、周建芬（资规局）、刘海军（石门镇）

四、征地拆迁

1. 集体10个

石门镇、峡口镇、长台镇、资规局、交通运输局、铁建中心、政法委、法院、商务局、应急管理局

2. 个人15名

周焕成（综合执法局）、徐建震（司法局）、徐水波（市府办）、杨文法（住建局）、周晓波（征迁中心）、郑冬雅（碗水中心）、徐辉（发改局）、廖学军（财政局）、周和明（虎山街道）、吴伟剑（双塔街道）、祝建青（退役军人事务局）、蔡荣（坛石镇）、俞辉（医保局）、毛新军（文旅局）、陈彬华（教育局）

五、项目推进

1. 集体10个

交通运输局、水利局、住建局、峡口镇、城建投公司、新塘边镇、教育局、贺村镇、石门镇、经信局

2. 个人10名

徐群年（市府办）、徐欣然（市委办）、周秋林（协作中心）、徐元安（经济开发区）、金程宏（发改局）、毛慧芳（统计局）、沈煜霆（资规局）、毛世军（坛石镇）、钱云霄（财政局）、郑铖（四都镇）

六、电子商务

1. 集体5个

农业农村局、司法局、清湖街道、塘源口乡、长台镇

2. 个人10名

周倩雯（经济开发区）、徐平（财政局）、姜梦倩（组织部）、姜珊珊（市府办）、姜梦倩（宣传部）、毛慧斌（服务业发展中心）、周恺（协作中心）、何明根（统计局）、朱东庆（双塔街道）、周建荣（贺村镇）

七、旅游（服务业）发展

1. 集体10个

宣传部、旅发公司、农业农村局、峡口镇、资规局、张村乡、双塔街道、人社局、体育局、审

计局

2. 个人10名

何日行（文旅局）、王德雄（市府办）、吴丽萍（廿八都镇）、徐爱燕（石门镇）、邵艳华（大陈乡）、祝方萍（协作中心）、刘慧军（凤林镇）、姜彩君（总工会）、袁平（公安局）、吴步勇（服务业发展中心）

八、生态环保

1. 集体5个

生态环境分局、经济开发区、应急管理局、四都镇、峡口镇

2. 个人10名

柴长勇（市府办）、郑晨（市委办）、杨晓云（信访局）、郑香英（水利局）、张海波（经信局）、黄瑾（财政局）、徐素丹（治水办）、徐丽（农业农村局）、郑真龙（综合执法局）、王文博（贺村镇）

九、应急管理（防灾减灾和应急救援、安全生产）

1. 集体10个

经信局、农业农村局、生态环境分局、公安局、水利局、贺村镇、峡口镇、双塔街道、坛石镇、廿八都镇

2. 个人20名

李汉敏（住建局）、何宗义（财政局）、谢小伟（教育局）、何胜（应急管理局）、郑凤娟（资规局）、周晓东（文旅局）、王小卫（经济开发区）、刘志伟（城建投）、徐小玲（碗水中心）、姜建科（消防救援大队）、许晓峰（供电公司）、王志伟（凤林镇）、姜孝荣（新塘边镇）、彭果（保安乡）、周华敏（碗窑乡）、祝天生（四都镇）、吴兴旺（张村乡）、何树清（市场监管局）、汪晓星（发改局）、金梅珍（民政局）

十、经济统计

1. 集体8个

科技局、住建局、经济开发区、教育局、发改局、虎山街道、峡口镇、新塘边镇

2. 个人10名

柴小旺（市府办）、严琳（城建投）、郑杨彬（经信局）、邓小莉（商务局）、戴韩（财政局）、郑章良（石门镇）、朱顺顺（贺村镇）、吴水娟（双塔街道）、徐正旺（税务局）、郑凌波（长台镇）

记功奖励集体和个人

一、年度记功奖励集体和个人

集体三等功：资规局　农业农村局

集体嘉奖：统战部　营商办　供电公司

个人三等功：郑农为

个人嘉奖：马亦忠　祝增华　叶盛

二、疫情防控记功奖励集体和个人

集体三等功：卫健局　疾控中心　公安局　传媒集团　双塔街道　火车站检疫点工作团队

集体嘉奖：政法委　机关事务保障中心　商务局　教育局　凤林镇　新塘边镇　坛石镇　虎山街道市心社区　贺村镇长埂村

个人三等功：郑逸华　毛晓明　郑悦琳　杨凯琳　郑春燕　林雪梅　郑积才　李强　郑升龙　毛立雄　刘剑锋　毛晓荣　徐娟芳　邱帮亮　柴子明

个人嘉奖：祝华英　王　胜　徐利珍　吴奇　李芳　余周静　应维忠　姜小标　戴逢春　林龙全　赵皇军　杨华　郑华敢　刘泽华　祝建平　饶方君　姜慧敏　何裕祥　刘汉阳　何军　徐大明

三、“6·30”防汛抢险记功奖励集体和个人

集体三等功：峡口镇大峦口村　应急管理局

集体嘉奖：气象局　红十字应急救援队

个人三等功：李勇建　叶剑波　祝建平　林志浩　廖文海　蔡卫国　毛邦阳

个人嘉奖：陈志帆　范雪枫　江三修　杨武荣　柴梅凤　陈双吉　唐小琴　华潇萍　徐建勇　吴水华

四、高考记功奖励集体

集体三等功：教育局　江山中学

集体嘉奖：滨江高级中学　第五中学　实验中学

五、项目征迁记功奖励集体和个人

集体三等功：公安局　征迁事务中心　教育局　经济开发区　清湖街道　上余镇

集体嘉奖：司法局　住建局　财政局　资规局　市场监管局　民政局　综合执法局　市府办　组织部　发改局 审计局　宣传部　纪委监委　清湖街道蔡家山村　贺村镇　双塔街道　四都镇

个人三等功：毛吉泽　徐东升　戴利平

个人嘉奖：周信扬　李国栋　郑潇雨　毛金彪　郑全荣　胡铭福　王新华 王灵　彭明明　侯海乾　郑群祺　周克俊　周洪波　叶岸青 应维忠　姜淑芬　杨晓华　杨春来　陈新华　徐剑敏　邵益武 邹翠敏　王祖军　姜孝荣　刘笑飞　戴水法　周日忠

六、江化关停记功奖励集体和个人

集体三等功：虎山街道

集体嘉奖：政法委　人力社保局

个人三等功：徐群年　柴建荣

个人嘉奖：赵皇军　王剑　姜大福　金建军　吴菲

七、城南征迁工作表现突出集体和个人

集体三等功（5个）：市公安局、市征迁事务中心、市教育局、江山经济开发区、清湖街道

集体嘉奖（14个）：市司法局、市住建局、市财政局、市资规局、市市场监管局、市民政局、市综合执法局、市府办、市委组织部、市发改局、市审计局、市委宣传部、市纪委监委、清湖街道蔡家山村

个人三等功（3个）：毛吉泽（市城南新城征迁指挥部）、徐东升（市委组织部）、戴利平（市公安局）

个人嘉奖（24个）：周信扬（市城南新城征迁指挥部）、李国栋（市城南新城征迁指挥部）、郑潇雨（市城南新城征迁指挥部）、毛金彪（市公安局）、郑全荣（清湖街道）、王新华（江山经济开发区）、彭明明（市交通运输局）、侯海乾（市经信局）、郑群祺（市商务局）、周克俊（市林业局）、周洪波（市人力社保局）、叶岸青（市农业农村局）、应维忠（市卫健局）、姜淑芬（市文旅局）、杨晓华（市碗水中心）、杨春来（市峡水中心）、陈新华（市医保局）、徐剑敏（市应急管理局）、邵益武（市传媒集团）、邹翠敏（生态环境局江山分局）、王祖军（市水利局）、姜孝荣（新塘边镇）、刘笑飞（大陈乡）、周日忠（虎山街道麻车村）

八、其他项目征迁工作表现突出集体和个人

集体三等功（1个）：上余镇

集体嘉奖（3个）：贺村镇、双塔街道、四都镇

个人嘉奖（3个）：胡铭福（清湖街道）、王灵（江山经济开发区）、戴水法（上余镇）

机关涉企服务部门“十佳”中层干部

黄俊　吴步勇　吴爱兰　封兴中　王勇　杨俊华　姜闽　祝晓红　张松　郑水军

市长特别奖

一、社会贡献奖

一等奖企业：江山捷尔世阻燃材料有限公司　江山市华顺有机硅有限公司　浙江江山变压器股份有限公司

二等奖企业：浙江雷士灯具有限公司，浙江天际互感器有限公司，江山娃哈哈饮料食品有限公司，科润智能控制股份有限公司，江山热威电热科技有限公司，浙江科力车辆控制系统有限公司，浙江健盛集团江山针织有限公司，浙江万厦建设有限公司

二、亩产效益奖

一等奖企业：江山市鑫源电气有限公司，江山热威电热科技有限公司，科润智能控制股份有限公司

二等奖企业：同景新能源科技（江山）有限公司，江山捷尔世阻燃材料有限公司，江山南方水泥有限公司，浙江雷士灯具有限公司，浙江科力车辆控制系统有限公司，江山欧派门业股份有限公司，浙江旺林生物科技有限公司

三、企业上台阶奖

首次达1亿元获奖工业企业：

浙江永坚实业有限公司，浙江京创商品混凝土有限公司，鸣宇消防设备制造（江山）有限公司，浙江开洋木业有限公司，赢家时尚（江山）电子商务有限公司

四、技术创新奖

一等奖企业：浙江为康制药有限公司，浙江旺林生物科技有限公司，浙江宝威电气有限公司

二等奖企业：浙江珠峰机械有限公司，浙江康慈医疗科技有限公司，浙江江山源光电气有限公司，浙江新华新材料科技有限责任公司，浙江江山三友电子有限公司，申达电气集团有限公司，江山市鑫源电气有限公司

五、企业成长奖

工业企业类一等奖企业：

浙江金旗门业有限公司，浙江亿美达门业有限公司，江山欧派门业股份有限公司

工业企业类二等奖企业：

浙江千彩新材料科技有限公司，浙江科邦铜材科技有限公司，江山市红叶塑胶有限公司，浙江天际互感器有限公司，浙江新华新材料科技有限责任公司，浙江永坚实业有限公司，浙江甬源塑业有限公司

现代农业类获奖企业：

浙江星菜农业科技有限公司，浙江福赐德生物科技有限公司

电子商务类获奖企业：

迈微（浙江）控股有限公司，浙江宝格商贸有限公司，浙江冒个泡电子商务有限公司，江山恒沃农产品有限公司

六、出口规模奖

浙江千彩新材料科技有限公司，浙江江山源光电气有限公司

国家高新技术企业奖

江山三星铜材线缆有限公司
浙江亿正电工科技有限公司
浙江金航钢管科技有限公司
浙江逸含化纤有限公司
浙江江山健康蜂业有限公司
浙江昊博门业科技有限公司
江山永利百合实业有限公司
江山市丰泽木业有限公司
浙江伟丰新材料有限公司
浙江省江山江汇电气有限公司
江山市王牌链业有限公司
浙江逸都生物科技有限公司
浙江希尔化工股份有限公司
浙江鑫龙消防科技有限公司
江山市艺天科技有限公司
浙江昌亮消防科技有限公司
浙江开洋木业有限公司
江山捷尔世阻燃材料有限公司
江山市红叶塑胶有限公司
浙江千彩新材料科技有限公司
浙江泰和土地勘测规划有限公司
浙江港亨电气股份有限公司
浙江利高消防科技有限公司
浙江零壹互联网络科技有限公司
浙江天地化工有限公司
浙江同驰软件科技有限公司
江山雷钧智能制造技术有限公司
浙江汇辰电子科技有限公司
衢州龙鼎汽车零部件制造有限公司

规上工业企业研发费用投入十佳企业

江山欧派门业股份有限公司
江山永利百合实业有限公司
浙江科力车辆控制系统有限公司
浙江九阳光电有限公司
浙江冠旗纳米科技有限公司
浙江亚宁消防设备有限公司
浙江为康制药有限公司

浙江雷士灯具有限公司
浙江江山华安电器制造有限公司
浙江江山锦绣装饰材料有限公司

最佳满意部门（单位）乡镇（街道）

最佳满意部门（单位）(16个)：组织部　统战部　宣传部　发改局　财政局　统计局　公安局　检察院　医疗保障局　华数公司　公积金管理中心　农村商业银行　人行　银保监监管组　建行　旅发公司

最佳满意乡镇(街道)(6个)：新塘边镇　石门镇　贺村镇　峡口镇　双塔街道　大桥镇

2020年度“无信访村（社区）”名单

（共143个）

双塔街道（10）：新塘坞村、上耀村、丰足村、杨墩村、社后村、陶村村、周家青社区、乌木山社区、城北社区、县前社区

虎山街道（6）：孝子村、协里村、桐岭社区、城南社区、西门社区、市心社区

清湖街道（16）：清湖三村、蔡家村、泉家垄村、和睦村、贺仓村、读溪口村、童家村、路口村、祝家坂村、毛塘村、前村村、十村村、浮桥头村、东儒村、清泉村、七里社区

上余镇（4）：木车村、塘岭一村、塘岭二村、望江村

四都镇（4）：傅筑园村、前岭村、四都村、江北村

大陈乡（5）：大唐村、早田坂村、大陈村、乌龙村、夏家村

碗窑乡（3）：碗窑村、金龙村、天井村

贺村镇（9）：友爱村、富益村、水晶山底村、寺后村、三塘村、棠坂村、永兴坞村、长埂村、后源村

新塘边镇（16）：勤俭村、千坞村、毛村山头村、毛家仓村、达路边村、塘边村、东亭村、东陈村、永丰村、上平大村、上洋村、爱丰村、卅六都村、外坞村、东山村、日月村

坛石镇（8）：坛石村、郭丰村、占塘村、上王村、横渡村、五圳村、潭边村、鳌头村

大桥镇（6）：上仓村、福塘村、湖游村、新桥村、仕阳尾村、西坂村

凤林镇（10）：凤祥村、凤里村、株树村、政棠村、官田村、南坞村、大悲山村、游溪村、花溪岙村、凤溪村

峡口镇（10）：峡西村、峡东村、双潭村、同桥村、地山岗村、连丰村、柴村村、三卿口村、峡新村、枫石村

保安乡（4）：西洋村、赵宅门村、龙溪村、裴家地村

廿八都镇（5）：花桥村、兴墩村、浮盖山村、浔里村、坚强村

长台镇（7）：长安村、朝旭村、花园村、金檀村、乾湖村、长兴村、华峰村

石门镇（8）：金炉村、界牌村、琚家岗村、江郎山村、延岭村、新群村、西山村、郎峰村

张村乡（4）：安顶村、琚源村、毛长甫村、秀峰村

塘源口乡（8）：塘源口村、仓坂村、塘源村、洪福村、仚源村、前墩村、白石村、青石村

2018—2020年连续三年“无信访村（社区）”名单

（共25个，不含2017至2020年连续四年名单）

双塔街道（3）：周家青社区、上耀村、丰足村

清湖街道（2）：清泉村、东儒村

四都镇（1）：四都村

大陈乡（2）：乌龙村、大唐村

贺村镇（3）：友爱村、水晶山底村、棠坂村

新塘边镇（1）：勤俭村

坛石镇（2）：郭丰村、占塘村

大桥镇（1）：新桥村

凤林镇（2）：株树村、南坞

峡口镇（3）：峡东村、双潭村、枫石村

保安乡（1）：西洋村

长台镇（2）：朝旭村、金檀村

塘源口乡（2）：前墩村、塘源口村

2017—2020年连续四年“无信访村（社区）”名单

（共30个）

双塔街道（4）：县前社区、乌木山社区、城北社区、陶村村

虎山街道（2）：孝子村、桐岭社区

清湖街道（4）：毛塘村、泉家垄村、读溪口村、前村村

上余镇（1）：塘岭二村

碗窑乡（1）：金龙村

贺村镇（1）：寺后村

新塘边镇（7）：爱丰村、千坞村、毛村山头村、毛家仓村、达路边村、日月村、东陈村

坛石镇（1）：鳌头村

大桥镇（1）：湖游村

峡口镇（1）：连丰村

保安乡（2）：赵宅门村、龙溪村

长台镇（1）：长安村

张村乡（3）：安顶村、琚源村、毛长甫村

塘源口乡（1）：仓源村

图书在版编目（CIP）数据

江山年鉴. 2021 / 江山市档案馆（市委史志研究室）编 --
北京：方志出版社，2021.12

ISBN 978-7-5144-4880-1

Ⅰ. ①江… Ⅱ. ①江… Ⅲ. ①江山－2021－年鉴
Ⅳ. ①Z525.54

中国版本图书馆 CIP 数据核字（2021）第 265489 号

江山年鉴（2021）

编　　者：江山市档案馆（市委史志研究室）
责任编辑：刘方圆

出 版 者：方志出版社
地址：北京市朝阳区潘家园东里 9 号（国家方志馆 4 层）
邮编：100021
网址：http: //www.zgfzcb.cn
发　　行：方志出版社图书经销中心
电话：（010）67110500
经　　销：各地新华书店
印　　刷：江山市教育印刷有限公司

开　　本：889 × 1194　　1/16
印　　张：26.125
字　　数：674 千字
版　　次：2021 年 12 月第 1 版　　2021 年 12 月第 1 次印刷
印　　数：0001~1000 册

ISBN 978-7-5144-4880-1　　定价：218.00 元